中国舞蹈

图书总书目
下册

ZHONGGUO WUDAO
TUSHU ZONGMU

刘健
刘水平 编著

北京市教委科研基地建设——科研创新平台项目资助
北京舞蹈学院科研水平提高经费资助项目

北京舞蹈学院60周年献礼

中央民族大学出版社
China Minzu University Press

目　录

上　册

中　册

下　册

中图法分类：(索书号) J722.3
(J613.5/334)
题　　名：律动与律动组合
书　　号：ISBN 7-80553-764-X
责 任 者：汪良莹编著
出 版 者：上海音乐出版社
出版时间：2000.4
出 版 地：上海
页　　数：262 页
尺　　寸：20cm
价　　格：17.00
馆藏地址：浙江图书馆
内容提要：本书提供了近 200 例科学的、实用的、易操作的律动，分为舞蹈律动：有小兵律动、玩具律动、动物律动等；体育律动：有头部运动、上肢运动、下肢运动等。

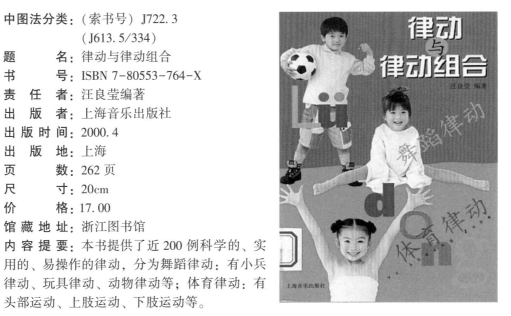

1493

中图法分类：(索书号) J719.3/3/：3
题　　名：中国舞等级考试教材：第三级(幼儿)
书　　号：ISBN 7-103-02153-8
责 任 者：北京舞蹈学院编，孙光言主编
出 版 者：人民音乐出版社
出版时间：2000.8
出 版 地：北京
页　　数：64 页
尺　　寸：30cm
价　　格：15.00
馆藏地址：北京舞蹈学院图书馆
内容提要：本书第三级是年级教学任务为：一、能较好完成第一、第二级教学任务的各项要求；二、熟悉围绕自身基本方位（上、下、前、后、旁、平、斜位）；三、听音乐时能找到节拍，动作节拍准确；四、培养幼儿在跳舞时有自娱感，热爱考级课程。

1494

1495 中图法分类：（索书号）J722.2（75）/1
题　　　名：中国民族民间舞蹈集成，西藏卷
书　　　号：ISBN 7-5076-0196-X
责　任　者：《中国民族民间舞蹈集成》编辑部编
出　版　者：中国 ISBN 中心
出 版 时 间：2000.9
出　版　地：北京
页　　　数：824 页
尺　　　寸：26cm
价　　　格：136.00
馆 藏 地 址：北京舞蹈学院图书馆
内 容 提 要：本书介绍了西藏自治区民族民间舞蹈的概况及民族民间舞蹈的分布情况，并用图文并茂、音舞结合的方式记录了西藏自治区藏族舞蹈、门巴族舞蹈、珞巴族舞蹈的技术说明，包括代表性舞剧的舞曲、基本动作、场记说明、服饰和道具说明等，并配有乐谱和插图。

1496 中图法分类：（索书号）J705/87
题　　　名：Dance：我的看舞随身书
书　　　号：ISBN 957-621-752-0
责　任　者：李立亨著
出　版　者：天下远见出版股份公司
出 版 时 间：2000.10.25
出　版　地：台北市
页　　　数：201 页
尺　　　寸：21cm
价　　　格：112.00　TWD320.00
馆 藏 地 址：北京舞蹈学院图书馆
内 容 提 要：你曾经看过印象最深刻的剧场演出是什么？是台上演员的一句话、一个表情，或是他的一生？还是现场的一首乐曲、一吟唱或一抹光线？莎士比亚说：“整个世界就是一座大舞台。”台上的演出反映台下的真实人生。无论是喜、是悲、是荒谬、残酷，是浪漫、冲突，都会触动心灵。本书将帮助读者在“感动”之余，还能增加对剧场知识的了解，让自己从看戏的“热闹”升级到建构自己看戏的“门道”。以剧场史的发展为主轴，带您认识喜剧、悲剧、中国传统剧场、导演剧场、前卫剧场、残酷剧场、荒谬剧场、政治剧场、音乐剧及文化交流剧场等；也介绍国内外知名的导演、剧作家、剧团、剧作等。透过精彩丰富的图片和文字解说，一幕幕好戏仿佛正在上演。

中图法分类：(索书号) J732.1
(J228.4、3134)
题　　名：集体舞套路百例汇编
书　　号：ISBN 7-80641-362-6
责 任 者：梁明富
出 版 者：中原农民出版社 1497
出版时间：2000.10
出 版 地：郑州
页　　数：148页
尺　　寸：18cm
价　　格：5.00
馆藏地址：上海图书馆
内容提要：“一看就懂，一学就会”。本书可以使更多的人消除对集体舞的“神秘”感，参加到这项运动中来，丰富生活，强身健体，早日受益。书中对各个套路做了详细的说明，图文并茂，步伐清晰。本书介绍了集体舞，对象广泛，人人可跳。

中图法分类：(索书号) J792.4 (E297.5)
2000\E297.5\96\中文图书基藏库
题　　名：长歌彩袖绘蓝图—空政歌舞团史话 1950-1966
书　　号：ISBN 7-5033-1239-4 1498
责 任 者：耿耿著
出 版 者：解放军文艺出版社
出版时间：2000.8.1
出 版 地：北京
页　　数：456页：照片
尺　　寸：20cm
价　　格：29.00
馆藏地址：国家图书馆
内容提要：本书记述了中国人民解放军空军政治部歌舞团1950年到1966年的历史，尤其讲述了我国老一辈中央领导人对部队文艺工作者的关怀与鼓励。

1499

中图法分类：（索书号）J709.512/2
题　　名：芭蕾女神：乌兰诺娃
书　　号：ISBN 7-80553-823-9
责 任 者：戈兆鸿编著
出 版 者：上海音乐出版社
出版时间：2000
出 版 地：上海
页　　数：140页，［153］页图版
尺　　寸：24cm
价　　格：60.00
馆藏地址：北京舞蹈学院图书馆
内容提要：本书图文并茂，各个章节从不同角度生动描述了乌兰诺娃怎样感受生活和热爱生活，如何在艺术中追求人间真善美的感情，从而使我们与广大舞蹈艺术爱好者能够感受乌兰诺娃传奇般的艺术和人格魅力。

1500

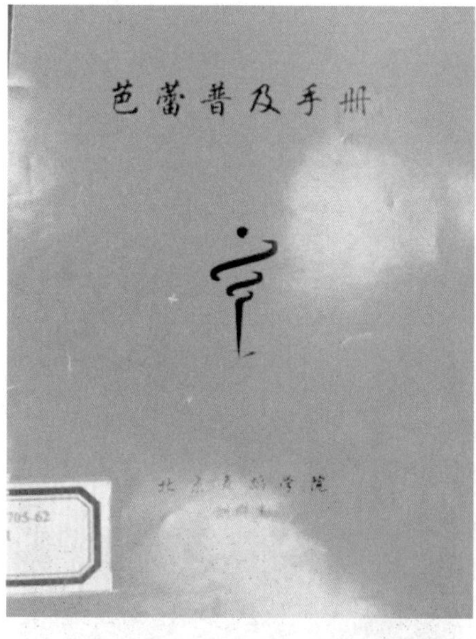

中图法分类：（索书号）J705-62/1
题　　名：芭蕾普及手册（内部资料）
责 任 者：刘群杰编
出 版 者：北京舞蹈学院
出版时间：2000
出 版 地：北京
页　　数：35页
尺　　寸：20cm
价　　格：
馆藏地址：北京舞蹈学院图书馆
内容提要：本书内容分为两部分，第一部分介绍了芭蕾的来源、形成和发展，芭蕾的分类，芭蕾的评介、芭蕾在苏联和中国的发展；第二部分介绍了芭蕾动作术语对照说明。

中图法分类：（索书号）J719.5/3：1.2
题　　　名：芭蕾舞：院外 1.2 级，分级考试教程
书　　　号：ISBN 7-81064-174-3
责 任 者：曲皓主编
出 版 者：知识出版社 1501
出版时间：2000
出 版 地：北京
页　　　数：73 页
尺　　　寸：26cm
价　　　格：12.80，20.00
馆藏地址：北京舞蹈学院图书馆
内容提要：本书内容包括：扶把练习、中间练习、跳跃练习、足尖练习、舞蹈组合、性格舞组合和伴奏乐曲等 7 个部分及附录。

中图法分类：（索书号）J719.5/3/：3
题　　　名：北京舞蹈学院芭蕾舞分级考试教程，第 3 级
责 任 者：曲皓主编
出 版 者：北京市青少年音像出版社
出版时间：2000 1502
出 版 地：北京
页　　　数：73 页
尺　　　寸：26cm
价　　　格：20.00
馆藏地址：北京舞蹈学院图书馆
内容提要：本书内容包括：扶把练习、中间练习、跳跃练习、足尖练习、舞蹈组合、性格舞组合和伴奏乐曲等 7 个部分及附录。

1503 中图法分类：（索书号）J719.5/3/：4
题　　名：北京舞蹈学院芭蕾舞分级考试教程，第4级
责 任 者：曲皓主编
出 版 者：北京市青少年音像出版社
出版时间：2000
出 版 地：北京
页　　数：73页
尺　　寸：26cm
价　　格：20.00
馆藏地址：北京舞蹈学院图书馆
内容提要：本书内容包括：扶把练习、中间练习、跳跃练习、足尖练习、舞蹈组合、性格舞组合和伴奏乐曲等7个部分及附录。

1504 中图法分类：（索书号）J719.5
（J722.5/3/：6国图）
909（2000\J722.5\3/：6\中文图书基藏库\中文基藏）
题　　名：北京舞蹈学院芭蕾舞分级考试教程：第六级/曲皓主编
书　　号：ISBN 7-81064-174-3
责 任 者：曲皓主编；北京舞蹈学院芭蕾舞考级中心编
出 版 者：首都师范大学出版社
出版时间：2000
出 版 地：北京
丛　　书：北京舞蹈学院"十五"规划教材
页　　数：73页
尺　　寸：26cm
价　　格：25.00
馆藏地址：国家图书馆
内容提要：本书内容包括：扶把练习、中间练习、跳跃练习、足尖练习、舞蹈组合、性格舞组合和伴奏乐曲等7个部分及附录。

中图法分类：（索书号）J719.253/1
题　　名：傣族舞蹈教程
书　　号：ISBN 7-81056-274-6
责 任 者：张志萍著
出 版 者：中央民族大学出版社
出版时间：2000 1505
出 版 地：北京
页　　数：225 页
尺　　寸：28cm
价　　格：36.00
馆藏地址：北京舞蹈学院图书馆
内容提要：本书阐释了傣族舞蹈独有的律动，其中包括了打击乐、乐谱，并含有对傣族历史、宗教、民俗的浅谈和以科学的观点来分析其对舞蹈的影响。

中图法分类：（索书号）J709.712/12
题　　名：邓肯与叶赛宁——女舞蹈家和诗人
书　　号：ISBN 7-5313-2224-2
责 任 者：［德］卡罗拉·施德朗（Carola Stern）著；王倩译 1506
出 版 者：春风文艺出版社
出版时间：2000
出 版 地：沈阳
页　　数：144 页
尺　　寸：20cm
价　　格：8.50
馆藏地址：北京舞蹈学院图书馆
内容提要：本书描述了闻名世界的舞蹈家伊萨多拉·邓肯和俄罗斯诗人谢尔盖·叶赛宁两人相逢、相识、相爱结婚以及后来的种种遭遇。

1507 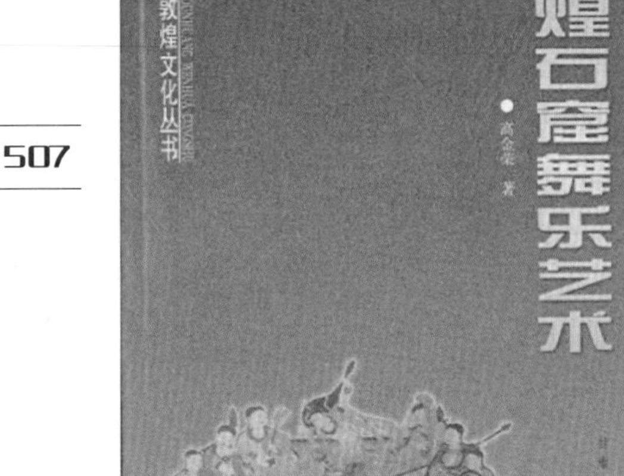

中图法分类：（索书号）J709.2/34
题　　　名：敦煌石窟舞乐艺术
书　　　号：ISBN 7-226-02189-7
责　任　者：高金荣著
出　版　者：甘肃人民出版社
出版时间：2000
出　版　地：兰州
丛　　　书：敦煌文化丛书
页　　　数：140 页
尺　　　寸：20cm
价　　　格：9.50
馆藏地址：北京舞蹈学院图书馆
内容提要：本书介绍敦煌石窟壁画中的乐舞内容，包含敦煌乐器、敦煌舞蹈两大部分。作者通过对敦煌石窟舞乐图像艺术特点的研究分析，使广大读者了解中国舞乐的博大精深，及对世界舞乐的巨大贡献。

1508 

中图法分类：（索书号）J712.25/28
题　　　名：古典芭蕾基础
书　　　号：ISBN 957-67200-5-2
责　任　者：王丽惠译
出　版　者：艺术图书出版社
出版时间：2000
出　版　地：台北市
页　　　数：184 页
尺　　　寸：19cm
价　　　格：77.00 TWD200.00
馆藏地址：北京舞蹈学院图书馆
内容提要：本书作者以实际的经验，将芭蕾的动作以图画和文字，一个一个很正确的说明并连续静态的姿势和动态的动作，使动作在书上得以连续的进行。

中图法分类：（索书号）J705/28
题　　名：古典芭蕾舞艺术大观
书　　号：ISBN 7-103-01697-6
责 任 者：姬茅编著
出 版 者：人民音乐出版社
出版时间：2000 1509
出 版 地：北京
页　　数：385 页
尺　　寸：20cm
价　　格：30.00
馆藏地址：北京舞蹈学院图书馆
内容提要：本书阐述了古典芭蕾舞的历史发展、沿革轨迹；科学论证了古典芭蕾舞的四大美学特征及其独具的贵族风格和气质等内容。

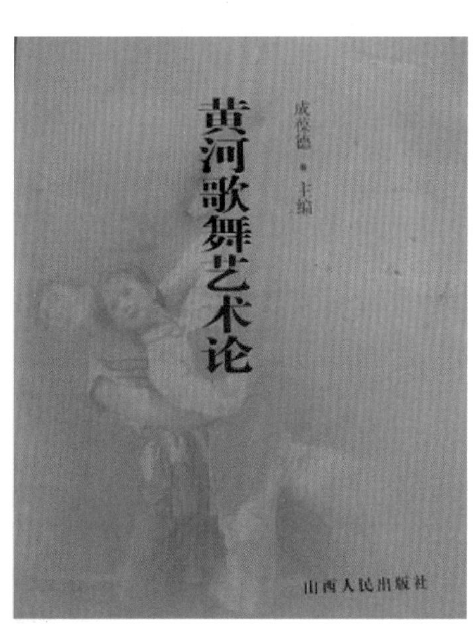

中图法分类：（索书号）J722.7/29
题　　名：黄河歌舞艺术论（影印本）
书　　号：ISBN 7-203-03951-X
责 任 者：成葆德主编
出 版 者：山西人民出版社
出版时间：2000 1510
出 版 地：太原
页　　数：316 页
尺　　寸：20cm
价　　格：20.00
馆藏地址：北京舞蹈学院图书馆
内容提要：本书内容包括黄河歌舞艺术的历史渊源及其流派的形成和发展，黄河歌舞作品品评，黄河歌舞的总体艺术特征，黄河歌舞的艺术成就，黄河歌舞艺术在当代音乐舞蹈史中的地位等。

1511

中图法分类：(索书号) J722.4
(JI218.34/4414#14)
题　　名：吉林省五十年文艺作品选：1949—1999. 舞蹈杂技卷 = Fifty Years of Art and Literature In Jilin Province
书　　号：ISBN 7-5386-1042-1
责 任 者：中共吉林省委宣传部等编辑，陈香兰等主编
出 版 者：吉林美术出版社
出版时间：2000
出 版 地：长春
页　　数：159 页；照片
尺　　寸：29cm
价　　格：268.00
馆藏地址：上海图书馆
内容提要：本书编选了 50 年吉林省的文艺优秀作品。本册为舞蹈杂技卷，分舞蹈、杂技两部分，收录了红绸舞，农乐舞，举刀拉弓，狮子舞等文艺作品。

1512

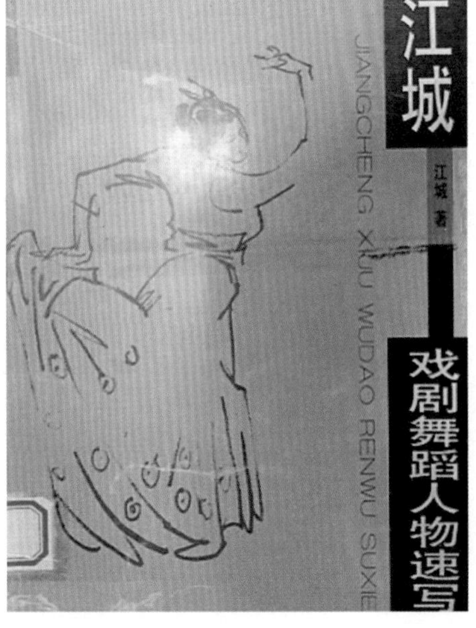

中图法分类：(索书号) J721/10
题　　名：江城：戏剧舞蹈人物速写
书　　号：ISBN 7-0-8351-1570-4
责 任 者：江城著
出 版 者：陕西人民美术出版社
出版时间：2000
出 版 地：西安
页　　数：141 页
尺　　寸：26cm
价　　格：13.80
馆藏地址：北京舞蹈学院图书馆
内容提要：本书收录了作者的《游龟山》、《三岔口》、《老妇人》、《徐策跑城》、《周仁回府》、《铡美案》、《姐妹易嫁》等一百多幅人物速写画作品。

1513

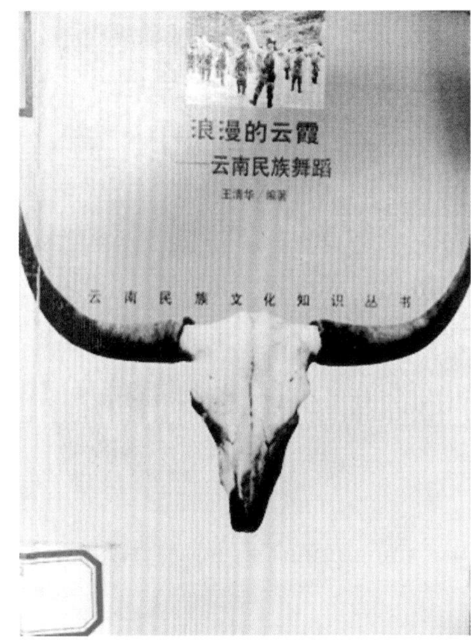

中图法分类：（索书号）J70-02/17
题　　名：浪漫的云霞：云南民族舞蹈
书　　号：ISBN 978-75415-1797-6
责 任 者：王清华编著
出 版 者：云南教育出版社
出版时间：2000
出 版 地：昆明
丛　　书：云南民族文化知识丛书
页　　数：187 页
尺　　寸：21cm
价　　格：15.00
馆藏地址：北京舞蹈学院图书馆
内容提要：本书介绍了形式各异的云南民族舞蹈，包括鼓舞、刀舞、羽舞、芦笙舞、弦子舞、灯舞、面具舞等。云南被誉为“歌舞之乡”，是“歌的海洋”、“舞的世界”。这是人们对云南少数民族文化特点的高度概括和深刻印象。步入云南，你如步入深邃而悠远的历史文化长廊；步入云南，实际上就进入了一个巨大的艺术殿堂。在云南各民族琳琅满目的艺术门类中，云南民族舞蹈艺术，种类繁多，蔚为奇观，早已闻名于世。本书是“云南民族文化知识丛书”之一，全面系统地研究了云南民族舞蹈。该书图文并茂，资料翔实，分析详尽，观点新颖。内容由专家用简洁精练、准确生动的文字写成，充分体现了知识性、系统性、通俗性和可读性，是专题了解云南民族文化知识必备的参考书。

1514

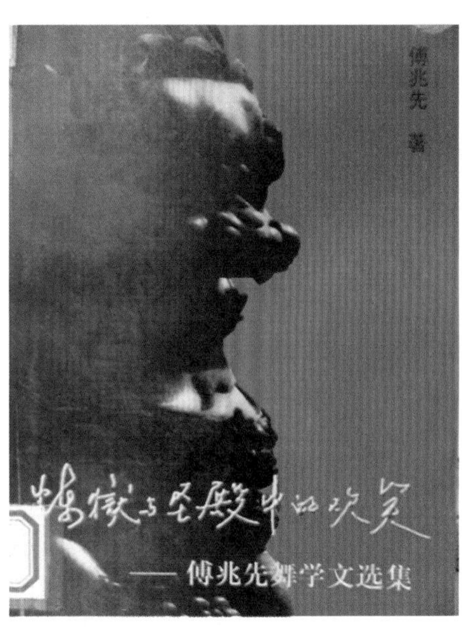

中图法分类：（索书号）J70-02/7
题　　名：炼狱与圣殿中的欢笑：傅兆先舞学文选集
书　　号：ISBN 7-5006-3827-2
责 任 者：傅兆先著
出 版 者：中国青年出版社
出版时间：2000
出 版 地：北京
页　　数：437 页
尺　　寸：20cm
价　　格：28.00
馆藏地址：北京舞蹈学院图书馆
内容提要：本书包括舞蹈史说、舞蹈应用理论、舞蹈评论、舞蹈教学、舞学之外 5 部分，记录了作者对 50 年当代中国舞坛发展的认识、思索与追求。

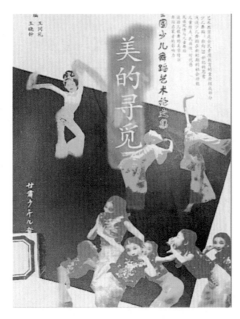

1515

中图法分类：（索书号）J705/55
题　　名：美的寻觅：全国少儿舞蹈艺术论文集
书　　号：ISBN 7-5422-1570-1
责 任 者：王同礼、王晓钟主编
出 版 者：甘肃少年儿童出版社
出版时间：2000
出 版 地：兰州
页　　数：410 页
尺　　寸：20cm
价　　格：16.00
馆藏地址：北京舞蹈学院图书馆
内容提要：本书收入关于少儿舞蹈艺术品的论文 80 篇，对少儿舞蹈教育及创作的基础理论、实用理论和技术技法等，从不同角度进行了探讨和总结。

1516

中图法分类：（索书号）J705/89
题　　名：美妙的芭蕾
书　　号：ISBN 957-672-321-3
责 任 者：何恭上编著
出 版 者：艺术图书公司
出版时间：2000 修一版
出 版 地：台北市
页　　数：219 页
尺　　寸：21cm
价　　格：133.00　TWD380.00
馆藏地址：北京舞蹈学院图书馆
内容提要：本书以图文对照方式，介绍杰出舞蹈家所跳出最动人舞剧，从塔格里妮、芬妮、萨莉多、玛卡娃、邓肯……的古典芭蕾舞，到玛莎·格兰姆、尼可拉、巴兰钦、李蒙、保罗·泰勒、艾尔文·艾利、罗宾斯、摩斯·卡灵汉……的现代舞。全部以图文对照方式，导引欣赏最美妙最动人的芭蕾舞。

1517

中图法分类：（索书号）J719.2/1
题　　名：民族舞韵
书　　号：ISBN 7-54302-073-4
责 任 者：贾晓玲著
出 版 者：武汉出版社
出版时间：2000
出 版 地：武汉
页　　数：197 页
尺　　寸：29cm
价　　格：93.00
馆藏地址：北京舞蹈学院图书馆
内容提要：本书介绍了傣族舞、云南花灯舞、蒙古舞、藏族舞、安徽花鼓舞、朝鲜舞六种舞的图解教程，包括每种舞的基本起源和特征、舞姿、舞步、节奏、组合训练等。

1518

中图法分类：（索书号）J705/18
题　　名：你我手拉手：舞蹈艺术 ABC
书　　号：ISBN 7-5008-2339-8
责 任 者：常古著
出 版 者：中国工人出版社
出版时间：2000
出 版 地：北京
页　　数：221 页
尺　　寸：20cm
价　　格：11.80
馆藏地址：北京舞蹈学院图书馆
内容提要：这是一束鲜花式的丛书。本书分为：绪论，中国篇，外国篇和鉴赏篇，讲解舞蹈常识。

1519 中图法分类：（索书号）J709/12
题　　　名：肉体的叛逆（内部教材）
责 任 者：刘青弋著
出 版 者：北京舞蹈学院
出版时间：2000.
出 版 地：北京
页　　　数：232 页
尺　　　寸：20cm
价　　　格：
馆藏地址：北京舞蹈学院图书馆
内容提要：本书介绍了现代舞领域一些代表人物的舞蹈生平和代表作赏析，勾勒出了现代舞的起源和发展历程。

1520 中图法分类：（索书号）J709.251/2302
题　　　名：上海舞蹈舞剧志、上海歌剧志
责 任 者：《上海文化艺术志编委会》、《上海舞蹈舞剧志》、《上海歌剧志》主编
出 版 者：上海文化艺术编委会
出版时间：2000.12
出 版 地：上海
页　　　数：571 页：照片
尺　　　寸：20cm
价　　　格：
馆藏地址：上海图书馆
内容提要：本书以历史的角度回顾了“上海舞蹈、舞剧”及“歌剧”所走过的道路。以上海地区为主，综合记录该地艺术类的舞蹈、舞剧、歌剧方面有关历史与现状的著作。

中图法分类：（索书号）J722.3/56
题　　名：少儿歌舞游戏新编
书　　号：ISBN 7-5621-2316-0
责 任 者：李嘉评、卢青生编著
出 版 者：西南师范大学出版社
出版时间：2000 1521
出 版 地：重庆
丛　　书：音乐教育丛书
页　　数：240 页
尺　　寸：26cm
价　　格：21.00
馆藏地址：北京舞蹈学院图书馆
内容提要：本书包括有趣的游戏、幼儿歌舞、各族孩子的舞蹈、少儿歌舞、少儿歌舞剧、动物模拟律动曲、儿童歌舞基本步伐律动曲等部分，并配有舞蹈场记图、题图和插图，是中小学及幼儿园舞蹈教学及文娱活动的教材。

中图法分类：（索书号）J709.2/39
题　　名：诗·乐·舞韵
书　　号：ISBN 7-5006-3929-5
责 任 者：莫德格玛著
出 版 者：中国青年出版社
出版时间：2000.10.1 1522
出 版 地：北京
页　　数：158 页
尺　　寸：24cm
价　　格：148.00
馆藏地址：北京舞蹈学院图书馆
内容提要：本书主要介绍了蒙古舞蹈美与诗·乐·舞韵，岩画舞蹈图与蒙古舞蹈，蒙古舞蹈的统一性与多样性、蒙古诸部族舞蹈概述等内容。莫德格玛，是在老一辈国家领导人的亲切关照下，成长起来的蒙古族著名舞蹈艺术家。这位从 14 岁开始刻苦学习舞蹈的艺术家，在她 44 年的艺术实践的道路上，曾以《盅碗舞》、“东方红”舞蹈史诗中蒙古舞蹈的领舞一举成名，在中外观众心中留下了非常深刻的印象。尤其是她那种踏踏实实，刻苦钻研，精益求精，一丝不苟的艺术品德给同行们留下了极其难忘的印象。其中，她表演的《盅碗舞》，不仅 1962 年第 8 届世界青年学生和平与友谊联欢节舞蹈比赛中获得了金质奖章，而且她通过艰辛的艺术实践不断提炼，通过她的数千场次的千锤百炼日臻完善的过程中，铸造了久演不衰的舞台表演艺术家的历程。

1523

中图法分类：（索书号）J722.22/15
题　　　名：丝路乐舞之旅：新疆少数民族音乐舞蹈
书　　　号：ISBN 957-561-088-1
责　任　者：蔡宗德、周菁葆主编
出　版　者：世界文物出版社
出 版 时 间：2000
出　版　地：台北市
页　　　数：334 页
尺　　　寸：21cm
价　　　格：121.60 TWD320.00
馆 藏 地 址：北京舞蹈学院图书馆
内 容 提 要：本书叙述了古代丝绸之路各民族概况和音乐舞蹈的历史文化背景和艺术风格，并记录了维吾尔族、哈萨克族、柯尔克孜族、乌孜别克族、塔吉克族、回族、西蒙古、锡伯族、答斡尔族、塔塔尔族、俄罗斯族的民间歌曲、民间乐器、民间歌舞、音乐特点等。

1524

中图法分类：（索书号）J709.27/2
题　　　名：陶金我的至爱
书　　　号：ISBN 7-80142-193-0
责　任　者：赵丽萍著
出　版　者：华艺出版社
出 版 时 间：2000
出　版　地：北京
页　　　数：227 页
尺　　　寸：20cm
价　　　格：15.00
馆 藏 地 址：北京舞蹈学院图书馆
内 容 提 要：一代现代舞王陶金仙逝已三年，青梅竹马，相濡以沫十年的结发之妻赵丽萍回忆这位英年早逝的舞坛怪才勤奋、真诚的一生。

中图法分类：（索书号）J732.8/4450
题　　　名：体育舞蹈教程
书　　　号：ISBN 7-205-04580-0
责　任　者：张绰庵、赵晶霞主编
出　版　者：学苑出版社
出版时间：2000.1
出　版　地：北京
丛　　　书：大学体育系列丛书
页　　　数：147页；照片
尺　　　寸：26cm
价　　　格：25.00
主题标目：交际舞
馆藏地址：上海图书馆
内容提要：本书共分7章，具体内容包括：体育舞蹈常用名词及术语、竞赛组织、体育舞蹈的创编、基本素质、体育舞蹈的技术等。

1525

中图法分类：（索书号）J732.8/31
题　　　名：体育舞蹈教程
书　　　号：ISBN 7-205-04580-0
责　任　者：李春文编著
出　版　者：辽宁人民出版社
出版时间：2000
出　版　地：沈阳
页　　　数：147页
尺　　　寸：26cm
价　　　格：25.00
馆藏地址：北京舞蹈学院图书馆
内容提要：本书介绍了体育舞蹈概述；舞蹈语言；体育舞蹈与现代舞；体育舞蹈艺术风格基本功的训练；形体训练；健美操训练等。

1526

1527

中图法分类：（索书号）J722.8
（G831.3/6422）
题 名：舞蹈健美
书 号：ISBN 7-5611-1832-5
责 任 者：田爱华等主编
出 版 者：大连理工大学出版社
出 版 时 间：2000
出 版 地：大连
页 数：156页；插图
尺 寸：20cm
价 格：8.00
馆 藏 地 址：上海图书馆
主 题 标 目：健美操—高等学校
内 容 提 要：本书集舞蹈、形体训练、健美、健美操、国标舞和交际舞等于一体，是一本具有现代性的综合艺术书籍。全书共分基本形态控制练习、男子健美、健美操、国际标准舞、交谊舞五章。

1528

中图法分类：（索书号）J70-05/2
题 名：舞蹈教育学
书 号：ISBN 7-80553-777-1
责 任 者：吕艺生著
出 版 社：上海音乐出版社
出 版 时 间：2000
出 版 地：上海
页 数：266页
尺 寸：26cm
价 格：28.00
馆 藏 地 址：北京舞蹈学院图书馆
内 容 提 要：本书包括：舞蹈教育学的建立、舞蹈教育的目的与方针、舞蹈教育制度、舞蹈教学计划的制定、舞蹈实习、舞蹈教育的管理系统等内容。

中图法分类：（索书号）J712.29/1
题　　名：舞蹈与健美操
书　　号：ISBN 7-215-04769-5
责 任 者：河南省高校体育教育专业专科教材编写委员会编
出 版 者：河南人民出版社
出版时间：2000
出 版 地：郑州
页　　数：421 页
尺　　寸：20cm
价　　格：12.50
馆藏地址：北京舞蹈学院图书馆
内容提要：本书内容包括：舞蹈概述、舞蹈的基础教学、舞蹈的基本练习、国际体育舞蹈、健美操概述、健美操的教学、健身健美操、健美操的音乐等。 1529

中图法分类：（索书号）J709.2/67
题　　名：香港舞蹈历史
书　　号：ISBN 962-993-205-9
责 任 者：郭世毅等著
出 版 者：天地图书公司
出版时间：2000
出 版 地：香港
页　　数：330 页
尺　　寸：29cm
价　　格：200.00　HKD220.00
馆藏地址：北京舞蹈学院图书馆
内容提要：本书忠实记述了 1940 年，旅英爱国华侨舞蹈家戴爱莲回国参加抗战，曾在香港参加募捐义演，此乃中国新舞蹈扎根香港的前奏。回顾中国舞蹈 50 年来香港的发展轨迹，大致可分为四个时期：1. 播种萌芽期（1949 以前）2. 民间自发期（1949—1969）3. 继承发展期（1970—1979）4. 迈向成熟期（1980—1999）如今半个世纪已经过去，一种充满浓厚中国民族格调，又具本土色彩与时代精神的香港舞蹈已在久经坎坷之后拔地而起，并在舞台上占据了重要的地位。这就是香港舞蹈的历史。 1530

中图法分类：（索书号）J732.8/29
题　　　名：学跳交谊舞（第二版）
书　　　号：ISBN 7-5608-1327-5
责 任 者：杨威等编著
出 版 者：同济大学出版社
1531 出版时间：2000. 2 版
出 版 地：上海
页　　　数：292 页
尺　　　寸：19cm
价　　　格：18.00
馆藏地址：北京舞蹈学院图书馆

内容提要：本书图文并茂地介绍了学习交谊舞的常识，并对不同舞步、舞姿做了说明。本书精选了那些舞姿优美，容易学习和掌握的舞步，采用由浅入深，循序渐进的方法；既侧重基本舞步的练习，掌握各种舞种的不同风格、特点；又强调实用，使所学习的内容能自然形成各种变换组合。

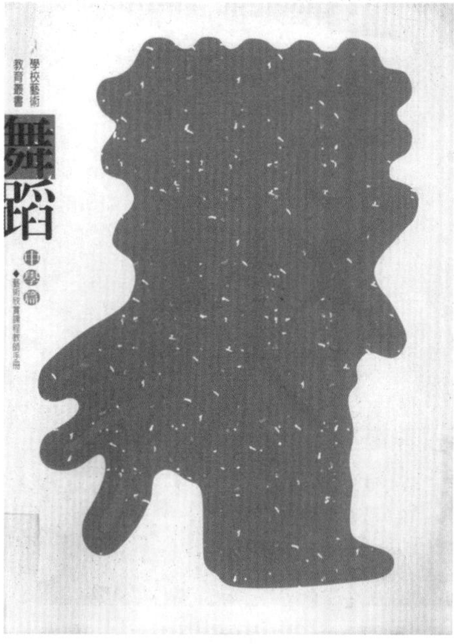

中图法分类：J70/75
题　　　名：艺术欣赏课程教师手册，中学舞蹈篇
书　　　号：ISBN 957-02-6370-9
责 任 者：张丽珠等撰稿
1532 出 版 者：“国立”台湾艺术教育馆
出版时间：2000
出 版 地：台北市
页　　　数：108 页
尺　　　寸：30cm
价　　　格：133.00　TWD350.00
馆藏地址：北京舞蹈学院图书馆
内容提要：本书图文并茂地介绍了舞蹈作品欣赏、舞蹈的类型与发展、舞蹈技巧演练等内容。

中图法分类：（索书号）J709.258/7
题　　　名：与自然共舞——“台湾”原住民舞蹈
书　　　号：ISBN 957-667-797-1
责 任 者：刘凤学著
出 版 者：商周编辑顾问股份有限公司 1533
出版时间：2000
出 版 地：台北市
页　　数：144 页
尺　　寸：17cm
价　　格：68.40　TWD180.00
馆藏地址：北京舞蹈学院图书馆
内容提要：本书介绍了 1900 年至 1978 年间“台湾”原住民九族的传统舞蹈，以及各民族传统社会组织生活形态、信仰、祭祀礼仪与舞蹈的相关性。

中图法分类：（索书号）J719.3/3/：1
题　　　名：中国舞等级考试教材．第一级（幼儿）
书　　　号：ISBN 7-103-02153-8
责 任 者：孙光言主编
出 版 者：人民音乐出版社 1534
出版时间：2000
出 版 地：北京
页　　数：3 册（57, 59, 64 页）
尺　　寸：30cm
价　　格：13.00（含光盘）
馆藏地址：北京舞蹈学院图书馆
内容提要：本教材的编制是供少年儿童和青年校外学习舞蹈使用的，它把中国古典舞、中国民间舞的一些基本舞姿、动作和舞步，按不同年龄的生理及心理特征划分为八个等级。本册为幼儿第一级。

1535 中图法分类：（索书号）J709.2（54）/1
题　　名：中华舞蹈志，安徽卷
书　　号：ISBN 978-7-80616-992-X
责 任 者：《中华舞蹈志》编辑委员会编
出 版 者：学林出版社
出版时间：2000
出 版 地：上海
页　　数：312 页，［5］页图版
尺　　寸：23cm
价　　格：50.00
馆藏地址：北京舞蹈学院图书馆
内容提要：本书分为综述、志略、文物史迹、人物传记、图表几大部分，系统记述安徽省民族民间舞蹈的历史、现状、内容形式、风格流派、衍变特色以及有关的节令风俗、信仰礼仪。

1536 中图法分类：（索书号）J709.2/5286-5
题　　名：中华舞蹈志·河南卷·洛阳卷
责 任 者：洛阳市文化局
出 版 者：洛阳市文化局
出版时间：2000
出 版 地：洛阳
页　　数：234 页：地图，图表
尺　　寸：26cm
价　　格：
馆藏地址：上海图书馆
内容提要：河南洛阳有五千年文明史四千余年建城史，以洛阳为中心的河洛地区是中华文明的发源地，世界上第一座统筹规划的城市；自夏朝开始有 13 个王朝在此定都。此地有着深厚的历史底蕴。她代表了中原文化的历史脉络。河南洛阳可以代表中原舞蹈的中心，本书着重介绍了洛阳舞蹈。

中图法分类：（索书号）J709.2（51）/1
题　　名：中华舞蹈志，上海卷
书　　号：ISBN 978-7-80616-993-8
责 任 者：《中华舞蹈志》编辑委员会编
出 版 者：学林出版社
出版时间：2000 1537
出 版 地：上海
页　　数：225 页
尺　　寸：23cm
价　　格：38.00
馆藏地址：北京舞蹈学院图书馆
内容提要：本书分为综述、志略、文物史迹、人物传记、图表几大部分，系统记述了上海市民族民间舞蹈的历史、现状、内容形式、风格流派、衍变特色以及有关的节令风俗、信仰礼仪。

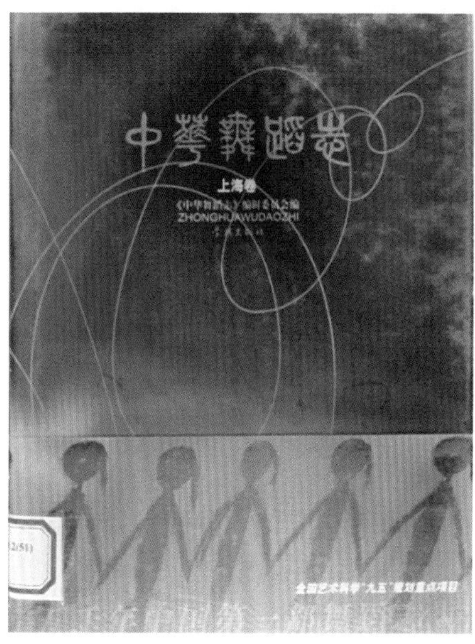

中图法分类：（索书号）J70-05/18
题　　名：中国艺术教育大系：中国民间舞蹈文化教程（舞蹈卷）
书　　号：ISBN 978-78055-3852-5
责 任 者：罗雄岩著
出 版 社：上海音乐出版社 1538
出版时间：2001.1.1
出 版 地：上海
丛　　书：普通高等教育“九五”国家级重点教材，中国艺术教育大系
页　　数：301 页
尺　　寸：26cm
价　　格：30.00
馆藏地址：北京舞蹈学院图书馆
内容提要：本书阐述了作为民间舞蹈研究对象、探索他们之间的内在联系与表现文化的规律，研究它们各自的文化特点与形成的各种因素。

中图法分类：（索书号）J722.2（73）/1
题　　名：中国民族民间舞蹈集成，贵州卷
书　　号：ISBN 7-507601495-1
责 任 者：《中国民族民间舞蹈集成》编辑部编
1539 出 版 者：中国 ISBN 中心
出版时间：2001.1
出 版 地：北京
页　　数：1122 页
尺　　寸：26cm
价　　格：180.00
馆藏地址：北京舞蹈学院图书馆
内容提要：本书介绍了贵州省民族民间舞蹈的概况及民族民间舞蹈的分布情况，并用图文并茂、音舞结合的方式记录了贵州省汉族舞蹈、苗族舞蹈、布依族舞蹈、彝族舞蹈、水族舞蹈、土家族舞蹈、瑶族舞蹈、毛南族舞蹈、仡佬族舞蹈、侗族舞蹈的技术说明，包括代表性舞剧的舞曲、基本动作、场记说明、服饰和道具等，并配有乐谱和插图。

中图法分类：（索书号）J722.2（44）/1
题　　名：中国民族民间舞蹈集成，青海卷
书　　号：ISBN 7-5076-0194-3
责 任 者：《中国民族民间舞蹈集成》编辑部编
1540 出 版 者：中国 ISBN 中心
出版时间：2001.2
出 版 地：北京
页　　数：688 页
尺　　寸：26cm
价　　格：115.00
馆藏地址：北京舞蹈学院图书馆
内容提要：本书介绍了青海省民间舞蹈的概况和各县民族民间舞蹈分布情况，并用图文并茂、音舞结合的方式记录了青海省省汉族舞蹈、藏族舞蹈、回族舞蹈、蒙古族舞蹈、土族舞蹈、撒拉族舞蹈的技术说明，包括代表性舞蹈节目的舞曲、基本动作、场记说明、服饰和道具等，并配有乐谱和插图。

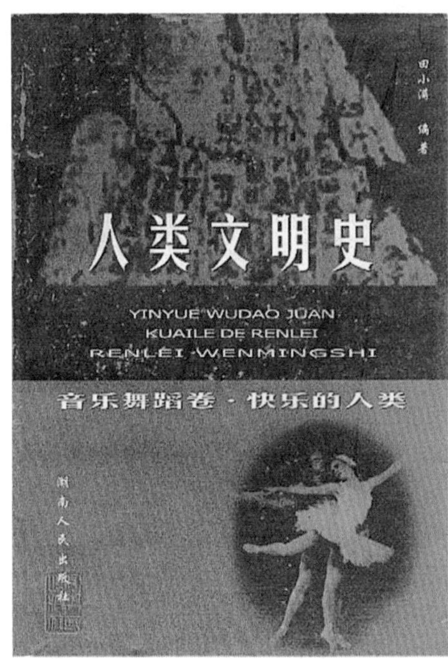

中图法分类：（索书号）J709/1
（参见 K103/693）
题　　名：人类文明史．音乐舞蹈卷．快乐的人类
书　　号：ISBN 7-5438-2290-3
责 任 者：田小满
出 版 者：湖南人民出版社 1541
出版时间：2001.3
出 版 地：长沙
页　　数：227 页；照片
尺　　寸：20cm
价　　格：12.00
馆藏地址：浙江图书馆
内容提要：本卷共九章，主要包括“从娱神到娱人：商周音乐舞蹈”、“南北交融，承上启下：南北朝音乐舞蹈”、“豪放婉约，雅俗共赏：宋元音乐舞蹈”等。

中图法分类：（索书号）J709.2（61）
（J709.261.3/3472）
题　　名：安阳市舞蹈志
责 任 者：李巧玲
出 版 者：安阳市文化局编纂
出版时间：2001.4
出 版 地：河南安阳 1542
页　　数：76 页
尺　　寸：25cm
价　　格：
馆藏地址：上海图书馆
内容提要：安阳民间舞蹈艺术至少在五千年前的新石器时代就已产生，内容十分丰富。《跑帷子》、《跑阵舞》由古代战争中的陈兵布阵演变而来；《打独角兽》、《扛箱舞》反映了上古人与兽的搏斗；《龙舞》、《狮舞》、《麒麟舞》是典型的模拟舞蹈；《打春牛》、《打铁舞》模仿人们生产劳动的情景；《菊花灯》、《旱船舞》、《高跷舞》等表现了劳动群众对美好生活的向往。大型群众舞蹈《秧歌舞》、《腰鼓舞》是解放战争时期产生的革命舞蹈。《抬阁》、《肘阁》是典型的道具性舞蹈。震撼人心的《鼓舞》、《大铜器舞》场面壮观，情绪热烈，气势恢宏。《刘海戏金蟾》、《斗金龟》和《寿星观花》是取材于神话寓言的舞蹈。其他还有《五鬼闹判》、《拉秦桧》、《二鬼摔跤》、《挑花篮》等等，也在民间盛行。运用道具进行表演，歌舞结合采用虚拟、象征的表现手法，是中原民间舞蹈的明显特征。

1543

中图法分类：（索书号）J70/1
（J609.1/240）
题　　　名：生命的律动—音乐舞蹈卷
书　　　号：ISBN 7-201-03691-2
责　任　者：秋桦主编
出　版　者：天津人民出版社
出 版 时 间：2001.5
出　版　地：天津
丛　　　书：环球书系
页　　　数：344 页
尺　　　寸：20cm
价　　　格：15.00
馆 藏 地 址：浙江图书馆
内 容 提 要：本书涉及古典音乐、现代音乐、流行音乐、歌剧、歌曲、从韵律中体味人生；芭蕾舞、现代舞、流行舞、民间舞，于跳跃中感受生命.

1544

中图法分类：（索书号）J722.21/34/：2
题　　　名：论中国民间舞艺术：中国民间舞毕业生论文集.2
书　　　号：ISBN 7-80647-311-4
责　任　者：北京舞蹈学院中国民间舞系编
出　版　者：百花洲文艺出版社
出 版 时 间：2001.9
出　版　地：南昌
页　　　数：667 页
尺　　　寸：20cm
价　　　格：18.00
馆 藏 地 址：北京舞蹈学院图书馆
内 容 提 要：本书分为实体论、文化论、教育论、比较学、训练法、教学法、教材观、创作法、表演论、借鉴观等部分，收入北京舞蹈学院中国民间舞系的学生的毕业论文。

1545

中图法分类：（索书号）J719.3/3/：5
题　　名：中国舞等级考试教材：第五级（儿童）
书　　号：ISBN 7-103-02446-4
责 任 者：北京舞蹈学院编，孙光言主编
出 版 者：人民音乐出版社
出版时间：2001.9
出 版 地：北京
页　　数：120页
尺　　寸：30cm
价　　格：18.00
馆藏地址：北京舞蹈学院图书馆
内容提要：本书五级课学生年龄约在8-10岁。在上一级训练的基础上，要加强对身体基本体态及腰腿柔软的训练，同时学习新的“舞姿”及“舞步”。

1546

中图法分类：（索书号）J722.4/2645
书　　号：ISBN 978-962-86026-3-6
题　　名：大武舞考
责 任 者：鲁士春著
出 版 者：新亚研究所；文星图书有限公司
出版时间：2001.10
出 版 地：香港
丛　　书：新亚丛书
页　　数：119页
尺　　寸：23cm
价　　格：40.00　HK40.00
馆藏地址：上海图书馆
内容提要：据《礼记・乐记》记载，《诗经》大武舞的乐曲共有“六成”，而每一成还伴有舞蹈。《周颂》之诗，原来不仅配以乐曲，而且还伴以舞蹈。可惜的是，这些乐曲及舞蹈几乎全都亡佚了。惟《大武舞》赖《礼记》而完整地保存了下来，这是极其珍贵的。本书对《大武舞》做了详细的考证。

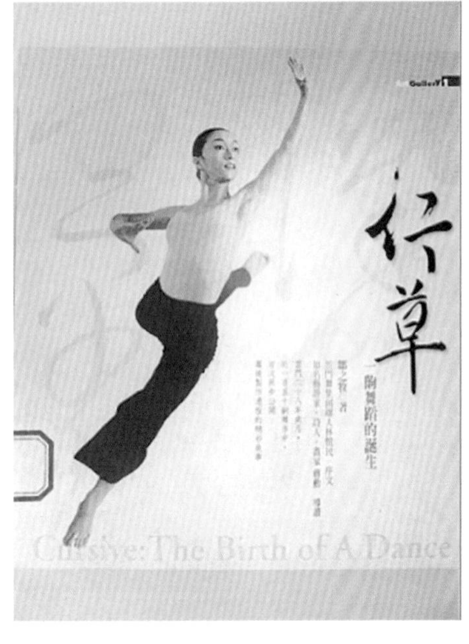

1547 中图法分类：(索书号) J705/94
题　　　名：行草：一个舞蹈的诞生
书　　　号：ISBN 957-46-9778-9
责 任 者：邹之牧著
出 版 者：木马文化事业有限公司
出版时间：2001.12
出 版 地：台北市
页　　　数：153 页
尺　　　寸：21cm
价　　　格：170.04　TWD400.00
馆藏地址：北京舞蹈学院图书馆
内容提要：本书由林怀民谈《行草》的构想开始，不但介绍幕后制作人员如舞台、服装、灯光、音乐等工作者的心路历程与设计过程，也特别制作了幕前每位舞者的排练日志，让读者亲身体验一个舞蹈诞生的过程，也更进一步认识云门。书中附了多幅珍贵照片，包括讨论、集训、制作与排练等，并有云门舞集创办人林怀民的序文、中国书法艺术的导读与书法家简介。

1548 中图法分类：(索书号) J7-61/12
题　　　名：Oxford Dictionary of Ballet 牛津芭蕾词典
书　　　号：ISBN 7-81080-043-4-Ox
责 任 者：[德] 凯格勒 (Koegler. H.)
出 版 者：上海外语教育出版社
出版时间：2001
出 版 地：上海
页　　　数：458 页
尺　　　寸：20cm
价　　　格：19.50
馆藏地址：北京舞蹈学院图书馆
内容提要：本词典是英语版中有关芭蕾舞蹈内容最全面、最新颖的工具书。收录过去 400 年中关于芭蕾舞各个方面的 5000 余条目，包括芭蕾舞演员、编舞者，作曲家、舞蹈设计者、芭蕾舞剧、芭蕾舞学校等，书中还附有剧照。

中图法分类：（索书号）J792/7489 1549
题　　名：澳门舞蹈发展二十年：公元一九八零至二零零零年
书　　号：ISBN 978-9-9937-661-0-0
责 任 者：邓锦常、邓伊珈著
出 版 者：澳门舞蹈协会
出版时间：2001
出 版 地：澳门
页　　数：183 页：图；剧照
尺　　寸：31cm
价　　格：MOP100.00
馆藏地址：上海图书馆
主题标目：舞蹈事业—澳门~1980-2000
内容提要：本书介绍了澳门舞蹈事业发展的二十年。在澳门舞蹈协会的领导下，为推动澳门舞蹈艺术发展，加强本澳舞蹈工作者与爱好者之间的团结和艺术交往，互相学习，共同提高。做出了很大的成绩。此书基本用图片的形式展示了澳门舞蹈发展的二十年。从中可以看出澳门舞蹈走过的是辉煌的二十年。

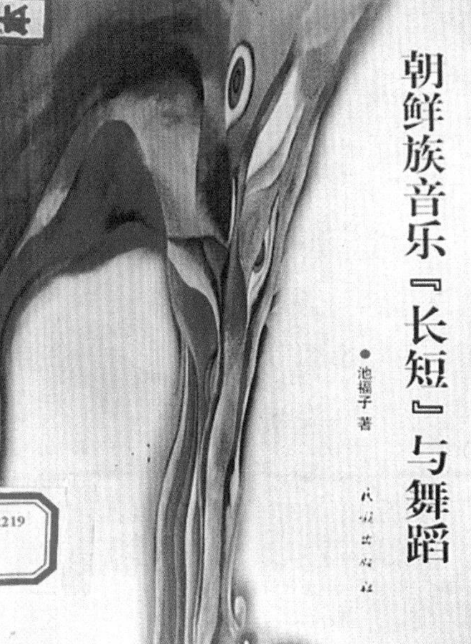

中图法分类：（索书号）J722.221.9/3 1550
题　　名：朝鲜族音乐“长短”与舞蹈
书　　号：ISBN 7-105-04251-6
责 任 者：池福子著
出 版 者：民族出版社
出版时间：2001
出 版 地：北京
页　　数：130 页，[2] 页图版
尺　　寸：18cm
价　　格：16.00
馆藏地址：北京舞蹈学院图书馆
内容提要：本书共两篇，第一篇介绍了朝鲜族“长短”与舞性、朝鲜族舞蹈常用音乐“长短”及相应舞蹈、朝鲜族舞蹈常用混合“长短”及相应舞蹈、当代创新的朝鲜族“长短”及相应的舞蹈；第二篇介绍了朝鲜族舞蹈中长鼓的构造与名称、鼓槌的名称与拿法、长鼓演奏法、不同“长短”的演奏法、边击鼓边舞的训练等。

1551

中图法分类：（索书号）J732.8/13
题　　名：国际标准交谊舞简明教程：彩图本
书　　号：ISBN 7-5349-2523-1
责 任 者：［英］沃尔特·莱尔德（Walter Laird）著
出 版 者：河南科学技术出版社
出版时间：2001
出 版 地：郑州
页　　数：78页
尺　　寸：28cm
价　　格：40.00
馆藏地址：北京舞蹈学院图书馆
内容提要：舞蹈大师沃尔特·莱尔德设计的此套教程，为六种最流行的国际标准交谊舞的入门，其中的彩照展示了所有的舞步及必要的组合以完成完美的舞蹈，还编有专门的练习步骤，帮助读者轻松掌握其基本节奏。

1552

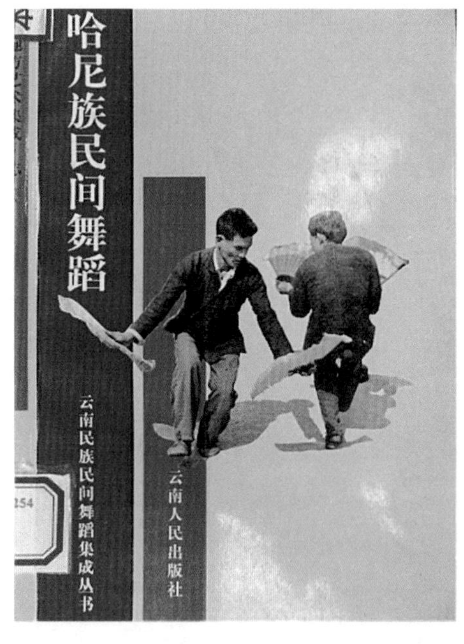

中图法分类：（索书号）J722.225.4/3
题　　名：哈尼族民间舞蹈
书　　号：ISBN 7-222-03299-1
责 任 者：云南红河哈尼族彝族自治州文化局，云南红河哈尼族彝族自治县编
出 版 者：云南人民出版社
出版时间：2001
出 版 地：昆明
丛　　书：云南民族民间舞蹈集成丛书
页　　数：319页，［6］页图版
尺　　寸：21cm
价　　格：22.00
馆藏地址：北京舞蹈学院图书馆
内容提要：本书介绍了哈尼族的民族概况和哈尼族民间舞蹈的代表性动作，并记录了扇子舞、木雀舞、碗舞等四十余个哈尼族舞蹈的技术说明，包括舞曲、基本动作、场记说明、服饰和道具等，并附有哈尼族民间舞蹈传说故事和艺人简介等。

中图法分类：（索书号）J7-49/1140
题　　名：漫游戏剧舞蹈大观园
书　　号：ISBN 7-221-05366-9
责 任 者：王培堃著
出 版 者：贵州人民出版社
出版时间：2001 1553
出 版 地：贵阳
丛　　书：大千世界丛书
页　　数：122 页：图
尺　　寸：19cm
价　　格：6.80
馆藏地址：上海图书馆
内容提要：本书内容包括：什么是舞蹈？舞蹈有哪些功能？什么是现代舞？中国有多少民族民间舞蹈？芭蕾舞是怎样兴起的？为何说戏剧是综合艺术？中国有多少戏曲剧种等。本书是《大千世界丛书》中的漫游戏剧舞蹈大观园分册，该书以问答的形式，介绍了什么是舞蹈、舞蹈的基本要素，并介绍了古今中外的戏剧大师等等。本书内容丰富，图文并茂，讲解通俗易懂，具有一定的知识性、趣味性及可读性，是一本极佳的青少年读物，它可使青少年开阔眼界，增长见识，提高各方面的修养。

中图法分类：（索书号）J706/9
题　　名：倾听身体之歌—舞蹈治疗的发展与内涵
书　　号：ISBN 957-30163-5-4
责 任 者：李宗芹著
出 版 者：心灵工坊文化
出版时间：2001 1554
出 版 地：台北市
页　　数：296 页
尺　　寸：21cm
价　　格：106.40　TWD280.00
馆藏地址：北京舞蹈学院图书馆
内容提要：全书从舞蹈治疗的发展缘起开始，进而介绍各种不同的治疗取向，再到临床治疗实务运作方法，是国内第一本最完整的舞蹈治疗权威书籍。

1555

中图法分类：（索书号）J709/16
题　　　名：世界舞蹈史
书　　　号：ISBN 957-30848-2-1
责 任 者：李天民、余国芳著
出 版 者：大卷文化有限公司
出版时间：2001
出 版 地：台北市
页　　　数：804 页
尺　　　寸：24cm
价　　　格：250.00　TWD1000.00
馆藏地址：北京舞蹈学院图书馆
内容提要：本书以年代为主线，做系统的阐述，对世界各时代的舞蹈和现象，予以综合的研究和评述，理清其发展脉络，并将中国舞蹈史料，依发展的年代顺序，纳入其中，全书共分为十九章。依次为：史前舞蹈，原始舞蹈，古代埃及舞蹈，苏美尔和希伯来人舞蹈，古代希腊舞蹈，古罗马舞蹈，古代印度舞蹈，中国古代舞蹈，西方基督文化圈舞蹈，伊斯兰文化圈舞蹈，中古印度宗教文化圈舞蹈，中古中华文化圈舞蹈，欧罗巴洲舞蹈，亚美利加洲舞蹈，阿非利加洲，亚细亚洲舞蹈，大洋洲舞蹈。

1556

中图法分类：（索书号）J709.2/35
题　　　名：图说中国舞蹈史
书　　　号：ISBN 7-5338-3903-X
责 任 者：冯双白等著
出 版 者：浙江教育出版社
出版时间：2001
出 版 地：杭州
丛　　　书：图说中国艺术史丛书
页　　　数：234 页
尺　　　寸：26cm
价　　　格：48.00
馆藏地址：北京舞蹈学院图书馆
内容提要：本书精选了中国舞蹈艺术发展史上有重要价值的图片，辅之以通俗流畅的文字叙述，向读者展示了中国舞蹈艺术史的发展轨迹。

中图法分类：（索书号）J711.33/2
题　　名：体态律动课例
书　　号：ISBN 7-103-02096-5
责 任 者：缪力编著
出 版 者：人民音乐出版社
出版时间：2001
出 版 地：北京
页　　数：124 页
尺　　寸：30cm
价　　格：18.00
馆藏地址：北京舞蹈学院图书馆
内容提要：本书运用达尔克罗兹体系的原理，尽可能地联系我国的中、小、幼音乐教学实际来设计不同层次的课堂实例提供具体的谱例和教学提示。 1557

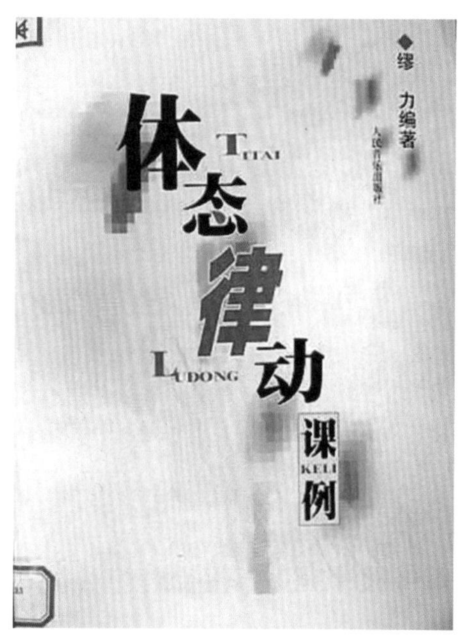

中图法分类：（索书号）J722.8/1441
题　　名：跳舞指南
书　　号：ISBN 7-80595-686-3
责 任 者：孙志强著
出 版 者：远方出版社
出版时间：2001
出 版 地：呼和浩特
丛　　书：现代社会实用百科全书
页　　数：455 页：图表
尺　　寸：20cm
价　　格：5800.00（全 46 卷）
馆藏地址：上海图书馆
内容提要：本书内容包括：跳舞的好处、怎样学好跳舞，学好交谊舞、体育舞蹈等。 1558

1559

中图法分类：（索书号）J722.221/0247
题　　名：通灵古韵：双柏彝山原始舞蹈
书　　号：ISBN 7-5367-2254-0
责 任 者：唐楚臣著
出 版 者：云南民族出版社
出版时间：2001.8.1
出 版 地：昆明
丛　　书：楚雄地方文化丛书（第一辑）
页　　数：111 页：彩照
尺　　寸：18cm
价　　格：48.00（全 4 册）
馆藏地址：上海图书馆
内容提要：本书记述了双柏彝山原始舞蹈，如：虎舞、豹舞、大锣笙等，以及原始舞蹈融入的文化内容，提供给读者多方面的享受和教益。本书是在研究了大量史料的基础上，通过对中国数千年宫廷舞蹈的梳理论述，为读者展示了宫廷舞蹈发生发展的历史，并揭示出从西周到明清时期中国廷舞蹈不同时段的审美特点和其审美形态产生的根源以及宫廷舞蹈的精华和糟粕。

1560

中图法分类：（索书号）J7-49/1
题　　名：万般风情弄清影：舞蹈卷
书　　号：ISBN 7-5323-5934-4
责 任 者：方全林主编；陈 洁编著
出 版 者：上海科技出版社
出版时间：2001
出 版 地：上海
丛　　书：生活艺术空间丛书
页　　数：227 页
尺　　寸：22cm
价　　格：59.00
馆藏地址：北京舞蹈学院图书馆
内容提要：本书包括历史篇、人物篇、欣赏篇、尝试篇、本书体味和感悟人与艺术互为依存的关系，共同营造人类永恒的精神家园。

中图法分类：（索书号）J705/60
题　　　名：舞蹈知识100问
书　　　号：ISBN 7-80129-058-5
责 任 者：江心主编；徐尔充、隆阴培、苏祖谦编著
出 版 者：华乐出版社（从属人民音乐出版社）
出版时间：2001
出 版 地：北京
丛　　　书：金钥匙知识百问丛书·艺术篇
页　　　数：12，177页
尺　　　寸：19cm
价　　　格：8.70
馆藏地址：北京舞蹈学院图书馆
内容提要：本书以问答的形式介绍了什么是“图腾舞蹈”、为什么我国古代盛行“踏歌”、为什么古代巫女大多数是舞蹈家，广西壮族自治区有哪些舞蹈等知识。

1561

中图法分类：J70/48
题　　　名：无声的言说—舞蹈身体语言解读
书　　　号：ISBN 7-105-04630-9
责 任 者：刘建著
出 版 者：民族出版社
出版时间：2001
出 版 地：北京
页　　　数：276页
尺　　　寸：21cm
价　　　格：23.80
馆藏地址：北京舞蹈学院图书馆
内容提要：本书作者试图为舞蹈身体语言成点、成线、成面、成多元化的比较而构筑成的体系进行阐释，以使喜欢舞蹈的人知道舞蹈就是日常生活，使其了解到胶州秧歌“抬重、落轻”中儒家文化的缠裹，感受到芭蕾“开绷直”中基督教文化的升华……

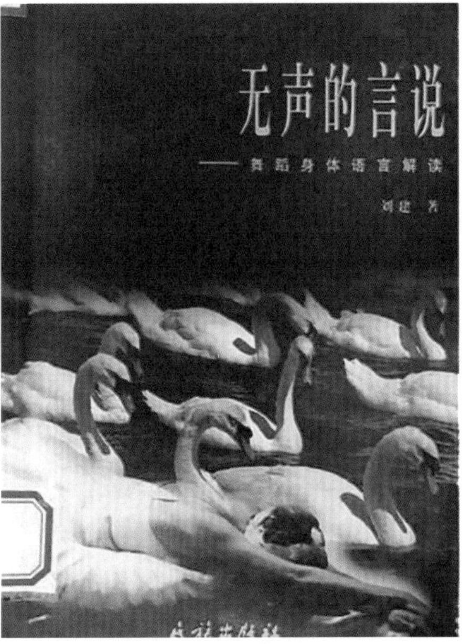

1562

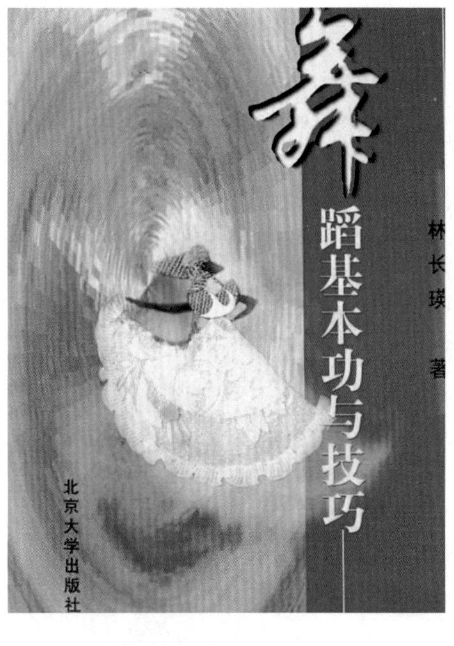

1563 中图法分类：（索书号）J712.2/3
题　　名：舞蹈基本功与技巧
书　　号：ISBN 7-301-00863-5
责 任 者：林长瑛著
出 版 者：北京大学出版社
出版时间：2001 2版
出 版 地：北京
页　　数：344页
尺　　寸：21cm
价　　格：22.00
馆藏地址：北京舞蹈学院图书馆
内容提要：本书不仅从理论上较系统地阐述了舞蹈技巧的发展过程及其科学的训练方法，还从运动生理学、运动力学、运动中的吸气、运动中的美学等角度，对舞蹈技巧动作进行了较详细的技术分析。书中除重点论述中国舞蹈技巧外，其中还包括对冰上舞、霹雳舞、艺术体操、戏曲舞蹈等其他姊妹艺术中的舞蹈技巧动作的论述。此书可补充各种艺术院校教材的不足，对广大专业舞蹈演员、教员、编导和业余舞蹈爱好者具有学习、借鉴与参考价值。

1564 中图法分类：（索书号）J7/0432
题　　名：舞蹈：中等师范学校职前职后教材
书　　号：ISBN 7-56212-567-8
责 任 者：文永红主编，重庆市教育委员会组编
出 版 者：西南师范大学出版社
出版时间：2001
出 版 地：重庆
页　　数：99页
尺　　寸：26cm
价　　格：10.00
馆藏地址：上海图书馆
内容提要：中等师范学校职前职后教育教材：本书共分六章，主要包括舞蹈基础知识、舞蹈基本训练、少儿舞蹈的教学、少儿舞蹈的创编、民族民间舞、少儿舞蹈等内容。

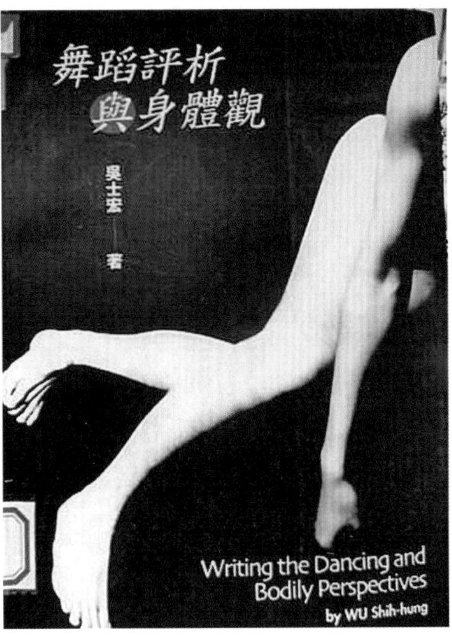

中图法分类：(索书号) J705/92 1565
题　　名：舞蹈评析与身体观
书　　号：ISBN 957-11-2437-0
责 任 者：吴士宏著
出 版 者：五南图书出版公司
出版时间：2001
出 版 地：台北市
页　　数：320 页
尺　　寸：23cm
价　　格：170.04　TWD400.00
馆藏地址：北京舞蹈学院图书馆
内容提要：这是一本理论与实践并重的舞蹈/身体剧场评论专著。全书内容的编辑，力求深入浅出，由基础舞蹈理论的渐进式论述中，穿插引介许多相关舞评实作。并对舞评的历史与政治意涵，身体与情感的美学观，以及整体表演艺术生态等主题进行再诠释与反思。在行文上，力求清晰与扼要，并附国内外重要舞团与剧团相关表演摄影作品辅助说明。此书可视为一本舞蹈与身体剧场的艺术鉴赏入门书，也是作者多年来从事表演艺术评论与相关理论研究的综合成果展现。

中图法分类：(索书号) J709.2 \ 15 \ 书刊保存本库 \ 书刊保存本 G 栋负二层
题　　名：先秦乐舞戏剧大事年表（第一辑）（全十册）
书　　号：ISBN 7-5059-3889-4 1566
责 任 者：王胜华著
出 版 者：中国文联出版社
出版时间：2001
出 版 地：北京
丛　　书：云南艺术学院省级重点学科丛书
页　　数：205 页；照片
尺　　寸：21cm
价　　格：180.00
馆藏地址：国家图书馆
内容提要：本书主要内容是先秦大事年表，此年表起于原始社会，终于秦统一，以古代文献所载乐舞戏剧资料为主要内容。

1567

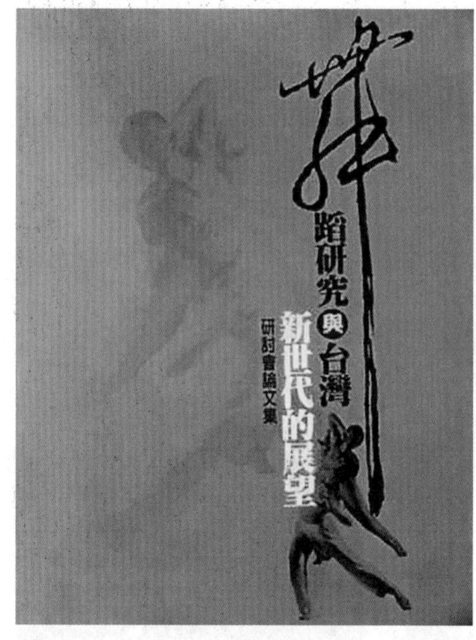

中图法分类：（索书号）J705/114
题　　名：舞蹈研究与台湾：新世代的展望；研讨会论文集
书　　号：ISBN 957-02-9364-0
责 任 者：赵绮芳，陈雅萍主编
出 版 者："国立"中正文化中心
出版时间：2001
出 版 地：台北市
页　　数：231 页
尺　　寸：26cm
价　　格：133.00，TWD350.00
馆藏地址：北京舞蹈学院图书馆
内容提要：本书收录了"舞蹈研究与台湾-新世代的展望研讨"中发表的 7 篇论文，都是发表人博士研究的精华内容。

1568

中图法分类：（索书号）J705/1
（J705.2/140）
题　　名：舞者断想
书　　号：ISBN 7-5011-5245-4
责 任 者：张苛著
出 版 者：新华出版社
出版时间：2001
出 版 地：北京
页　　数：275 页
尺　　寸：20cm
价　　格：20.00
馆藏地址：浙江图书馆
内容提要：本书为舞蹈评论集，分为"仰望星空"、"艺海拾贝"、"舞林求索"、"飘飞的心迹"四部分。

1569

中图法分类：(索书号）J709/11
题　　名：西方芭蕾史纲：舞蹈卷
书　　号：ISBN 7-80553-940-5
责 任 者：朱立人著
出 版 者：上海音乐出版社
出版时间：2001
出 版 地：上海
丛　　书：普通高等教育"九五"国家级重点教材，中国艺术教育大系
页　　数：262页，[4]页图版
尺　　寸：26cm
价　　格：27.00
馆藏地址：北京舞蹈学院图书馆
内容提要：本书介绍了西方芭蕾的起源、雏形、演变、发展等历史，还介绍了苏俄和欧美一些国家的芭蕾舞现状。

1570

中图法分类：(索书号）J712.2
(G613.5/7249)
题　　名：音乐舞蹈技能技巧
书　　号：ISBN 7-5602-1619-6
责 任 者：陈蓉辉著
出 版 者：东北师范大学出版社
出版时间：2001
出 版 地：长春
页　　数：176页
尺　　寸：23cm
价　　格：12.00
馆藏地址：上海图书馆
内容提要：音乐舞蹈技能技巧课是幼儿教师继续教育中的一门艺术技巧课，其教学目的主要是使幼儿教师掌握弹奏钢（风）琴、演唱歌曲和表演舞蹈的基本技能，提高音乐、舞蹈素质和教育、教学能力。本教材包括钢（风）琴、唱歌和舞蹈三个组成部分，每部分都包括基本理论、基本技能训练。基本理论是基本技能的理论基础和指导；基本技能训练是本教材的主体。

1571 中图法分类：（索书号）J719.3/9
题　　　名：中等职业学校幼儿教育专业实验教材：舞蹈
书　　　号：ISBN 7-04-009637-4
责 任 者：董立言，刘振远主编
出 版 者：高等教育出版社
出 版 时 间：2001
出 版 地：北京
页　　　数：334 页
尺　　　寸：26cm
价　　　格：18.50
馆 藏 地 址：北京舞蹈学院图书馆
内 容 提 要：本书是中等职业学校幼儿教育专业系列教材之一，内容包括：舞蹈基础理论知识、舞蹈基本训练、民族民间舞、幼儿舞蹈、幼儿舞蹈的创编等。

1572 中图法分类：（索书号）J705/57
题　　　名：中国舞蹈艺术鉴赏指南
书　　　号：ISBN 7-80553-929-4
责 任 者：黄明珠著
出 版 者：上海音乐出版社
出 版 时 间：2001
出 版 地：上海
页　　　数：457 页
尺　　　寸：20cm
价　　　格：25.00
馆 藏 地 址：北京舞蹈学院图书馆
内 容 提 要：本书从多方面介绍当代中国舞蹈艺术的文化性与鉴赏价值，从而使读者能够透过舞蹈艺术家们的创造过程和艺术作品的时代性来培养鉴赏的深度。

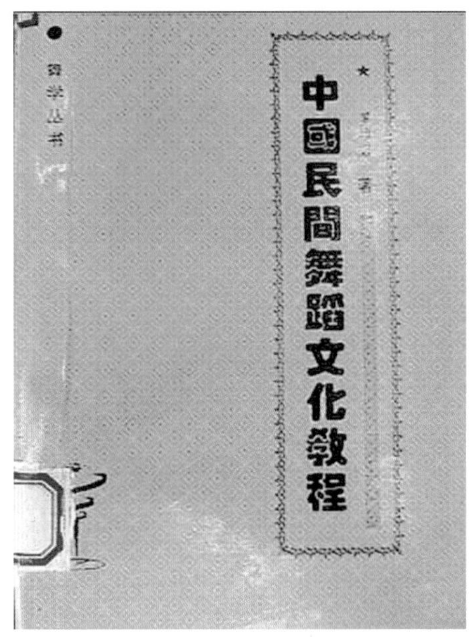

中图法分类：（索书号）J70-05/10
题　　名：中国民间舞蹈文化教程
书　　号：ISBN 7-80553-852-2
责 任 者：罗雄岩著
出 版 者：上海音乐出版社
出版时间：2001 1573
出 版 地：上海
丛　　书：舞学丛书
页　　数：301 页
尺　　寸：26cm
价　　格：16. 50
馆藏地址：北京舞蹈学院图书馆
内容提要：本书是以中国各民族中仍在流传的民间舞蹈作为研究对象，探索它们之间的内在联系与表现文化的规律，研究它们各自的文化特点与形成的各种因素。

中图法分类：（索书号）J719. 3/19
题　　名：中国古典舞基训示范教材
书　　号：ISBN 7-80566-911-2
责 任 者：刘玉珍著
出 版 者：白山出版社
出版时间：2001 1574
出 版 地：延吉
页　　数：114 页
尺　　寸：26cm
价　　格：19. 80
馆藏地址：北京舞蹈学院图书馆
内容提要：本教材按学生学习时期分为："一年级女班下学期"、"二年级女班下学期"、"三年级女班下学期"、"四年级女班下学期"等，每一学期的课堂内容包括："地面训练部分"、"把上训练部分"、"把下训练部分"等。

1575 中图法分类：（索书号）J719.4/9
题　　名：中国古典舞教材新编：技巧·剑舞·长袖
书　　号：ISBN 7-103-02333-6
责 任 者：李珍编著
出 版 者：人民音乐出版社
出版时间：2001
出 版 地：北京
页　　数：127 页
尺　　寸：30cm
价　　格：18.00
馆藏地址：北京舞蹈学院图书馆
内容提要：本书是一本中国古典舞教材，全书共分三个部分：“中国古典舞技巧组合训练”、“剑舞”、“长袖舞”等。

1576 中图法分类：（索书号）J719.1/2
题　　名：中国民间舞教材及教学法：舞蹈卷
书　　号：ISBN 7-80049-082-3
责 任 者：潘志涛主编
出 版 者：上海音乐出版社
出版时间：2001
出 版 地：上海
丛　　书：普通高等教育“九五”国家级重点教材，中国艺术教育大系
页　　数：19,528 页
尺　　寸：26cm
价　　格：45.00
馆藏地址：北京舞蹈学院图书馆
内容提要：本教材记录了中国民间舞系现行的民间舞基础教学内容。包括汉、藏、蒙古、维吾尔、朝鲜五个民族民间舞蹈的代表性动作。教材划分为“概述”、“单一性组合练习”、“复合性组合练习”、“综合训练组合”和“提示性文字”五大部分。

中图法分类：（索书号）J7-61/13
题　　名：中国舞蹈大辞典
书　　号：ISBN 978-7-5039-4090-3
责 任 者：王克芬等主编
出 版 者：文化艺术出版社
出版时间：2001 1577
出 版 地：北京
页　　数：53，845 页，32 页图版
尺　　寸：30cm
价　　格：168.00
馆藏地址：北京舞蹈学院图书馆
内容提要：本书是一部权威的舞蹈专业工具书，收入词条 5200 余条，图 650 余幅，系统反映了从原始时代到 20 世纪初中国舞蹈文化的概貌，内容包括：新时期时代舞蹈纹陶盆、云南沧源崖画五人舞等。

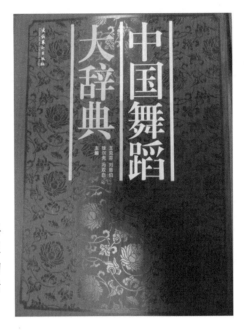

中图法分类：（索书号）J709.2（56）1
题　　名：中华舞蹈志，江西卷
书　　号：ISBN 978-7-80668-212-0
责 任 者：《中华舞蹈志》编辑委员会编
出 版 者：学林出版社
出版时间：2001 1578
出 版 地：上海
页　　数：403 页［6］页图版
尺　　寸：23cm
价　　格：60.00
馆藏地址：北京舞蹈学院图书馆
内容提要：本志分为文物史迹、图表、人物传记等几个部分，系统记述了浙江省民族民间舞蹈的历史、现状、内容形式、风俗流派以及有关的风俗、信仰礼仪等内容。

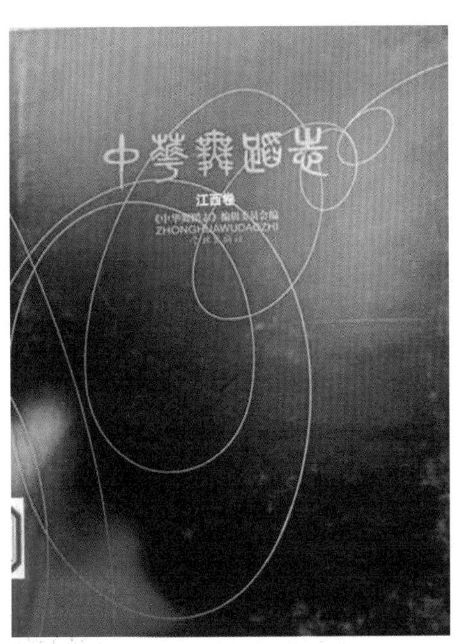

1579

中图法分类：J70/26
题　　　名：舞蹈艺术浅谈
书　　　号：ISBN 7-10302-12-0
责 任 者：孙景琛著
出 版 者：人民音乐出版社
出版时间：2002.1.1
出 版 地：北京
页　　　数：130 页
尺　　　寸：20cm
价　　　格：7.80
馆藏地址：北京舞蹈学院图书馆
内容提要：本书主要介绍了我国的基本舞蹈理论。包括舞蹈的源泉，舞蹈的起源和发展，舞蹈的特征，舞蹈的社会作用，舞蹈的内容和形式，舞蹈的体裁、种类和流派，舞蹈作品的诞生，舞蹈欣赏和评论，我国古代舞蹈理论与舞谱，舞蹈的继承、借鉴和创新。

1580

中图法分类：（索书号）J722.29/1
题　　　名：萨满教舞蹈及其象征
书　　　号：ISBN 978-7-205-04978-2
责 任 者：王宏刚等著
出 版 者：辽宁人民出版社
出版时间：2002.4
出 版 地：沈阳
页　　　数：406 页
尺　　　寸：20cm；照片
价　　　格：32.00
馆藏地址：国家图书馆
内容提要：本书分为“神话时代萨满教舞蹈及其象征”、“史诗时代的萨满教象征艺术”、“关于萨满教舞蹈的理论思考”三个部分探索了东北各少数民族萨满舞蹈及其历史文化内涵。

1581

中图法分类：（索书号）J732.8-62/4637
题　　名：当代流行拉丁舞指南
书　　号：ISBN 7-220-05933-7
责 任 者：古宦臣、夏渝纯编著；付中枢审定
出 版 者：四川人民出版社
出版时间：2002.6
出 版 地：成都
页　　数：259页：照片，图
尺　　寸：30cm
价　　格：28.00
馆藏地址：上海图书馆
内容提要：本书内容主要包括：当代流行国际标准拉丁舞的基本知识及科学理论，较详细地介绍了伦巴，恰恰恰，桑巴，牛仔，斗牛五个舞种的基本舞步和简单的花样舞步套路组合并传授怎样跳好拉丁舞的技能，技巧和重要方法。

1582

中图法分类：（索书号）J719.3/3/：6
题　　名：中国舞等级考试教材：第六级（儿童）
书　　号：ISBN 7-103-02582-7
责 任 者：北京舞蹈学院编；孙光言主编
出 版 者：人民音乐出版社
出版时间：2002.7
出 版 地：北京
页　　数：131页
尺　　寸：30cm
价　　格：19.20
馆藏地址：北京舞蹈学院图书馆
内容提要：本书六级课学生年龄约在9至11岁。本年级的教学任务为：一、扶把动作时能保持身体直立；二、站立时“重心”正确；三、腿直、脚绷，腿脚软度基本达标；四、藏族舞、蒙古族舞的“舞步”和“舞姿”准确；六、舞蹈时有自娱感、有热情。

1583

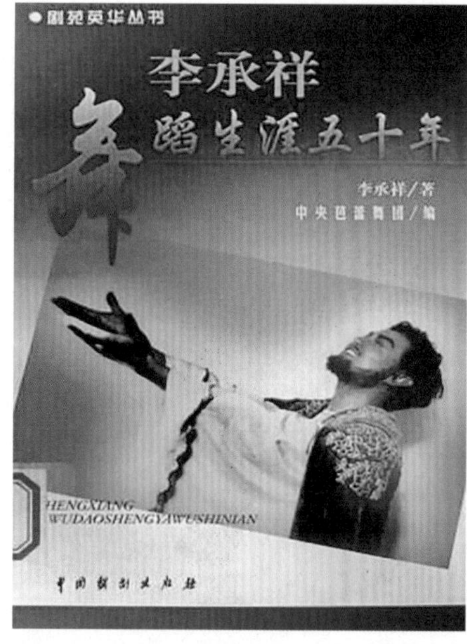

中图法分类：（索书号）J709.27/17
题　　　名：李承祥：舞蹈生涯五十年
书　　　号：ISBN 7-104-29-01535-3
责　任　者：李承祥著；中央芭蕾舞团编
出　版　者：中国戏剧出版社
出 版 时 间：2002.8
出　版　地：北京
丛　　　书：剧苑英华丛书
页　　　数：341 页
尺　　　寸：21cm
价　　　格：20.00（剧苑英华丛书）全十册定价 200.00
馆 藏 地 址：北京舞蹈学院图书馆
内 容 提 要：本书由作者自述从事舞蹈五十年的艺术生涯。李承祥老师是著名舞剧编导、共和国第一代中国芭蕾艺术家。他始终不懈的追寻舞蹈艺术道路是我们每个从事舞蹈事业人的楷模。这本书详细记述了自己走过的舞蹈之路，以及他在艺术交流、理论研讨、舞蹈评论方面的经历及所取得的成就。

1584

中图法分类：（索书号）J709.712/14
题　　　名：我的爱 我的自由
书　　　号：ISBN 7-80173-071-2
责　任　者：［美］伊莎多拉·邓肯著
出　版　者：国际文化出版公司
出 版 时 间：2002.8
出　版　地：北京
页　　　数：324 页
尺　　　寸：23cm
价　　　格：29.80
馆 藏 地 址：北京舞蹈学院图书馆
内 容 提 要：本书记录了作者真实的人生，包括生活经历、舞蹈生涯、对爱情和婚姻的态度、行为和思想的自我剖析等。

中图法分类：（索书号）J732.8/79
题　　　名：新世纪交谊舞国标舞
书　　　号：ISBN 978-5082-1502-8
责 任 者：崔世莹、崔淑英编著
出 版 者：金盾出版社
出版时间：2002.9
出 版 地：北京
页　　　数：5，242 页，［6］页图版
尺　　　寸：26cm
价　　　格：22.50
馆藏地址：北京舞蹈学院图书馆
内容提要：本书涵盖了当代舞厅舞的主要舞种，包括各种舞的基本知识、基本动作、舞姿、舞步、跳法以及考试大纲等。

1585

中图法分类：（索书号）J70-05/28
题　　　名：非常爱跳舞：创造性舞蹈的心体验
书　　　号：ISBN 957-28084-4-3
责 任 者：李宗芹著
出 版 社：心灵工坊文化事业有限公司
出版时间：2002.10.1
出 版 地：台北市
页　　　数：202 页
尺　　　寸：21cm
价　　　格：83.00　TWD220.00
馆藏地址：北京舞蹈学院图书馆
内容提要：本书主要介绍创造性舞蹈的起源、基本元素与应用。创造性舞蹈是一种探索过程，在舞动过程中能发现有关身体或心灵的奥秘，在想法、语言、想象及思考之外，借由身体动作学习到言语不能言尽，却深埋在身体内的感觉。

1586

1587

中图法分类：（索书号）J732.8/66
题　　名：现代交际舞大全（再版）
书　　号：ISBN 7-5359-0455-6
责 任 者：全丽晖编著
出 版 者：广东科技出版社
出版时间：2002.10
出 版 地：广州
页　　数：491页：［8］页图版
尺　　寸：20cm
价　　格：20.00
馆藏地址：北京舞蹈学院图书馆
内容提要：本书是一部学习交际舞的入门书籍，书中搜集了风行世界各地的交际舞，同时也是一部兼有工具书作用的教学用书。书中搜集了风行世界各地的交际舞，除了有当今社交舞坛盛行的十项如狐步、华尔兹、快步舞、探戈、伦巴、喳喳喳、牛仔、森巴、斗牛舞等之外，还介绍了没被列入标准舞行列之内的老式交际舞，如勃罗斯、曼波等一些曾经风行一时的流行舞，以及在大型舞会中常常出现的如派对游戏之类的列舞等。本书配文的400余幅插图，含有简明直观的舞程图，准确优美的形体动作图，还有集体舞的队形编排图。

1588

中图法分类：（索书号）J709.2-64/1
题　　名：中国舞蹈文物图典
书　　号：ISBN 7-80667-226-5
责 任 者：刘恩伯编著
出 版 者：上海音乐出版社
出版时间：2002.12.1
出 版 地：上海
页　　数：399页：照片；彩图
尺　　寸：28cm
价　　格：380.00
馆藏地址：北京舞蹈学院图书馆
内容提要：本图典展示了彩陶中的原始舞蹈图像、舞蹈岩画、玉雕舞人、青铜器上的舞蹈图像、漆器上的舞蹈图像、舞俑、陶瓷器上的舞蹈图像等。是中国舞蹈史学科的一个重要成果，它填补了我国舞蹈史学科基础资料的空白。共收录了936多幅舞蹈文物图像，其中彩图600多幅，线描图、拓片图300多幅。以图鉴史，图文并茂。地下与地上，文物与文献，这是历史研究的“两重证据”，也是建构舞蹈史学的基础。舞蹈史既隶属于一般历史研究，同时也有着舞蹈本体的感性直观、动作形象等特征。基于此，《图典》意义，不言而喻。

中图法分类：（索书号）J712.29/2
题　　名：日本舞蹈的基础
书　　号：ISBN 7-5039-2293-1
责 任 者：[日] 花柳千代著
出 版 者：文化艺术出版社
出版时间：2002.12.10 1589
出 版 地：北京
页　　数：421 页
尺　　寸：26cm
价　　格：90.00
馆藏地址：北京舞蹈学院图书馆
内容提要：本书介绍了日本舞蹈的起源、历史、现状和流派，传授了日本舞蹈中身体各个部位的各种基本动作和要领，以及扇子、伞、斗笠等小道具的使用方法。现在，展现在读者面前的这部著作，是一本关于日本传统舞蹈基本动作的启蒙书和入门书，也是一本传授日本传统舞蹈的指导书。不消说，它的原版是日文，如今译成中文，过去日本舞蹈都是通过看和模仿的方式由师傅传授给弟子，没有系统的理论。千代女士致力于日本舞蹈的系统化，确立了超越各个不同流派的日本舞蹈基础理论。昭和五十六年，其集大成作品（实技·日本舞蹈的基础）问世时曾引起极大的反响。

中图法分类：（索书号）J709.2/69
题　　名：舞动新天地：唐雅君的健身王国
书　　号：ISBN 986-7883-20-9
责 任 者：唐雅君著
出 版 者：宝瓶文化事业有限公司
出版时间：2002.12 1590
出 版 地：台北市
页　　数：253 页
尺　　寸：21cm
价　　格：98.10　TWD250.00
馆藏地址：北京舞蹈学院图书馆
内容提要：从一个小小韵律教室的舞蹈教师，变成“台湾”健身产业的标杆人物，唐雅君每隔十年就将自己的企业转型一次，从雅资、亚力山大，到亚爵会馆，投资规模与经营口屡次不断提升，一年创下的营业额将近二十亿，堪称是“台湾最会卖运动的企业家”，没有显赫家世、没有傲人学历，唐雅君的成功，凭借的是时时转动、不断学习的心。

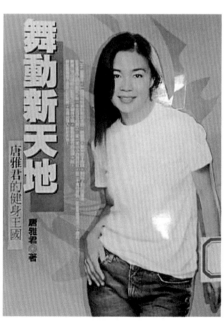

1591

中图法分类：（索书号）J705/65
题　　名：芭蕾
书　　号：ISBN 7-5426-1752-4
责 任 者：蓝凡编著
出 版 者：上海三联书店
出版时间：2002
出 版 地：上海
页　　数：240 页
尺　　寸：23cm
价　　格：26.00
馆藏地址：北京舞蹈学院图书馆
内容提要：本书介绍了芭蕾这一高雅艺术的发展历程，以及一系列名载芭蕾史册的作品和人物，其中不乏引人入胜的传奇故事。

1592

中图法分类：（索书号）J712.24/4
题　　名：敦煌舞教程
书　　号：ISBN 7-80667-120-X
责 任 者：高金荣著
出 版 者：上海音乐出版社
出版时间：2002
出 版 地：上海
页　　数：164 页
尺　　寸：24cm
价　　格：50.00（含 VCD2 张）
馆藏地址：北京舞蹈学院图书馆
内容提要：本书共分三个部分："敦煌舞元素训练"、"敦煌舞基本动作训练"、"敦煌舞性格组合训练"。

中图法分类：（索书号）J709.2/43
题　　　名：敦煌壁画乐舞研究
书　　　号：ISBN 7-5423-1025-9
责 任 者：郑汝中著
出 版 者：甘肃教育出版社
出版时间：2002 1593
出 版 地：兰州
丛　　　书：敦煌学研究丛书
页　　　数：220 页
尺　　　寸：21cm
价　　　格：25.00
馆藏地址：北京舞蹈学院图书馆
内容提要：本书是一本敦煌学的专著，内容涉及：敦煌乐舞壁画的形成分期和图式、敦煌壁画乐器研究、敦煌壁画乐器分类考略、敦煌曲谱研究简述等。

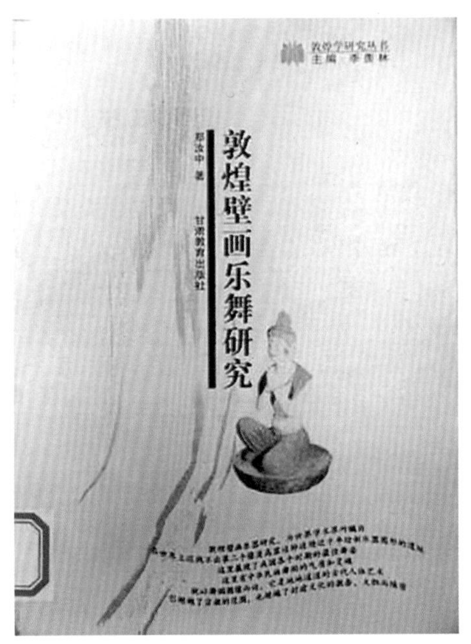

中图法分类：（索书号）J722.3/8740
题　　　名：儿童舞蹈
书　　　号：ISBN 7-10713-38-7
责 任 者：人民教育出版社音乐室编著
出 版 者：人民教育出版社
出版时间：2002 1594
出 版 地：北京
页　　　数：128 页
价　　　格：12.00
馆藏地址：上海图书馆
内容提要：本书主要内容有：基本功训练，舞蹈动作组合练习，儿童舞蹈。其中舞蹈基础讲述了舞蹈的正规训练方法和步骤。

1595

中图法分类：（索书号）J791.3
（参见 TU242.4 - 64/7216 TU242.4-64/7216）（1）
题　　名：歌舞剧院=Theatres
书　　号：ISBN 7-5381-3746-7（精装）
责 任 者：陈晋略，贝思出版有限公司
出 版 者：辽宁科学技术出版社
出版时间：2002
出 版 地：沈阳
丛　　书：建筑巨匠一百
页　　数：223 页：图表
尺　　寸：32cm
价　　格：200.00
馆藏地址：上海图书馆
主题标目：剧院—建筑设计—世界
内容提要：本书收入世界著名的歌舞剧院建筑设计图，有“加泰罗马亚国家剧院”、“库扎尔大礼堂”、“文化会议中心”“音乐厅和展览中心”等。

1596

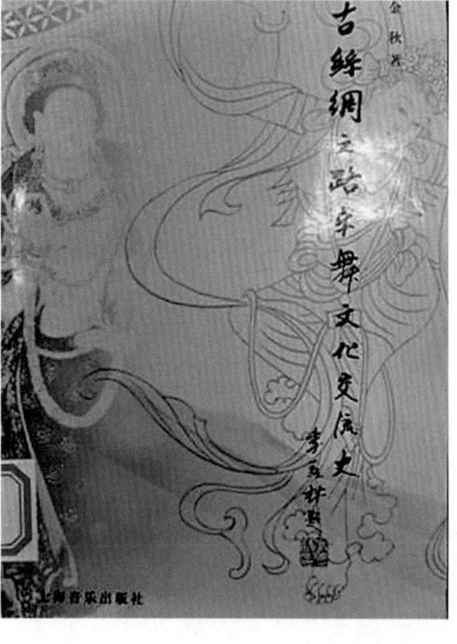

中图法分类：（索书号）J709.2/44
题　　名：古丝绸之路乐舞文化交流史
书　　号：ISBN 7-80667-119-6
责 任 者：金秋著
出 版 者：上海音乐出版社
出版时间：2002
出 版 地：上海
页　　数：307 页
尺　　寸：20cm
价　　格：22.00
馆藏地址：北京舞蹈学院图书馆
内容提要：本书顺着时间的流程叙述东西方乐舞交流的概况，试图从陆、海丝绸之路上纷繁复杂、多重叠合的文化交流现象中，寻找梳理出东西方乐舞艺术交流的历史线索，实际上也是一部古丝绸之路乐舞文化交流简史。

中图法分类：（索书号）J714.2 1597
（参见 TS666.2/4600-2）
题　　　名：家具与乐舞
书　　　号：ISBN 7-5310-1880-2
责　任　者：胡文彦、于淑岩著
出　版　者：河北美术出版社
出 版 时 间：2002
出　版　地：石家庄
丛　　　书：中国家具文化丛书
页　　　数：57 页：图表
尺　　　寸：23cm
价　　　格：34.00
馆 藏 地 址：上海图书馆
主 题 标 目：家具—文化—研究—中国 舞蹈—影响—家具—研究—中国—古代
内 容 提 要：本书从家具伸向社会各个层面的触角中，探求家具与社会的方方面面的关系，内容包括乐舞文物与乐舞史料中的家具形象，戏曲舞台上的“一桌一椅”等。

中图法分类：（索书号）J709.27/17 1598
题　　　名：迈入新世纪的中国文艺：中国文联 2001 年度文艺评论奖获奖文集
书　　　号：ISBN 7-104-01535-3
责　任　者：中国文联理论研究室编
出　版　者：中国戏剧出版社
出 版 时 间：2002
出　版　地：北京
页　　　数：492 页
尺　　　寸：21cm
价　　　格：全十册 200.00
馆 藏 地 址：北京舞蹈学院图书馆
内 容 提 要：本书收入《这个时代会写出什么样的长篇小说》、《历史小说创作的艺术突破》、《在人民军队的沃土上》等 28 篇获奖论文。如果说首届评论奖送走了 20 世纪的余晖，那么，本届评论奖则是迎来了新千年的朝阳。迈入新世纪，我国进入全面建设小康社会、加快推进社会主义现代化的新的发展阶段，在继续创造现代经济奇迹的同时，也在不断探索文学艺术的创新。大时代催生大作品，新的时代精神激发新的思想观念和新的精神追求。海天沃土，豪雨长风。面对日渐变化和丰富多样的“文化生态群落”，文艺评论界在探索，在思考。

中图法分类：（索书号）J705
（J705.2/491）

题　　名：生命精神的艺术：李炽强舞论选集

书　　号：ISBN 7-5043-3294-1

1599 责 任 者：李炽强著

出 版 者：中国广播电视出版社

出版时间：2002

出 版 地：北京

页　　数：554 页

尺　　寸：21cm

价　　格：40.00

馆藏地址：浙江图书馆

内容提要：本书包括探微与认知、感悟与评析、师友与教益、实践与追求等内容。

中图法分类：（索书号）J705/63

题　　名：世界经典芭蕾舞剧欣赏

书　　号：ISBN 7-80667-177-3

责 任 者：钱世锦编著

出 版 者：上海音乐出版社

1600 出版时间：2002

出 版 地：上海

页　　数：315 页

尺　　寸：21cm

价　　格：12.00

馆藏地址：北京舞蹈学院图书馆

内容提要：本书选收了《关不住的女儿》、《仙女》、《天鹅湖》、《吉赛尔》、《睡美人》、《仙女们》、《火鸟》、《罗密欧与朱丽叶》等经典芭蕾舞剧。

1601

中图法分类：（索书号）J722.3/93
题　　　名：少儿舞蹈（含光盘）
书　　　号：ISBN 7-5404-2833-3
责 任 者：王淑月主编
出 版 者：湖南文艺出版社
出版时间：2002
出 版 地：长沙
丛　　　书：红舞鞋系列丛书
页　　　数：107 页
尺　　　寸：30cm
价　　　格：19.00
馆藏地址：北京舞蹈学院图书馆
内容提要：本套丛书将基础知识、文字说明、舞蹈动作速画，以及伴奏曲紧紧地结合在一起，包括舞蹈基本训练、舞蹈组合实例、少儿舞蹈实例三部分。

1602

中图法分类：（索书号）J709.2/106
题　　　名：踢踏，舞人生
书　　　号：ISBN 986-80491-2-1
责 任 者：焦淑梅著
出 版 者：旗林文化出版社有限公司
出版时间：2002
出 版 地：台北市
页　　　数：190 页
尺　　　寸：21cm
价　　　格：76.00，TWD200.00
馆藏地址：北京舞蹈学院图书馆
内容提要：本书记录了作者的舞蹈生涯和舞蹈成就等。这不只是一本踢踏舞的教学书，更是一本人生奋斗史，在书中我们可以看到一个只身在美国且独自抚养两个孩子长大，且在不甚跌伤背部后，确凭着坚强的毅力经由踢踏舞的帮助，重新拾回健康的生命，且活的更自信更有意义。

1603 中图法分类：（索书号）J732.8/4460
题　　　名：体育舞蹈
书　　　号：ISBN 7-81070-553-9
责　任　者：李晓新、张晓霞编著
出　版　者：中国矿业大学出版社
出 版 时 间：2002
出　版　地：徐州
丛　　　书：大学体育实践课教材
页　　　数：112 页
尺　　　寸：20cm
价　　　格：20.00（全十五册）
主 题 标 目：运动竞技—交际舞—高等学校
馆 藏 地 址：上海图书馆
内 容 提 要：本书是为大学生体育舞蹈选修课而编写的教材，系统地介绍了体育舞蹈的理论和技术的基本知识、竞赛规则及裁判方法等，可以使读者全面了解体育舞蹈的有关知识。

1604 中图法分类：（索书号）J712.2/2
题　　　名：舞蹈与形体训练
书　　　号：ISBN 7-5369-3398-9
责　任　者：崔秀珍编著
出　版　者：陕西科学技术出版社
出 版 时 间：2002
出　版　地：西安
页　　　数：173 页
尺　　　寸：21cm
价　　　格：10.00
馆 藏 地 址：北京舞蹈学院图书馆
内 容 提 要：本书介绍了舞蹈的内容和分类，舞蹈的特点和功能，形体训练的意义和任务，把杆练习，民族民间舞，体育舞蹈等内容。

中图法分类：（索书号）J712.2/6
题　　名：舞蹈基本训练组合大全
书　　号：ISBN 7-5441-1925-4
责 任 者：陈鸿英编著
出 版 者：沈阳出版社
出版时间：2002 1605
出 版 地：沈阳
页　　数：867 页
尺　　寸：28cm
价　　格：88.00
馆藏地址：北京舞蹈学院图书馆
内容提要：全书共三卷七篇三十六章，约150万字，介绍了舞蹈的基本概念、舞者自体和三维空间、扶把训练、离把训练、旋转训练、翻身训练等。

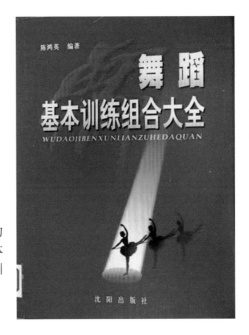

中图法分类：（索书号）J722.215/1/：1
题　　名：舞狮技艺活动之研究（上册）
书　　号：ISBN 957-01-1741-9
责 任 者：陈光雄等著；行政院体育委员会编印
出 版 者：行政院体委会 1606
出版时间：2002.6
出 版 地：台北市
页　　数：491 页
尺　　寸：30cm
价　　格：105.00
馆藏地址：北京舞蹈学院图书馆
内容提要：舞狮活动起源与历史发展过程之探讨；各地舞狮活动发展实态之探析；舞蹈狮技艺内容之探讨；台湾舞狮活动的瓶戏耍与展望之访谈研究。

1607

中图法分类：（索书号）J722.215/1/：2
题　　名：舞狮技艺活动之研究（下册）
书　　号：ISBN 957-01-1741-9
责 任 者：陈光雄等著；行政院体育委员会编印
出 版 者：行政院体委会
出版时间：2002.6
出 版 地：台北市
页　　数：493-1136 页
尺　　寸：30cm
价　　格：105.00
馆藏地址：北京舞蹈学院图书馆
内容提要：舞狮活动起源与历史发展过程之探讨；各地舞狮活动发展实态之探析；舞蹈狮技艺内容之探讨；台湾舞狮活动的瓶戏要与展望之访谈研究。

1608

中图法分类：（索书号）J709.27/3
题　　名：舞蹈圆不完的梦：纪念著名舞蹈活动家邢志汶先生
书　　号：ISBN 7-104-01429-2
责 任 者：胡克、田静主编
出 版 者：中国戏剧出版社
出版时间：2002
出 版 地：北京
丛　　书：金秋文丛
页　　数：367 页，[44]
尺　　寸：21cm
价　　格：28.00
馆藏地址：北京舞蹈学院图书馆
内容提要：本书分为三篇，著作篇收集了邢志汶发表或合著的论文、赏析和随感等，怀念篇收集了邢志汶的亲友同事们对他的悼念文章，并附有邢志汶大事年表。

中图法分类：(索书号) J719/7
题　　名：舞蹈训练与编创
书　　号：ISBN 7-04-010735-X
责 任 者：王海英、肖灵主编
出 版 者：高等教育出版社
出版时间：2002
出 版 地：北京
页　　数：203 页
尺　　寸：26cm
价　　格：25.40
馆藏地址：北京舞蹈学院图书馆
内容提要：本书分上、下两编（共 27 章），全面介绍了中国汉族民族民间舞、少数民族民间舞、外国代表性的民间舞、舞蹈创编及作品欣赏等。

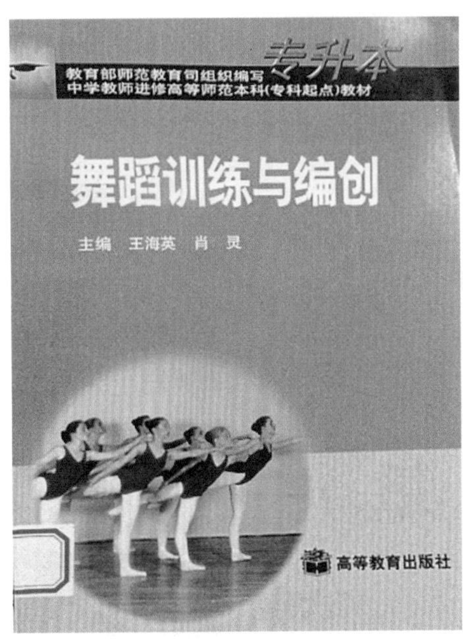

1609

中图法分类：(索书号) J722.3
(参见 G613.5/4101)
题　　名：舞蹈活动新设计
书　　号：ISBN 7-5633-0056-2
责 任 者：薛瑜、魏思敏主编
出 版 者：广西师范大学出版社
出版时间：2002
出 版 地：桂林
页　　数：148 页
尺　　寸：21cm
价　　格：8.500
馆藏地址：浙江图书馆
内容提要：本书为“21 世纪幼儿园小书架”丛书之一，分为律动、歌表演、集体舞、小舞蹈四个部分。

1610

1611

中图法分类：（索书号）J705/91
题　　　名：舞蹈欣赏
书　　　号：ISBN 957-11-2776-0
责 任 者：于平著；吴士宏校订
出 版 者：五南图书出版公司
出版时间：2002
出 版 地：台北市
页　　　数：456 页
尺　　　寸：23cm
价　　　格：238.06 TWD560.00
馆藏地址：北京舞蹈学院图书馆
内容提要：本书特色是对中国民俗/民族舞蹈、中国古典/古代舞的历史、文化与审美之相关论述。作者以汉族史料为主的引经据典，尤其在文化史与人文地理背景上的分析，以及其作为舞蹈审美研究基础的部分，特殊可观。另外，书中对印度、俄罗斯、英格兰等世界各地民族舞/乐文化的介绍与精要探讨，特别是，芭蕾舞与西方现代/当代社交舞的发展在文化人类学上的关联，颇值得注目。

1612

中图法分类：（索书号）J121
（K291/164 V92）
题　　　名：文化艺术卷．音乐志·舞蹈志·杂技志
书　　　号：ISBN 7-200-04672-8（精装）
责 任 者：北京市地方志编纂委员会
出 版 者：北京出版社
出版时间：2002
出 版 地：北京
页　　　数：625 页：照片
尺　　　寸：26cm
价　　　格：134.00
馆藏地址：浙江图书馆
内容提要：音乐志分为音乐作品、表演团体、重要活动、教育、交流、社团研究所演出场所、出版物七篇；舞蹈志分为舞蹈作品、表演团体、舞蹈教育、重要活动、交流、社会团体和研究机构、舞蹈出版物七篇；杂技志分为节目、表演团体和社团、重要活动、对外交流、出版物五篇。分别记述了这三个方面的发展情况。

中图法分类：（索书号）J7-61/7
题　　名：现代舞术语辞典
书　　号：ISBN 7-80667-191-9
责 任 者：保罗·拉夫编著；欧建平编译
出 版 者：上海音乐出版社
出版时间：2002
出 版 地：上海
页　　数：17，187 页
尺　　寸：19cm
价　　格：12.00
馆藏地址：北京舞蹈学院图书馆
内容提要：本辞典收录了现代舞领域的术语，有“纯粹舞蹈”、“艺术舞蹈”、“轴心动作”、“中心动作”、“赤脚舞蹈”、“收缩”、“环形符号”等。

1613

中图法分类：（索书号）J709.27/18
题　　名：新中国舞蹈史：（1949～2000）
书　　号：ISBN 7-5356-1810-3
责 任 者：冯双白著
出 版 者：湖南美术出版社
出版时间：2002
出 版 地：长沙
页　　数：204 页
尺　　寸：29cm
价　　格：152.00
馆藏地址：北京舞蹈学院图书馆
内容提要：本书分析了 1949～2000 年间中国舞蹈艺术的历史发展轨迹，以重大的舞蹈历史事件作为历史分期的依据，分六章梳理了中华人民共和国之舞蹈艺术在事业概貌、创作收获等方面的基本历史现象。

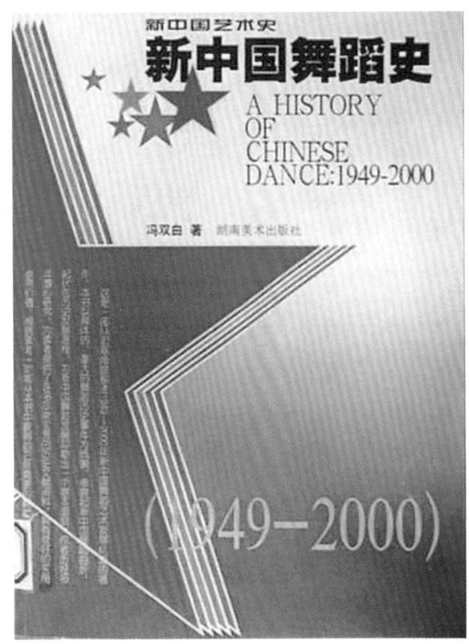

1614

1615

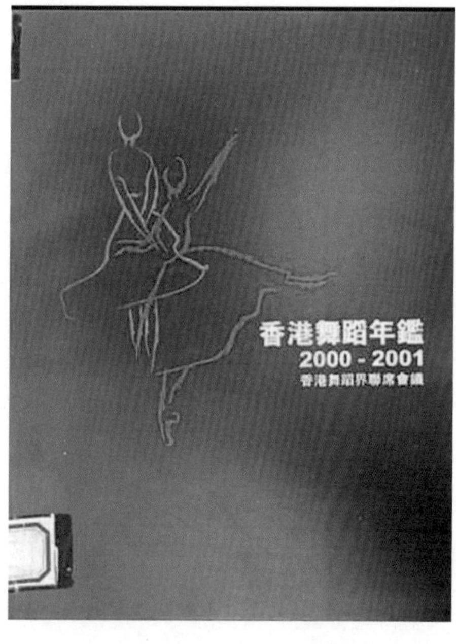

中图法分类：（索书号）J7-54/1
题　　名：香港舞蹈年鉴：2000-2001
书　　号：ISBN 978-988-20140-1-5
责 任 者：香港舞蹈界联席会议
出 版 者：天地图书有限公司
出版时间：2002
出 版 地：香港
页　　数：97 页
尺　　寸：29cm
价　　格：100. 80
馆藏地址：北京舞蹈学院图书馆
内容提要：本年鉴出版的目的是希望读者能透过本书了解香港于 2000 年至 2001 年的舞蹈发展大概情况，及曾举行的舞蹈活动性质内容，引起有心推广舞蹈人士的兴趣，推动舞蹈发展得更蓬勃。香港这块弹丸之地的活力举世瞩目，这个国际都会，除了经济活动频繁外，艺术活动也不呈多让，香港艺术节、国际综艺合家欢、是香港每年一度的盛事。舞蹈方面，于本年鉴筹集的资料中，在 2000 年至 2001 年两年中共举行了超过 500 多个活动，还不包括香港演艺学院、香港大学专业进修学院，各大小舞蹈学校、各中、小学及幼儿园、各社区中心的日常舞蹈训练及推广项目，若然能统计上述项目，数目将会更惊人。

1616

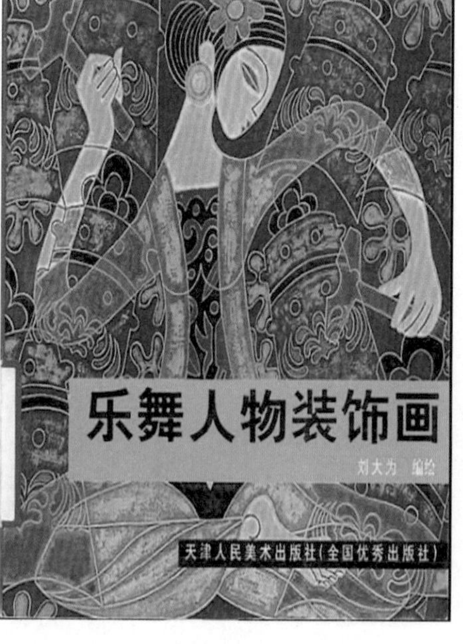

中图法分类：（索书号）J522. 1/0443
题　　名：乐舞人物装饰画
书　　号：ISBN 7-5305-1790-2
责 任 者：刘大为 编绘
出 版 者：天津人民美术出版社
出版时间：2002
出 版 地：天津
页　　数：19 页：照
尺　　寸：29×29cm
价　　格：26. 00
主题标目：图案—人物—中国
馆藏地址：上海图书馆
内容提要：乐舞装饰画不仅仅是乐舞的记录，而是从写生到归纳，伴随着节奏和旋律，将人们的情感投入更为加强，对于绘画这是一种探索和追求。

中图法分类：（索书号）J705/64 1617
题　　名：云门舞集与我
书　　号：ISBN 7-80676-208-6
责 任 者：林怀民著
出 版 者：文汇出版社
出版时间：2002
出 版 地：上海
丛　　书：大艺术书房
页　　数：278 页
尺　　寸：23cm
价　　格：30.00
馆藏地址：北京舞蹈学院图书馆
内容提要：本书分为上下两编，收入文章 25 篇，内容包括断简与残篇——舞蹈十五年的回想、现代舞蹈的滥觞——从垂死的天鹅到玛莎·葛兰姆等。本书的内容包括序言、上编：从呼吸出发、门里人的话、门后的故事、雅乐见习记、风吹荷叶煞 擦肩而过、不要叹息！要关心，要参与！断简与残篇、回家的时刻；下篇：现代舞的滥觞、邓肯最后的旅程、狄亚基列夫与俄国芭蕾舞团、《春之祭礼》传奇、一张珍贵的照片、永远的玛莎·葛兰姆、贝拉·列维斯基、康宁汉先生，再给我们一次机会、天才+个性+努力、看保罗·泰勒、怪杰尼克、无声的心灵语言、从前卫到娱乐、两岸同听祖先脚步声、林杯民与云门舞集详细内容等。

中图法分类：（索书号）J722.3 1618
（参见 G613.5/1137）
题　　名：幼儿歌舞
书　　号：ISBN 7-54042-83-2
责 任 者：王淑月、代凌著
出 版 者：湖南文艺出版社
出版时间：2002.6.1
丛　　书：红舞鞋系列
出 版 地：长沙
页　　数：99 页：图光盘 1 张
尺　　寸：19cm
价　　格：18.00
馆藏地址：上海图书馆
主题标目：舞蹈课—学前教育
内容提要：本书是幼儿园教师指导用书。主要针对幼儿师范毕业的现从事幼儿园工作的教师。

1619

中图法分类：（索书号）J222.7/0421.3
题　　　名：颜梅华舞蹈白描写生
书　　　号：ISBN 7-80674-207-7
责　任　者：颜梅华著
出　版　者：广西美术出版社
出 版 时 间：2002
出　版　地：南宁
页　　　数：63 页
尺　　　寸：38cm
价　　　格：29.00
馆 藏 地 址：浙江图书馆
内 容 提 要：本书选编了作者近年来的对舞蹈人物的白描写生画。作者非常擅长对舞蹈人物的刻画，画作人物形象生动、传神。

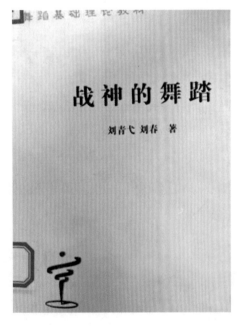

1620

中图法分类：（索书号）J709.2/37
题　　　名：战神的舞踏
书　　　号：ISBN 7-5065-4130-0
责　任　者：刘青弋、刘春著
出　版　者：解放军出版社
出 版 时 间：2002
出　版　地：北京
丛　　　书：舞蹈基础理论教材
页　　　数：207 页
尺　　　寸：19cm
价　　　格：7.80
馆 藏 地 址：北京舞蹈学院图书馆
内 容 提 要：本书包括古战场的回声、硝烟中的跳踏、“红海洋”中沉浮的军魂、“新时期”的尖兵突进、迎接新世纪的七彩沙盘等内容。

中图法分类：（索书号）J722.214/2
题　　名：中国龙舞
书　　号：ISBN 7-5366-5647-5
责 任 者：梁力生、葛树蓉著
出 版 者：重庆出版社
出版时间：2002 1621
出 版 地：重庆
页　　数：271 页，［4 页］图版
尺　　寸：21cm
价　　格：20.00
馆藏地址：北京舞蹈学院图书馆
内容提要：本书叙述了龙舞的起源、源流、历史文化背景和艺术风格特征，以图解的方式描绘了龙舞的一百个姿态，介绍了龙舞的动作和演出技巧、服装道具和队形等。

中图法分类：（索书号）J709.2/40
题　　名：中国少数民族舞蹈发展史
书　　号：ISBN 7-103-02105-8
责 任 者：马薇、马维丽著
出 版 者：人民音乐出版社
出版时间：2002 1622
出 版 地：北京
页　　数：430 页
尺　　寸：20cm
价　　格：390.00
馆藏地址：北京舞蹈学院图书馆
内容提要：本书以历史上中央王朝的更迭为通史的脉络，以各少数民族的形成、演变为历史背景，阐述了历史上少数民族舞蹈的产生、演化和发展。

1623 中图法分类：（索书号）J705/20
题　　　名：中国舞蹈名作赏析：1949-1999
书　　　号：ISBN 7-103-02378-6
责　任　者：田静主编
出　版　者：人民音乐出版社
出 版 时 间：2002
出　版　地：北京
页　　　数：368 页，［9］页图版
尺　　　寸：21cm
价　　　格：22.30
馆 藏 地 址：北京舞蹈学院图书馆
内 容 提 要：本书对新中国舞蹈家们所创作的《牧马歌》、《红绸舞》、《飞天》等近百出舞剧的赏析评论集。

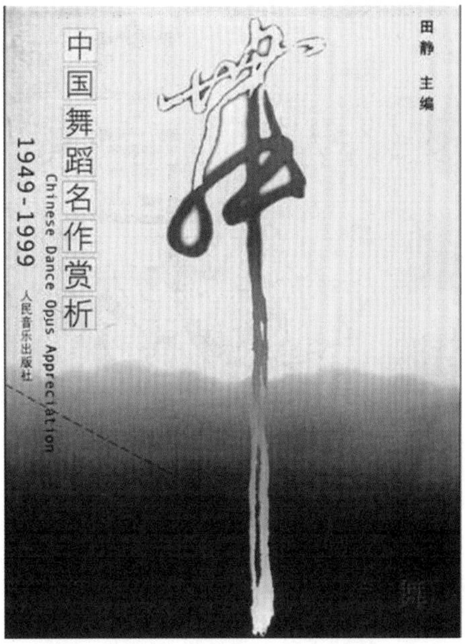

1624 中图法分类：（索书号）J709.2/70
题　　　名：中华舞蹈图史
书　　　号：ISBN 957-66866-3-6
责　任　者：王克芬著
出　版　者：台湾文津出版社
出 版 时 间：2002
出　版　地：台北市
页　　　数：247 页
尺　　　寸：31cm
价　　　格：765.18　TWD1440
馆 藏 地 址：北京舞蹈学院图书馆
内 容 提 要：本书汇集了作者 45 年积累的 669 幅舞蹈文物图，展示了中华民族历史悠久、传统浓厚的舞蹈文化。全书分两部分，第一部分介绍了历史文物中的舞蹈形象；第二部分介绍了石窟、佛寺中的舞蹈形象，按时代分类编排，线索清晰，一目了然。该书的论文阐述了在历史大势的影响下中国舞蹈发展的脉络，结合历史文献及当时流行的舞蹈，分析每幅舞蹈文物图的审美特征。与当时社会生活的关系以及它们与今日某些民间舞、古典舞的传承关系等等，用事实揭示了中华民族舞蹈艺术独特的风格神韵和源远流长的悠久历史。

中图法分类：J70/52：1
题　　名：中国舞蹈艺术．第一辑
书　　号：ISBN 7-103-02695-5
责 任 者：于平主编
出 版 者：人民音乐出版社编辑部编
出版时间：2002
出 版 地：北京
页　　数：258 页
尺　　寸：21cm
价　　格：20.00
馆藏地址：北京舞蹈学院图书馆
内容提要：本书分学术论坛、作品品评、编导手记、热点关注教育园地、大家名师、书与人、大事记等栏目。收《面向 21 世纪舞蹈学科建设的思考》、《新时期中国舞剧创作的现状、问题与对策》等论文 23 篇。

1625

中图法分类：（索书号）J70-02/4
题　　名：中外舞蹈思想概论
书　　号：ISBN 7-103-02451-0
责 任 者：于平著
出 版 者：人民音乐出版社
出版时间：2002
出 版 地：北京
页　　数：14，669 页
尺　　寸：20cm
价　　格：39.60
馆藏地址：北京舞蹈学院图书馆
内容提要：本书分为中国古代乐舞思想；中国当代舞蹈思想；外国舞蹈美学思想；外国舞蹈艺术思想四部分。其主要内容有：儒家礼乐思想及其流变；墨子非乐思想的逻辑构成等。

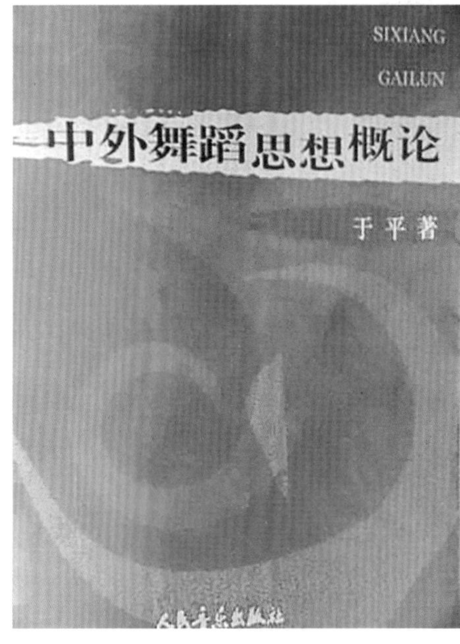

1626

1627

中图法分类：（索书号）J705/62
题　　　名：足尖上的精灵—芭蕾的故事
书　　　号：ISBN 7-80646-451-4
责 任 者：蓝凡文化工作室编著
出 版 者：上海文化出版社
出版时间：2002
出 版 地：上海
页　　　数：111 页
尺　　　寸：19cm
价　　　格：12.00
馆藏地址：北京舞蹈学院图书馆
内容提要：本书介绍了芭蕾舞的起源、发展、流派、基本技术，以及世界芭蕾舞团体概况等内容。

1628

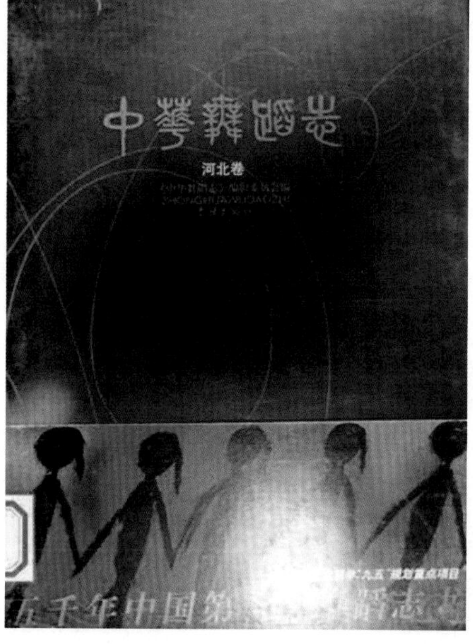

中图法分类：（索书号）J709.2（22）1
题　　　名：中华舞蹈志，河北卷
书　　　号：ISBN 7-80668-123-X
责 任 者：《中华舞蹈志》编辑委员会编
出 版 者：学林出版社
出版时间：2002
出 版 地：上海
页　　　数：259 页，[6] 页图版
尺　　　寸：23cm
价　　　格：44.00
馆藏地址：北京舞蹈学院图书馆
内容提要：本书分为综述、志略、文物史迹、史料钩沉、人物传记、附录、图表等，系统记述了河北省民族民间舞蹈的历史、现状、内容形式、风格流派、衍变特色以及有关的节令风俗、信仰礼仪。

1629

中图法分类：（索书号）J701/9
题　　名：当代舞蹈美学
书　　号：ISBN 7-80640-821-5
责 任 者：林君桓著
出 版 者：海峡文艺出版社
出版时间：2003.1
出 版 地：福州市
页　　数：544 页
尺　　寸：22cm
价　　格：30.00
馆藏地址：北京舞蹈学院图书馆
内容提要：本书从舞蹈的发生谈起，探究它的发展脉络，以探讨舞蹈这一人体艺术本身的美学特性为中心，进而分析舞蹈之美、舞蹈的形态特性以及审美等问题。

1630

中图法分类：（索书号）J709/15
题　　名：世界艺术史·舞蹈卷
书　　号：ISBN 7-5060-1573-0
责 任 者：田本相主编；欧建平著
出 版 者：东方出版社
出版时间：2003.1
出 版 地：北京
页　　数：10，403 页
尺　　寸：24cm
价　　格：45.00
馆藏地址：北京舞蹈学院图书馆
内容提要：本书介绍了世界舞蹈史，包括古今舞蹈分类法、神秘莫测的东方舞、中国舞蹈、日本舞蹈、印度舞蹈、以色列舞蹈、法国舞蹈、德国舞蹈、俄罗斯舞蹈等。

1631

中图法分类：（索书号）J709.2/45
题　　　名：影响世界的中国乐舞
书　　　号：ISBN 7-5039-2327-X
责　任　者：资华筠主编
出　版　者：文化艺术出版社
出 版 时 间：2003.1
出　版　地：北京
页　　　数：274 页
尺　　　寸：20cm
价　　　格：16.00
馆 藏 地 址：北京舞蹈学院图书馆
内 容 提 要：本书内容有“日本史籍中的唐乐舞”、“华夏文化对美洲印第安人古代文明和传统习俗的影响初探”、“中国舞蹈文化传播漫说”、“漂洋过海华夏情”等。

1632

中图法分类：（索书号）J732.8/81
题　　　名：交谊舞趣谈
书　　　号：ISBN 7-80668-422-0
责　任　者：顾也文编著
出　版　者：学林出版社
出 版 时 间：2003.2
出　版　地：上海
页　　　数：4，179 页
尺　　　寸：20cm
价　　　格：12.00
馆 藏 地 址：北京舞蹈学院图书馆
内 容 提 要：本书介绍了交际舞的基本知识，内容包括：交谊舞史话、交谊舞文化、交谊舞竞技和娱乐等内容。

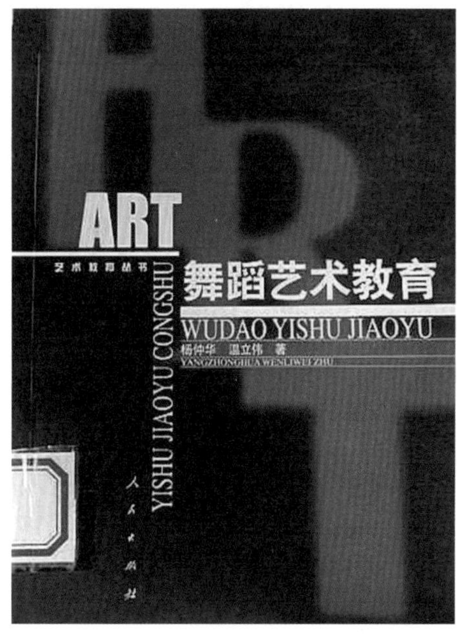

中图法分类：（索书号）J70-05/19
题　　名：舞蹈艺术教育
书　　号：ISBN 7-01-003845-7
责 任 者：杨仲华、温立伟著
出 版 社：人民出版社
出版时间：2003.3.1 1633
出 版 地：北京
页　　数：362页
尺　　寸：21cm
价　　格：24.00
馆藏地址：北京舞蹈学院图书馆
内容提要：本书内容包括舞蹈艺术教育、舞蹈艺术、舞蹈艺术教育活动、舞蹈艺术技能训练、舞蹈艺术鉴赏教育、舞蹈艺术表演教育、舞蹈艺术创作教育、舞蹈艺术教育的功能与效应等。舞蹈艺术教育在中外教育历史上，算得上是一门古老的学科，在当代中国素质教育中，它又是一门新兴学科。如何在新的历史时期赋予这门学科以新的内涵，使之更好地服务于提高中华民族思想道德素质、科学文化素质和审美素质的这个宏大目标，这是我们在行文中始终关注的焦点。笔者试图从人类文化的大背景着眼，以培养提高人的全面素质为落脚点，以舞蹈艺术教育的各项功能为切入点，结合我们的教育教学实践，吸收国内外众多学者、教育家和艺术家的研究成果。

中图法分类：（索书号）J709.2/0417
题　　名：中国解放战争时期舞蹈史
书　　号：ISBN 962-450-913-1
责 任 者：刘云编著
出 版 者：天马图书有限公司
出版时间：2003.3 1634
出 版 地：香港
页　　数：522页
尺　　寸：21cm
价　　格：30.00　HKD30.00
馆藏地址：上海图书馆
内容提要：刘云先生编著的《中国解放战争时期舞蹈史》出版了，对于中国舞蹈界来说是一件值得庆贺的事。这是因为，中国舞蹈史的研究，尤其是通史类研究，虽然出版了不少专著，但中国解放战争时期舞蹈史研究还是一个空白。多年来，国内舞蹈界虽有一定的关注，在一些近代舞蹈史论中也有所提及或设篇阐述，但进行专题研究，还是一个崭新的课题。

1635 中图法分类：（索书号）J709.712/16
题　　名：邓肯自传
书　　号：ISBN 7-5360-3976-X
责 任 者：［美］伊莎朵拉·邓肯著；张敏译
出 版 者：花城出版社
出版时间：2003.4
出 版 地：广州
页　　数：378 页
尺　　寸：20cm
价　　格：19.00
馆藏地址：北京舞蹈学院图书馆
内容提要：本书包括：童年的记忆；父亲和母亲；在芝加哥；仙女的困惑；作别纽约等内容。

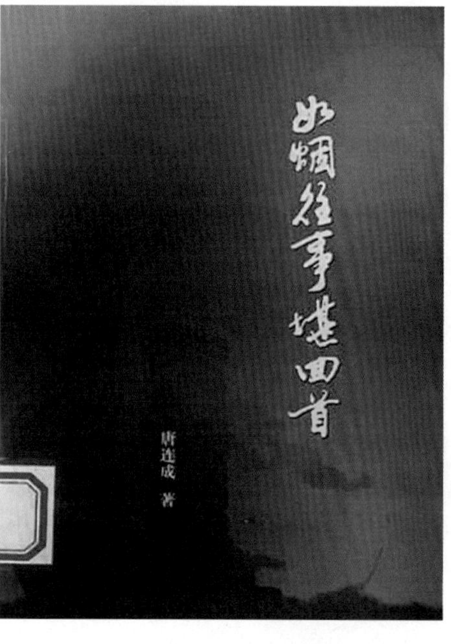

1636 中图法分类：（索书号）J709.2/61
题　　名：如烟往事堪回首（内部资料）
责 任 者：唐连成著
出 版 者：北京舞蹈学院
出版时间：2003.4
出 版 地：北京
页　　数：234 页
尺　　寸：20cm
价　　格：25.00
馆藏地址：北京舞蹈学院图书馆
内容提要：此书为北京舞蹈学院已故舞蹈家唐满成教授之浏阳唐氏家族之家史。可以从另一侧面深入了解唐满成教授的一生。

中图法分类：（索书号）J719.3/3/：4
题　　　名：中国舞等级考试教材：第四级（儿童）
书　　　号：ISBN 7-103-02153-8
责 任 者：北京舞蹈学院编；孙光言主编
出 版 者：人民音乐出版社
出版时间：2003.4
出 版 地：北京
页　　　数：106 页
尺　　　寸：30cm
价　　　格：17.00
馆藏地址：北京舞蹈学院图书馆
内容提要：本书四级课学生年龄约在 7-9 岁。在这一级中，要学习手与脚的基本位置和腰腿的基本动作。学习简单的中国民族、民间舞蹈“舞步”。认识舞蹈音乐最简单的节拍。

1637

中图法分类：（索书号）J7-61/11
题　　　名：芭蕾术语词典
书　　　号：ISBN 978-7-80667-282-2
责 任 者：朱立人编译
出 版 者：上海音乐出版社
出版时间：2003.5
出 版 地：上海
页　　　数：25，134 页
尺　　　寸：20cm
价　　　格：12.00
馆藏地址：北京舞蹈学院图书馆
内容提要：该词典内容以古典芭蕾常用动作为主，兼收与芭蕾教学训练、舞台演出及职称等有关的条目；每个条目内含本词、语种、近似的汉语读音以及释义四部分。

1638

1639

中图法分类：（索书号）J722.21/4410
题　　　名：陕西民间舞蹈概览
书　　　号：ISBN 7-5418-1940-9
责 任 者：李开方 编著
出 版 者：陕西旅游出版社
出版时间：2003.6
出 版 地：西安
页　　　数：580 页
尺　　　寸：19cm
馆藏地址：上海图书馆
内容提要：本书是陕西省艺术研究所出版的五部力作之一。书中着重通过文字对全省各地流传的民间舞蹈的活动现状，以及它的流传地域、社会活动概括地进行了说明。对了解陕西省的地方民间舞蹈是一本不可多得的好书。

1640

中图法分类：（索书号）J721/19：1
题　　　名：大漠孤烟直：刘凤学作品第 115 号舞蹈交响诗．［卷一］
书　　　号：ISBN 957-2-88961-3
责 任 者：刘凤学财团法人新古典表演艺术基金会
出 版 者：刘凤学财团法人新古典表演艺术基金会
出版时间：2003.7
出 版 地：台北市
页　　　数：295 页
尺　　　寸：30cm
价　　　格：250.00 全套；精装 / NT $ 3, 000
馆藏地址：北京舞蹈学院图书馆
内容提要：刘凤学创作《大漠孤烟直》、刘凤学制作演出《大漠孤烟直》及刘凤学策划纪录《大漠孤烟直》的实录。主要目的是借这样的尝试，建立一种模式，将视觉的舞蹈转化为一种可书写、可阅读、可供研究分析，能够精确而完整地呈现出舞蹈本体的舞蹈文本。本书共分为四卷，第一、二、三卷主要内容是以鲁道夫．冯．拉邦动作谱，书写《大漠孤烟直》舞蹈动作：包括动作时值，动作水平，舞者与舞者之关系、舞者与道具之关系、舞者进行方向与空间的相关性。第四卷是赵季平先生创作的《大漠孤烟直》的音乐总谱。

中图法分类：（索书号）J721/19：2
题　　名：大漠孤烟直：刘凤学作品第 115 号舞蹈交响诗．［卷二］
书　　号：ISBN 957-2-88961-3
责 任 者：刘凤学财团法人新古典表演艺术基金会 1641
出 版 者：刘凤学财团法人新古典表演艺术基金会
出版时间：2003. 7
出 版 地：台北市
页　　数：318-592 页
尺　　寸：30cm
价　　格：250. 00 全套 ：精装 / NT $ 3，000
馆藏地址：北京舞蹈学院图书馆
内容提要：刘凤学创作《大漠孤烟直》、刘凤学制作演出《大漠孤烟直》及刘凤学策划纪录《大漠孤烟直》的实录。主要目的是借这样的尝试，建立一种模式，将视觉的舞蹈转化为一种可书写、可阅读、可供研究分析，能够精确而完整地呈现出舞蹈本体的舞蹈文本。本书共分为四卷，第一、二、三卷主要内容是以鲁道夫．冯．拉邦动作谱，书写《大漠孤烟直》舞蹈动作：包括动作时值，动作水平，舞者与舞者之关系、舞者与道具之关系、舞者进行方向与空间的相关性。第四卷是赵季平先生创作的《大漠孤烟直》的音乐总谱。

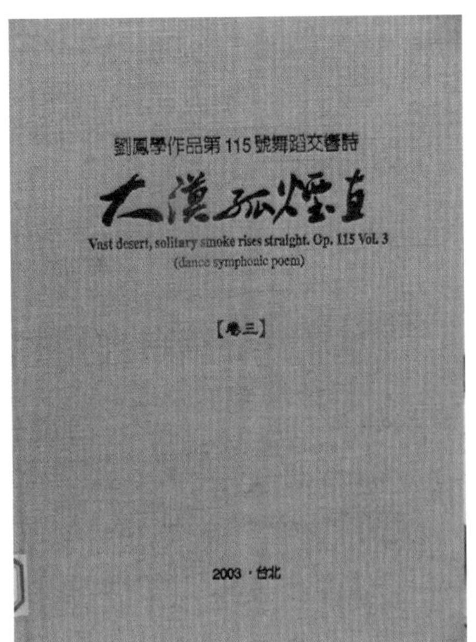

中图法分类：（索书号）J721/19：3
题　　名：大漠孤烟直：刘凤学作品第 115 号舞蹈交响诗．［卷三］
书　　号：ISBN 957-2-88961-3
责 任 者：刘凤学财团法人新古典表演艺术基金会 1642
出 版 者：刘凤学财团法人新古典表演艺术基金会
出版时间：2003. 7
出 版 地：台北市
页　　数：597-954 页
尺　　寸：30cm
价　　格：250. 00 全套 ：精装 / NT $ 3，000
馆藏地址：北京舞蹈学院图书馆
内容提要：刘凤学创作《大漠孤烟直》、刘凤学制作演出《大漠孤烟直》及刘凤学策划纪录《大漠孤烟直》的实录。主要目的是借这样的尝试，建立一种模式，将视觉的舞蹈转化为一种可书写、可阅读、可供研究分析，能够精确而完整地呈现出舞蹈本体的舞蹈文本。本书共分为四卷，第一、二、三卷主要内容是以鲁道夫．冯．拉邦动作谱，书写《大漠孤烟直》舞蹈动作：包括动作时值，动作水平，舞者与舞者之关系、舞者与道具之关系、舞者进行方向与空间的相关性。第四卷是赵季平先生创作的《大漠孤烟直》的音乐总谱。

1643 中图法分类：（索书号）J721/19：4
题　　　名：大漠孤烟直：刘凤学作品第115号舞蹈交响诗．［卷四］
书　　　号：ISBN 957-2-88961-3
责 任 者：刘凤学财团法人新古典表演艺术基金会
出 版 者：刘凤学财团法人新古典表演艺术基金会
出版时间：2003.7
出 版 地：台北市
页　　　数：271页
尺　　　寸：30cm
价　　　格：250.00全套：精装／NT＄3，000
馆藏地址：北京舞蹈学院图书馆
内容提要：刘凤学创作《大漠孤烟直》、刘凤学制作演出《大漠孤烟直》及刘凤学策划纪录《大漠孤烟直》的实录。主要目的是借这样的尝试，建立一种模式，将视觉的舞蹈转化为一种可书写、可阅读、可供研究分析，能够精确而完整地呈现出舞蹈本体的舞蹈文本。本书共分为四卷，第一、二、三卷主要内容是以鲁道夫．冯．拉邦动作谱，书写《大漠孤烟直》舞蹈动作：包括动作时值，动作水平，舞者与舞者之关系、舞者与道具之关系、舞者进行方向与空间的相关性。第四卷是赵季平先生创作的《大漠孤烟直》的音乐总谱。第四册为乐谱，主要作者为赵季平。

1644 中图法分类：（索书号）J722.29/3/：1
题　　　名：江西南丰傩文化，上册
书　　　号：ISBN 7-104-01991-x
责 任 者：曾志巩著
出 版 者：中国戏剧出版社
出版时间：2003.7
出 版 地：北京
丛　　　书：中国傩俗礼仪文化丛书
页　　　数：［13］，740页，［1］叶图版
尺　　　寸：21cm
价　　　格：32.00（上下）
馆藏地址：北京舞蹈学院图书馆
内容提要：这是一本介绍江西南丰傩文化的书。这部学术手稿记述了南丰石邮村“跳傩”、“搜傩”仪式表演活动所体现出的原生形态粗犷美、野性美和人类本体精神的张扬。赓溪村“跳竹马”、“关索大战鲍三娘”那种巧妙模糊历史与现实、艺术与生活、角色与观众三种界限的奇特表演使观众痴迷，至今难以忘怀。与全国各地已知的傩事活动相比，南丰傩有着独特的历史文化意蕴和学术研究价值。

中图法分类：（索书号）J722.29/3/：2
题　　　名：江西南丰傩文化，下册
书　　　号：ISBN 7-104-01991-x
责 任 者：曾志巩著
出 版 者：中国戏剧出版社
出 版 时 间：2003.7 1645
出 版 地：北京
丛　　　书：中国傩俗礼仪文化丛书
页　　　数：13，740 页，[1] 叶图版
尺　　　寸：21cm
价　　　格：32.00（上下）
馆 藏 地 址：北京舞蹈学院图书馆
内 容 提 要：这是一本介绍江西南丰傩文化的书。这部学术手稿记述了南丰石邮村“跳傩”、“搜傩”仪式表演活动所体现出的原生形态粗犷美、野性美和人类本体精神的张扬。赓溪村“跳竹马”、“关索大战鲍三娘”那种巧妙模糊历史与现实、艺术与生活、角色与观众三种界限的奇特表演使观众痴迷，至今难以忘怀。与全国各地已知的傩事活动相比，南丰傩有着独特的历史文化意蕴和学术研究价值。

中图法分类：（索书号）J714.4/5
题　　　名：林克华的设计与沉思：舞台光景
书　　　号：ISBN 957-325-009-8
责 任 者：林克华等著
出 版 者：远流出版事业股份有限公司
出 版 时 间：2003.8.1 1646
出 版 地：台北市
页　　　数：204 页
尺　　　寸：20×20cm
价　　　格：170.04 TWD400.00
馆 藏 地 址：北京舞蹈学院图书馆
内 容 提 要：光，创造了戏的气氛，也着观众的情绪。而林克华，在剧场里的联想，就是“光”让我们看到了戏。近三十年的剧场工作，锻炼出林克华的实力，也让他写下了傲人的成绩。凭着他对人文艺术的热情和涵养，与扎实的设计能力，台湾最优秀的表演团体，如云门舞集、汉唐乐府、优剧场和越界舞团等都争相与他合作。只要有林克华的参与，在设计品质上就有了艺术的保障。

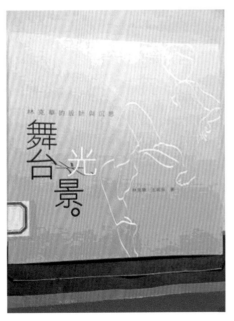

1647

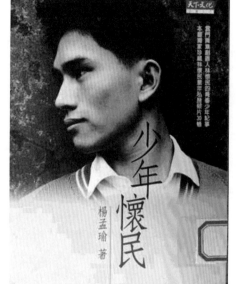

中图法分类：（索书号）J709.2/107
题　　名：少年怀民：云门舞集创办人林怀民的青春少年纪事
书　　号：ISBN 986-417-168-2
责 任 者：杨孟瑜著
出 版 者：天下远见出版股份有限公司
出版时间：2003.8.26
出 版 地：台北市
页　　数：223 页
尺　　寸：21cm
价　　格：60.00 TWD240
馆藏地址：北京舞蹈学院图书馆
内容提要：本书介绍了林怀民少年时期的生活和往事，并且收录了云门舞集创办人林怀民的青春少年记事，独家收录了林怀民童年至二十六岁私房照片 30 帧。介绍了林怀民青少年时期的成长过程。

1648

中图法分类：（索书号）J732.8/5906
题　　名：体育舞蹈
书　　号：ISBN 7-81093-01-1
责 任 者：秦文明
出 版 者：合肥工业大学出版社
出版时间：2003.8
出 版 地：合肥
丛　　书：大学体育系列教材（非体育专业）
页　　数：190 页图表
尺　　寸：20cm
价　　格：10.00
主题标目：交际舞—高等学校
馆藏地址：上海图书馆
内容提要：本书包括：体育舞蹈概述；体育舞蹈基本知识；摩登舞的基本舞步；拉丁舞的基本舞步等。

中图法分类：（索书号）J712.2/4
题　　名：形体舞蹈速成 POP
书　　号：ISBN 7-5062-5284-8
责 任 者：张春燕编著
出 版 者：广东世界图书出版公司
出版时间：2003.8
出 版 地：广州
页　　数：132 页
尺　　寸：32cm
价　　格：23.80
馆藏地址：北京舞蹈学院图书馆
内容提要：本书系由作者根据自己十多年模特训练的教学经验和体会编写而成。书中将形体与舞蹈基本功结合起来，科学地训练形体姿态，引导和培养学习者的兴趣和舞蹈能力，有助于提高审美情趣。全书包含五个章节：（一）舞蹈美学；（二）形体舞蹈训练；（三）国标舞介绍；（四）经典女性、男性修身训练；（五）营养与减肥。

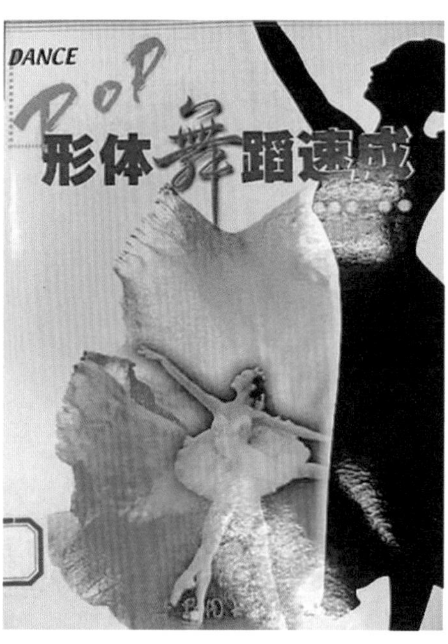

1649

中图法分类：（索书号）J7-44/1
题　　名：舞蹈艺术人才一般性综合知识2000 问
书　　号：ISBN 7-5313-2618-3
责 任 者：明文军主编
出 版 者：春风文艺出版社
出版时间：2003.9
出 版 地：沈阳
页　　数：364 页
尺　　寸：21cm
价　　格：20.00
馆藏地址：北京舞蹈学院图书馆
内容提要：本书是一部有关舞蹈艺术的问答的著作，内容包括：选择题、判断题、问答题、参考书目等。

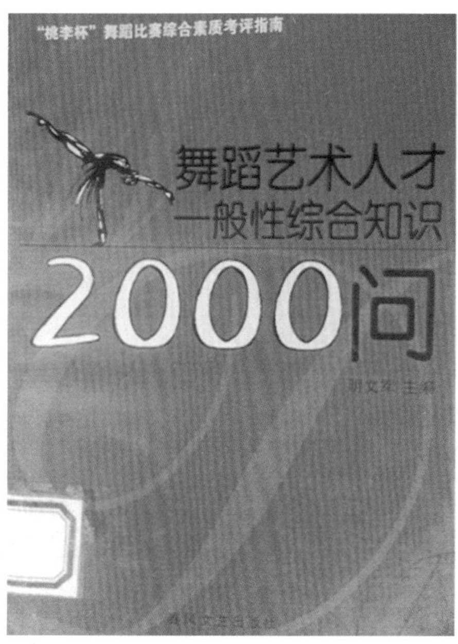

1650

1651

中图法分类：（索书号）J719/15/：1
题　　　名：舞蹈（上）
书　　　号：ISBN 7-5320-8366-7
责 任 者：教育部体育卫生与艺术教育司组编
出 版 者：上海教育出版社
出版时间：2003.9
出 版 地：上海
页　　　数：115 页
尺　　　寸：26cm
价　　　格：18.00（含光盘）
馆藏地址：北京舞蹈学院图书馆
内容提要：本书共分三个单元，内容包括：舞蹈基本理论知识、舞蹈基本功训练与中国民族民间舞。本书通过介绍舞蹈基本功训练、中国民族民间舞表演性组合、少儿舞蹈及教学方法，以及舞蹈鉴赏基本知识，使学生掌握舞蹈技能，提高组织活动、教学能力。

1652

中图法分类：（索书号）J711.3/16
题　　　名：综艺性电视舞蹈之研究
书　　　号：ISBN 978-957-03409-07
责 任 者：刘黎娸著
出 版 者：中国文化大学出版部
出版时间：2003.9
出 版 地：台北市
页　　　数：101 页
尺　　　寸：32cm
价　　　格：37.50 TWD150.00
馆藏地址：北京舞蹈学院图书馆
内容提要：本书内容包括：舞蹈表演艺术论，综艺性电视舞蹈之制作过程，综艺性电视舞蹈之摄制技术与效果，综艺性电视舞蹈之新美学观与实例分析，结论与建议。

中图法分类：（索书号）J709.1/4
题　　名：外国舞蹈文化史略
书　　号：ISBN 7-103-02819-2
责 任 者：金秋著
出 版 者：人民音乐出版社
出版时间：2003.11 1653
出 版 地：北京
页　　数：250 页
尺　　寸：21cm
价　　格：18.00
馆藏地址：北京舞蹈学院图书馆
内容提要：本书共十一章，其内容包括世界原始时代舞蹈、古埃及舞蹈、古希腊舞蹈、古罗马舞蹈、古印度舞蹈、拉丁美洲舞蹈、亚洲舞蹈等。

中图法分类：（索书号）J712.25/27
题　　名：形体芭蕾
书　　号：ISBN 7-5345-3770-3
责 任 者：王昕宁、王惠秋编著
出 版 者：江苏科学技术出版社
出版时间：2003.11 1654
出 版 地：南京
丛　　书：阳光女性丛书
页　　数：64 页
尺　　寸：19cm
价　　格：11.00
馆藏地址：北京舞蹈学院图书馆
内容提要：本书是一部有关练习芭蕾的书籍。该书共分为 12 大部分，其中包括：芭蕾的基本特征、形体芭蕾的服饰与发型、芭蕾的五脚位、芭蕾的七手位等内容。

1655 中图法分类：(索书号) J719.3/3/：7
题　　名：中国舞等级考试教材：第七级（儿童）
书　　号：ISBN 7-103-02810-9
责 任 者：北京舞蹈学院编；孙光言主编
出 版 者：人民音乐出版社
出版时间：2003.11.
出 版 地：北京
页　　数：151 页
尺　　寸：30cm
价　　格：22.00
馆藏地址：北京舞蹈学院图书馆
内容提要：本书七级课学生年龄约在 10 岁至 12 岁。本年级的教学任务为：一、较好地做到身体直立，重心正确，并继续提高腰腿的柔韧度；二、地面、扶把和中间的各项练习，均做到手动眼随；三、“跳跃”动作做到腿直、脚绷；四、“转”的动作保持身体直立；五、熟练地掌握藏族“踢踏舞”的几种“舞步”，并能体会出动作的轻、重、缓、急；六、掌握好云南花灯的“跳颠步”、“跳撩步”和上体的“崴”动，并做到上、下身协调；七、舞蹈时初步具有乐感。

1656 中图法分类：(索书号) J723/2
题　　名：国家舞台艺术精品工程：2002-2003 年精品剧目集粹
书　　号：ISBN 7-5057-1979-3
责 任 者：中华人民共和国文化部艺术司编
出 版 者：中国友谊出版公司
出版时间：2003.12
出 版 地：北京
页　　数：157 页
尺　　寸：29cm
价　　格：260.00
馆藏地址：北京舞蹈学院图书馆
内容提要：本书是一本精装画册，为国家重点文化工程。内容汇集了全国三十台地方戏的精品剧照及相关的文字说明。

中图法分类：（索书号）J703
（参见 K825.76/4111）
题　　名：边走边舞：姚珠珠从艺五十年：［摄影集］
书　　号：ISBN 7-5059-4297-2（精装）
责 任 者：舒乙主编 1657
出 版 者：中国文联出版社
出版时间：2003
出 版 地：北京
页　　数：185 页
尺　　寸：28cm
价　　格：139.00
馆藏地址：浙江图书馆
内容提要：该书内容涵盖了姚珠珠简介、八岁穿舞鞋、突然长大、青春在舞中、跳向世界、三人舞蹈晚会、边走边舞、一个舞者的大道等。

中图法分类：（索书号）J722.227.3/1423
题　　名：长阳巴山舞
书　　号：ISBN 7-216-03686-7
责 任 者：覃发池编著
出 版 者：湖北人民出版社
出版时间：2003 1658
出 版 地：武汉
丛　　书：巴土文化丛书
页　　数：184 页
尺　　寸：25cm
价　　格：15.00
馆藏地址：上海图书馆
内容提要：长阳巴山舞是 80 年代兴起的一种新型的群众自娱性的集体舞蹈。它是由土家族喜闻乐见的民间古老的“跳丧”经长阳覃发池等民间舞蹈工作者收集整理，改革创新而发展起来的。

1659 中图法分类：（索书号）J709.27/16
题　　名：戴爱莲：我的艺术与生活
书　　号：ISBN 7-80129-087-9
责 任 者：戴爱莲口述；罗斌等整理
出 版 者：人民音乐出版社 华乐出版社
出版时间：2003
出 版 地：北京
页　　数：309 页
尺　　寸：21cm
价　　格：28.00
馆藏地址：北京舞蹈学院图书馆
内容提要：本书记录了中国现代舞蹈大师戴爱莲先生艺术与人生。内容涵盖本人在特立尼达的童年、留学英伦岛的日子、奔赴祖国参加救亡、烽火中的艺术人生等 16 个部分。

1660 中图法分类：（索书号）J701-49/1
题　　名：动作的旋律—舞蹈美
书　　号：ISBN 7-5376-2520-4
责 任 者：刘秀乡编著
出 版 者：河北少年儿童出版社
出版时间：2003
出 版 地：石家庄
页　　数：150 页
尺　　寸：23cm
价　　格：27.40
馆藏地址：北京舞蹈学院图书馆
内容提要：本书论述了舞蹈的起始与发展、舞蹈的艺术特征、舞蹈的主要类型及其特点、舞蹈名作赏析等四大部分内容。

中图法分类：（索书号）J7-49/3
题　　名：考前舞蹈基础
书　　号：ISBN 7-04-013388-1
责 任 者：《考前舞蹈基础》编写组编
出 版 者：高等教育出版社
出版时间：2003
出 版 地：北京
页　　数：10，192 页
尺　　寸：23cm
价　　格：19.00
馆藏地址：北京舞蹈学院图书馆
内容提要：本书内容主要包括舞蹈基本知识、中国民族民间舞、即兴编舞、剧目、舞蹈作品、舞蹈基础理论及舞蹈经典作品等，以浓缩的形式，系统地介绍了考生应具备的舞蹈艺术技法及基础知识。

1661

中图法分类：（索书号）J792.3/3/：2003
题　　名：梦想的印迹作品集：北京舞蹈学院艺术设计系 2003 级舞台设计专业/舞台服装设计专业/服饰表演专业（内部资料）
责 任 者：北京舞蹈学院艺术设计系
出 版 者：北京舞蹈学院艺术设计系
出版时间：2003
出 版 地：北京
页　　数：100 页
尺　　寸：18cm
价　　格：40.00
馆藏地址：北京舞蹈学院图书馆
内容提要：本书为北京舞蹈学院艺术设计系 03 级舞台设计/舞台服装设计/服饰表演班毕业作品汇编。

1662

1663

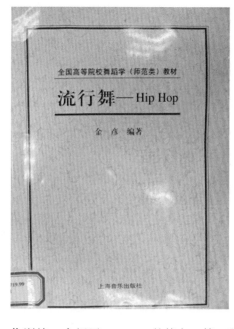

中图法分类：（索书号）J719.99/1
题　　　名：流行舞：Hip Hop
书　　　号：ISBN 7-80667-300-8
责 任 者：金彦编著
出 版 者：上海音乐出版社
出版时间：2003
出 版 地：上海
丛　　　书：全国高等院校舞蹈学（师范类）教材
页　　　数：84 页
尺　　　寸：26cm
价　　　格：15.00
馆藏地址：北京舞蹈学院图书馆
内容提要：本书内容包括 Hip Hop 教学大纲、身体各关节的活动练习、单一练习、元素训练、综合性组合练习、Hip Hop 教学说明等。共分四个单元，第一、二单元是系统的基本动作训练，介绍了 Hip Hop 的特点；第三单元是各种流行舞元素的训练，介绍了 Hip Hop 的各种不同风格；第四单元是综合性训练，介绍了 Hip Hop 演员需具备的综合素质和表演能力。每个单元对新教的动作和特别容易出错的动作都注有要点提示。

1664

中图法分类：（索书号）J706
（J423/0254-1）
题　　　名：人体·自然·造型= Nature Nude Models，舞蹈动态篇
书　　　号：ISBN 7-80517-573-X
责 任 者：高盛奎
出 版 者：西泠印社
出版时间：2003
出 版 地：杭州
页　　　数：159 页；彩图
尺　　　寸：20cm
价　　　格：36.00
主题标目：人像摄影—摄影集—中国—现代
馆藏地址：上海图书馆
内容提要：本书运用摄影手段，反映人体美，反映自然的美，一幅幅的作品，体现了艺术规律，美的规律。

中图法分类：（索书号）J709.2/35 YZ
题　　名：图说中国舞蹈史
书　　号：ISBN 957-818-527-8
责 任 者：冯双白、王宁宁、刘晓真著
出 版 者：扬智文化
出版时间：2003
出 版 地：台北县
页　　数：234 页
尺　　寸：26cm
价　　格：157.50 TWD450.00
馆藏地址：北京舞蹈学院图书馆
内容提要：本书精选在中国舞蹈艺术发展史上有重要价值的图片，辅之以文字叙述，向读者展示了中国舞蹈艺术史的发展轨迹。

1665

中图法分类：（索书号）J705.1
题　　名：舞蹈欣赏
书　　号：ISBN 7-04-013387-3
责 任 者：金秋编著
出 版 者：高等教育出版社
出版时间：2003
出 版 地：北京
页　　数：175 页
尺　　寸：23cm；照片
价　　格：26.00
馆藏地址：国家图书馆
内容提要：本书立足于对中外经典舞蹈作品的赏析，系统地介绍了舞蹈的起源、发展，舞蹈作品的内容和形式、种类和体裁，进行赏析的条件和基础等。

1666

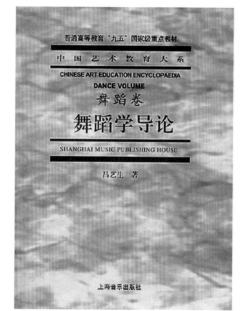

1667

中图法分类：（索书号）J7/6642
题　　　名：舞蹈学导论
书　　　号：ISBN 7-80667-318-0
责　任　者：吕艺生著
出　版　者：上海音乐出版社
出 版 时 间：2003
出　版　地：上海
丛　　　书：普通高等教育“九五”国家级重点教材，中国艺术教育大系
页　　　数：293 页
尺　　　寸：26cm
价　　　格：32.00
馆 藏 地 址：上海图书馆
内 容 提 要：本书图文并茂，论述了舞蹈的发展历史，舞蹈的本质，舞蹈艺术门类与形态，舞蹈的传承与创造等，并提供了相关思考题。

1668

中图法分类：（索书号）J709/17
题　　　名：舞蹈艺术—生命的自由行走
书　　　号：ISBN 7-5398-1146-3
责　任　者：卿青著
出　版　者：安徽美术出版社
出 版 时 间：2003
出　版　地：合肥
丛　　　书：大学生艺术素质拓展丛书
页　　　数：128 页
尺　　　寸：20cm
价　　　格：12.00
馆 藏 地 址：北京舞蹈学院图书馆
内 容 提 要：本书分别对中国舞蹈艺术和西方舞蹈艺术做了梳理。中国舞蹈鉴于历史上长期歌、舞、诗不分的混生状态，并对三者进行了介绍。

中图法分类：（索书号）J722\4 中文基藏\闭架库房 1669
题　　　名：神川热巴：人神感应的古老艺术
书　　　号：ISBN 7-5367-2499-3
责　任　者：李汝春主编；维西傈僳族自治县文化体育局编
出　版　者：云南民族出版社
出 版 时 间：2003
出　版　地：昆明
丛　　　书：三江明珠维西民族文化系列丛书
页　　　数：200 页；照片
尺　　　寸：20cm
价　　　格：30.00
馆 藏 地 址：国家图书馆
内 容 提 要：本书针对“神川热巴”这种民间表演艺术，通过对被誉为“热巴艺术之乡”的迪庆藏族自治州塔城乡的实地调研，对这种融舞蹈、音乐、文学为一体的艺术形式进行介绍。

中图法分类：（索书号）J709.1/5
题　　　名：歇会儿，天鹅—易学易懂的芭蕾史
书　　　号：ISBN 7-103-02688-2
责　任　者：［加］巴伯著；卿青译 1670
出　版　者：人民音乐出版社
出 版 时 间：2003
出　版　地：北京
丛　　　书：欧美畅销系列·轻松解读音乐丛书
页　　　数：91 页
尺　　　寸：21cm
价　　　格：6.50
馆 藏 地 址：北京舞蹈学院图书馆
内 容 提 要：本书介绍了芭蕾舞的起源、发展过程及其某些剧目的发展经历等。作者搜集了丰富的芭蕾故事，并以幽默的方式讲述了它们，使你深入地了解舞蹈史，并能够从那些奋斗的、有过失败和成功的人们身上感受到真实的人性。

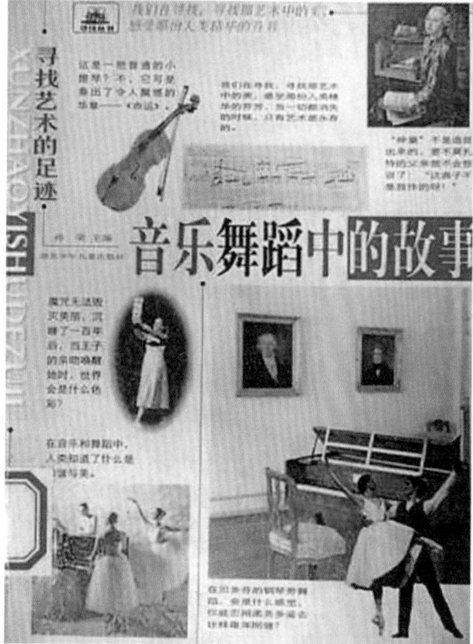

1671 中图法分类：（索书号）J705/59

题　　名：音乐舞蹈中的故事

书　　号：ISBN 7-5353-2413-4

责 任 者：孙荣主编

出 版 者：湖北少年儿童出版社

出版时间：2003

出 版 地：武汉

页　　数：177 页

尺　　寸：19cm

价　　格：11.50

馆藏地址：北京舞蹈学院图书馆

内容提要：本丛书包括《电影戏剧中的故事》、《建筑雕塑中的故事》、《文学绘画中的故事》、《音乐舞蹈中的故事》，读者将从一个个动人的故事中，寻找艺术的足迹，享受艺术的快感，吸收艺术的灵感，丰富美好的人生。

1672 中图法分类：（索书号）J722.3/1
（参见 G613.5/1244）

题　　名：幼儿舞蹈创编

书　　号：ISBN 7-5602-3242-6

责 任 者：张燕萍主编

出 版 者：东北师范大学出版社

出版时间：2003

出 版 地：长春

丛　　书：幼儿园教师继续教育丛书

页　　数：166 页

尺　　寸：20cm

价　　格：7.50

馆藏地址：上海图书馆

内容提要：本书讲述了幼儿舞蹈的特性与种类、幼儿自娱性舞蹈的创编、幼儿表演性舞蹈的创编、创编幼儿舞蹈的教师应具有的修养等八部分内容。

1673

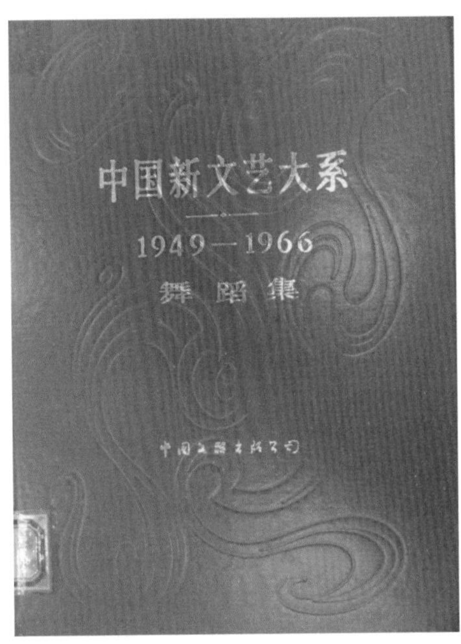

中图法分类：（索书号）J721/14：1
题　　　名：中国新文艺大系：1949～1966，舞蹈集
书　　　号：ISBN 7-5059-1309-3
责 任 者：陈荒煤总主编
出 版 者：中国文联出版公司
出版时间：2003
出 版 地：北京
页　　　数：124 页
尺　　　寸：26cm
价　　　格：58.00
馆藏地址：北京舞蹈学院图书馆
内容提要：本书为读者粗略提供 1949—1966 年这一时期的舞蹈创作概况，内容包括：现实题材舞蹈创作，民族民间舞蹈的整理和创作，舞坛“十秀”及其代表作等。

1674

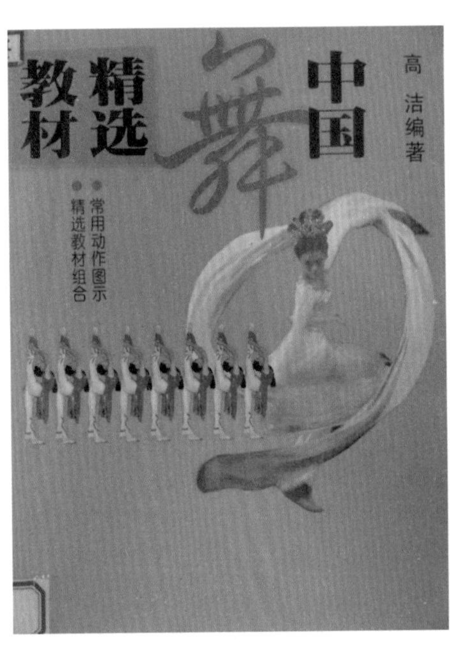

中图法分类：（索书号）J719.4/12
题　　　名：中国舞精选教材
书　　　号：ISBN 7-103-02123-6
责 任 者：高洁编著
出 版 者：人民音乐出版社
出版时间：2003
出 版 地：北京
页　　　数：153 页
尺　　　寸：30cm
价　　　格：20.00
馆藏地址：北京舞蹈学院图书馆
内容提要：本教材包括常用动作图示和精选教材组合。与一般教材相比，更具实际针对性和较强的实用性。它的特点是：（1）撇开单一训练的习惯模式，采取了基础动作、肢体训练、掌握舞姿、提高技巧相结合的多种组合性教材，可提高学习者的应用能力和实用技巧。（2）突出了“身韵”训练内容，更具中国民族风格、民族情感。

1675

中图法分类：（索书号）J71\2\中文基藏\闭架库房
题　　名：群文舞蹈编舞法研究
书　　号：ISBN 7-80640-970-X
责 任 者：陈力群著
出 版 者：海峡文艺出版社
出版时间：2004
出 版 地：福州
页　　数：203页；照片
尺　　寸：20cm
价　　格：13.00
馆藏地址：国家图书馆
内容提要：本书围绕“群众参与”的“群文”观点，从群文舞蹈的起源与发展着手，对群文编舞手法、作品及教育舞蹈编舞等进行研究。

1676

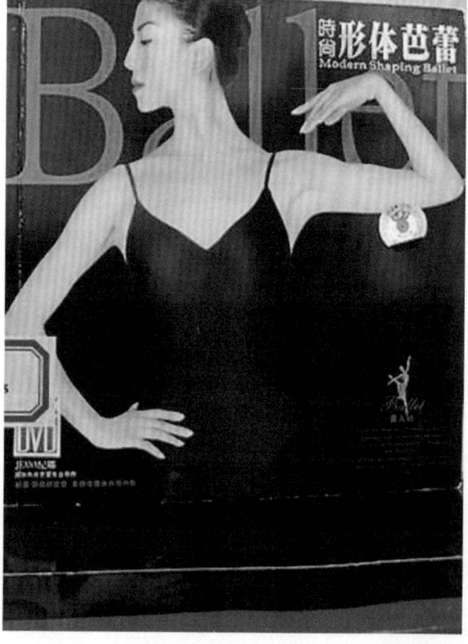

中图法分类：（索书号）J712.35/2
题　　名：时尚形体芭蕾
书　　号：ISBN 7-88352-548-4
责 任 者：纪娜教授
出 版 者：大连音像出版社（附DVD）
出版时间：2004.1.1
出 版 地：大连
页　　数：59页
尺　　寸：26cm
价　　格：29.80
馆藏地址：北京舞蹈学院图书馆
内容提要：本书作者为你讲述芭蕾的基本知识，内容包括芭蕾术语趣味学、挑选舞衣、初学须知、芭蕾头手脚位置、基本概念和舞姿造型、热身准备、扶把练习、中外著名芭蕾舞舞剧介绍等。

中图法分类：（索书号）J732.9/38
题　　名：动感舞蹈
书　　号：ISBN 7-5345-4060-7
责 任 者：凌巍编著
出 版 者：江苏科学技术出版社
出版时间：2004.1 1677
出 版 地：南京
丛　　书：阳光女性丛书
页　　数：88 页
尺　　寸：19cm
价　　格：15.00
馆藏地址：北京舞蹈学院图书馆
内容提要：本书是一部介绍女性减肥健身运动的图解，内容包括：时尚女性—我要瘦身，浪漫拉丁—打造性感身材，动感街舞—挥洒青春魅力等。

中图法分类：（索书号）J732.9/37
题　　名：健身流行风：动感街舞
书　　号：ISBN 7-5048-4244-3
责 任 者：肖晶编著
出 版 者：农村读物出版社
出版时间：2004.1 1678
出 版 地：北京
页　　数：78 页
尺　　寸：22cm
价　　格：18.00（附光盘 VCD）
馆藏地址：北京舞蹈学院图书馆
内容提要：本书是一部健身运动基本知识读物，该书选择和收集了几个具有典型风格的国家的 HIP-HOP 健身操，分别进行讲授，配合图片对照由浅入深，逐步教授；从单一动作套路组合，顺序井然。无论你是否跳过 HIP-HOP，本书都会引领您步入佳境。

1679

中图法分类：（索书号）J70-02/18
题　　名：求索新知：中国古典舞学习笔记
书　　号：ISBN 7-104-01859-X
责 任 者：苏娅著
出 版 者：中国戏剧出版社
出版时间：2004.1
出 版 地：北京
页　　数：306页
尺　　寸：20cm
价　　格：28.00
馆藏地址：北京舞蹈学院图书馆
内容提要：本书内容包括《踏歌》体态中的文化信息、崔承喜的舞蹈理论及其与“中国古典舞”的关系、对古典舞与古典精神的再认识、对舞蹈历史与理论学习之方法的认识、中国古典舞文献研究、中国古典舞多元进程考、中国古典舞原动说等内容。

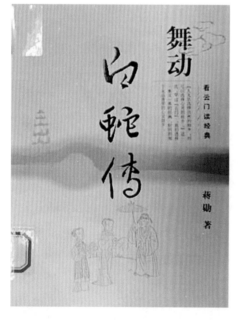

1680

中图法分类：（索书号）J723.1/17
题　　名：舞动白蛇传
书　　号：ISBN 7-5633-4911-1
责 任 者：蒋勋著
出 版 者：广西师范大学出版社
出版时间：2004.1
出 版 地：南宁
页　　数：169页
尺　　寸：21cm
价　　格：22.00
馆藏地址：北京舞蹈学院图书馆
内容提要：本书作者分别对民间广为流传“白蛇传”故事和“云门舞”《白蛇传》作了介绍和评论，书中附有大量的舞蹈剧照。“人无法选择自然的故乡，但可以选择心灵的故乡。”这一次，穿过“云门”，我们选择一本又一本的经典，好回到那个永远青翠的心灵故乡。白蛇故事唯美感性的文字，重述《白蛇传》凄美传奇。白蛇典据，追索白蛇故事的源泉，步入传统文化的堂奥。白蛇云门华丽精美的图片，呈现云门舞者的动感舞姿。

1681

中图法分类：（索书号）J709.2/111
题　　　名：世纪风华：【表演艺术在台湾】
书　　　号：ISBN 978-957-01-0835-5
责　任　者：光华画报杂志社
出　版　者：行政院文化建设委员会
出版时间：2004.3
出　版　地：台北市
页　　　数：223页；剧照
尺　　　寸：26cm
价　　　格：133.00　TWD350.00
馆藏地址：北京舞蹈学院图书馆
内容提要：本书记录了中国传统文化艺术在台湾的传承、展现、发扬光大的美景。演示了各个表演团体风华绝代的艺术演出和绚丽多彩的多元面貌。其中有舞蹈篇、音乐篇、现代戏剧篇、传统戏曲篇。本书重点记述了二十六个“台湾”表演团队在美国各主要城市及法国巴黎的演出实况。

1682

中图法分类：（索书号）J709.2/68
题　　　名：飙舞人生：施达宗和谢娟娟的双人舞世界
书　　　号：ISBN 986-7524-18-8
责　任　者：施达宗、谢娟娟著
出　版　者：咖啡田文化馆出版社
出版时间：2004.4.10
出　版　地：台北市
页　　　数：267页
尺　　　寸：21cm
价　　　格：87.50　TWD250.00
馆藏地址：北京舞蹈学院图书馆
内容提要：他们勇往直前，在标准舞天地找到了一生挚爱。他们追求完美，蝉联台湾标准舞界二十多年冠军。他们痛彻心扉，在尊龙火烧车事件中失去独子。他们殷切企盼，轮椅标准舞为残友带来梦想的埃及。这是他们双人共舞的故事，也是回旋时光中，深情标记的舞动人生。

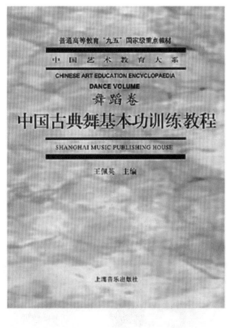

1683 中图法分类：（索书号）J712.2-43/1
题　　　名：舞蹈基本训练教程
书　　　号：ISBN 7-5404-3129-6
责 任 者：冯思美著
出 版 者：湖南文艺出版社
出版时间：2004.4
出 版 地：长沙
丛　　　书：大专院校艺术课辅助用书
页　　　数：148 页
尺　　　寸：29cm
价　　　格：18.00
馆藏地址：北京舞蹈学院图书馆
内容提要：本书包括：热身训练；中国古典舞基本训练；中国民间秧歌舞基本训练等内容。

1684 中图法分类：（索书号）J719.4/21
题　　　名：中国古典舞基本功训练教程
书　　　号：ISBN 978-7-80667-421-5
责 任 者：王佩英主编
出 版 者：上海音乐出版社
出版时间：2004.4
出 版 地：上海
丛　　　书：普通高等教育“九五”国家级重点教材，中国艺术教育大系
页　　　数：238 页
尺　　　寸：23cm
价　　　格：26.00
馆藏地址：北京舞蹈学院图书馆
内容提要：本教程共由四章构成。第一章是教学规范整理训练部分。依据“学院派”的教学要求进行系统全面的规范整理，这一阶段的重点是进行身体素质、基础能力、技巧技法的强化训练，是以后几个阶段训练的重要铺垫。第二章是过渡阶段即短句组合训练部分。这一部分是在规范不早不晚训练基础上，重点解决连接环节问题。这部分训练将身法韵律融入发展的第三阶段铺垫。第三章是复合技术技巧训练部分。这一部分将高难度技术技巧以复合形式组合在一起，着重体现舞剧和舞蹈剧目中的各种形象和情感，更是强化技术动作的情感表现力。巧动作本身“身法韵律化”了，强化了技术技巧动作的民族风格。最终阶段即综合性组合阶段，它将使的基本功、技术技巧和艺术表现力得到全面的综合体现，使每个大都能最大限度地体现出自已的表演个性。在这部教材三个阶段的教学设计中，必须始终贯穿因材施教的理念。因为这是从课堂走向舞台，形成富有个性化、表演风格的必由之路。

1685

中图法分类：（索书号）J719.3/3/：2
题　　　名：中国舞等级考试教材：第二级（幼儿）
书　　　号：ISBN 7-103-02152-X
责 任 者：北京舞蹈学院编；孙光言主编
出 版 者：人民音乐出版社
出版时间：2004.5
出 版 地：北京
页　　　数：59页
尺　　　寸：30cm
价　　　格：14.00
馆藏地址：北京舞蹈学院图书馆
内容提要：本书第二级年级教学任务为：一、进一步完成第一级年级教学任务的各项要求；二、认识教室的8个基本方位；三、初步达到颈立、背直、腿直、脚绷等要求；四、培养幼儿载歌载舞的习惯和舞蹈时愉快的心态。

1686

中图法分类：（索书号）J792.3/6
题　　　名：舞蹈家的摇篮
资料责任者：北京舞蹈学院
出 版 者：北京舞蹈学院
出版时间：2004
出 版 地：北京
页　　　数：
尺　　　寸：30cm
价　　　格：
馆藏地址：北京舞蹈学院图书馆
内容提要：本画册是摄影纪念画册，也是北京舞蹈学院建院50周年的纪念册，它记录了走过的50年光辉历程。从1954-2004年从白家庄到海淀区现址的岁月，多少前辈用他们艰辛的劳动，成就了北京舞蹈学院现在的辉煌。成就了北京舞蹈学院桃李满天下的舞蹈家摇篮。

1687

中图法分类：（索书号）J732.8/78
题　　名：华尔兹
书　　号：ISBN 7-5009-2532-8
责 任 者：伏宇军著
出 版 者：人民体育出版社
出版时间：2004.6
出 版 地：北京
页　　数：188 页，［4］页图版
尺　　寸：20cm
价　　格：12.00
馆藏地址：北京舞蹈学院图书馆
内容提要：本书内容包括：规范社交舞的形成及规范要素；基本功与礼仪；华尔兹舞的起源、特点与发展；跳华尔兹必须掌握的技术等。

1688

中图法分类：（索书号）J709.2/62
题　　名：满族舞蹈寻觅
书　　号：ISBN 7-80644-818-7
责 任 者：庞志阳著
出 版 者：辽宁民族出版社
出版时间：2004.6
出 版 地：沈阳
页　　数：225 页
尺　　寸：21cm
价　　格：28.00
馆藏地址：北京舞蹈学院图书馆
内容提要：本书是一本关于满族民族舞蹈研究的书籍，其内容包括：隋朝以前史料，元明史料，满族秧歌定名始末，汉军旗跳虎神等。

中图法分类：（索书号）J709/18
题　　名：跳舞真幸福
书　　号：ISBN 986-7524-22-5
责 任 者：欧迪妮·戴胡露著；谢娟娟译
出 版 者：咖啡田文化馆
出版时间：2004.6
出 版 地：桃园县中坜市、台北县中和市
页　　数：93页
尺　　寸：21cm
价　　格：69.65 TWD199.00
馆藏地址：北京舞蹈学院图书馆
内容提要：本书讲述了作者开始接触轮椅舞、学习轮椅舞、参加轮椅舞派对、参加轮椅舞比赛的过程和心理体会，描述了轮椅舞给作者带来的人生快乐和新体验。

1689

中图法分类：（索书号）J732.8/82
题　　名：体育舞蹈（摩登舞）基础教程
书　　号：ISBN 978-78110-016-55
责 任 者：樊更生编著
出 版 者：北京体育大学出版社
出版时间：2004.7.1
出 版 地：北京
页　　数：242页
尺　　寸：20cm
价　　格：16.00
馆藏地址：北京舞蹈学院图书馆
内容提要：本书以英国皇家舞蹈教师协会指定的规范舞步为基础，综合汇编了体育舞蹈的教学专利法。其中包含体育舞蹈简介、基础知识、技法理论、柔韧素质训练、步法身法基本功能练、摩登舞四种舞基本套路。

1690

1691

中图法分类：（索书号）J722.21/3116
题　　名：苏州民间舞蹈志
书　　号：ISBN 7-5321-2706-0（精装）
责 任 者：苏州市文化广播电视管理局编
出 版 者：上海文艺出版社
出版时间：2004.7
出 版 地：上海
页　　数：400页：照片，图表
尺　　寸：29cm
价　　格：120.00
馆藏地址：上海图书馆
内容提要：本志所录舞目以历史上流传或出现于苏州的民间舞蹈为主，兼录少数曾在本地区演出的宗教舞蹈、宫廷舞蹈等。本志主体分综述、图表、志略、历史文献辑录、历史文物、人物传记等部分，附录还收辑部分舞目场记、音乐、服装、道具、动作分解等。

1692

中图法分类：（索书号）J7/4881
题　　名：旋转舞台上翱翔—舞蹈艺术解读
书　　号：ISBN 978-7-81048-834-1
责 任 者：赵兰 本册主编
出 版 者：郑州大学出版社
出版时间：2004.9.1
出 版 地：郑州
丛　　书：大学生文化素质教育音乐书系
页　　数：140页
尺　　寸：24cm
价　　格：16.00
馆藏地址：上海图书馆
内容提要：本书针对普通高校艺术教育的需要而编写，是一部融舞蹈基础理论知识、舞蹈欣赏知识以及作品欣赏知识于一体的综合型教材，对舞蹈艺术的发展概况、类别、风格特点等进行了简要介绍，力求融思想性、知识性、趣味性为一体，对学生理解舞蹈艺术，提高艺术素质和艺术鉴赏、艺术感知能力具有促进作用。本书不仅可作为高校学生艺术教育教材，也可以作为喜爱舞蹈艺术的各界人士的普及读物。

1693

中图法分类：（索书号）J722.21/44
题　　名：安徽花鼓灯：北京舞蹈学院民间舞蹈研究资料（内部资料）
责任者：盛婕、李正一、彭松、郝立仁（1953年4月）记录
出版者：北京舞蹈学院
出版时间：2004.8
出版地：北京
页　　数：157页
尺　　寸：26cm
价　　格：38.00
馆藏地址：北京舞蹈学院图书馆
内容提要：本书是北京舞蹈学院的（内部资料），是北京舞蹈学院的老师在1952年向安徽民间花鼓灯艺人直接访问、学习并将记录的原始资料进行整理而编辑成册的。

1694

中图法分类：（索书号）J722.21/45
题　　名：民俗文化：民间舞蹈
书　　号：ISBN 7-5087-1364-8
责任者：李北达编著
出版者：中国社会出版社
出版时间：2004.8
出版地：北京
丛　　书：中国民俗文化丛书
页　　数：214页
尺　　寸：21cm
价　　格：13.00
馆藏地址：北京舞蹈学院图书馆
内容提要：本书内容包括：领你认识民间舞蹈、带你了解民间舞蹈、帮你解读民间舞蹈三个部分内容。

1695

中图法分类：（索书号）J722.222.1/1
题　　　名：关东乐舞
书　　　号：ISBN 7-5441-2623-4
责　任　者：可平编著
出　版　者：沈阳出版社
出 版 时 间：2004.8
出　版　地：沈阳
丛　　　书：清文化丛书
页　　　数：83页
尺　　　寸：21cm
价　　　格：6.00（全10册60.00）
馆 藏 地 址：北京舞蹈学院图书馆
内 容 提 要：本书是一本关于民间舞蹈的简介，其内容包括：五光十色宗教乐舞，满族传统民间舞蹈等。简要介绍了满族的宗教祭祀乐舞，迎神赛会歌舞，东北秧歌及其他传统民间舞蹈。

1696

中图法分类：（索书号）J719（313）
题　　　名：日本传统舞蹈教程
书　　　号：ISBN 978-7-80667-647-9
责　任　者：黄韵倚主编
出　版　者：上海音乐出版社
出 版 时 间：2004.9.1
出　版　地：上海
丛　　　书：北京舞蹈学院“十五”规划教材
页　　　数：156页
尺　　　寸：23cm
价　　　格：25.00
馆 藏 地 址：北京舞蹈学院图书馆
内 容 提 要：本书介绍的是日本古典舞蹈中最大的一个流派——花柳派，本书包括两部分：一是基础训练，对日本舞蹈的典型动作进行了提取和归类；二是舞蹈成品训练，选用在日本流传了百年的花柳流派传统的经典舞蹈，主要介绍《藤娘》和《五郎》等剧目。

中图法分类：（索书号）J719/9
题　　名：舞蹈基本功训练教程：舞蹈学专业·身韵部分
书　　号：ISBN 7-80667-633-3
责 任 者：杨鸥、苏娅 编著
出 版 者：上海音乐出版社 1697
出版时间：2004.9.1
出 版 地：上海
丛　　书：北京舞蹈学院"十五"规划教材
页　　数：209 页
尺　　寸：23cm
价　　格：28.00
馆藏地址：北京舞蹈学院图书馆
内容提要：本教材侧重于中国古典舞课风格性和审美性的教学要求，内容包括教材大纲、训练要求、男女班示例课、课堂伴奏音乐、学生必读书目与思考题例等。

中图法分类：（索书号）J719/11
题　　名：中国民族民间舞教学组合编排法
书　　号：ISBN 978-7-04-015913-4
责 任 者：周萍、黄奕华主编
出 版 者：高等教育出版社
出版时间：2004.9.1 1698
出 版 地：上海
丛　　书：北京市高等教育精品教材立项项目，北京舞蹈学院"十五"规划教材
页　　数：11，348 页
尺　　寸：23cm
价　　格：35.80
馆藏地址：北京舞蹈学院图书馆
内容提要：本书从单一类、复合类、综合类、竞赛类四个阶段介绍组合编排原则与编排方法，并从方法的使用和对编排原则的体现上对列举的范例进行分析。

1699

中图法分类：(索书号) J732.8-43/1/：1
题　　名：国际标准舞：系列教材（1）拉丁舞（内部资料）
责 任 者：［荷兰］韦尔梅·吕德著
出 版 者：北京舞蹈学院
出版时间：2004.9
出 版 地：北京
页　　数：121页
尺　　寸：26cm
价　　格：36.00
馆藏地址：北京舞蹈学院图书馆
内容提要：本书详细讲解了拉丁舞中的思索、领悟和动作要领。其中有拉丁舞的舞步、动作、舞蹈图解等。是北京舞蹈学院社会舞蹈系国际标准舞拉丁舞专业的必修教材。

1700

中图法分类：(索书号) J732.8-43/1/：2
题　　名：国际标准舞：系列教材（2）摩登舞运动原理与技术描述（内部资料）
责 任 者：ADTV德国舞蹈教师联合会发布
出 版 者：北京舞蹈学院
出版时间：2004.9
出 版 地：北京
页　　数：35页
尺　　寸：26cm
价　　格：26.00
馆藏地址：北京舞蹈学院图书馆
内容提要：本书系统介绍了摩登舞运动原理并对摩登舞技术进行了详尽的描述，是舞蹈教师从事摩登舞教学的参考教材。

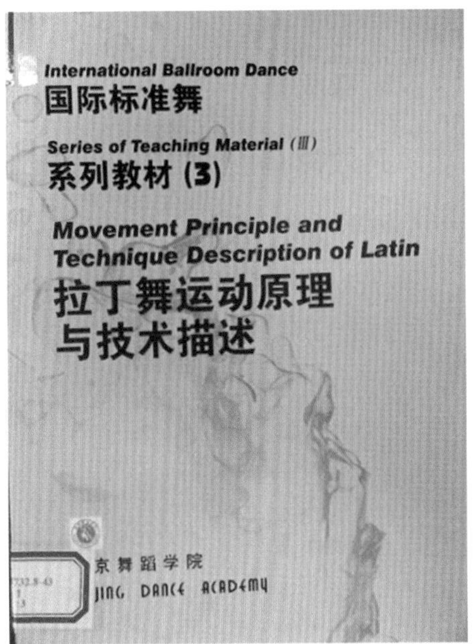

中图法分类：（索书号）J732.8-43/1/：3
题　　　名：国际标准舞：系列教材（3）拉丁舞运动原理与技术描述（内部资料）
责　任　者：ADTV德国舞蹈教师联合会发布
出　版　者：北京舞蹈学院 1701
出 版 时 间：2004.9
出　版　地：北京
页　　　数：36页
尺　　　寸：26cm
价　　　格：26.00
馆 藏 地 址：北京舞蹈学院图书馆
内 容 提 要：本书对拉丁舞的基本运动原理和技术进行了规范化的描述，是舞蹈教师从事拉丁舞的参考教材。

中图法分类：（索书号）J732.8-43/1/：4
题　　　名：国际标准舞：系列教材（4）德国舞蹈教师联合会（ADTV）为舞蹈教师提供的进修课程（内部资料）
责　任　者：［德］卡尔斯特，乌尔里希．维沃尔克供 1702
出　版　者：北京舞蹈学院
出 版 时 间：2004.9
出　版　地：北京
页　　　数：66页
尺　　　寸：26cm
价　　　格：26.00
馆 藏 地 址：北京舞蹈学院图书馆
内 容 提 要：本书介绍了德国舞蹈学校的现状和前景，并包括舞蹈教师培训讲义，另外还附有外来词与专业词汇目录，是舞蹈教师从事国标舞的参考教材。

。

1703

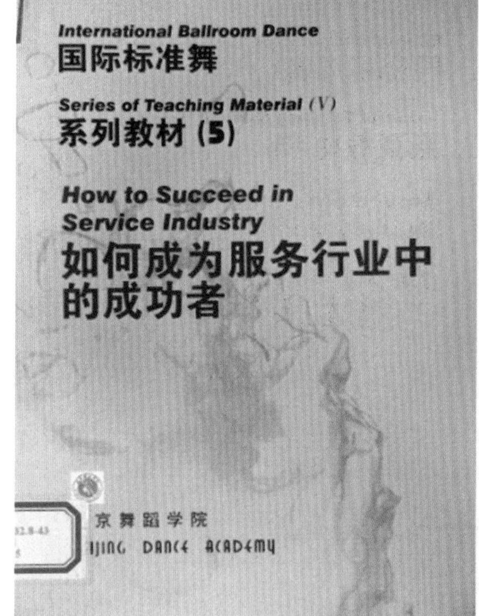

中图法分类：（索书号）J732.8-43/1/：5
题　　　名：国际标准舞：系列教材（5）如何成为服务行业中的成功者（内部资料）
责　任　者：［德］魏森伯格著
出　版　者：北京舞蹈学院
出 版 时 间：2004.9
出　版　地：北京
页　　　数：53页
尺　　　寸：26cm
价　　　格：26.00
馆 藏 地 址：北京舞蹈学院图书馆
内 容 提 要：本书将提供一些服务行业具体的好坏事例，读者可从中学到一些不带欺骗性的技巧和手段，帮助您成为一个好的建议者或服务者，本书可以作为指导舞蹈教师成为同事、同行，更重要的是成为年轻学员们的榜样的参考教材。

1704

中图法分类：（索书号）J709.312.6/1
题　　　名：韩国传统舞蹈的沿革与发展
书　　　号：ISBN 7-80667-632-5
责　任　者：朴永光著
出　版　者：上海音乐出版社
出 版 时 间：2004.9
出　版　地：上海
丛　　　书：北京舞蹈学院“十五”规划教材
页　　　数：154页
尺　　　寸：23cm
价　　　格：23.00
馆 藏 地 址：北京舞蹈学院图书馆
内 容 提 要：本书论述了韩国传统舞蹈的主要形态，介绍了韩国保存传统舞蹈的现状和研究传统舞蹈的概况，提出了对保护中国传统舞蹈的思考。

中图法分类：（索书号）J70-05/20
题　　名：全国舞蹈教育研讨会文集（内部资料）
责 任 者：全国舞蹈教育研讨会组织委员会，学术论文评审委员会编
出 版 社：全国舞蹈教育研讨会组织委员会 1705
出版时间：2004.9
出 版 地：北京
页　　数：743页
尺　　寸：26cm
价　　格：68.00
馆藏地址：北京舞蹈学院图书馆
内容提要：此书为首届全国舞蹈教育研讨会学术论文，作者系各大、中、小学舞蹈教师，内容涉及非职业舞蹈教育、舞蹈继续教育、舞蹈研究、舞蹈教学等领域。

中图法分类：（索书号）J732.8/4
题　　名：体育舞蹈
书　　号：ISBN 978-98674-232-1-4
责 任 者：刘建军主编；张莉著
出 版 者：诺亚森林出版社
出版时间：2004.9 1706
出 版 地：台北市
丛　　书：普通高校公共体育选项课教材
页　　数：176页
尺　　寸：21cm
价　　格：91.00　TWD260.00
馆藏地址：北京舞蹈学院图书馆
内容提要：本书内容包括入门篇，基础篇，提高篇与比赛篇。本书的编写方式是在揣摩同学们学习体育舞蹈时的心理，由浅入深，由表及里，循序渐进地勾画出了体育舞蹈学习的整个过程，而且通过简单易学的四种舞蹈，先让同学们打下体育舞蹈的基础，然后通过本书的改版和深入，继续满足同学们的学习欲望。

1707

中图法分类：（索书号）J706-43/2
题　　名： 舞蹈解剖学
书　　号： ISBN 7-04015-535-4
责 任 者： 高云著
出 版 者： 高等教育出版社
出版时间： 2004.9
出 版 地： 北京
丛　　书： 北京舞蹈学院"十五"规划教材
页　　数： 246 页
尺　　寸： 23cm
价　　格： 27.20
馆藏地址： 北京舞蹈学院图书馆
内容提要： 本书是以人体的形态结构为基础，研究人体形态机构、机能和生长发育与舞蹈训练的相互关系，研究如何提高人体舞蹈技术、机能的科学。舞蹈解剖学既是舞蹈学的基础学科，也是对训练实践具有很强指导意义的应用学科。

1708

中图法分类：（索书号）J7-43：H319.4/1
题　　名： 舞蹈专业英语快速阅读教程
书　　号： ISBN 7-80667-615-5
责 任 者： 李红梅主编
出 版 者： 上海音乐出版社
出版时间： 2004.9
出 版 地： 上海
丛　　书： 北京舞蹈学院"十五"教材
页　　数： 336 页
尺　　寸： 23cm
价　　格： 38.00
馆藏地址： 北京舞蹈学院图书馆
内容提要： 本书选篇主要取自于与舞蹈专业相关的英文原版书籍，本书的编排方式方便了学生按阅览难度选读文章，适合英语水平在二级以上舞蹈专业本科生及有一定英文基础的舞蹈爱好者。

中图法分类：（索书号）J70-05/24
题　　　名：舞蹈心理学
书　　　号：ISBN 978-7-04015-534-1
责　任　者：平心著
出　版　社：高等教育出版社
出版时间：2004.9.
出　版　地：北京
丛　　　书：北京舞蹈学院“十五”教材
页　　　数：298 页
尺　　　寸：23cm
价　　　格：31.20
馆藏地址：北京舞蹈学院图书馆
内容提要：本书论述了舞蹈心理学的研究对象的具体内容，它首先从舞蹈本体和心理距离的概念出发，提出了舞蹈艺术在审美意识形态方面所表现的艺术形式。

1709

中图法分类：（索书号）J70-05/23
题　　　名：舞蹈多媒体技术及其应用
书　　　号：ISBN 7-806-676-17-1
责　任　者：孙晓梅主编
出　版　社：上海音乐出版社
出版时间：2004.9.
出　版　地：上海
丛　　　书：北京舞蹈学院“十五”规划教材
页　　　数：423 页
尺　　　寸：23cm
价　　　格：46.00
馆藏地址：北京舞蹈学院图书馆
内容提要：本书主要从舞蹈多媒体制作的技术手段上进行切入，介绍了制作舞蹈多媒体节目所需的各类软件及应用。

1710

1711

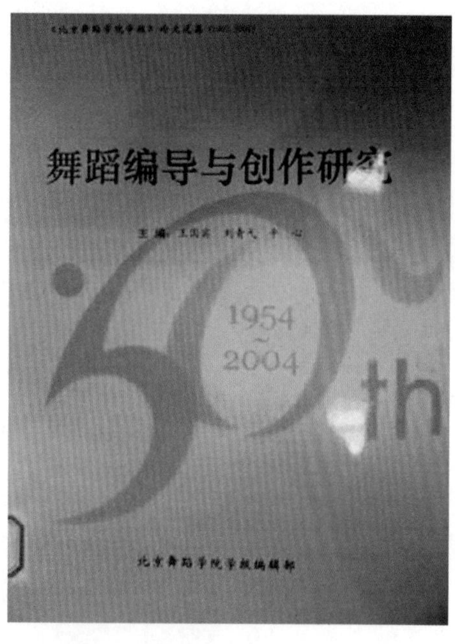

中图法分类：（索书号）J7-53/1：3
题　　　名：舞蹈编导与创作研究：《北京舞蹈学院学报》论文选集（1992-2004）（内部资料）
责　任　者：王国宾、刘青弋、平心主编
出　版　者：北京舞蹈学院学报编辑部
出 版 时 间：2004. 9
出　版　地：北京
页　　　数：210 页
尺　　　寸：28cm
价　　　格：39. 00
馆 藏 地 址：北京舞蹈学院图书馆
内 容 提 要：《北京舞蹈学院学报》是北京舞蹈学院主办的全国唯一的以高等舞蹈教育教学研究和理论研究为宗旨的学术刊物，现为国家级刊物和国际标准连续出版物。本刊是中国舞蹈界和北京舞蹈学院学术建设与交流的重要窗口，是我国舞蹈教育展的重要标志。从 1992 年创刊至今共出版刊 60 期、增刊或专集 8 期，发表舞蹈学术论文与文章 800 多篇。本专题论文集是为庆祝北京舞蹈学院建校 50 周年，和本刊正式升格为“全国中文核心期刊”和“中国人文社科学报核心期刊”而出版的。

1712

中图法分类：（索书号）J70-05/22
题　　　名：舞蹈教育战略与发展
书　　　号：ISBN 978-78066-764-55
责　任　者：王国宾主编
出　版　社：上海音乐出版社
出 版 时 间：2004. 9.
出　版　地：上海
页　　　数：471 页
尺　　　寸：23cm
价　　　格：50. 00
馆 藏 地 址：北京舞蹈学院图书馆
内 容 提 要：本书对中国舞蹈教育战略与发展进行了详尽的构想和分析，全面介绍了各个舞蹈学科的建设方案，为舞蹈教育工作者迎接 WTO 对舞蹈教育的挑战提供了充实的理论依据。共收录论文 30 余篇，介绍了新时期、新形势下如何发展舞蹈教育及舞蹈学院的办学理念，主要内容分为发展与战略、教学改革与学科研究、建设与人才、舞蹈文化与美育实践四个部分。

中图法分类：（索书号）J705/85/：1
题　　　名：文舞相融：北京舞蹈学院中国民族民间舞系教师文选，上册
书　　　号：ISBN 7-80667-652-X
责 任 者：北京舞蹈学院中国民族民间舞系编 1713
出 版 者：上海音乐出版社
出版时间：2004.9
出 版 地：上海
页　　　数：268 页
尺　　　寸：23cm
价　　　格：42.66（单册）
馆藏地址：北京舞蹈学院图书馆
内容提要：本书是北京舞蹈学院中国民族民间舞系将北京舞蹈学院中国民族民间舞系教师多年舞蹈教学实践而撰写的多篇论文编辑成册，它对舞蹈专业人员和舞蹈爱好者有着很好的指导意义。

中图法分类：（索书号）J705/85/：2
题　　　名：文舞相融：北京舞蹈学院中国民族民间舞系教师文选，中册
书　　　号：ISBN 7-80667-652-X
责 任 者：北京舞蹈学院中国民族民间舞系编 1714
出 版 者：上海音乐出版社
出版时间：2004.9
出 版 地：北京
页　　　数：268-738 页
尺　　　寸：23cm
价　　　格：42.66（单册）
馆藏地址：北京舞蹈学院图书馆
内容提要：本书是北京舞蹈学院中国民族民间舞系将北京舞蹈学院中国民族民间舞系教师多年舞蹈教学实践而撰写的多篇论文编辑成册，它对舞蹈专业人员和舞蹈爱好者有着很好的指导意义。

1715

中图法分类：（索书号）J705/85/：3
题　　名：文舞相融：北京舞蹈学院中国民族民间舞系教师文选，下册
书　　号：ISBN 7-80667-652-X
责 任 者：北京舞蹈学院中国民族民间舞系编
出 版 者：上海音乐出版社
出版时间：2004.9
出 版 地：北京
页　　数：739-1192 页
尺　　寸：23cm
价　　格：42.66（单册）
馆藏地址：北京舞蹈学院图书馆
内容提要：本书是北京舞蹈学院中国民族民间舞系将北京舞蹈学院中国民族民间舞系教师多年舞蹈教学实践而撰写的多篇论文编辑成册，它对舞蹈专业人员和舞蹈爱好者有着很好的指导意义。

1716

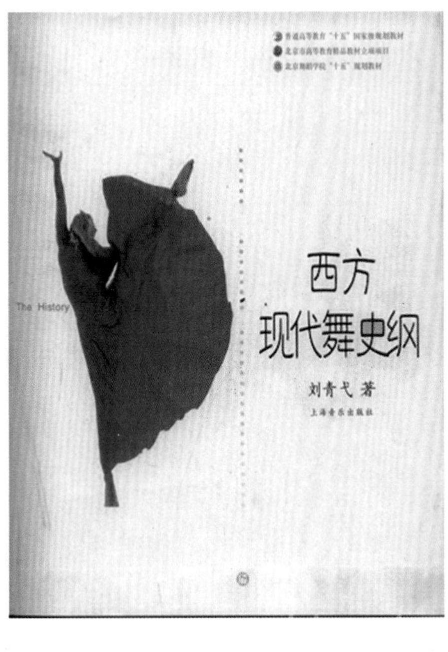

中图法分类：（索书号）J709.1-43/1
题　　名：西方现代舞史纲
书　　号：ISBN 7-8-066-7445-4
责 任 者：刘青弋著
出 版 者：上海音乐出版社
出版时间：2004.9
出 版 地：上海
丛　　书：普通高等教育“十五”国家级规划教材，北京市高等教育精品教材立项项目，北京舞蹈学院“十五”规划教材
页　　数：446 页
尺　　寸：23cm
价　　格：48.00
馆藏地址：北京舞蹈学院图书馆
内容提要：本书以 20 世纪前后期为界，介绍西方现代舞的各时代代表人物的艺术、艺术思想，力求用生动的语言描述西方现代舞蹈家艺术创造的立体形象，可供读者了解西方现代舞的普及读物。

中图法分类：（索书号）J709.351/1
题　　名：印度舞蹈通论
书　　号：ISBN 7-80667-604-X
责 任 者：江东著
出 版 者：上海音乐出版社
出版时间：2004.9 1717
出 版 地：上海
丛　　书：北京舞蹈学院“十五”规划教材
页　　数：181 页
尺　　寸：23cm
价　　格：25.00
馆藏地址：北京舞蹈学院图书馆
内容提要：本书从印度舞蹈的历史、宗教、社会、文化等人文角度入手，对其进行了深入的探研，并对印度舞坛上的主要舞种作了详细的说明，本书是目前国内第一本综合研究印度舞蹈的专著，适合研究舞蹈文化和印度文化的研究者及对印度舞蹈文化感兴趣的普通读者阅读参考。

中图法分类：（索书号）J719（351）
题　　名：印度婆罗多舞蹈教程
书　　号：ISBN 7-80667-637-6
责 任 者：张均主编
出 版 者：上海音乐出版社
出版时间：2004 .9 1718
出 版 地：上海
丛　　书：北京舞蹈学院“十五”规划教材
页　　数：117 页
尺　　寸：23cm
价　　格：21.00
馆藏地址：北京舞蹈学院图书馆
内容提要：婆罗多舞蹈是印度古典舞蹈的精品，本教材包括婆罗多舞蹈手、眼、躯干、四肢各部分的训练，以及部分表演剧目，并配有图片、适合初学婆罗多舞蹈的学生及演员使用。

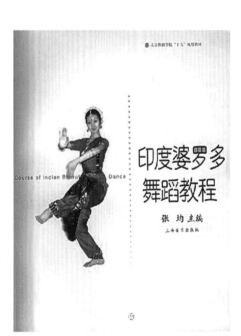

中图法分类：（索书号）J719. 2/2
题　　名：中国少数民族民间舞教程
书　　号：ISBN 7-04015-927-9
责 任 者：韩萍，郭磊主编
出 版 者：高等教育出版社
1719 出版时间：2004. 9
出 版 地：北京
丛　　书：普通高等教育“十五”国家级规划教材，北京市高等教育精品教材立项项目，北京舞蹈学院“十五”规划教材
页　　数：317 页
尺　　寸：23cm
价　　格：32. 60
馆藏地址：北京舞蹈学院图书馆
内容提要：本书是以北京舞蹈学院正在使用的少数民族舞蹈教材为主体内容，图文并茂，动作描述精确科学，适用于职业与非职业民间舞学习者使用。

中图法分类：（索书号）J709. 2/5826-1
题　　名：中国舞蹈武功技巧：中国艺术大系·中专卷
书　　号：ISBN 978-7-50392-586-3
责 任 者：李志华、潘志涛、曹锦荣，北京舞蹈学院附属中等舞蹈学校
1720 出 版 者：文化艺术出版社
出版时间：2004. 9
出 版 地：北京
丛　　书：文化部中等艺术教育“十五”重点教材，中国艺术教育大系
页　　数：270 页
尺　　寸：21cm
价　　格：35. 00
馆藏地址：上海图书馆
内容提要：本书是中国舞蹈艺术教育大系的一个组成部分，全书在 1999 年出版的《中国舞蹈武功教学》的基础上，重新进行修改和整理，大部分教材收前书内容，但在教材的体系、分类、文字的整理和绘画方面做了许多修改和新的扩展。全书共分三章，第一章是女班教材，按照女班教学的规律和特点，将教材的七个方面的内容，分成身体素质训练、基础动作、流动技巧、软翻技巧、手翻技巧、空翻技巧、桌子技巧；第二章是男班教材，根据男班的教学需要，从技巧动作的运动规律出发，把教材分为八个方面的内容：身体素质训练、基础动作、小技巧、大技巧、弹板技巧、桌子技巧、双人技巧、其他技巧；第三章是教学理论常识，根据武功技巧专业课的特点，从发挥武功技巧训练在培养舞蹈艺术人才中的作用。

中图法分类：（索书号）J719. 4/15

题　　名：中国古典舞教学体系创建发展史

书　　号：ISBN 7-80-667582-5

责 任 者：李正一、郜大琨、朱清渊著

出 版 者：上海音乐出版社

出版时间：2004. 9 1721

出 版 地：上海

丛　　书：普通高等教育“十五”国家级规划教材，北京舞蹈学院“十五”规划教材

页　　数：228 页

尺　　寸：23cm

价　　格：30. 00

馆藏地址：北京舞蹈学院图书馆

内容提要：“中国古典舞”是 1949 年新中国成立后创建起来的一个新的舞蹈学科。本书对中国古典舞教学体系的创建发展史作了详尽的阐述，记录了几代舞蹈教育工作者建立中国自己的民族舞蹈训练体系的起因和过程，对今后研究中国古典舞学科的历史及进行舞蹈实践具有参考价值。

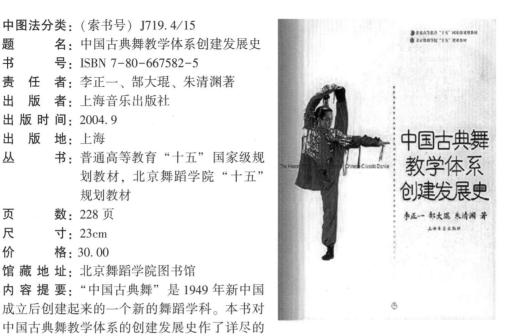

中图法分类：（索书号）J719. 1/8

题　　名：中国民族民间舞基本功训练教程

书　　号：ISBN 7-80667-643-0

责 任 者：满运喜编著

出 版 者：高等教育出版社

出版时间：2004 .9 1722

出 版 地：北京

丛　　书：普通高等教育“十五”国家级规划教材，北京舞蹈学院“十五”规划教材

页　　数：156 页

尺　　寸：23cm

价　　格：26. 60

馆藏地址：北京舞蹈学院图书馆

内容提要：本书是以中国民族民间舞基本功训练课的十几年教学实践为基础，从中国民族民间舞蹈文化本体出发，根据专业教学与研究的实际情况和需要，记录了选材、发掘、整理、提炼、创新、建立并完善课题与课程的历程和成果。

1723 中图法分类：（索书号）J711-43/2
题　　名：中国舞蹈编导教程
书　　号：ISBN 7-04015-536-2
责 任 者：孙天路主编
出 版 者：高等教育出版社
出版时间：2004.9
出 版 地：北京
丛　　书：北京舞蹈学院"十五"规划教材、普通高等教育"十五"国家级规划教材
页　　数：78页
尺　　寸：26cm
价　　格：10.90
馆藏地址：北京舞蹈学院图书馆
内容提要：本书是北京舞蹈学院编导系在总结国内外编导创作经验，结合20多年教学实践逐步形成的一部舞蹈编导专业教材，反映了当前国内舞蹈创作思想潮流和编创技法的最新成果。

1724 中图法分类：（索书号）J719.4/16
题　　名：中国古典舞身韵教学法
书　　号：ISBN 7-80-667597-3
责 任 者：唐满城、金浩著
出 版 者：上海音乐出版社
出版时间：2004.9
出 版 地：上海
丛　　书：普通高等教育"十五"国家级规划教材，北京市高等教育精品教材立项项目，北京舞蹈学院"十五"规划教材
页　　数：218页
尺　　寸：23cm
价　　格：28.00
馆藏地址：北京舞蹈学院图书馆
内容提要：本书宗旨是把身韵教学积累的宝贵经验转化为一种科学的教学规律和方法，采用理论与实践兼顾的教学模式，在教学示范和思维上给予学生最大限度的锻炼与启发。

1725

中图法分类：（索书号）J7-53/1/：1
题　　名：中国民族民间舞研究：《北京舞蹈学院学报》论文选集（1992-2004）（内部资料）
责 任 者：王国宾、刘青弋、平心主编
出 版 者：北京舞蹈学院学报编辑部
出版时间：2004.9
出 版 地：北京
页　　数：210页
尺　　寸：28cm
价　　格：39.00
馆藏地址：北京舞蹈学院图书馆
内容提要：《北京舞蹈学院学报》是北京舞蹈学院主办的全国唯一的以高等舞蹈教育教学研究和理论研究为宗旨的学术刊物，现为国家级刊物和国际标准连续出版物。本刊是中国舞蹈界和北京舞蹈学院学术建设与交流的重要窗口，是我国舞蹈教育展的重要标志。从1992年创刊至今共出版刊60期、增刊或专集8期，发表舞蹈学术论文与文章800多篇。本专题论文集是为庆祝北京舞蹈学院建校50周年，和本刊正式升格为“全国中文核心期刊”和“中国人文社科学报核心期刊”而出版的。

1726

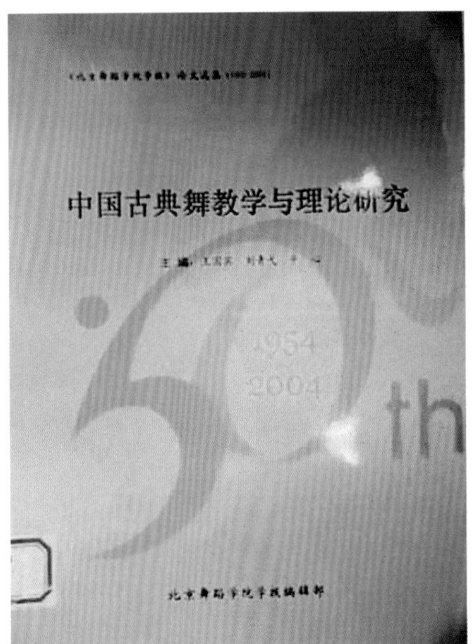

中图法分类：（索书号）J7-53/1/：2
题　　名：中国古典舞教学与理论研究—《北京舞蹈学院学报》论文选集（1992-2004）（内部资料）
责 任 者：王国宾、刘青弋、平心主编
出 版 者：北京舞蹈学院学报编辑部
出版时间：2004.9
出 版 地：北京
页　　数：210页
尺　　寸：28cm
价　　格：39.00
馆藏地址：北京舞蹈学院图书馆
内容提要：《北京舞蹈学院学报》是北京舞蹈学院主办的全国唯一的以高等舞蹈教育教学研究和理论研究为宗旨的学术刊物，现为国家级刊物和国际标准连续出版物。本刊是中国舞蹈界和北京舞蹈学院学术建设与交流的重要窗口，是我国舞蹈教育展的重要标志。从1992年创刊至今共出版刊60期、增刊或专集8期，发表舞蹈学术论文与文章800多篇。本专题论文集是为庆祝北京舞蹈学院建校50周年，和本刊正式升格为“全国中文核心期刊”和“中国人文社科学报核心期刊”而出版的。

1727

中图法分类：（索书号）J709.2/58SR
题　　名：中国舞蹈发展史
书　　号：ISBN 978-7-208-05301-4
责 任 者：王克芬著
出 版 者：上海人民出版社
出版时间：2004.9
出 版 地：上海
丛　　书：专题史系列丛书
页　　数：420页，［16］页图版
尺　　寸：21cm
价　　格：38.00
馆藏地址：北京舞蹈学院图书馆
内容提要：本书内容有：原始舞蹈产生与发展的轨迹、夏商奴隶制时代舞蹈的发展、两周时期舞蹈的发展和变革、舞蹈艺术取得重大发展的汉化、各族乐舞在纷呈交流中发展的三国、两晋、南北朝时期、辉煌唐舞、舞蹈艺术发展的转折期—辽、宋、西夏、金代的舞蹈、元、明、清舞蹈艺术的传承与变异等中华民族的舞蹈文化历史悠久。五千多年来有关舞蹈的文物与文字记载数千年连绵不断，这在世界文化史上也是罕见的。

1728

中图法分类：（索书号）J719.4/14
题　　名：中国古典舞基本功训练教程
书　　号：ISBN 7-04-015806-X
责 任 者：王伟主编
出 版 者：高等教育出版社
出版时间：2004.9
出 版 地：北京
丛　　书：北京舞蹈学院“十五”规划教材、北京市高等教育精品教材立项项目、普通高等教育“十五”国家级规划教材
页　　数：276页
尺　　寸：23cm
价　　格：28.80
馆藏地址：北京舞蹈学院图书馆
内容提要：本书是中国古典舞大学基本功训练教学实践的经验总结，本书注重图文并茂，关注动作概念、教学特点、动作要点的表达，适用于受过专业舞蹈训练的人阅读和使用。

中图法分类：（索书号）J709.2/63
题　　　名： 中国宫廷舞蹈艺术，附二十五史“乐志”舞蹈章节集萃
书　　　号： ISBN 7-80667-563-9
责　任　者： 袁禾著
出　版　者： 上海音乐出版社 1729
出 版 时 间： 2004.9
出　版　地： 上海
丛　　　书： 北京舞蹈学院“十五”规划教材
页　　　数： 421 页
尺　　　寸： 23cm
价　　　格： 53.00
馆 藏 地 址： 北京舞蹈学院图书馆
内 容 提 要： 本书通过对中国数千年宫廷舞蹈的梳理论述，为读者展示了宫廷舞蹈发生发展的历史，并揭示了中国各朝代的宫廷舞蹈不同时段的审美特点和其审美形态产生的根源以及宫廷舞蹈的精华和糟粕。另外，作者在引经据典时，将难懂之处都译成白话文，并用“注”的形式附上出处和原文，力求既有可读性，又不失其学术价值。

中图法分类：（索书号）J711-43/1
题　　　名： 中国双人舞编导教程
书　　　号： ISBN 7-80667-616-3
责　任　者： 张建民著
出　版　者： 上海音乐出版社
出 版 时 间： 2004.9 1730
出　版　地： 上海
丛　　　书： 北京舞蹈学院“十五”规划教材
页　　　数： 155 页
尺　　　寸： 23cm
价　　　格： 23.00
馆 藏 地 址： 北京舞蹈学院图书馆
内 容 提 要： 本书是集双人舞编导理论、操作步骤、编舞技巧和中国双人舞审美为一体的编导理论和实践经验的教程。是一部将中国舞蹈创作与理论统一起来的教材。

1731

中图法分类：（索书号）J719.1/7
题　　　名：中国汉族民间舞教程
书　　　号：ISBN 978-7-04015-805-2
责 任 者：赵铁春、田露主编
出 版 者：高等教育出版社
出版时间：2004.9
出 版 地：北京
丛　　　书：北京舞蹈学院"十五"规划教材、北京市高等教育精品教材立项项目、普通高等教育"十五"国家级规划教材
页　　　数：223页
尺　　　寸：23cm
价　　　格：25.30
馆藏地址：北京舞蹈学院图书馆
内容提要：本书结合丰富图示，从东北秧歌、云南花灯、安徽花鼓灯等传统汉族民间舞蹈着手，从"动作基本形态、具体做法、动作短句"三个方面进行讲述。《中国汉族民间舞教程》是北京市高等教育精品教材立项项目，普通高等教育"十五"国家级规划教材，北京舞蹈学院"十五"规划教材。以北京舞蹈学院正在使用的汉族民间舞（东北秧歌、云南花灯、安徽花鼓灯、山东鼓子秧歌、海阳秧歌、胶州秧歌）教材为主体内容。由动作基本形态——具体做法——动作短句三部分构成，内容由浅入深，为教师授课的选择和重组提供了可能。图文并茂，动作描述准确，分析透彻、鞭辟入里，具有汉族民间舞动作词典的功能。

1732

中图法分类：（索书号）J719.4/13
题　　　名：团扇舞韵
书　　　号：ISBN 7-105-05846-3
责 任 者：郑维忠著
出 版 者：民族出版社
出版时间：2004.9
出 版 地：北京
丛　　　书：北京市教委人文社会科学研究计划项目
页　　　数：119页，（16）页图版
尺　　　寸：26cm
价　　　格：35.00
馆藏地址：北京舞蹈学院图书馆
内容提要：本书深入浅出地阐述了中国民间舞蹈艺术，开阔了自己的视野，提高了理论水平并指导着团扇舞韵的课堂实践。

中图法分类：（索书号）J732.8/83
题　　名：美人拉丁
书　　号：ISBN 957-565-645-8
责 任 者：陈奕云著
出 版 者：台视文化
出版时间：2004.11.11 1733
出 版 地：台北市
页　　数：125 页
尺　　寸：21cm
价　　格：99.66 TWD299.00
馆藏地址：北京舞蹈学院图书馆
内容提要：有氧舞蹈不仅可以锻炼身体、雕塑身型，透过对肢体的灵活掌握，更可以练就一番展现魅力与性感的。在亚历山大首创美人拉丁的 Vivian 老师，首度将其性感机密公开，想增加魅力，请看本书。本书由 Vivian 带领您进入拉丁的国界，在运动及舞蹈两者之间尝试激发出动人的火花，在既有拉丁有氧中，强化其中的性感魅力，又将传统拉丁舞蹈所需的精湛舞技简化，运用时尚摩登的流行音乐编排出妩媚动人的动作，让人抛开绊脚的高跟鞋，即使单身一人也能畅快跳动出性感诱人的拉丁舞，不需上课，在家就可以轻松学会性感拉丁，并达到塑身效果！跟着本书做，你就是迷人的拉丁美人。

中图法分类：（索书号）J717.2-43/1/：1
题　　名：舞蹈服装设计教程 上册
书　　号：ISBN 7-80667-607-4
责 任 者：韩春启著
出 版 者：上海音乐出版社
出版时间：2004.11 1734
出 版 地：上海
丛　　书：北京舞蹈学院“十五”规划教材
页　　数：124 页
尺　　寸：23cm
价　　格：65.00
馆藏地址：北京舞蹈学院图书馆
内容提要：本书分上、下两册，主要限于舞蹈服装设计及制作的各个方面。由于此前就舞蹈服装设计的艺术特征的论述较少有人涉及，所以作者尝试着就此作了初步的论述。本书下册是一部舞蹈服装设计图集，主要是作者近十年的部分作品，均是演出的实例，对初学者和从事舞蹈服装设计的人有一定的参考作用。

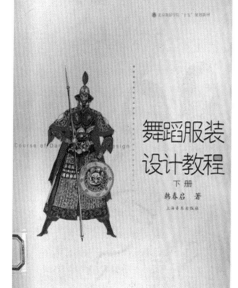

1735 中图法分类：（索书号）J717.2-43/1/：2
题　　名：舞蹈服装设计教程 下册
书　　号：ISBN 7-80667-607-4
责 任 者：韩春启著
出 版 者：上海音乐出版社
出版时间：2004.11
出 版 地：上海
丛　　书：北京舞蹈学院"十五"规划教材
页　　数：333 页
尺　　寸：23cm
价　　格：65.00
馆藏地址：北京舞蹈学院图书馆
内容提要：本书分上、下两册，主要限于舞蹈服装设计及制作的各个方面。由于此前就舞蹈服装设计的艺术特征的论述较少有人涉及，所以作者尝试着就此作了初步的论述。本书下册是一部舞蹈服装设计图集，主要是作者近十年的部分作品，均是演出的实例，对初学者和从事舞蹈服装设计的人有一定的参考作用。

1736 中图法分类：（索书号）J732.8/94
题　　名：Dancing for sexy—刘真的三美主义
书　　号：ISBN 957-28806-7-5
责 任 者：刘真著
出 版 者：布克文化发展事业部，城邦文化发行
出版时间：2004
出 版 地：台北市
页　　数：174 页
尺　　寸：20×20cm
价　　格：98.00 TWD200.00
馆藏地址：北京舞蹈学院图书馆
内容提要：本书从指尖到脚尖，举手或转身，都散发浓浓的女人味，最优美的肢体训练，最有效的瘦身方式，刘真教你变瘦变美。借由国际标准舞，带领爱美的女性一同进入优雅高贵的气质领域！并以清楚的图说式教学，教导读者如何利用简单的暖身运动、恰恰与森巴舞蹈入门，轻松瘦身，雕塑曲线，跳出窈窕、跳出自信、跳出美丽！

中图法分类：(索书号) J709.2/87
题　　　名：巴渝戏剧舞乐
书　　　号：ISBN 7-5366-6543-1
责　任　者：张永安著
出　版　者：重庆出版社
出版时间：2004 1737
出　版　地：重庆
丛　　　书：巴渝文化丛书
页　　　数：207 页
尺　　　寸：20cm
价　　　格：12.80
馆藏地址：北京舞蹈学院图书馆
内容提要：本书内容包括巴渝文化发展的背景，早期巴渝地区的戏剧艺术活动、近现代巴渝地区的戏剧艺术活动，早期地区的歌舞乐艺术活动，近现代的歌舞乐艺术活动等。

中图法分类：(索书号) J705/81/：1：2
题　　　名：2004 北京国际舞蹈教育发展论坛：论坛文件（1）（2）（内部资料）
责　任　者：北京舞蹈学院编辑
出　版　者：北京舞蹈学院 1738
出版时间：2004
出　版　地：北京
页　　　数：101 页
尺　　　寸：29cm
价　　　格：
馆藏地址：北京舞蹈学院图书馆
内容提要：本书是 2004 年北京舞蹈学院建院 50 周年“北京国际舞蹈教育发展论坛”的论坛文件汇编之一、之二。

1739

中图法分类：（索书号）J657.41/115
287（2004 \ J657.4 \ 115 \ 中文图书基藏库 \ 中文基藏）

题　　名：芭蕾舞基本功训练钢琴伴奏曲选

并列正题名：Collection of Piano Accompaniment for Ballet Technique Class

书　　号：ISBN 7-04-015393-9

责 任 者：杨洪涛主编

出 版 者：高等教育出版社

出版时间：2004

出 版 地：北京

页　　数：102 页

尺　　寸：30cm

价　　格：23.20

馆藏地址：国家图书馆

内容提要：本书是北京舞蹈学院钢琴伴奏音乐部副教授杨洪涛老师主编的，针对芭蕾舞基本训练而编排的课堂钢琴伴奏曲选。在芭蕾舞课堂训练教学中非常实用。

1740

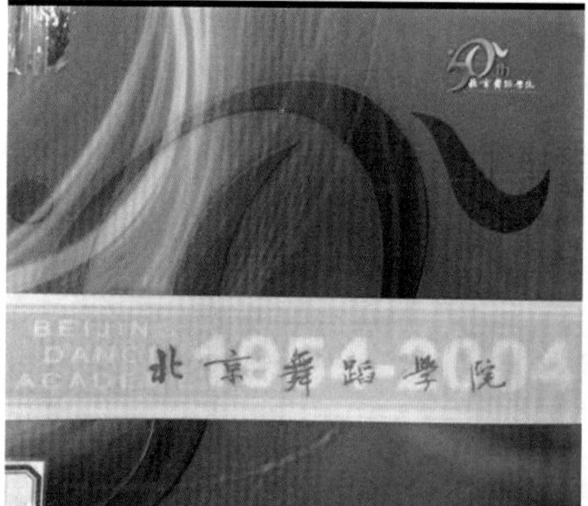

中图法分类：（索书号）J792.3/4

题　　名：北京舞蹈学院 1954-2004（内部资料）

责 任 者：北京舞蹈学院

出 版 者：北京舞蹈学院

出版时间：2004

出 版 地：北京

页　　数：80 页

尺　　寸：18cm

价　　格：

馆藏地址：北京舞蹈学院图书馆

内容提要：本书包括六大部分：讲述了北京舞蹈学校到北京舞蹈学院 1954-2004 年创校历程，内容翔实。

1741

中图法分类：（索书号）J792.3/8
题　　　名：北京舞蹈学院十年历程（1993-2003）（内部资料）
责 任 者：北京舞蹈学院编
出 版 者：北京舞蹈学院
出版时间：2004年
出 版 地：北京
页　　数：423页
尺　　寸：29cm
价　　格：40.00
馆藏地址：北京舞蹈学院图书馆
内容提要：此书为北京舞蹈学院五十周年院庆之际出版的1993-2003年院志。记录了北京舞蹈学院走过的十年历程（1993-2003）。

1742

中图法分类：（索书号）J705/39
题　　　名：传统舞蹈与现代舞蹈（内部教材）
责 任 者：于平、冯双白、刘青弋、江东著
出 版 者：北京舞蹈学院
出版时间：2004
出 版 地：北京
页　　数：514页
尺　　寸：20cm
价　　格：28.00
馆藏地址：北京舞蹈学院图书馆
内容提要：舞蹈是人类最早创造的无声的符号语言系统，在人之初的各种生活中，行使着传达、叙事、表意以及自我表现的种种功能，以求与自然界沟通，与神灵沟通，与他人沟通。人以自我为中心，表达他在自然界发现的意义，表现他的创造力与想象力，表现他作为一个“人”。

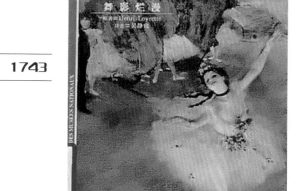

1743

中图法分类：（索书号）J703
（参见 K835.665.72/2240-1）
题　　名：德加：舞影烂漫
书　　号：ISBN 7-5327-3257-6
责 任 者：［法］亨利·卢瓦雷泰（Henri Loyrette）原著；吴静宜译．
出 版 者：上海译文出版社
出版时间：2004
出 版 地：上海
丛　　书：发现之旅
页　　数：203 页；照片
尺　　寸：20cm
价　　格：35.00
馆藏地址：上海图书馆
主题标目：德加
内容提要：本书系《发现之旅》丛书之一。与同期出版的《莫奈》、《雷诺阿》同为介绍19世纪印象派人物的绘画大师。他使用多种方法作画，尤其是擅长色彩画。本书图文并茂，琳琅满目，展现了他60年的创作生涯中，对技法无尽的好奇，对新的表达方式的不断追求，就像一首一目了然的绵延旋律。德加说“我想要光芒四射又保持神秘。”他的确光芒四射，但通过他画中的芭蕾舞女演员，赛马骑士，以及女人的各种生活方式与动态又保持神秘。如浏览完全书，此感觉会油然而生。

1744

中图法分类：J70/59
题　　名：动感空间
书　　号：ISBN 7-80667-438-1
责 任 者：刘青弋著
出 版 者：上海音乐出版社
出版时间：2004
出 版 地：上海
页　　数：552 页
尺　　寸：23cm
价　　格：55.00
馆藏地址：北京舞蹈学院图书馆
内容提要：本书介绍了中国现代舞的发展，舞蹈发生学假说，香港芭蕾，广东现代舞，“韩国式”舞蹈、古典舞的新面、柏林舞展等。

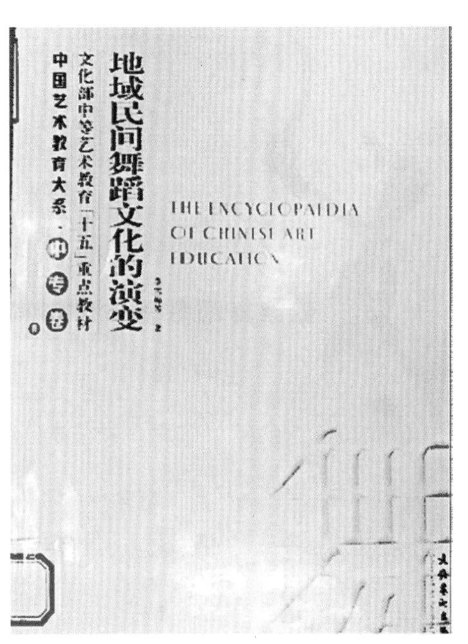

中图法分类：（索书号）J70-43/2
题　　名：地域民间舞蹈文化的演变
书　　号：ISBN 7-5039-2603-1
责 任 者：李雪梅等著
出 版 者：文化艺术出版社
出版时间：2004 1745
出 版 地：北京
丛　　书：中国艺术教育大系·中专卷，文化部中等以上教育“十五”重点教材
页　　数：256页
尺　　寸：26cm
价　　格：35.00
馆藏地址：北京舞蹈学院图书馆
内容提要：本书将不同民族民间舞蹈的类型与中国的地域分布结合起来，着重研究地域文化多重融合形成的民间舞蹈共同的神韵和风貌的有机整体；探讨舞蹈文化的时间承接性，空间的连绵性与伸展性。

中图法分类：J70/58
题　　名：东方舞蹈文化比较研究文集
书　　号：ISBN 7-80667-642-2
责 任 者：明文军编
出 版 者：上海音乐出版社
出版时间：2004 1746
出 版 地：上海
页　　数：14，228页
尺　　寸：23cm
价　　格：32.00
馆藏地址：北京舞蹈学院图书馆
内容提要：本书是北京舞蹈学院首届东方舞蹈（本科）教学试验班22名学生的毕业论文集，包括《中国舞蹈与印度舞蹈之比较》、《宗教文化对东方舞蹈艺术的影响》、《东方国家传统舞蹈教学模式之比较》等文章。

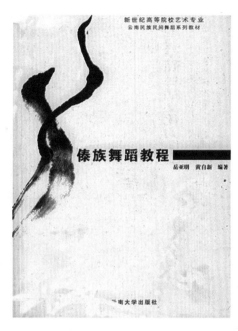

1747 中图法分类：（索书号）J722.225.3/7716
题　　名：傣族舞蹈教程
书　　号：ISBN 7-81068-878-2
责 任 者：岳亚明、黄自新编著
出 版 者：云南大学出版社
出版时间：2004
出 版 地：昆明
丛　　书：新世纪高等院校艺术专业，云南民族民间舞蹈系列教材
页　　数：140页：彩照
尺　　寸：24cm
价　　格：22.00
馆藏地址：上海图书馆
内容提要：本教材用图文并茂的记录方法记录了傣族舞蹈各类组合的基本动作、组合方法、衔接规律。傣族舞蹈像青山碧水的傣乡一样美丽动人，《傣族舞蹈教程》的面世更使它增添了一层浓艳的色彩。这本教材的出版即标志着傣族舞蹈教学步上新的台阶，云南艺术学院舞蹈学院的民族民间舞蹈教学、科研水平和成果令人刮目，又预示着傣族舞蹈传统的保护和未来发展的速度将会加快，当代出色的傣族舞蹈家、傣舞创作者和表演者铸就出炉的数量将会大增。

1748 中图法分类：（索书号）J709.258/2
题　　名：高棪——舞动春风一甲子
书　　号：ISBN 957-01-7545-1
责 任 者：江映碧撰文
出 版 者：“台湾”行政院文化建设委员会
出版时间：2004
出 版 地：台北市
丛　　书：资深舞蹈家丛书
页　　数：107页
尺　　寸：26cm
价　　格：228.00　TWD600.00
馆藏地址：北京舞蹈学院图书馆
内容提要：本书内容包括舞蹈家高棪的个人生平、舞蹈贡献及创作赏析。作者是台湾舞蹈界老前辈、舞蹈教育创始人高棪教授。

中图法分类：（索书号）J719.5/19
题　　名：古典芭蕾教学法
书　　号：ISBN 978-7-04-015926-4
责 任 者：李春华编著
出 版 者：高等教育出版社
出版时间：2004 1749
出 版 地：北京
丛　　书：北京舞蹈学院“十五”教材，北京市高等教育精品教材立项项目，普通高等教育“十五”国家级规划教材
页　　数：153 页
尺　　寸：23cm
价　　格：17.90
馆藏地址：北京舞蹈学院图书馆
内容提要：本书是在学习借鉴俄罗斯芭蕾学派教学法的基础上，结合我国 50 年来的芭蕾教学实践，总结出具有实用价值的芭蕾教学法教材。系统地介绍了古典芭蕾 1~7 年级的教学方法．不但对法文芭蕾术语做出了精确的中文解释，而且对每个芭蕾动作的要领做出了详尽的讲解．同时还对动作的训练目的、训练方法做了归纳和分类。尤其是对芭蕾 1~7 年级的教学大纲以及需要完成的教学任务做了全面、详细的分析。《古典芭蕾教学法》是可供芭蕾舞教师、芭蕾舞演员教学、训练使用的教材，同时也是古典芭蕾爱好者的学习。

中图法分类：（索书号）J719.5/21
题　　名：古典芭蕾舞基本功训练教程
书　　号：ISBN 7-80667-648-1
责 任 者：孟广城著
出 版 者：上海音乐出版社
出版时间：2004 1750
出 版 地：上海
丛　　书：北京舞蹈学院“十五”教材，北京市高等教育精品教材立项项目
页　　数：345 页
尺　　寸：23cm
价　　格：39.00
馆藏地址：北京舞蹈学院图书馆
内容提要：本书是芭蕾舞系的大学教程，编写内容是作者在继承俄罗斯学派的豪放大度和西方芭蕾的细腻严谨的风格下形成的对芭蕾舞的认识和理解。

1751

中图法分类：J70/57
题　　名：高教舞蹈综论
书　　号：ISBN 7-5039-2584-1
责 任 者：于平著
出 版 者：文化艺术出版社
出版时间：2004
出 版 地：北京
页　　数：485 页
尺　　寸：21cm
价　　格：25.00
馆藏地址：北京舞蹈学院图书馆
内容提要：本书内容包括高教舞蹈管理论、高教舞蹈学术论、高教舞蹈学科论、高教舞蹈创作论、高教舞蹈交流论八编。

1752

中图法分类：（索书号）J719（312.6）/1
题　　名：韩国传统舞蹈教程
书　　号：ISBN 7-80667-639-2
责 任 者：张晓梅主编
出 版 者：上海音乐出版社
出版时间：2004
出 版 地：上海
丛　　书：北京舞蹈学院“十五”规划教材
页　　数：215 页
尺　　寸：23cm
价　　格：30.00
馆藏地址：北京舞蹈学院图书馆
内容提要：本书分上下两编。上篇为韩国传统舞蹈的理论部分，从历史文化背景、艺术特征等几个方面进行介绍。下篇为韩国传统舞蹈基本训练的技术部分，包括基本概念、基本动作等五部分。

中图法分类：（索书号）J732. 2/12
题　　名：烈焰情挑：佛拉明哥
书　　号：ISBN 957-8576-86-2
责 任 者：李昕、林耕著
出 版 者：太雅出版公司
出版时间：2004 1753
出 版 地：台北市
丛　　书：生活良品丛书
页　　数：120 页
尺　　寸：21cm
价　　格：80. 50（书）TWD230+VCD
馆藏地址：北京舞蹈学院图书馆
内容提要：本书主要内容：佛拉明哥的 10 大热情魅力；基本舞蹈 step by step 必成教学；教你挑选佛拉明哥舞衣舞鞋；飞到佛拉明哥的故乡——西班牙；经典舞码《卡门》解析；台湾佛拉明哥欣赏与学习地点指南。

中图法分类：（索书号）J709. 258/3
题　　名：林香芸——妙舞璀璨自飞扬
书　　号：ISBN 957-01-7544-8
责 任 者：林郁晶撰文
出 版 者：“台湾”行政院文化建设委员会
出版时间：2004 1754
出 版 地：台北市
丛　　书：资深舞蹈家丛书
页　　数：115 页
尺　　寸：26cm
价　　格：228. 00　TWD600. 00
馆藏地址：北京舞蹈学院图书馆
内容提要：本书内容包括舞蹈家林香芸的个人生平、舞蹈贡献及创作赏析。五十年的舞蹈生涯，她见证了台湾舞蹈史的发展演变，也为舞蹈娱乐文化注入新活力。

1755

中图法分类：（索书号）J709.258/4
题　　　名：李天民——舞蹈荒原的垦拓者
书　　　号：ISBN 957-01-6843-3
责　任　者：伍湘芝撰文
出　版　者："台湾"行政院文化建设委员会
出版时间：2004
出　版　地：台北市
丛　　　书：资深舞蹈家丛书
页　　　数：15，943 页
尺　　　寸：26cm
价　　　格：228.00　TWD600.00
馆藏地址：北京舞蹈学院图书馆
内容提要：本书内容包括舞蹈家李天民的个人生平、舞蹈贡献及创作赏析。李天民是一位舞蹈创作者，也是舞蹈教育家与研究学者，投身舞蹈界五十余载，是一位令人钦佩的舞蹈传人。来台后，从训练女青年工作大队、深入部落采集原住民舞乐，到投身教育，以独特的创作为台湾的舞田开创一片欣欣向荣的局面，更在舞蹈教育与著述上投注巨大心血，影响台湾舞蹈艺术发展甚巨，他精彩的舞蹈人生，是台湾一则不朽的舞蹈传奇。

1756

中图法分类：（索书号）J709.2/80
题　　　名：李彩娥：舞蹈学术研讨会论文集
书　　　号：ISBN 957-01-9907-5
责　任　者：郑炯明编
出　版　者：高雄市政府文化局
出版时间：2004
出　版　地：高雄市
页　　　数：60 页
尺　　　寸：30cm
价　　　格：85.20　TWD200.00
馆藏地址：北京舞蹈学院图书馆
内容提要：本论文集讨论了有关南台湾舞蹈文化史、舞者、台湾光复后民族舞蹈发展轨迹、高雄舞蹈环境等论题。今年适逢李彩娥女士八十大寿，为了向这位南台湾舞蹈先驱致敬及推展高雄在地舞蹈艺术，高雄市政府文化局特别筹划了"岁月的舞迹-李彩娥舞蹈节"系列活动，以表达对李彩娥女士之尊崇，其中首度于高雄举办的"李彩娥舞蹈学术研讨会"邀集了国内舞蹈界学者专家及本地舞蹈艺术工作者，分别提写论文发表及研究心得，彰显李彩娥女士杰出的舞蹈艺术成就并深入探讨未来南台湾舞蹈发展方向。

中图法分类：（索书号）J709.2/110
题　　名：李彩娥：永远的宝岛明珠
书　　号：ISBN 957-01-6842-0
责 任 者：赵绮芳撰文
出 版 者：“台湾”行政院文化建设委员会
出版时间：2004 1757
出 版 地：台北市
丛　　书：资深舞蹈家丛书
页　　数：143 页
尺　　寸：26cm
价　　格：228.00　TWD600.00
馆藏地址：北京舞蹈学院图书馆
内容提要：本书内容包括李彩娥的个人生平、舞蹈贡献及创作赏析等。本书介绍李彩娥从小启蒙、赴日深造与表演，到回台献身舞蹈教育与创作这一路走来的舞动人生，这位舞不停的蜻蜓祖母，将是台湾舞蹈史上永远闪亮的一颗宝岛明珠。

中图法分类：（索书号）J732.3
（参见 G613.5/821）
题　　名：幼儿游戏活动指导
书　　号：ISBN：7-04-014302-X
责 任 者：郑佳珍、朱炳昌主编
出 版 者：高等教育出版社 1758
出版时间：2004（2005 重印）
出 版 地：北京
丛　　书：明天幼儿教育指导丛书
页　　数：130 页
尺　　寸：29cm
价　　格：19.00
馆藏地址：浙江图书馆
内容提要：本书为《明天幼儿教育指导丛书》之一。舞蹈活动不仅可以培养幼儿健美的身体姿态，培养他们动作的协调性、节奏感，而且幼儿可以借助舞蹈自由表现的特点和方式，大胆地表现和抒发内心的情感。本书在幼儿舞蹈活动中不过分强调幼儿的技能技巧，更多的是关注幼儿之间的相互交流和在活动中激发幼儿感受美、表现美的情趣，注重幼儿在活动过程中情感的体验；通过教师有目的、有计划地引导，幼儿的艺术潜能也会逐渐得到发展。本书既可以作为幼儿教师的不可多得的参考用书，又可作为家长家庭教育的指导用书。

1759

中图法分类：（索书号）J717.2/1
题　　名：民族服装针织布料（芭蕾舞练功服装）（内部资料）
责 任 者：北京舞蹈学院编
出 版 者：北京舞蹈学院
出版时间：2004
出 版 地：北京
页　　数：1册
尺　　寸：26cm
价　　格：48.00
馆藏地址：北京舞蹈学院图书馆
内容提要：本书为芭蕾舞练功服装的图集，所用布料为巴尔服装织布料。此书介绍的是专业制作芭蕾舞练功服装的技巧与工艺。

1760

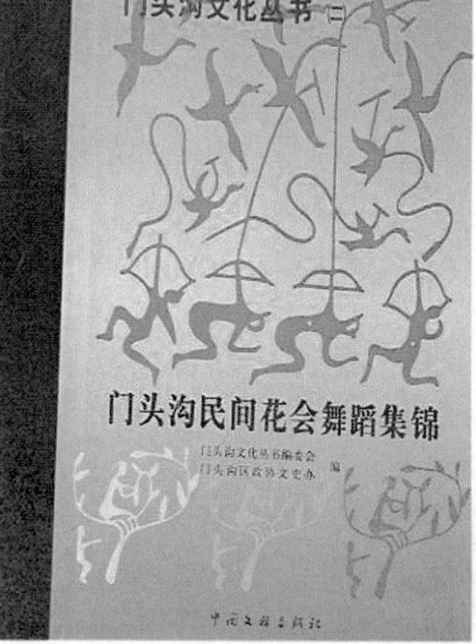

中图法分类：（索书号）J722.21/3330
题　　名：门头沟民间花会舞蹈集锦
书　　号：ISBN 7-5059-4799-0
责 任 者：门头沟文化丛书编委会
出 版 者：中国文联出版社
出版时间：2004
出 版 地：北京
丛　　书：门头沟文化丛书（二）
页　　数：272页；彩照，图
尺　　寸：21cm
价　　格：140.00（全套）
馆藏地址：上海图书馆
内容提要：本书内容包括：门头沟区民间花会舞蹈史话、门头沟的秧歌会、锅子会、京西的花钹大鼓会、千军台和庄户的古幡会等。

1761

中图法分类：（索书号）J709.2/72
题　　名：舞蹈（精）
书　　号：ISBN 7-80642-740-6
责 任 者：朱正昌总主编
出 版 者：山东友谊出版社
出版时间：2004
出 版 地：济南
丛　　书：齐鲁特色文化丛书
页　　数：342 页
尺　　寸：23cm
价　　格：110.00
馆藏地址：北京舞蹈学院图书馆
内容提要：本书分为综述、秧歌类、灯彩类、鼓钹类、祭祀类等部分，详尽记述了齐鲁地域的民间舞蹈艺术文化。

1762

中图法分类：（索书号）J705/96
题　　名：生命的律动：李澄 王佩权舞坛随笔
书　　号：ISBN 7-02-005331-9
责 任 者：李澄、王佩权著，天津歌舞剧院、天津发展舞蹈艺术研究中心编
出 版 者：天津教育出版社
出版时间：2004
出 版 地：天津
页　　数：311 页，［4］页图版
尺　　寸：21cm
价　　格：38.00
馆藏地址：北京舞蹈学院图书馆
内容提要：本书是关于舞蹈艺术的文集，记录了作者投身舞蹈事业半个世纪以来，所经历的事、人、艺、情，从一定的侧面和角度，反映了新中国天津舞蹈事业的发展。

1763

中图法分类：J70/62
题　　　名：首届中国舞蹈节文论集
书　　　号：ISBN 7-5059-4550-5
责 任 者：中国舞蹈家协会
出 版 者：中国文联出版社
出版时间：2004
出 版 地：北京
丛　　　书：西部舞蹈展示与研讨
页　　　数：646 页，［4］页图版
尺　　　寸：20cm
价　　　格：35.00
馆藏地址：北京舞蹈学院图书馆
内容提要：本论文集包括“经济全球化与中国舞蹈”、“舞蹈知识产权的保护”、“西部舞蹈的现状与调查报告”三部分，荟萃了50余篇论文。

1764

中图法分类：（索书号）J709.242/6
题　　　名：唐代乐舞新论
书　　　号：ISBN 7-301-06961-8
责 任 者：沈冬著
出 版 者：北京大学出版社
出版时间：2004
出 版 地：北京
丛　　　书：文学史研究丛书
页　　　数：198 页
尺　　　寸：21cm
价　　　格：16.00
馆藏地址：北京舞蹈学院图书馆
内容提要：本书以唐代的雅、俗、胡三类音乐为脉络勾勒唐的音乐总体趋势，通过唐代“国歌”的分析，讨论此曲在政治、文化上的含义，并分别通过另两类典型乐曲的分析，阐述唐人生活中的歌舞乐景象、对外来音乐的吸纳等。

中图法分类：（索书号）J722.22/13
题　　名：“台湾”原住民：歌谣与舞蹈
书　　号：ISBN 957-35-1203-3
责 任 者：田哲益著
出 版 者：武陵出版有限公司
出版时间：2004 1765
出 版 地：台北市
页　　数：379 页
尺　　寸：21cm
价　　格：106.40　TWD280.00
馆藏地址：北京舞蹈学院图书馆
内容提要：全书共分十三章，内容包括：泰雅族之歌谣与舞蹈；赛夏族之歌谣与舞蹈；布农族之歌谣与舞蹈等。

中图法分类：（索书号）J722.9/16
题　　名：踢踏舞时尚健美操（含 VCD）
书　　号：ISBN 7-81100-170-5
责 任 者：郅珉、周宇平编著
出 版 者：北京体育大学出版社
出版时间：2004 1766
出 版 地：北京
页　　数：164 页
尺　　寸：20cm
价　　格：18.00
馆藏地址：北京舞蹈学院图书馆
内容提要：该书分踢踏舞和踢踏健美操两大部分。书中从时尚的角度阐述了踢踏舞的起源、分类与特点；踢踏舞的动作套路等内容。

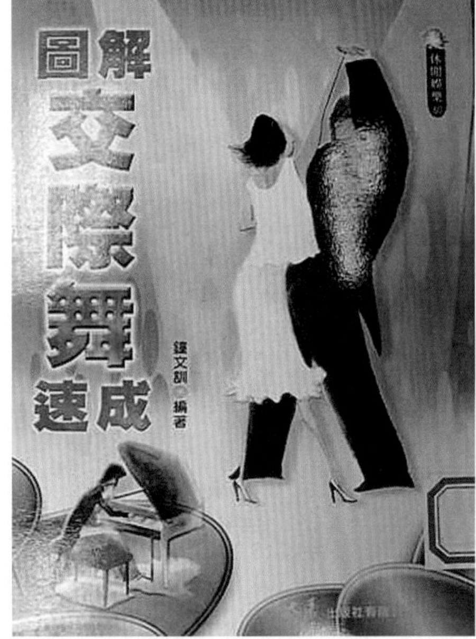

1767

中图法分类：（索书号）J732.8/89
题　　名：图解交际舞速成
书　　号：ISBN 957-468-303-1
责 任 者：钟文训编著
出 版 者：大展出版社有限公司
出版时间：2004 2版
出 版 地：台北市
页　　数：259页
尺　　寸：21cm
价　　格：77.00 TWD220.00 HK＄73.00
馆藏地址：北京舞蹈学院图书馆
内容提要：本书介绍了交际舞的基本步伐的练习、包括：布鲁斯、华尔兹、快步舞、慢狐步舞、方塊伦巴等十几种舞蹈的基本动作。

1768

中图法分类：（索书号）J703.31/1
题　　名：舞坛采珠：儿童舞蹈教育、创作经验谈
书　　号：ISBN 7-103-02906-7
责 任 者：程心天著
出 版 者：人民音乐出版社
出版时间：2004
出 版 地：北京
页　　数：246页
尺　　寸：21cm
价　　格：19.00
馆藏地址：北京舞蹈学院图书馆
内容提要：本书收集了作者早期在报刊上发表的有关舞蹈创作、评论和舞蹈美学方面的文章50余篇。反映了他对少儿舞蹈艺术特性的深刻认识、探索，总结了少儿舞蹈艺术创作的规律，精辟地分析了一些成功作品的特点，指出了在少儿舞蹈创作、评论中存在的问题。

中图法分类：（索书号）J705/97
题　　名：舞蹈艺术与实践
书　　号：ISBN 7-5629-2156-3
责 任 者：汤晓宁总主编；陈梦影主编
出 版 者：武汉理工大学出版社
出版时间：2004 1769
出 版 地：武汉
页　　数：146 页
尺　　寸：26cm
价　　格：22.00
馆藏地址：北京舞蹈学院图书馆
内容提要：本书选择大学生喜欢的交谊舞、踢踏舞和集体舞为主，辅以舞蹈赏析，使学生既能在学习舞蹈中去感受音乐的律动，又能了解到各国、各民族的舞蹈魅力。

中图法分类：（索书号）J706/7
题　　名：舞蹈应用生理解剖学
书　　号：ISBN 978-957-11-3564-9
责 任 者：郭志辉著
出 版 者：五南图书出版股份有限公司
出版时间：2004 第 2 版 1770
出 版 地：台北市
页　　数：461 页
尺　　寸：23cm
价　　格：216.80 TWD560.00
馆藏地址：北京舞蹈学院图书馆
内容提要：本书共分三篇十六章，计有第一篇动作生理解剖学的构成因素：包括绪论、身体排列与解剖位置、骨骼、骨骼肌、神经肌以及呼吸和循环系统等六章。第二篇关节运动器官的机体解剖：包括脊柱、肩胛带与胸廓、肘关节、腕和手指关节、骨盆与髋关节的运动、膝关节以及足关节等七章。第三篇舞蹈动作练习理论与实例：包括姿势与动作、扶把动作练习以及舞蹈伤害机转等三章。

1771

中图法分类：（索书号）J705/83
题　　名：为生命而舞：胡克舞蹈文集
书　　号：ISBN 7-80171-424-5
责 任 者：胡克著
出 版 者：大众文艺出版社
出版时间：2004
出 版 地：北京
丛　　书：中国文联晚霞文库
页　　数：13，599 页
尺　　寸：21cm
价　　格：36.00
馆藏地址：北京舞蹈学院图书馆
内容提要：本文集汇集了作者 50 余年在舞蹈方面撰写的文章，分为“舞蹈评论探讨”、“舞蹈人物专访”、“舞蹈创作探讨”、“舞蹈理论求索”四部分。

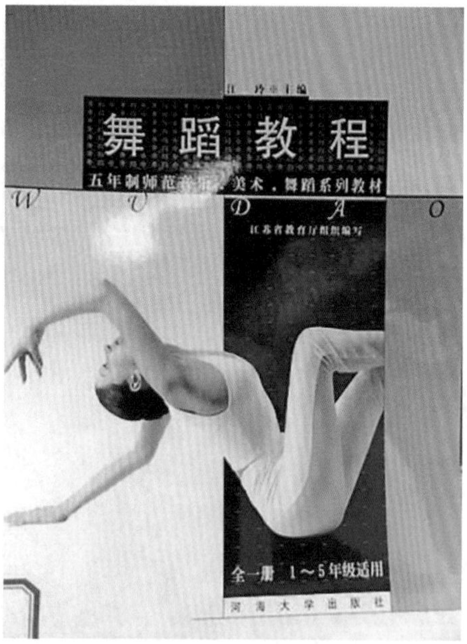

1772

中图法分类：（索书号）J7-43/2
题　　名：舞蹈教程．全一册，1~5 年级适用
书　　号：ISBN 7-5630-1882-4
责 任 者：江玲主编，江苏省教育厅组织编写
出 版 者：河海大学出版社
出版时间：2004
出 版 地：南京
丛　　书：五年制师范音乐．美术．舞蹈系列教材
页　　数：226 页
尺　　寸：26cm
价　　格：22.00
馆藏地址：北京舞蹈学院图书馆
内容提要：本书为五年制师范教育教材，阐述了舞蹈基础理论、基本训练、小学音乐舞蹈教育实践等内容。

中图法分类：（索书号）J722.214/1634
题　　　名：民族传统体育教程：舞龙运动
书　　　号：ISBN 7-811-00161-6
责　任　者：雷军蓉主编
出　版　者：北京体育大学出版社
出 版 时 间：2004 1773
出　版　地：北京
页　　　数：238 页：图
尺　　　寸：20cm
价　　　格：20.00
馆 藏 地 址：上海图书馆
内 容 提 要：本书结合丰富图片介绍中国几千年的舞龙风俗文化，从知识、技法、训练、规则等方面介绍舞龙运动的发展、习俗、动作与套路等。

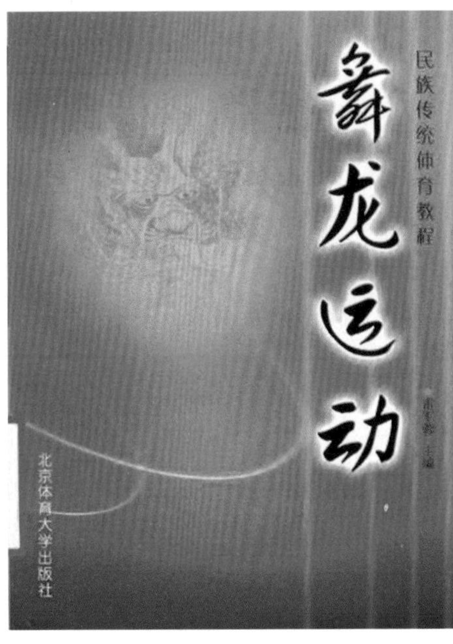

中图法分类：（索书号）J7-55/5449
题　　　名：舞蹈视界，夏（原文：Dance Vision. Summer）
书　　　号：ISBN 7-5427-1843-6
责　任　者：麦柯（Sun，Michael M.Z.），徐钟林 1774
出　版　者：上海科学普及出版社
出 版 时 间：2004
出　版　地：上海
页　　　数：121 页
尺　　　寸：28cm
价　　　格：15.00
馆 藏 地 址：上海图书馆
内 容 提 要：本书为画册形式的舞蹈刊物，介绍了国内外近期舞蹈艺术动态，著名舞蹈家及其关于舞蹈的故事，介绍著名舞团等。

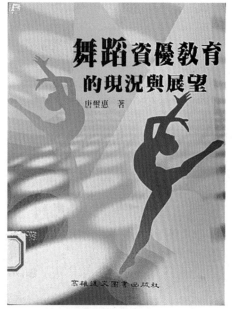

1775 中图法分类：（索书号）J70-05/25
题　　名：舞蹈资优教育的现况与展望
书　　号：ISBN 957-555-687-9
责 任 者：唐玺惠著
出 版 社：高雄复文图书出版社
出版时间：2004
出 版 地：高雄市
页　　数：326 页
尺　　寸：24cm
价　　格：105.00 TWD300.0
馆藏地址：北京舞蹈学院图书馆
内容提要：资优教育一直有关舞蹈资优教育参考档案的缺乏、学生学科压力沉重，以及舞蹈研究文献之不足，作者特以其实际主持兰阳女中实验班设班的经验，针对台湾地区舞蹈资优教育发展的现况、教育目标、课程、师资、舞蹈资优生辅导等及舞蹈资优生对舞蹈教育的觉知进行研究，提供读者从设班评估、沉重来源调查、教室建筑、设备增置、学生招收、课程开设、师资延聘、发展筹划等心得与实践经验。书中内容包括舞蹈资优教育领域的重要文献。

1776 中图法分类：（索书号）J70-05/6822
题　　名：舞蹈艺术心理学
书　　号：ISBN 7-5059-4787-7
责 任 者：吴健华、王受仁：著
出 版 者：中国文联出版社
出版时间：2004
出 版 地：北京
丛　　书：火凤凰文艺丛书
页　　数：463 页
尺　　寸：19cm
价　　格：30.00
馆藏地址：上海图书馆
内容提要本书内容包括：舞蹈艺术与人生、舞蹈艺术的生理基础、舞蹈艺术的艺术知觉、舞蹈艺术的艺术语言、舞蹈艺术与注意和记忆、舞蹈艺术的情感世界等。

1777

中图法分类：（索书号）J706-43/1
题　　名：舞蹈生理学
书　　号：ISBN 7-80667-611-2
责 任 者：温柔编著
出 版 者：上海音乐出版社
出版时间：2004
出 版 地：上海
丛　　书：北京舞蹈学院“十五”规划教材
页　　数：315 页
尺　　寸：23cm
价　　格：35.00
馆藏地址：北京舞蹈学院图书馆
内容提要：本书在系统介绍舞蹈生理学基础知识的基础上，重点论述了舞蹈教学、训练、选材的生理学理论和方法，并丰富了舞蹈营养、体形控制、舞蹈测评等方面的内容。

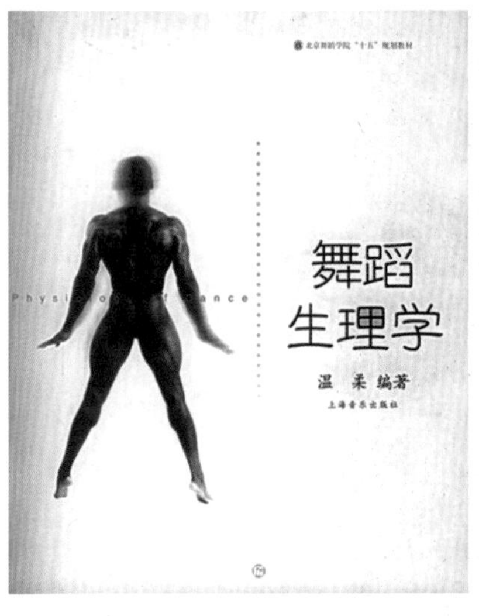

1778

中图法分类：（索书号）J722.215/1132
题　　名：舞狮
书　　号：ISBN 978-7-5463-2326-8
责 任 者：王连生，杨永峰
出 版 者：吉林出版集团有限责任公司
出版时间：2004
出 版 地：长春
页　　数：112 页：图，照片
尺　　寸：21cm
价　　格：29.80
馆藏地址：上海图书馆
内容提要：本书内容包括概述、运动保健、北狮基本技术、南狮基本技术、比赛规则等。

1779

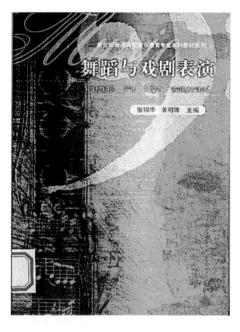

中图法分类：（索书号）J7-43/5
题　　名：舞蹈与戏剧表演
书　　号：ISBN 978-7-107-18071-2
责 任 者：张锦华、黄明珠主编
出 版 者：人民教育出版社
出版时间：2004
出 版 地：北京
丛　　书：新世纪普通高校音乐教育专业本科教材系列
页　　数：407 页
尺　　寸：21cm
价　　格：19.20
馆藏地址：北京舞蹈学院图书馆
内容提要：本书是一部高等学校舞蹈与戏剧表演的教材，内容包括：舞蹈基础理论、舞蹈基础训练、中小学舞蹈创编等。

1780

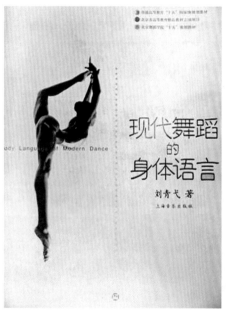

中图法分类：（索书号）J70-43/3
题　　名：现代舞蹈的身体语言
书　　号：ISBN 7-80667-434-9
责 任 者：刘青弋著
出 版 者：上海音乐出版社
出版时间：2004
出 版 地：上海
丛　　书：北京舞蹈学院“十五”教材，北京市高等教育精品教材立项项目，普通高等教育“十五”
页　　数：332 页
尺　　寸：26cm
价　　格：42.00
馆藏地址：北京舞蹈学院图书馆
内容提要：本书构建了西方现代舞身体动作语言的理论框架，分析其运动语言要素和语义特征，并对各类舞蹈的身体动作语言形态的特征进行讨论等。

中图法分类：（索书号）J719.5/20
题　　名：性格舞蹈教程
书　　号：ISBN 978-7-80667-631-8
责 任 者：杨越、李春华、胡晓 编著
出 版 者：上海音乐出版社
出版时间：2004
出 版 地：上海
丛　　书：北京舞蹈学院“十五”规划教材，北京市高等教育精品教材立项项目
页　　数：263 页
尺　　寸：23cm
价　　格：32.00
馆藏地址：北京舞蹈学院图书馆
内容提要：性格舞蹈是古典芭蕾剧中的一个重要组成部分。作为相对独立的专业课程，本书学习内容是规范化了的欧洲民间舞蹈素材及19至20世纪著名芭蕾舞剧中的性格舞蹈优秀范例。 1781

中图法分类：（索书号）J719.5/2
题　　名：中级古典芭蕾：四、五年级芭蕾教学法（影印本）（内部教材）
责 任 者：巴扎罗娃著；肖苏华译
出 版 者：北京舞蹈学院
出版时间：2004
出 版 地：北京
页　　数：104 页
尺　　寸：28cm
价　　格：
馆藏地址：北京舞蹈学院图书馆
内容提要：本书深入分析了芭蕾舞蹈学校四、五年级的教学法，涉及各种慢板和快板中的新的速度以及各种带转身动作的技术和各种大舞姿转等。 1782

1783

中图法分类：（索书号）J721/22
题　　名：中国民族舞蹈国画集（中英文本）
书　　号：ISBN 7-105-06384-X
责 任 者：丁立镇绘
出 版 者：民族出版社
出版时间：2004
出 版 地：北京
页　　数：59 页
尺　　寸：53cm
价　　格：98.00
馆藏地址：北京舞蹈学院图书馆
内容提要：本书收集了丁教授有关民族舞蹈的主要作品。翻开这本画集，生动优美的民族舞姿，约丽多彩的民族服饰，各具神韵的民族风采，栩栩如生地呈现在我们面前。

1784

中图法分类：（索书号）J719/10
题　　名：中国民族民间舞：初级教程
书　　号：ISBN 978-7-80667-588-5
责 任 者：贾安林、钟宁主编
出 版 者：上海音乐出版社
出版时间：2004
出 版 地：上海
丛　　书：北京舞蹈学院“十五”系列教材
页　　数：287 页
尺　　寸：23cm
价　　格：34.00
馆藏地址：北京舞蹈学院图书馆
内容提要：本书包括云南花灯、藏族舞蹈、东北秧歌、蒙古族舞蹈、傣族舞蹈五大部分。书中的训练组合在囊括了上述舞种的基本内容的基础上纳入和吸收了许多新元素、新知识。

中图法分类：（索书号）J719/12
题　　名：中国艺术教育大系．中专卷；文化部中等艺术教育“十五”重点教材：中国民族民间舞
书　　号：ISBN 7-5039-2594-9
责 任 者：贾美娜主编 1785
出 版 者：文化艺术出版社
出版时间：2004
出 版 地：北京
丛　　书：中国艺术教育大系·中专卷，文化部中等艺术教育“十五”重点教材
页　　数：415 页
尺　　寸：26cm
价　　格：60.00
馆藏地址：北京舞蹈学院图书馆
内容提要：本教材记录了北京舞蹈学院附属中等舞蹈学校中国舞专业六年制现行的民间舞基础教学内容。包括汉、藏、蒙、维、朝五个民族的民间舞蹈的代表性动作。.

中图法分类：（索书号）J705-43/4
题　　名：中外舞蹈作品赏析．第一卷，中国民族民间舞作品赏析
书　　号：ISBN 7-80667-605-8
责 任 者：刘青弋主编；本卷主编贾安林
出 版 者：上海音乐出版社 1786
出版时间：2004
出 版 地：上海
丛　　书：北京舞蹈学院“十五”规划教材
页　　数：442 页
尺　　寸：23cm
价　　格：50.00
馆藏地址：北京舞蹈学院图书馆
内容提要：本书系统评介了 20 世纪 40 年代以来，中国舞蹈艺术家创作的中国民族民间舞与中国古典舞的代表作品。

1787 中图法分类：（索书号）J705-43/2
题　　名：中外舞蹈作品赏析．第二卷，中外芭蕾舞作品赏析
书　　号：ISBN 7-80667-601-5
责 任 者：刘青弋主编；本卷主编 矫立森
出 版 者：上海音乐出版社
出版时间：2004
出 版 地：上海
丛　　书：北京舞蹈学院“十五”规划教材
页　　数：388 页
尺　　寸：23cm
价　　格：45.00
馆藏地址：北京舞蹈学院图书馆
内容提要：本书为中外舞蹈作品赏析第二卷，系统地评介了芭蕾舞诞生与发展几百年来不同历史时期的代表作品。

1788 中图法分类：（索书号）J705-43/3
题　　名：中外舞蹈作品赏析．第三卷，中西现代舞作品赏析
书　　号：ISBN 7-80667-599-X
责 任 者：刘青弋主编；刘青弋著
出 版 者：上海音乐出版社
出版时间：2004
出 版 地：上海
丛　　书：北京舞蹈学院“十五”规划教材
页　　数：332 页
尺　　寸：23cm
价　　格：40.00
馆藏地址：北京舞蹈学院图书馆
内容提要：本书系统地评介了 20 世纪以来中国与西方不同历史时期的现代舞作品。

中图法分类：（索书号）J705-43/5
题　　名：中外舞蹈作品赏析．第四卷，外国流行舞蹈作品赏析
书　　号：ISBN 7-80667-603-1
责 任 者：刘青弋主编；慕羽著
出 版 者：上海音乐出版社
出版时间：2004
出 版 地：上海
丛　　书：北京舞蹈学院“十五”规划教材
页　　数：460 页
尺　　寸：23cm
价　　格：50.00
馆藏地址：北京舞蹈学院图书馆
内容提要：本书系统地介绍了世界各地不同历史时期，以时尚娱乐文化与大众通俗文化为主体的舞蹈文化及其代表性的作品与类型。
注：本系列第五卷因各种原因没有出版，特此说明。

1789

中图法分类：（索书号）J705-43/1
题　　名：中外舞蹈作品赏析．第六卷，中外舞蹈精品赏析
书　　号：ISBN 7-80667-608-2
责 任 者：刘青弋主编；本卷主编贾安林
出 版 者：上海音乐出版社
出版时间：2004
出 版 地：上海
丛　　书：北京舞蹈学院“十五”规划教材
页　　数：388 页
尺　　寸：23cm
价　　格：45.00
馆藏地址：北京舞蹈学院图书馆
内容提要：本书向读者介绍了古今中外著名的或有代表性的舞蹈作品或类型。在引导读者欣赏舞蹈艺术作品之时，使读者了解舞蹈家的身体言说的方式；了解舞蹈家用身体语言发展起来的历史等。

1790

1791

中图法分类：（索书号）J719.4/17
题　　名：中国武术理论与舞蹈实践
书　　号：ISBN 7-80667-606-6
责 任 者：李北达著
出 版 者：上海音乐出版社
出版时间：2004
出 版 地：上海
丛　　书：北京舞蹈学院"十五"规划教材
页　　数：124 页
尺　　寸：23cm
价　　格：20.00
馆藏地址：北京舞蹈学院图书馆
内容提要：本书从武术的理论入手，通过对武术、舞蹈各层面的分析比较，希望探寻双方相互补充和吸收的轨迹。

1792

中图法分类：（索书号）J719/8
题　　名：中国民族民间舞教学法
书　　号：ISBN 7-80667-636-8
责 任 者：潘志涛主编
出 版 者：上海音乐出版社
出版时间：2004
出 版 地：上海
丛　　书：北京舞蹈学院"十五"规划教材，北京市高等教育精品教材立项项目，普通高等教育"十五"国家
页　　数：400 页
尺　　寸：23cm
价　　格：44.00
馆藏地址：北京舞蹈学院图书馆
内容提要：本书宏观地着眼于中国民族民间舞教学方法的探索，分上下篇：介绍了教学方法综述、中国民族民间舞蹈教师的能力、中国民族民间舞教学设计，以及中国民族民间舞课程设计、中国民族民间舞田野作业等内容。

中图法分类：（索书号）J719. 4/18
题　　名：中国古典舞袖舞教程
书　　号：ISBN 7-80667-627-9
责 任 者：邵未秋主编
出 版 者：上海音乐出版社
出版时间：2004　1793
出 版 地：上海
丛　　书：北京舞蹈学院“十五”规划教材，北京市高等教育精品教材立项项目
页　　数：252 页
尺　　寸：23cm
价　　格：32. 00
馆藏地址：北京舞蹈学院图书馆
内容提要：本书按照袖舞的教学程序，将训练内容具体划分为“单一技法”、“单一动作”、“短句训练”及“组合训练”四个部分，并精选了 23 个具有代表性的训练实例。

中图法分类：（索书号）J719. 4/20
题　　名：中国古典舞基本功训练教学法：（中专女班）
书　　号：ISBN 7-80667-609-0
责 任 者：沈元敏著
出 版 者：上海音乐出版社
出版时间：2004　1794
出 版 地：上海
丛　　书：北京舞蹈学院“十五”规划教材，北京市高等教育精品教材立项项目
页　　数：294 页
尺　　寸：23cm
价　　格：34. 00
馆藏地址：北京舞蹈学院图书馆
内容提要：本书对古典舞训练任务作了新的阐述，并通过重新分类建立新的训练系统，针对基训课如何与身韵相结合这一研究课题进行了探索总结，对“基本功的属性”、“中国古典舞的基本概念”、“基本功和身韵的关系”等作了深入浅出的理论表达。这是一部构思严谨、内容充实、使用价值高且文字流畅、易于普及的教材，是对古典舞发展新阶段所赋予的历史使命的回应。

1795

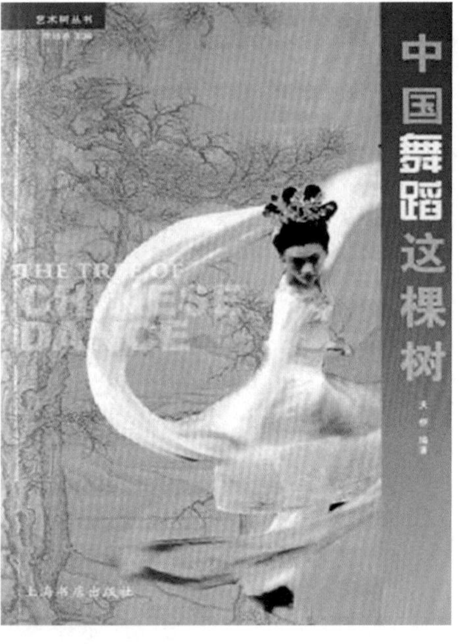

中图法分类：（索书号）J709.2/71
题　　名：中国舞蹈这棵树
书　　号：ISBN 7-80678-246-X
责 任 者：天伊编著
出 版 者：上海书店出版社
出版时间：2004
出 版 地：上海
页　　数：129页
尺　　寸：23cm
价　　格：32.00
馆藏地址：北京舞蹈学院图书馆
内容提要：本书以树的形态（根、干、枝、叶、花）为编写结构，从起源、发展演变、流派或分支、代表人物和代表作品几方面，介绍中外绘画、建筑、雕塑、服饰、舞蹈、书法、陶瓷等艺术的发展历史。文字简明扼要、能人易懂，并配以大量图片及说明，是一本图文并茂的普及型艺术书。

1796

中图法分类：（索书号）J732.8/95
题　　名：中国艺术百科全书：交际舞
书　　号：ISBN 7-80702-213-2
责 任 者：王嫣嫣、赵富强、赵海英主编
出 版 者：吉林文史出版社
出版时间：2004
出 版 地：长春
丛　　书：中国艺术百科全书
页　　数：6，218页
尺　　寸：21cm
价　　格：15.50
（共五十册 价格：950.00）
馆藏地址：北京舞蹈学院图书馆
内容提要：本书是中国艺术百科全书的交际舞分册，介绍了交际舞的基本知识，主要内容包括：舞蹈的概述；交际舞的基本特征；交际舞的各方面等。

中图法分类：（索书号）J719.4/21
题　　名：中国古典舞基本训练教材与教法：（中专）
书　　号：ISBN 7-80667-635-X
责 任 者：熊家泰著
出 版 者：上海音乐出版社 1797
出版时间：2004
出 版 地：上海
丛　　书：北京舞蹈学院“十五”规划教材
页　　数：324 页
尺　　寸：23cm
价　　格：38.00
馆藏地址：北京舞蹈学院图书馆
内容提要：本书综述了中国古典舞基本训练教学的任务、中国古典舞基本训练原则以及身韵在中国古典舞基本训练中的地位，介绍了把杆训练和素质训练的认识和身体形态、手和脚的位置，以及五个年级教材与教法的介绍。

中图法分类：（索书号）J709.2/64
题　　名：中国现当代舞剧发展史
书　　号：ISBN 7-103-02937-7
责 任 者：于平著
出 版 者：人民音乐出版社
出版时间：2004 1798
出 版 地：北京
页　　数：374 页
尺　　寸：21cm
价　　格：36.00
馆藏地址：北京舞蹈学院图书馆
内容提要：本书绪论为：中国现当代舞剧发展的历史研究；正文编为：从“五四”新文化运动到吴晓邦的“新舞剧”创作，“新舞剧”精神在新中国舞剧创作中的延续，戏曲传统与中国民族舞剧的初始建构等 12 章。

1799

中图法分类：（索书号）J709.2-43/1
题　　名：中国艺术教育大系：舞蹈卷：中国古代舞蹈史教程
书　　号：ISBN 7-80667-373-3
责 任 者：袁禾著
出 版 者：上海音乐出版社
出版时间：2004
出 版 地：上海
丛　　书：普通高等教育“九五”国家级重点教材，中国艺术教育大系
页　　数：286页
尺　　寸：26cm
价　　格：32.00
馆藏地址：北京舞蹈学院图书馆
内容提要：本书从舞蹈作为艺术之母在远古时期的源流讲起，阐述夏商周代三代舞蹈功能特征上的分流，以及舞蹈的历史发展等。

1800

中图法分类：（索书号）J719.4/19
题　　名：中国古典舞袖舞教程
书　　号：ISBN 7-80667-610-4
责 任 者：张军主编
出 版 者：上海音乐出版社
出版时间：2004
出 版 地：上海
丛　　书：北京舞蹈学院“十五”规划教材，北京市高等教育精品教材立项项目
页　　数：187页
尺　　寸：23cm
价　　格：26.00
馆藏地址：北京舞蹈学院图书馆
内容提要：本书对中国古典舞剑舞的产生背景与意义进行了系统论述，将单一技法训练、短句训练和组合训练的教材内容配合动作图片予以详述，并附有剑舞伴奏乐谱。

中图法分类：（索书号）J70-05/21
题　　名：中国舞考级文论集（内部教材）
责 任 者：北京舞蹈学院编
出 版 社：北京舞蹈学院
出版时间：2004.
出 版 地：北京 1801
页　　数：188 页
尺　　寸：20cm
价　　格：
馆藏地址：北京舞蹈学院图书馆
内容提要：本书为各舞蹈机构中国舞教师及考官就中国舞考级的“教”、“学”、“考”等方面发表的论文集。

中图法分类：（索书号）J705/82
题　　名：中国古典舞论坛（内部教材）
责 任 者：北京舞蹈学院中国古典舞系编
出 版 者：北京舞蹈学院
出版时间：2004
出 版 地：北京 1802
页　　数：166 页
尺　　寸：20cm
价　　格：30.00
馆藏地址：北京舞蹈学院图书馆
内容提要：本书为北京舞蹈学院五十周年院庆之际，对中国古典舞界著名、资深的专家学者进行的访谈录，记录了他们对学科发展历史的总结、实践的反思、未来建设的期望和独到的学术见解。

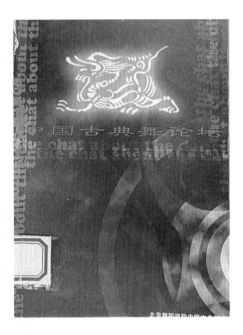

1803 中图法分类：（索书号）J719.4/23
题　　　名：文化部中等艺术教育“十五”重点教材：中国古典舞
书　　　号：ISBN 7-5039-2579-5
责　任　者：北京舞蹈学院附属中等舞蹈学校编
出　版　者：文化艺术出版社
出 版 时 间：2004
出　版　地：北京
丛　　　书：中国艺术教育大系．中专卷，文化部中等以上教育“十五”重点教材
页　　　数：506 页
尺　　　寸：26cm
价　　　格：60.00
馆 藏 地 址：北京舞蹈学院图书馆
内 容 提 要：本书介绍了中专六年制舞蹈专业的核心教材，还叙述了其他不同学制舞蹈专业教学中核心的基础知识、基本技能等，含有中专六年制教学示例课男女班各十一集。

1804 中图法分类：（索书号）J719.5/22
题　　　名：文化部中等艺术教育“十五”重点教材：芭蕾舞
书　　　号：ISBN 7-5039-2595-7
责　任　者：北京舞蹈学院附属中等舞蹈学校编
出　版　者：文化艺术出版社
出 版 时 间：2004
出　版　地：北京
丛　　　书：中国艺术教育大系．中专卷，文化部中等艺术教育大系·中专卷
页　　　数：537 页
尺　　　寸：26cm
价　　　格：62.00
馆 藏 地 址：北京舞蹈学院图书馆
内 容 提 要：本书包括芭蕾专业七年制教学大纲，男班、女班地面教材，男班、女班芭蕾舞基训课 1-6 年级 45 堂课例教材等。

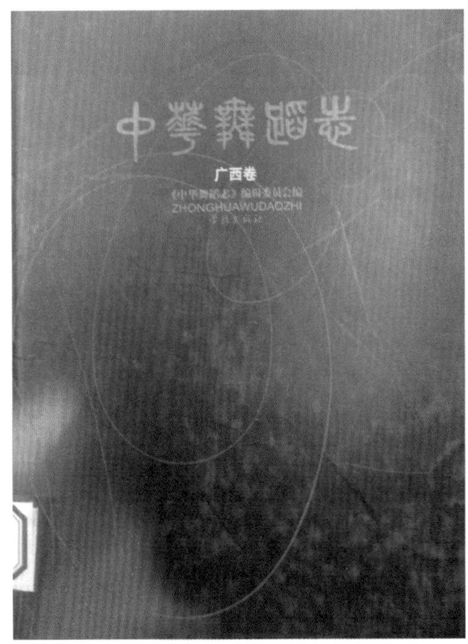

中图法分类：（索书号）J709.2（67）1
题　　名：中华舞蹈志，广西卷
书　　号：ISBN 978-7-80668-818-8
责 任 者：《中华舞蹈志》编辑委员会编
出 版 者：学林出版社
出版时间：2004 1805
出 版 地：上海
页　　数：458 页，[8] 页图版
尺　　寸：22cm
价　　格：68.00
馆藏地址：北京舞蹈学院图书馆
内容提要：本书第一次以志书形式系统记述了中华各民族舞蹈的历史渊源泉、衍变风格、演出形式、音乐伴奏、服饰道具以及有关风俗节令、信仰礼仪、工艺美术、文献考古等史料，填补了中国文化史料和研究的一项空白。

中图法分类：（索书号）J709.712/17
题　　名：人类历史上最迷人的女性回忆录：邓肯自传
书　　号：ISBN 7-80203-069-2
责 任 者：[美] 伊莎多拉·邓肯著
出 版 者：中国妇女出版社 1806
出版时间：2005.1
出 版 地：北京
页　　数：336 页
尺　　寸：23cm
价　　格：38.00
馆藏地址：北京舞蹈学院图书馆
内容提要：本书包括：童年的记忆；父亲和母亲；在芝加哥；仙女的困惑；作别纽约等内容。本书记述了伊莎多拉·邓肯极富传奇色彩的一生，以及她与罗丹、克雷格、邓南遮、斯坦尼斯拉夫斯基等艺术大师之间的爱情等。

1807 中图法分类：（索书号）J722.221.7/5
题　　　名：四川凉山彝族传统舞蹈研究
书　　　号：ISBN 7-105-06816-7
责 任 者：朴永光著（朝鲜族）
出 版 者：民族出版社
出版时间：2005.1
出 版 地：北京
页　　　数：285 页
尺　　　寸：21cm
价　　　格：28.00
馆藏地址：北京舞蹈学院图书馆
内容提要：本书以 1956 年民主改革之前尚存的四川凉山彝族传统舞蹈为研究对象，以唯物辩证法和唯物历史观为基本研究方法，将舞蹈置于历史、文化背景中，考察其相互间的联系，试图较为系统、全面、深入地研究这一地区的彝族传统舞蹈。

1808 中图法分类：J70/11WH
题　　　名：艺术馆：舞蹈概论
书　　　号：ISBN 7-5039-264-9-X
责 任 者：［美］约翰·马丁著；欧建平译
出 版 者：文化艺术出版社
出版时间：2005.3.1
出 版 地：北京
页　　　数：394 页
尺　　　寸：23cm
价　　　格：69.00
馆藏地址：北京舞蹈学院图书馆
内容提要：作为世界舞蹈名著，约翰·马丁先生的《舞蹈概论》自 1994 年 7 月由文化艺术出版社推出汉译本以来（原书首版于 1939 年），一直深受海内外读者的青睐，并成为舞界教学与写作的必读书。本书是该书的图文新版，配有大量彩色和黑白图片。本书介绍了有关舞蹈的基本理论知识和娱乐性舞蹈、芭蕾、表现派舞蹈的理论与特色、代表人物等。本书介绍了有关舞蹈的基本理论知识和娱乐性舞蹈、芭蕾、表现派舞蹈的理论与特色、代表人物等。

中图法分类：（索书号）J732.9/40 1809
题　　　名：街舞入门教程
书　　　号：ISBN 7-5359-3670-9
责　任　者：杨冬雨编著
出　版　者：广东科技出版社
出版时间：2005.4
出　版　地：广州
页　　　数：80 页
尺　　　寸：21cm
价　　　格：18.00
馆藏地址：北京舞蹈学院图书馆
内容提要：本书是一本有关健美操基本知识的书籍，主要包括：街舞概述、基本动作练习、手脚跨部技巧练习等。

中图法分类：（索书号）J723.1/15 1810
题　　　名：舞剧·一把酸枣解读
书　　　号：ISBN 7-5440-2872-0
责　任　者：申维辰主编
出　版　者：山西教育出版社
出版时间：2005.4
出　版　地：太原
页　　　数：5，133 页
尺　　　寸：23cm
价　　　格：28.00
馆藏地址：北京舞蹈学院图书馆
内容提要：本书是一本关于山西省舞剧艺术评论的书籍，讲述了清末民初殷家童养媳酸枣与小伙计的爱情悲剧。

中图法分类：（索书号）J709.712/19
题　　名：舞者之歌：邓肯自传
书　　号：ISBN 7-80706-052-2
责 任 者：［美］伊莎多拉·邓肯著；陈静芳等译
1811 出 版 者：上海远东出版社
出版时间：2005.5.1
出 版 地：上海
页　　数：369 页，［8］页图版
尺　　寸：20cm
价　　格：28.00
馆藏地址：北京舞蹈学院图书馆
内容提要：邓肯，一位举世闻名的舞蹈天才，她摈弃古典芭蕾的严格性，主张以自由流畅的方式呈现舞蹈，据此创立了自我一格的全新的舞蹈模式，从而成为现代舞的先驱。

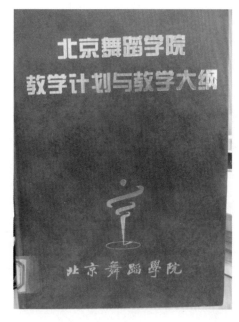

中图法分类：（索书号）J719/4
题　　名：北京舞蹈学院教学计划与教学大纲
责 任 者：北京舞蹈学院编
1812 出 版 者：北京舞蹈学院
出版时间：2005.5
出 版 地：北京
页　　数：659 页
尺　　寸：28cm
价　　格：25.80（含光盘）
馆藏地址：北京舞蹈学院图书馆
内容提要：本书主要讲述了高等学校舞蹈本科专业教学计划、本科舞蹈专业课程教学大纲、专科舞蹈专业课程教学大纲、社会科学课程教学大纲等内容。

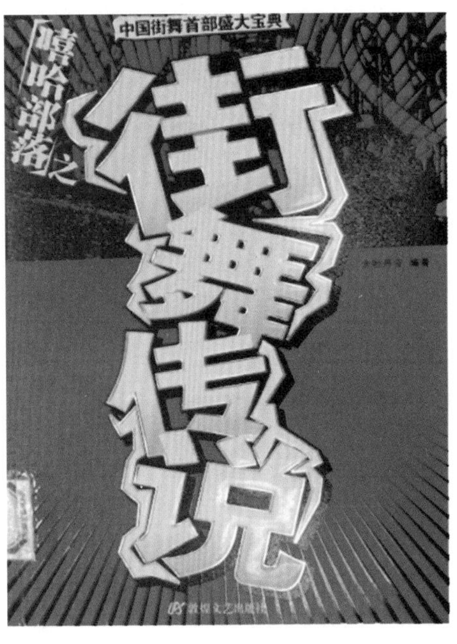

中图法分类：（索书号）J732.9/39
题　　　名：嘻哈部落之：街舞传说
书　　　号：ISBN 7-80587-741-6
责　任　者：大牡丹令编著
出　版　者：敦煌文艺出版社
出版时间：2005.5
出　版　地：兰州
页　　　数：222 页
尺　　　寸：23cm
价　　　格：38.00
馆藏地址：北京舞蹈学院图书馆
内容提要：本书包括：街舞、街舞传说、街头少年一路嘻哈、跟我一起看街舞、街舞音乐篇、大街上的文化、亚洲进行时、明天风往哪里吹等内容。

1813

中图法分类：（索书号）J722.9/21
题　　　名：Hip Hop 健身街舞
书　　　号：ISBN 7-5304-3048-3
责　任　者：王新风编著
出　版　者：北京科学技术出版社
出版时间：2005.7
出　版　地：北京
页　　　数：69 页
尺　　　寸：21cm
价　　　格：22.00
馆藏地址：北京舞蹈学院图书馆
内容提要：本书介绍了健身运动的基本知识。主要包括：各就各位、预备齐、街舞进行时、修身课堂、服装、场地、组合练习等内容。

1814

1815

中图法分类：（索书号）J709.712/20
题　　名：舞者之歌：伊莎朵拉·邓肯回忆录
书　　号：ISBN 978-7-5060-2239-2
责 任 者：［美］伊莎朵拉·邓肯著
出 版 者：东方出版社
出版时间：2005.8.1
出 版 地：北京
页　　数：420，28页
尺　　寸：23cm
价　　格：59.80
馆藏地址：北京舞蹈学院图书馆
内容提要：本书记录了邓肯的生活经历、舞蹈生涯、爱情和婚姻，以及最私密的行为和思想等。“这部名为my life的自传，被视为一部和卢梭的《忏悔录》水平一样高的杰作，贯穿全书的是她终生为舞蹈艺术的革新而奋斗的那种不屈不挠的精神和毅力”。这部书被认为像她的生活一样“热情、坦率、正直”，“有时还有点出格”，被认为是“毫无顾忌地冲动”的一部书。

1816

中图法分类：（索书号）J709.2/76
题　　名：身体笔记：舞院女生的韵影心香
书　　号：ISBN 7-80207-350-2
责 任 者：王亚彬等合著
出 版 者：经济管理出版社
出版时间：2005.8
出 版 地：北京
页　　数：278页
尺　　寸：23cm
价　　格：28.00
馆藏地址：北京舞蹈学院图书馆
内容提要：本书主要介绍了24小时的身体回忆、身体创作谈、身边的人、啼笑飞扬的舞之殿等内容。

中图法分类：（索书号）J709.712/1 1817
题　　名：舞者之歌：邓肯回忆录
书　　号：ISBN 7-5060-2239-7
责 任 者：［美］伊莎朵拉·邓肯著；叶肯昕、陈静芳译
出 版 者：允晨出版社
出版时间：2005.8
出 版 地：台北市
页　　数：420页，（28）页图版
尺　　寸：23cm
价　　格：59.80　NTD349（新台币）
馆藏地址：北京舞蹈学院图书馆
内容提要：本书是一部邓肯的回忆录，她天生下来就是一个反叛传统的人，她反叛古典芭蕾的刻板程式，努力按自然节奏与动作来跳舞。邓肯，一位举世闻名的舞蹈天才，她摒弃古典芭蕾的严苛性，主张以自由流畅的方式呈现舞蹈，据此创立了自成一格的全新的舞蹈模式，从而成为现代舞的先驱。邓肯，一位浪漫又多情的现代女性，她藐视婚姻，特立独行，曾与多位世界著名的艺术家相知相恋，谱下一曲曲令人荡气回肠的爱情之歌。

中图法分类：（索书号）J709.2/73 1818
题　　名：新中国舞蹈艺术的摇篮
书　　号：ISBN 7-5059-5048-7
责 任 者：田静、李百成主编
出 版 者：中国文联出版社
出版时间：2005.9
出 版 地：北京
页　　数：560页，（64）页图版
尺　　寸：24cm
价　　格：80.00
馆藏地址：北京舞蹈学院图书馆
内容提要：本书力图真实、详尽，图文并茂地反映出“舞运班”、“舞研班”的教学理念、教学方法及老师们为培养学生成才所付出的心血；反映出同学们这两年来思想、学习、生活的实际情况和受到的教益。

1819

中图法分类：（索书号）J719.3/27
题　　名：幼儿情趣歌舞
书　　号：ISBN 7-5404-3511-9
责 任 者：王印英编
出 版 者：湖南文艺出版社
出版时间：2005.9
出 版 地：长沙
丛　　书：红舞鞋系列
页　　数：112 页
尺　　寸：28cm
价　　格：21.00（含光盘）
馆藏地址：北京舞蹈学院图书馆
内容提要：本书介绍了幼儿歌舞的动作和曲谱，包括音乐感受训练、律动、情趣歌舞、创编等四部分，每部分按照大、中、小三班列举了一些儿童歌舞和儿童游戏，包括音乐、要求、动作说明、活动方法以及教师的教学说明等。

1820

中图法分类：（索书号）J722\22\书刊保存本库\书刊保存本 G 栋负 2 层
题　　名：黑龙江花棍舞
书　　号：ISBN 7-207-06441-1
责 任 者：许丽萍著
出 版 者：黑龙江人民出版社
出版时间：2005
出 版 地：哈尔滨
丛　　书：黑龙江省艺术研究丛书
页　　数：180 页：照片
尺　　寸：21cm
价　　格：168.00（全套 8 册）
馆藏地址：国家图书馆
内容提要：本书对黑龙江花棍舞的兴起及艺术特色，黑龙江花棍舞的造型、服饰、道具，黑龙江花棍舞的动作说明，黑龙江花棍舞的音乐等内容进行了研究。

大众健身金手指系列丛书
大众健美操
与舞蹈健身
主编：范晓清
人民军医出版社

中图法分类：（索书号）J732.9
题　　名：大众健美操与舞蹈健身
书　　号：ISBN 7-80194-610-3
责 任 者：范晓清
出 版 者：人民军医出版社
出版时间：2005.10 1821
出 版 地：北京
丛　　书：大众健身金手指丛书
页　　数：302 页
尺　　寸：21cm
价　　格：22.00（含光盘）
馆藏地址：上海图书馆
内容提要：本书分上下两篇。上篇为大众健美操，分别介绍了健美操基本知识、健美操与健康关系、健美操与形体关系、现代大众健美操、实用健美操精选、竞技健美操等；下篇为舞蹈健身，分别介绍了交谊舞基本知识、交谊舞与身心健康关系、交谊舞中的文化和礼仪、如何跳好交谊舞、交谊舞的参与方式、体育舞蹈、现代舞、拉丁舞、踢踏舞等。本书文字通俗、内容丰富、方法具体、易于学习和掌握，实用健美操还附有插图，对从事健美操和舞蹈健身的专业人员和爱好者是一本有参考价值的图书。

中图法分类：（索书号）J722.212/23
题　　名：学跳安徽花鼓灯
书　　号：ISBN 7-88352-652-9
责 任 者：熊莹主编
出 版 者：大连音像出版社
出版时间：2005.11.1 1822
出 版 地：大连
页　　数：190 页
尺　　寸：19cm
价　　格：25.00（含光盘）
馆藏地址：北京舞蹈学院图书馆
内容提要：源远流长、多姿多彩的中国民族舞蹈，是中国数千年文化、艺术与美学的结晶。相较于芭蕾、拉丁、现代舞这些西方舞种，民族舞更适合东方女子的骨骼、神韵与气质。学会跳一到数种民族舞，可让东方女孩们美得浑然天成、出尘脱俗。

1823

中图法分类：（索书号）J705/95
题　　　名：舞动红楼梦
书　　　号：ISBN 7-02-005331-9
责　任　者：蒋勋著
出　版　者：人民文学出版社
出 版 时 间：2005.11
出　版　地：北京
页　　　数：173 页
尺　　　寸：23cm
价　　　格：32.00
馆 藏 地 址：北京舞蹈学院图书馆
内 容 提 要：本书以台湾云门舞团的演出的《红楼梦》为线索，穿插评点“红楼故事”，“红楼典据”，“红楼云门”，并附有“云门舞集简介”。

1824

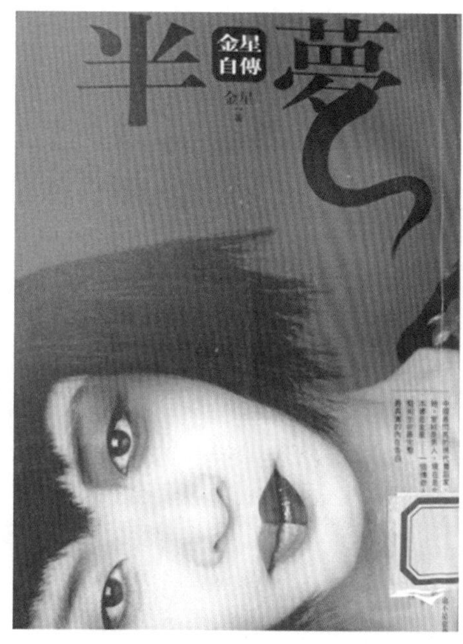

中图法分类：（索书号）J709.27/30
题　　　名：半梦：金星自传
书　　　号：ISBN 7-5086-0409-1
责　任　者：金星著
出　版　者：中信出版社
出 版 时 间：2005
出　版　地：北京
页　　　数：186 页
尺　　　寸：24cm
价　　　格：25.00
馆 藏 地 址：北京舞蹈学院图书馆
内 容 提 要：因舞蹈而走向世界，又因变性而广受非议的金星，在本书中首次披露自己的惊世人生，这个一生一世都在追逐梦想的舞蹈家，只想倾听自己最真实的心跳。

中图法分类：（索书号）J701/0412 1825
题　　　名：不可不知的舞蹈：（共计十册）
书　　　号：ISBN 7-5634-2073-8
责　任　者：王振华著
出　版　者：延边大学出版社
出 版 时 间：2005
出　版　地：延吉市
丛　　　书：文化修养综合手册
页　　　数：248 页
尺　　　寸：21cm
价　　　格：25.80
馆 藏 地 址：上海图书馆
内 容 提 要：本书内容包括：舞蹈概览、舞蹈欣赏、中外舞蹈名家、舞蹈杂坛四部分，舞蹈概览分别对这个古代舞蹈、民间舞蹈、大众舞蹈—秧歌、世界性舞蹈—芭蕾进行了介绍。这套丛书包括：不可不知的雕刻、摄影、书法、体育、影视、文学、科技、舞蹈、绘画、戏曲、曲艺、音乐等。

中图法分类：（索书号）J722.9/18 1826
题　　　名：大众健美操与舞蹈健身
书　　　号：ISBN 7-80194-610-3
责　任　者：范晓清主编
出　版　者：人民军医出版社
出 版 时 间：2005
出　版　地：北京
丛　　　书：大众健身金手指系列丛书
页　　　数：302 页
尺　　　寸：21cm
价　　　格：22.00
馆 藏 地 址：北京舞蹈学院图书馆
内 容 提 要：本书分为上下两篇，上篇为大众健美操，分别介绍了健美操基本知识、健美操与健康关系等；下篇为舞蹈健身，分别介绍了交谊舞基本知识、交谊舞与身心健康关系、交谊舞中的文化和礼仪等。

1827

中图法分类：（索书号）J70
（参见 K928.973.2/4406）
题　　　名：贵州黔东南：歌的海洋 舞的故乡
书　　　号：ISBN 7-5032-2707-9
责 任 者：李文明著
出 版 者：中国旅游出版社
出版时间：2005.9
出 版 地：北京
丛　　　书：中国秘境之旅
页　　　数：181 页：图
尺　　　寸：22cm
价　　　格：28.00
馆藏地址：上海图书馆
主题标目：导游—黔东南苗族侗族自治州
内容提要：黔东南州是一个以苗族和侗族为主体民族的少数民族自治地方，是全国面积最大、少数民族人口比例最高的自治州之一，由于历史和地理的原因，黔东南地域相对封闭，至今仍然保留着丰富多彩的原生态民族文化，被誉为“歌的海洋、舞的故乡”除博大灿烂的民族文化外，黔东南山水同样美丽迷人。

1828

中图法分类：（索书号）J712.25/10
题　　　名：古典芭蕾基本技巧和术语（内部资料）
责 任 者：缪丽尔·斯图尔特著；赵国玮译
出 版 者：北京舞蹈学院
出版时间：1979 年初版 2005 年修订重版
出 版 地：北京
页　　　数：224 页
尺　　　寸：33cm
价　　　格：58.00
馆藏地址：北京舞蹈学院图书馆
内容提要：本书阐述了古典芭蕾中 118 个动作的基本技巧、动作分析、动作图解和动态学原理。该书最先在 20 世纪五十年代由纽约著名的阿尔费莱特·阿·诺浦出版社出版，作者为缪丽尔·斯图尔特（Muriel Stuart）。其突出的优点是：作者用虚线和箭头在素描人体图形中将每个芭蕾动作的起始、运转、终极和定位的轨迹路线勾画出来，十分准确、贴切、清楚。这是任何摄像或照片所不能达到的效果。所以世界芭蕾舞大师乔治·巴兰钦在为该书所写的前言中说“它是我所见到过的最好的一本芭蕾教材”。之后它被译为多种文字，普及于世界范围。

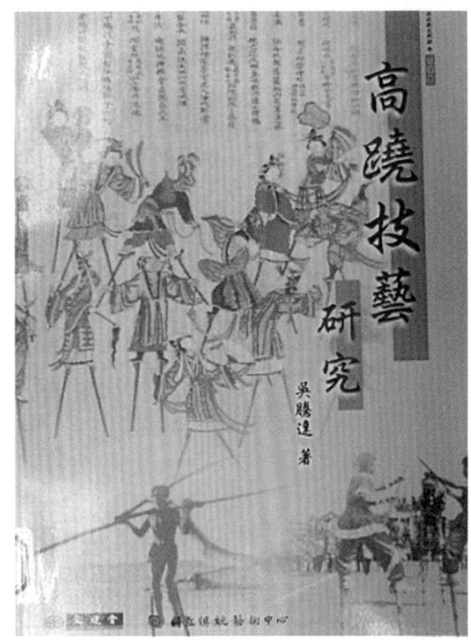

中图法分类：(索书号) J722.213/1
题　　　名：高跷技艺研究
书　　　号：ISBN 957-01961-8-1
责　任　者：吴腾达作
出　版　者："国立"传统艺术中心
出版时间：2005 1829
出　版　地：台北市
页　　　数：192 页
尺　　　寸：26cm
价　　　格：122.50　TWD450.00
馆藏地址：北京舞蹈学院图书馆
内容提要：本书内容包括：高跷的渊源与含义；大陆、台湾地区的踩高跷；高跷技艺分析，结论及建议。高跷，在台湾是属于传统杂技的一环，而传统杂技是融技巧、音乐、舞蹈为一体的表演艺术。欣赏者可以透过视觉、听觉直接感受到表演节目中的艺术形象，并进而对台湾民间的传统杂技艺术起到认识作用、教育作用与美感作用。《高跷技艺研究》为吴腾达教授执行"高跷技艺调查研究计划"之成果总结，书中详细介绍了高跷的渊源涵义与各种技艺动作，另针对台湾与大陆地区不同形式的高跷文化深度进行探讨，内容翔实丰富，提供有兴趣与传统杂技的民众领略高跷技艺之美。

中图法分类：(索书号) J705
(J705.1/154)
题　　　名：林怀民舞蹈国际学术研讨会论文集 = Lin Hwan'min international dance conference proceedings：[中英文本] 1830
书　　　号：ISBN 986-00-4021-4
责　任　者：张中媛、林亚婷总编辑
出　版　者：行政院文化建设委员会
出版时间：2005.8
出　版　地：台北市
页　　　数：270 页：图表
尺　　　寸：30cm
价　　　格：140.00 (TWD350.00)
馆藏地址：浙江图书馆
内容提要：此书是林怀民舞蹈国际学术研讨会论文集。内容介绍了在台北艺大国际会议厅，来自芝加哥的舞评家胡赛尔以"行草"为例，认为林怀民既承袭西方剧场舞蹈，却又借助太极，此种平衡非常罕见。这场学术研讨会吸引上百位舞蹈界人士参加，共有10位国内外学者分从舞蹈、身体观、林怀民的肢体美学、社会文化面向等探讨"林怀民学"，这次研讨会的论文集结成此集。

1831

中图法分类：(索书号) J709.2/83
题　　名：盘鼓舞与汉代登天思想之研究
书　　号：ISBN 986-00-2651-3
责 任 者：林秀贞著
出 版 者："台湾" 艺术大学教务处出版组
出版时间：2005
出 版 地：台北市
页　　数：131 页
尺　　寸：32cm
价　　格：210.00 TWD600.00
馆藏地址：北京舞蹈学院图书馆
内容提要：本书研究的盘鼓舞是汉代著名的舞蹈，在汉画中屡见不鲜，汉画是汉代墓室的装饰艺术，泛指画像石、画像砖、帛画、墓壁上的壁画以及器皿上的图案。汉代人认为死是生的延续，厚葬风气使然，于是汉墓中装饰了相当丰富多彩的汉画，它反映了汉代人的生活、思想与宇宙观。宗教信仰即使在时间的传播、发展下，会融入各地的风俗入境随俗而流变，但其传承性和功利诉求是大同小异的，这也是四川的"踩九州"和道教的"步罡踏斗"，与汉代盘鼓舞在祭献形式与宗教寓意上近似的道理所在。

1832

中图法分类：(索书号) J722
(I253.5./264)
题　　名："千手观音" 台前幕后的故事
书　　号：ISBN 7-80697-489-X
责 任 者：詹晓南著
出 版 者：海天出版社
出版时间：2005
出 版 地：深圳
页　　数：201 页
尺　　寸：21cm
价　　格：39.80
馆藏地址：浙江图书馆
内容提要：本书讲述了获中央电视台 2005 年春节晚会最受观众欢迎的歌舞类节目一等奖及特别大奖的"千手观音"是如何练成的。这本书共分四个章节：第一章，千手观音是这样炼成的；第二章，为进军雅典，震撼世界；第三章，爱是我们共同的语言，美是我们共同的追求；第四章，21 个孩子 21 个梦。同时书中还选用了大量《千手观音》排练前后，从未向外界公布的照片，向人们讲述了许多鲜为人知的故事。

中图法分类：（索书号）J722.29/2
题　　名：人神共舞：青海宗教祭祀舞蹈考察与研究
书　　号：ISBN 7-5039-2793-3
责 任 者：马胜德、曹娅丽著
出 版 者：文化艺术出版社 1833
出版时间：2005
出 版 地：北京
页　　数：208 页
尺　　寸：24cm
价　　格：38.00
馆藏地址：北京舞蹈学院图书馆
内容提要：全书以青海地区藏传佛教羌姆乐舞与民间祭祀舞蹈为研究对象，以第一手田野资料为基础，系统地梳理了青海藏传佛教羌姆乐舞的人文背景、历史渊源及其特征，阐述了青海宗教祭祀乐舞与藏族戏曲艺术的关系，分析了青海民间宗教祭祀舞 dode 特性及表现内容。

中图法分类：（索书号）J721/21
题　　名：水墨舞蹈人物画法
书　　号：ISBN 7-80503-912-7
责 任 者：董辰生绘
出 版 者：天津杨柳青画社
出版时间：2005 1834
出 版 地：天津
页　　数：20 页
尺　　寸：53cm
价　　格：40.00
馆藏地址：北京舞蹈学院图书馆
内容提要：本书主要收录了董辰生的水墨舞蹈人物画法，其中包括：骆驼献舞、信德珠玛、瑶山春雨、火把节、红绸舞等。

1835

中图法分类：(索书号) J120.2
(J120.97/7221)
题　　名：实话实说：红舞台
书　　号：ISBN 7-5006-6153-3
责 任 者：顾保孜
出 版 者：中国青年出版社
出版时间：2005
出 版 地：北京
页　　数：482 页
尺　　寸：22cm
价　　格：33.00
主题标目：艺术史—中国—现代
馆藏地址：上海图书馆
内容提要：本书记述了《清宫秘史》、《武训传》、《海瑞罢官》、《达吉和她的父亲》、《东方红》大型音乐舞蹈史诗、《智取威虎山》、《红灯记》等八个样板戏、《三上桃峰》等舞台戏剧的创作过程，以及由此引发的一系列台前幕后的故事和人物命运。

1836

中图法分类：(索书号) J722.3/89
题　　名：手舞足蹈：儿童舞蹈教学
书　　号：ISBN 957-11394-3-2
责 任 者：黄金桂著
出 版 者：五南图书出版股份有限公司
出版时间：2005
出 版 地：台北市
页　　数：141 页
尺　　寸：20cm
价　　格：78.48　TWD200.00
馆藏地址：北京舞蹈学院图书馆
内容提要：舞蹈是一种“表达”，舞蹈家是用身份来言语，“技巧”则是训练身体的方法，建立表达的工具。“创作”在教学里是个重要因素，可以呈现理念、表达想法。教学不需要拘泥于任何技巧模式，可以是创作、动作、时间、空间及知识观念，加上欣赏舞蹈及周边艺术的认识，让整个学习应有尽有，其最终目的是提高学习者对舞蹈的表达能力、独立的思考力、肢体的应用能力以及艺术性的增生。本书中提供了许多课程实例，可以应用在专业课程及平时的活动，是作者上课时的教材与心得以及对教学的观念、感想。

中图法分类：（索书号）J732.8/114
题　　　名：社交舞步图解：一学即会的舞蹈自习法
书　　　号：ISBN 978-957-36-0386-1
责 任 者：娄子中编著
出 版 者：国家出版社 1837
出版时间：2005
出 版 地：台北市
页　　　数：272 页
尺　　　寸：21cm
价　　　格：50.00 TWD200.00
馆藏地址：北京舞蹈学院图书馆
内容提要：每当音乐响起，看着大家以优美的姿态在场中飞舞时，不擅跳舞的你，内心是否有股跃跃欲试的冲动？本书以初学者为对象，采用“心像投影法”（Image Picture Dancing），为您解说各种正确的舞姿，有属于现代舞的布鲁斯、华尔兹、探戈，还有属于拉丁舞的伦巴、吉鲁巴、恰恰、森巴。透过书中清晰的图解以及扼要的文字说明，您可以轻易地掌握每一种舞蹈的基本步法及关键动作，无须死背口诀，而是以“感觉”来左右步伐，让您的身体及思想自然沉醉在美妙轻快的韵律之中，不仅达到运动健身的目的，还可使仪态更加优美。来跳舞吧！现在就随着本书的借奏舞动起来，与我们一同进入多彩多姿、热力十足的舞蹈世界。

中图法分类：（索书号）J732.9
（G831.3/3151-1）
题　　　名：时尚健康街舞
书　　　号：ISBN 7-8872-2-18-3
责 任 者：阎虹，金奎
出 版 者：北京体育大学音像出版社 1838
出版时间：2005
出 版 地：北京
页　　　数：83 页：图+1 光盘
尺　　　寸：20cm
价　　　格：20.00
馆藏地址：上海图书馆
主题标目：健身操—基本知识
内容提要：本书阐述了街舞的起源和发展、特点和作用；创编了符合教学需要和比赛规则要求的套路动作，包括：热身运动、男子单人、女子单人、集体三人、静止性伸展等内容。

1839

中图法分类：（索书号）J722.3/88
题　　名：童谣舞蹈 6-8 岁．（含光盘）
书　　号：ISBN 7-103-03018-9
责 任 者：傅凤玲等编著
出 版 者：人民音乐出版社
出版时间：2005
出 版 地：北京
丛　　书：儿童舞蹈基本训练新教程
页　　数：75 页
尺　　寸：27cm
价　　格：26.00（含光盘）
馆藏地址：北京舞蹈学院图书馆
内容提要："童谣舞蹈"是根据不同年龄段，婴、幼儿童心理、生理教育特点智力水平和身体各部位所承受动作的能力，以童谣的形式而创编的一种舞蹈基本训练方法。这种方法对培养婴、幼儿童审美的潜在意识，刺激大脑发育，增进体态健美，陶冶人的情操，培养高雅举止和美好的心理品质，认识观察事物，培养组织纪律观念，集体荣誉感等都起到很好的作用。

1840

中图法分类：（索书号）J722.3/92
题　　名：童谣舞蹈 4-6 岁（含光盘）
书　　号：ISBN 7-103-03017-0
责 任 者：傅凤玲等编著
出 版 者：人民音乐出版社
出版时间：2005
出 版 地：北京
丛　　书：幼儿舞蹈基本训练新教程
页　　数：66 页
尺　　寸：27cm
价　　格：25.00（含光盘）
馆藏地址：北京舞蹈学院图书馆
内容提要："童谣舞蹈"是根据不同年龄段，婴、幼儿童心理、生理教育特点智力水平和身体各部位所承受动作的能力，以童谣的形式而创编的一种舞蹈基本训练方法。

中图法分类：（索书号）J709. 2/77：1
题　　名：台湾舞蹈史．（上）
书　　号：ISBN 957-30848-3-X
责 任 者：李天民、余国芳著
出 版 者：大卷文化有限公司
出版时间：2005 1841
出 版 地：台北市
页　　数：1084 页
尺　　寸：26cm
价　　格：350. 00　TWD1000. 00
馆藏地址：北京舞蹈学院图书馆
内容提要：本书描述了从史前到公元 2000 年间台湾舞蹈的历史。上卷包括：原始时期先民的舞蹈；十七世纪前期，荷兰、西班牙三十八年间的“台湾”舞蹈；17 世纪中后期，台湾的舞蹈；郑成功理台时期、日据时期、台湾光复后台湾的舞蹈。

中图法分类：（索书号）J709. 2/77：2
题　　名：台湾舞蹈史．（下）
书　　号：ISBN 957-30848-4-8
责 任 者：李天民、余国芳著
出 版 者：大卷文化有限公司
出版时间：2005 1842
出 版 地：台北市
页　　数：636，361 页
尺　　寸：26cm
价　　格：380. 00，TWD1000. 00
馆藏地址：北京舞蹈学院图书馆
内容提要：本书描述了从史前到公元 2000 年间台湾舞蹈的历史。下卷内容包括：“台湾”原住民舞蹈、汉族舞蹈的移植与创新、戏曲舞蹈、宗教舞蹈、现代娱乐舞蹈、舞蹈教育与出版。

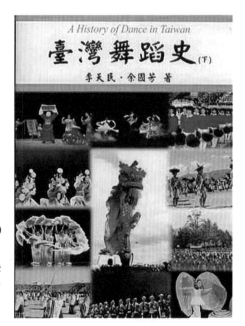

1843

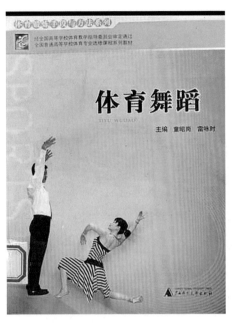

中图法分类：（索书号）J732.8/96
题　　名：体育舞蹈
书　　号：ISBN 7-5633-5491-3
责 任 者：童昭岗、雷咏时主编
出 版 者：广西师范大学出版社
出版时间：2005
出 版 地：南宁
丛　　书：体育锻炼手段与方法系列，全国普通高等学校体育专业选修课程系列教材
页　　数：174 页
尺　　寸：22cm
价　　格：15.50（含光盘）
馆藏地址：北京舞蹈学院图书馆
内容提要：本书主要内容包括：体育舞蹈概述、体育舞蹈术语、体育舞蹈教学、体育舞蹈编排、体育舞蹈竞赛规则与裁判法等。

1844

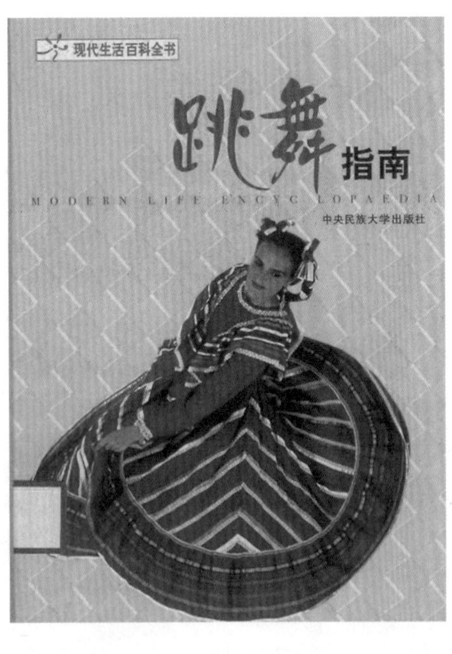

中图法分类：（索书号）J7/1206
题　　名：跳舞指南
书　　号：ISBN 978-7-5402-1992-5
责 任 者：翟文明
出 版 者：中央民族大学出版社
出版时间：2005
出 版 地：北京
丛　　书：现代生活百科全书
页　　数：152 页：图片
尺　　寸：23cm
价　　格：860.00（全 31 册）
馆藏地址：上海图书馆
内容提要：本套手册分类描绘了人类社会生活的真实蓝图，对现代社会的生活问题进行了一次全景式的广域扫描，是了解和认识现代社会生活的基础知识大全，是一套培养个人素质的大套餐。本册是其中之一，讲述了标准交际舞、拉丁舞、迪斯科等舞蹈方面的知识，其内容全面广泛、营养丰富，生动具体、趣味盎然。

中图法分类：（索书号）J7-43/3
题　　名：舞蹈基础
书　　号：ISBN 978-7-309-04514-7
责 任 者：陈康荣主编
出 版 者：复旦大学出版社
出版时间：2005
出 版 地：上海
丛　　书：复旦卓越·全国学前教育专业系列丛书
页　　数：233 页
尺　　寸：30cm
价　　格：26.00
馆藏地址：北京舞蹈学院图书馆
内容提要：本书包括：舞蹈基础理论、基础训练、幼儿舞蹈创编、舞蹈欣赏等四个部分。通过学习掌握舞蹈的基本体态、动作特征、舞姿特点和基本风格，丰富学生的舞蹈语汇，扩大舞蹈眼界，提高表现力，为今后的教学、表演、创编打下良好的基础。

1845

中图法分类：（索书号）J701/14
题　　名：舞蹈艺术审美讲座：舞咏菁华
书　　号：ISBN 7-103-03008-1
责 任 者：高椿生著
出 版 社：人民音乐出版社
出版时间：2005
出 版 地：北京
页　　数：121 页，[6 页图版]
尺　　寸：20cm
价　　格：15.00
馆藏地址：北京舞蹈学院图书馆
内容提要：本书从舞蹈的动作性、舞蹈的抒情性、舞蹈的节奏性、舞蹈的造型性、舞蹈的虚拟性、舞蹈的综合性等几个方面剖析了舞蹈艺术的基本审美特征。

1846

1847

中图法分类：(索书号) J709/27
题　　　名：舞动人生 = Birth of an Artist Dance 一个舞蹈家的诞生
书　　　号：ISBN 986-00-2746-3
责 任 者：黄尹莹（Yin-Ying Huang）作
出 版 者："国立"台湾艺术教育馆民
出版时间：2005
出 版 地：台北市
页　　　数：141 页；图片
尺　　　寸：26cm
价　　　格：87.50　TWD350.00
馆藏地址：北京舞蹈学院图书馆
内容提要：本书图文并茂地介绍了二十位国内外著名的现代舞蹈家的童年往事、成长背景、舞蹈创作、舞蹈态度等。

1848

中图法分类：(索书号) J703/11
题　　　名：舞蹈创作法
书　　　号：ISBN 7-5077-2568-5
责 任 者：［日］江口隆哉著；金秋译
出 版 者：学苑出版社
出版时间：2005
出 版 地：北京
页　　　数：289 页
尺　　　寸：23cm
价　　　格：36.00
馆藏地址：北京舞蹈学院图书馆
内容提要：本书阐释了舞蹈创作方法，分设作品的创作基盘、作品结构、表现运动、空间构成、时间构成五大章节。

中图法分类：（索书号）J709.2/65
题　　　名：舞越濠江：澳门舞蹈
书　　　号：ISBN 7-5039-2636-8
责 任 者：罗斌著
出 版 者：文化艺术出版社
出版时间：2005 1849
出 版 地：北京
页　　　数：149 页
尺　　　寸：23cm
价　　　格：38.00
馆藏地址：北京舞蹈学院图书馆
内容提要：本书充分展示澳门文化艺术发展的历史及其在中外文化交流中的重要地位，系统梳理与深入探讨澳门独特文化现象的内涵，从不同侧面反映澳门文化艺术历史发展。

中图法分类：（索书号）J722.22/17
题　　　名：舞蹈王国再探：少数民族舞蹈论文选
书　　　号：ISBN 7-5367-3137-X
责 任 者：刘金吾著
出 版 者：云南民族出版社 1850
出版时间：2005
出 版 地：北京
页　　　数：295 页
尺　　　寸：21cm
价　　　格：25.00
馆藏地址：北京舞蹈学院图书馆
内容提要：本书汇集了作者近二十年来撰写的有关少数民族（主要是云南少数民族）舞蹈的文章。分为“舞蹈王国在前进”、“走进舞蹈王国深处”和“让舞蹈王国宝藏永放光彩”三部分。

1851

中图法分类：（索书号）J7-49/3722
题　　名：舞蹈总动员—舞蹈入门知识
书　　号：ISBN 7-80723-114-9
责 任 者：谭俊编
出 版 者：远方出版社
出版时间：2005
出 版 地：呼和浩特
丛　　书：课外丛书
页　　数：182页；图片
尺　　寸：20cm
价　　格：25.00
馆藏地址：上海图书馆
主题标目：舞蹈
内容提要：本书内容包括：舞蹈的起源和发展、舞蹈的形体语言、把杆练习、舞蹈的基本舞步及动作、毯子功训练。

1852

中图法分类：（索书号）J701/11
题　　名：舞蹈文化与审美
书　　号：ISBN 7-300-06374-8
责 任 者：于平著
出 版 社：中国人民大学出版社
出版时间：2005
出 版 地：北京
页　　数：381页
尺　　寸：23cm
价　　格：26.80
馆藏地址：北京舞蹈学院图书馆
内容提要：本书并不罗列舞蹈艺术作品的形象营造与形态沿革，而是通过舞蹈艺术的典型剖析，介绍自然沉淀着历史文化的舞蹈，帮助读者步入舞蹈审美之门。

1853

中图法分类：（索书号）J717/1210
题　　名：舞蹈服饰论 = The Theory of Dance Costumes
书　　号：ISBN 7-5004-5153-9
责 任 者：张琬麟著
出 版 者：中国社会科学出版社
出版时间：2005
出 版 地：北京
页　　数：256 页
尺　　寸：21cm
价　　格：28.00
馆藏地址：上海图书馆
内容提要：本书对舞蹈服饰的概念、产生、原始造型特征，舞蹈服饰的造型语符和造型方式以及舞蹈服饰的艺术设计特征等问题进行了较为深入系统的研究。本书是国内第一部研究舞蹈服饰的学术专著。对舞蹈服饰的概念、产生、原始造型等进行了较为深入的研究。

1854

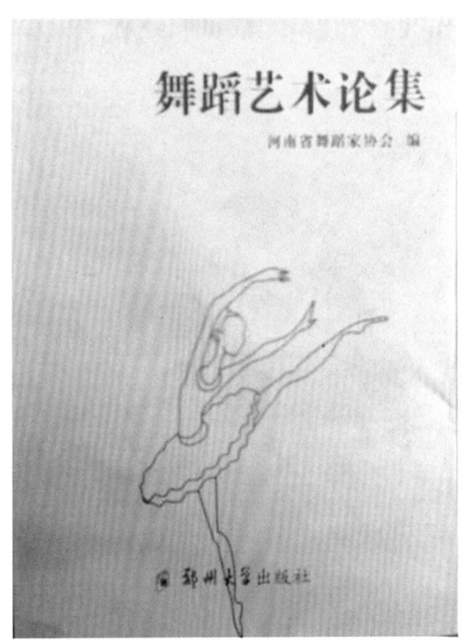

中图法分类：（索书号）J702/16
题　　名：舞蹈艺术论集
书　　号：ISBN 978-7-81106-048-5
责 任 者：河南省舞蹈家协会编
出 版 者：郑州大学出版社
出版时间：2005
出 版 地：郑州
页　　数：293 页
尺　　寸：21cm
价　　格：24.80
馆藏地址：浙江图书馆
内容提要：本书内容分为三部分：舞蹈作品评论、舞蹈艺术论文、河南民间舞蹈研究。

1855

中图法分类：（索书号）J709.2/74
题　　名：新中国舞蹈事典
书　　号：ISBN 7-80667-742-9
责 任 者：茅慧编著
出 版 者：上海音乐出版社
出版时间：2005
出 版 地：上海
页　　数：15，600 页
尺　　寸：24cm
价　　格：50.00
馆藏地址：北京舞蹈学院图书馆
内容提要：本书收录自 1949 年新中国成立至 2000 年间发生在中国大陆及港澳台地区的舞蹈事件。全书分为“舞蹈创作演出”、“舞蹈机构建设”、“舞蹈教育科研”、“舞蹈疏导影像”等共七部分。

1856

中图法分类：（索书号）J732.8/7231　J732.8/7231#2
题　　名：专家教你跳：标准社交舞
书　　号：ISBN 7-5390-2607-3
责 任 者：周宇平、王俊玲著
出 版 者：江西科学技术出版社
出版时间：2005
出 版 地：南昌
页　　数：2 册（157，139 页）：图片
尺　　寸：21cm
价　　格：49.50
馆藏地址：上海图书馆
主题标目：交际舞—基本知识
内容提要：本书分为知识篇、规则篇、教学篇三部分。有图示三百多例，照片一百余张，系统地介绍了国际标准交际舞蹈的基本技术与知识。

中图法分类：(索书号) J732.9/43
题　　名：踢踏舞功：入门 30 招
书　　号：ISBN 986-73084-4-1
责 任 者：焦淑梅著
出 版 者：三艺文化事业有限公司
出版时间：2006.1.1 1857
出 版 地：台北市
页　　数：159 页
尺　　寸：20cm
价　　格：122.50　TWD140.00
馆藏地址：北京舞蹈学院图书馆
内容提要：健身，简易，自然，舒压，排毒，活化免疫能力。针对：步入中、老年者，左、右脚不分，腿脚经常抽筋才，长期腰酸背痛、膝盖痛、脚痛者，马拉松、长跑或竞走嗜好者，舞蹈、运动肌筋受伤者。

中图法分类：(索书号) J709.516/2
题　　名：相互性的回荡：表现主义绘画、音乐与舞蹈
书　　号：ISBN 978-98675-199-4
责 任 者：彭宇薰著
出 版 者：典藏艺术家庭股份有限公司 1858
出版时间：2006.1.1
出 版 地：台北市
页　　数：332 页
尺　　寸：21cm
价　　格：112.00　TWD320.00
馆藏地址：北京舞蹈学院图书馆
内容提要：本书着眼于表现主义的解读，透过绘画、音乐与舞蹈三个领域关键人物与作品的分析，指出其类比性与差异性，并由尼采与阿诺多的论述扩大其阐释，借由种种跨领域的交叉对比，使表现主义得以完整的揭示。

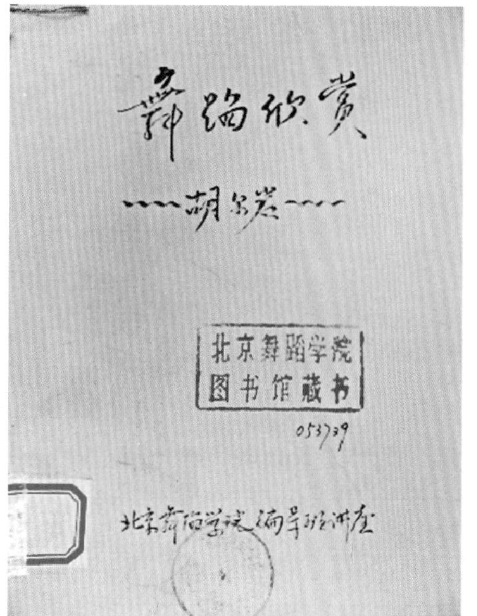

1859

中图法分类：（索书号）J705/21
题　　　名：北京舞蹈学院编导班讲座：舞蹈欣赏（内部资料）
责 任 者：胡尔岩著
出 版 者：北京舞蹈学院编导班
出版时间：2006. 1
出 版 地：北京
页　　　数：18 页
尺　　　寸：26cm
价　　　格：
馆藏地址：北京舞蹈学院图书馆
内容提要：本书内容包括什么是舞蹈、舞蹈和艺术的关系、生活动作提炼成舞蹈须具备的条件、舞蹈的特征、如何进行舞剧欣赏等。

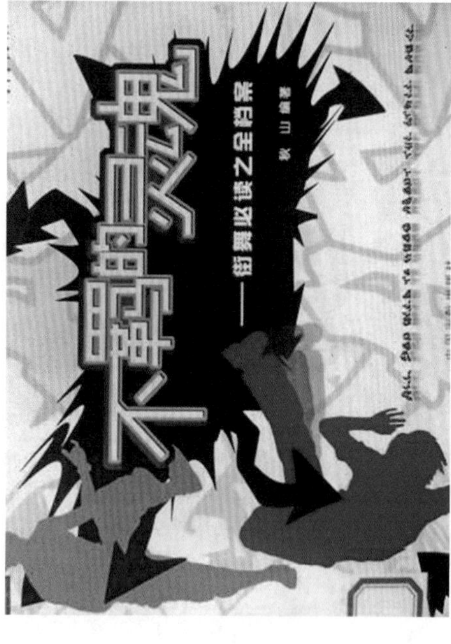

1860

中图法分类：（索书号）J722. 9/19
题　　　名：不羁的灵魂—街舞必读之全档案
书　　　号：ISBN 7-80218-055-4
责 任 者：秋山编著
出 版 者：中国宇航出版社
出版时间：2006. 1
出 版 地：北京
页　　　数：171 页
尺　　　寸：21cm
价　　　格：29. 80
馆藏地址：北京舞蹈学院图书馆
内容提要：本书详细地介绍了街舞的概念，街舞的发展历史和文化渊源，街舞的主要派系、风格和种类，街舞的动作特点，以及街舞所代表的精神内涵。

中图法分类： J70/60
题　　　名： 邓肯论舞蹈
书　　　号： ISBN 7-80195-385-1
责　任　者： 伊莎多拉·邓肯著
出　版　者： 九州出版社
出 版 时 间： 2006.1 1861
出　版　地： 北京
页　　　数： 200页，28页图版
尺　　　寸： 24cm
价　　　格： 36.80
馆 藏 地 址： 北京舞蹈学院图书馆
内 容 提 要： 本书是伊莎多拉.邓肯有关舞蹈的论文总汇，包括其生前已公开发表的短文与节目说明，尚未公开的散存信笺、文章，以及没来得及誊清的手稿。

中图法分类：（索书号）J72-26/4913
题　　　名： 广东省舞蹈家协会五十五年：1950/2005 = Guangdong Provincial Dancer's Association 55 Anniversary
责　任　者： 杨子达，广东省舞蹈家协会 1862
出　版　者： 广东省舞蹈家协会［2006］
出 版 时 间： 2006.1
出　版　地： 广州
页　　　数： 1册：照片
尺　　　寸： 33cm
价　　　格： 60.00
馆 藏 地 址： 上海图书馆
主 题 标 目： 广东省舞蹈家协会
内 容 提 要： 此书介绍了广东省舞蹈家协会五十五年走过的舞蹈艺术历程。广东省舞蹈家协会是由广东省舞蹈家自愿结合组成的专业性、学术性的人民团体，是中国舞蹈家协会和广东省文学艺术界联合会的团体会员。其成立宗旨是：促进舞蹈艺术创作，推介舞蹈艺术人才，开展舞蹈艺术理论和学术研究，出版舞蹈艺术刊物，举办各种舞蹈艺术活动，组织中外舞蹈文化交流，以繁荣和发展中国舞蹈艺术事业。此书以大量图片介绍了半个世纪所走过的光辉历程。

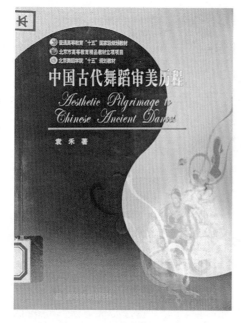

1863 中图法分类：（索书号）J701/15
题　　名：中国古代舞蹈审美历程
书　　号：ISBN 7-04-017677-7
责 任 者：袁禾著
出 版 者：高等教育出版社
出版时间：2006. 1
出 版 地：北京
丛　　书：北京舞蹈学院“十五”规划教材，北京市高等教育精品教材立项项目，普通高等教育“十五”国家级规划教材
页　　数：280 页
尺　　寸：23cm
价　　格：39. 10
馆藏地址：北京舞蹈学院图书馆
内容提要：本书以中国古代文化生活为背景，以历史上优秀的舞蹈作品和出色的舞蹈才人的重要经历为线索，以各个历史阶段舞蹈在美学风格方面的特点为框架，深入浅出的描述方式，勾勒出中国古代舞蹈的审美历程。

1864 中图法分类：（索书号）J722. 1/3963
题　　名：街舞—时尚健身导航
书　　号：ISBN 7-5335-2724-0
责 任 者：方熙嫦
出 版 者：福建科学技术出版社
出版时间：2006. 2. 1
出 版 地：福州
页　　数：122 页
尺　　寸：20cm
价　　格：17. 00
馆藏地址：上海图书馆
内容提要：本书图文并茂，全书共分三个部分：街舞的基本知识、健身街舞和流行街舞，既有简单易学的基本动作，又有不同风格的街舞组合，能满足不同类型街舞爱好者在健身、健美、娱乐、表演等多方面的需求。舞蹈动作、花样动作、技巧动作以及街舞热身操、五套健身街舞和个人与集体流行街舞。

中图法分类：（索书号）J722.214
（2007\K927.3\5\中文图书基藏库\中文基藏）
书　　　号：ISBN 7-221-07543-3
责　任　者：张毓朗、吴恩泽著；尚源华等摄
出　版　者：贵州人民出版社 1865
出 版 时 间：2006.10
出　版　地：贵阳
页　　　数：119 页：彩图
尺　　　寸：23cm
价　　　格：58.00
馆 藏 地 址：国家图书馆
内 容 提 要：古镇寨英是贵州省松桃县内的一个乡镇，其历史悠久，尤其是传统的滚龙活动被文化部授予“中国滚龙之乡”的称号，同时被列为全国重点文化保护单位。每年正月十三开始，就是寨英最盛大的舞龙盛会。本书用大量的文字和照片对此进行了细致的描述。本书分为上下两部，包括“1385 年的天空—战火中的财富”，“夜空中的闪电”、“巫的灵魂”、“写在大地上的诗行”、“被遗忘的朝圣之路”等内容，记录了寨英的闪光水色和风土人情。

中图法分类：（索书号）J711.3/3
题　　　名：舞蹈创编法
书　　　号：ISBN 978-7-80667-810-7
责　任　者：［法］卡琳娜·伐纳著；郑慧慧译
出　版　者：上海音乐出版社 1866
出 版 时 间：2006.3.1
出　版　地：上海
页　　　数：82 页，［1 版精装］
尺　　　寸：22cm
价　　　格：15.00
馆 藏 地 址：北京舞蹈学院图书馆
内 容 提 要：编舞是一种艺术，一种舞蹈的创作艺术。假如艺术创造要求助于想象，编舞要求有技术和一种不是靠自发产生的能力，那么编舞就不仅是根据音乐跳舞或首尾连贯的运动。编舞最重要的是表达一种思想，并通过运动将它呈现出来。这本书研究探索的是：力量、形式、节奏和空间这些构成运动基础的已知因素。此书还开辟了围绕着与舞蹈有联系的课题的研究前景：与舞伴合作、与音乐的关系、如何利用道具布景……本书提供了有关这些因素的知识（定义和运用），并附有图例。

1867

中图法分类：（索书号）J722.9/17
题　　名：形体舞蹈
书　　号：ISBN 7-308-04678-8
责 任 者：王锦芳主编
出 版 者：浙江大学出版社
出版时间：2006.3
出 版 地：杭州
丛　　书：普通高校通识教育丛书
页　　数：266 页
尺　　寸：24cm
价　　格：23.00
馆藏地址：北京舞蹈学院图书馆
内容提要：本书是关于舞蹈训练的教材，主要内容包括：人体形态美的评价、形体与科学锻炼、舞蹈练习、身体整体练习等。

1868

中图法分类：（索书号）J709.2/75
题　　名：中国现代、当代舞蹈发展概论
书　　号：ISBN 7-5614-3320-4
责 任 者：李炜、任芳编著
出 版 者：四川大学出版社
出版时间：2006.3
出 版 地：成都
页　　数：4，132 页，10 页图版
尺　　寸：23cm
价　　格：25.00
馆藏地址：北京舞蹈学院图书馆
内容提要：本书是一本有关中国现代舞剧史研究的专著，主要内容包括：现代中国的舞蹈，当代中国的舞蹈，现代中国舞蹈概述，新舞蹈艺术与先驱者吴晓邦等。

1869

中图法分类：(索书号) J732.9/41
题　　名：劲歌：迪斯科简史
书　　号：ISBN 7-108-02382-2
责 任 者：[美] 约翰-曼纽尔·安德里奥特著；郭向明译
出 版 者：生活·读书·新知三联书店
出版时间：2006.4
出 版 地：北京
丛　　书：新知文库
页　　数：5，181页，[16] 页图版
尺　　寸：21cm
价　　格：16.00
馆藏地址：北京舞蹈学院图书馆
内容提要：本书介绍迪斯科这一音乐形式的历史变迁，阐述迪斯科的活力所在以及特定的文化意义。本书通过对大量资料和数据研究阐述，让读者了解迪斯科的方方面面。

1870

中图法分类：(索书号) J70/82
题　　名：校园舞蹈教学与创编实践
书　　号：ISBN 7-104-02205-8
责 任 者：何群
出 版 者：中国戏剧出版社
出版时间：2006.4
出 版 地：北京
丛　　书：中国高校百部优秀社科专著文库
页　　数：239页
尺　　寸：25cm
价　　格：35.00
馆藏地址：北京舞蹈学院图书馆
内容提要：本书不是严格的教材，没有高深的理论概念，是作者从校园舞蹈的教学与创编实践中总结出来的一些经验，以及对当前校园舞蹈创编教学普遍存在的问题进行思考后得出的一些个人看法。

1871

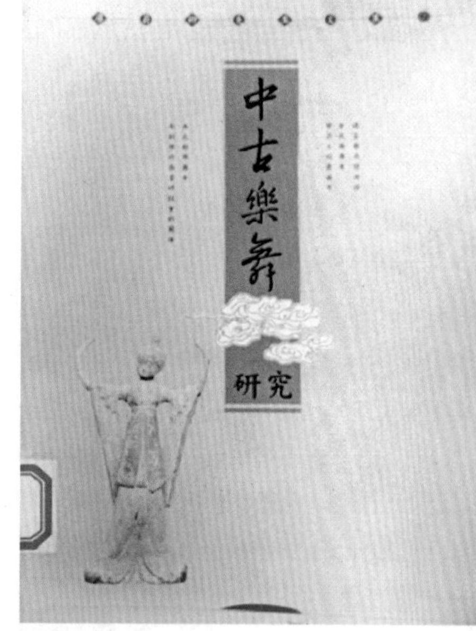

中图法分类：（索书号）J709.2/82
题　　名：中古乐舞研究
书　　号：ISBN 978-986-7908-90-2
责 任 者：廖蔚卿著
出 版 者：里仁书局
出版时间：2006.5
出 版 地：台北市
页　　数：306，32页
尺　　寸：21cm
价　　格：157.500 TWD450.00
馆藏地址：北京舞蹈学院图书馆
内容提要：本书所收录的系列论文，在音乐文学领域上，是创发甚早且具启发性的。篇中所论，除了诗歌，还涉及乐舞百戏。

1872

中图法分类：（索书号）J722.2/6
题　　名：中国民族民间舞论坛：论文集
书　　号：ISBN 7-5059-5265-X
责 任 者：北京舞蹈学院、中国民族民间舞系、中国民族民间舞研究中心编
出 版 者：中国文联出版社
出版时间：2006.5
出 版 地：北京
页　　数：441页
尺　　寸：26cm
价　　格：48.00
馆藏地址：北京舞蹈学院图书馆
内容提要：本文收集了关于传承与保护；课堂教学及教材建设；创作探索；理论研究等诸多方面的论文。

中图法分类：(索书号) J722.21/46
题　　名：泉州民间舞蹈
书　　号：ISBN 7-2-11051-4-4-1
责 任 者：蔡湘江著
出 版 者：福建人民出版社
出版时间：2006.6 1873
出 版 地：福州
丛　　书：泉州民俗文化丛书
页　　数：246 页
尺　　寸：21cm
价　　格：18.00
馆藏地址：北京舞蹈学院图书馆
内容提要：本书分泉州民间舞蹈概说、泉州民间舞蹈撷英两部分内容。介绍了源远流长的泉州民间舞蹈、泉州民间宗教习俗舞蹈、泉州民间戏曲舞蹈等内容。

中图法分类：(索书号) J7-4/1
题　　名：舞蹈美育原理与教程
书　　号：ISBN 7-80667-791-7
责 任 者：资华筠，刘青弋主编
出 版 者：上海音乐出版社
出版时间：2006.6 1874
出 版 地：上海
页　　数：172 页
尺　　寸：24cm
价　　格：26.00
馆藏地址：北京舞蹈学院图书馆
内容提要：本书系统阐释了舞蹈教育科学理论与系统方法。分四章主要包括：舞蹈教育的历史回眸、舞蹈美育与生理健康、舞蹈美育与心理发展、舞蹈美育实施的方法。

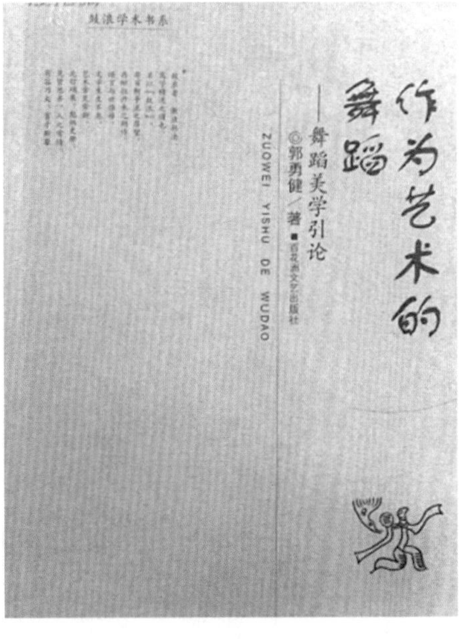

中图法分类：（索书号）J722/4442
题　　名：作为艺术的舞蹈—舞蹈美学引论
书　　号：ISBN 978-7-80674-469-3
责 任 者：郭勇健
出 版 者：百花洲文艺出版社
1875 出 版 地：南昌
丛　　书：鼓浪学术书系
页　　数：273 页
尺　　寸：19cm
价　　格：21.00
馆藏地址：上海图书馆
内容提要：本书论述艺术，是由各个不同的艺术品种所组成的。作为艺术之一的舞蹈，同样是一个非常广阔的天地，它也是由各个不同种类、不同样式、不同风格的舞蹈所组成的。根据舞蹈的作用和目的，舞蹈可分为生活舞蹈和艺术舞蹈两大类。生活舞蹈是人们为自己的生活需要而进行的舞蹈活动；艺术舞蹈则是为了表演给观众欣赏的舞蹈。

中图法分类：（索书号）J722.21/47
题　　名：中国民间舞蹈文化
书　　号：ISBN 7-80553-852-2
责 任 者：罗雄岩著
出 版 者：上海音乐出版社
1876 出版时间：2006.6
出 版 地：上海
丛　　书：北京舞蹈学院“十五”规划教材
页　　数：301 页
尺　　寸：26cm
价　　格：60.00
馆藏地址：北京舞蹈学院图书馆
内容提要：本书是以中国各民族中仍在流传的民间舞蹈作为研究对象，探索它们之间的内在联系与表现文化的规律，研究它们各自的文化特点与形成的各种因素。

中图法分类：（索书号）J732.9/44
题　　名：华丽的节奏—舞工厂、纽约踢踏地图
书　　号：ISBN 986-82103-3-X
责 任 者：彭丞佑、张家珍 著
出 版 者：棋碁文化事业有限公司 1877
出版时间：2006.7
出 版 地：台北市
页　　数：137 页+1 光盘
尺　　寸：23cm
价　　格：122.00　TWD320.00
馆藏地址：北京舞蹈学院图书馆
内容提要：踢踏舞有一种致命的吸引力，观众是，对舞者更是，音乐与舞蹈同时存在的形态，似乎是自由的又是严谨的，可以即兴的舞动又可精准的演奏，在千变万化的舞步中有美丽的旋律。

中图法分类：（索书号）J719.8/1
题　　名：健美操 体育舞蹈
书　　号：ISBN 7-04-016965-7
责 任 者：黄宽柔，姜桂萍主编
出 版 者：高等教育出版社
出版时间：2006.7 1878
出 版 地：北京
页　　数：565 页
尺　　寸：23cm
价　　格：38.60
馆藏地址：北京舞蹈学院图书馆
内容提要：本书从理论和实践两方面分别介绍了健美操与体育舞蹈的基本理论、基础技术、锻炼设计、练习方法、教学指导、创编原则等内容。

1879

中图法分类：（索书号）J709.2/79
题　　名：辽代乐舞
书　　号：ISBN 7-80601-805-0
责 任 者：巴景侃著
出 版 者：万卷出版公司
出版时间：2006.7
出 版 地：沈阳
页　　数：119 页
尺　　寸：26cm
价　　格：58.00
馆藏地址：北京舞蹈学院图书馆
内容提要：本书是一本关于中国辽代乐舞的史料，主要内容包括：辽代乐舞艺术，辽代乐舞的审美取向，辽代乐舞与唐、宋乐舞之比较等。

1880

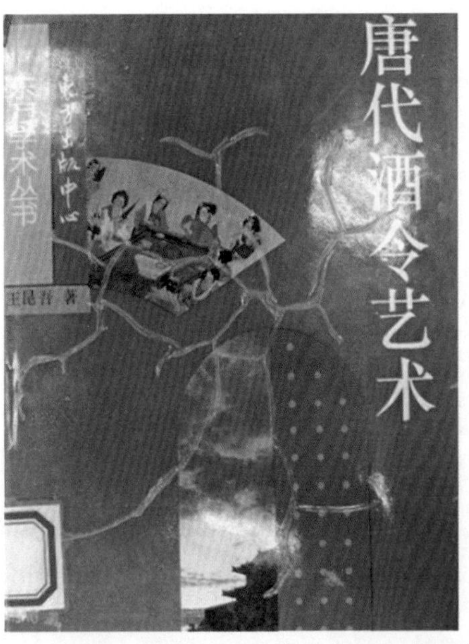

中图法分类：（索书号）J722.4/6
题　　名：敦煌舞谱、早期文人词及其文化背景的研究
书　　号：ISBN 7-80627-030-2
责 任 者：王昆吾著
出 版 者：东方出版中心
出版时间：2006.8
出 版 地：北京
丛　　书：东方学术丛书
页　　数：320 页
尺　　寸：20cm
价　　格：18.00
馆藏地址：北京舞蹈学院图书馆
内容提要：本书在充分占有资料的基础上，以唐代酒令为突破口，通过对妓女歌舞艺术、文人唱和风尚、改令令格、博戏规则、隋唐燕东、胡乐入华等相关艺术现象和文化现象的论述与探讨，对这几个问题做出了圆满的解答。此外，书中还附有《敦煌谱校释》、《唐著辞纪事》等内容。

中图法分类：（索书号）J709/19
题　　　名：太极文化与东亚舞蹈文化
书　　　号：ISBN 7-105-07802-2
责　任　者：向开明著
出　版　者：民族出版社
出版时间：2006.8 1881
出　版　地：北京
页　　　数：28，373 页
尺　　　寸：21cm
价　　　格：32.00
馆藏地址：北京舞蹈学院图书馆
内容提要：本书多层面的综述了古代太极文化对舞蹈的影响及东亚中、日、韩舞蹈的特色与共性规律，太极文化的源流，东亚舞蹈文化的特点，太极文化对东亚传统舞蹈文化的影响等。

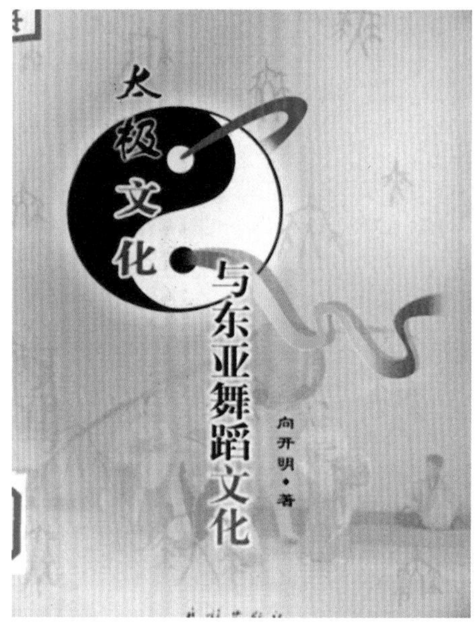

中图法分类：（索书号）J732.8/99
题　　　名：舞蹈：体育舞蹈
书　　　号：ISBN 7-5633-2055-5
责　任　者：姜桂萍、王锋主编
出　版　者：广西师范大学出版社
出版时间：2006.8　第 3 版 1882
出　版　地：南宁
页　　　数：244 页
尺　　　寸：23cm
价　　　格：21.00
馆藏地址：北京舞蹈学院图书馆
内容提要：本书主要介绍了舞蹈概述、舞蹈教学、舞蹈基本动作与形体练习、民族民间集体舞、时尚健身舞、体育舞蹈概述、体育舞蹈基本知识及教学等。

1883

中图法分类：（索书号）J722.4/5
题　　名：中国古典舞评说集
书　　号：ISBN 7-5059-5333-8
责 任 者：孙颖著
出 版 者：中国文联出版社
出版时间：2006.8
出 版 地：北京
页　　数：291 页
尺　　寸：20cm
价　　格：39.00
馆藏地址：北京舞蹈学院图书馆
内容提要：本书是以“十论中国古典舞”为中心的一本有关中国古典舞的论文集。作者是北京舞蹈学院教授，硕士生导师孙颖。

1884

中图法分类：（索书号）J709/20
题　　名：你不可不知道的：世界顶尖舞团及其历史
书　　号：ISBN 986-7542-90-8
责 任 者：欧建平著
出 版 者：联经出版社
出版时间：2006.9.1
出 版 地：台北市
页　　数：453 页
尺　　寸：21cm
价　　格：161.00　TWD184.00
馆藏地址：北京舞蹈学院图书馆
内容提要：本书竭力描画异彩斑斓、风情万种、变幻莫测、令人神往的世界舞蹈。动作，便是舞蹈举手投足的动力，便是舞蹈俯仰向背的根基，便是舞蹈传情达意的前提，便是舞蹈沟通你我的心……

中图法分类：（索书号）J709.2/78
题　　名：中国传统文化与舞蹈
书　　号：ISBN 7-5004-5781-2
责 任 者：金秋著
出 版 者：中国社会科学出版社
出版时间：2006.9 1885
出 版 地：北京
页　　数：351 页
尺　　寸：24cm
价　　格：39.00
馆藏地址：北京舞蹈学院图书馆
内容提要：本书是一本介绍中国传统文化与舞蹈史的书籍，主要内容包括：先秦时期的乐舞；秦、汉时期的乐舞；魏晋、南北朝时期的乐舞等。

中图法分类：（索书号）J719.4/24
题　　名：中国古典舞基本功教材教学法
书　　号：ISBN 7-5614-3532-0
责 任 者：李炜、任芳编著
出 版 者：四川大学出版社
出版时间：2006.9 1886
出 版 地：成都
丛　　书：舞蹈丛书
页　　数：250 页
尺　　寸：23cm
价　　格：26.00
馆藏地址：北京舞蹈学院图书馆
内容提要：本书由四川音乐学院舞蹈学系李炜，任芳合著，较为全面、系统地介绍了中国古典舞基本功教材的内容构成，对教学法所包含的动作剖析、教学要求、课堂组织的基本原则给予了较为清晰的阐述。主要内容包括；基本体态与基本舞姿、中国古典基本功的地面训练、踢腿训练、控制训练等。

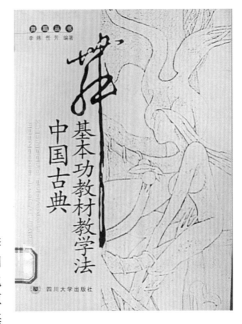

1887

中图法分类：（索书号）J722.8/6
（参见 TU-861/6611）
题　　名：流行交谊舞大全 = Popular ballroom dancing
书　　号：ISBN 978-7-5442-3549-5
责 任 者：周林、段静兰编著
出 版 者：南海出版公司
出版时间：2006.10.1
出 版 地：海南省海口市
页　　数：190 页
尺　　寸：28cm
价　　格：26.80
馆藏地址：上海图书馆
内容提要：本书介绍了交谊舞的基本知识发展、社会职能和社会作用，并着重精选交谊舞最流行的舞种和主要舞步型，其中有布鲁斯、狐步舞、快步舞、慢华尔兹、快华尔兹、探戈、伦巴、曼波舞、吉特巴、恰恰恰、平四步、帕斯等 12 种交谊舞的舞步型和各种花样组合。本书内容丰富，舞步标准规范，编排合理，由浅入深，文字简练通俗，文图对照，易懂易学。适应不同要求读者的需要，既能为初学者启蒙引导，又能给有一定基础的选手、教师以新的启示与提高，还可以供研究者参考。

1888

中图法分类：（索书号）J722.221.7/6
题　　名：石屏七十二套：彝族烟盒舞
书　　号：ISBN 978-7-80695-438-6
责 任 者：王保德著
出 版 者：云南美术出版社
出版时间：2006.10
出 版 地：昆明
丛　　书：云南云丛书
页　　数：166 页：照片
尺　　寸：21cm
价　　格：86.00（全 5 册）
馆藏地址：北京舞蹈学院图书馆
内容提要：该书用简洁的语言，白描的手法，将烟盒舞的名称、产生过程、内容讲得很清楚。又将烟盒舞根据内容和动作韵律特点分为情绪舞类、生产生活类、模拟仿生类三大类分别进行了介绍。

中图法分类：（索书号）J722.22/6
题　　　名：中国少数民族舞蹈
书　　　号：ISBN 7-5085-1004-6
责　任　者：李北达著
出　版　者：五洲传播出版社
出版时间：2006.10 1889
出　版　地：北京
丛　　　书：中国民族多元文化丛书
页　　　数：112 页
尺　　　寸：24cm
价　　　格：48.00
馆藏地址：北京舞蹈学院图书馆
内容提要：本书包括中国少数民族舞蹈概说，北方少数民族舞蹈，南方少数民族舞蹈。

中图法分类：（索书号）J722.2/5
题　　　名：追寻的历程
书　　　号：ISBN 7-80171-882-8
责　任　者：苏天祥著
出　版　者：大众文艺出版社
出版时间：2006.10 1890
出　版　地：北京
丛　　　书：中国文联晚霞文库·云南卷（第七辑）
页　　　数：312 页
尺　　　寸：20cm
价　　　格：18.00
馆藏地址：北京舞蹈学院图书馆
内容提要：本书记录了傣族舞蹈、彝族舞蹈、四弦舞、阿细跳月的基本动作、步法、动作组合等，并选录了张亚锦的两篇教案教学笔记、六个剧目创作脚本、七篇报刊上发表的文章等。

1891

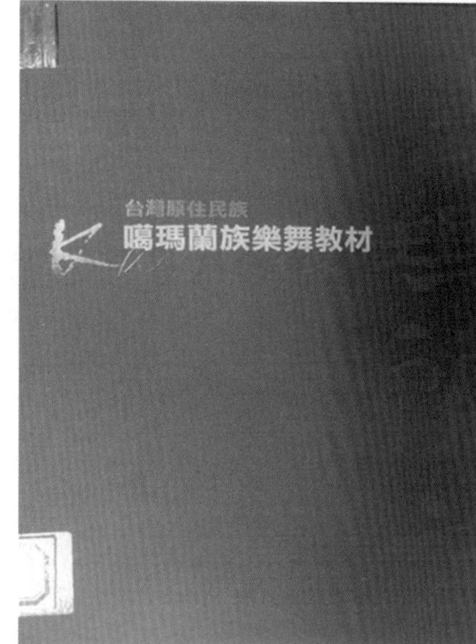

中图法分类：（索书号）J722.22/9
题　　名：“台湾”原住民族：噶玛兰族乐舞教材
书　　号：ISBN 978-98600-804-83
责 任 者：吴荣顺、邱秀兰、魏心怡撰文
出 版 者：台大出版中心
出版时间：2006.11.1
出 版 地：台北市
页　　数：207 页
尺　　寸：30cm
价　　格：45.00 TWD180.00
馆藏地址：北京舞蹈学院图书馆
内容提要：本书叙述了噶玛兰族历史流源、文化信仰及传统艺术，记录了噶玛兰族的乐舞文化传统、角色功能和内容特色；噶玛兰族音乐的特征、歌谣内容、乐曲解说及谱例；噶玛兰族舞蹈中的治疗仪式舞蹈和年祭舞蹈等。

1892

中图法分类：（索书号）J709.27/19
题　　名：长久的魅力—怀念舞蹈家苏天祥（内部资料）
责 任 者：云南艺术学院苗苗业余舞蹈学校，云南文化艺术职业学院舞蹈系合编
出 版 者：云南艺术学院苗苗业余舞蹈学校
出版时间：2006.11
出 版 地：昆明
页　　数：140 页
尺　　寸：20cm
价　　格：
馆藏地址：北京舞蹈学院图书馆
内容提要：苏天祥，1955 年毕业于北京舞蹈学校。云南省歌舞剧二级编导，中国舞蹈家协会第三、四届理事，云南省文联第三届委员，云南省舞蹈家协会副主席。50 年代是省歌舞团主要演员之一，曾获过表演奖。从事舞蹈教学工作 20 年，教学中曾系统整理过云南花灯舞蹈、傣族舞蹈、彝族烟烟舞蹈教材，部分整理过白、傈僳、景颇等族舞蹈教材。合作编写了《傣族舞蹈》、《云南花灯舞蹈》、《彝族舞蹈》3 本专著，在 1991 年省的首届民族舞蹈论著评奖中，分别获二、三等奖和鼓励奖。此书收录了苏天祥的生平介绍、遗作、照片以及纪念文章等。

中图法分类：（索书号）J792.3/7
题　　名：北京舞蹈学院学生手册（内部资料）
责 任 者：北京舞蹈学院学生处编写
出 版 者：北京舞蹈学院学生处
出版时间：2006.12
出 版 地：北京
页　　数：116 页
尺　　寸：26cm
价　　格：
馆藏地址：北京舞蹈学院图书馆
内容提要：本书是 2006 年 12 月由本院教务处编写的北京舞蹈学院学生手册。本手册是学院的（内部资料）。

1893

中图法分类：（索书号）J792.3/11/：5
题　　名：北京舞蹈学院本科课程教学大纲（2006 版）五，舞蹈编导系（内部资料）
责 任 者：北京舞蹈学院教务处
出 版 者：北京舞蹈学院教务处
出版时间：2006.12
出 版 地：北京
页　　数：261 页
尺　　寸：30cm
价　　格：
馆藏地址：北京舞蹈学院图书馆
内容提要：本书是 2006 年 12 月由本院教务处编写的北京舞蹈学院本科课程教学大纲（2006 版）舞蹈编导系，本大纲是学院的（内部资料）。

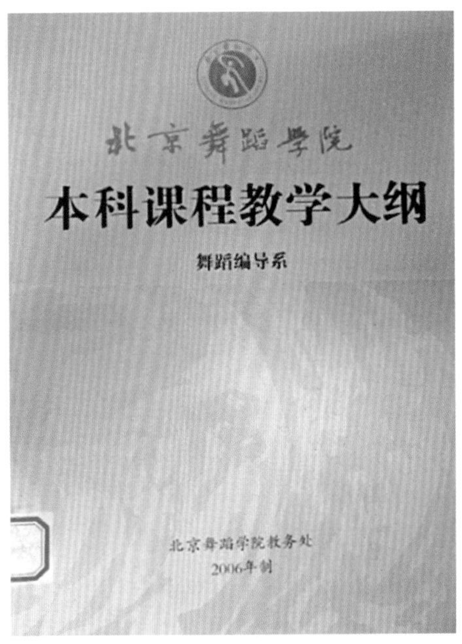

1894

中图法分类：（索书号）J709. 2/85
题　　名：汉魏六朝文学与乐舞关系研究
书　　号：ISBN 7-5039-3147-7
责 任 者：田彩仙著
出 版 者：文化艺术出版社
1895 出版时间：2006. 12
出 版 地：北京
页　　数：5，306 页
尺　　寸：21cm
价　　格：22. 00
馆藏地址：北京舞蹈学院图书馆
内容提要：本书主要介绍了汉魏六朝乐舞发展演变研究、汉魏六朝乐府诗及其音乐性研究、汉魏六朝乐舞美学思想研究等内容。

中图法分类：（索书号）J732. 8/103
题　　名：流行交际舞大全
书　　号：ISBN 978-7-5388-5553-1
责 任 者：［英］保罗·博顿著
出 版 者：黑龙江科学技术出版社
1896 出版时间：2006. 12
出 版 地：哈尔滨
页　　数：253 页
尺　　寸：29cm
价　　格：55. 00
馆藏地址：北京舞蹈学院图书馆
内容提要：本书是一本囊括了各种流行交际舞的实用舞蹈教程。全书分为俱乐部舞蹈、国际拉丁舞和国际标准舞伴舞 3 部分，其中俱乐部舞蹈主要包括探戈、莎莎舞、兰巴达、雷鬼桑巴以及线舞等。

中图法分类：J70/64
题　　名：说舞：舞蹈学研究文萃
书　　号：ISBN 7-5039-3210-4
责 任 者：资华筠主编
出 版 者：文化艺术出版社
出版时间：2006.12
出 版 地：北京
页　　数：410 页
尺　　寸：20cm
价　　格：25.00
馆藏地址：北京舞蹈学院图书馆
内容提要：本书主要介绍了探索具有中国特色的非物质文化遗产保护、科学发展观与舞蹈学建设、试论古典舞中华文化中的地位、舞蹈学研究工作的带头人等内容。　1897

中图法分类：（索书号）J732.8/102
题　　名：体育舞蹈读本
书　　号：ISBN 7-5009-3068-2
责 任 者：刘光红编著
出 版 者：人民体育出版社
出版时间：2006.12
出 版 地：北京
页　　数：11，314 页
尺　　寸：20cm
价　　格：18.00
馆藏地址：北京舞蹈学院图书馆
内容提要：本书着重介绍标准舞中的华尔兹、探戈和拉丁舞中的伦巴、恰恰恰这四个基本舞种的起源、基本姿态、基本功和基本动作。　1898

1899

中图法分类：（索书号）J719.8/2
题　　名：体操 健美 舞蹈
书　　号：ISBN 7-5621-3129-5
责 任 者：易学、冉清泉主编
出 版 者：西南师范大学出版社
出版时间：2006.12
出 版 地：重庆
丛　　书：21世纪体育教育丛书
页　　数：268页
尺　　寸：21cm
价　　格：15.00
馆藏地址：北京舞蹈学院图书馆
内容提要：本书是一部关于体操健美舞蹈的教材，内容包括：技巧动作、跳跃动作、单杠动作、艺术体操、健美操、体育舞蹈等。

1900

中图法分类：（索书号）J722.221.6/1
题　　名：图像人类学视野中的贵州：苗族舞蹈
书　　号：ISBN 7-221-07339-2
责 任 者：贵州大学西南少数民族语言文化研究所编著
出 版 者：贵州人民出版社
出版时间：2006.12
出 版 地：贵阳
页　　数：222页
尺　　寸：29cm
价　　格：230.00
馆藏地址：北京舞蹈学院图书馆
内容提要：本书通过精美的图照，向读者展示了贵州苗族丰富多彩的舞蹈文化，包括祭祖舞、吉庆舞、花场舞、丧葬舞。

1901

中图法分类：（索书号）J719/14
题　　　名：舞蹈（提高版）
书　　　号：ISBN 7-04-019731-6
责　任　者：陶娅主编
出　版　者：高等教育出版社
出 版 时 间：2006.12
出　版　地：北京
页　　　数：81 页
尺　　　寸：25cm
价　　　格：15.20（含光盘）
馆 藏 地 址：北京舞蹈学院图书馆
内 容 提 要：本书共分四章，介绍了舞蹈的创编与训练。是五年制高等职业教育幼儿教育专业教材，教育部2004-2007年立项通过的推荐教材。全书共4章：第一章基本功训练；第二章民族民间舞蹈训练；第三章幼儿舞蹈创编；第四章外国民间舞蹈欣赏。书后配有教学光盘，可帮助学生更好地掌握动作要领。本书可作为高等职业教育院校幼儿教育专业的教材，也可供五年制高职和3+2学制的学生选择使用。

1902

中图法分类：（索书号）J812/8812
题　　　名：60个戏剧舞台表演入门实用训练
书　　　号：ISBN 7-80188-775-1
责　任　者：［法］郑碧贤著
出　版　者：现代出版社
出 版 时 间：2006
出　版　地：北京
页　　　数：144 页：图版
尺　　　寸：21cm
价　　　格：14.80
馆 藏 地 址：上海图书馆
内 容 提 要：本书总结目前国内艺术院校表演专业教学经验，通过60个实用训练练习，介绍了表演专业方面的基础知识和表演艺术创作的基本方法。

中图法分类：（索书号）J7-53/4181
题　　名：缤纷舞蹈文化之路：董锡玖舞蹈史论集
书　　号：ISBN 7-80587-757-2
1903 责 任 者：董锡玖
出 版 者：敦煌文艺出版社
出版时间：2006
出 版 地：兰州
页　　数：27，491 页；照片
尺　　寸：26cm
价　　格：55.00
馆藏地址：北京舞蹈学院图书馆
内容提要：本书共分“龙飞凤舞五千年掠影”、“丝绸之路乐舞文化漫话”、“愚者一得亦欣喜”三个部分，详细阐述了舞蹈发展脉络。

中图法分类：（索书号）J719.5/26
题　　名：芭蕾舞教学法
书　　号：ISBN 7-81108-013-3
责 任 者：蒙小燕著
出 版 者：中央民族大学出版社
1904 出版时间：2006
出 版 地：北京
丛　　书：中央民族大学国家“十五”“211工程”建设项目
页　　数：288 页
尺　　寸：21cm
价　　格：22.00
馆藏地址：北京舞蹈学院图书馆
内容提要：本书内容包括：概述、基本概念、蹲、脚的打开和收回、腿的环动、换脚舞步和手臂动作的组合、连接动作和辅助动作等。

1905

中图法分类：（索书号）J792.3/8
题　　　名：北京舞蹈学院本科课程教学评价标准（内部资料）
责　任　者：北京舞蹈学院教务处
出　版　者：北京舞蹈学院教务处
出 版 时 间：2006
出　版　地：北京
页　　　数：440 页
尺　　　寸：28cm
价　　　格：
馆 藏 地 址：北京舞蹈学院图书馆
内 容 提 要：本书汇集了作者历年著作。主要内容包括：文论部分，专著部分和舞谱。

1906

中图法分类：（索书号）J792.3/10
题　　　名：北京舞蹈学院本科专业培养方案（2006 版）（内部资料）
责　任　者：北京舞蹈学院教务处
出　版　者：北京舞蹈学院教务处
出 版 时 间：2006
出　版　地：北京
页　　　数：50 页
尺　　　寸：30cm
价　　　格：
馆 藏 地 址：北京舞蹈学院图书馆
内 容 提 要：本书是 2006 年由本院教务处编写的为北京舞蹈学院本科专业培养制定的教学方案。当时为了迎接教育部本科教学评估，为了学院的本科专业而编写的（内部资料）。

1907 中图法分类：（索书号）J792.3/11：1

题　　　名：北京舞蹈学院本科课程教学大纲（2006 版）中国古典舞系（上册）（内部资料）

责　任　者：北京舞蹈学院教务处

出　版　者：北京舞蹈学院教务处

出 版 时 间：2006

出　版　地：北京

页　　　数：220 页

尺　　　寸：30cm

价　　　格：

馆 藏 地 址：北京舞蹈学院图书馆

内 容 提 要：北京舞蹈学院本科课程教学大纲 2006 版是为了执行专业培养方案、实现培养目标要求的教学指导文件，是编写教材、组织教学、进行课堂教学质量评价和教学管理的主要依据。学院经过新一轮本科培养方案的要求。为此，学院组织各系部在原有课程教学大纲的基础上进行修订，形成了 2006 年版的课程教学大纲。供学院教师、教学管理人员使用。此册是中国古典舞系（上册）的教学大纲。

1908 中图法分类：（索书号）J792.3/11：2

题　　　名：北京舞蹈学院本科课程教学大纲（2006 版）中国古典舞系（下册）（内部资料）

责　任　者：北京舞蹈学院教务处

出　版　者：北京舞蹈学院教务处

出 版 时 间：2006

出　版　地：北京

页　　　数：220-428 页

尺　　　寸：30cm

价　　　格：

馆 藏 地 址：北京舞蹈学院图书馆

内 容 提 要：北京舞蹈学院本科课程教学大纲 2006 版是为了执行专业培养方案、实现培养目标要求的教学指导文件，是编写教材、组织教学、进行课堂教学质量评价和教学管理的主要依据。学院经过新一轮本科培养方案的要求。为此，学院组织各系部在原有课程教学大纲的基础上进行修订，形成了 2006 年版的课程教学大纲。供学院教师、教学管理人员使用。此册是中国古典舞系（下册）的教学大纲。

中图法分类：（索书号）J792.3/11：3
题　　名：北京舞蹈学院本科课程教学大纲（2006 版）中国民族民间舞系（上册）（内部资料）
责 任 者：北京舞蹈学院教务处
出 版 者：北京舞蹈学院教务处 1909
出版时间：2006
出 版 地：北京
页　　数：228 页
尺　　寸：30cm
价　　格：
馆藏地址：北京舞蹈学院图书馆
内容提要：北京舞蹈学院本科课程教学大纲 2006 版是为了执行专业培养方案、实现培养目标要求的教学指导文件，是编写教材、组织教学、进行课堂教学质量评价和教学管理的主要依据。学院经过新一轮本科培养方案的要求。为此，学院组织各系部在原有课程教学大纲的基础上进行修订，形成了 2006 年版的课程教学大纲。供学院教师、教学管理人员使用。此册是中国民族民间舞系（上册）的教学大纲。

中图法分类：（索书号）J792.3/11：4
题　　名：北京舞蹈学院本科课程教学大纲（2006 版）中国民族民间舞系（下册）（内部资料）
责 任 者：北京舞蹈学院教务处
出 版 者：北京舞蹈学院教务处 1910
出版时间：2006
出 版 地：北京
页　　数：228-484 页
尺　　寸：30cm
价　　格：
馆藏地址：北京舞蹈学院图书馆
内容提要：北京舞蹈学院本科课程教学大纲 2006 版是为了执行专业培养方案、实现培养目标要求的教学指导文件，是编写教材、组织教学、进行课堂教学质量评价和教学管理的主要依据。学院经过新一轮本科培养方案的要求。为此，学院组织各系部在原有课程教学大纲的基础上进行修订，形成了 2006 年版的课程教学大纲。供学院教师、教学管理人员使用。此册是中国民族民间舞系（下册）的教学大纲。

中图法分类：（索书号）J792.3/11：6
题　　　名：北京舞蹈学院本科课程教学大纲（2006 版）舞蹈学系（内部资料）
责　任　者：北京舞蹈学院教务处
1911 出　版　者：北京舞蹈学院教务处
出 版 时 间：2006
出　版　地：北京
页　　　数：262 页
尺　　　寸：30cm
价　　　格：
馆 藏 地 址：北京舞蹈学院图书馆
内 容 提 要：北京舞蹈学院本科课程教学大纲 2006 版是为了执行专业培养方案、实现培养目标要求的教学指导文件，是编写教材、组织教学、进行课堂教学质量评价和教学管理的主要依据。学院经过新一轮本科培养方案的要求。为此，学院组织各系部在原有课程教学大纲的基础上进行修订，形成了 2006 年版的课程教学大纲。供学院教师、教学管理人员使用。此册是舞蹈学系的教学大纲。

中图法分类：（索书号）J792.3/11：7
题　　　名：北京舞蹈学院本科课程教学大纲（2006 版）艺术设计系（内部资料）
责　任　者：北京舞蹈学院教务处
1912 出　版　者：北京舞蹈学院教务处
出 版 时 间：2006
出　版　地：北京
页　　　数：235 页
尺　　　寸：30cm
价　　　格：
馆 藏 地 址：北京舞蹈学院图书馆
内 容 提 要：北京舞蹈学院本科课程教学大纲 2006 版是为了执行专业培养方案、实现培养目标要求的教学指导文件，是编写教材、组织教学、进行课堂教学质量评价和教学管理的主要依据。学院经过新一轮本科培养方案的要求。为此，学院组织各系部在原有课程教学大纲的基础上进行修订，形成了 2006 年版的课程教学大纲。供学院教师、教学管理人员使用。此册是艺术设计系的教学大纲。

1913

中图法分类：（索书号）J792.3/11：8
题　　名：北京舞蹈学院本科课程教学大纲（2006 版）艺术传播系（内部资料）
责 任 者：北京舞蹈学院教务处
出 版 者：北京舞蹈学院教务处
出版时间：2006
出 版 地：北京
页　　数：265 页
尺　　寸：30cm
价　　格：
馆藏地址：北京舞蹈学院图书馆
内容提要：北京舞蹈学院本科课程教学大纲 2006 版是为了执行专业培养方案、实现培养目标要求的教学指导文件，是编写教材、组织教学、进行课堂教学质量评价和教学管理的主要依据。学院经过新一轮本科培养方案的要求。为此，学院组织各系部在原有课程教学大纲的基础上进行修订，形成了 2006 年版的课程教学大纲。供学院教师、教学管理人员使用。此册是艺术传播系的教学大纲。

1914

中图法分类：（索书号）J792.3/11：9
题　　名：北京舞蹈学院本科课程教学大纲（2006 版）芭蕾舞系 社会舞蹈系 音乐剧系（内部资料）
责 任 者：北京舞蹈学院教务处
出 版 者：北京舞蹈学院教务处
出版时间：2006
出 版 地：北京
页　　数：372 页
尺　　寸：30cm
价　　格：
馆藏地址：北京舞蹈学院图书馆
内容提要：北京舞蹈学院本科课程教学大纲 2006 版是为了执行专业培养方案、实现培养目标要求的教学指导文件，是编写教材、组织教学、进行课堂教学质量评价和教学管理的主要依据。学院经过新一轮本科培养方案的要求。为此，学院组织各系部在原有课程教学大纲的基础上进行修订，形成了 2006 年版的课程教学大纲。供学院教师、教学管理人员使用。此册是芭蕾舞系、社会舞蹈系、音乐剧系的教学大纲。

1915

中图法分类：（索书号）J792.3/11：10
题　　名：北京舞蹈学院本科课程教学大纲（2006 版）公共基础部（内部资料）
责 任 者：北京舞蹈学院教务处
出 版 者：北京舞蹈学院教务处
出版时间：2006
出 版 地：北京
页　　数：161 页
尺　　寸：30cm
价　　格：
馆藏地址：北京舞蹈学院图书馆
内容提要：北京舞蹈学院本科课程教学大纲 2006 版是为了执行专业培养方案、实现培养目标要求的教学指导文件，是编写教材、组织教学、进行课堂教学质量评价和教学管理的主要依据。学院经过新一轮本科培养方案的要求。为此，学院组织各系部在原有课程教学大纲的基础上进行修订，形成了 2006 年版的课程教学大纲。供学院教师、教学管理人员使用。此册是公共基础部的教学大纲。

1916

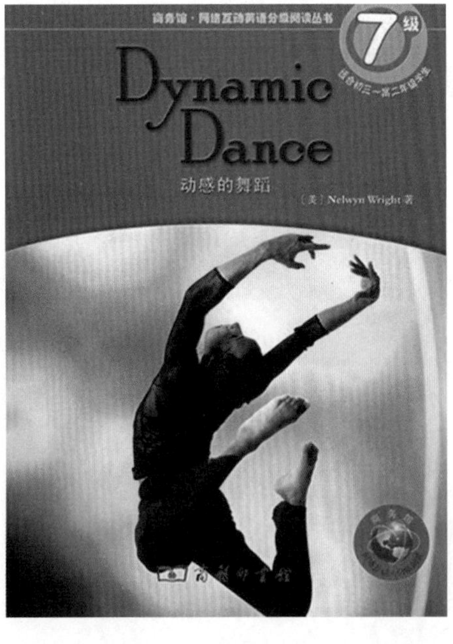

中图法分类：（索书号）J722.6/66
（参见 H319.4/5925-6）
题　　名：动感的舞蹈＝Dynamic Dance
书　　号：ISBN 7-100-05057-X
责 任 者：［美］赖特·N 著；韩月琴注释
出 版 者：商务印书馆
出版时间：2006
出 版 地：北京
丛　　书：商务馆·网络互动英语分级阅读丛书
页　　数：40 页：彩图
尺　　寸：25cm
价　　格：8.90
馆藏地址：上海图书馆
内容提要：舞蹈贯穿整个人类历史。在所有的艺术形式中，舞蹈也许是最令人着迷的，因为在跳跃、旋转和生动的舞姿中，人体变成了鲜活的艺术。舞蹈也是人类文化、时空变换的符号。本书将告诉我们动感舞蹈背后的许多秘密。

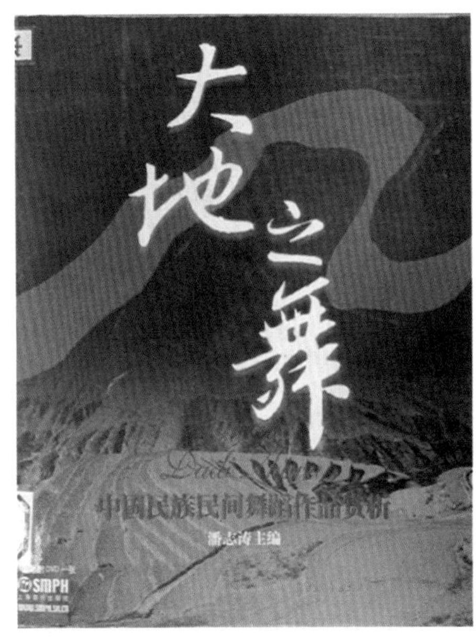

中图法分类：（索书号） J722.2/7
题　　名：大地之舞：中国民族民间舞蹈作品赏析
书　　号：ISBN 7-80667-817-4
责 任 者：潘志涛主编
出 版 者：上海音乐出版社 1917
出版时间：2006
出 版 地：上海
页　　数：223 页
尺　　寸：24cm
价　　格：118.00（含光盘）
馆藏地址：北京舞蹈学院图书馆
内容提要：本书以理性的思维和独特的视角记录了北京舞蹈学院中国民族民间舞系五十年走过的历史足迹，收录的群舞作品有《离太阳最近的人》、《掀起你的盖头来》、《和合氤氲》，独舞作品有《扇骨》、《扇妞》、《风采牡丹》等。

中图法分类：（索书号） J722.21/2214
题　　名：恩施土家族苗族自治州：民间舞蹈集（上、下册）
书　　号：ISBN 7-216-04604-8
责 任 者：徐开芳主编
出 版 者：湖北人民出版社 1918
出版时间：2006.3.1
出 版 地：武汉
丛　　书：民族武汉丛书
页　　数：上册 464 页，下册 465-901 页，（共计 901 页）
尺　　寸：25cm
价　　格：100.0
馆藏地址：上海图书馆
内容提要：土家苗寨蕴含着丰富的民间文化和民间艺术。土家族的摆手舞，铜铃舞，苗族的芦笙、木鼓舞，驰名遐尔，久负盛名。土家刺绣，苗家蜡染，堪称一绝。土家苗寨更是歌的海洋，人人会歌，无处不歌，歌山歌海，情溢山寨，有“对歌”“盘歌”“山歌”“薅草锣鼓”等，生动形象，音韵和谐，情意真挚，优美悦耳，闻之如品甘饴，如沐春风。此书详细介绍了恩施土家族、苗族的民间舞蹈。

1919

中图法分类：（索书号）J719.3/26
题　　　名：儿童舞教程
书　　　号：ISBN 7-80735-056-3
责 任 者：舞蹈：赵幼珍；音乐：程郁；绘图：陈静黎
出 版 者：西泠印社出版社
出版时间：2006
出 版 地：杭州
页　　　数：117 页
尺　　　寸：26cm
价　　　格：17.80
馆藏地址：北京舞蹈学院图书馆
内容提要：本书介绍了各种儿童舞步的基本步伐、组合以及具体要求，内容包括走步、娃娃步、跑跳步、点步、交替步、蝴蝶飞等。

1920

中图法分类：（索书号）J722.7（J607.2/3161）
题　　　名：歌舞文化
书　　　号：ISBN 7-5415-2808-0
责 任 者：冯晓飞（本册编著）
出 版 者：云南教育出版社
出版时间：2006
出 版 地：昆明
丛　　　书：西双版纳—勐巴拉娜西民族文化丛书
页　　　数：113 页：照片
尺　　　寸：21cm
价　　　格：18.00
馆藏地址：上海图书馆
内容提要：本书内容包括：西双版纳歌舞的分类和特点、西双版纳歌舞文化的继承和创新、西双版纳歌舞精英集萃、西双版纳歌舞文化的产业化运作。

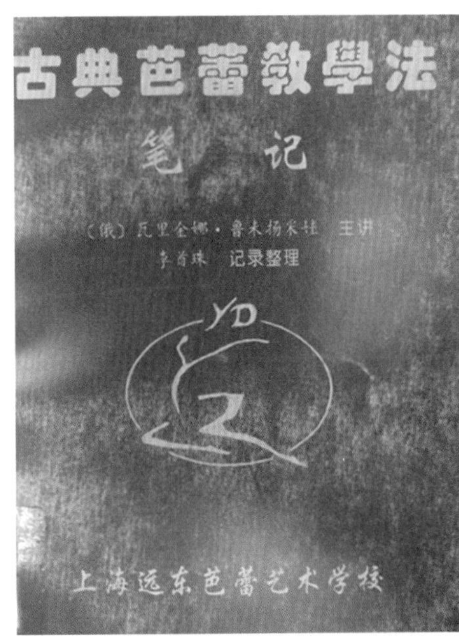

中图法分类: (索书号) J719.5/16
题　　　名: 古典芭蕾教学法笔记(内部教材)
责　任　者: 瓦里金娜·鲁未扬采娃主讲;李首珠记录整理
出　版　者: 上海远东芭蕾艺术学校 1921
出 版 时 间: 2006
出　版　地: 上海
页　　　数: 367 页
尺　　　寸: 20cm
价　　　格: 60.00
馆 藏 地 址: 北京舞蹈学院图书馆
内 容 提 要: 本书系统第讲述了一年级至八年级的古典芭蕾教学法,包括扶把基训、扶把练习、中间练习、脚尖练习、立脚尖的跳等。

中图法分类: (索书号) J732.2/16
题　　　名: 回族舞蹈艺术论集
书　　　号: ISBN 7-227-03038-5
责　任　者: 杨继国主编
出　版　者: 宁夏人民出版社
时　　　间: 2006 1922
出　版　地: 银川
页　　　数: 243 页
尺　　　寸: 23cm
价　　　格: 25.00
馆 藏 地 址: 上海图书馆
内 容 提 要: 本书详细介绍了宁夏回族民间的舞蹈发生、发展。回族是中国分布最广的少数民族,宁夏回族自治区作为最大的回族聚居地,在历史发展的长河中,形成了回族特有的舞蹈艺术。宁夏回族舞蹈的发展 20 世纪 50 年代的歌舞《花儿与少年》问世,标志着回族舞蹈概念的初始。由于中国回族“大分散、小集中”的分布特点,宁夏回族自治区成立后,这一概念便自然成为宁夏舞蹈创作实践的主轴。回族舞蹈看宁夏。

1923

中图法分类：（索书号）J732.8/4952-2
题　　名：国际标准舞摩登舞技法教程
书　　号：ISBN 7-104-02323-2
责 任 者：杨威
出 版 者：中国戏剧学院出版社
出版时间：2006
出 版 地：北京
丛　　书：上海戏剧学院规划建设教材
页　　数：169 页
尺　　寸：24cm
价　　格：36.00
主题标目：交际舞—高等学校
馆藏地址：上海图书馆
内容提要：上海戏剧学院规划建设教材，本书对摩登舞的四个舞种“华尔兹舞”、“狐步舞”、“快步舞”、“探戈舞”的技术规范进行了详细的描述。用图表的方式逐项说明，并对每个组步的步型、路线，分别男、女步法用足迹图来表述。

1924

中图法分类：（索书号）J732.8/100
题　　名：华尔兹史话
书　　号：ISBN 7-80667-747-X
责 任 者：［法］雷米·埃斯（Remi Hess）著
出 版 者：上海音乐出版社
出版时间：2006
出 版 地：上海
页　　数：158 页
尺　　寸：24cm
价　　格：39.00
馆藏地址：北京舞蹈学院图书馆
内容提要：本书主要介绍华尔兹发展的三个时期：创造时期、胜利时期和危机时期，它们构筑了对舞蹈的发展史，同时还研究和阐述了华尔兹今天所面临的危机。

中图法分类：（索书号）J792.3/3/：2002
题　　名：梦想的印迹：北京舞蹈学院艺术设计系02级学生作品集（内部资料）
责 任 者：北京舞蹈学院艺术设计系
出 版 者：北京舞蹈学院艺术设计系
出版时间：2006
出 版 地：北京
页　　数：208页
尺　　寸：20cm
价　　格：40.00
馆藏地址：北京舞蹈学院图书馆
内容提要：本书为北京舞蹈学院艺术设计系02级舞台设计/舞台服装设计/服饰表演班毕业作品汇编。 1925

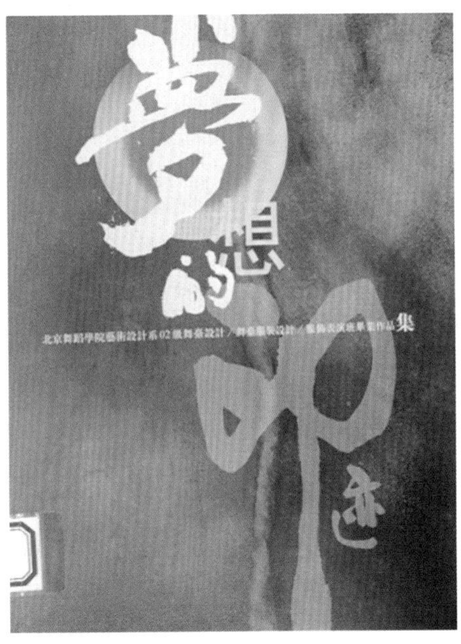

中图法分类：（索书号）J732.8/109
题　　名：热力塑身明星舞
书　　号：ISBN 978-986-6880-41-4
责 任 者：曲小婉表演
出 版 者：大连音像出版社
出版时间：2006
出 版 地：大连
页　　数：95页
尺　　寸：19cm
价　　格：29.80（含光盘）
馆藏地址：北京舞蹈学院图书馆
内容提要：本书主要收录了大部分著名明星的舞蹈技法来对舞技进行训练。 1926

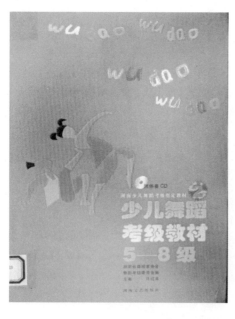

1927 中图法分类：（索书号）J712.23/12：1
题　　　名：少儿舞蹈考级教材．1-4 级（含光盘）
书　　　号：ISBN 7-5404-3594-1
责 任 者：许红英主编
出 版 者：湖南文艺出版社
出版时间：2006
出 版 地：长沙
丛　　　书：湖南少儿舞蹈考级指定教材
页　　　数：59 页
尺　　　寸：30cm
价　　　格：25.00（含光盘 CD）
馆藏地址：北京舞蹈学院图书馆
内容提要：本书内容包括学生的训练动作和教师的教授方法，适于六岁至十八岁青少年学习。

1928 中图法分类：（索书号）J712.23/12/：2
题　　　名：少儿舞蹈考级教材．5-8（含光盘）
书　　　号：ISBN 7-5404-3712-X
责 任 者：许红英主编
出 版 者：湖南文艺出版社
出版时间：2006
出 版 地：长沙
丛　　　书：湖南少儿舞蹈考级指定教材
页　　　数：51 页
尺　　　寸：30cm
价　　　格：24.00（含光盘 CD）
馆藏地址：北京舞蹈学院图书馆
内容提要：本书内容包括学生的训练动作和教师的教授方法，适于六岁至十八岁青少年学习。

1929

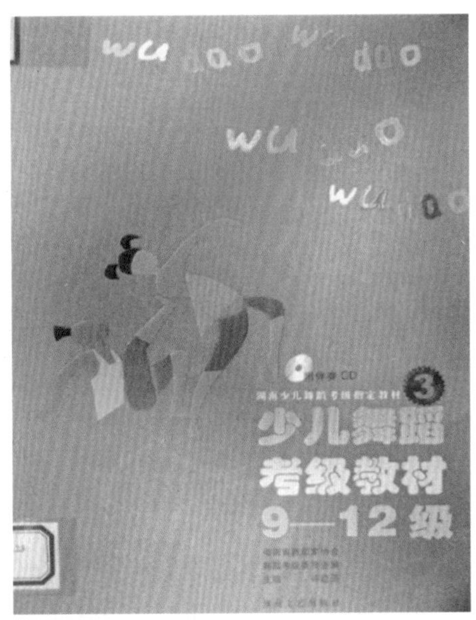

中图法分类：(索书号) J712.23/12/：3
题　　　名：少儿舞蹈考级教材．9-12（含光盘）
书　　　号：ISBN 7-5404-3712-X
责　任　者：许红英主编
出　版　者：湖南文艺出版社
出 版 时 间：2006
出　版　地：长沙
丛　　　书：湖南少儿舞蹈考级指定教材
页　　　数：45页
尺　　　寸：30cm
价　　　格：24.00（含光盘CD）
馆 藏 地 址：北京舞蹈学院图书馆
内 容 提 要：本书内容包括学生的训练动作和教师的教授方法，适于六岁至十八岁青少年学习。

1930

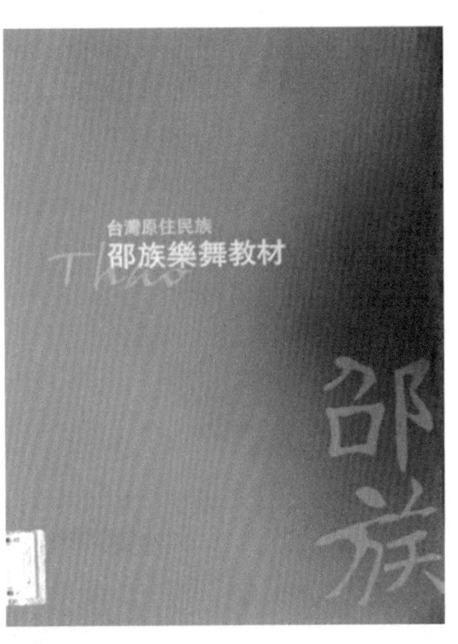

中图法分类：(索书号) J722.22/8
题　　　名："台湾"原住民族：邵族乐舞教材
书　　　号：ISBN 986-00804-9-6
责　任　者：洪国胜，石森樱撰文
出　版　者：原民会文化园区
出 版 时 间：2006初版
出　版　地：台北市
页　　　数：206页
尺　　　寸：30cm
价　　　格：192.00　TWD450.00
馆 藏 地 址：北京舞蹈学院图书馆
内 容 提 要：本书共分三章：第一章邵氏文化介绍，包括历史背景、传统文化特色、传统祖灵信仰及神话传说等说明；第二章邵氏童谣与平常音乐，包含了17组音乐，大部分是长老们童年时代所唱的歌谣；第三章祖灵祭音乐，包含26组音乐及舞蹈，按照邵氏"大过年"的仪式排列。

1931

中图法分类：（索书号）J722.22/10
题　　名："台湾"原住民族：太鲁阁族乐舞教材
书　　号：ISBN 986-00-8047-X
责 任 者：帖喇·尤道（Teyra Yudaw）等撰文
出 版 者："行政院"原住民委员会文化园区管理局
出版时间：2006
出 版 地：屏东县码家乡
页　　数：219 页
尺　　寸：30cm
价　　格：191.30　TWD450.00
馆藏地址：北京舞蹈学院图书馆
内容提要：本书内容分为三部分：第一部分为历史文化的介绍，介绍了太鲁各民族的样貌和文化内涵，除了纹面、织布、狩猎文化外，还包括传统的宗教信仰、岁时祭仪、山林智慧以及人与自然之间的关系；第二部分为传统舞蹈及音乐的介绍，先说明传统的舞蹈形式，再将男性乐舞、图示与曲例，以及女性乐舞、图示与曲例加以分别，展现男性的力量美和女性的淑雅；第三部分介绍了传统的乐器，如口琴、木琴、猎首笛、四弦琴等。

1932

中图法分类：（索书号）J732.5/1
题　　名：图说芭蕾：邮票上的经典记忆 迷恋芭蕾的一种方式
书　　号：ISBN 7-80646-925-7
责 任 者：黄越著
出 版 者：上海文化出版社
出版时间：2006
出 版 地：上海
丛　　书：人文书坊
页　　数：243 页
尺　　寸：23cm
价　　格：49.80
馆藏地址：北京舞蹈学院图书馆
内容提要：本书是一部关于芭蕾艺术的独特图典。六百余枚精美的邮票，全程展现了世界芭蕾艺术发展的经典轨迹和非凡身影。

中图法分类：（索书号）J72-53
（2006\ G249.2\ 4、5\ 中文图书基藏库\ 中文基藏）
题　　名：浙江省 15 年群众文化理论文选（上下册）
书　　号：ISBN 978-7-81083-403-7（精装） 1933
责 任 者：胡敏、李炽强主编
出 版 者：中国美术学院出版社
出版时间：2006.1
出 版 地：杭州
丛　　书：浙江群众文艺精粹集成：6
页　　数：15，749-1358 页
尺　　寸：21cm
价　　格：100.00（套）
主题标目：舞蹈—理论研究—浙江省
馆藏地址：国家图书馆
内容提要：本书是浙江省 15 年优秀群众文化理论文集，收录了获省二等奖以上或在省级以上报刊发表的群文基础理论和社会舞蹈论文，体现了 15 年（1985 年—2004 年）来浙江省群众文化理论研究的最高水平，有较高的学术价值和史料价值。本册收编了社会舞蹈学术论文共 109 篇，忠实地记录了浙江社会舞蹈的历史进程，而且对于推进浙江社会舞蹈的发展，起到理论指导实践的积极作用。

中图法分类：（索书号）J792.7/2
题　　名：桃李芬芳：桃李杯舞蹈比赛全记录 1985.8-2006.8（内部资料）
责 任 者：北京舞蹈学院
出 版 者：北京舞蹈学院
出版时间：2006 1934
出 版 地：北京
页　　数：100 页
尺　　寸：18cm
价　　格：
馆藏地址：北京舞蹈学院图书馆
内容提要：本书主要介绍了从 1985 年-2006 年每一届全国艺术院校《桃李杯》舞蹈比赛历程，内容包括每一届比赛的规则、参赛选手名单、获奖名单，收集了各届比赛中的金奖选手与精彩剧照。

1935

中图法分类：（索书号）J722.215/7482
题　　名：舞狮运动教程
书　　号：ISBN 7-81100-589-1
责 任 者：段全伟
出 版 者：北京体育大学出版社
出版时间：2006
出 版 地：北京
页　　数：230 页
尺　　寸：23cm
价　　格：42.00
馆藏地址：上海图书馆
内容提要：本书介绍了舞狮运动的起源与发展，民间舞狮的习俗，民间舞狮的种类，舞狮的基本技术、规定套路，舞狮的教学原则、方法与步骤，舞狮训练的任务、方法、原则以及训练的组织与实施，舞狮运动员的选材，舞狮竞赛规则与裁判法等内容。

1936

中图法分类：（索书号）J7-49/5
题　　名：舞蹈
书　　号：ISBN 986-7415-94-9
责 任 者：葛皓（Andrée Grau）著；谢仪霏译
出 版 者：猫头鹰出版社
出版时间：2006
出 版 地：台北市
页　　数：162 页
尺　　寸：29cm
价　　格：125.40 TWD330.00
馆藏地址：北京舞蹈学院图书馆
内容提要：世界上每个民族都有自己的舞蹈，你知道人为什么想跳舞吗？为什么台湾的云门舞集被誉为亚洲第一当代舞团？为什么印度的卡塔卡利舞者要把植物种子塞进眼皮里？你知道音乐有乐谱，但你知道舞蹈也有舞谱吗？目击者百科《舞蹈》带你一窥幕前的五光十色和幕后的秘密：辛苦的芭蕾舞课、男扮女装的日本歌舞伎、能与乐师对话的佛朗明哥舞、毕卡索设计的舞衣、“天鹅湖”的布景、热爱芭蕾的法国国王。《舞蹈》给你丰富多元的知识体验，从舞步、服装、化妆、布景到舞蹈的社会文化意义，还有更多更多！

中图法分类：J70/63
题　　名：舞蹈欣赏与创作
书　　号：ISBN 7-308-05073-4
责 任 者：桂迎、赵丹丹编著
出 版 者：浙江大学出版社
出版时间：2006
出 版 地：杭州
页　　数：154 页
尺　　寸：23cm
价　　格：15.00
馆藏地址：北京舞蹈学院图书馆
内容提要：本书介绍了舞蹈的起源、历史与基本特征，舞蹈的自娱性与表演性，舞蹈的内容、形式及表现手法，舞蹈种类，舞蹈表演，舞蹈创作等内容。

1937

中图法分类：（索书号）J7/684
题　　名：舞蹈（基础版）
书　　号：ISBN 978-7-04018-726-7
责 任 者：吴 彬主编
出 版 者：高等教育出版社
出版时间：2006
出 版 地：北京
页　　数：117 页
尺　　寸：25cm
价　　格：25.50
馆藏地址：上海图书馆
内容提要：本书为中等职业学校（三年制）幼儿教育专业系列教材之一，是教育部职业教育与成人教育司推荐的教学用书。全书共六章，第一章主要介绍舞蹈的起源和发展，以及分类、特征和构成要素等基本常识；第二章讲述的是舞蹈的基本训练动作和技能；第三章介绍我国多民族大家庭中，绚丽的民族民间舞的类型和特点；第四章、第五章针对本教材的使用对象和幼儿教育专业的教学要求，着重讲述了幼儿舞蹈教育教学的基本内容和方法，以及幼儿舞蹈的创编；第六章则从有利于提高幼儿教育工作者的综合素质和对舞蹈艺术的素养考虑，介绍了如何对舞蹈作品进行赏析。本书配有教学光盘，可供教师和学生使用。

1938

1939

中图法分类：J70/61
题　　　名：舞蹈艺术通论
书　　　号：ISBN 7-305-04701-5
责 任 者：汪以平主编
出 版 者：南京大学出版社
出版时间：2006.
出 版 地：南京
丛　　　书：普通高等学校文化素质教育（艺术类）系列教材
页　　　数：243 页
尺　　　寸：23cm
价　　　格：24.00
馆藏地址：北京舞蹈学院图书馆
内容提要：本书内容共十一章：舞蹈观念的历史沿革、舞蹈的起源和艺术特征、舞蹈的种类、中国古代舞蹈的历史进程、中国现当代舞蹈的探索和实践等。

1940

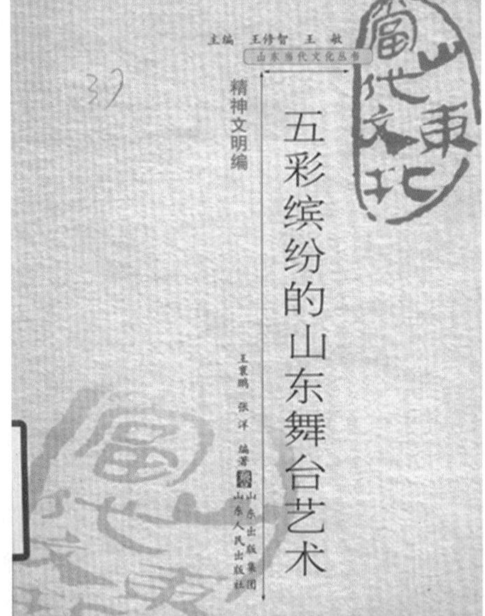

中图法分类：（索书号）J81/1137
题　　　名：五彩缤纷的山东舞台艺术
书　　　号：ISBN 7-209-04030-7
责 任 者：王寰鹏、张洋编著
出 版 者：山东人民出版社
出版时间：2006
出 版 地：济南
丛　　　书：山东当代文化丛书，精神文明编
页　　　数：208 页：剧照
尺　　　寸：21cm
价　　　格：1700.00（全 93 册）
馆藏地址：上海图书馆
主题标目：舞台艺术—山东省
内容提要：本书论述了当代山东舞台艺术，介绍了当代山东舞台艺术的类型与流变，以及经典节目赏析。反映了山东省舞台艺术的新成果。综述了山东舞台艺术的发展历史、取得的骄人成绩，并着重评价了丰富多彩的舞台艺术对山东精神文明建设所取得的成就。

1941

中图法分类：（索书号）J705-67/1
题　　　名：舞蹈评论教学参考资料（内部资料）
责　任　者：于平选编
出　版　者：北京舞蹈学院
出 版 时 间：2006
出　版　地：北京
页　　　数：524 页
尺　　　寸：20cm
价　　　格：32.00（精装 40.00）
馆 藏 地 址：北京舞蹈学院图书馆
内 容 提 要：本书主要收录了蚕乡芳馥扑面来——访谈独舞《采桑晚归》的艺术特色、展开人生的意义——评双人舞《命运》、情真意切虚实相生——赞三人舞《二泉映月》、一首清新的哲理诗——谈三人舞《绳波》等内容。

1942

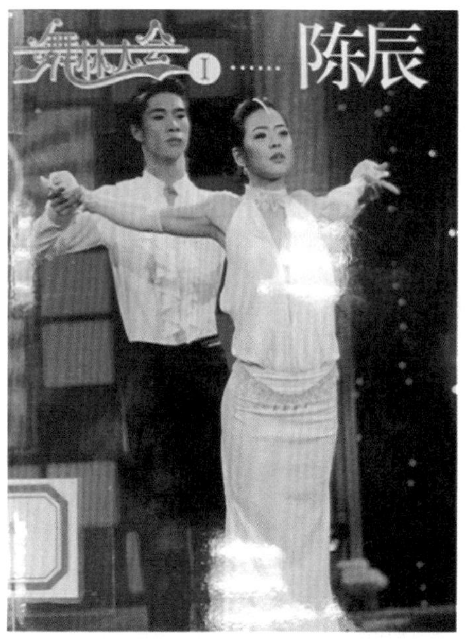

中图法分类：（索书号）J732.8/113/：1
题　　　名：舞林大会.1（陈辰）
书　　　号：ISBN 7-208-06224-2
责　任　者：陈辰、陈佩英著
出　版　者：上海人民出版社
出 版 时 间：2006
出　版　地：上海
页　　　数：6 册
尺　　　寸：18cm
价　　　格：40.00（全 6 册）
馆 藏 地 址：北京舞蹈学院图书馆
内 容 提 要：本书内容搜集了关于陈辰袖珍档案及其他的舞蹈作品，并对国际标准舞-伦巴舞进行了简单的描述。“舞林大会——主持人舞蹈大赛”因其丰富的娱乐性和健康活泼的气质赢得了观众的喜爱，收视率持续火爆，成为街知巷闻的热门话题，甚至掀起了申城一股学习国标练舞健身的潮流。同时，该节目也成为观众认识主持人平时深藏不露一面的舞台，新鲜有趣，精彩纷呈！如果你还想更为仔细地了解每个参与者的小档案、想要仔细揣摩舞步，那么《舞林大会 1（共 6 册）》将是你最好的选择，精华部分，尽收其中！

中图法分类：（索书号）J732.8/113/：2
题　　　名：舞林大会.1（曹可凡、陈佩英）
书　　　号：ISBN 7-208-06225-0
责 任 者：曹可凡、陈佩英著
出 版 者：上海人民出版社
1943 出版时间：2006
出 版 地：上海
页　　　数：6册
尺　　　寸：18cm
价　　　格：7.00
价　　　格：40.00（全6册）
馆藏地址：北京舞蹈学院图书馆
内容提要：本书内容搜集了关于曹可凡袖珍档案及其他的舞蹈作品，并对国际标准舞-华尔兹舞进行了简单的描述。“舞林大会——主持人舞蹈大赛”因其丰富的娱乐性和健康活泼的气质赢得了观众的喜爱，收视率持续火爆，成为街知巷闻的热门话题，甚至掀起了申城一股学习国标练舞健身的潮流。同时，该节目也成为观众认识主持人平时深藏不露一面的舞台，新鲜有趣，精彩纷呈！如果你还想更为仔细地了解每个参与者的小档案、想要仔细揣摩舞步，那么《舞林大会2（共6册）》将是你最好的选择，精华部分，尽收其中！

中图法分类：（索书号）J732.8/113/：3
题　　　名：舞林大会.1（豆豆、陈佩英）
书　　　号：ISBN 7-208-06224-2
责 任 者：豆豆、陈佩英著
出 版 者：上海人民出版社
1944 出版时间：2006
出 版 地：上海
页　　　数：6册
尺　　　寸：18cm
价　　　格：7.00
价　　　格：40.00（全6册）
馆藏地址：北京舞蹈学院图书馆
内容提要：本书内容包括：关于豆豆袖珍档案及其他的舞蹈作品，并对国际标准舞-斗牛舞进行了简单的描述。“舞林大会——主持人舞蹈大赛”因其丰富的娱乐性和健康活泼的气质赢得了观众的喜爱，收视率持续火爆，成为街知巷闻的热门话题，甚至掀起了申城一股学习国标练舞健身的潮流。同时，该节目也成为观众认识主持人平时深藏不露一面的舞台，新鲜有趣，精彩纷呈！如果你还想更为仔细地了解每个参与者的小档案、想要仔细揣摩舞步，那么《舞林大会2（共6册）》将是你最好的选择，精华部分，尽收其中！

中图法分类：（索书号）J732. 8/113/：4
题　　名：舞林大会 . 1（吉雪萍、陈佩英）
书　　号：ISBN 7-208-06224-2
责 任 者：吉雪萍、陈佩英著
出 版 者：上海人民出版社
出版时间：2006 1945
出 版 地：上海
页　　数：6 册
尺　　寸：18cm
价　　格：6. 00
价　　格：40. 00（全 6 册）
馆藏地址：北京舞蹈学院图书馆
内容提要：本书内容包括：关于吉雪萍袖珍档案及其她的舞蹈作品，并对国际标准舞-华尔兹舞进行了简单的描述。“舞林大会——主持人舞蹈大赛”因其丰富的娱乐性和健康活泼的气质赢得了观众的喜爱，收视率持续火爆，成为街知巷闻的热门话题，甚至掀起了申城一股学习国标练舞健身的潮流。同时，该节目也成为观众认识主持人平时深藏不露一面的舞台，新鲜有趣，精彩纷呈！如果你还想更为仔细地了解每个参与者的小档案、想要仔细揣摩舞步，那么《舞林大会 1（共 6 册）》将是你最好的选择，精华部分，尽收其中！

中图法分类：（索书号）J732. 8/113/：5
题　　名：舞林大会 . 1（娄一晨、陈佩英）
书　　号：ISBN 7-208-06224-2
责 任 者：娄一晨陈佩英著
出 版 者：上海人民出版社
出版时间：2006 1946
出 版 地：上海
页　　数：6 册
尺　　寸：18cm
价　　格：6. 00
价　　格：40. 00（全 6 册）
馆藏地址：北京舞蹈学院图书馆
内容提要：本书内容包括：关于娄一晨袖珍档案及其他的舞蹈作品，对并国际标准舞-探戈舞进行了简单的描述。“舞林大会——主持人舞蹈大赛”因其丰富的娱乐性和健康活泼的气质赢得了观众的喜爱，收视率持续火爆，成为街知巷闻的热门话题，甚至掀起了申城一股学习国标练舞健身的潮流。同时，该节目也成为观众认识主持人平时深藏不露一面的舞台，新鲜有趣，精彩纷呈！如果你还想更为仔细地了解每个参与者的小档案、想要仔细揣摩舞步，那么《舞林大会 1（共 6 册）》将是你最好的选择，精华部分，尽收其中！

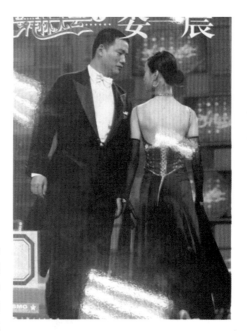

1947

中图法分类：（索书号）J732.8/113/：6
题　　名：舞林大会.1（朱桢、陈佩英）
书　　号：ISBN 7-208-06224-2
责 任 者：朱桢、陈佩英著
出 版 者：上海人民出版社
出版时间：2006
出 版 地：上海
页　　数：6册
尺　　寸：18cm
价　　格：6.00
价　　格：40.00（全6册）
馆藏地址：北京舞蹈学院图书馆
内容提要：本书内容包括：关于朱桢袖珍档案及其他的舞蹈作品，并对国际标准舞-恰恰舞进行了简单的描述。“舞林大会——主持人舞蹈大赛”因其丰富的娱乐性和健康活泼的气质赢得了观众的喜爱，收视率持续火爆，成为街知巷闻的热门话题，甚至掀起了申城一股学习国标练舞健身的潮流。同时，该节目也成为观众认识主持人平时深藏不露一面的舞台，新鲜有趣，精彩纷呈！如果你还想更为仔细地了解每个参与者的小档案、想要仔细揣摩舞步，那么《舞林大会1（共6册）》将是你最好的选择，精华部分，尽收其中！

1948

中图法分类：（索书号）J732.8/113/：7
题　　名：舞林大会.Ⅱ（马杰、陈佩英）
书　　号：ISBN 7-208-06225-0
责 任 者：马杰、陈佩英主编
出 版 者：上海人民出版社
出版时间：2006
出 版 地：上海
页　　数：29页
尺　　寸：19cm
价　　格：6.00
价　　格：40.00（全套）
馆藏地址：北京舞蹈学院图书馆
内容提要：本书内容包括：关于马杰袖珍档案及其他的舞蹈作品，并对国际标准舞-牛仔舞进行了简单的描述。“舞林大会——主持人舞蹈大赛”因其丰富的娱乐性和健康活泼的气质赢得了观众的喜爱，收视率持续火爆，成为街知巷闻的热门话题，甚至掀起了申城一股学习国标练舞健身的潮流。同时，该节目也成为观众认识主持人平时深藏不露一面的舞台，新鲜有趣，精彩纷呈！如果你还想更为仔细地了解每个参与者的小档案、想要仔细揣摩舞步，那么《舞林大会2（共6册）》将是你最好的选择，精华部分，尽收其中！

中图法分类：（索书号）J732.8/113/：8
题　　　名：舞林大会.Ⅱ（陶淳、陈佩英）
书　　　号：ISBN 7-208-06225-0
责　任　者：陶淳、陈佩英主编
出　版　者：上海人民出版社
出 版 时 间：2006 1949
出　版　地：上海
页　　　数：29 页
尺　　　寸：19cm
价　　　格：7.00
价　　　格：40.00（全套）
馆 藏 地 址：北京舞蹈学院图书馆
内 容 提 要：本书内容搜集了关于陶淳袖珍档案及其他的舞蹈作品，并对国际标准舞-华尔兹舞进行了简单的描述。“舞林大会——主持人舞蹈大赛”因其丰富的娱乐性和健康活泼的气质赢得了观众的喜爱，收视率持续火爆，成为街知巷闻的热门话题，甚至掀起了申城一股学习国标练舞健身的潮流。同时，该节目也成为观众认识主持人平时深藏不露一面的舞台，新鲜有趣，精彩纷呈！如果你还想更为仔细地了解每个参与者的小档案、想要仔细揣摩舞步，那么《舞林大会 2（共 6 册）》将是你最好的选择，精华部分，尽收其中！

中图法分类：（索书号）J732.8/113/：9
题　　　名：舞林大会.Ⅱ（陈蓉、陈佩英）
书　　　号：ISBN 7-208-06225-0
责　任　者：陈蓉、陈佩英主编
出　版　者：上海人民出版社
出 版 时 间：2006 1950
出　版　地：上海
页　　　数：29 页
尺　　　寸：19cm
价　　　格：7.00
价　　　格：40.00（全套）
馆 藏 地 址：北京舞蹈学院图书馆
内 容 提 要：本书内容搜集了关于陈蓉袖珍档案及其他的舞蹈作品，并对国际标准舞-伦巴舞进行了简单的描述。“舞林大会——主持人舞蹈大赛”因其丰富的娱乐性和健康活泼的气质赢得了观众的喜爱，收视率持续火爆，成为街知巷闻的热门话题，甚至掀起了申城一股学习国标练舞健身的潮流。同时，该节目也成为观众认识主持人平时深藏不露一面的舞台，新鲜有趣，精彩纷呈！如果你还想更为仔细地了解每个参与者的小档案、想要仔细揣摩舞步，那么《舞林大会 2（共 6 册）》将是你最好的选择，精华部分，尽收其中！

1951 中图法分类：（索书号）J732.8/113/：10
题　　名：舞林大会．Ⅱ（袁鸣）
书　　号：ISBN 7-208-06224-2
责 任 者：袁鸣、陈佩英主编
出 版 者：上海人民出版社
出版时间：2006
出 版 地：上海
页　　数：29页
尺　　寸：19cm
价　　格：7.00
价　　格：40.00（全套）
馆藏地址：北京舞蹈学院图书馆
内容提要：本书内容搜集了关于袁鸣袖珍档案及其他的舞蹈作品，并对国际标准舞-华尔兹舞进行了简单的描述。“舞林大会——主持人舞蹈大赛”因其丰富的娱乐性和健康活泼的气质赢得了观众的喜爱，收视率持续火爆，成为街知巷闻的热门话题，甚至掀起了申城一股学习国标练舞健身的潮流。同时，该节目也成为观众认识主持人平时深藏不露一面的舞台，新鲜有趣，精彩纷呈！如果你还想更为仔细地了解每个参与者的小档案、想要仔细揣摩舞步，那么《舞林大会2（共6册）》将是你最好的选择，精华部分，尽收其中！

1952 中图法分类：（索书号）J732.8/113/：11
题　　名：舞林大会．Ⅱ（夏磊、陈佩英）
书　　号：ISBN 7-208-06225-0
责 任 者：夏磊、陈佩英主编
出 版 者：上海人民出版社
出版时间：2006
出 版 地：上海
页　　数：29页
尺　　寸：19cm
价　　格：6.00
价　　格：40.00（全套）
馆藏地址：北京舞蹈学院图书馆
内容提要：本书内容搜集了关于夏磊袖珍档案及其他的舞蹈作品，并对国际标准舞-斗牛舞进行了简单的描述。“舞林大会——主持人舞蹈大赛”因其丰富的娱乐性和健康活泼的气质赢得了观众的喜爱，收视率持续火爆，成为街知巷闻的热门话题，甚至掀起了申城一股学习国标练舞健身的潮流。同时，该节目也成为观众认识主持人平时深藏不露一面的舞台，新鲜有趣，精彩纷呈！如果你还想更为仔细地了解每个参与者的小档案、想要仔细揣摩舞步，那么《舞林大会2（共6册）》将是你最好的选择，精华部分，尽收其中！

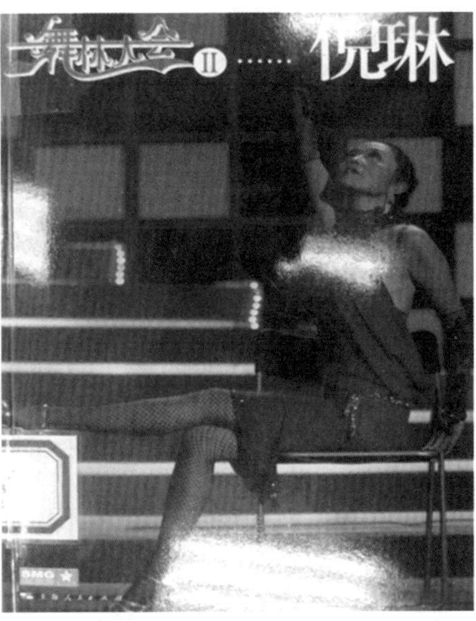

中图法分类：（索书号）J732.8/113/：12
题　　名：舞林大会．Ⅱ（倪琳）
书　　号：ISBN 7-208-06225-0
责 任 者：倪琳、陈佩英主编
出 版 者：上海人民出版社
出版时间：2006 1953
出 版 地：上海
页　　数：29 页
尺　　寸：19cm
价　　格：7.00
价　　格：40.00（全套）
馆藏地址：北京舞蹈学院图书馆
内容提要：本书内容搜集了关于倪琳袖珍档案及其他的舞蹈作品，并对国际标准舞-桑巴舞进行了简单的描述。“舞林大会——主持人舞蹈大赛”因其丰富的娱乐性和健康活泼的气质赢得了观众的喜爱，收视率持续火爆，成为街知巷闻的热门话题，甚至掀起了申城一股学习国标练舞健身的潮流。同时，该节目也成为观众认识主持人平时深藏不露一面的舞台，新鲜有趣，精彩纷呈！如果你还想更为仔细地了解每个参与者的小档案、想要仔细揣摩舞步，那么《舞林大会 2（共 6 册）》将是你最好的选择，精华部分，尽收其中！

中图法分类：（索书号）J792.7/1
题　　名：文华艺术院校奖第八届“桃李杯”舞蹈比赛（内部资料）
责 任 者：北京舞蹈学院
出 版 者：北京舞蹈学院
出版时间：2006 1954
出 版 地：北京
页　　数：134 页
尺　　寸：18cm
价　　格：
馆藏地址：北京舞蹈学院图书馆
内容提要：本书主要讲述了文华艺术院校奖第八届“桃李杯”比赛的通知，以及舞蹈比赛项目评审标准及要求，各个组织委员会，评审委员会的组成人员及各参赛代表队成员。

1955

中图法分类：（索书号）J722.1/59
题　　名：校园集体舞
书　　号：ISBN 7-5009-3051-8
责 任 者：关槐秀编著
出 版 者：人民体育出版社
出版时间：2006
出 版 地：北京
页　　数：320 页
尺　　寸：21cm
价　　格：39.00
馆藏地址：北京舞蹈学院图书馆
内容提要：本书介绍了 12 个集体舞、18 个表情舞、20 个民族民间舞、10 个外国集体舞的音乐、人数、队形、基本动作、舞蹈说明和教法说明。

1956

中图法分类：（索书号）J712.23/11
题　　名：幼儿舞蹈训练与幼儿舞蹈创编
书　　号：ISBN 7-308-04626-5
责 任 者：陈康荣著
出 版 者：浙江大学出版社
出版时间：2006
出 版 地：杭州
页　　数：220 页
尺　　寸：21cm
价　　格：18.00
馆藏地址：北京舞蹈学院图书馆
内容提要：本书分幼儿舞蹈训练、幼儿舞蹈创编基础理论、幼儿舞步组合三篇，既适用于学前教育专业，也可以作为学前教育专科和本科继续教育的教材使用。

中图法分类：（索书号）J709.27/20
题　　名：云南民族舞蹈史
书　　号：ISBN 7-81112-071-2
责 任 者：石裕祖著
出 版 者：云南大学出版社
出版时间：2006 1957
出 版 地：昆明
页　　数：13，11，370 页
尺　　寸：24cm
价　　格：46.00
馆藏地址：北京舞蹈学院图书馆
内容提要：本书是一部填补云南艺术史研究空白的专书。它从崖画文化、青铜文化、宗教文化、民俗文化、神话文化、典籍文化中承载的云南少数民族舞蹈等方方面面，为关心这个领域的读者勾勒了一幅云南舞蹈发展历史的轨迹和风貌。

中图法分类：（索书号）J722.211/16
题　　名：仪式、歌舞与文化展演—陕北·晋西的“伞头秧歌”研究
书　　号：ISBN 7-81085-707-X
责 任 者：王杰文著
出 版 者：中国传媒大学出版社 1958
出版时间：2006
出 版 地：北京
丛　　书：民俗·文化·传播丛书
页　　数：267 页
尺　　寸：21cm
价　　格：28.00
馆藏地址：北京舞蹈学院图书馆
内容提要：本书是关于陕北、晋西年节期间的仪式性展演活动——“伞头秧歌”的民俗学研究。分析了伞头秧歌的仪式过程与表演体系，揭示了其潜在的秩序性意义与诙谐性内涵，并进而从历史的、结构的、比较的视角总结了陕北、晋西年节庆典的象征意义与结构性功能。

1959

中图法分类：（索书号）J709.2/86
题　　名：中国艺术史：舞蹈卷
书　　号：ISBN 7-202-02502-7
责 任 者：史仲文主编
出 版 者：河北人民出版社
出版时间：2006
出 版 地：石家庄
页　　数：13，1050 页
尺　　寸：26cm
价　　格：140.00
馆藏地址：北京舞蹈学院图书馆
内容提要：本书内容包括：远古三代舞蹈史、先秦舞蹈史、秦汉舞蹈史、魏晋南北朝舞蹈史、隋唐五代舞蹈史、元代舞蹈史、明代舞蹈史等。

1960

中图法分类：（索书号）J722.212/25
题　　名：中国非物质文化遗产代表作：花鼓灯
责 任 者：谢克林主编
出 版 者：中国花鼓灯博物馆，安徽人民出版社
出版时间：2006
出 版 地：合肥，安徽淮南地区
页　　数：40 页
尺　　寸：30cm
价　　格：60.00
馆藏地址：北京舞蹈学院图书馆
内容提要：本书内容包括：花鼓灯艺术史，花鼓灯艺术形式，花鼓灯艺术保护，花鼓灯艺术成果。图文并茂，中英文对照。

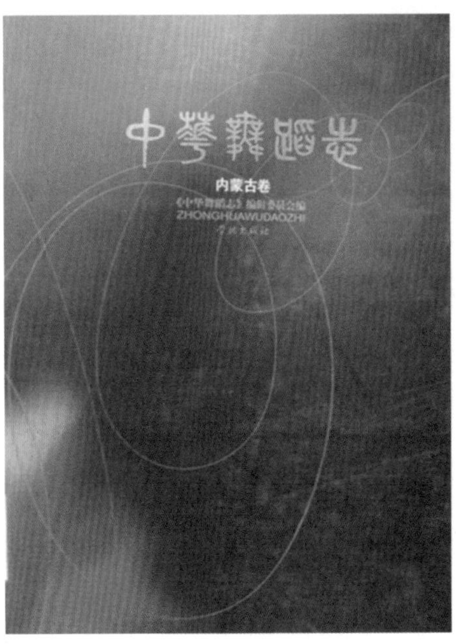

中图法分类：（索书号）J709.2（26）1
题　　名：中华舞蹈志，内蒙古卷
书　　号：ISBN 978-7-80730-074-4
责 任 者：《中华舞蹈志》编辑委员会编
出 版 者：学林出版社
出版时间：2006 1961
出 版 地：上海
页　　数：347 页，[4] 页图版
尺　　寸：21cm
价　　格：53.00
馆藏地址：北京舞蹈学院图书馆
内容提要：本书第一次以志书形式系统记述了中华各民族舞蹈的历史渊源泉、衍变风格、演出形式、音乐伴奏、服饰道具以及有关风俗节令、信仰礼仪、工艺美术、文献考古等史料，填补了中国文化史料和研究的一项空白。

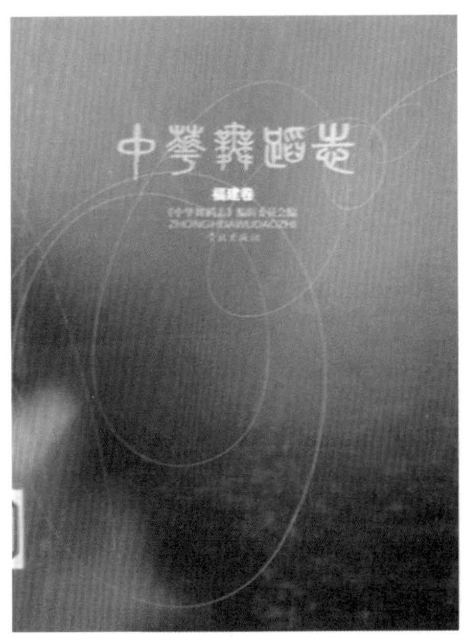

中图法分类：（索书号）J709.2（57）1
题　　名：中华舞蹈志，福建卷
书　　号：ISBN 978-7-80730-072-8
责 任 者：《中华舞蹈志》编辑委员会编
出 版 者：学林出版社
出版时间：2006 1962
出 版 地：上海
页　　数：325 页，[4] 页图版
尺　　寸：21cm
价　　格：50.00
馆藏地址：北京舞蹈学院图书馆
内容提要：本书第一次以志书形式系统记述了中华各民族舞蹈的历史渊源泉、衍变风格、演出形式、音乐伴奏、服饰道具以及有关风俗节令、信仰礼仪、工艺美术、文献考古等史料，填补了中国文化史料和研究的一项空白。

1963

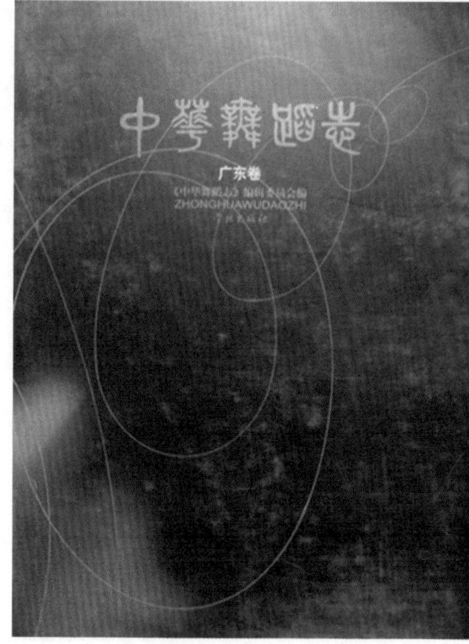

中图法分类：（索书号）J709.2（65）1
题　　名：中华舞蹈志，广东卷
书　　号：ISBN 978-7-80730-073-6
责 任 者：《中华舞蹈志》编辑委员会编
出 版 者：学林出版社
出版时间：2006
出 版 地：上海
页　　数：362 页，［4］页图版
尺　　寸：21cm
价　　格：55.00
馆藏地址：北京舞蹈学院图书馆
内容提要：本书第一次以志书形式系统记述了中华各民族舞蹈的历史渊源泉、衍变风格、演出形式、音乐伴奏、服饰道具以及有关风俗节令、信仰礼仪、工艺美术、文献考古等史料，填补了中国文化史料和研究的一项空白。

1964

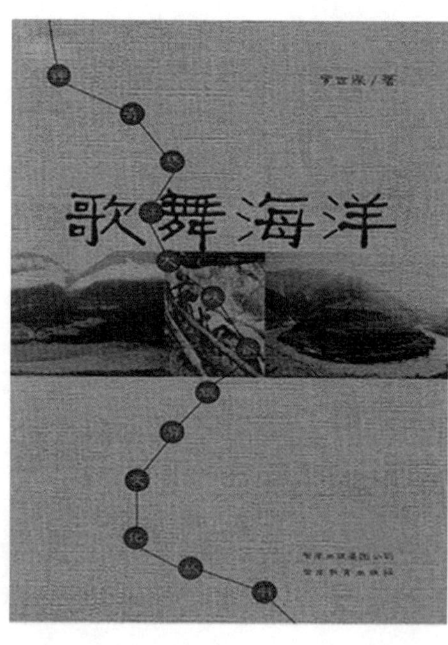

中图法分类：（索书号）J732.8、4952=1#
题　　名：歌舞海洋
书　　号：ISBN 978-7-54153-15-76
责 任 者：罗世保
出 版 者：云南教育出版社
出版时间：2007.1.1
出 版 地：昆明
页　　数：187 页
尺　　寸：19cm
价　　格：22.00
馆藏地址：上海图书馆
内容提要：本书从民族歌谣、民族歌舞、节日歌舞、话谈怒江歌舞等方面，介绍了怒江地区民族歌舞的艺术特色和文化内涵，反映怒江州的文化风貌。

1965

中图法分类：（索书号）J792.5/1
题　　　名：心若芷兰：03级汉唐古典舞（内部资料）
责 任 者：北京舞蹈学院
出 版 者：北京舞蹈学院
出版时间：2007.3
出 版 地：北京
页　　　数：46页
尺　　　寸：18cm
价　　　格：
馆藏地址：北京舞蹈学院图书馆
内容提要：本书是北京舞蹈学院内部出版的反映学生自己的著述，主要分别讲述了中国古典舞系03级芷兰班22位同学成长历程。

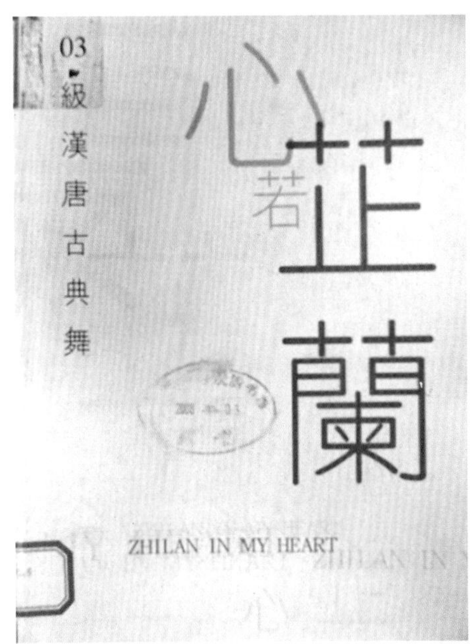

1966

中图法分类：（索书号）J722.22/7
题　　　名：云南民族舞蹈：幼儿教材
书　　　号：ISBN 978-7-81112-248-0
责 任 者：徐梅主编
出 版 者：云南大学出版社
出版时间：2007.3
出 版 地：昆明
页　　　数：104页
尺　　　寸：26cm
价　　　格：25.00（含光盘）
馆藏地址：北京舞蹈学院图书馆
内容提要：本书主要介绍了云南民族舞蹈幼儿教材，内容包括：彝族舞蹈——烟盒舞、瑶族舞蹈——美丽的小花、佤族舞蹈——木鼓舞等。

1967

中图法分类：（索书号）J81/2302
题　　名：上海舞台艺术说明书集锦：珍藏版，1985-2005（全三册）
书　　号：ISBN 978-7-80762-109-6
责 任 者：上海市文化艺术档案馆
出 版 者：山东人民出版社
出版时间：2007.4
出 版 地：济南
丛　　书：山东当代文化丛书 精神文明编
页　　数：300 页：图版
尺　　寸：30cm
价　　格：300.00
馆藏地址：上海图书馆
主题标目：舞台艺术
内容提要：此书成集时间从 1985 年到 2005 年，全三册。共收集涵盖了京剧、昆曲、越剧、沪剧、评弹等在上海的各剧种。这些说明书集锦收集时间从 21 世纪初的各种戏单类图片。历史价值极高。

1968

中图法分类：（索书号）J705/101
题　　名：新艺见 = Taishin arts review. 音乐舞蹈篇 music & dance review & guide
书　　号：ISBN 978-986-82246-36
责 任 者：王凌莉等作；台新银行文化艺术基金会发行
出 版 者：音乐时代文化
出版时间：2007.4.
出 版 地：台北市
页　　数：217 页
尺　　寸：23cm
价　　格：127.53 TWD300.0
馆藏地址：北京舞蹈学院图书馆
内容提要：本书主要包括了云门舞集《行草贰》、云门舞集《狂草》、国家交响乐团《二○○二发现贝多芬》、国家交响乐团《托斯卡》、国家交响乐团《崔斯坦与依索德》、国家交响乐团《唐乔旺尼》等内容。这本“新艺见”艺评集——音乐舞蹈篇的内容，涵括了过去四年来，伴随着“台新艺术奖”严谨的音乐舞蹈评选过程，而同步生产出来的精彩艺术评论；它们除了是台湾艺术发展的见证，本身也成为一种可贵的智慧文化资产。

中图法分类：（索书号）J719/13
题　　名：全国职业院校学前教育专业教材：舞蹈
书　　号：ISBN 7-5045-4836-7
责 任 者：劳动和社会保障部教材办公室编
出 版 者：中国劳动社会保障出版社
出版时间：2007.5
出 版 地：北京
页　　数：166页
尺　　寸：28cm
价　　格：21.00（含光盘）
馆藏地址：北京舞蹈学院图书馆
内容提要：本书分五章，介绍了舞蹈的基础知识、基本动作、技能训练等。《舞蹈》知识深度以够用为度，根据幼儿园教学实际工作需要。培养学生的工作能力，使学生能够适应工作岗位的要求。

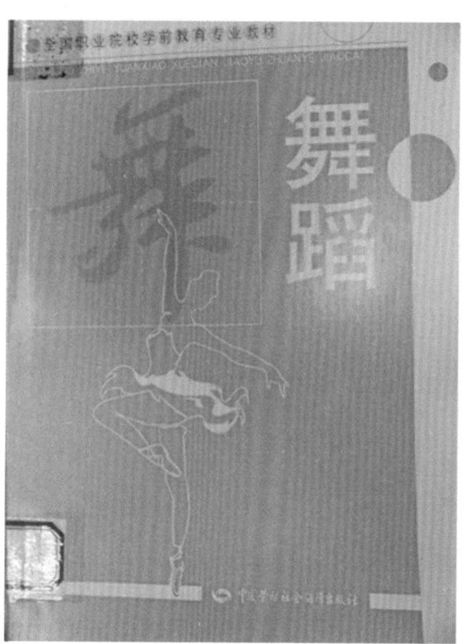

1969

中图法分类：（索书号）J732.8/98
题　　名：摩登舞：摩登舞者的圣经
书　　号：ISBN 978-7-81100-773-2
责 任 者：［英］亚历克斯·摩尔著；马莉，田文斌译
出 版 者：北京体育大学出版社
出版时间：2007.6
出 版 地：北京
页　　数：210页
尺　　寸：26cm
价　　格：23.00
馆藏地址：北京舞蹈学院图书馆
内容提要：本书由世界一流的舞蹈大师细致讲解，并配有清晰的步法图片，全面诠释了摩登舞各舞种的基本步法、舞步组合及舞蹈要领，力求让您轻轻松松舞出洒脱和流畅。

1970

1971

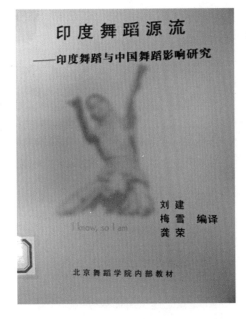

中图法分类：（索书号）J709.351/2
题　　　名：印度舞蹈源流—印度舞蹈与中国舞蹈影响研究（内部教材）
责 任 者：刘建、梅雪、龚荣编译
出 版 者：北京舞蹈学院
出版时间：2007.6
出 版 地：北京
页　　　数：128 页
尺　　　寸：25cm
价　　　格：28.00
馆藏地址：北京舞蹈学院图书馆
内容提要：本书内容包括：印度舞蹈的宗教与社会背景；与舞蹈相关的其他艺术；印度古典舞；印度民间舞。

1972

中图法分类：（索书号）J721.1/5
题　　　名：解读敦煌：天上人间舞蹁跹
书　　　号：ISBN 978-7-208-07092-9
责 任 者：王克芬著
出 版 者：上海人民出版社
出版时间：2007.7.1
出 版 地：上海
页　　　数：175 页
尺　　　寸：25cm
价　　　格：48.00
馆藏地址：北京舞蹈学院图书馆
内容提要：本书内容包括三大部分：多元荟萃的北朝舞蹈画、灿烂辉煌的隋唐敦煌舞蹈壁画和五代至元敦煌舞蹈壁画的传承、变异与出新。《解读敦煌》系列丛书，由敦煌研究院学者向全世界展示中华民族在历史上创造的杰出艺术成就和东方古代文化的辉煌，是一套内容详备、体例新颖、面向广大读者的通俗读物。全面涵括了敦煌石窟的建筑、壁画、彩塑以及出土文书的内容，体系浩大、内涵丰富；以佛教、艺术、社会三大类多专题的形式，深入浅出地向读者解析敦煌石窟的奥秘；向读者全方位、多角度地展示多姿多彩的敦煌石窟艺术，向人们讲述着敦煌昔日的繁华和一个个悠远的故事……本册讲述的是敦煌壁画里的舞蹈故事。

1973

中图法分类：（索书号）J792.3/9
题　　名：北京舞蹈学院本科教学管理文件汇编（内部资料）
责 任 者：北京舞蹈学院教务处
出 版 者：北京舞蹈学院教务处
出版时间：2007.7
出 版 地：北京
页　　数：143 页
尺　　寸：28cm
价　　格：
馆藏地址：北京舞蹈学院图书馆
内容提要：本书是 2007 年 7 月由本院教务处编写的为北京舞蹈学院教学管理文件汇编。当时为了迎接教育部本科教学评估，为了学院的本科专业而编写的（内部资料）。

1974

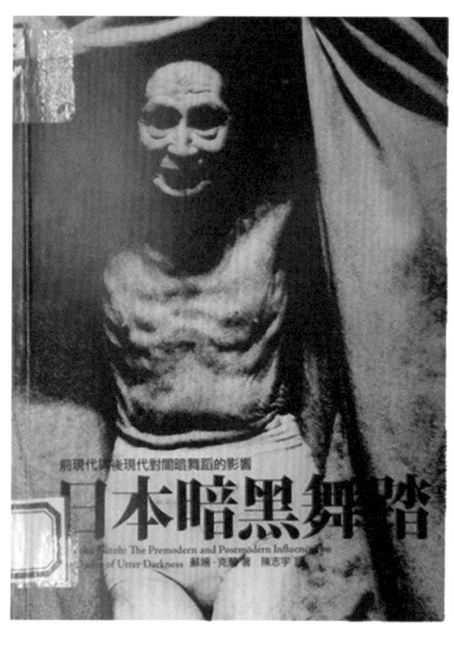

中图法分类：（索书号）J732.6/3
题　　名：日本暗黑舞踏：前现代化与后现代化对闇暗舞蹈的影响
书　　号：ISBN 986-83080-1-1
责 任 者：苏珊·克兰（Susan B. Klein）著；陈志宇译
出 版 者：左耳文化出版社
出版时间：2007.4
出 版 地：台北市
页　　数：182 页
尺　　寸：26cm
价　　格：105.00 TWD450.0
馆藏地址：北京舞蹈学院图书馆
内容提要：这本书据称是英语世界第一本舞踏研究专著，写于日本舞踏在西方大放异彩的 1980 年代后期，即使是当时的日本，也尚未出现一本舞踏专著。虽然过了近 20 年才引进台湾。学者苏珊·克兰（Susan B. Klein）的这本著作是英语系国家引介日本舞踏的先锋，在 80 年代末期由美国康奈尔大学的东亚研究中心出版。本书深入浅出地介绍舞踏所代表的前卫舞蹈运动、它的创始者土方巽与大野一雄、舞踏的历史、美学及技巧。随书收录日本及“台湾”艺评所写的舞踏评论及访谈稿，内含超过 30 张精彩舞踏演出黑白剧照。

1975

中图法分类：（索书号）J70-05/26
题　　　名：中国民族舞蹈教育现状调查与研究
书　　　号：ISBN 978-7-81108-324-8
责 任 者：李廷海著
出 版 社：中央民族大学出版社
出版时间：2007.7
出 版 地：北京
丛　　　书：中央民族大学国家“十五”“211工程”建设项目
页　　　数：7，3，46页［8］页图版
尺　　　寸：21cm
价　　　格：23.00
馆藏地址：北京舞蹈学院图书馆
内容提要：本书是一本关于中国民族舞蹈教育现状调查与研究的著作。书中主要内容包括：中国民族舞蹈教育发展的背景，中国民族舞蹈教育的现状调查，中国民族舞蹈教育现状的理论分析，中国民族舞蹈教育现状的改革与创新等。

1976

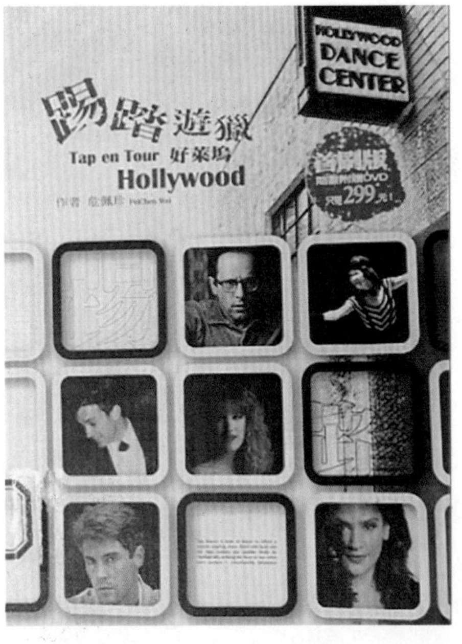

中图法分类：（索书号）J732.9/53
题　　　名：踢踏游猎好莱坞
书　　　号：ISBN 978-986-80494-7-5
责 任 者：危佩珍著
出 版 者：串门企业有限公司
出版时间：2007.8.6
出 版 地：高雄市
页　　　数：159页
尺　　　寸：22cm
价　　　格：144.40　TWD380.00
馆藏地址：北京舞蹈学院图书馆
内容提要：此书介绍了六位好莱坞舞者的精彩故事，将燃起你更多生命热情、同时找到更多艺术感动。踢踏舞，是快乐的舞蹈，它让你打从心底跳出自己的情绪和模样。你可以站着跳、坐着跳，还可以光着脚丫打拍子。透过踢踏舞，你会发现：生活中，节奏无所不在！本书从历史、文化、舞者、舞馆及舞步等不同角度切入，让你有机会深入认识踢踏舞。透过DVD教学影片，甚至可以更立体直接地去感受踢踏舞。

1977

中图法分类：（索书号）J719.5/24
题　　名：芭蕾舞及教学论研究
书　　号：ISBN 978-7-01-006451-2
责 任 者：李永明著
出 版 者：人民出版社
出版时间：2007.8
出 版 地：北京
页　　数：233 页
尺　　寸：24cm
价　　格：30.00
馆藏地址：北京舞蹈学院图书馆
内容提要：芭蕾基训课是芭蕾教学体系的一门主课，它决定着学生和演员的基本技术素养。本书主要内容包括：芭蕾舞简介、芭蕾艺术的共性特征、芭蕾艺术的个性特征。

1978

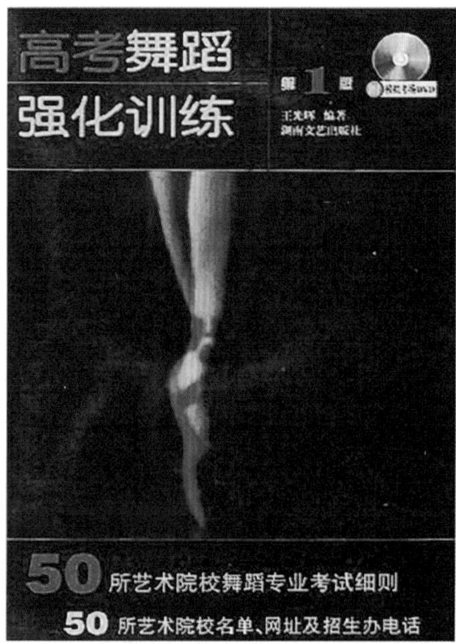

中图法分类：（索书号）J7-49/4
题　　名：高考舞蹈强化训练
书　　号：ISBN 978-7-5404-3974-3
责 任 者：王光辉编著
出 版 者：湖南文艺出版社
出版时间：2007.8
出 版 地：长沙
页　　数：162 页+（含光盘）
尺　　寸：26cm
价　　格：32.00
馆藏地址：北京舞蹈学院图书馆
内容提要：本书主要包括四个部分：舞蹈专业高考测试内容、舞蹈专业备考方法、舞蹈训练与伤病防治、综合艺术院校舞蹈专业招考信息。本书构架完整，形式独特，综合了各类高等院校舞蹈专业考试的不同环节，详尽介绍和论述了高考中方方面面的问题和关系。

1979

中图法分类：(索书号) J719.3/24
题　　　名：舞蹈基础教程
书　　　号：ISBN 978-7-81106-638-8
责 任 者：张兰英等主编；本册主编徐文霞等
出 版 者：郑州大学出版社
出版时间：2007.8
出 版 地：郑州
丛　　　书：幼儿师范学校统编教材
页　　　数：239 页
尺　　　寸：23cm
价　　　格：23.00
馆藏地址：北京舞蹈学院图书馆
内容提要：本书主要介绍了舞蹈的基础理论和基本训练。是幼儿师范学校统编教材，它是指导河南省幼儿舞蹈教育的重点教材。

1980

中图法分类：J70/65
题　　　名：舞蹈文论研究方法初探
书　　　号：ISBN 978-7-5039-3385-1
责 任 者：董锡玖著
出 版 者：文化艺术出版社
出版时间：2007.9
出 版 地：北京
页　　　数：47 页
尺　　　寸：24cm
价　　　格：20.00
馆藏地址：北京舞蹈学院图书馆
内容提要：本书总结国内外社会科学的研究方法，特别是对舞蹈历史和理论研究方法论，加以分析和总结。结合国际上相对比较规范的研究方法，以及从事社会科学和舞蹈史论研究的经验和教训，为研究者提供一些切实可行的方法和建议，以便对提高舞蹈界整体研究尽绵薄之力。

中图法分类：（索书号）J792.3/2
题　　　名：北京舞蹈学院：中国民族民间舞系 1987-2007（内部资料）
责 任 者：北京舞蹈学院
出 版 者：北京舞蹈学院中国民族民间舞系
出版时间：2007.10 1981
出 版 地：北京
页　　　数：56 页
尺　　　寸：18cm
价　　　格：
馆藏地址：北京舞蹈学院图书馆
内容提要：本书主要对中国民族民间舞系的学科建设、教学成果、学生活动、研究生风采、对内外交流等内容以图文并茂的形势进行描述。

中图法分类：（索书号）J732.8/104/：1
题　　　名：国际标准摩登舞：动感快步（含 1 张光盘）
书　　　号：ISBN 978-7-80705-585-3
责 任 者：黄忆、桂仕楠编著
出 版 者：成都时代出版社 1982
出版时间：2007.10
出 版 地：成都
页　　　数：113 页，［1］叶图版
尺　　　寸：21cm
价　　　格：29.80（含 1 光盘）
馆藏地址：北京舞蹈学院图书馆
内容提要：国际标准交谊舞，标志着独特的生活方式和态度，它是一项高雅优美的特殊体育运动，集运动、竞技、表演、娱乐为一体的舞蹈艺术。唯美的肢体语言，是人体完美曲线与音乐的无隙结合。而源自欧洲宫廷的摩登舞更是仪态高雅、气质超然：华尔兹的雍容华贵、维也纳华尔兹的优雅从容、快步的伶俐欢快、狐步的轻灵洒脱、探戈的潇洒豪放，无不彰显着它不可胜收的美，因此数百年来一直是欧美上流社会交际的最爱。主要内容包括：国际标准交谊舞简史、耀眼华丽的舞服盛宴、跟定摩登学习优雅等。

1983

中图法分类：（索书号）J732.8/104/：2
题　　　名：国际标准摩登舞：典雅华尔兹
书　　　号：ISBN 978-7-80705-579-2
责　任　者：黄忆、桂仕楠编著
出　版　者：成都时代出版社
出 版 时 间：2007.10
出　版　地：成都
页　　　数：113页，[1] 叶图版
尺　　　寸：21cm
价　　　格：29.80（含1光盘）
馆 藏 地 址：北京舞蹈学院图书馆
内 容 提 要：本书是一本写关于华尔兹舞基本知识的书籍。主要内容包括：了解轨迹标准交谊舞，优雅摩登舞知识课堂，学会跳典雅高贵的华尔兹，耀眼华丽的舞服盛宴，华尔兹故乡的优雅之美等。

1984

中图法分类：（索书号）J732.8/104/：3
题　　　名：国际标准摩登舞：燃烧探戈
书　　　号：ISBN 978-7-80705-601-0
责　任　者：黄忆、桂仕楠编著
出　版　者：成都时代出版社
出 版 时 间：2007.10
出　版　地：成都
页　　　数：113页，[1] 叶图版
尺　　　寸：21cm
价　　　格：29.80（含1光盘）
馆 藏 地 址：北京舞蹈学院图书馆
内 容 提 要：国际标准交谊舞，标志着独特的生活方式和态度，它是一项高雅优美的特殊体育运动，集运动、竞技、表演、娱乐为一体的舞蹈艺术。唯美的肢体语言，是人体完美曲线与音乐的无隙结合。而源自欧洲宫廷的摩登舞更是仪态高雅、气质超然：华尔兹的雍容华贵、维也纳华尔兹的优雅从容、快步的伶俐欢快、狐步的轻灵洒脱、探戈的潇洒豪放，无不彰显着它不可胜收的美，因此数百年来一直是欧美上流社会交际的最爱。主要内容包括：了解国际标准交谊舞、舞中之王梦幻探戈、感受摩登舞之优雅等。

1985

中图法分类：（索书号）J732.8/104/：4
题　　名：国际标准摩登舞：优美狐步
书　　号：ISBN 978-7-80705-719-2
责 任 者：黄忆、桂仕楠编著
出 版 者：成都时代出版社
出版时间：2007.10
出 版 地：成都
页　　数：113 页
尺　　寸：21cm
价　　格：29.80（含 1 光盘）
馆藏地址：北京舞蹈学院图书馆
内容提要：国际标准交谊舞，标志着独特的生活方式和态度，它是一项高雅优美的特殊体育运动，集运动、竞技、表演、娱乐为一体的舞蹈艺术。唯美的肢体语言，是人体完美曲线与音乐的无隙结合。而源自欧洲宫廷的摩登舞系更是仪态高雅、气质超然：华尔兹的雍容华贵、维也纳华尔兹的优雅从容、快步的伶俐欢快、狐步的轻灵洒脱、探戈的潇洒豪放，无不彰显着它不可胜收的美，因此数百年来一直是欧美上流社会交际的最爱。主要内容包括：步入国际标准交谊舞的高贵殿堂、在摩登舞中优雅地沉醉、学会跳来自美国的经典狐步等。

1986

中图法分类：（索书号）J732.8/106
题　　名：国际体育舞蹈教程
书　　号：ISBN 978-7-312-02122-0
责 任 者：徐雄杰、朱信龙编著
出 版 者：中国科学技术大学出版社
出版时间：2007.10
出 版 地：合肥
丛　　书：中国科学技术大学体育系列教材
页　　数：289 页
尺　　寸：21cm
价　　格：15.00
馆藏地址：北京舞蹈学院图书馆
内容提要：本书除介绍体育舞蹈的基础知识外，主要侧重于说明 10 个舞种的音乐、风格、舞姿和舞步特征，对本书所涉及的动作做出了重点提示、易犯错误、纠正方法、步法组织和注意事项。在有限的篇幅和教学时间里，向学生尽可能地提供有关技巧和知识。

1987

中图法分类：（索书号）J719.5/25
题　　　名：性格舞教学法
书　　　号：ISBN 978-7-103-03184-1
责 任 者：贾璇著
出 版 者：人民音乐出版社
出版时间：2007.10
出 版 地：北京
页　　　数：269 页
尺　　　寸：28cm
价　　　格：48.00
馆藏地址：北京舞蹈学院图书馆
内容提要：本书是北京舞蹈学院芭蕾舞系性格舞和外国民间舞蹈教研室编著的《性格舞教材》所授内容的教学法论述，是在为芭蕾舞系教育专业学业讲授性格舞教学法课程的基础上编写的，与上述两本书配套的，还将编辑出版《性格舞组合》一书。这三本教材中集中了北京舞蹈学院自 1954 年开设性格舞和外国民间舞程以来的基本教学内容和主要的教学经验。

1988

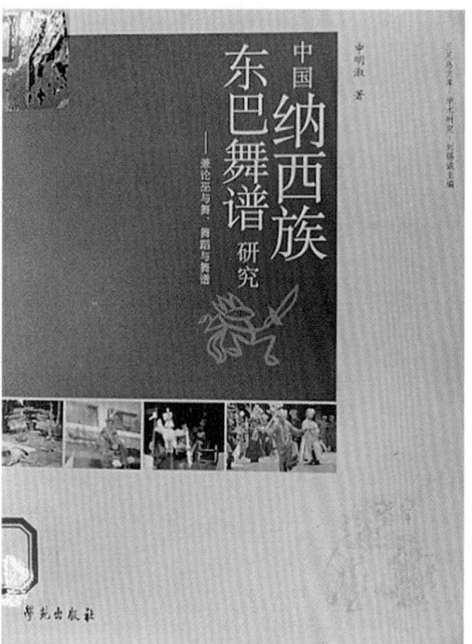

中图法分类：（索书号）J721.1/6
题　　　名：中国纳西族东巴舞谱研究：兼论巫与舞、舞蹈与舞谱
书　　　号：ISBN 978-7-5077-2912-2
责 任 者：申明淑著
出 版 者：学苑出版社
出版时间：2007.10
出 版 地：北京
页　　　数：254 页
尺　　　寸：23cm
价　　　格：52.00
馆藏地址：北京舞蹈学院图书馆
内容提要：全书共分八章，前三章为巫与舞、舞蹈与舞谱、纳西族与东巴教，主要作为研究东巴舞谱的理论观点和背景资料。后五章，即东巴舞谱内容与分类、东巴舞的象形文字注释、东巴舞谱的记述和分析、东巴舞谱的特点与比较等。

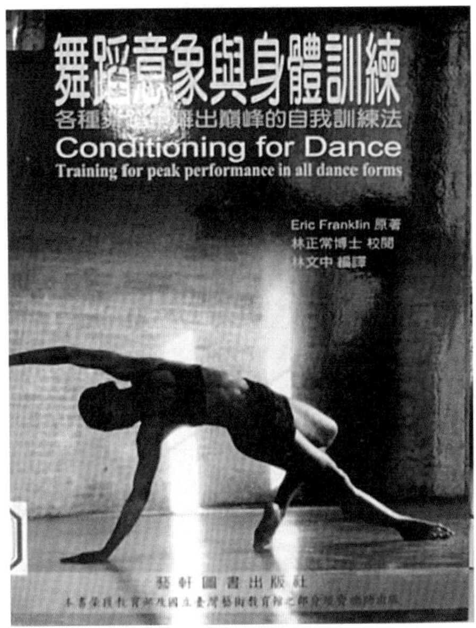

1989

中图法分类：（索书号）J706/8
题　　名：舞蹈意象与身体训练：各种舞蹈中舞出巅峰的自我训练法
书　　号：ISBN 978-957-616-928-1
责 任 者：Eric Franklin 原著；林文中编译；林正常博士校阅
出 版 者：艺轩图书出版社
出版时间：2007. 11. 28
出 版 地：台北市
页　　数：243 页
尺　　寸：26cm
价　　格：171. 00　TWD450. 00
馆藏地址：北京舞蹈学院图书馆
内容提要：舞蹈意象与身体训练借着强化身体核心同时改进协调性、平衡能力、体位排列与柔软度，来帮助你改善所有舞蹈类型的技巧与表现能力。其结果能让你身体能力更提升而不增加紧张、更省力地达到更高的跳跃、拥有更深的 plie、更完美的转圈及更好的延展与髋外转能力。本书拥有 160 个舞蹈专门的练习及 170 张插图说明，将帮助你达到身心协调训练的最好效果。本书结尾包含了一套设计来帮助你暖身、锻炼身体以及改善舞蹈技巧之全长 20 分钟的全身常规训练。

1990

中图法分类：（索书号）J722. 3/90
题　　名：学与教的心理探秘：幼儿园集体音乐舞蹈教学指南
书　　号：ISBN 7-81101-498-x
责 任 者：许卓娅著；沈冬绘图
出 版 者：南京师范大学出版社
出版时间：2007. 11
出 版 地：南京
页　　数：225 页
尺　　寸：25cm
价　　格：26. 00
馆藏地址：北京舞蹈学院图书馆
内容提要：本书主要介绍了幼儿园集体音乐舞蹈的教学特点及步法。本书是一部关于幼儿园集体音乐舞蹈的教学指南全书分空间的奥秘和千姿百态的音乐两大部分，介绍了幼儿园集体音乐舞蹈教学相关内容，并提供了大量可供参考的教学实例。本书适合幼儿园教师参考学习。

1991

中图法分类：（索书号）J709.27/22
题　　　名：爱舞人：王克伟的舞蹈人生（内部资料）
责 任 者：胡亚君著
出 版 者：胡亚君
出版时间：2007.12
出 版 地：北京
页　　数：60 页
尺　　寸：22cm
价　　格：20.00
馆藏地址：北京舞蹈学院图书馆
内容提要：本书讲述了一个舞蹈人从事舞蹈事业的一生。王克伟从 1949 年参加工作后，一直从事舞蹈工作。在近 60 年的时间里，他取得了很大的成就。他舞蹈一生，所以作者为他出了一本书，订名为《爱舞人—王克伟的舞蹈人生》，本书作者是王克伟的老伴。

1992

中图法分类：（索书号）J722.212/22
题　　　名：安徽花鼓灯艺术研究文集：鼓舞流韵（内部资料）
责 任 者：李慧桥主编 执行主编 陈永顺
出 版 者：淮南市文学艺术界联合会
出版时间：2007.12
出 版 地：安徽淮南地区
页　　数：510 页
尺　　寸：19cm
价　　格：18.00
馆藏地址：北京舞蹈学院图书馆
内容提要：本书汇集了自 1983 年至今约 24 年来，国内各级专家、学者，散落各地和未发表的研究安徽花鼓灯艺术的文章 60 余篇。

中图法分类：（索书号）J712.2/9
题　　名：创造性舞蹈宝典：打通九年一贯舞蹈教学之经脉
书　　号：ISBN 978-9-86011-768-4
责 任 者：张中煖著
出 版 者：“国立”台北艺术大学 1993
出版时间：2007.12
出 版 地：台北市
页　　数：202 页
尺　　寸：26cm
价　　格：180.00　TWD300.00
馆藏地址：北京舞蹈学院图书馆
内容提要：本书的主要内容包括创造性舞蹈的理念，相关文献探讨，创造性舞蹈与拉邦动作之分析，课程设计，教学探讨，创造性舞蹈与相关艺术及其他学科等等。

中图法分类：（索书号）J723/3
题　　名：舞坛寻梦：王世琦舞剧创作文集
书　　号：ISBN 978-962450-518-4
责 任 者：王世琦著
出 版 者：天马出版社
出版时间：2007.12 1994
出 版 地：香港
页　　数：224 页
尺　　寸：19cm
价　　格：40.00
馆藏地址：北京舞蹈学院图书馆
内容提要：本书图文并茂，集作者从舞六十年、兼中国舞蹈和芭蕾两大体系、怀表演与编导两种技艺、促进中国舞蹈文化走向世界的艺术心得及不同年代艺术生涯中的诸多趣闻轶事。

中图法分类：（索书号）J709.712/21

1995 题　　　名：巴兰钦：跳吧！现代芭蕾

书　　　号：ISBN 978-986717-491-8

责 任 者：罗伯特·高特利伯（Robert Gottlieb）著；陈筱黠译

出 版 者：左岸文化

出版时间：2007 初版

出 版 地：台北市

页　　　数：420，28 页

尺　　　寸：22cm

价　　　格：110.53 TWD260.00

馆藏地址：北京舞蹈学院图书馆

内容提要：本书记录了巴兰钦的人生经历和舞蹈成就，包含有巴兰钦所有高潮迭起的人生故事。舞评家波里耶说：20 世纪纽约的巴兰钦就如同十六世纪伦敦的莎士比亚。他在俄国出生，最后却在美国大放异彩。他改写了人类肢体语言的极限，挖掘那深藏在每位舞者灵魂中渴望被开发的爆发力，“他是位让芭蕾舞伶都会感动落泪的编舞家。”巴兰钦不仅是舞蹈天才，他有种魔力，可以将音符、肢体动作、舞剧情节融合一体，直通人心深处的艺术精神，经营出雅俗共赏的现代芭蕾，当他过世的消息传开，表演艺术领域的艺术家无不感叹“现在他走了，这是另一个世界了。”罗伯特. 高特利伯记录了芭蕾舞界最重要的编舞家的人生与成就。高特利伯本身参与巴兰钦芭蕾所属舞团—纽约城市芭蕾舞团的管理工作，也与巴兰钦本人、其他巴兰钦的主要同事有着深厚的友谊，透过他的亲身相处经验，对这位 20 世纪的创意大师提供一个令人信服的报道。

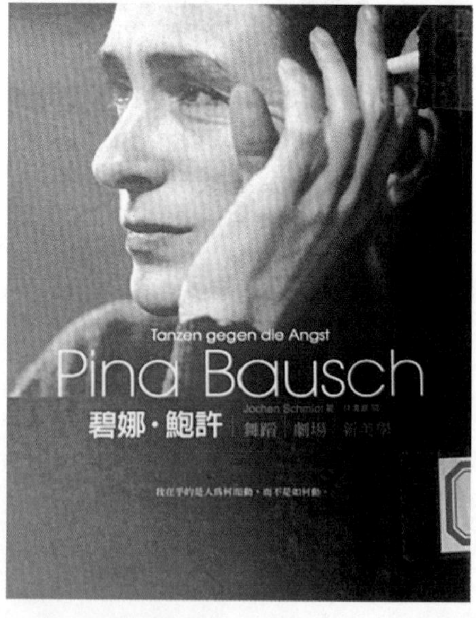

中图法分类：（索书号）J709.516/1

题　　　名：碧娜·鲍许：舞蹈 . 剧场 . 新美学

1996 书　　　号：ISBN 978-95732-609-50

责 任 者：史密特（Jochen Schmidt）著；林倩苇译

出 版 者：达流出版事业股份有限公司

出版时间：2007 初版

出 版 地：台北市

页　　　数：279 页

尺　　　寸：22cm

价　　　格：148.79　TWD350.00

馆藏地址：北京舞蹈学院图书馆

内容提要：本书记录了碧娜·鲍许的情感和生活、从舞经历和编舞作品，揭示了碧娜·鲍许的人生哲学及创作风格。碧娜·鲍许是德国排名第一的出口文化，因为世上无人像她这般地写下辉煌的舞蹈史。这位当初在埃森市福克旺学校的神童以及当今身为乌帕塔芭蕾总监的编舞家，在不到十年之间排除万难，确立了舞蹈类型。如今，舞蹈剧场这个名词已和碧娜·鲍许的名字画上等号，无法分舍。

中图法分类：（索书号）J722.4/9
题　　名：《白毛女》在日本
书　　号：ISBN 978-7-5039-3442-1
责 任 者：（日）山田晃三著
出 版 者：文化艺术出版社
出版时间：2007 1997
出 版 地：北京
页　　数：213 页
尺　　寸：24cm
价　　格：28.00
馆藏地址：北京舞蹈学院图书馆
内容提要：本书作者考察和实录采访《白毛女》在中国、日本的发源、传播和影响，真实记录了一段跨度五十多年的中日文化交流的坎坷历史，生动书写了一份中日人民从历史走向未来的深厚情感。

中图法分类：（索书号）J709.2/108
题　　名：不怕我和世界不一样：许芳宜的生命态度
书　　号：ISBN 978-986-216-062-6
责 任 者：许芳宜口述；林阴庭采访整理
出 版 者：天下远见出版股份有限公司 1998
出版时间：2007
出 版 地：台北市
页　　数：245 页
尺　　寸：21cm
价　　格：70.00　TWD280.00
馆藏地址：北京舞蹈学院图书馆
内容提要：本书记录了许芳宜二十几年为舞蹈打拼的经历和人生体验。许芳宜，这个被媒体誉为“玛莎葛兰姆传人”的舞者，为了追求舞蹈之梦，一直以自己的方式与体验，不循常规地坚持走出自己的路。她从学生时代就脱离父亲为她描绘的人生蓝图，只身独闯舞者圣地纽约，吞下所有现实环境的不平等和嘲讽，忍受离乡背井、快乐悲伤都没有人分享的孤寂。这一切，都是为了跳舞。

1999

中图法分类：（索书号）J721/20
题　　　名：敦煌舞乐线描集
书　　　号：ISBN 978-7-80588-501-8
责 任 者：敦宇、金洵瑨绘
出 版 者：甘肃人民美术出版社
出版时间：2007
出 版 地：兰州
页　　　数：214 页
尺　　　寸：29cm
价　　　格：38.00
馆藏地址：北京舞蹈学院图书馆
内容提要：本书精选了 300 多幅有关敦煌音乐和舞蹈的线描图。主要内容包括：敦煌壁画中的菩萨伎乐、敦煌壁画中的飞天伎乐、敦煌壁画中的舞蹈造型等。

2000

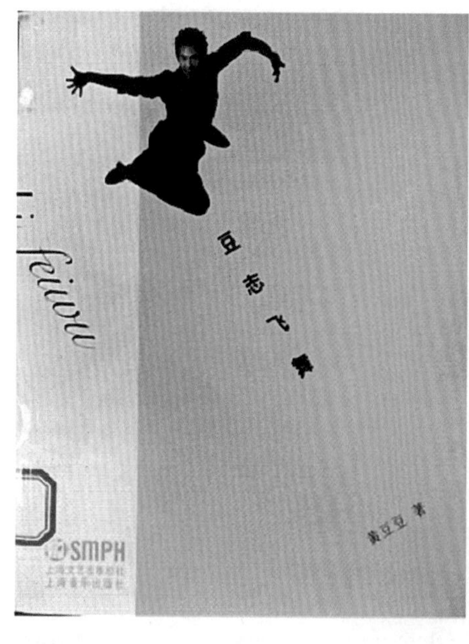

中图法分类：（索书号）J709.27/21
题　　　名：豆志飞舞
书　　　号：ISBN 978-7-80751-097-0
责 任 者：黄豆豆著
出 版 者：上海音乐出版社
出版时间：2007
出 版 地：上海
页　　　数：209 页
尺　　　寸：22cm
价　　　格：38.00
馆藏地址：北京舞蹈学院图书馆
内容提要：本书用《豆》、《志》、《飞》、《舞》四个部分贯穿，记录了黄豆豆在温州的 12 年孩提时期，少年走上舞蹈道路，大学毕业世界各地创作表演，以及成家立业探索中国舞蹈走向世界的成长故事。

中图法分类：（索书号）J722.9/20
题　　名：肚皮舞翩跹
书　　号：ISBN 978-7-5048-4955-7
责 任 者：温可馨著
出 版 者：农村读物出版社
出版时间：2007 2001
出 版 地：北京
页　　数：163 页
尺　　寸：21cm
价　　格：36.00
馆藏地址：北京舞蹈学院图书馆
内容提要：本书介绍了肚皮舞的源流、名称、特点、类别、服饰、中国化、健身性、灵性等基本知识以及注意的事项。

中图法分类：（索书号）J722.225.7/2
题　　名：东巴舞蹈传人—习阿牛 阿明东奇
书　　号：ISBN 978-7-105-08299-5
责 任 者：冯骥才、白庚胜主编；冯莉著
出 版 者：民族出版社 2002
出版时间：2007
出 版 地：北京
丛　　书：中国民间文化杰出传承人丛书
页　　数：300 页
尺　　寸：26cm
价　　格：45.00
馆藏地址：北京舞蹈学院图书馆
内容提要：中国民间文艺家协会自 2001 年以来组织实施了中国民间文化遗产抢救工程，该项工作得到了中宣部和中国文联的支持，被列为国家社科基金特别委托项目。本书是该项目下的中国民间文化杰出人物认定命名工程成果集结，展示了历史悠久、文化精深并且濒于消失的中国民间文化风采。本书为该丛书之《东巴舞谱传人——习阿牛、阿明东奇》。

2003

中图法分类：（索书号）J732.1/1（参见G633.951/4952）
题　　名：第一套全国中小学校园集体舞，教师指导手册
书　　号：ISBN 978-7-107-20511-8
责 任 者：杨贵仁
出 版 者：人民教育出版社
出版时间：2007
出 版 地：北京
页　　数：212 页
尺　　寸：19cm
价　　格：9.00
馆藏地址：上海图书馆
内容提要：本书内容包括：第一套全国中小学校园集体舞创编介绍、小学校园集体舞基本动作与教学、初中校园集体舞基本动作与教学等。

2004

中图法分类：（索书号）J732.9/49
题　　名：各级学校：有氧舞蹈课程教材选
书　　号：ISBN 978-986-6971-46-4
责 任 者：刘建军、孟昭新编
出 版 者：诺达运动行销有限公司
出版时间：2007
出 版 地：台北市
页　　数：169 页
尺　　寸：21cm
价　　格：76.00　TWD200.00
馆藏地址：北京舞蹈学院图书馆
内容提要：本书共有四篇 19 个方面的内容，其中既有体育舞蹈规范的理论，又有作者在传播体育舞蹈时的亲身体验。

中图法分类：（索书号）J732.8/6214
题　　　名：国际标准舞理论．实践．技巧修订，摩登系狐步 1 = Ballroom Dancing : The Theory and Practice of the Revised Technique，Foxtrot
书　　　号：ISBN 978-7-5362-3598-4 2005
责　任　者：罗君帆
出　版　者：岭南美术出版社
出版时间：2007
出　版　地：广州
页　　　数：148 页；图表
尺　　　寸：29cm
价　　　格：180.00（全 4 册）
馆藏地址：上海图书馆
主题标目：交际舞—基本知识—狐步舞
内容提要：本书包括“基本理论”、“运动功能”、“平衡概要”、“技巧运用”、“专题论述”、“专项概论”六大部分，介绍了舞池方向线指示图、人体运动系统、狐步等知识。

中图法分类：（索书号）J732.8/6214-1
题　　　名：国际标准舞理论．实践．技巧修订，摩登舞系，狐步 2= Ballroom Dancing : The Theory and Practice of the Revised Technique，Foxtrot
书　　　号：ISBN 978-7-5362-3598-4 2006
责　任　者：罗君帆
出　版　者：岭南美术出版社
出版时间：2007
出　版　地：广州
页　　　数：148 页；图表
尺　　　寸：29cm
价　　　格：180.0
馆藏地址：上海图书馆
主题标目：交际舞—基本知识—狐步舞
内容提要：本书包括“基本理论”、“运动功能”、“平衡概要”、“技巧运用”、“专题论述”、“专项概论”六大部分，介绍了舞池方向线指示图、人体运动系统、狐步等知识。

2007

中图法分类：（索书号）J732. 8/6214-2

题　　名：国际标准舞理论．实践．技巧修订，摩登系列，狐步 3= Ballroom Dancing ：The Theory and Practice of the Revised Technique，Foxtrot

书　　号：ISBN 978-7-5362-3598-4

责 任 者：罗君帆

出 版 者：岭南美术出版社

出版时间：2007

出 版 地：广州

页　　数：136 页：图表

尺　　寸：29cm

价　　格：180. 0

馆藏地址：上海图书馆

主题标目：交际舞—基本知识—探戈舞—基本知识—华尔兹舞—基本知识

内容提要：本书包括“基本理论”、“运动功能”、“平衡概要”、“技巧运用”、“专题论述”、“专项概论”六大部分，介绍了舞池方向线指示图、人体运动系统、狐步等知识。

2008

中图法分类：（索书号）J732. 8/6214 - 3
J732. 8/6214-3-（1）

题　　名：国际标准舞理论．实践．技巧修订，摩登系列，狐步 4= Ballroom Dancing ：The Theory and Practice of the Revised Technique，Quick-step

书　　号：ISBN 978-7-5362-3598-4

责 任 者：罗君帆

出 版 者：岭南美术出版社

出版时间：2007

出 版 地：广州

页　　数：144 页：图表

尺　　寸：29cm

价　　格：180. 0

馆藏地址：上海图书馆

主题标目：交际舞—基本知识

内容提要：本书包括“基本理论”、“运动功能”、“平衡概要”、“技巧运用”、“专题论述”、“专项概论”六大部分，介绍了舞池方向线指示图、人体运动系统、狐步等知识。

中图法分类：（索书号）J709.2/84
题　　名：汉唐长安的乐舞与百戏
书　　号：ISBN 978-7-80712-325-5
责 任 者：耿占军、杨文秀著
出 版 者：西安出版社
出版时间：2007
出 版 地：西安
丛　　书：古都西安丛书编撰委员会
页　　数：288 页
尺　　寸：21cm
价　　格：19.00
馆藏地址：北京舞蹈学院图书馆
内容提要：本书对汉唐长安的乐舞与百戏进行研究并探讨，主要内容包括：汉唐长安乐舞与百戏的管理机构、活泼多姿的汉唐俗乐、汉唐长安戏剧的萌芽与初步发展、异彩纷呈的汉唐长安杂技、汉唐长安乐舞百戏对外的影响等。

中图法分类：（索书号）J722.212（J609.2/1149）
题　　名：(282)
书　　号：ISBN 978-7-81112-384-5
责 任 者：聂滨、张洪滨主编
出 版 者：云南大学出版社
出版时间：2007
出 版 地：昆明
页　　数：153 页；彩照
尺　　寸：24cm
价　　格：38.60
馆藏地址：上海图书馆
内容提要：本书对峨山彝族花鼓舞作了介绍和分析，还通过省内外知名的文化舞蹈艺术专家、学者的视点，对花鼓舞的文化价值、历史价值和未来发展作了深入的探讨和研究。

2011

中图法分类：（索书号）J721/23
题　　名：旧京社戏图（复原图+书）
书　　号：ISBN 978-7-5077-2962-7
责 任 者：王文章主编
出 版 者：学苑出版社
出版时间：2007
出 版 地：北京
页　　数：43 页
尺　　寸：21cm
价　　格：1800（含复原图）
馆藏地址：北京舞蹈学院图书馆
内容提要：本书主要内容有杠箱、开路、五虎棍、舞狮、秧歌、石锁、花坛、杠子、少林、花砖、双石、小车等。清末，社戏盛极一时，各种绝技让人叹为观止，甚至受到“老佛爷”慈禧封赏。本图根据程砚秋先生旧藏的清末民初京津一带社戏的全彩图像重新印制，共有舞狮、扛箱、天称、花钹、花坛等 18 种社戏团体的演出情形。按原貌、原大、原型五色加金印制，不但是研究清末北京民间花会的宝贵资料，也为许多民俗爱好者收藏。中国艺术研究院藏的《旧京社戏图》，是清末民初京津一带关于社戏的珍藏图像，有舞狮、扛箱、天称、花钹、花坛等 18 个社戏团体的演出情形。本书据原貌、原大、原型出版，为研究清末北京民间花会提供宝贵的形象资料。

2012

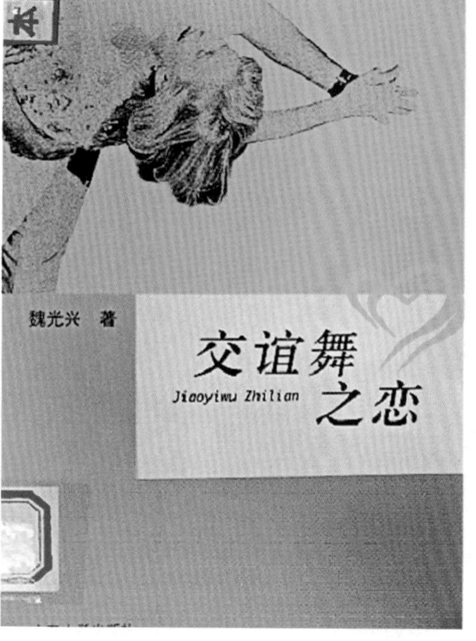

中图法分类：（索书号）J732.8/112
题　　名：交谊舞之恋
书　　号：ISBN 978-7-5607-3703-4
责 任 者：魏光兴著
出 版 者：山东大学出版社
出版时间：2007
出 版 地：济南
页　　数：4，301 页
尺　　寸：21cm
价　　格：20.00
馆藏地址：北京舞蹈学院图书馆
内容提要：本书内容包括：交谊舞纵横谈、舞厅探秘、交谊舞之缘三部分，介绍了交谊舞在国际上和中国的历史渊源，阐述了交谊舞曲折的发展历程及其生命力之所在等。

中图法分类：（索书号）J709.248/1
题　　名：明代歌舞研究
书　　号：ISBN 978-7-101-05862-8
责 任 者：蔡丽红著
出 版 者：海峡文艺出版社
出版时间：2007 2013
出 版 地：北京
页　　数：300 页
尺　　寸：21cm
价　　格：33.00
馆藏地址：北京舞蹈学院图书馆
内容提要：本书阐述了明代歌舞在整个歌舞发展历程中的衍变规律，以及它在社会生活及民族文化整体中的地位和作用，进而对明代舞谱、舞乐进行本体的研究考证。

中图法分类：（索书号）J732.9（参见 G831.3/3950-2）
题　　名：魅力魔体肚皮舞 = Fascinating belly dance
书　　号：ISBN 978-7-80705-570-9
责 任 者：宋杨编著 2014
出 版 者：成都时代出版社
出版时间：2007
出 版 地：成都
页　　数：112 页：图+1 光盘
尺　　寸：21cm
价　　格：29.80
馆藏地址：上海图书馆
主题标目：健身运动—基本知识
内容提要：著名风情舞蹈专家，肚皮舞专业教练宋扬，擅长中东风情肚皮舞、热力魔体舞、拉丁舞、形体民族舞、街等，多次参加各类专业舞蹈比赛，获得优异成绩，奖项；长期海外巡回表演、办学、授课，广泛传播世界各地风情舞蹈。

2015

中图法分类：（索书号）J709.516/1SW
题　　　名：皮娜·鲍什：为对抗恐惧而舞蹈
书　　　号：ISBN 978-7-208-07393-7
责　任　者：［德］约亨·施密特著；林倩苇译
出　版　者：上海人民出版社
出 版 时 间：2007
出　版　地：上海
页　　　数：265 页
尺　　　寸：23cm
价　　　格：35.00
馆 藏 地 址：北京舞蹈学院图书馆
内 容 提 要：本书展现了皮娜·鲍什的个性、生活、情感与作品，内容包括：新舞蹈的勇气之母、从恐惧的隧道中孕育出舞剧、艰辛的舞蹈之路、在提问中激荡出新舞作等。

2016

中图法分类：（索书号）J732.8/108
题　　　名：轻松跳出恰恰恰：完全彩图分解动作
书　　　号：ISBN 978-986-6880-41-4
责　任　者：尹威廉编著
出　版　者：台北县中和市汉湘文化
出 版 时 间：2007
出　版　地：台北县中和市
页　　　数：138 页
尺　　　寸：234cm
价　　　格：62.25　TWD249.00（含光盘 VCD）
馆 藏 地 址：北京舞蹈学院图书馆
内 容 提 要：拉丁舞的那种节奏鲜明、洋溢着热带气氛的旋律和扭腰摆臀的动作，让它成为受人喜爱的交际舞，尤以恰恰简单好学，又有自己独特的一面，透过本书您可以在很短的时间内学会最基本的舞步，清楚的图示解说，让您从基本的站姿、舞步到双人组合的花式恰恰，轻松跳出属于自己的拉丁舞。

中图法分类：（索书号）J732.8（参见 G634.9611/1246）
题　　名：起舞飞扬—宜川中学体育舞蹈操
书　　号：ISBN 978-7-80703-736-1
责 任 者：张敬编著
出 版 者：上海文艺出版总社 百家出版社 2017
出版时间：2007
出 版 地：上海
页　　数：212 页
尺　　寸：19cm
价　　格：
馆藏地址：上海图书馆
主题标目：交际舞—体育课—中学
内容提要：本书共分四章，内容包括体育舞蹈；宜川中学体育舞蹈操概况；体育舞蹈操基础；成套体育舞蹈操等。

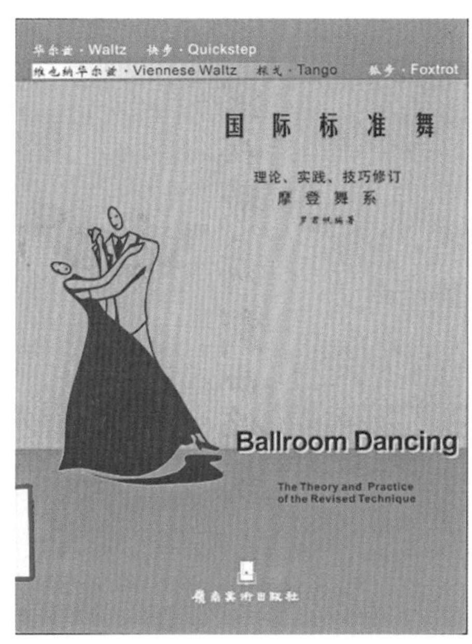

中图法分类：（索书号）J732.8/101
题　　名：热力塑身莎莎舞
书　　号：ISBN 978-7-80705-569-3
责 任 者：宋扬编著
出 版 者：成都时代出版社
出版时间：2007 2018
出 版 地：成都
页　　数：113 页
尺　　寸：21cm
价　　格：29.80（含光盘 DVD）
馆藏地址：北京舞蹈学院图书馆
内容提要：本书内容包括：遇见新拉丁派——Salsa；全面出击，揭开 Salsa 超高人气的奥秘；舞姿养成大补贴；Salsa 的快乐哲学等。

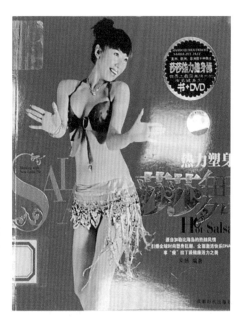

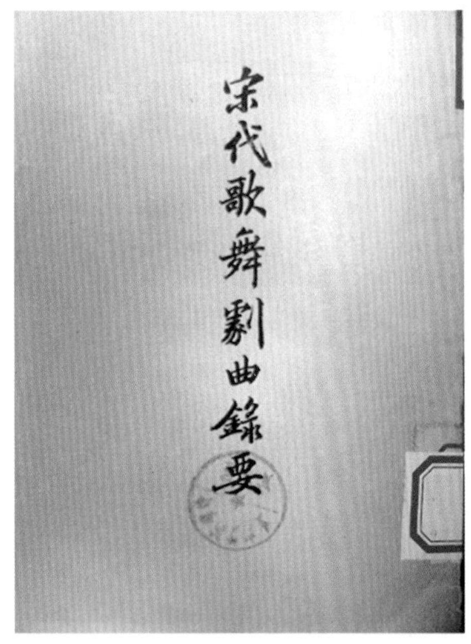

中图法分类：（索书号）J709.244/2
题　　名：宋代歌舞剧曲录要元人散曲选
书　　号：ISBN 978-7-101-05862-8
责 任 者：刘永济辑录
出 版 者：中华书局
2019 出版时间：2007
出 版 地：北京
页　　数：279 页
尺　　寸：21cm
价　　格：33.00
馆藏地址：北京舞蹈学院图书馆
内容提要：本书将宋代歌舞剧曲分成大曲、舞曲及曲破、法曲、鼓子词、转踏、诸宫调、赚词七类，并分七个专章进行论述，又将现存于宋人著述及词集中的宋代歌舞剧曲之重要者分类录于每章之下。

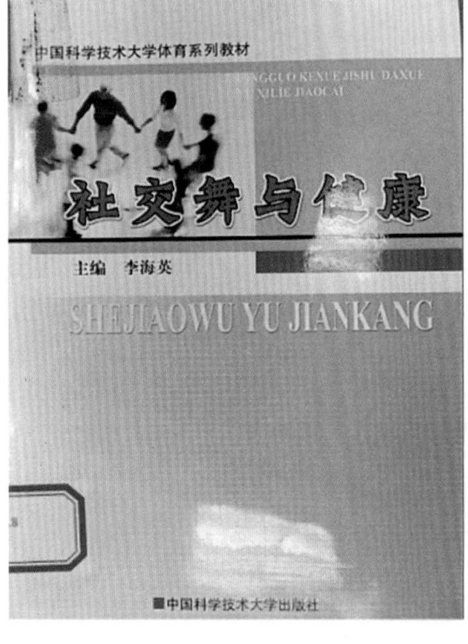

中图法分类：（索书号）J732.8/105
题　　名：社交舞与健康
书　　号：ISBN 978-7-312-02120-6
责 任 者：主编李海英
出 版 者：中国科学技术大学出版社
2020 出版时间：2007
出 版 地：合肥
丛　　书：中国科学技术大学体育系列教材
页　　数：114 页
尺　　寸：22cm
价　　格：6.00
馆藏地址：北京舞蹈学院图书馆
内容提要：本书主要介绍了社交舞与健康、社交舞起源与发展、社交舞基本知识、社交舞礼仪等内容。

中图法分类：（索书号）J712.22/5
题　　名：神秘纤媚印度舞
书　　号：ISBN 978-7-80705-572-3
责 任 者：叶静编著
出 版 者：成都时代出版社
出版时间：2007 2021
出 版 地：成都
页　　数：113 页
尺　　寸：21cm
价　　格：29.80（含光盘）
馆藏地址：北京舞蹈学院图书馆
内容提要：本书内容包括：印度舞，来自神秘国度的曼妙艺术；印度舞三大流派——风姿各异，色彩纷呈；学跳古典舞之冠婆罗多舞蹈精华；学跳风情印舞，变身印度美人；时尚界刮起印度风。

中图法分类：（索书号）J732.8/107
题　　名：体育舞蹈基础教程
书　　号：ISBN 978-7-81077-959-3
责 任 者：荣丽主编
出 版 者：北京航空航天大学出版社
出版时间：2007 2022
出 版 地：北京
页　　数：172 页
尺　　寸：23cm
价　　格：19.60（含光盘）
馆藏地址：北京舞蹈学院图书馆
内容提要：本书在编写过程中，结合了国内外体育舞蹈相关教材的精华部分和现代国内大学生常用体育舞蹈运动技术部分。突出体育舞蹈的知识性和技术性，理论和实践相结合的原则，内容在选用编排上不拘泥于技术套路和花样组合，注意将基本形体、音乐、舞蹈技艺与学生实际艺术结合力的提升。

2023

中图法分类：（索书号）J732.8/118
题　　　名：体育舞蹈：普通高校体育选项课教材
书　　　号：ISBN 978-7-81100-697-1
责 任 者：寿文华、魏纯镭、荣丽主编
出 版 者：北京体育大学出版社
出版时间：2007
出 版 地：北京
页　　　数：152 页
尺　　　寸：24cm
价　　　格：25.00（含光盘）
馆藏地址：北京舞蹈学院图书馆
内容提要：本书从体育舞蹈的基本知识、基本技术、基本技能介绍入手，由浅入深、循序渐进，其中对摩登舞中的华尔兹、探戈和快步，以及拉丁舞中的伦巴、恰恰恰和伽依夫作了详细的介绍，并配有 VCD 教学光盘，可供自学、自练和教学用。本书还介绍了体育舞蹈的竞赛组织和裁判工作等内容。

2024

中图法分类：（索书号）J732.8/97
题　　　名：体育舞蹈与流行交谊舞
书　　　号：ISBN 978-7-5612-2192-1
责 任 者：王珂、王家彬主编
出 版 者：西北工业大学出版社
出版时间：2007
出 版 地：兰州
页　　　数：210 页
尺　　　寸：23cm
价　　　格：20.00
馆藏地址：北京舞蹈学院图书馆
内容提要：本书是分为理论篇和实践篇两个部分。理论篇包括体育舞蹈的基础知识、动作编排、教学方法等 ；实践篇包括国际体育舞蹈、流行交谊舞等。

2025

中图法分类：（索书号）J7/3261
题　　名：舞蹈基础知识
书　　号：ISBN 978-7-80707-445-8
责 任 者：褚昌亚主编，安徽艺术职业学院教材编纂委员会编
出 版 者：黄山书社
出版时间：2007
出 版 地：合肥
页　　数：296 页
尺　　寸：22cm
价　　格：25.00
馆藏地址：上海图书馆
内容提要：本书主要讲述了舞蹈艺术、舞蹈教育与其他艺术的关系、舞蹈艺术表演教育、中国民间舞蹈等内容。

2026

中图法分类：J70/66/：1
题　　名：吴晓邦舞蹈文集．第一卷
书　　号：ISBN 978-7-5059-5457-1
责 任 者：冯双白、于平主编
出 版 者：中国文联出版社
出版时间：2007
出 版 地：北京
页　　数：本书共分 5 卷
尺　　寸：23cm
价　　格：72.00（全 5 卷 360.00）
馆藏地址：北京舞蹈学院图书馆
内容提要：本书共分 5 卷，收录了吴晓邦的“我的舞蹈生涯”、“新舞蹈艺术概论”、“舞蹈学研究”、“舞蹈美学研究”、“舞蹈评论”等著作及舞蹈方面的研究论述以及他的舞蹈创作等。

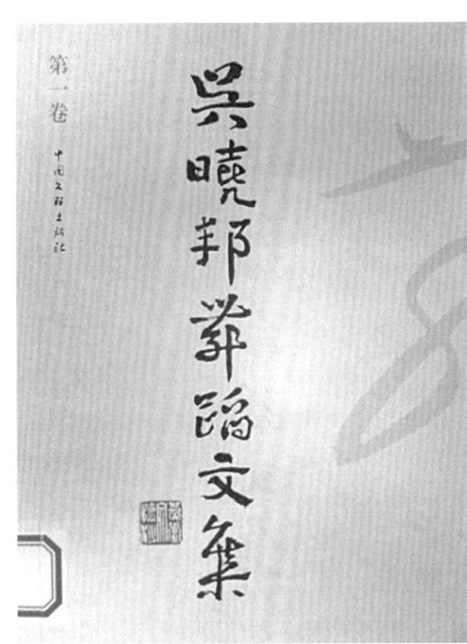

2027

中图法分类：J70/66/：2
题　　名：吴晓邦舞蹈文集．第二卷
书　　号：ISBN 978-7-5059-5457-1
责 任 者：冯双白、于平主编
出 版 者：中国文联出版社
出版时间：2007
出 版 地：北京
页　　数：本书分 5 卷
尺　　寸：23cm
价　　格：72.00（全 5 卷 360.00）
馆藏地址：北京舞蹈学院图书馆
内容提要：本书分 5 卷，收录了吴晓邦的“我的舞蹈生涯”、“新舞蹈艺术概论”、“舞蹈学研究”、“舞蹈美学研究”、“舞蹈评论”等著作及舞蹈方面的研究论述以及他的舞蹈创作等。

2028

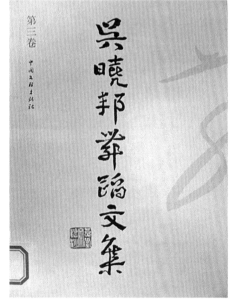

中图法分类：J70/66/：3
题　　名：吴晓邦舞蹈文集．第三卷
书　　号：ISBN 978-7-5059-5457-1
责 任 者：冯双白、于平主编
出 版 者：中国文联出版社
出版时间：2007
出 版 地：北京
页　　数：本书分 5 卷
尺　　寸：23cm
价　　格：72.00（全 5 卷 360.00）
馆藏地址：北京舞蹈学院图书馆
内容提要：本书分 5 卷，收录了吴晓邦的“我的舞蹈生涯”、“新舞蹈艺术概论”、“舞蹈学研究”、“舞蹈美学研究”、“舞蹈评论”等著作及舞蹈方面的研究论述以及他的舞蹈创作等。

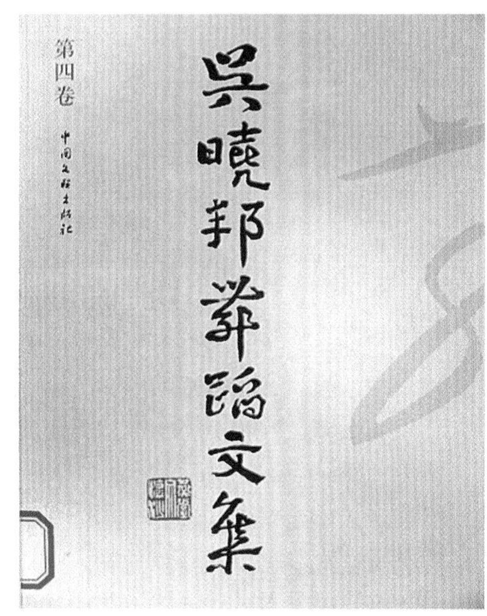

中图法分类：J70/66/：4
题　　　名：吴晓邦舞蹈文集．第四卷
书　　　号：ISBN 978-7-5059-5457-1
责 任 者：冯双白、于平主编
出 版 者：中国文联出版社
出版时间：2007 2029
出 版 地：北京
页　　　数：本书分 5 卷
尺　　　寸：23cm
价　　　格：72.00（全 5 卷 360.00）
馆藏地址：北京舞蹈学院图书馆
内容提要：本书分 5 卷，收录了吴晓邦的“我的舞蹈生涯”、“新舞蹈艺术概论”、“舞蹈学研究”、“舞蹈美学研究”、“舞蹈评论”等著作及舞蹈方面的研究论述以及他的舞蹈创作等。

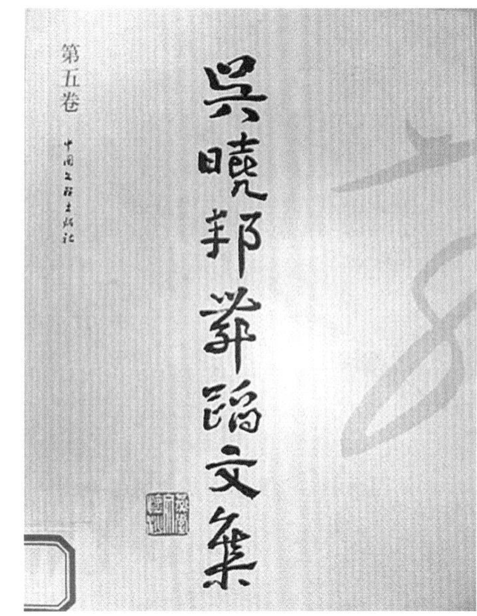

中图法分类：J70/66/：5
题　　　名：吴晓邦舞蹈文集．第五卷
书　　　号：ISBN 978-7-5059-5457-1
责 任 者：冯双白、于平主编
出 版 者：中国文联出版社
出版时间：2007 2030
出 版 地：北京
页　　　数：本书分 5 卷
尺　　　寸：23cm
价　　　格：72.00（全 5 卷 360.00）
馆藏地址：北京舞蹈学院图书馆
内容提要：本书分 5 卷，收录了吴晓邦的“我的舞蹈生涯”、“新舞蹈艺术概论”、“舞蹈学研究”、“舞蹈美学研究”、“舞蹈评论”等著作及舞蹈方面的研究论述以及他的舞蹈创作等。

2031

中图法分类：（索书号）J7-49/6
题　　名：舞蹈与生活
书　　号：ISBN 978-957-784-226-8
责 任 者：梁素娇、许淑婷、林幼萍编著
出 版 者：华立图书股份有限公司
出版时间：2007
出 版 地：台北市
页　　数：171 页
尺　　寸：26cm
. 价　　格：133.00　TWD350.00
馆藏地址：北京舞蹈学院图书馆
内容提要：本书为实用性的舞蹈教科书及参考书籍，由浅入深的针对各种舞蹈种类、历史、特色、器材等进行介绍，并佐以生活相关的舞蹈常识，让喜爱舞蹈、想要了解舞蹈的人，更容易切入，并运用于生活中。

2032

中图法分类：（索书号）J709.2/81
题　　名：舞遍全球：从乡村少年到芭蕾巨星的传奇
书　　号：ISBN 978-7-80741-108-6
责 任 者：李存信著；王晓雨译
出 版 者：文汇出版社
出版时间：2007
出 版 地：上海
页　　数：293 页
尺　　寸：23cm
价　　格：30.00
馆藏地址：北京舞蹈学院图书馆
内容提要：本书是作者李存信的自传，分为童年、北京、西方三部分，记叙了一个乡村少年如何成为芭蕾巨星的艰辛历程，从此书中看到了东西方的文化差异。

中图法分类：（索书号）J709.516/3
题　　名：为世界起舞：碧娜·鲍许
书　　号：ISBN 978-986-01-0456-5
责 任 者：林亚婷等合著
出 版 者：“国立”中正文化中心
出版时间：2007 2033
出 版 地：台北市
页　　数：210 页
尺　　寸：24cm
价　　格：182.40，TWD480.00
馆藏地址：北京舞蹈学院图书馆
内容提要：本书以图文并茂的形式记录了碧娜.鲍许的创作生平，读者可以领会碧娜·鲍许的创作思维、作品脉络和真实人生。

中图法分类：（索书号）J706/11（参见 G634.951.3/4051）
题　　名：志趣良师：舞韵
责 任 者：李文萱主编；尤静雯编著
出 版 者：上海文艺出版总社 百家出版社
出版时间：2007 2034
出 版 地：上海
丛　　书：系列校本教材
页　　数：96 页
尺　　寸：21cm
价　　格：
馆藏地址：上海图书馆
内容提要：本书介绍了上海徐汇区学校艺术教育先进工作者；优秀艺术指导；中青年骨干教师；尤静雯老师的自传体内容。表现出她在书中的字里行间都展现出在普教战线感动人们的先进事迹。书中有作者对于“舞韵”的独到见解。

2035

中图法分类：（索书号）J7-49/7
题　　名：舞动世界的小脚丫
书　　号：ISBN 978-986-01-6552-4
责 任 者：林郁晶、邱怡文、赵绮芳著
出 版 者："国立"中正文化中心；PAR 表演艺术杂志
出版时间：2007
出 版 地：台北市
页　　数：121 页
尺　　寸：26cm
价　　格：88.00 TWD220.00
馆藏地址：北京舞蹈学院图书馆
内容提要：本书以介绍舞蹈为主，特别针对芭蕾舞、现代舞，以及世界舞蹈三部分的发展、表演者服装、舞步、表演形式等，一一以趣味问答的方式为读者解答。

2036

中图法分类：（索书号）J722.9/22
题　　名：舞光魅影——性感肚皮拉丁有氧
书　　号：ISBN 978-986-83066-3-9
责 任 者：Miki 著
出 版 者：白象文化
出版时间：2007
出 版 地：台北市
页　　数：103 页
尺　　寸：21×19cm
价　　格：98.00　TWD180.00
馆藏地址：北京舞蹈学院图书馆
内容提要：融合中东肚皮舞、拉丁舞，以及有氧舞蹈的元素，在音乐文化的素养、中东肚皮舞与拉丁舞的舞蹈乐趣与有氧舞蹈的运动功效中，巧妙有效地达到运动流汗的 S 型塑身功效。全书由 warm up 暖身，hip & belly course 腰腹臀紧实练功房，core course 核心课程——肚皮拉丁有氧基本动作到 cool down 缓和 vs. 肌力训练，共示范 58 组动作。解说翔实，分解动作明确，丰富的内容与精美的图片，令人惊奇！

中图法分类：(索书号) J705/99
题　　名：新世纪中国舞蹈文化的流变
书　　号：ISBN 978-7-80751-069-7
责 任 者：金浩著
出 版 者：上海音乐出版社
出版时间：2007
出 版 地：上海
页　　数：188 页
尺　　寸：23cm
价　　格：26.00
馆藏地址：北京舞蹈学院图书馆
内容提要：本书关注的是作为曾经是小众艺术的舞蹈艺术，通过对新世纪以来重要舞蹈作品的评述探讨，探究其各个舞种在新世纪如何完成对于传统文化的传承，并应对新的艺术市场、新的艺术发展机遇等问题。

2037

中图法分类：J70/72
题　　名：戏曲舞蹈创作理念与作品研析
书　　号：ISBN 978-986-7558-93-0
责 任 者：卢志明著
出 版 者：中国文化大学华冈出版部
出版时间：2007
出 版 地：台北市
页　　数：69 页
尺　　寸：30cm
价　　格：130.00
馆藏地址：北京舞蹈学院图书馆
内容提要：本书分为三部分。第一部分戏剧作为一种艺术形式，细分成戏剧与人生、悲剧与喜剧、评欧洲荒诞戏剧等三个小单元，介绍中西戏剧的由来、种类及其与人生的意义。主要探讨了戏曲与舞蹈的关系。

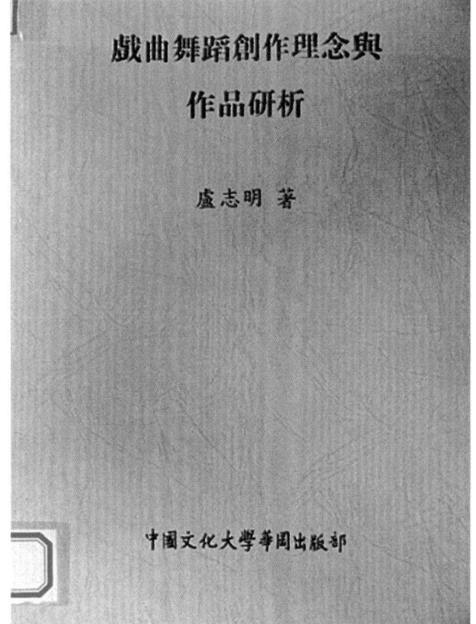

2038

2039

中图法分类：（索书号）J709.2/96
题　　名：箫管霓裳：敦煌乐舞
书　　号：ISBN 978-7-5423-1521-2
责 任 者：王克芬、柴剑虹著
出 版 者：甘肃教育出版社
出版时间：2007
出 版 地：兰州
丛　　书：走进敦煌丛书
页　　数：112 页
尺　　寸：23cm
价　　格：38.00
馆藏地址：北京舞蹈学院图书馆
内容提要：本书以图文并茂的形式展示了敦煌壁画里的乐舞形象，包括天宫乐舞、民俗歌舞场面、民族舞蹈、童子舞姿等，并分析了敦煌乐舞的文化特征和继承与创新等。

2040

中图法分类：（索书号）J719.3/25
题　　名：幼儿歌舞创编：实用教程
书　　号：ISBN 978-7-309-05738-6
责 任 者：程贾任兰主编
出 版 者：复旦大学出版社
出版时间：2007.
出 版 地：上海
页　　数：161 页
尺　　寸：30cm
价　　格：20.00
馆藏地址：北京舞蹈学院图书馆
内容提要：本书主要介绍了舞蹈的基础理论和基本训练。本书共分五个章节。从幼儿生理、心理发育特点结合幼儿歌舞的规律，通过幼儿歌舞基本理论以及大量实例、教案分析来完成这一课程。

2041

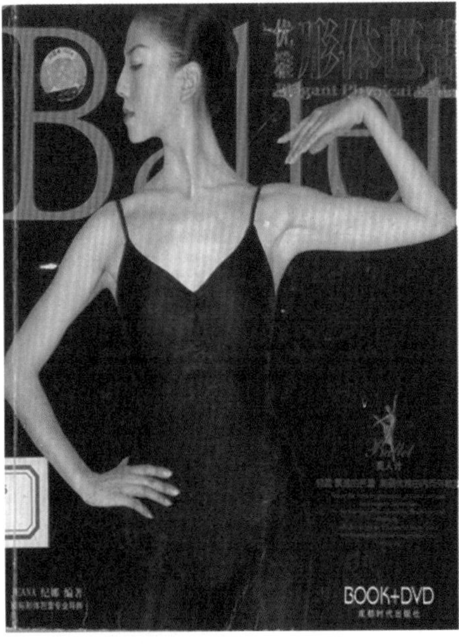

中图法分类：（索书号）J722.5/240
题　　　名：优雅形体芭蕾 = Elegant physical ballet
书　　　号：ISBN 7-80697-489-X
责 任 者：纪娜编著
出 版 者：成都时代出版社
出版时间：2007
出 版 地：成都
页　　　数：113 页+1DVD 光盘
尺　　　寸：21cm
价　　　格：29.80
馆藏地址：浙江图书馆
内容提要：本书作者为你讲述芭蕾的基本知识，内容包括芭蕾术语趣味学、挑选舞衣、初学须知、芭蕾头手脚位置、基本概念和舞姿造型、热身准备、扶把练习等。

2042

中图法分类：（索书号）J732.9/46
题　　　名：有氧舞蹈
书　　　号：ISBN 978-7-81081-695-3
责 任 者：刘亚云等著
出 版 者：湖南师范大学出版社
出版时间：2007
出 版 地：长沙
丛　　　书：普通高校公共体育选项课系列教材
页　　　数：222 页
尺　　　寸：23cm
价　　　格：25.80
馆藏地址：北京舞蹈学院图书馆
内容提要：本书主要介绍了有氧舞蹈的概况、有氧舞蹈的锻炼效果评价、有氧舞蹈游戏与要求、有氧舞蹈的健身方法与要求等。

2043

中图法分类：（索书号）J722.215/2
题　　　名：中国舞狮
书　　　号：ISBN 978-7-310-02662-3
责 任 者：高谊、姚树贵著
出 版 者：南开大学出版社
出版时间：2007
出 版 地：天津
页　　　数：153 页
尺　　　寸：30cm
价　　　格：18.00
馆藏地址：北京舞蹈学院图书馆
内容提要：本书介绍了中国舞狮运动的民间传说、历史沿革、价值功能、流系探源、鼓乐特色、套路演绎、训练方法、竞赛规则等内容。

2044

中图法分类：（索书号）J722.5/1
题　　　名：中国舞蹈高等教育 30 年学术文集，芭蕾舞研究
书　　　号：ISBN 978-7-04-025687-1
责 任 者：李春华主编
出 版 者：高等教育出版社
出版时间：2007
出 版 地：北京
页　　　数：476 页
尺　　　寸：23cm
价　　　格：38.00
馆藏地址：北京舞蹈学院图书馆
内容提要：本文集对舞蹈学院 30 年来在芭蕾舞学术研究上的发展历程进行梳理，包括芭蕾舞的传承与保护、教学与创作、实践与交流等方面，并对当今学者在芭蕾研究领域的每一阶段的走向和成果进行分析和总结以及展望。

中图法分类：(索书号) J712.24/5
题　　　名：中国古典舞基训教材大纲（内部教材）
责 任 者：孙颖著
出 版 者：北京舞蹈学院汉唐古典舞教研室
出版时间：2007 2045
出 版 地：北京
页　　　数：68 页
尺　　　寸：32cm
价　　　格：48.00
馆藏地址：北京舞蹈学院图书馆
内容提要：本书的体例和架构，一方面遵循我国高教系统所规范的教材编写原则，另一方面注重了艺术教育的个性化规律。内容分三大板块：第一个板块是基础概念部分，由第一章基本形态和身体各部分的运用方式及第二章静态舞姿、第三章动态舞姿组成；第二板块是各种能力的训练，由第四章流动连接、第五章力量速度和第六章基本技巧组成；第三板块为第七章课堂组合系列。

中图法分类：(索书号) J722.22/14
题　　　名：中国少数民族民间音乐舞蹈鉴赏
书　　　号：ISBN 978-7-81096-217-9
责 任 者：桑德诺瓦著
出 版 者：中央音乐学院出版社
出版时间：2007 2046
出 版 地：北京
页　　　数：430 页
尺　　　寸：21cm
价　　　格：28.00
馆藏地址：北京舞蹈学院图书馆
内容提要：本书共分十六章，尽可能用通俗易懂的语言、简明扼要的内容来表述每一讲的中心思想，教师除课堂讨论外，还将定期参与一些专题性讨论，并助指导学生进行某些实地采风工作。

2047

中图法分类：（索书号）J7-43/4
题　　名：中老年舞蹈教程（含光盘）
书　　号：ISBN 978-7-5404-3983-5
责 任 者：王淑月主编、王凤著、杨泓插图
出 版 者：湖南文艺出版社
出版时间：2007
出 版 地：长沙
丛　　书：老年大学实用艺术教材
页　　数：105 页
尺　　寸：29cm
价　　格：24.00（含光盘）
馆藏地址：北京舞蹈学院图书馆
内容提要：本书针对中老年朋友的特点，介绍了舞蹈的基本知识，并对舞蹈的基本动作进行了指导。

2048

中图法分类：（索书号）J70-05/29
题　　名：中老年人元极舞参与满意度对身心健康与生活品质相关之研究
书　　号：ISBN 978-957-555-839-0
责 任 者：余攸宁撰
出 版 者：高雄复文图书出版社
出版时间：2007.1
出 版 地：高雄市
页　　数：139 页；图版
尺　　寸：28cm
价　　格：76.00　TWD200.00
馆藏地址：北京舞蹈学院图书馆
内容提要：本论文研究目的在探讨中老年人参与元极舞满意度、身心健康与生活品质之关系。

中图法分类：（索书号）J719.3/3/：10
题　　名：中国舞等级考试教材：第十级（少年）
书　　号：ISBN 978-7-103-03211-
责 任 者：北京舞蹈学院编，孙光言主编
出 版 者：人民音乐出版社 2049
出版时间：2007
出 版 地：北京
页　　数：188 页
尺　　寸：30cm
价　　格：30.00
馆藏地址：北京舞蹈学院图书馆
内容提要：本部教材把中国古典舞、中国民间舞的一些基本舞姿、动作和舞步，按不同年龄的生理及心理特征划分为八个等级，提高了少年儿童及青年的文化素养和舞蹈艺术的审美能力。

中图法分类：（索书号）J709.2（45）1
题　　名：中华舞蹈志：新疆卷
书　　号：ISBN 978-7-80730-488-3
责 任 者：《中华舞蹈志》编辑委员会编
出 版 者：学林出版社
出版时间：2007 2050
出 版 地：上海
页　　数：373 页，［6］页图版
尺　　寸：24cm
价　　格：60.00
馆藏地址：北京舞蹈学院图书馆
内容提要：本书第一次以志书形式系统记述了新疆舞蹈历史渊源、演变风格、演出形式、音乐伴奏、服饰道具以及有关风俗节令、信仰礼仪、工艺美术、文献考古等史料，填补了中国文化史料和研究的一项空白。

2051

中图法分类：（索书号）J709.2（53）1
题　　名：中华舞蹈志：江苏卷
书　　号：ISBN 978-7-80730-487-6
责 任 者：《中华舞蹈志》编辑委员会编
出 版 者：学林出版社
出版时间：2007
出 版 地：上海
页　　数：575页
尺　　寸：23cm
价　　格：85.00
馆藏地址：北京舞蹈学院图书馆
内容提要：本书分为综述、志略、文物史迹、人物传记、图表几大部分，系统记述了江苏省民族民间舞蹈的历史、现状、内容形式、风格流派、衍变特色以及有关节令风俗、信仰礼仪等。

2052

中图法分类：（索书号）J709.2（71）1
题　　名：中华舞蹈志：四川卷
书　　号：ISBN 978-7-80730-489-0
责 任 者：《中华舞蹈志》编辑委员会编
出 版 者：学林出版社
出版时间：2007
出 版 地：上海
页　　数：12，409页，[6]页图版
尺　　寸：24cm
价　　格：65.00
馆藏地址：北京舞蹈学院图书馆
内容提要：本书第一次以志书形式系统记述了中华各民族舞蹈的历史渊源、衍变风格、演出形式、音乐伴奏、服饰道具以及有关风俗节令、信仰礼仪、工艺美术、文献考古等史料。系统记述了四川省民族民间舞蹈的历史、现状、内容形式、风格流派、衍变特色以及有关节令风俗、信仰礼仪等。

2053

中图法分类：（索书号）J709.2（74）1/：1
题　　名：中华舞蹈志：云南卷（上册）
书　　号：ISBN 978-7-80730-490-6
责 任 者：《中华舞蹈志》编辑委员会编
出 版 者：学林出版社
出版时间：2007
出 版 地：上海
页　　数：2册（19，1064页）
尺　　寸：23cm
价　　格：160.00（2册）
馆藏地址：北京舞蹈学院图书馆
内容提要：本书第一次以志书形式系统记叙了云南舞蹈的历史渊源、衍变风格、演出形式、音乐伴奏、服饰道具，以及有关风俗节令、信仰礼仪、工艺美术、文献考古等史料。（上、下卷）

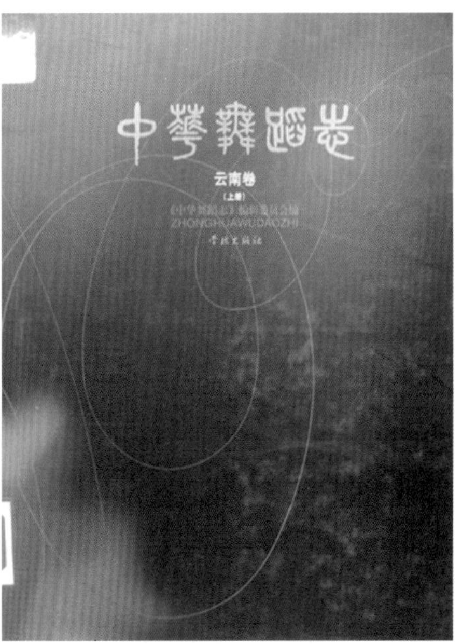

2054

中图法分类：（索书号）J709.2（74）1/：2
题　　名：中华舞蹈志：云南卷（下册）
书　　号：ISBN 978-7-80730-490-6
责 任 者：《中华舞蹈志》编辑委员会编
出 版 者：学林出版社
出版时间：2007
出 版 地：上海
页　　数：2册（19，1064页）
尺　　寸：23cm
价　　格：160.00（2册）
馆藏地址：北京舞蹈学院图书馆
内容提要：本书第一次以志书形式系统记叙了云南舞蹈的历史渊源、衍变风格、演出形式、音乐伴奏、服饰道具，以及有关风俗节令、信仰礼仪、工艺美术、文献考古等史料。（上、下卷）

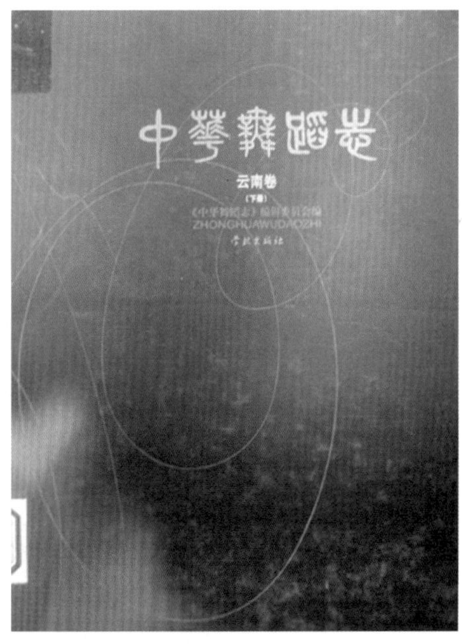

2055

中图法分类：（索书号）J722.21/48
题　　名：闽南民间舞蹈教程
书　　号：ISBN 978-7-80751-116-8
责 任 者：郭金锁，黄明珠著
出 版 者：上海音乐出版社
出版时间：2008.1
出 版 地：上海
页　　数：14，282 页，［6］页图版
尺　　寸：23cm
价　　格：58.00
馆藏地址：北京舞蹈学院图书馆
内容提要：本书是一本民间舞蹈的教材。主要内容包括：闽南民间舞蹈历史沿革与流行情况、闽南民间舞蹈的基本元素等。

2056

中图法分类：（索书号）J709.1/6
题　　名：外国舞蹈史及作品鉴赏（含光盘 1 张）
书　　号：ISBN 978-7-04-019336-7
责 任 者：欧建平著
出 版 者：高等教育出版社
出版时间：2008.1
出 版 地：北京
丛　　书：普通高等教育“十五”国家级规划教材
页　　数：346 页
尺　　寸：22cm
价　　格：39.80
馆藏地址：北京舞蹈学院图书馆
内容提要：本书系普通高等教育“十五”国家级规划教材。全书贯彻以论带史的总体原则，首先用 10000 年前的最新舞蹈文物作为起点，从自娱性的原始舞、民间舞、交谊舞，逐一论述到表演性的宗教舞、民间舞、国标舞、古典舞。其中的舞蹈个案来自五大洲的数十个民族、国家和地区，然后分别论述芭蕾和现代舞这两大世界性的舞种，以及由此派生出来的舞蹈剧场、身体剧场、当代舞、舞踏和新媒体舞蹈，并对各自的来龙去脉、逻辑定义、名词解释、艺术特征、不同流派、不同时期，最具代表性的编导家、表演家、教育家和作曲家及其代表作，逐一进行评介与分析。

中图法分类：（索书号）J712.25/29
题　　名：新芭蕾形体雕塑
书　　号：ISBN 978-7-80705-717-8
责 任 者：陈琳编著
出 版 者：成都时代出版社
出版时间：2008.1 2057
出 版 地：成都
页　　数：111页，[1]叶图版
尺　　寸：21cm
价　　格：29.80（含光盘DVD）
馆藏地址：北京舞蹈学院图书馆
内容提要：本书是一本有关形体训练基本知识学习的书籍。书中内容包括：初级基础教程、中级素质训练教程、高级舞姿教程、亲身体验芭蕾气质公主的生活等。

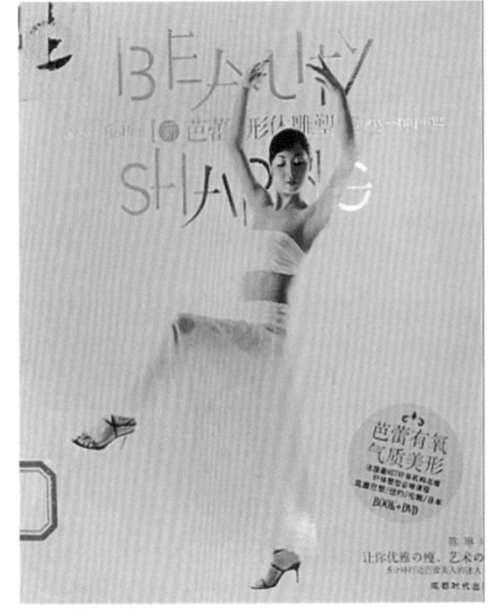

中图法分类：（索书号）J709/22
题　　名：向舞者致敬：全球顶尖舞团的过去、现在与未来
书　　号：ISBN 978-986-83917-6-5
责 任 者：欧建平著
出 版 者：信实文化行销有限公司 2058
出版时间：2008.1
出 版 地：台北市
页　　数：453页：部分彩图
尺　　寸：21cm
价　　格：150.00　TWD460
馆藏地址：北京舞蹈学院图书馆
内容提要：世界上的人都是怎么在跳舞的？从日本歌舞伎到好莱坞歌舞片，从踮着脚的芭蕾到裸足踏地的印度舞……本书介绍了全球十二个国家的舞蹈发展过程与重要乐团，要了解舞动的世界，就从这里开始。

2059

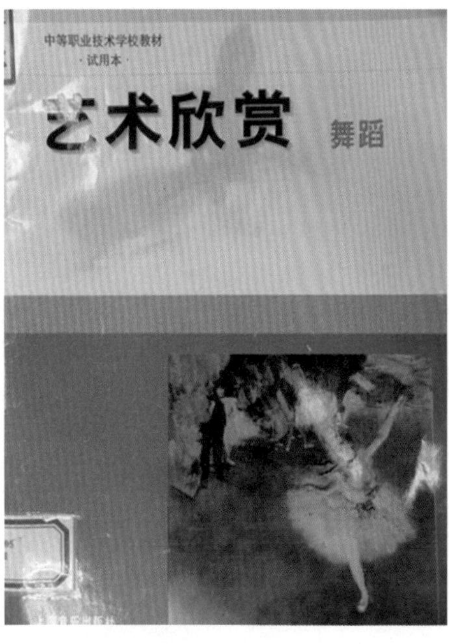

中图法分类：（索书号）J705/61
题　　名：中等职业技术学校教材试用本：艺术欣赏：舞蹈
书　　号：ISBN 7-80553-826-3
责 任 者：上海市中等职业技术教育课程改革和教材建设委员会编
出 版 者：上海音乐出版社
出版时间：2008.2.1
出 版 地：上海
页　　数：32页
尺　　寸：26cm
价　　格：2.80
馆藏地址：北京舞蹈学院图书馆
内容提要：本书内容包括：怎样欣赏舞蹈，舞蹈与音乐，抒情舞蹈、情节舞蹈、中国古典舞蹈、芭蕾、民族民间舞蹈、现代舞、音乐舞蹈史诗各种舞剧的特征及代表作片段赏析。艺术教育是学校实施美育的重要内容和途径。艺术教育具有其他学科教育所不可替代的作用，它是潜移默化地提高学生道德水准，陶冶高尚情操，促进智力和身心健康发展的有力手段。

2060

中图法分类：（索书号）J709.2/93
题　　名：2007南岛乐舞国际学术研讨会论文集
书　　号：ISBN 978-986-01-3666-1
责 任 者：陈怜燕编辑
出 版 者：台东县政府编印
出版时间：2008.3.1
出 版 地：台东县
页　　数：232页
尺　　寸：28cm
价　　格：72.00 TWD250.00
馆藏地址：北京舞蹈学院图书馆
内容提要：本次国际研讨会以南岛乐舞为主题，以传承“南岛原乡、天籁乐舞蹈”的理念，收录数位国内年乐舞专家研究成果。

中图法分类：（索书号）J705/102
题　　名：大学舞蹈鉴赏
书　　号：ISBN 978-7-5617-5694-2
责 任 者：袁禾主编
出 版 者：华东师范大学出版社
出版时间：2008.3
出 版 地：上海
丛　　书：普通高等学校公共艺术课程系列教材
页　　数：271 页
尺　　寸：24cm
价　　格：28.00
馆藏地址：北京舞蹈学院图书馆
内容提要：本书是一本关于高等学校舞蹈艺术鉴赏方面的教材。主要内容包括：舞蹈的形成与发展，舞蹈艺术的特征，舞蹈的种类，舞蹈作品鉴赏，舞蹈精品的甄别等。

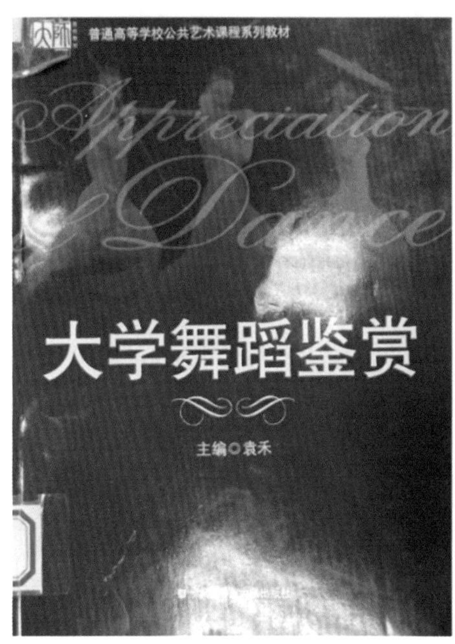

2061

中图法分类：（索书号）J732.9/45
题　　名：性格舞蹈基础
书　　号：ISBN 978-7-80751-152-6
责 任 者：A. 洛普霍夫、A. 施里亚耶夫、A. 鲍恰罗夫著；朱立人、杨越译
出 版 者：上海音乐出版社
出版时间：2008.3
出 版 地：上海
页　　数：225 页
尺　　寸：26cm
价　　格：38.00
馆藏地址：北京舞蹈学院图书馆
内容提要：本书是一本介绍性格舞蹈的书籍。主要内容包括：性格舞蹈的发展道路、性格舞蹈及其芭蕾舞的联系、性格舞的课程与课堂安排、中间练习、俄罗斯舞蹈元素、乌克兰舞蹈元素等内容。

2062

2063

中图法分类：（索书号）J792.3/3/：2004
题　　　名：梦想的印迹：北京舞蹈学院艺术设计系2004级舞台服装设计/服装表演专业：作品集（内部资料）
责 任 者：北京舞蹈学院艺术设计系
出 版 者：北京舞蹈学院艺术设计系
出版时间：2008.4.29
出 版 地：北京
页　　　数：1册
尺　　　寸：20cm
价　　　格：
馆藏地址：北京舞蹈学院图书馆
内容提要：本书为北京舞蹈学院艺术设计系04级舞台设计/舞台服装设计/服饰表演班毕业作品汇编。

2064

中图法分类：（索书号）J709.2/88
题　　　名：宋辽金西夏舞蹈史
书　　　号：ISBN 978-7-5402-1052-6
责 任 者：冯双白著
出 版 者：北京燕山出版社
出版时间：2008.5 2版
出 版 地：北京
页　　　数：4，170页
尺　　　寸：21cm
价　　　格：28.00
馆藏地址：北京舞蹈学院图书馆
内容提要：本书介绍了宋辽金元时代的中国舞蹈史。主要内容包括：概述，勾栏瓦舍与京瓦技艺，宋代宫廷乐舞，辽、金、西夏舞蹈等。

中图法分类：（索书号）J712/13

题　　名：中国舞基训常用动作选（普及版）

书　　号：ISBN 978-7-103-03302-9

责 任 者：孙光言、徐大之编著

出 版 者：人民音乐出版社

出版时间：2008.5 2065

出 版 地：北京

页　　数：166页

尺　　寸：30cm

价　　格：29.00

馆藏地址：北京舞蹈学院图书馆

内容提要：本书收集了部分传统的、民族风格较强的基本的舞姿、转、翻身和跳跃等技术性动作，也收纳了部分当代发展的舞蹈动作。另外，附录中收有专业术语和名词，这些技术用语是舞蹈爱好者在表演和创作时应掌握的基本知识。

中图法分类：（索书号）J732.9/51

题　　名：街舞圣经

书　　号：ISBN 978-986-6771-34-7

责 任 者：朵琳制作

出 版 者：朵琳出版社有限公司

出版时间：2008.7.28 2066

出 版 地：台北市

页　　数：45页

尺　　寸：21cm

价　　格：94.62　TWD249.00

馆藏地址：北京舞蹈学院图书馆

内容提要：本书根据街舞流行趋势，结合DVD由专业舞蹈老师由浅入深示范指导特别精选4种最热门的舞蹈：雷鬼、girl’s hip hop、hip hop jazz、punkin。由最浅的初级动作开始教学，并分解动作，更简单易懂。本书还完整介绍各种街舞历史、特色、时尚风格配件，让你当个全方位的街舞人，并解说肢体运动重点并加上许多街舞风格的衣着介绍。

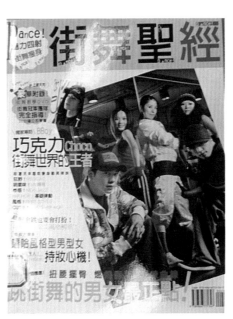

2067 中图法分类：J70/78
题　　名：管他的博士学位跳舞吧
书　　号：ISBN 978-986-6782-34-3
责 任 者：蔡适任著
出 版 者：心灵工坊文化
出版时间：2008.7
出 版 地：台北市
页　　数：208 页
尺　　寸：20cm
价　　格：62.50　TWD250.00
馆藏地址：北京舞蹈学院图书馆
内容提要：本书主要讨论东方舞，不只是一段人类学家脱下学术外衣，学习东方舞的亲身体验，一个刻骨铭心的女性生命故事，更是一场自我、身体与文化之间的精彩对话。

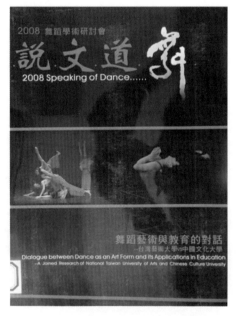

2068 中图法分类：J70/79
题　　名：说文道舞：2008-舞蹈学术研讨会：舞蹈艺术与教育的对话
书　　号：ISBN 978-986-01-9103-5
责 任 者：台湾艺术大学，中国文化大学
出 版 者：“国立”台湾艺术大学
出版时间：2008.7
出 版 地：台北市
页　　数：186 页
尺　　寸：30cm
价　　格：73.00　TWD250.0
馆藏地址：北京舞蹈学院图书馆
内容提要：本书记叙了“国立”台湾艺术大学 2009.2008 说文道舞-舞蹈学术研讨会会议论文、研讨会日程表及其他情况介绍。

中图法分类：（索书号）J71/2 3
题　　名：舞动-舞蹈编创、教学与作品实例之分析
书　　号：ISBN 978-986-67102-2-3
责 任 者：林郁晶著
出 版 者：中国文化大学华冈出版社 2069
出版时间：2008.7
出 版 地：台北市
页　　数：74页
尺　　寸：30cm
价　　格：37.5 TWD150.00
馆藏地址：北京舞蹈学院图书馆
内容提要：本书之研究以笔者在中等舞蹈学校与高等舞蹈学校的编创历程及教学经历为基础，记录并分析近年所编创的舞蹈作品，探讨舞作之编创动机、编创理论与方法、舞作编创过程之纪录与心得以及编创教学之间的互动情境。旨在了解舞蹈编创的功能与价值，省思编创、教学与表演三者之间之互补、互动以及相辅相成不可解离的关系，希冀能增进舞蹈工作者、观舞者对编创实务步骤的了解与舞蹈鉴赏能力之加强，并期许自我与学生能够发挥创意，进而以新的舞风、新的舞蹈创编理论来完成。

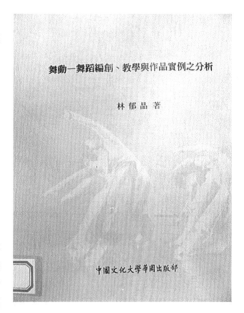

中图法分类：（索书号）J705/103
题　　名：舞思：资华筠文论集
书　　号：ISBN 978-7-5039-3517-6
责 任 者：资华筠著
出 版 者：文化艺术出版社
出版时间：2008.7 2070
出 版 地：北京
页　　数：272页
尺　　寸：24cm
价　　格：28.00
馆藏地址：北京舞蹈学院图书馆
内容提要：本书是一部中国舞蹈艺术评论文集也是舞蹈艺术家资华筠的回忆录。文笔洗练、精致。

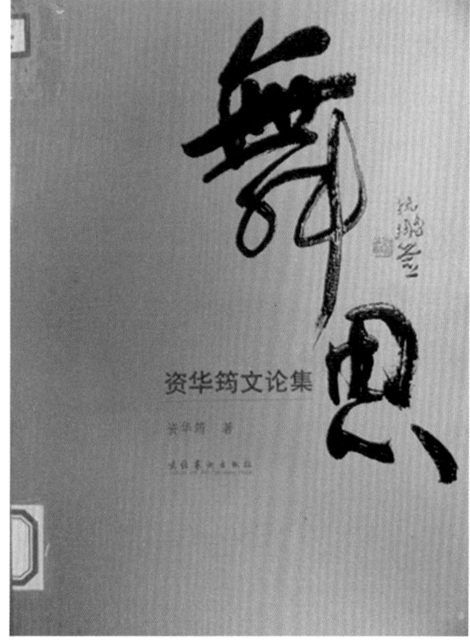

2071

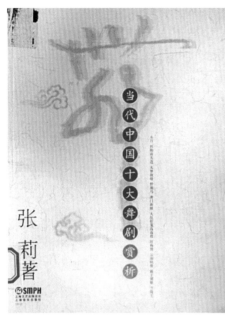

中图法分类：（索书号）J723/4
题　　名：当代中国十大舞剧赏析
书　　号：ISBN 978-7-80751-162-5
责 任 者：张莉著
出 版 者：上海文艺出版总社，上海音乐出版社
出版时间：2008. 8
出 版 地：上海
页　　数：235 页
尺　　寸：23cm
价　　格：49. 00
馆藏地址：北京舞蹈学院图书馆
内容提要：本书收集了部分中国现代舞蹈及舞蹈艺术鉴赏。对中国十大舞剧做了细致入微的欣赏与分析。

2072

中图法分类：（索书号）J722. 21/2264
题　　名：舞狮
书　　号：ISBN 7-80762-76-9
责 任 者：杨永峰、武君昭主编
出 版 者：吉林出版集团有限责任公司
出版时间：2008. 10
出 版 地：长春
丛　　书：阳光体育运动丛书
页　　数：74 页
尺　　寸：19cm
价　　格：3. 80
馆藏地址：上海图书馆（保存本书库）
内容提要：吉林体育学院组织专家编写的这套《阳光体育运动丛书》，从青少年学生体育活动的实际出发，行文简明，结构合理，洋洋 100 册，基本涵盖了青少年适合从事的体育活动的各个方面。本书为“舞狮”册。中国是舞狮运动的发源地。舞狮运动自问世以来，一直深受各族人民的喜爱，历代相传，鼎盛不衰，并由此形成了极其灿烂的舞狮文化。本书主要介绍了舞狮的历史与基础知识、场地、器材与装备、基本技术、北狮和南狮技术动作以及比赛规则等。

2073

中图法分类：（索书号）J722.216/4
题　　名：腰鼓
书　　号：ISBN 978-7-5059-5784-8
责 任 者：白庚胜主编，梁泉等著
出 版 者：中国文联出版社
出版时间：2008.10
出 版 地：北京
页　　数：139 页
尺　　寸：23cm
价　　格：20.80
馆藏地址：北京舞蹈学院图书馆
内容提要：本书收集了部分腰鼓舞传统的、民族风格较强的基本的舞姿、转、翻身和跳跃等技术性动作，也收纳了部分当代发展的舞蹈动作。另外，附录中收有专业术语和名词，这些技术用语是舞蹈爱好者在表演和创作时应掌握的基本知识。

2074

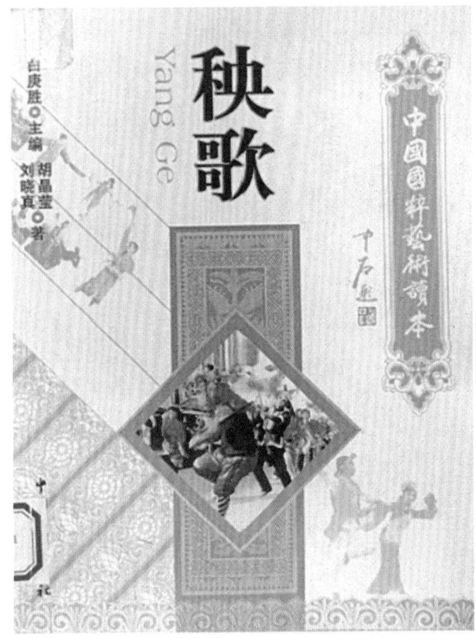

中图法分类：（索书号）J722.211/17
题　　名：中国国粹艺术读本：秧歌
书　　号：ISBN 978-7-5059-5783-1
责 任 者：白庚胜主编，刘晓真、胡晶莹著
出 版 者：中国文联出版社
时　　间：2008.10
出 版 地：北京
页　　数：185 页
尺　　寸：23cm
价　　格：25.80
馆藏地址：北京舞蹈学院图书馆
内容提要：本书收集了部分秧歌舞传统的、民族风格较强的基本的舞姿、转、翻身和跳跃等技术性动作，也收纳了部分当代发展的舞蹈动作。另外，附录中收有专业术语和名词，这些技术用语是舞蹈爱好者在表演和创作时应掌握的基本知识。

2075

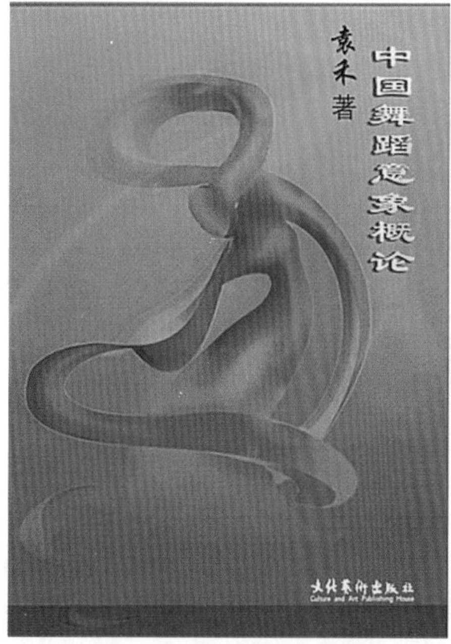

中图法分类：J70/22XD
题　　名：中国舞蹈意象概论
书　　号：ISBN 978-7-50391-292-4
责 任 者：袁禾著
出 版 者：文化艺术出版社
出版时间：2008. 10
出 版 地：北京
页　　数：271 页，［10］页图版
尺　　寸：24cm
价　　格：28. 00
馆藏地址：北京舞蹈学院图书馆
内容提要：本书从中国古典美学及意象角度对中国舞蹈艺术作了探索，并从舞蹈意象的物质载体-动作姿态入手，分 9 章对有关问题进行了逐一论述。本书率先从深度与广度上系统、全面地探求中国舞蹈的意象机制，构建中国舞蹈意象理论的系统框架。并在此基础上，提出了“中国舞蹈运动形态本象”的命题，阐发了以《周易》为代表的传统文化意识对中国舞蹈的深刻影响以及舞蹈动律与太极意。在论证中国舞蹈情感表现的本质性特征的基础上，从情感与形式的矛盾运动角度，分析了中国舞蹈意象的历史性演进。并将中国舞蹈进行了古今中外以及艺术门类之间的比较研究，对中国舞蹈的意象境界及其审美风范形成的根源进行了较为深入的剖析。

2076

中图法分类：（索书号）J722. 21/50
题　　名：鄂东南民间舞蹈歌诀 100 首
书　　号：ISBN 978-7-106-02659-2
责 任 者：陈宗善著
出 版 者：中国电影出版社
出版时间：2008. 12
出 版 地：北京
页　　数：160 页
尺　　寸：23cm
价　　格：80. 00
馆藏地址：北京舞蹈学院图书馆
内容提要：国家一级编导陈宗善先生，在编写《民族民间舞蹈集成 黄石卷》的基础上借用民族传统的“口诀”形式，言简意深地记载和高度概括该地区民间舞蹈的特征及要领，编著了《鄂东南民间舞蹈歌诀 100 首》。陈宗善先生在民间舞蹈教学过程中编写教程之独具匠心的研究成果。不但具有很强的实践性，而且朗朗上口，具有文学性和民俗性特征。《鄂东南民间舞蹈歌诀一百首》主要介绍有：大冶花鼓、推车、彩抛球、架菩萨、板凳舞、玉莲汲水、七星高照、板凳龙等民间舞蹈。每种民间舞蹈均由概述、音乐、歌诀三部分组成。

中图法分类：（索书号）J709.2/90：1 2077
题　　名：新中国舞蹈的奠基石．上
书　　号：ISBN 9-62450-854-3
责 任 者：董锡玖、隆荫培主编
出 版 者：天马出版社
出版时间：2008.12
出 版 地：香港
页　　数：788 页
尺　　寸：24cm
价　　格：150（上下册）
馆藏地址：北京舞蹈学院图书馆
内容提要：本书以论文图片等各种形式讲述新中国舞蹈事业的历程。时光退回到 59 年前，有这样一群来自全国各地的青年与少年，他们青春阳光，他们激情满怀，他们憧憬着美好的未来，他们是充满革命情怀和理想精神的文艺青少年。这样一群人汇聚在一起，开始了新中国舞蹈艺术的跋涉。他们是幸运的一代，因为欧阳予倩、曹禺、张庚、李伯钊、张光年等学贯中西、博古通今的名家曾是他们的领导和师长；戴爱莲、陈锦清、刘得复、彭松、叶宁等当时不可多得的具有远见卓识的舞界精英曾亲自为他们授课并成为他们舞蹈事业的引路人。他们也是开拓的一代，共和国的建立掀开了中国舞蹈历史新的一页，而他们就是这段辉煌历程的亲历者和奠基人。

中图法分类：（索书号）J709.2/90：2 2078
题　　名：新中国舞蹈的奠基石．下
书　　号：ISBN 9-62450-854-3
责 任 者：董锡玖、隆荫培主编
出 版 者：天马出版社
出版时间：2008.12
出 版 地：香港
页　　数：788 页
尺　　寸：24cm
价　　格：150.00（上下册）
馆藏地址：北京舞蹈学院图书馆
内容提要：本书以论文图片等各种形式讲述新中国舞蹈事业历程。时光退回到 59 年前，有这样一群来自全国各地的青年与少年，他们青春阳光，他们激情满怀，他们憧憬着美好的未来，他们是充满革命情怀和理想精神的文艺青少年。这样一群人汇聚在一起，开始了新中国舞蹈艺术的跋涉。他们是幸运的一代，因为欧阳予倩、曹禺、张庚、李伯钊、张光年等学贯中西、博古通今的名家曾是他们的领导和师长；戴爱莲、陈锦清、刘得复、彭松、叶宁等当时不可多得的具有远见卓识的舞界精英曾亲自为他们授课并成为他们舞蹈事业的引路人。他们也是开拓的一代，共和国的建立掀开了中国舞蹈历史新的一页，而他们就是这段辉煌历程的亲历者和奠基人。

2079

中图法分类：（索书号）J722.82（参见G831.3/4233）
题　　名：Salsa舞风情
书　　号：ISBN 978-7-50484-922-9
责 任 者：苑湘湘编著
出 版 者：农村读物出版社
出版时间：2008
出 版 地：北京
丛　　书：健身流行风
页　　数：113页：彩图+1光盘
尺　　寸：22cm
价　　格：26.00
馆藏地址：上海图书馆
主题标目：健身运动—基本知识
内容提要：本书共四章：拉丁风情舞—Salsa、Salsa舞的流派、Salsa舞的初级入门、Salsa舞的中级入门。Salsa舞是拉丁舞的一种，起源于南美，以其热情洋溢、节鲜明的音乐，流畅大方、动感个性的舞姿，在欧美已经风靡了70年。它比国标拉丁舞更时尚、更自由，被称为“风情社交拉丁舞”，是既可以在舞台上表演也可以在舞池中不需固定舞伴进行交流的舞蹈；它有着很浓的交际互动色彩，是大众流行文化和新时代文明与美丽相辅相成的一种舞蹈艺术。

2080

中图法分类：（索书号）J732.9/12（参见G831.3/6052）
题　　名：埃及纤体肚皮舞=Egypt slimming belly dance
书　　号：ISBN 978-7-80705-629-4
责 任 者：叶静编著
出 版 者：成都时代出版社
出版时间：2008
出 版 地：成都
丛　　书：时尚生活专家
页　　数：113页：图+1光盘DVD
尺　　寸：22cm
价　　格：29.80
馆藏地址：上海图书馆
主题标目：健身运动—基本知识
内容提要：本书解析了肚皮舞的动作及要领，并介绍了在世界舞台上大放异彩的肚皮舞舞蹈家。

中图法分类：（索书号）J732.9/4432-1
题　　名：百分魔体肚皮舞
书　　号：ISBN 978-7-80671-947-3
责 任 者：李宛儒
出 版 者：鹭江出版社
出版时间：2008 2081
出 版 地：福建厦门
页　　数：163 页；彩图
尺　　寸：21cm
价　　格：35.00
馆藏地址：上海图书馆

内容提要：本书分三部分：肚皮舞简介、基础动作、升级动作、从手臂、腰臀等局部动作到全身动作，作者以浅显的语言和准确的示范，由浅入深地引领读者快速进入肚皮舞的美妙殿堂。

中图法分类：（索书号）J732.8/110
题　　名：大学体育舞蹈教程
书　　号：ISBN 978-7-5423-1803-9
责 任 者：黄淑萍、刘凯编著
出 版 者：甘肃教育出版社
出版时间：2008 2082
出 版 地：兰州
页　　数：201 页
尺　　寸：25cm
价　　格：26.00
馆藏地址：北京舞蹈学院图书馆
内容提要：本书主要内容有体育舞蹈概论、体育舞蹈的基本名词术语及记写方式、体育舞蹈竞赛的组织与规则、体育舞蹈的教学法等。

2083

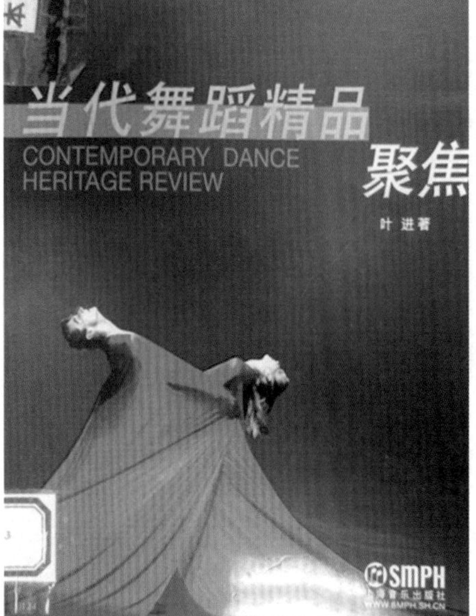

中图法分类：（索书号）J705-43/6
题　　　名：当代舞蹈精品聚焦
书　　　号：ISBN 978-7-80751-153-3
责　任　者：叶进著
出　版　者：上海音乐出版社
出 版 时 间：2008
出　版　地：上海
页　　　数：10，107 页
尺　　　寸：23cm
价　　　格：58.00
馆 藏 地 址：北京舞蹈学院图书馆
内 容 提 要：本书展示了当今中外各类舞蹈艺术，分为上下两篇，介绍了中国民间舞、中国现代舞、中国芭蕾舞、中国古典舞、中国当代舞、外国芭蕾舞、外国民间舞、外国现代舞等内容。

2084

中图法分类：（索书号）J732.2（参见 K294.1-64/8157#3）
题　　　名：第一批陕西非物质文化遗产图录，第三辑（民间舞蹈类）
书　　　号：ISBN 978-7-224-08541-9
责　任　者：本社项目组编
出　版　者：陕西人民出版社
出 版 时 间：2008
出　版　地：西安
页　　　数：185 页：彩照
尺　　　寸：25cm
价　　　格：560.00（全 6 册）
馆 藏 地 址：上海图书馆
内 容 提 要：本书收录了陕西非物质文化遗产民间舞蹈类项目，包括：安塞腰鼓、陕北秧歌、壶口斗鼓、十面锣鼓、岐山转鼓等 25 项。

中图法分类：（索书号）J723.1/18
题　　　名：2008第十三届明日之星闪亮公演明日之星精编全版中国民间舞剧：牛郎织女：典藏剧册
书　　　号：ISBN 978-986-84757-0-0
责　任　者："明日之星"舞蹈教育团队 2085
出　版　者：中国民间舞剧明日之星舞蹈教育团队，明日之星艺术推广有限公司
出版时间：2008
出　版　地：台北市
页　　　数：128页：彩图版
尺　　　寸：30cm
价　　　格：315.00
馆藏地址：北京舞蹈学院图书馆
内容提要：本书为2008年第十三届明日之星闪亮公演明日之星精编全版中国民间舞剧牛郎织女典藏剧册，书中有大量的舞蹈剧照。

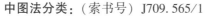

中图法分类：（索书号）J709.565/1
题　　　名：法国，这玩艺!：音乐、舞蹈与戏剧
书　　　号：ISBN 978-957-19-2918-7
责　任　者：蔡昆霖、戴君安、梁蓉著
出　版　者：东大图书公司 2086
出版时间：2008
出　版　地：台北市
页　　　数：272页
尺　　　寸：21cm
价　　　格：97.50　TWD390.00
馆藏地址：北京舞蹈学院图书馆
内容提要：本书以游记的形式介绍了法国的音乐、舞蹈与戏剧。其中舞蹈篇既提到了当年超爱跳舞的太阳王路易十四在凡尔赛宫舞出法国芭蕾的第一步，也介绍了今日巴黎歌剧院的芭蕾舞星，呈现出法国舞蹈的精彩面貌。

2087

中图法分类：（索书号）J732.2（4）/1
题　　　名：非洲舞蹈（内部资料）
责 任 者：刘建、李红梅编译
出 版 者：北京舞蹈学院
出版时间：2008
出 版 地：北京
页　　　数：111 页
尺　　　寸：25cm
价　　　格：28.00
馆藏地址：北京舞蹈学院图书馆
内容提要：本书特点：自然地理和政治地理是舞蹈语境的基本构成，按照种族、族群或者说部族舞蹈再分类描述，“灵肉一体”的舞蹈探索。

2088

中图法分类：（索书号）J722.225.1/3
题　　　名：广东瑶族：舞蹈与音乐艺术
书　　　号：ISBN 978-7-5623-2883-4
责 任 者：主编汤耶碧
出 版 者：华南理工大学出版社
出版时间：2008
出 版 地：广州
页　　　数：127 页
尺　　　寸：26cm
价　　　格：30.00（含光盘）
馆藏地址：北京舞蹈学院图书馆
内容提要：瑶族人民热爱唱歌跳舞，并贯穿于他们的日常生活中，瑶族的舞蹈和音乐有着鲜明的民族特色，多是以“师带徒”口头传承的方式流传。本书作者经过调研、整理，把瑶族的歌舞如长鼓舞、讴莎腰等以文字符号的形式记载下来，更好地保存了民族的文化遗产，令其发扬光大，永久流传。

中图法分类：（索书号）J732.2/15/：1 2089
题　　　名：国际民俗舞蹈儿童教材．第一辑
书　　　号：ISBN 978-986-84717-0-2
责　任　者：须文宏主编
出　版　者：国际民俗舞蹈协会
出 版 时 间：2008
出　版　地：台北市
页　　　数：118 页
尺　　　寸：30cm
价　　　格：95.00　TWD250.00
馆 藏 地 址：北京舞蹈学院图书馆
内 容 提 要：国际民俗舞蹈，在台湾已经有 50 年的活动历史了。本教材邀请 7 位中小学任职的老师一起编纂，共包含 19 支世界各地的民俗舞蹈，舞蹈的选材，考虑难易程度、队形的变化、社交功能、来源地区的分布，可以提供不同年龄儿童及不同教育场合的需求。

中图法分类：（索书号）J609.2/1149 2090
题　　　名：海南汉族音乐舞蹈：文学卷
书　　　号：ISBN 978-7-5443-2654-4
责　任　者：王梅、王安潮编著
出　版　者：海南出版社、南方出版社
出 版 时 间：2008
出　版　地：海口
丛　　　书：海南历史文化大系
页　　　数：249 页：照片
尺　　　寸：23cm
价　　　格：35.00
馆 藏 地 址：上海图书馆
内 容 提 要：本书包括海南汉族音乐的历史与现状、海南传统汉族音乐、海南的音乐创作、海南传统汉族舞蹈、海南的舞蹈创作等内容。

2091

中图法分类：（索书号）J722.9/24
题　　　名：晋舞 19：最时尚的太极 · 最夯的舞
书　　　号：ISBN 978-986-84316-3-8
责　任　者：林大晋著
出　版　者：贸腾发卖股份有限公司
出 版 时 间：2008
出　版　地：台北市
页　　　数：151 页
尺　　　寸：25cm
价　　　格：114.00，TWD300.00
馆 藏 地 址：北京舞蹈学院图书馆
内 容 提 要：本书主要介绍了林大晋亲身示范这十九个既酷炫有活力，以兼具健康概念的舞步分解动作。介绍了初学者学习舞步的基本动作及对作者本人进行了自序。也许你看过公园里成群打太极的人，或许你看过广场上一团团跳现代舞的年轻人，但你绝对没看过将太极与 Hip Hop 舞合而为一的新舞步——晋舞 19。从艺人跨行成为舞蹈老师的大晋，以舞者的角度，将所学的「郑子太极三十七式」，从中筛选套并入国剧武功身段，与流行舞蹈融合而成了十九招独创舞步。林大晋于书中亲身示范这十九个既酷炫有活力，又兼具健康概念的舞步分解动作，是舞学界不可不知的入门祕笈。

2092

中图法分类：（索书号）J732.6/1172
题　　　名：街舞
书　　　号：ISBN 978-7-80762-863-7
责　任　者：王月华、姚慧锋
出　版　者：吉林出版集团有限责任公司
出 版 时 间：2008
出　版　地：长春
丛　　　书：阳光提要运动丛书
页　　　数：74 页：图版
尺　　　寸：19cm
价　　　格：6.00
馆 藏 地 址：上海图书馆
内 容 提 要：本书介绍了街舞运动的基本知识，共分 5 章，包括概述、运动保护、场地和设备、经典舞种以及比赛规则等内容。

中图法分类：（索书号）J722.9/25
题　　　名：街舞运动教程
书　　　号：ISBN 978-7-5009-3417-2
责 任 者：吴延年著
出 版 者：人民体育出版社
出版时间：2008 2093
出 版 地：北京
丛　　　书：21世纪街舞系列教材之一
页　　　数：184页，[2]页图版
尺　　　寸：26cm
价　　　格：40.00
馆藏地址：北京舞蹈学院图书馆
内容提要：本书主要介绍了街舞概述、我国街舞运动的发展现状、街舞运动的价值、街舞竞赛、街舞的教学原则与方法、街舞成套编排等。

中图法分类：（索书号）J732.8/1282
题　　　名：交谊舞
书　　　号：ISBN 978-7-5087-1909-2
责 任 者：国家体育总局老年体协组织编写；胡建国等主编，张鑫华编著
出 版 者：中国社会出版社 2094
出版时间：2008
出 版 地：北京
丛　　　书：中老年健身丛书
页　　　数：204页：图
尺　　　寸：21cm
价　　　格：12.00
主题标目：交际舞——基本知识
馆藏地址：上海图书馆
内容提要：本书共分四章，具体内容包括：交际舞基础知识、跳交际舞的益处、如何学好交际舞、伦巴舞、探戈舞、恰恰恰舞等交际舞的基本技术等。

2095

中图法分类：（索书号）J722.9/26
题　　　名：街舞理论与实践
书　　　号：ISBN 978-7-81134-642-8
责　任　者：张秋艳编著
出　版　者：对外经济贸易大学出版社
出 版 时 间：2008
出　版　地：北京
丛　　　书：北京物资学院学术文库
页　　　数：276 页
尺　　　寸：23cm
价　　　格：29.00
馆 藏 地 址：北京舞蹈学院图书馆
内 容 提 要：本书结合了国内外街舞文献资料的基础上，提炼并概括了街舞的四个类别及其特点，并分别从它们的发展历史、技术术语、基本动作配图讲解方面进行了详细的介绍。

2096

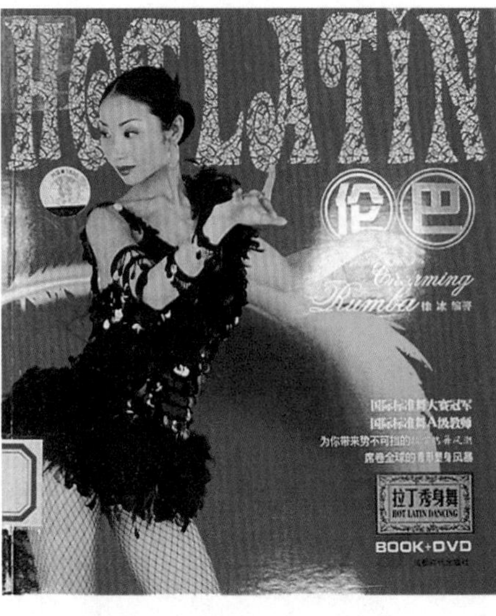

中图法分类：（索书号）J732.8/115
题　　　名：拉丁秀身舞，伦巴
书　　　号：ISBN 978-7-80705-670-6
责　任　者：徐冰编著
出　版　者：成都时代出版社
出 版 时 间：2008
出　版　地：成都
页　　　数：113 页
尺　　　寸：21cm
价　　　格：29.80（含光盘 DVD）
馆 藏 地 址：北京舞蹈学院图书馆
内 容 提 要：本书详细讲解了伦巴舞的基本舞姿、舞步，介绍了拉丁有氧健身操、伦巴组合舞步等内容。

中图法分类：（索书号）J732.8/116
题　　名：拉丁秀身舞，桑巴
书　　号：ISBN 978-7-80705-670-6
责 任 者：徐冰编著
出 版 者：成都时代出版社
出版时间：2008 2097
出 版 地：成都
页　　数：113 页
尺　　寸：21cm
价　　格：29.80（含光盘 DVD）
馆藏地址：北京舞蹈学院图书馆
内容提要：本书详细讲解了桑巴舞的基本舞姿、舞步，介绍了拉丁有氧健身操、桑巴瘦身舞蹈组合以及桑巴国标舞等内容。

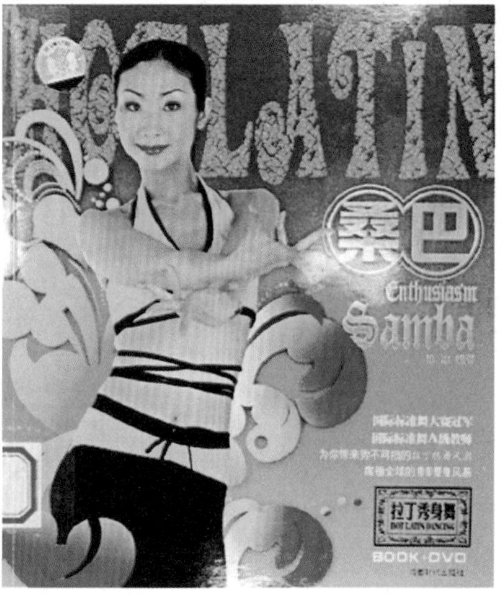

中图法分类：（索书号）J732.8/119
题　　名：拉丁秀身舞（有光盘），恰恰
书　　号：ISBN 978-7-80705-674-4
责 任 者：徐冰编著
出 版 者：成都时代出版社
出版时间：2008 2098
出 版 地：成都
页　　数：113 页
尺　　寸：24cm
价　　格：29.80（含光盘 DVD）
馆藏地址：北京舞蹈学院图书馆
内容提要：本书详细讲解了恰恰舞的基本舞姿、舞步，介绍了火辣动感的拉丁有氧健身操以及恰恰国标舞等内容。

2099 中图法分类：（索书号）J732.8/120
题　　名：斗牛与牛仔：拉丁秀身舞
书　　号：ISBN 978-7-80705-678-2
责 任 者：徐冰编著
出 版 者：成都时代出版社
出版时间：2008
出 版 地：成都
页　　数：113页
尺　　寸：21cm
价　　格：29.80（含光盘DVD）
馆藏地址：北京舞蹈学院图书馆
内容提要：本书讲解了西班牙斗牛舞和美国西部牛仔舞的基本舞姿、舞步，介绍了火辣动感的拉丁有氧健身操以及雕塑身型的舞前热身运动等内容。

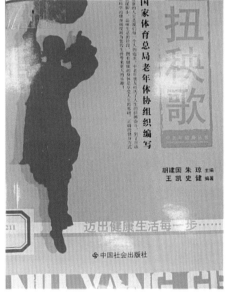

2100 中图法分类：（索书号）J722.211/19
题　　名：扭秧歌
书　　号：ISBN 978-7-5087-1903-0
责 任 者：国家体育总局老年体协组织编写；胡建国等主编，王凯，史健编著
出 版 者：中国社会出版社
出版时间：2008
出 版 地：北京
页　　数：213页
尺　　寸：21cm
价　　格：12.00
馆藏地址：北京舞蹈学院图书馆
内容提要：秧歌的渊源流派及发展现状、跳秧歌的准备工作、秧歌技术套路精选以及健身秧歌的特点及理论价值等。

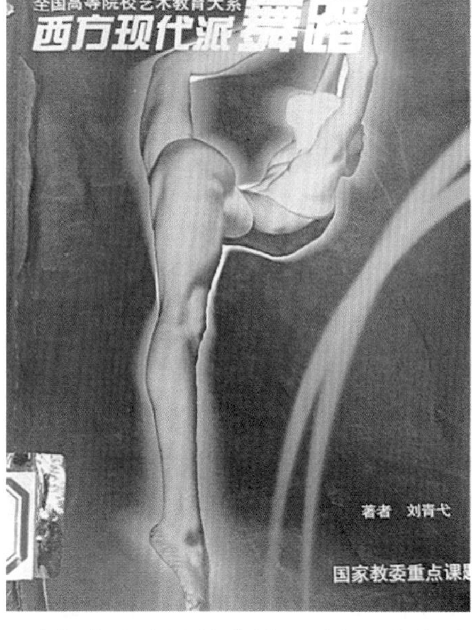

中图法分类：（索书号）J705/15
题　　名：西方现代派舞蹈（内部教材）
责 任 者：刘青弋著
出 版 者：北京舞蹈学院
出版时间：2008
出 版 地：北京 2101
丛　　书：全国高等院校艺术教育大系，国家教委重点课题
页　　数：446 页
尺　　寸：20cm
价　　格：30.00
馆藏地址：北京舞蹈学院图书馆
内容提要：本书以西方现代舞不同历史阶段的主要代表人物为着眼点，分析阐述了他们的艺术思想、美学倾向、艺术特色、代表性作品，构建了现代舞发展历史轨迹的立体形象。内容包括西方现代舞的概念及其发展脉络、西方现代舞发生发展的背景、西方现代舞先驱、西方现代舞的奠基人、美国现代舞的先锋派、欧洲现代舞剧场、西方现代舞与现代芭蕾等。

中图法分类：（索书号）J732.9/50
题　　名：热舞瘦身小品
书　　号：ISBN 978-957-468-606-3
责 任 者：张晓梅、凌燕编著
出 版 者：大展出版社有限公司
出版时间：2008 2102
出 版 地：台北市
页　　数：123 页
尺　　寸：21cm
价　　格：106.40　TWD280.00
馆藏地址：北京舞蹈学院图书馆
内容提要：本书以图解的方式，介绍了如何采用舞蹈的基本功能来进行瘦身训练的方法。

中图法分类：（索书号）J528. 3/6243

题　　名：世界屋脊的面具文化：我国藏区寺庙神韵及藏戏面具研究 = The mask culture on the roof of the world

2103 出 版 者：四川民族出版社

出版时间：2008

出 版 地：成都

页　　数：191 页

尺　　寸：18cm

价　　格：48. 00

馆藏地址：上海图书馆

内容提要：这本藏族面具文化研究的专著是我国藏学界的一部成功之作，作者在广泛查阅文献，注重并大量吸收国内外相关学术研究成果的同时，更注重于实地的调查。书中对各类藏族面具的制作工艺及流程做出颇为详细的叙述和分析，并对藏族面具的类型分类及特点提出自己的看法。此书对藏族面具的两大有机载体，即“羌姆”、藏戏与面具的关系和面具在其中作用的研究也很有创见，可使读者进一步了解藏族面具的发展过程及其丰富的文化内涵。面具是世界各民族普遍具有的一种共生文化现象，是古老的信仰与艺术的一种符号和文化表达。本书用精炼的文字和生动而真实的图片诠释了青藏高原面具文化的奥秘，给人们以更加独特、精美的艺术享受。

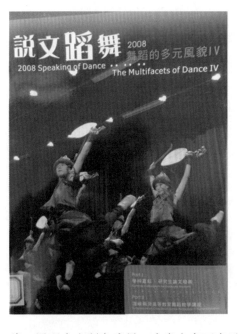

中图法分类：J70/70/：2008（4）

题　　名：说文蹈舞：2008 舞蹈的多元风貌Ⅳ

书　　号：ISBN 978-986-01-6849-5

2104 责 任 者：“台湾”艺术大学著

出 版 者：“台湾”艺术大学

出版时间：2008

出 版 地：台北市

页　　数：188 页

尺　　寸：30cm

价　　格：95. 00　TWD250. 00

馆藏地址：北京舞蹈学院图书馆

内容提要：本书记述了由台湾艺术大学舞蹈学系主办，邀请上海“同济大学电影学院舞蹈专业”来台，结合两大主轴“学梓夏耘——研究生论文发表”与“海峡两岸高等教育舞蹈教学讲座”。此次集合本校舞蹈学系研究生的投稿，展现个人研究成果，内容丰富而多元。还有两校的教授群，共同探讨海峡两岸舞蹈的发展与应用。

中图法分类：（索书号）J722.221.4/6
题　　　名：体育视角下的藏族锅庄
书　　　号：ISBN 7-311-03079-7
责　任　者：毕研洁主编
出　版　者：兰州大学出版社
出 版 时 间：2008 2105
出　版　地：兰州
页　　　数：277 页
尺　　　寸：24cm
价　　　格：50.00（含光盘）
馆 藏 地 址：北京舞蹈学院图书馆
内 容 提 要：本书共六章，内容包括西藏地区锅庄舞、四川藏区锅庄舞、青海藏区锅庄舞、甘肃藏区锅庄舞、云南藏区锅庄舞、民族传统体育文化的再认识等。

中图法分类：（索书号）J732.9/55
题　　　名：踢踏舞入门
书　　　号：ISBN 978-7-80706-820-4
责　任　者：陈介方、陈晓栋主编
出　版　者：上海远东出版社
出 版 时 间：2008 2106
出　版　地：上海
丛　　　书：踢踏舞系列丛书
页　　　数：119 页
尺　　　寸：26cm
价　　　格：28.00
馆 藏 地 址：北京舞蹈学院图书馆
内 容 提 要：全书共分六章，主要内容包括：踢踏舞的历史、舞步篇、组合篇、方法篇、条件篇、演出与赛事等。

2107

中图法分类：（索书号）J732.8/117
题　　　名：体育舞蹈
书　　　号：ISBN 978-7-81113-361-5
责　任　者：胡玉华等主编
出　版　者：湖南大学出版社
出 版 时 间：2008
出　版　地：长沙
丛　　　书：普通高校体育选项课系列教材
页　　　数：160 页
尺　　　寸：23cm
价　　　格：20.0
馆 藏 地 址：北京舞蹈学院图书馆
内 容 提 要：全书分摩登舞和拉丁舞，介绍了体育舞蹈的基本知识及舞种，详细阐述了体育舞蹈两大舞系即拉丁舞、摩登舞 10 个舞种的基本技术和基本技法及训练方法。

2108

中图法分类：（索书号）J732.8/8444
题　　　名：体育舞蹈
书　　　号：ISBN 978-7-04-017362-8
责　任　者：姜桂萍主编
出　版　者：高等教育出版社
出 版 时 间：2008
出　版　地：北京
丛　　　书：普通高等学校体育教育专业主干课系列教材
页　　　数：363 页：图版
尺　　　寸：23cm
价　　　格：33.70
馆 藏 地 址：上海图书馆
主 题 标 目：交际舞—高等学校
内 容 提 要：普通高等学校体育教育专业主干课系列教材，本书内容包括：体育舞蹈概述、体育舞蹈的教学与竞赛、体育舞蹈健身处方设计、标准舞基本技术、拉丁舞基本技术等。

中图法分类：（索书号） J732. 8/121
题　　名：体育舞蹈双语教程
书　　号：ISBN 978-7-81128-068-5
责 任 者：周龙慧饶平编著
出 版 者：湘潭大学出版社
出版时间：2008 2109
出 版 地：湖南湘潭
丛　　书：英汉对照体育双语丛书
页　　数：291 页
尺　　寸：30cm
价　　格：36. 00
馆藏地址：北京舞蹈学院图书馆
内容提要：本书主要介绍了体育舞蹈绪论、体育舞蹈的姿态与方位、原地舞与行进舞、体育舞蹈术语表等内容。

中图法分类：（索书号） J719. 5/27/：2
题　　名：舞蹈等级考试与展示教程（有 2 张光盘）：［男女生］，二级
书　　号：ISBN 978-7-80751-096-3
责 任 者：陈婷译
出 版 者：上海音乐出版社 2110
出版时间：2008
出 版 地：上海
页　　数：47 页
尺　　寸：30cm
价　　格：68. 00（含光盘）
馆藏地址：北京舞蹈学院图书馆
内容提要：本书介绍了舞蹈等级考试二级的相关知识。有二级考试课内容，二级展示课内容等。

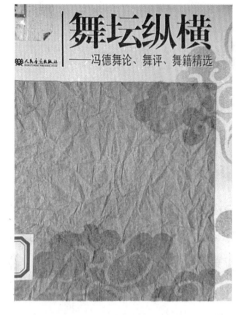

2111

中图法分类：J70/67
题　　名：舞坛纵横—冯德舞论、舞评、舞籍精选
书　　号：ISBN 978-7-103-03473-6
责 任 者：冯德著
出 版 者：人民音乐出版社
出版时间：2008
出 版 地：北京
页　　数：427 页，[4] 页图版
尺　　寸：21cm
价　　格：36.00
馆藏地址：北京舞蹈学院图书馆
内容提要：本书是一本舞蹈艺术文集。主要内容包括：舞蹈创作与形象思维、舞蹈创作与独特发现、舞蹈之美、天津“高跷”初探等。舞蹈是动作的世界，舞蹈是动作艺术的王国。它是以人体动作塑造艺术形象、表现人类情感和思想的一种艺术形式。它是以不断流动的人体动作画面和造型来展现人物的行动、营造艺术的境界、表达某种对生活的感受。它属于动态的造型艺术，因此人们把它称作是一种“动的绘画”和“活的雕塑”。

2112

中图法分类：（索书号）J722.214/3
题　　名：舞龙运动教程
书　　号：ISBN 978-7-81100-823-4
责 任 者：吕韶钧主编
出 版 者：北京体育大学出版社
出版时间：2008
出 版 地：北京
丛　　书：高等教育体育教材
页　　数：221 页
尺　　寸：21cm
价　　格：32.00
馆藏地址：北京舞蹈学院图书馆
内容提要：本书介绍了舞龙运动形成与发展的过程。涵盖了从舞龙运动形成与发展的历史过程，到舞龙运动的文化内涵；从现代舞龙运动技术体系的建立，到竞技舞龙运动的竞赛与裁判；从舞龙运动的教学训练到舞龙运动的科学研究等方面的内容。

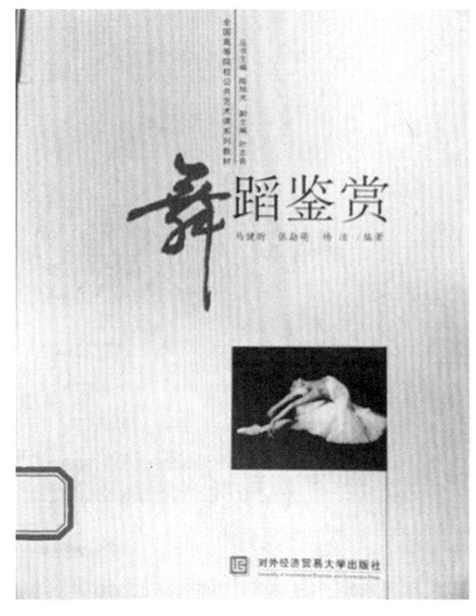

中图法分类：（索书号）J705/108
题　　　名：舞蹈鉴赏
书　　　号：ISBN 978-7-81134-167-6
责　任　者：马健昕，张勐萌，杨洁编著
出　版　者：对外经济贸易大学出版社
出 版 时 间：2008 2113
出　版　地：北京
页　　　数：237 页，[6] 页图版
尺　　　寸：23cm
价　　　格：29.00
馆 藏 地 址：北京舞蹈学院图书馆
内 容 提 要：本书从舞蹈发展史、舞蹈流派、舞蹈种类、舞蹈艺术原理以及舞蹈创作与鉴赏的六个角度对舞蹈艺术进行了全面的介绍。

中图法分类：（索书号）J7-4/2
题　　　名：文化视野与舞蹈高等教育研究
书　　　号：ISBN 978-7-80751-253-0
责　任　者：王国宾编著
出　版　者：上海音乐出版社
出 版 时 间：2008 2114
出　版　地：上海
页　　　数：185 页
尺　　　寸：26cm
价　　　格：36.00
馆 藏 地 址：北京舞蹈学院图书馆
内 容 提 要：本书原本为中外文化交流与管理专业方向的研究生开设的一门专业基础课。课程教材安排了十讲。从文化的本质与发展规律、文化的起源，至中国传统文化的基本精神和西方文化的精神，站在大文化的高度，以文化的视野观照舞蹈文化或舞蹈教育中存在的问题，探索其未来发展的思路，引导研究生共同关注学科前沿的一些问题。

2115

中图法分类：（索书号）J71/4911
题　　　名：舞蹈技术课年级考核标准动作范例（中专）
书　　　号：ISBN 978-7-110-06899-1
责 任 者：杨琦主编，赵建军音乐主编
出 版 者：科学普及出版社
出版时间：2008
出 版 地：北京
丛　　　书：中国人民解放军艺术学院舞蹈系系列教材
页　　　数：207 页
尺　　　寸：26cm
价　　　格：25.00
馆藏地址：上海图书馆
内容提要：本书包括一年级考核标准动作范例、二年级考核标准动作范例、三年级考核标准动作范例、四年级考核标准动作范例等章节。

2116

中图法分类：（索书号）J722.214/1211
书　　　号：ISBN 978-7-80762-768-5
责 任 者：张琳、钟声
出 版 者：吉林出版集团有限责任公司
出版时间：2008
丛　　　书：阳光体育运动丛书
出 版 地：长春
页　　　数：74 页
尺　　　寸：19cm
价　　　格：6.00
馆藏地址：上海图书馆
内容提要：本书介绍了舞龙的基本知识，共分 4 章，包括概述、运动保护、场地和器材、基本技术以及比赛规则等内容。

2117

中图法分类：（索书号）J722.212/24
题　　名：花灯
书　　号：ISBN 978-7-5059-5785-5
责 任 者：白庚胜主编；刘春、许薇著
出 版 者：中国文联出版社
出版时间：2008
出 版 地：北京
丛　　书：中国国粹艺术读本
页　　数：161 页
尺　　寸：24cm
价　　格：22.80
馆藏地址：北京舞蹈学院图书馆
内容提要：本书讲述了花灯的诞生、历史传说、地理分布、花灯戏的群众普及，以及如何“跳”花灯、如何“看”花灯、花灯戏的种类、花灯歌舞艺术的现代流传等。

2118

中图法分类：（索书号）J711.3/15
题　　名：形体训练与舞蹈编导基础
书　　号：ISBN 978-78075-108-4-0
责 任 者：田培培编著
出 版 者：上海音乐出版社
出版时间：2008
出 版 地：上海
丛　　书：全国普通高等学校音乐学（教师教育）本科专业教材
页　　数：284 页
尺　　寸：26cm
价　　格：40.00
馆藏地址：北京舞蹈学院图书馆
内容提要：本书内容由舞蹈编导基础知识、舞蹈形体基本训练两部分组成。第一部分从应用角度出发，对舞蹈创作的编导能力、舞蹈构成的结构、创作语言、动作动机与发展、即兴编舞等舞蹈编导必要相关知识进行解读。第二部分涵盖了芭蕾、古典、现代三类舞种的形体训练方法。

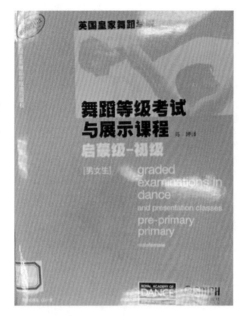

2119

中图法分类：(索书号) J719.5/27/：0
题　　　名：英国皇家舞蹈学院：舞蹈等级考试与展示课程：[男女生] 启蒙级-初级
书　　　号：ISBN 978-7-80751-094-9
责　任　者：陈婷译
出　版　者：上海音乐出版社
出 版 时 间：2008
出　版　地：上海
页　　　数：44 页
尺　　　寸：30cm
价　　　格：88.00 (含光盘)
馆 藏 地 址：北京舞蹈学院图书馆
内 容 提 要：本书内容包括考试课程要求、启蒙级-初级考试课内容、启蒙级-初级展示课内容等。

2120

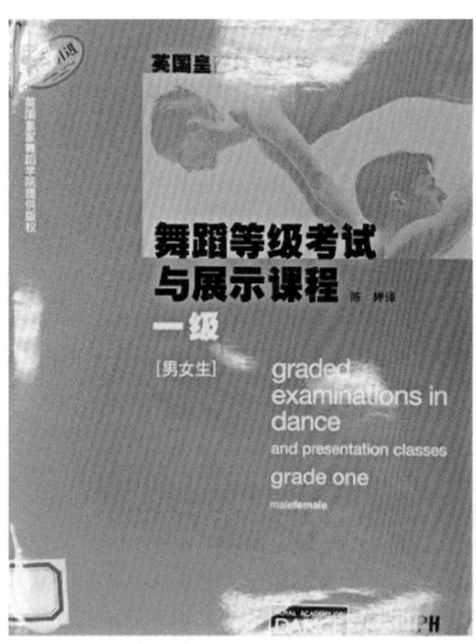

中图法分类：(索书号) J719.5/27/：1
题　　　名：英国皇家舞蹈学院：舞蹈等级考试与展示课程：[男女生] 一级
书　　　号：ISBN 978-7-80751-095-6
责　任　者：陈婷译
出　版　者：上海音乐出版社
出 版 时 间：2008
出　版　地：上海
页　　　数：38 页
尺　　　寸：30cm
价　　　格：68.00 (含光盘)
馆 藏 地 址：北京舞蹈学院图书馆
内 容 提 要：本书内容包括考试课程要求、一级考试课内容、一级展示课内容等。书中所罗列的内容是考生为考试而准备的内容。

中图法分类：（索书号）J709.27/26
题　　　名：一代孔雀舞王：毛相
书　　　号：ISBN 978-7-222-05732-6
责 任 者：吕晴、黎爱蓉著
出 版 者：云南人民出版社
出版时间：2008
出 版 地：昆明
页　　　数：170 页
尺　　　寸：25cm
价　　　格：50.00
馆藏地址：北京舞蹈学院图书馆
内容提要：本书详细介绍了傣族民间舞蹈大师毛相的艺术生涯和成长过程。书中穿插介绍了德宏地区傣族优秀的民间文化，如歌谣、故事、壁画……让读者对德宏民族文化有一个生动、立体的了解和认识。本书图文并茂，其中包含保存了 20 多年的毛相舞蹈的“绝版”照片，对研究民间文化艺术有较高的价值。本书中许多生动感人的小故事，对现实社会中的青少年在建立“尊师”、“好学”、“勤奋”、“创造”等优良的人生观、道德观方面有着很强的示范意义。

2121

中图法分类：（索书号）J792.3/11
题　　　名：与舞蹈的 12 种相遇：新古典舞团用功日集锦
书　　　号：ISBN 978-957-28896-2-6
责 任 者：许义雄等著
出 版 者：财团法人新古典表演艺术基金会
出版时间：2008
出 版 地：台北市
页　　　数：235 页
尺　　　寸：21cm
价　　　格：62.50　TWD250.00
馆藏地址：北京舞蹈学院图书馆
内容提要：台湾新古典表演艺术基金会成立于 1994 年 5 月，其设立宗旨为奖励、推动及执行音乐、舞蹈及戏剧之创作、演出、研究及出版事宜。本基金所属之“红树林剧场于 2000 年 5 月开幕至今，陆续主办多项舞蹈展演、推广、研究之活动。其中有关《舞蹈文化人类学系列》，包含有“邓肯研习营”、“安娜．索克洛舞作面面观”、“新古典用功日——专业人士讲座”（Ⅰ）（Ⅱ）以及 2007、2008 年两届“舞蹈文化人类学研讨暨表演会”等活动。为使这些讲座内容、文稿、图片等宝贵资料得以保存，遂将之集结成册出版。提供文化界、学术界及一般民众参考，并定名为《与舞蹈的 12 种相遇》。

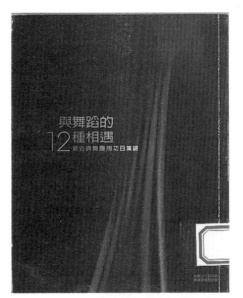

2122

2123 中图法分类：（索书号）J705/105
题　　名：中外舞蹈鉴赏语言
书　　号：ISBN 978-7-5633-7009-2
责 任 者：黄小明编著
出 版 者：广西师范大学出版社
出版时间：2008
出 版 地：南宁
丛　　书：走进艺术丛书
页　　数：229 页
尺　　寸：26cm
价　　格：40.00
馆藏地址：北京舞蹈学院图书馆
内容提要：本书共 15 讲，包括舞蹈的特征与要素、舞蹈的分类与欣赏、古代舞、民族民间舞、芭蕾舞、现代舞、西部少数民族舞蹈等内容。

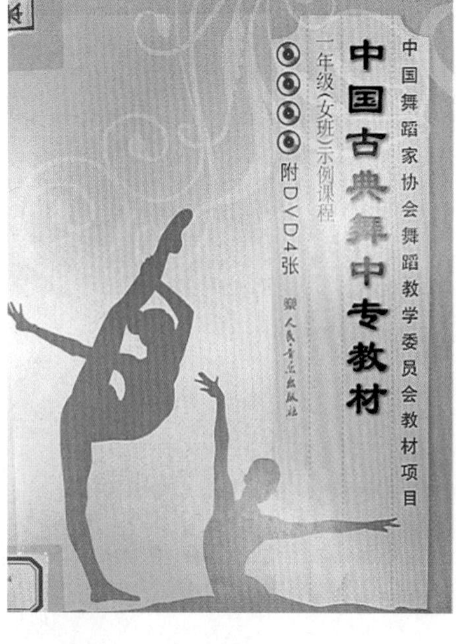

2124 中图法分类：（索书号）J719.4/25/：1A
题　　名：中国古典舞中专教材，一年级（女班）示例课程
书　　号：ISBN 978-7-103-03353-1
责 任 者：李正一主编
出 版 者：人民音乐出版社
出版时间：2008
出 版 地：北京
丛　　书：中国舞蹈家协会舞蹈教学委员会教材项目
页　　数：130 页
尺　　寸：30cm
价　　格：126.00（4 张光盘 DVD）
馆藏地址：北京舞蹈学院图书馆
内容提要：本书为中国舞蹈家协会舞蹈教学委员会一年级（女班）示例课程教材项目，由著名舞蹈教育家李正一主持，梁素芳、沈元敏、刘玉珍、岑爱斌编著完成，并配以四张 DVD 教学光盘。

中图法分类：（索书号）J719.4/25/：4A
题　　名：中国古典舞中专教材，四年级（女班）示例课程
书　　号：ISBN 978-7-103-03354-8
责 任 者：李正一主编；梁素芳等编著
出 版 者：人民音乐出版社 2125
出版时间：2008
出 版 地：北京
丛　　书：中国舞蹈家协会舞蹈教学委员会教材项目
页　　数：141 页
尺　　寸：30cm
价　　格：126.00（4 张光盘 DVD）
馆藏地址：北京舞蹈学院图书馆
内容提要：本书为中国舞蹈家协会舞蹈教学委员会四年级（女班）示例课程教材项目，由著名舞蹈教育家李正一主持，梁素芳、沈元敏、刘玉珍、岑爱斌编著完成，并配以四张 DVD 教学光盘。

中图法分类：（索书号）J717.2/3
题　　名：中国舞蹈服饰设计师
书　　号：ISBN 978-7-5039-3609-8
责 任 者：张琬麟、韩春启主编
出 版 者：文化艺术出版社
出版时间：2008 2126
出 版 地：北京
页　　数：454 页
尺　　寸：26cm
价　　格：168.00
馆藏地址：北京舞蹈学院图书馆
内容提要：本书从多个角度展现了新中国建立以来 22 位老中青优秀舞蹈服饰设计师取得的辉煌成就。内容广涉舞蹈服饰创意设计的各个环节，并触及综合舞台艺术和舞台服饰造型的共性、广场表演艺术特性、时尚造型元素借鉴等相关问题探讨。

2127

中图法分类：（索书号）J722.4/10
题　　名：敦煌心语：敦煌舞教学研究集
书　　号：ISBN 978-7-88072-631-2
责 任 者：史敏编著
出 版 者：北京环球音像出版社
出版时间：2009.1
出 版 地：北京
页　　数：35页
尺　　寸：30cm
价　　格：98.00（含2DVD）
馆藏地址：北京舞蹈学院图书馆
内容提要：这本《敦煌心语：敦煌舞教学研究集》是北京舞蹈学院古典舞系青年教师史敏手稿。北京市中青年骨干教师，北京市属市管高校人才强教计划资助项目。此书内容包括：上篇丝路卷、序敦煌舞训练篇、敦煌舞作品篇、后续、下篇花雨卷、序、舞蹈回篇、编辑手记等。

2128

中图法分类：（索书号）J722.3/91
题　　名：儿童舞蹈
书　　号：ISBN 978-7-308-06251-0
责 任 者：赵幼珍著
出 版 者：浙江大学出版社
出版时间：2009.1
出 版 地：杭州
丛　　书：高等学校儿童艺术教育系列教材·舞蹈
页　　数：52页
尺　　寸：26cm
价　　格：12.00
馆藏地址：北京舞蹈学院图书馆
内容提要：本书主要介绍儿童舞蹈素材教学内容，共编写了十六个组合。每个组合由三部分组成，第一部分介绍基本步伐，第二部分为组合内容，第三部分是组合音乐。书中还附有场记图和主干动作图。

中图法分类：（索书号）J722.4/7
题　　名：汉唐古典舞师生文选
书　　号：ISBN 978-7-5059-6148-7
责 任 者：孙颖主编
出 版 者：中国文联出版社
出版时间：2009.1
出 版 地：北京
页　　数：173 页
尺　　寸：21cm
价　　格：25.00
馆藏地址：北京舞蹈学院图书馆
内容提要：本书是一本关于中国两汉时代古典舞蹈文集的书籍。主要内容包括：教师论文，学生论文，审美文化，风格气韵等。

2129

中图法分类：（索书号）J722.21/51
题　　名：中国传统声乐卷：民间歌舞
书　　号：ISBN 978-7-103-03054-7
责 任 者：杨民康编著
出 版 者：人民音乐出版社
出版时间：2009.1
出 版 地：北京
丛　　书：20 世纪中国音乐史论研究文献综录
页　　数：483 页
尺　　寸：21cm
价　　格：35.00
馆藏地址：北京舞蹈学院图书馆
内容提要：本书分为三大部分：综述、论文、著作。主要内容包括：20 世纪以来的中国传统歌舞音乐研究；中国传统歌舞音乐研究的历史发展及概念界定等。

2130

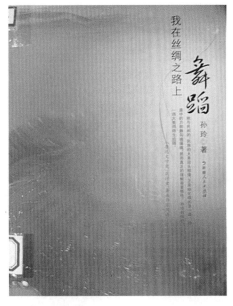

2131

中图法分类：（索书号）J709.27/24
题　　名：我在丝绸之路上舞蹈
书　　号：ISBN 978-7-22812-088-8
责 任 者：孙玲著
出 版 者：新疆人民出版社
出版时间：2009.1
出 版 地：乌鲁木齐
页　　数：351 页，［4］叶图版
尺　　寸：24cm
价　　格：42.00
馆藏地址：北京舞蹈学院图书馆
内容提要：本书是一部带有很强的自传色彩的大散文作品。作者孙玲是西部歌王王洛宾先生生前的最佳搭档。她 14 岁从南京参军进新疆，整个青春年华都奉献给了新疆舞蹈事业。本书立体呈现舞蹈家孙玲女士半个多世纪的艺术追求及传奇人生。主要内容包括：生在六朝古都、孤独的小仙女等。

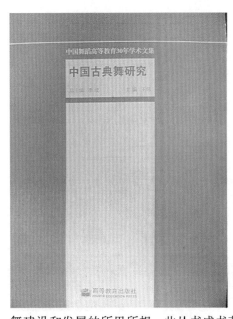

2132

中图法分类：（索书号）J722.4/8
题　　名：中国舞蹈高等教育 30 年学术文集，中国古典舞研究
书　　号：ISBN 978-7-04-025750-2
责 任 者：李续总主编；王伟主编
出 版 者：中国文联出版社
出版时间：2009.1
出 版 地：北京
丛　　书：中国舞蹈高等教育 30 年学术文集
页　　数：925 页
尺　　寸：23cm
价　　格：90.00
馆藏地址：北京舞蹈学院图书馆
内容提要：本文集择取了自 1978 年以来学院专家、教师的文章，记载了这一时期对古典舞建设和发展的所思所想。此丛书成书背景是学院申请了北京市教委科研基地科技创新平台项目。项目的重要工作之一就是以“丛书”的形式，根据不同研究对象汇集舞蹈本科教育方面的学术论文，旨在展示中国古典舞、中国民族民间舞、芭蕾舞、舞蹈编导及舞蹈学等不同专业 30 年来的学术成果和学术走向。“丛书”名为《中国舞蹈高等教育 30 年学术文集》。

中图法分类：（索书号）J709.222/1
题　　名：河北舞蹈史
书　　号：ISBN 978-7-03-024027-9
责 任 者：周大明著
出 版 者：科学出版社
出版时间：2009.2 2133
出 版 地：北京
丛　　书：燕赵文化研究系列丛书
页　　数：312页，[4] 页图版
尺　　寸：25cm
价　　格：50.00
馆藏地址：北京舞蹈学院图书馆
内容提要：本书是以河北行政区划为限撰写的一部舞蹈专史。从远古时期写起，直到当今的河北舞蹈现象，较为全面、细致地搜集和运用了对河北舞蹈艺术有着重要意义和影响的有关出土实物、文献和影像资料。其中一部分古代资料为作者在研究过程中的独到发现，经甄别首次应用于舞蹈艺术领域。

中图法分类：（索书号）J70-43/4
题　　名：舞蹈文化概论
书　　号：ISBN 978-7-81108-631-7
责 任 者：朴永光编著
出 版 者：中央民族大学出版社
出版时间：2009.2 2134
出 版 地：北京
丛　　书：北京市高等教育精品教材立项项目
页　　数：254页
尺　　寸：23cm
价　　格：42.00
馆藏地址：北京舞蹈学院图书馆
内容提要：本书为北京市高等教育精品教材。全书内容涉及舞蹈文化概论、舞蹈文化形式要素、民间舞蹈文化、宫廷舞蹈文化、宗教舞蹈文化等。

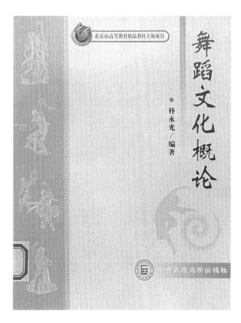

2135

中图法分类：（索书号）J712.24/6
题　　名：敦煌舞蹈训练与表演教程
书　　号：ISBN 978-7-80751-319-3
责 任 者：贺燕云著
出 版 者：上海音乐出版社
出版时间：2009.3
出 版 地：上海
页　　数：112 页，［4］页图版
尺　　寸：23cm
价　　格：26.00
馆藏地址：北京舞蹈学院图书馆
内容提要：本书是一本中国高等学校古典舞蹈训练的书籍。主要内容包括：基本体态训练部分，表演性舞姿训练部分，跳跃旋转技巧训练等。

2136

中图法分类：（索书号）J705/106
题　　名：发现·启示：漫话舞剧与舞蹈
书　　号：ISBN 978-7-5039-3685-2
责 任 者：刘秀乡著
出 版 者：文化艺术出版社
出版时间：2009.3
出 版 地：北京
页　　数：4，236 页，8 页图版
尺　　寸：21cm
价　　格：26.00
馆藏地址：北京舞蹈学院图书馆
内容提要：本书作者为舞蹈教育工作者，对芭蕾舞及舞剧有着深入的研究，本书将芭蕾世界向普通读者徐徐展开，既具权威性又有趣味性。主要内容包括：舞蹈的呼喊；舞剧探微等。

2137

中图法分类：（索书号）J712.2/8
题　　名：舞蹈训练学概论
书　　号：ISBN 978-7-80751-301-8
责 任 者：冯百跃著
出 版 者：上海音乐出版社
出版时间：2009.3
出 版 地：上海
页　　数：20，297 页
尺　　寸：23cm
价　　格：46.00
馆藏地址：北京舞蹈学院图书馆
内容提要：本书的主要内容包括创造性舞蹈的理念，相关文献探讨，创造性舞蹈与拉邦动作之分析，课程设计，教学探讨，创造性舞蹈与相关艺术及其他学科等等。

2138

中图法分类：（索书号）J712.2/7
题　　名：舞蹈训练学
书　　号：ISBN 978-7-80751-296-7
责 任 者：杨鸥编著
出 版 者：上海音乐出版社
出版时间：2009.3
出 版 地：上海
丛　　书：北京市教委科研基地科技创新平台项目
页　　数：18，309 页
尺　　寸：23cm
价　　格：46.00
馆藏地址：北京舞蹈学院图书馆
内容提要：本书的主要内容包括舞蹈专业能力和舞蹈基本能力的基本理论、舞蹈训练适应、训练负荷和训练恢复的原理及其应用等。

2139

中图法分类：（索书号）J732.5/3
题　　名：西方芭蕾舞与现代舞简史
书　　号：ISBN 978-7-5615-3246-1
责 任 者：傅小凡，卢莉蓉编译
出 版 者：厦门大学出版社
出版时间：2009.3
出 版 地：厦门
页　　数：182 页
尺　　寸：22cm
价　　格：22.00
馆藏地址：北京舞蹈学院图书馆
内容提要：本书研究、阐述西方芭蕾舞与现代舞的产生、发展、变化过程，及其不同时期、不同地域、不同流派的主要特点、变化。

2140

中图法分类：（索书号）J705/107
题　　名：舞蹈鉴赏
书　　号：ISBN 978-7-5310-3044-7
责 任 者：张文川、张冬梅著
出 版 者：河北美术出版社
出版时间：2009.4
出 版 地：石家庄
丛　　书：普通院校非艺术专业国家限定性艺术选修课读本
页　　数：4，132 页，
尺　　寸：26cm
价　　格：20.00
馆藏地址：北京舞蹈学院图书馆
内容提要：本书是一本关于舞蹈鉴赏的书籍，内容包括：舞之长河、感悟诗画、古风神韵、欢乐秧歌、嬉闹花灯等。

中图法分类：（索书号）J722.214/5 2141
题　　名：长兴百叶龙
书　　号：ISBN 978-7-80686-775-4
责 任 者：杨建新总主编；陈亦祥主编
出 版 者：浙江摄影出版社
出版时间：2009. 5
出 版 地：杭州
丛　　书：浙江省非物质文化遗产代表作丛书
页　　数：173 页，[1] 叶图版
尺　　寸：23cm
价　　格：32.00
馆藏地址：北京舞蹈学院图书馆
内容提要：本书为“浙江省非物质文化遗产代表作丛书”之一。讲述长兴百叶龙的历史沿革、艺术特色、保护传承的相关情况。

中图法分类：（索书号）J719.3/3/：11 2142
题　　名：中国舞等级考试教材：第十一级（青年）
书　　号：ISBN 978-71030-370-34
责 任 者：北京舞蹈学院编；孙光言主编
出 版 者：人民音乐出版社
出版时间：2009.6.1
出 版 地：北京
页　　数：152 页
尺　　寸：30cm
价　　格：36.00
馆藏地址：北京舞蹈学院图书馆
内容提要：少年及青年课（第九、十、十一、十二、十三级）包括有基本训练、身韵和民间舞等三种风格迥异的教材，基本训练教材以青少年歌曲、钢琴曲、舞蹈和舞剧音乐为主；身韵教材以中国古典音乐、民歌为主；民间舞教材则采用我国各种民族和地方风格的音乐。这套钢琴的曲谱是由浅入深、风格丰富多彩的。因此，不仅可作为舞蹈的音乐教材，也可作为儿童和青少年的音乐教材。《中国舞等级考试教材（第 11 级青年）》为第十一级。

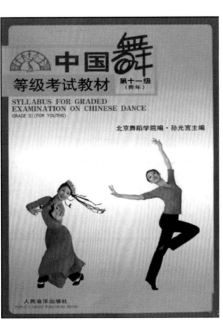

2143

中图法分类：（索书号）J222.7/4634-1
题　　名：胡宁娜外国舞蹈线描集（线装）
书　　号：ISBN 978-7-5322-6388-2
责 任 者：胡宁娜
出 版 者：上海人民美术出版社
出版时间：2009.6
出 版 地：上海
页　　数：184页；图
尺　　寸：26cm
价　　格：280.00
主题标目：中国画—人物画—中国—现代
馆藏地址：上海图书馆
内容提要：本书作者用素描中的一种，用单色线对物体进行勾画用以表现舞蹈人物的动感轮廓。在中国绘画中，线描是具有独立艺术价值的画种（白描）又是造型基本功的锻炼手段，作者以表现舞蹈动态的韵律。用线和空白谱写出一支支和谐流动的线的舞蹈人物协奏曲。

2144

中图法分类：（索书号）J732.8/111
题　　名：教你学交际舞
书　　号：ISBN 978-7-5388-5773-3
责 任 者：（美）朱蒂・帕特森・赖特著；程芳等译
出 版 者：黑龙江科学出版社
出版时间：2009.6
出 版 地：哈尔滨
页　　数：4，301页
尺　　寸：23cm
价　　格：26.00
馆藏地址：北京舞蹈学院图书馆
内容提要：本书从基本的舞蹈姿势开始，按照音乐，礼仪，转身舞步等在到具体的恰恰、伦巴、探戈等舞步，由浅入深，循序渐进。

中图法分类：（索书号）J722.221.2/7
题　　名：深度狂欢：土尔扈特歌舞
书　　号：ISBN 978-7-228-12360-5
责 任 者：潘美玲编著
出 版 者：新疆人民出版社
出版时间：2009.6 2145
出 版 地：乌鲁木齐
页　　数：219 页
尺　　寸：24cm
价　　格：58.00
馆藏地址：北京舞蹈学院图书馆
内容提要：“东归宝藏”包括三部分内容。上部《散落的珍珠》，主要是蒙古族土尔扈特民间故事，中部《深度狂欢》是蒙古族土尔扈特民间歌舞，下部《风情万种》是蒙古族民俗风情。这三部分内容合在一起，即形成了迄今为止较全面的东归土尔扈特部落民间文化特征，是目前新疆第一次对东归文化进行系统而有效的挖掘、整理和出版，值得格外关注。

中图法分类：J70/77
题　　名：舞出健康-新观念舞蹈艺术
书　　号：ISBN 978-986-65293-06
责 任 者：洪跃通著
出 版 者：天佑智讯有限公司
出版时间：2009.6 2146
出 版 地：台北县新店市
页　　数：198 页
尺　　寸：20cm
价　　格：40.00　TWD320.00
馆藏地址：北京舞蹈学院图书馆
内容提要：舞蹈是一门结合“劲”、“力”、“美”的艺术，本书对其诠释颇为完整，尤其“舞蹈概念”之论述，特重“具体性”与“系统化”，阅之一目了然，可视此书为一本最权威的舞蹈指导范本。

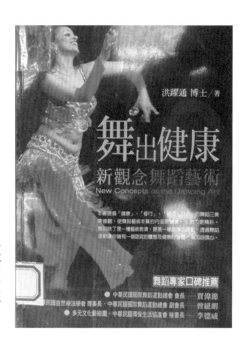

2147 中图法分类：J70/76/：1：2
题　　　名：舞与神的身体对话（上）（下）
书　　　号：ISBN 978-7-105-10111-5
责 任 者：刘建、张素琴、吴宏兰著
出 版 者：民族出版社
出版时间：2009.6
出 版 地：北京
页　　　数：582 页
尺　　　寸：25cm
价　　　格：98.00（上下册）
馆藏地址：北京舞蹈学院图书馆
内容提要：本书内容包括：舞与神的切点，舞仪中的原始生命过程，舞蹈魔力的消解与再生，明天是今天的昨天，“叙利亚文明”的舞蹈体态，佛“舞”无边，独尊儒“舞”，道家与道教对中国舞蹈的影响，民间舞蹈的福祉，现代舞的灵与肉。

2148 中图法分类：（索书号）J723.1/16
题　　　名：北京舞蹈学院教学实践成果系列展演之一：大型中国古典舞剧《铜雀伎》（内部资料）
责 任 者：媒体传播简报北京舞蹈学院（内部资料）
出 版 者：北京舞蹈学院
出版时间：2009.3.26
出 版 地：北京
页　　　数：168 页
尺　　　寸：20cm
价　　　格：
馆藏地址：北京舞蹈学院图书馆
内容提要：本书内容主要包括：《铜雀伎》媒体传播新闻通稿；媒体发布列表、新闻稿件、平面媒体传播情况、网络媒体传播情况、平面媒体及网络媒体传播稿件内容、电视媒体报道；演出剧照及幕后花絮等。比较完整地记录了古典舞剧《铜雀伎》的基本情况。

中图法分类：（索书号）J732.8/122
题　　名：恰恰恰舞够轻松：完全彩图分解动作
书　　号：ISBN 978-986-225-022-8
责 任 者：尹威廉著
出 版 者：汉湘文化事业股份有限公司 2149
出版时间：2009.7.4
出 版 地：台北市
页　　数：139页（1张VCD）
尺　　寸：24cm
价　　格：94.62　TWD249.00
馆藏地址：北京舞蹈学院图书馆
内容提要：拉丁舞的那种节奏鲜明、洋溢着热带气氛的旋律和扭腰摆臀的动作，让它成为受人热爱的交际舞，尤以恰恰简单好学，又有自己独特的一面。透过本书您可以在很短的时间内学会最基本的舞步，清楚的图示解说，让您从基本的站姿、舞步到双人组合的花式恰恰，轻松跳出属于自己的拉丁恰恰舞，在家就能舞出专业水准的国际标准舞。本书特色：（1）完全彩图分解动作，由高级拉丁舞教练尹威廉、卢雪两位老师负责动作示范。（2）附赠详细恰恰拉丁舞示范VCD一片，让您舞出属于自己的拉丁恰恰舞。

中图法分类：（索书号）J732.8/124
题　　名：健身交谊舞教程
书　　号：ISBN 978-7--5440-4107-2
责 任 者：冯志芳编著
出 版 者：山西教育出版社
出版时间：2009.7 2150
出 版 地：太原
页　　数：327页
尺　　寸：26cm
价　　格：40.00
馆藏地址：北京舞蹈学院图书馆
内容提要：《健身交谊舞教程》是我国第一部采用文字解说、舞步图示、舞姿图像与视频教学四位一体综合教学方法的健身交谊舞教程。全书分上下两编。上编为《交谊舞总论》，从"为什么要跳交谊舞"开始，到"离开舞会"结束，共分9章，系统介绍了交谊舞活动相关要素及其过程的基础性理论知识和技术要求。下编为《交谊舞分论》，分别介绍了目前流行于中国各地的交谊舞品种，共14章，20余个舞种。

2151

中图法分类：（索书号）J722.215/3
题　　名：临海黄沙狮子
书　　号：ISBN 978-7-80686-778-5
责 任 者：杨建新总主编；沈建中等编著
出 版 者：浙江摄影出版社
出版时间：2009.7
出 版 地：杭州
丛　　书：浙江省非物质文化遗产代表作丛书
页　　数：135页，[1]叶图版
尺　　寸：23cm
价　　格：28.00
馆藏地址：北京舞蹈学院图书馆
内容提要：本书为“浙江省非物质文化遗产代表作丛书”之一。讲述临海黄沙狮子舞的历史沿革、艺术特色、保护传承的相关情况。

2152

中图法分类：（索书号）J709.1/7
题　　名：舞蹈的故事
书　　号：ISBN 978-7-224-08975-2
责 任 者：郭豫斌主编
出 版 者：陕西人民出版社
出版时间：2009.7
出 版 地：西安
页　　数：232页
尺　　寸：25cm
价　　格：33.80
馆藏地址：北京舞蹈学院图书馆
内容提要：本书以图文并茂的方式，完整地再现了人类自最初的形体动作发展而来的舞蹈之美妙，并以一个个专题的形式，叙述了从早期古典舞蹈到现代舞蹈的各种风格、流派以及各种表现形式。本书涉猎广泛、内容丰富，但文笔流畅，浅显易懂，是一本舞蹈爱好者的普及性读物。从行文来看，作者不讲求面面俱到，详细周全，更注重介绍世界舞蹈发展的内在沿革、有深远影响的巨匠和作品的风格，以及对后世影响。

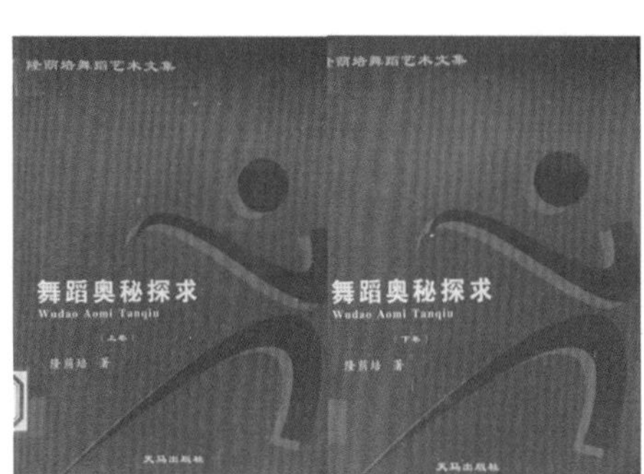

2153

中图法分类：J70/69/：1：2
题　　名：舞蹈奥秘探求．（上卷、下卷）
书　　号：ISBN 978-962-450-304-3
责 任 者：隆荫培著
出 版 者：天马出版社
出版时间：2009.7
出 版 地：香港
丛　　书：隆荫培舞蹈艺术文集
页　　数：431 页、417 页
尺　　寸：23cm
价　　格：75.00（上下、卷）
馆藏地址：北京舞蹈学院图书馆
内容提要：本书是作者的舞蹈论文集，内容涉及舞蹈艺术的议论和思考、舞蹈美学、现代舞、舞蹈家、群众舞蹈与儿童舞蹈以及舞蹈舞剧评论等。

2154

中图法分类：（上海话）：J722.8（G831.3/9251）
题　　名：爱跳肚皮舞=Belly Dance
书　　号：ISBN 978-7-80753-778-6
责 任 者：常虹著、常杰摄影
出 版 者：哈尔滨出版社
出版时间：2009
出 版 地：哈尔滨
页　　数：123 页：照片，插图
尺　　寸：21cm+1 光盘
价　　格：29.80
馆藏地址：上海图书馆
主题标目：健身运动—舞蹈
内容提要：本书从肚皮舞的起源与传说写起，介绍了肚皮舞的理论知识、着装与准备、基本动作元素等内容，以及练习肚皮舞应注意的问题，从而撩开肚皮舞的神秘面纱，是肚皮舞初学者的入门秘籍。

2155

中图法分类：（索书号）J709.2/89
题　　　名：中国石窟寺乐舞艺术
书　　　号：ISBN 978-7-103-03168-1
责 任 者：孺子莘主编
出 版 者：人民音乐出版社
出版时间：2009.7
出 版 地：北京
页　　　数：591 页
尺　　　寸：30cm
价　　　格：560.00
馆藏地址：北京舞蹈学院图书馆
内容提要：本书涵盖了全国石窟范围的乐舞图像资料和研究成果，涉及考古、历史、宗教、艺术等多学科领域。具体内容包括：中国石窟寺音乐图像概论、中国石窟寺舞蹈图像概述、中国石窟寺乐舞艺术图像遗存概况以及新疆、中原北方地区、南方地区、西藏地区的大量乐舞图片。

2156

中图法分类：（索书号）J722.21/52
题　　　名：余杭滚灯
书　　　号：ISBN 978-7-80686-785-3
责 任 者：杨建新总主编；丰国需编著
出 版 者：浙江摄影出版社
时　　　间：2009.7
出 版 地：杭州
丛　　　书：浙江省非物质文化遗产代表作丛书
页　　　数：127 页，[1] 叶图版
尺　　　寸：23cm
价　　　格：25.00
馆藏地址：北京舞蹈学院图书馆
内容提要：本书为“浙江省非物质文化遗产代表作丛书”之一。讲述余杭滚灯的历史沿革、艺术特色、保护传承的相关情况。余杭滚灯是一种融竞技、武术、舞蹈于一身的汉族民间舞蹈。它以竹片编成的大型圆球体为主要道具，在这竹编的圆球体的中心悬挂有一个竹编小球，小球中安放有灯烛，舞动起来，滚滚向前，灯光闪烁，形成一只滚动的灯，故人称“滚灯”。由于它最早起源于钱塘江北岸的余杭一带，故又名“余杭滚灯”。余杭滚灯历史极为悠久，相传它起源于南宋时期，八百多年来，余杭人民父传子、子传孙，将这项传统的民间舞蹈一代又一代地传承了下来，使之长盛不衰，近年来更是发扬光大，名声在外。走出余杭、走进北京、出国访问，并被列入首批国家级非物质文化遗产名录。

中图法分类：（索书号）J732.9/28（G831.3-64、0274）
书　　号：ISBN 978-75009-365-72
责 任 者：王莹编著
出 版 者：人民体育出版社
出版时间：2009.8.1 2157
出 版 地：北京
页　　数：178 页
尺　　寸：20cm
价　　格：25cm
馆藏地址：上海图书馆
内容提要：本书立足于街舞项目在中国高校的发展现状，作者多年对街舞项目研究的系统积累、梳理了街舞项目的相关理论与方法。全书包括了流行街舞篇、健身街舞篇、街舞发展篇三个部分。流行街舞篇主要是对本源性街舞进行介绍。健身街舞篇是在本源性的流行街舞的发展背景下，结合我国健身街舞项目的发展现状，秉承同中求异的宗旨，借鉴移植“外来”的美、日、韩的街舞技术动作，以课程教材的形式对健身街舞概念界定，对健身街舞的教学、教学课程、创编、音乐等进行了理论的基础支撑研究，辅以实践套路，形成完整的健身街舞课程的教学体系，为高校健身街舞课程的开设、具体实施提供了一套成熟可行的方案。

中图法分类：（索书号）J705/112
题　　名：舞蹈鉴赏
书　　号：ISBN 978-7-81113-655-5
责 任 者：赵铁春主编
出 版 者：湖南大学出版社
出版时间：2009.8 2158
出 版 地：长沙
丛　　书：普通高等学校公共艺术课程规划教材
页　　数：258 页，[4] 页图版
尺　　寸：24cm
价　　格：30.00
馆藏地址：北京舞蹈学院图书馆
内容提要：本书以“舞蹈鉴赏辨析为点、舞蹈作品年代为线、舞蹈不同种类和舞蹈热点词汇为面”的网状结构来力求呈现舞蹈艺术的全貌；对舞蹈的种类与形式，舞蹈审美等理论问题有较全面、系统地归纳和解析；对丰富多彩的中国民族民间舞，特色鲜明的中国古典舞，绚丽典雅的芭蕾舞，敢于创新的现代舞作品及发展趋势进行方法性引导，对舞蹈的热点词汇给予理论层面上的梳理。

2159

中图法分类：（索书号）J705/8614
题　　名：舞蹈鉴赏
书　　号：ISBN 978-7-5605-3223-3
责 任 者：谷玉梅，李开芳著
出 版 者：西安交通大学出版社
出版时间：2009.9.1
出 版 地：西安
页　　数：144 页
尺　　寸：26cm
价　　格：23.00
馆藏地址：上海图书馆
内容提要：本书内容包括：舞蹈艺术概论、舞蹈起源与发展、舞蹈构成与审美、中国古典舞、中国汉族民间舞、中国少数民族舞蹈、世界芭蕾舞、现代舞、当代舞、流行街舞、世界各国民间舞、新中国成立以来优秀舞剧及舞蹈诗等。

2160

中图法分类：（索书号）J719.5/28
题　　名：俄罗斯学派之古典芭蕾教学法典
书　　号：ISBN 978-957-57473-74
责 任 者：薇拉．科斯特罗维茨卡娅（Vera S. Kostrovitskaya），阿列克谢·比萨列夫（Alexei A. Pisarev）著；李巧译
出 版 者：阿列幼狮出版社
出版时间：2009.9
出 版 地：台北市
页　　数：348 页
尺　　寸：23cm
价　　格：122.00　TWD 420.00
馆藏地址：北京舞蹈学院图书馆
内容提要：本书为举世闻名的俄罗斯瓦冈诺娃芭蕾舞蹈学院官方认定的教科书，充实详尽地记载了古典芭蕾由简而繁的舞蹈技巧；描述各种动作从初学式、完成式乃至各种变化做法的演进过程及循序渐进的教学步骤。书中并有部分动作的练习组合范例、高年级课程范例、八年学制的教程大纲等。本书有多种文字译本，为世界各地芭蕾舞校的重要参考书籍。译者经多年精心翻译方能有中文译本的出版。本书对老师而言，是一本不可多得的专业参考书；对舞者来说，则是检验与鞭策自身学习的工具。

中图法分类：J70/73
题　　名：图说中国舞蹈
书　　号：ISBN 978-7-5075-2241-9
责 任 者：胡森淼、刘佳著
出 版 者：华文出版社
出版时间：2009.9 2161
出 版 地：北京
页　　数：180 页
尺　　寸：24cm
价　　格：19.80
馆藏地址：北京舞蹈学院图书馆
内容提要：本书以历史为经，以文化为纬，详细、全面地介绍了中国舞蹈的发展情况。全书选配了近 200 幅精美插图，涉及重要典籍、名家名舞等。既展示出数目众多、异彩纷呈的舞蹈体裁，又描述了相应的舞蹈故事、传说、人物及起源文化背景。

中图法分类：（索书号）J705/77
题　　名：舞蹈欣赏
书　　号：ISBN 957-11-1778-1
责 任 者：伍曼丽著
出 版 者：五南图书公司
出版时间：2009.9 2162
出 版 地：台北市
页　　数：187 页
尺　　寸：21cm
价　　格：167.91　TWD330.00
馆藏地址：北京舞蹈学院图书馆
内容提要：本书共分五章，其中第一章至第四章对中外各主要舞蹈种类作一概要的介绍，让您对这些舞蹈的起源与特色有个基本的认识，第五章则针对如何欣赏舞蹈作重点而简明的介绍。本书可作为大专院校舞蹈科系同学补充教材，亦可提供专业舞蹈教师教学的参考资料。再者，本书之内容将可帮助对舞蹈有兴趣的社会人士作为舞蹈欣赏的入门指南。

2163

中图法分类：（索书号）J705/113
题　　名：中外舞剧作品分析与鉴赏
书　　号：ISBN 978-7-80751-553-1
责 任 者：肖苏华著
出 版 者：上海音乐出版社
出版时间：2009. 10. 1
出 版 地：上海
丛　　书：北京舞蹈学校建校 55 周年教学科研成果系列丛书
页　　数：20，322 页
尺　　寸：24cm
价　　格：128. 00
馆藏地址：北京舞蹈学院图书馆
内容提要：二十余年来，作者一直在潜心研究中外舞剧理论与创作，本书是作者的一个阶段性的总结，既涵盖了舞剧理论的新思考、新观念与新探索，又提出了舞剧分析与鉴赏方面的新方法、视角与切入点。

2164

中图法分类：（索书号）J732. 5/5
题　　名：走进芭蕾王国
书　　号：ISBN 978-78075-155-6-2
责 任 者：肖苏华著
出 版 者：上海音乐出版社
出版时间：2009. 10. 1
出 版 地：上海
丛　　书：北京舞蹈学校建校 55 周年教学科研成果系列丛书
页　　数：278 页
尺　　寸：24cm
价　　格：108. 00
馆藏地址：北京舞蹈学院图书馆
内容提要：本书收集了作者多年来在各种书刊上发表的文章，主要是让广大读者和芭蕾爱好者更多地了解芭蕾的历史发展情况及其艺术特征，同时涉及一些舞蹈、舞剧的创作知识。

中图法分类：（索书号）J723.9/3
题　　名：复兴之路：庆祝中华人民共和国成立六十周年大型音乐舞蹈史诗纪实
书　　号：ISBN 978-7-5321-3652-0
责 任 者：毛时安主编 2165
出 版 者：上海文艺出版社
出版时间：2009.10
出 版 地：上海
页　　数：177 页
尺　　寸：30cm
价　　格：155.00
馆藏地址：北京舞蹈学院图书馆
内容提要：这本大型图文书由国务委员刘延东作序，总导演张继钢撰写前言，由《复兴之路》宣传部主任、文艺理论家毛时安主编。全书共分三编：第一编“文本实录”刊登了《复兴之路》剧本。这是剧本经无数次反复修改后第一次与读者见面；第二编“百感交集”收集了以 79 岁高龄词作家阎肃领衔的主创班子的创作感言，真实表达了艺术家们一年创作中经受的丰富有趣的艺术体验；第三编“记忆犹新”，收有《复兴之路》创作、排练中许多鲜为人知的幕后故事和花絮。全书收有 300 余幅照片，成为国庆 60 周年独特的一份纪念。

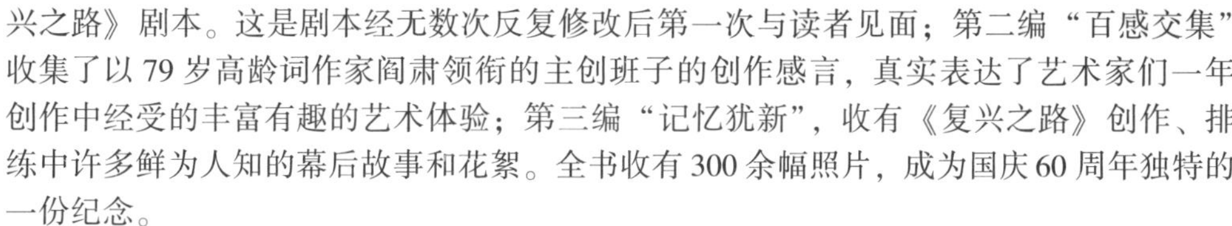

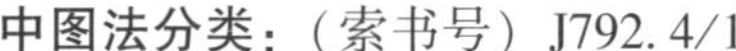

中图法分类：（索书号）J792.4/1
题　　名：舞出我天地：中山大学舞蹈团文集
书　　号：ISBN 978-7-306-03509-7
责 任 者：武昌林编
出 版 者：中山大学出版社 2166
出版时间：2009.10
出 版 地：广州
丛　　书：中山大学舞蹈团文集
页　　数：361 页，[8] 页图版
尺　　寸：26cm
价　　格：99.00
馆藏地址：北京舞蹈学院图书馆
内容提要：本书以文学的形式，介绍了中山大学艺术中心舞蹈团的发展历程以及近年来的优秀成果，图文并茂，展现了中山大学舞蹈团的精神面貌。

2167

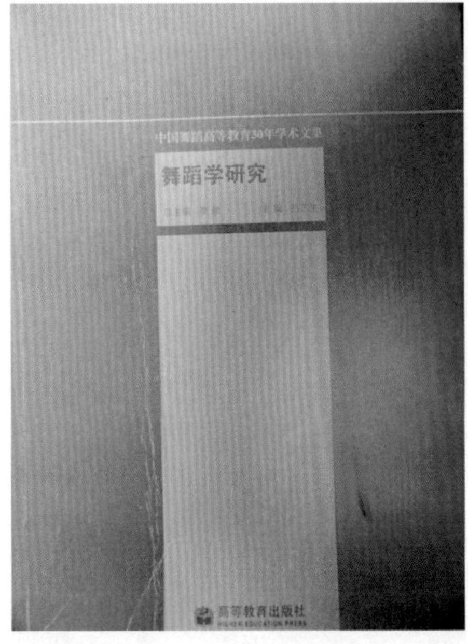

中图法分类：J70/71
题　　　名：中国舞蹈高等教育 30 年学术文集，舞蹈学研究
书　　　号：ISBN 978-7-04-016809-9
责 任 者：吕艺生主编；吕艺生主编
出 版 者：高等教育出版社
出版时间：2009.10
出 版 地：北京
丛　　　书：北京舞蹈学院教学科研成果系列丛书/中国舞蹈高等教育 30 年学术文集
页　　　数：688 页
尺　　　寸：26cm
价　　　格：68.00
馆藏地址：北京舞蹈学院图书馆
内容提要：本书择取了自 1978 年以来北京舞蹈学院专家、教师的文章，记载了这一时期对舞蹈学研究建设和发展的所思所想。内容共分七部分，包括：“舞蹈学学科建设研究”、“舞蹈史学研究”、“舞蹈美学研究”、“舞蹈教育研究”、“舞蹈文化理论研究”等。

2168

中图法分类：（索书号）J711/2
题　　　名：中国舞蹈高等教育 30 年学术文集：舞蹈编导研究
书　　　号：ISBN 978-7-04-025687-1
责 任 者：李续总主编；张守和主编
出 版 者：高等教育出版社
出版时间：2009.10
出 版 地：北京
丛　　　书：北京舞蹈学院教学科研成果系列丛书
页　　　数：358 页
尺　　　寸：26cm
价　　　格：38.00
馆藏地址：北京舞蹈学院图书馆
内容提要：本书内容共分为四部分，包括：编导创作理论、编导教学理论、舞蹈创作批评、现代舞研究等。

中图法分类：（索书号）J722.2/9
题　　　名：中国舞蹈高等教育30年学术文集，中国民族民间舞研究
书　　　号：ISBN 978-7-04-025687-1
责 任 者：李续总主编；赵铁春主编
出 版 者：高等教育出版社 2169
出版时间：2009.10
出 版 地：上海
丛　　　书：北京舞蹈学院教学科研成果系列丛书
页　　　数：524页
尺　　　寸：23cm
价　　　格：38.00
馆藏地址：北京舞蹈学院图书馆
内容提要：本文集根据学院的总体精神，同时结合学科自身的特点，共拟定学科探索、教材建设、教学研究、创作分析、文化研究等五个部分。既强调了学科学术的延续性、严谨性，也强调了时代特征与新时期的思考和研究，在论文的编纂中不仅收录了早期对学科建设具有重大影响的专家、教师的文章，也收录了自2004年以后诸多专家、教师们的新文章，内容较为丰富。

中图法分类：（索书号）J711/3
题　　　名：中国当代舞蹈创作与研究：舞动奇迹三十年
书　　　号：ISBN：978-7-5059-6574-4
责 任 者：慕羽著
出 版 者：中国文联出版社 2170
出版时间：2009.10
出 版 地：北京
页　　　数：358页
尺　　　寸：24cm
价　　　格：36.00
内容提要：本书运用跨学科的研究方法，从整体性的政治文化视角，研究了专业舞蹈创作与政治的关系。是一本具有较高舞蹈理论和研究价值的著作。本书是笔者在博士论文的基础上撰写的，既是一本适合于高等艺术院校舞蹈专业本科和研究生阶段的舞蹈史论教材，也是一本社会科学理论的学术著作，对中国当代舞蹈文化进行了理性的归纳和审视，将会带给舞蹈学、艺术学、文化学读者一种全新的舞蹈文化理念。本书在一般的历史研究、审美研究中加入政治文化学的因素，运用跨学科研究方法，从一种整体性的政治文化视角，重新审视新时期舞蹈创作活动转型的独特历史，着重研究中国改革开放以来舞蹈创作与政治文化之关系，来探讨“舞蹈创作”的政治文化意义。其中涉及的各种主题和问题都与这一任务相关联。

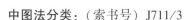

2171

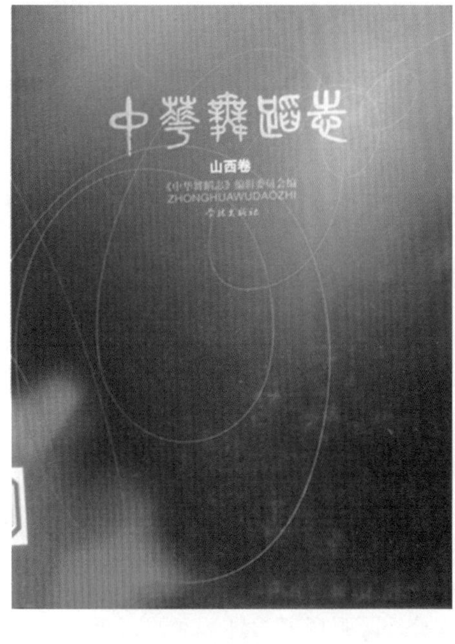

中图法分类：（索书号）J709.2（25）1
题　　名：中华舞蹈志：山西卷
书　　号：ISBN 978-7-80730-810-2
责 任 者：《中华舞蹈志》编辑委员会编
出 版 者：学林出版社
出版时间：2009.10
出 版 地：上海
页　　数：4，290页，［6］页图版
尺　　寸：24cm
价　　格：50.00
馆藏地址：北京舞蹈学院图书馆
内容提要：本书是一本介绍山西民族民间舞蹈史的书籍。本书内容包括：综述、志略、跑灯、顶灯、转灯、七巧灯、云彩灯等。《中华舞蹈志：山西卷》第一次以志书形式系统记述了中华各民族舞蹈的历史渊源、衍变风格。演出形式，音乐伴奏，服饰道具以及有关风俗节令、信仰礼仪、工艺美术，文献考古等史料，填补了中国文化史料和研究的一项空白。全书从一九九九年开始，分省、自治区、直辖市各卷陆续出版。

2172

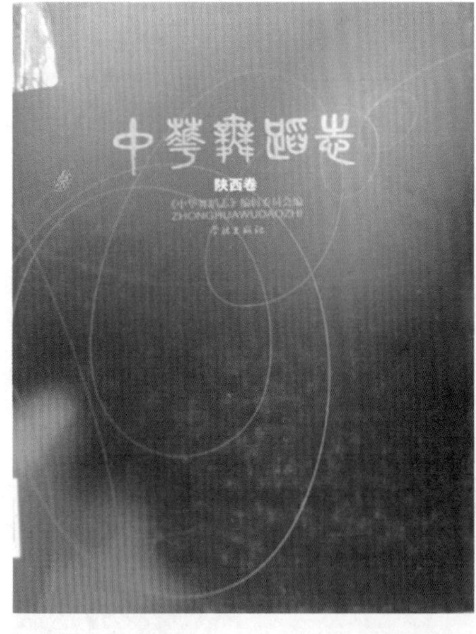

中图法分类：（索书号）J709.2（41）1
题　　名：中华舞蹈志：陕西卷
书　　号：ISBN 978-7-80730-806-5
责 任 者：《中华舞蹈志》编辑委员会编
出 版 者：学林出版社
出版时间：2009.10
出 版 地：上海
页　　数：4，290页，［6］页图版
尺　　寸：24cm
价　　格：50.00
馆藏地址：北京舞蹈学院图书馆
内容提要：《中华舞蹈志：陕西卷》是五千年中国第一部舞蹈志书，是全国艺术科学“九五”规划重点项目。它第一次以志书形式系统记述了中华各民族舞蹈的历史渊源、衍变风格。演出形式，音乐伴奏，服饰道具以及有关风俗节令、信仰礼仪、工艺美术，文献考古等史料，填补了中国文化史料和研究的一项空白。全书从一九九九年开始，分省、自治区、直辖市各卷陆续出版。

中图法分类：（索书号）J709.2（43）1
题　　名：中华舞蹈志：宁夏卷
书　　号：ISBN 978-7-80668-440-9
责　任　者：《中华舞蹈志》编辑委员会编
出　版　者：学林出版社
出版时间：2009.10
出　版　地：上海
页　　数：286页，[6]页图版
尺　　寸：23cm
价　　格：45.00
馆藏地址：北京舞蹈学院图书馆
内容提要：本志分为文物史迹、图表、人物传记等几个部分，系统记述了宁夏回族自治区民族民间舞蹈的历史、现状、内容形式、风俗流派以及有关的风俗、信仰礼仪等内容。 2173

中图法分类：（索书号）J709.2/1133-1
题　　名：中国古代乐舞史（上下卷）
书　　号：ISBN 978-7-203-06440-2
责　任　者：王宁宁
出　版　者：山西人民出版社
出版时间：2009.9.1
出　版　地：太原
页　　数：全2册12，1074页：图
尺　　寸：24cm
价　　格：260.00
馆藏地址：上海图书馆
内容提要：本书共分七章，包括：远古时代的乐舞、夏代乐舞、商代乐舞、周代乐舞、秦汉乐舞、魏晋南北朝乐舞、隋唐乐舞。 2174

中图法分类：（索书号）J723.9/2
题　　　名：此恨绵绵：舞动《长恨歌》的前世今生
书　　　号：ISBN 978-7-103-03770-6
2175 责 任 者：任文惠著
出 版 者：人民音乐出版社
出版时间：2009.11
出 版 地：北京
页　　　数：142页
尺　　　寸：22cm
价　　　格：48.00（含1张DVD）
馆藏地址：北京舞蹈学院图书馆
内容提要：本书的立足点是王安忆的小说《长恨歌》，以及北京舞蹈学院根据这部小说编排的国标舞剧《长恨歌》。共包括三个部分：1.《长恨歌》的前世今生，2.《长恨歌》的爱与恨，3.《长恨歌》的舞蹈世界。前二部分是散文随笔，第三部分是《长恨歌》舞剧照片等。

中图法分类：（索书号）J719.3/3/：12
题　　　名：中国舞等级考试教材：第十二级（青年）
书　　　号：ISBN 7-10303-85-97
责 任 者：孙光言
2176 出 版 者：人民音乐出版社
出版时间：2009.12.1
出 版 地：北京
页　　　数：184页
尺　　　寸：30cm
价　　　格：36.00
馆藏地址：北京舞蹈学院图书馆
内容提要：本部教材把中国古典舞、中国民间舞的一些基本舞姿、动作和舞步，按不同年龄的生理及心理特征划分为八个等级，提高了少年儿童及青年的文化素养和舞蹈艺术的审美能力。近年来，常有一些朋友向我建议：“应当把中国舞蹈训练规范成普及式的分级考试课，就像英国BAD芭蕾考试课那样，向更多的爱好者普及舞蹈文化。”向我们提此建议的有国内的朋友，也有身居海外的华人。他们说：“这件事，由北京舞蹈学院来做是最合适不过的。”此系列教材的出版更加证明了由专业舞蹈学院做普及舞蹈工作的正确性。

中图法分类：J70/13HD
题　　　名：邓肯谈艺录
书　　　号：ISBN 978-7-81113-728-6
责　任　者：［美］伊莎多拉·邓肯著
出　版　者：湖南大学出版社
出 版 时 间：2009.12 2177
出　版　地：长沙
丛　　　书：名家谈艺丛书
页　　　数：245页；图版
尺　　　寸：23cm
价　　　格：38.00
馆 藏 地 址：北京舞蹈学院图书馆
内 容 提 要：本书是美国著名舞蹈家伊莎多拉·邓肯《舞蹈的艺术》（The art of the dance）的全译本。此次再版将其更名为《邓肯谈艺录》，并将原书的篇目次序作了一定的调整，即将原书“永远的舞蹈”部分调至“永远的邓肯”之前，意欲突出邓肯本人的艺术思想。

中 图 法 分 类：（索书号）J732.9（参见G831.3/1233-1）
题　　　名：28天肚皮舞瘦身计划
书　　　号：ISBN 978-71220-415-86
责　任　者：丽达
出　版　者：化学工业出版社 2178
出 版 时 间：2009
出　版　地：北京
页　　　数：110页；彩图；+1DVD光盘
尺　　　寸：21cm
价　　　格：26.00
馆 藏 地 址：上海图书馆
主 题 标 目：健身运动
内 容 提 要：本书提供了28天肚皮舞瘦身计划，帮助读者美颈、修肩、丰胸、提臀、远离颈椎病、健胃消食、强肾排毒、增强免疫力。

2179

中图法分类：（索书号）J722.221.4/9
题　　名：奔子栏藏族锅庄歌舞
书　　号：ISBN 978-7-222-06046-3
责 任 者：李志农、陆双梅著
出 版 者：云南人民出版社
出版时间：2009
出 版 地：昆明
页　　数：116页，[2]页图版
尺　　寸：19cm
价　　格：36.00（含光盘）
馆藏地址：北京舞蹈学院图书馆
内容提要：锅庄舞，又称为“果卓”、“歌庄”、“卓”等，藏语意为圆圈歌舞，是藏族三大民间舞蹈之一。锅庄分为用于大型宗教祭祀活动的“大锅庄”、用于民间传统节日的“中锅庄”和用于亲朋聚会的“小锅庄”等几种，规模和功能各有不同。也有将之区分成“群众锅庄”和“喇嘛锅庄”、城镇锅庄和农牧区锅庄的。

2180

中图法分类：（索书号）J722.9/27
题　　名：独舞风骚：辣妹型男动感飙舞
书　　号：ISBN 978-986-6763-84-7
责 任 者：陈建志著
出 版 者：捷径文化出版事业有限公司
出版时间：2009
出 版 地：台北市
页　　数：119页（含光盘DVD）
尺　　寸：23cm
价　　格：132.62，TWD349.00
馆藏地址：北京舞蹈学院图书馆
内容提要：与世界潮流接轨的六大舞步，Hip hop，Street Jazz，Soul Jazz，House，Krump，Free Style，一学就会！5大秘籍让你爱上舞动肢体。

中图法分类：(索书号) J709.512/7
题　　名：俄罗斯芭蕾秘史
书　　号：ISBN 978-7-80186-987-6
责 任 者：[法] 弗拉基米尔·费多洛夫斯基著；马振骋译
出 版 者：东方出版中心 2181
出版时间：2009
出 版 地：上海
页　　数：214 页
尺　　寸：22cm
价　　格：30.00
馆藏地址：北京舞蹈学院图书馆
内容提要：本书叙述芭蕾从西方引入俄罗斯以后，如何茁壮成长，特别着重在 20 世纪初期，佳吉列夫率领的俄罗斯芭蕾舞团到西欧演出，给芭蕾历史带来转折性的演变，使逐渐在西方颓势的芭蕾再度兴起，至今让这门有几百年历史的艺术在世界舞台上长盛不衰。书中众多为中国人所熟知的艺术人物悉数登场，内容生动，笔法流畅、精彩。

中图法分类：(索书号) J722.22/284
题　　名：贵州民族民间舞蹈教程（苗族部分）= A course in Guizhou national folk dance. Part of miao people
书　　号：ISBN 978-7-81126-034-2
责 任 者：代筑娴编著 2182
出 版 者：贵州大学出版社
出版时间：2009
出 版 地：贵阳
页　　数：126 页
尺　　寸：25cm
价　　格：25.00
馆藏地址：浙江图书馆
内容提要：本书共分四章，内容包括：女班；男班；综合性舞蹈表演；伴奏音乐及鼓谱。这本教材充分、也较为全面地反映出了苗族民间舞蹈的基本特色。对民间苗族舞蹈作了一个较好的总结，同时本书也是经多年教学实践不断累积修改而得，运用了多种的媒介、媒体，是一实用、富有特色的教材。

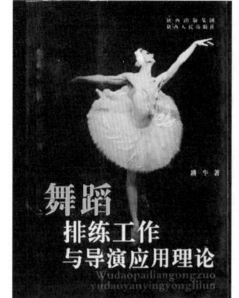

2183

中图法分类：（索书号）J71 \ 1 \ 中文图书基藏库 \ 中文基藏
题　　名：舞蹈排练工作与导演应用理论
书　　号：ISBN 978-7-224-09129-8
责 任 者：耕牛著
出 版 者：陕西人民出版社
出版时间：2009.
出 版 地：西安
页　　数：16，635 页；照片
尺　　寸：21cm
价　　格：35.00
馆藏地址：国家图书馆
内容提要：本书共分 8 章，主要内容包括：导演进入排练前的检查与思考、现场落实舞台提示、动员舞蹈演员进入思考状态、各艺术部门与演员之间的配合、试演中各艺术部门的配合、演出中表现的心理自测思考等。

2184

中图法分类：（索书号）J732.9（参见 G831.3/1124-1）
题　　名：活力街舞：时尚潮流入门教程
书　　号：ISBN 978-75356-307-28
责 任 者：王巍
出 版 者：湖南美术出版社
出版时间：2009
出 版 地：长沙
页　　数：93 页；彩图；+1 光盘 VCD
尺　　寸：21cm
价　　格：26.80
馆藏地址：上海图书馆
主题标目：交际舞—体育课—中学
内容提要：街舞的基本介绍、街舞在东南亚的发展、街舞的分类等。书中采用做图解的形式，对街舞的外在动作和内在灵魂作出了最生动翔实的诠释。不要觉得自己没有天分，您也可以通过练习成为街舞的代言人。目前，街舞在青少年中已经形成了一种共同的思想理念和行为方式，以街舞来张扬自我个性，展示青春的活力和激情，表达勇于进取的生活态度，强调的是“做自己，享受生命，勇于挑战”的理念。

中图法分类：（索书号）J732.9/54 2185
题　　名：激情钢管舞
书　　号：ISBN 978-7-5356-3072-8
责 任 者：王巍主编
出 版 者：湖南美术出版社
出版时间：2009
出 版 地：长沙
页　　数：93 页：+1 光盘 VCD
尺　　寸：21cm
价　　格：26.80
馆藏地址：北京舞蹈学院图书馆
内容提要：本书不但对钢管舞的起源及技巧作了详尽的介绍，更清除了人们对于钢管舞的误解，让他们能够站在正确的角度上去练习、欣赏钢管舞。

中图法分类：（索书号）J732.8/0788
题　　名：交际舞入门与鉴赏
书　　号：ISBN 978-7-5100-1167-2
责 任 者：广东世界图书出版公司
出 版 者：中国出版集团，广东世界图书出版公司 2186
出版时间：2009
出 版 地：广州
丛　　书：新世纪青少年艺术素质培养丛书
页　　数：182 页：图
尺　　寸：23cm
价　　格：23.80
主题标目：交际舞
馆藏地址：上海图书馆
内容提要：本书主要内容有：舞蹈概述、交际舞概述、交际舞基本要素及舞池简介、学习交际舞的基本方法、摩登舞—华尔兹、摩登舞—维也纳华尔兹等。

2187 中图法分类：（索书号）J732.5/4
题　　名：开始爱上芭蕾：从0开始的芭蕾入门
书　　号：ISBN 978-986-6702-32-7
责 任 者：林爱子、林田直树著
出 版 者：如果出版社
出版时间：2009
出 版 地：台北市
页　　数：207页
尺　　寸：21cm
价　　格：98.80，TWD260.00
馆藏地址：北京舞蹈学院图书馆
内容提要：本书是“从0开始”的芭蕾入门，以轻松的笔法，简短的文字，介绍令人好奇的芭蕾知识。从观赏芭蕾的小常识、芭蕾舞蹈奥秘，以及世界最有名的舞团，最厉害的舞者，还有公认最好看、最好听的舞剧和音乐。

2188 中图法分类：（索书号）J722.214/6804
题　　名：龙舞在天—中山醉龙舞
书　　号：ISBN 978-7-5406-7483-0
责 任 者：吴竟龙
出 版 者：广东教育出版社
出版时间：2009
出 版 地：广州
丛　　书：非物质文化遗产丛书
页　　数：182页；彩照
尺　　寸：24cm
价　　格：24.00
馆藏地址：上海图书馆
内容提要：本书内容包括：中华民族的千年龙脉、醉龙一舞动四方、凭谁妙舞美哉醉龙、价值连城堪利用、醉龙舞还能舞多久等。

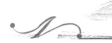

2189

中图法分类：（索书号）J722.2/7246
题　　名：民族民间舞
书　　号：ISBN 978-7-308-06539-9
责 任 者：陈蓉晖
出 版 者：浙江大学出版社
出版时间：2009
出 版 地：杭州
丛　　书：高等学校儿童艺术教育系列教材·舞蹈教育
页　　数：135页；图版
尺　　寸：26cm
价　　格：20.00
馆藏地址：上海图书馆
内容提要：本书分藏族舞、蒙古族舞、维吾尔族舞、傣族舞和汉族云南花灯五部分，根据专业特点，各部分教学中适当选择了一些儿童民间舞组合教学。

2190

中图法分类：（索书号）J732.5（J722\26）2010\J722\26\中文图书基藏库\中文基藏
题　　名：芭蕾舞蹈艺术
书　　号：ISBN 978-7-5613-4921-2
责 任 者：程鹏民、牛国全编著
出 版 者：陕西师范大学出版社
出版时间：2009
出 版 地：西安
丛　　书：高等学校儿童艺术教育系列教材·舞蹈教育
页　　数：144页
尺　　寸：26cm
价　　格：19.00
馆藏地址：国家图书馆
内容提要：本书以历史篇、人物篇、时代篇、普及篇为内容，对芭蕾的发展历程、流派及中外芭蕾的代表人物等做了比较介绍。

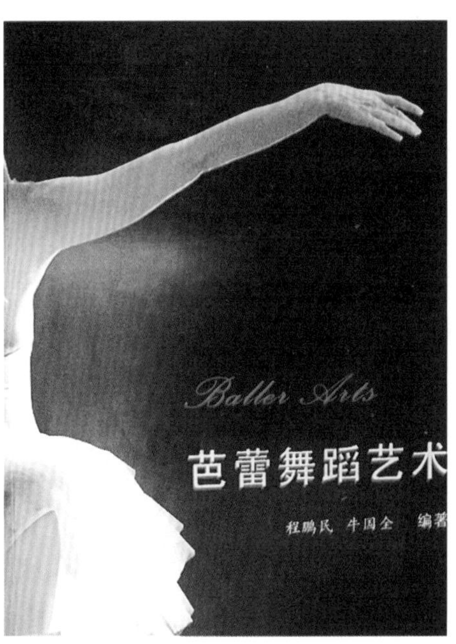

2191

中图法分类：（索书号）J722.2/12
题　　名：民族舞蹈技术技巧
书　　号：ISBN 978-7-81108-710-9
责 任 者：马云霞、杨敏、潘薇佳著
出 版 者：中央民族大学出版社
出版时间：2009
出 版 地：北京
丛　　书：中央民族大学特色教材
页　　数：215 页
尺　　寸：26cm
价　　格：36.00
馆藏地址：北京舞蹈学院图书馆
内容提要：本书共分 6 章，包括：朝鲜族舞蹈典型技术技巧、维吾尔族舞蹈典型技术技巧、蒙古族舞蹈典型技术技巧等。

2192

中图法分类：（索书号）J722.9/28
题　　名：曼妙肚皮舞
书　　号：ISBN 978-7-5356-3072-8
责 任 者：王巍主编
出 版 者：湖南美术出版社
出版时间：2009
出 版 地：长沙
页　　数：93 页+教学 VCD
尺　　寸：21cm
价　　格：26.80
馆藏地址：北京舞蹈学院图书馆
内容提要：本书是一本关于健身运动基本知识的书籍。主要内容包括：肚皮舞的基本介绍，热身，基本动作，快乐地跳吧等。

中图法分类：（索书号）J722.222.1/438

题　　名：满族舞蹈发展史

书　　号：ISBN 978-7-04-024291-1

责 任 者：姚泳全等编著

出 版 者：高等教育出版社

出版时间：2009 2193

出 版 地：北京

页　　数：261 页

尺　　寸：23cm

价　　格：49.00

馆藏地址：浙江图书馆

内容提要：本书从满族舞蹈的童年、满族源流、满族舞蹈发展的历史轨迹、满族近当代舞蹈新作到满族舞蹈的分类、满族舞蹈的美学特征，对满族舞蹈进行全方位的透析。

中图法分类：（索书号）J722.215/2332

题　　名：马桥手狮灯舞

责 任 者：上海市闵行区非物质文化遗产保护中心

出 版 者：上海人民出版社

出版时间：2009 2194

出 版 地：上海

页　　数：79 页

尺　　寸：25cm

价　　格：20.00

馆藏地址：上海图书馆

内容提要：本书是上海闵行非物质文化遗产保护中心编写的当地马桥地区流行的手狮灯舞。“手狮灯”狮身长四尺半，高三尺余，用篾扎纸糊，彩绘而成。狮子两前足捧一绣球，绣球用竹篾扎制，糊以白色透明纸，内点蜡烛。狮子肚皮下安有两根木棍，舞狮者两手各持一根木棍，将狮子举起舞动。每只狮子重约 50 斤，由一名舞狮者和一个副手，轮流配合舞动表演。

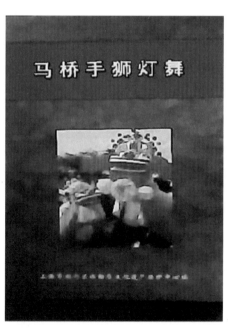

2195 中图法分类：（索书号）J722.22/16
题　　名：民族舞蹈研究文集《民族舞蹈研究文集》
书　　号：ISBN 978-7-81108-787-1
责 任 者：《民族舞蹈研究文集》编委会编
出 版 者：中央民族大学出版社
出版时间：2009
出 版 地：北京
丛　　书：中央民族大学国家“211 工程”三期重点学科建设项目
页　　数：419 页
尺　　寸：21cm
价　　格：35.00
馆藏地址：北京舞蹈学院图书馆
内容提要：本书分为舞蹈理论研究篇——池福子的《论编舞家对音乐把握的差异》、舞蹈教育篇——苏自红的《现代艺术教育的教学法》、舞蹈创作篇——王昕宇的《舞蹈演员的二度创作》、舞蹈音乐研究篇——徐平的《永远的“龙船调”》、舞蹈教学管理篇——朴永光的《体会与思考》、心得篇——仇莉的《蒙古族民歌简论》几大部分。

2196 中图法分类：（索书号）J722.211/20
题　　名：闹节：山东三大秧歌的仪式性与反仪式性
书　　号：ISBN 978-7-81127-233-8
责 任 者：张蔚著
出 版 者：中国传媒大学出版社
出版时间：2009
出 版 地：北京
丛　　书：风俗·文化·传播丛书
页　　数：21，345 页
尺　　寸：21cm
价　　格：32.00
馆藏地址：北京舞蹈学院图书馆
内容提要：本书通过对山东省城的三大秧歌仪式性与反仪式性的比较研究，揭示了秧歌这一民间表演形式背后的文化内涵及意义。

2197

中图法分类：（索书号）J709.258/1
题　　　名：前后：刘振祥的云门影像叙事
书　　　号：ISBN 978-986-213-106-0
责　任　者：刘振祥摄影
出　版　者：大块文化出版股份有限公司
出版时间：2009
出　版　地：台北市
页　　　数：217 页
尺　　　寸：25cm
价　　　格：190.00　TWD500.00
馆藏地址：北京舞蹈学院图书馆
内容提要：本书是刘振祥所拍摄的云门表演艺术团体的摄影集，包括舞照、台前幕后的颜容和姿势、观众的表情、户外演出的风和雨、演出后的舞台等。

2198

中图法分类：（索书号）J709/24
题　　　名：丝绸之路：乐舞艺术研究
书　　　号：ISBN 978-7-228-12839-6
责　任　者：金秋著
出　版　者：新疆人民出版社
出版时间：2009.9.1
出　版　地：乌鲁木齐
页　　　数：10，307 页
尺　　　寸：26cm
价　　　格：52.00
馆藏地址：北京舞蹈学院图书馆
内容提要：本书通过对陆路丝绸之路和海上丝绸之路的研究，中国丝绸之路乐舞艺术在中亚、西亚各国及希腊、罗马；东亚、东南亚以及阿拉伯地区的各国之间的交流与影响，填补丝绸之路乐舞艺术研究的空白，从民族学、考古学、人类学、社会学等学科交叉的展开对丝绸之路乐舞艺术进行研究是一部较全面研究丝绸之路乐舞艺术的专著，作者参考了大量的文献资料，为丝绸之路乐舞艺术更深入的研究提供了重要的参考。

2199

中图法分类：（索书号）J792.4-64/3195
题　　名：上海歌舞团建团三十周年 = Shanghai Dance Theatre 30th Anniversary
责 任 者：凌耀忠
出 版 者：上海歌舞团
出版时间：2009
出 版 地：上海
页　　数：93 页：图版
尺　　寸：29cm
价　　格：35.00
馆藏地址：上海图书馆
主题标目：上海歌舞团—上海市~1979-2009
内容提要：本画册是上海歌舞团建团 30 年的经典节目汇编，该画册记录了上海歌舞团走过的 30 年辉煌历程。

2200

中图法分类：（索书号）J7-61（J722\8）2011\J722\8\书刊保存本库
题　　名：蒙古舞蹈美学鉴赏汉蒙双解辞典（汉语+蒙语）
书　　号：ISBN 978-7-105-10394-2
责 任 者：莫德格玛著
出 版 者：民族出版社
出版时间：2009
出 版 地：北京
页　　数：86，96 页：肖像，彩照
尺　　寸：24cm
价　　格：108.00
馆藏地址：国家图书馆
内容提要：本书共包括五章：“伯依勒格”涵盖的美学术语赏析、蒙古诸部族舞蹈精品与美学术语赏析、“莫德格玛绝妙技艺”与美学术语、蒙古舞蹈“德布思勒特踏舞”赏析和莫德格玛表演《盅碗舞》剧照舞姿造型赏析。

中图法分类：（索书号）J732.6/1133
题　　名：时尚钢管纤体舞 = Fashion girl slimming pole hot dancing
书　　号：ISBN 978-7-80705-926-4
责 任 者：王迪、雨泽
出 版 者：成都时代出版社 2201
出版时间：2009
出 版 地：成都
页　　数：113 页：彩图
尺　　寸：21cm+1 光盘 DVD
价　　格：29.80
馆藏地址：上海图书馆
内容提要：本书介绍了钢管舞的跳法等内容，分为：钢管舞性感健身新风尚、钢管热舞前奏进入娇柔舞动新世界、魅惑钢管舞妖娆风情“管”不住、狂野辣舞释放如火激情四部分。

中图法分类：（索书号）J722.6/1124-1
题　　名：时尚爵士舞
书　　号：ISBN 978-7-5356-3072-8
责 任 者：王巍 主编
出 版 者：湖南美术出版社
出版时间：2009 2202
出 版 地：长沙
页　　数：93 页：彩图
尺　　寸：21cm+1 光盘
价　　格：26.80
馆藏地址：上海图书馆
内容提要：本书首先对爵士舞的发展历史做了介绍，并对 6 种爵士舞的动作做了介绍。

2203

中图法分类：（索书号）J732.8/125
题　　名：塑身拉丁舞
书　　号：ISBN 978-7-5356-3072-8
责 任 者：王巍主编
出 版 者：湖南美术出版社
出版时间：2009
出 版 地：长沙
页　　数：93 页+教学 VCD
尺　　寸：21cm
价　　格：26.8.0
馆藏地址：北京舞蹈学院图书馆
内容提要：本书是一本关于拉丁舞练习基本知识的书籍。主要内容包括：拉丁舞的基本介绍，伦巴 1 级，恰恰恰 1 级，牛仔 5 级等。

2204

中图法分类：（索书号）J7-49/8
题　　名：图说世界舞蹈
书　　号：ISBN 978-7-206-06274-2
责 任 者：江东、祝嘉怡编著
出 版 者：吉林人民出版社
出版时间：2009
出 版 地：长春
页　　数：207 页，[1] 页图版
尺　　寸：25cm
价　　格：37.50
馆藏地址：北京舞蹈学院图书馆
内容提要：本书介绍世界各地具有特色的舞蹈，包括芭蕾舞的故事、走向现代化的福金、编舞天才艾夫曼、美妙的《天鹅湖》、邓肯：自由自在、现代舞诗人保罗·泰勒、南亚名舞婆罗多等。

中图法分类：（索书号）J722.9/3
题　　名：太极健身舞新编
书　　号：ISBN 7-5337-0719-2
责 任 者：许大嘉编著
出 版 者：安徽科学技术出版社 2205
出版时间：2009
出 版 地：合肥
页　　数：86 页
尺　　寸：19cm
价　　格：19.90
馆藏地址：北京舞蹈学院图书馆
内容提要：本书舞蹈共分为二十十节。约二十分钟，分中老组、青年组两套，动作轻柔优美。本书选取中国民族交响乐诗，广东音乐及流传广泛的民间优秀乐曲，把迪斯科、伦巴舞步同穴位、经络、意守、气息、气流感的功理巧妙结合。

中图法分类：（索书号）J722.8（参见 G831.3/1252）
题　　名：体育舞蹈与健身操
书　　号：ISBN 978-7-122-06561-2
责 任 者：张春生、滕晓磊主编
出 版 者：化学工业出版社 2206
出版时间：2009
出 版 地：北京
丛　　书：大学公共体育课系列教材
页　　数：117 页：图
尺　　寸：24cm
价　　格：15.00
馆藏地址：上海图书馆
主题标目：交际舞—基本知识 狐步舞基本知识
内容提要：本书分上、下两篇。上篇体育舞蹈：主要为体育舞蹈的基本内容、起源和在我国的发展现状，对中西方舞蹈的文化进行了比较，同时介绍了拉丁舞、摩登舞的基本技术、音乐和基础套路等；下篇健身操：主要为健身操的概念和发展趋势，大众健身操的基本技术、音乐和套路等内容。

2207

中图法分类：（索书号）J705/3172
题　　名：舞蹈鉴赏
书　　号：ISBN 978-7-04-027250-5
责 任 者：冯双白著
出 版 者：高等教育出版社
出版时间：2009
出 版 地：北京
页　　数：208 页
尺　　寸：26cm
价　　格：25.00
馆藏地址：上海图书馆
内容提要：这是一本写给大学本科非舞蹈类专业的普通学生使用的教材。该教材将以比较清晰的脉络、经典的例证、生动有趣的语言描述舞蹈艺术发展的普遍规律，介绍舞蹈的基本流派，普及舞蹈语言的基本知识，使学生对舞蹈艺术有一个总体的感知，进而对这门艺术产生兴趣，提高自身的艺术素养。

2208

中图法分类：（索书号）J703/12
题　　名：舞蹈教学
书　　号：ISBN 978-957-11-5677-4
责 任 者：黄金桂著
出 版 者：五南图书出版股份有限公司
出版时间：2009
出 版 地：台北市
页　　数：208 页
尺　　寸：23cm
价　　格：98.00　TWD280.00
馆藏地址：北京舞蹈学院图书馆
内容提要：近来坊间出现许多“创意舞蹈”的课程，代表基础舞蹈教学正在改变中，本书以主题式创意即兴的方式来引导舞蹈教学，不仅可以更深入舞蹈本质，亦可让教学进入正轨且不失其创意性。

2209

中图法分类：（索书号）J705/3111
题　　名：舞蹈鉴赏＝Appreciation of dance
书　　号：ISBN 978-7-5444-2410-3
责 任 者：江玲、陈鸿、毛毳主编
出 版 者：上海教育出版社
出版时间：2009
出 版 地：上海
丛　　书：全国普通高等学校公共艺术课程系列教材
页　　数：266 页
尺　　寸：26cm
价　　格：30.00
馆藏地址：上海图书馆
内容提要：本书主要介绍了“蔚为大观的用‘舞’之地”、“滴水汇海，胜之以‘图’”、“美在‘打破’之间”等舞蹈鉴赏上的内容。

2210

中图法分类：J70/36
题　　名：舞蹈艺术概论
书　　号：ISBN 978-7-80553-625-5
责 任 者：隆荫培、徐尔充著
出 版 者：上海音乐出版社（2 版）
出版时间：2009 2 版
出 版 地：上海
页　　数：14，14，379 页
尺　　寸：26cm
价　　格：28.50
馆藏地址：北京舞蹈学院图书馆
内容提要：本书共二十三章，内容包括：舞蹈的艺术特性、舞蹈的社会功能、舞蹈的种类、舞蹈的起源、舞蹈的发展、舞蹈作品与社会生活、舞蹈作品的内容和形式等。

2211 中图法分类：（索书号）J722.214/4
题　　　名：舞龙舞狮
书　　　号：ISBN 978-7-5059-6243-9
责 任 者：罗斌、朱梅著
出 版 者：中国文联出版社
出版时间：2009
出 版 地：北京
丛　　　书：中国国粹艺术读本
页　　　数：160 页
尺　　　寸：24cm
价　　　格：32.00
馆藏地址：北京舞蹈学院图书馆
内容提要：本书以图文并茂的史料和故事全面展示了龙狮文化的起源、种类、特点以及所蕴含的艺术魅力。

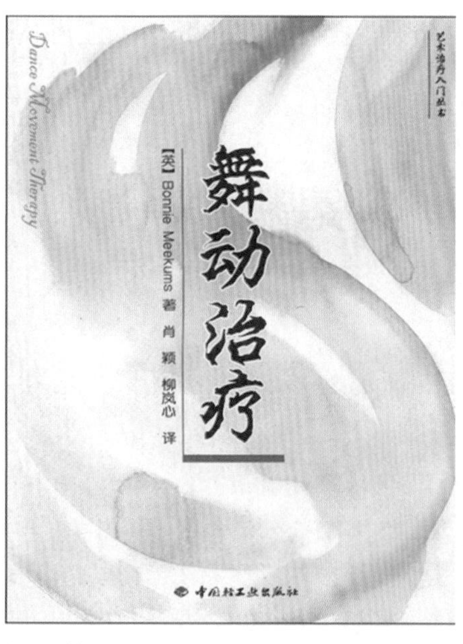

2212 中图法分类：（索书号）J732.9（参见R749.05/9944）
题　　　名：舞动治疗＝Dance movement therapy
书　　　号：ISBN 978-7-5019-7298-2
责 任 者：米克姆斯著；肖颖、柳岚心译
出 版 者：中国轻工业出版社
出版时间：2009
页　　　数：11，115 页
尺　　　寸：23cm
价　　　格：22.00
馆藏地址：上海图书馆
内容提要：本书分为概述和旅程两部分，共五章，介绍了舞动治疗的方法，内容包括："整体安排：本书概览"、"详述：作为一种创新性心理疗法的舞动治疗"、"准备：热身和开始"等。

中图法分类：（索书号）J709.2/98
题　　　名：舞论：王克芬古代乐舞论集
书　　　号：ISBN 978-7-5423-1953-1
责 任 者：王克芬著
出 版 者：甘肃教育出版社
出版时间：2009 2213
出 版 地：兰州
页　　　数：489 页
尺　　　寸：24cm
价　　　格：58.00
馆藏地址：北京舞蹈学院图书馆
内容提要：被誉为世界艺术宝库的敦煌莫高窟，历时千余年，保存了极其丰富、珍贵的舞蹈形象，本稿分为两部分，一是中国石窟中舞蹈形象研究，图说敦煌舞蹈壁画、敦煌舞谱及敦煌舞谱残卷，从敦煌壁画、龙门唐窟石雕及墓室俑画等文物探索了唐代舞蹈的特点，介绍了通过敦煌壁画研究舞蹈史的体会。第二部分是舞论，论述了民族舞蹈审美意识的传承性与变异性，并对敦煌壁画中的一些图舞形象进行了解析，如公孙大娘《剑器舞》的来龙去脉，健舞《柘枝》和软舞《屈柘枝》等。

中图法分类：（索书号）J712/1114
题　　　名：舞蹈
书　　　号：ISBN 978-7-03024-810-7
责 任 者：王丽娟主编
出 版 者：科学出版社
出版时间：2009 2214
出 版 地：北京
丛　　　书：高等教育“十五”规划教材，学前教育专业系列教材
页　　　数：142 页
尺　　　寸：23cm
价　　　格：36.00
馆藏地址：上海图书馆
内容提要：本书介绍了舞蹈的起源、发展、基本特征、作用、种类、常用术语、舞蹈记录方法；芭蕾的起源与派别，芭蕾训练的意义及课堂组成；编写了三套难度不同的芭蕾基本功训练内容、部分中国汉族民族民间舞和部分少数民族民间舞、中国古典舞、现代舞、幼儿舞蹈及幼儿舞蹈创编方法。芭蕾训练部分以及民族民间舞、古典身韵、现代舞、幼儿律动及步法组合，都配有音像光盘，便于教师学生使用。本书适用于专科（高职）和本科层次学前教育专业的舞蹈教学，也可作为专科和本科音乐专业的舞蹈课教材使用，还可作为舞蹈爱好者的参考用书。

2215 中图法分类：（索书号）J732.6/0425
题　　名：现代舞入门与鉴赏
书　　号：ISBN 978-7-5100-0672-2
责 任 者：丁良欣
出 版 者：广东世界图书出版公司
出版时间：2009
出 版 地：广州
丛　　书：新世纪青少年艺术素质培养丛书
页　　数：184 页；图版
尺　　寸：23cm
价　　格：23.80
馆藏地址：上海图书馆
内容提要：本书分为十章，内容包括现代舞概述、街舞、爵士舞、踢踏舞、现代芭蕾、肚皮舞、国标舞、其他交谊舞、钢管舞、中外舞蹈名家。现代舞是深受青年人喜爱的表演艺术，其中包括拉丁舞、太空舞、霹雳舞等舞种，本书帮助初学者进行入门训练并对如何欣赏现代舞做了指导。

2216 中图法分类：（索书号）J7-53/4967
题　　名：心随舞动：关于舞蹈编创的思考
书　　号：ISBN 978-7-81112-952-6
责 任 者：杨国风著
出 版 者：云南大学出版社
出版时间：2009
出 版 地：昆明
页　　数：158 页；图版
尺　　寸：24cm
价　　格：25.00
馆藏地址：上海图书馆
内容提要：本书分为五部分，内容包括：心随舞动、舞魂解读、魅力点击、激情扫描、舞动原创。

中图法分类：（索书号）：J733.3（参见G613.5/3131-2）
题　　名：幼儿园舞蹈课程：2-3岁
书　　号：ISBN 978-7-54274-390-9
责 任 者：池海
出 版 者：上海科学普及出版社 2217
出版时间：2009
出 版 地：上海
丛　　书：幼教推荐丛书
页　　数：40页
尺　　寸：26cm
价　　格：15.00
馆藏地址：上海图书馆
内容提要：本系列丛书由国内一线幼儿园资深教师根据多年的教学经验和最新的幼教理念，结合不同年龄幼儿的心理发育特点，精心整合开发而成，寓教于乐，最大限度地帮助广大教师在日常教学过程中提高幼儿的综合艺术素养。

中图法分类：（索书号）：J733.3（参见G613.5/3131-4）
题　　名：幼儿园舞蹈课程：3-4岁
书　　号：ISBN 978-7-54274-391-6
责 任 者：池海
出 版 者：上海科学普及出版社 2218
出版时间：2009
出 版 地：上海
丛　　书：幼教推荐丛书
页　　数：40页
尺　　寸：26cm
价　　格：15.00
馆藏地址：上海图书馆
内容提要：本系列丛书由国内一线幼儿园资深教师根据多年的教学经验和最新的幼教理念，结合不同年龄幼儿的心理发育特点，精心整合开发而成，寓教于乐，最大限度地帮助广大教师在日常教学过程中提高幼儿的综合艺术素养。

2219

中图法分类：（索书号）：J733.3（参见 G613.5/3131-7）
题　　名：幼儿园舞蹈课程：4-5岁
书　　号：ISBN 978-7-54274-392-3
责 任 者：池海
出 版 者：上海科学普及出版社
出版时间：2009
出 版 地：上海
丛　　书：幼教推荐丛书
页　　数：40页
尺　　寸：26cm
价　　格：15.00
馆藏地址：上海图书馆
内容提要：本系列丛书由国内一线幼儿园资深教师根据多年的教学经验和最新的幼教理念，结合不同年龄幼儿的心理发育特点，精心整合开发而成，寓教于乐，最大限度地帮助广大教师在日常教学过程中提高幼儿的综合艺术素养。

2220

中图法分类：（索书号）J709.27/25
题　　名：永不停息的舞者：戴爱莲传
书　　号：ISBN 978-7-214-05599-6
责 任 者：李妍红著
出 版 者：江苏人民出版社
出版时间：2009
出 版 地：南京
页　　数：165页
尺　　寸：21cm
价　　格：15.00
馆藏地址：北京舞蹈学院图书馆
内容提要：本书内容包括：幸福童年、学生时代、回归祖国、以舞报国、和爱国名士在一起、激情创作、十年浩劫、传播舞蹈文化、夕阳之光。

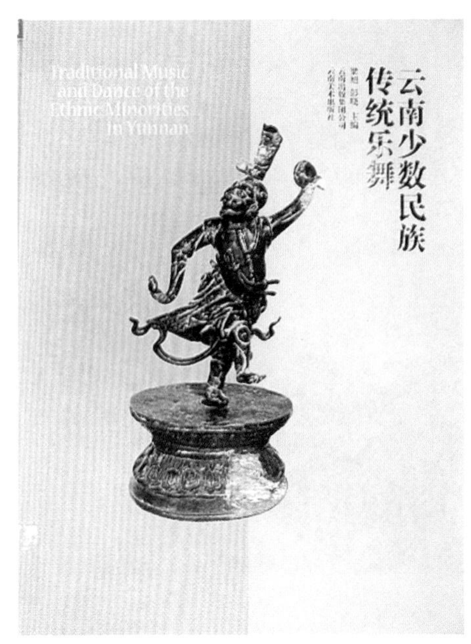

中图法分类：（索书号）J722.22/12
题　　名：云南少数民族传统乐舞
书　　号：ISBN 978-7-80695-822-3
责 任 者：梁旭，彭晓主编
出 版 者：云南美术出版社
出版时间：2009 2221
出 版 地：昆明
页　　数：128 页
尺　　寸：29cm
价　　格：128.00
馆藏地址：北京舞蹈学院图书馆
内容提要：本书内容包括：民族的精华 歌舞的灵魂；古代乐舞；打击乐器；吹奏乐器；弹拨乐器；拉弦乐器；节日盛会。

中图法分类：（索书号）J722.22/11
题　　名：中国区域性少数民族民俗舞蹈
书　　号：ISBN 978-7-105-09955-9
责 任 者：金秋著
出 版 者：民族出版社
出版时间：2009 2222
出 版 地：北京
丛　　书：中国少数民族非物质文化遗产研究系列
页　　数：373 页
尺　　寸：23cm
价　　格：55.00
馆藏地址：北京舞蹈学院图书馆
内容提要：本书分为四章，分别介绍了农耕文化区少数民族民俗舞蹈、畜牧文化区少数民族民俗舞蹈、高原耕牧文化区少数民族民俗舞蹈、渔猎采集文化区少数民族民俗舞蹈。

2223

中图法分类：J70/68
题　　名：中国世界舞蹈文化
书　　号：ISBN 978-7-80232-194-6
责 任 者：刘晓真编著
出 版 者：时事出版社
出版时间：2009
出 版 地：北京
页　　数：15，389 页
尺　　寸：23cm
价　　格：39.00
馆藏地址：北京舞蹈学院图书馆
内容提要：本书从历史发展演变的图景和脉络将世界范围内的舞蹈材料做了一个汇总。分中国舞蹈文化和世界舞蹈文化两部分。以历史为经，以文化为纬，详细、全面地介绍了有舞以来中国和世界舞蹈的发展情况。

2224

中图法分类：（索书号）J709.258/5
题　　名：这些云门舞者：找一个角度・让自己发光
书　　号：ISBN 978-986-84581-3-0
责 任 者：李惠贞著
出 版 者：晴天出版社
出版时间：2009
出 版 地：台北市
页　　数：278 页
尺　　寸：23cm
价　　格：144.40　TWD380.00
馆藏地址：北京舞蹈学院图书馆
内容提要：本书收录了云门舞集一团及二团二十四位舞者的故事，包括舞者生活的真相、云门舞作的幕后过程以及热爱跳舞的人内心的境地。

中图法分类：（索书号）J722.215/4
题　　名：中国狮舞之艺术
书　　号：ISBN 978-957-36-1183-7
责 任 者：施德华著
出 版 者：国家出版社
出版时间：2009 2225
出 版 地：台北市
页　　数：411 页
尺　　寸：21cm
价　　格：228.00　TWD600.00
馆藏地址：北京舞蹈学院图书馆
内容提要：本书内容包括：中国狮舞的分类、相关传说、历史背景、地理发布、道具的制作材料与制作方法、表演内容、表演方式、伴奏乐器及其演奏方式、音乐的演出形态、音乐的内容分析，以及专章记录台湾狮舞，并将两岸狮舞作综合分析比较等项目，内容丰富。实为现今以狮舞为研究对象中最完备的力作之一。

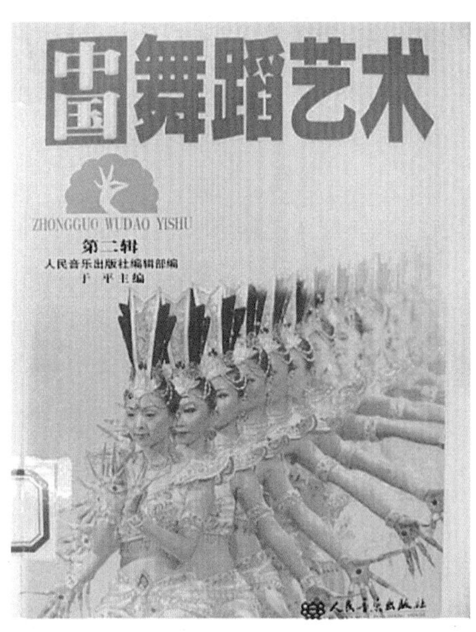

中图法分类：J70/52：2
题　　名：中国舞蹈艺术．第二辑
书　　号：ISBN 978-7-103-03862-8
责 任 者：于平主编
出 版 者：人民音乐出版社编辑部
出版时间：2009 2226
出 版 地：北京
页　　数：311 页
尺　　寸：21cm
价　　格：30.00
馆藏地址：北京舞蹈学院图书馆
内容提要：本书分为“改革开放三十年”、“舞蹈出版”、“民族民间舞蹈研究”、“当代舞蹈研究”、“舞蹈教育”、“舞姿·舞韵”六个栏目。收录了《改革开放三十年舞蹈创作的发展与繁荣》、《傣族孔雀舞溯源及其在等待的发展》、《中国古典舞本科教育课程结构研究》等文章。

2227

中图法分类：（索书号）J709.2/103
题　　　名：汉代乐舞百戏艺术研究（修订版）
书　　　号：ISBN 978-7-5010-2728-6
责　任　者：萧亢达著
出　版　者：文物出版社
出 版 时 间：2010.1
出　版　地：北京
页　　　数：14，290页，［6］页图版
尺　　　寸：26cm
价　　　格：120.00
馆 藏 地 址：北京舞蹈学院图书馆
内 容 提 要：本书根据大量考古新材料，作者对《汉代乐舞百戏艺术研究》一书进行了重新修订。主要内容包括：文物资料所见汉代乐器、汉代歌舞艺术、文物资料反映的汉代百戏艺术等。

2228

中图法分类：（索书号）J723.9/4
题　　　名：激扬文字：大型音乐舞蹈史诗《复兴之路》评论集
书　　　号：ISBN 978-7-5039-4189-4
责　任　者：毛时安主编
出　版　者：上海文艺出版社
出 版 时 间：2010.1
出　版　地：上海
页　　　数：4，316页
尺　　　寸：23cm
价　　　格：35.00
馆 藏 地 址：北京舞蹈学院图书馆
内 容 提 要：本书分“见仁见智·艺术评论编”、“寸心甘苦·创作感言编”、“大地回声·媒体反响编”三部分，对大型音乐舞蹈史诗《复兴之路》进行了全面的分析、评价。

中图法分类：（索书号）J732.8/130
题　　名：伦巴舞
书　　号：ISBN 978-7-5463-1514-0 2229
责 任 者：王霞、肖莹
出 版 者：吉林出版集团有限责任公司
出版时间：2010.1
出 版 地：长春
页　　数：98 页
尺　　寸：21cm
价　　格：6.50
馆藏地址：北京舞蹈学院图书馆
内容提要：本书图文并茂，实用性强，分为球类运动、体操健身运动、传统武术、冰雪运动、水上运动、体育舞蹈、休闲运动、格斗运动、民间体育活动和极限运动等 10 大类项目，计 100 个分册，按照统一的体例，力争有所创新。各书的具体内容为该项目的起源与发展、运动保健、基本技术、运动技巧、比赛规则等，使读者在学习过程中，不仅能够学会运动健身的方法，同时还能够学到保健方面的基本知识。本册为伦巴舞。

中图法分类：（索书号）J732.8/131
题　　名：牛仔舞
书　　号：ISBN 978-7-5463-1522-5
责 任 者：王霞、肖莹
出 版 者：吉林出版集团有限责任公司
出版时间：2010.1 2230
出 版 地：长春
页　　数：106 页
尺　　寸：21cm
价　　格：7.00
馆藏地址：北京舞蹈学院图书馆
内容提要：本书图文并茂，实用性强，分为球类运动、体操健身运动、传统武术、冰雪运动、水上运动、体育舞蹈、休闲运动、格斗运动、民间体育活动和极限运动等 10 大类项目，计 100 个分册，按照统一的体例，力争有所创新。各书的具体内容为该项目的起源与发展、运动保健、基本技术、运动技巧、比赛规则等，使读者在学习过程中，不仅能够学会运动健身的方法，同时还能够学到保健方面的基本知识。本册为牛仔舞。

2231

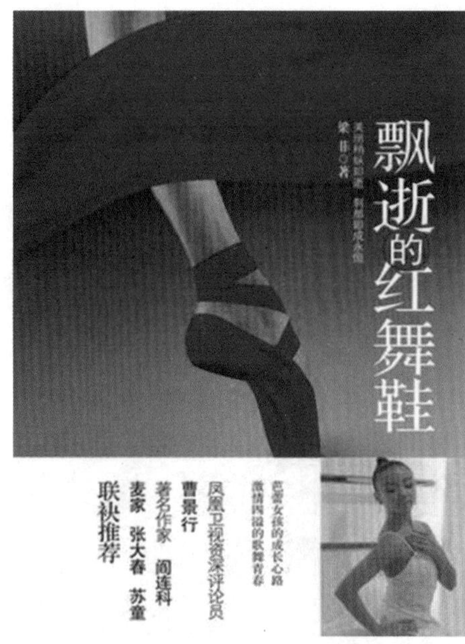

中图法分类：（索书号）J709.2/95
题　　名：飘逝的红舞鞋
书　　号：ISBN 978-7-214-06090-7
责 任 者：梁菲著
出 版 者：江苏人民出版社
出版时间：2010.1
出 版 地：南京
页　　数：161页，［30］页图版
尺　　寸：21cm
价　　格：25.00
馆藏地址：北京舞蹈学院图书馆
内容提要：本书是一本梁菲的自传。本书也是作者的心灵自传。作者以自己重返舞台的演出为引，讲述了自已20年来的芭蕾演艺经历。在其心灵独白式的讲述中，一个热爱芭蕾，执着坚定，为艺术而献身的美丽女孩形象跃然纸上。

2232

中图法分类：（索书号）J732.8/129
题　　名：恰恰舞
书　　号：ISBN 978-7-5463-1513-3
责 任 者：王霞、肖莹主编
出 版 者：吉林出版集团有限责任公司
出版时间：2010.1
出 版 地：长春
页　　数：114页
尺　　寸：21cm
价　　格：7.50
馆藏地址：北京舞蹈学院图书馆
内容提要：本书图文并茂，实用性强，分为球类运动、体操健身运动、传统武术、冰雪运动、水上运动、体育舞蹈、休闲运动、格斗运动、民间体育活动和极限运动等10大类项目，计100个分册，按照统一的体例，力争有所创新。各书的具体内容为该项目的起源与发展、运动保健、基本技术、运动技巧、比赛规则等，使读者在学习过程中，不仅能够学会运动健身的方法，同时还能够学到保健方面的基本知识。本册为恰恰舞。

中图法分类：（索书号）J732.8/128
题　　名：探戈舞
书　　号：ISBN 978-7-5463-1490-7
责 任 者：王霞、肖莹主编
出 版 者：吉林出版集团有限责任公司
出版时间：2010.1
出 版 地：长春
页　　数：90页
尺　　寸：21cm
价　　格：6.00
馆藏地址：北京舞蹈学院图书馆
内容提要：本书图文并茂，实用性强，分为球类运动、体操健身运动、传统武术、冰雪运动、水上运动、体育舞蹈、休闲运动、格斗运动、民间体育活动和极限运动等10大类项目，计100个分册，按照统一的体例，力争有所创新。各书的具体内容为该项目的起源与发展、运动保健、基本技术、运动技巧、比赛规则等，使读者在学习过程中，不仅能够学会运动健身的方法，同时还能够学到保健方面的基本知识。本册为探戈舞。 2233

中图法分类：（索书号）J7-4/3
题　　名：舞蹈学位论文与写作
书　　号：ISBN 978-7-04-021514-4
责 任 者：李杰明编著
出 版 者：高等教育出版社
出版时间：2010.1
出 版 地：北京
页　　数：292页
尺　　寸：21cm
价　　格：25.00
馆藏地址：北京舞蹈学院图书馆
内容提要：中国舞蹈艺术存在以舞蹈学基础理论与应用理论不充分必要条件。本教材的主要内容是：树立追求学术真理的信念，选题研究，开题报告的撰写，资料收集与处理方法，论文大结构与具体框架分析，写作技巧，思维方式练习，评价标准研究，范文讲评，综合练习模式等。 2234

2235

中图法分类：(索书号) J7-4/4
题　　名：舞蹈与统整性课程设计：101 动作历险记
书　　号：ISBN 978-986-6654-15-2
责 任 者：Lynnette Young Overby，Beth C. Post，Diane Newman 原著；程宜莉，詹雅涵译
出 版 者：华腾文化股份有限公司
出版时间：2010.1
出 版 地：台北市
页　　数：1 册
尺　　寸：23cm
价　　格：190.00　TWD500.00
馆藏地址：北京舞蹈学院图书馆
内容提要：本书讨论了舞蹈教育，统整性课程，课程规划设计，九年一贯课程。协助学生重新认识并探索自我肢体的内在动能，觉察与倾听内心的反映。透过舞蹈相关影片的欣赏、讲义解说评析、观看现场演出、实际参访体验舞团经营和舞者作息，以了解舞蹈的基本元素、构成形式，并探索欣赏舞蹈的乐趣，以及理解舞蹈与人类社会、历史、文化的密切关系。

2236

中图法分类：(索书号) J712.24/7
题　　名：中国汉唐古典舞基训教程
书　　号：ISBN 978-7-80751-542-5
责 任 者：孙颖主编
出 版 者：上海音乐出版社
出版时间：2010.1
出 版 地：上海
页　　数：9，437 页
尺　　寸：23cm
价　　格：65.00
馆藏地址：北京舞蹈学院图书馆
内容提要：这部基训教程是作者近半世纪的思考、研究而成的。1999 年正式进行教学实践，至今已近十年，在这近十年的教学实践过程中，作者进行了多次的修订，现已是北京舞蹈学院古典舞学科应用教材。该教程分为四个部分：第一个部分是综述部分，由汉唐古典舞简介、课程的特性和目的、教学模式与编写特点组成。第二个部分是教材大纲，由基本形态和身体各部位的基本运用方式、静态舞姿、动态舞姿、流动连接、力量速度等内容组成。第三个部分是年级任务与课程结构部分，由年级任务与课程结构。第四个部分是示例课。第五个部分是课堂音乐部分，由课堂音乐的原则与示例组成。

中图法分类：（索书号）J705/109
题　　　名：舞蹈欣赏 第二版
书　　　号：ISBN 978-7-04-028724-0
责 任 者：金秋编著
出 版 者：高等教育出版社
出版时间：2010.2.12 版
出 版 地：北京
页　　　数：236 页
尺　　　寸：23cm
价　　　格：33.00
馆藏地址：北京舞蹈学院图书馆
内容提要：本书立足于对中外经典舞蹈作品的赏析，系统地介绍了舞蹈的起源、发展，舞蹈作品的内容和形式、种类和体裁，进行欣赏的条件和基础等。 2237

中图法分类：（索书号）J722.212/26
题　　　名：安徽花鼓灯教程
书　　　号：ISBN 978-7-54610-528-4
责 任 者：孙超著
出 版 者：黄山书社
出版时间：2010.2
出 版 地：合肥
页　　　数：211 页
尺　　　寸：30cm
价　　　格：48.00
馆藏地址：北京舞蹈学院图书馆
内容提要：本书分为两部分，上篇是“文化论”，概略讲述了花鼓灯的起源以及它在表演结构、音乐、舞蹈等方面的典型特征；下篇是“教材与教法”，是本教材的重点，分男女角色，从基础、单一的舞姿、律动入手，进而到典型的组合训练，再到经典的传统剧目，配合大量图解，对花鼓灯教学中的系统训练和重点进行了详细讲解。 2238

2239 中图法分类：（索书号）J732.8/4822-1#1
题　　名：大众交谊舞（1）吉特巴 & 伦巴
书　　号：ISBN 978-7-5464-0129-4
责 任 者：赵顺科、符明珠编著
出 版 者：成都时代出版社
出版时间：2010.2
出 版 地：成都
页　　数：89页：彩图
尺　　寸：21cm
价　　格：15.00
馆藏地址：上海图书馆
内容提要：交谊舞是社交舞蹈，当今社会极为流行的大众健身方式之一，风格洒脱舒展、格调高雅华贵。婀娜款摆伦巴舞，跳出拉丁热情浪漫；轻快洒脱吉特巴，舞出美式自由奔放。在优雅舞步中愉悦身心，在快乐节奏中挥洒活力，在动听旋律中提升气质，在浪漫拥舞中增进情谊。

2240 中图法分类：（索书号）J732.8/4822-1#2
题　　名：大众交谊舞（2）慢三 & 快四
书　　号：ISBN 978-7-5464-0129-4
责 任 者：赵顺科、符明珠编著
出 版 者：成都时代出版社
出版时间：2010.2
出 版 地：成都
页　　数：89页：图
尺　　寸：21cm
价　　格：15.00
主题标目：交谊舞—基本知识
馆藏地址：上海图书馆
内容提要：本书介绍了交谊舞的舞种、功用及基本技巧，重点介绍了慢三和快四的舞步及技法。柔和的金色灯光、曼妙的动听舞曲、身穿美丽晚礼服的女士以及风度翩翩的男士，这一切组成了舞会最缤纷夺目的视觉盛宴，所有人都想吸引别人的目光，所有人都想成为众所瞩目的焦点。

中图法分类：（索书号）J722.221.4/7
题　　名：学跳藏族舞
书　　号：ISBN 978-7-5464-0133-1
责 任 者：熊莹编著
出 版 者：成都时代出版社
出版时间：2010.2 2241
出 版 地：成都
页　　数：89 页
尺　　寸：21cm
价　　格：15.00（HKD38.00）
馆藏地址：北京舞蹈学院图书馆
内容提要：藏族独特的人文、自然景观以及宗教信仰，构成了丰富多彩的藏族文化。藏族舞是藏族文化的一个绚烂组成部分。它的音乐独特、舞态婀娜，动作优美，洋溢着独特浓郁的民族韵味，因此一直深受人们的喜爱。本书可作藏族舞教学教材，对藏族舞初学者和爱好者习舞者均有指导作用。本书阐述了各民族舞的特点，藏族舞特点，并结合《高原节目》做了实例藏族舞编排。

中图法分类：（索书号）J722.2/10
题　　名：中国民族民间舞传统、典型组合：渊源与分析
书　　号：ISBN 978-7-04-028290-0
责 任 者：潘志涛主编
出 版 者：高等教育出版社
出版时间：2010.2 2242
出 版 地：北京
页　　数：177 页
尺　　寸：24cm
价　　格：25.00
馆藏地址：北京舞蹈学院图书馆
内容提要：本书主要围绕北京舞蹈学院中国民族民间舞学科 50 年课堂教学积累的 86 个传统、典型组合，进行了较为全面的分析，对每个组合的分析主要从历史背景、组合内容、伴奏音乐以及对教学的影响与意义四方面切入，力图将组合所包含的似的背景、文化渊源、生态环境等文化内涵进行历史性的梳理与深入发掘，从而进一步确立这些组合的独特地位与宝贵价值。

2243 

中图法分类：（索书号）J712.25/30
题　　　名：芭蕾脚尖基本训练教程
书　　　号：ISBN 978-7-80751-442-8
责 任 者：杨佩娥著
出 版 者：上海音乐出版社
出版时间：2010.3
出 版 地：上海
丛　　　书：上海舞蹈学校建校50周年系列丛书
页　　　数：5，140页
尺　　　寸：24cm
价　　　格：28.00
馆藏地址：北京舞蹈学院图书馆
内容提要：舞蹈是一门最能表现人的生命情调，最直接有力地展现人的生命力的艺术。本教程内容由舞校的资深芭蕾教师根据自己多年的教学经验编撰而成，作者参考了大量的中外芭蕾教材，但根据国人的生理特点有系统地指导六个学年的脚尖训练。

2244 

中图法分类：（索书号）J712.25/32
题　　　名：芭蕾形体训练教程（影印本）
书　　　号：ISBN 978-7-04-026517-0
责 任 者：杨坤主编
出 版 者：高等教育出版社
出版时间：2010.3
出 版 地：北京
页　　　数：133页
尺　　　寸：23cm
价　　　格：28.80
馆藏地址：北京舞蹈学院图书馆
内容提要：本书第一章阐述了芭蕾形体训练基础理论知识；第二章论述了芭蕾形体训练与现代职业素养之间的内在联系；第三至第七章是芭蕾形体训练的具体内容，包括地面形体训练、扶把形体训练、离把形体训练、跳跃练习和芭蕾舞步练习五大部分和50余个组合。

中图法分类：（索书号）J712.25/31
题　　　名：古典芭蕾舞基本训练教程
书　　　号：ISBN 978-7-80751-445-9
责 任 者：陈家年著
出 版 者：上海音乐出版社
出版时间：2010.3 2245
出 版 地：上海
丛　　　书：上海市舞蹈学校建校 50 周年系列丛书
页　　　数：98 页
尺　　　寸：24cm
价　　　格：25.00
馆藏地址：北京舞蹈学院图书馆
内容提要：本书分七个部分，即 1~7 年级的芭蕾训练教学大纲。每年级的教学为两个部分，教学大纲与教学任务。一年级的教学大纲在全部的教学过程中具有非常重要的意义。它必须为今后几年的教学所要达到的技巧和表现能力打下扎实可靠的基础。还必须教会学生要正确地理解和掌握动作的基本知识、要素和规格，锻炼出应有的肌肉能力，并给予学生古典芭蕾舞的初步概念，培养学生对芭蕾舞事业的兴趣，逐渐能自觉地以严肃认真、刻苦钻研的学习态度，来对待自己将要从事的艺术事业。一年级的教学任务，以训练身体基本形态为主，结合在地面的勾、绷脚、屈伸等以及柔软度的。

中图法分类：（索书号）J722.21/55
题　　　名：苏皖风格民间舞教材与教法
书　　　号：ISBN 978-7-80751-443-5
责 任 者：朱蘋
出 版 者：上海音乐出版社
出版时间：2010.3 2246
出 版 地：上海
丛　　　书：上海市舞蹈学校建校 50 周年系列丛书
页　　　数：106 页
尺　　　寸：24cm
价　　　格：25.00
馆藏地址：北京舞蹈学院图书馆
内容提要：本书充分结合舞蹈教学的生理特点和心理特点，融知识性、训练性和实用性于一体，强调了舞蹈训练的规范、系统和科学性，介绍了苏南民间舞和安徽花鼓灯的步法、手法、体态、动律、短句、组合等内容。教材图文并茂，学术性尤为突出，也有可操作性，对于从事舞蹈教学研究的专业人员和实际承担课程教学的一线教师都有重要的参考价值和借鉴作用。

2247

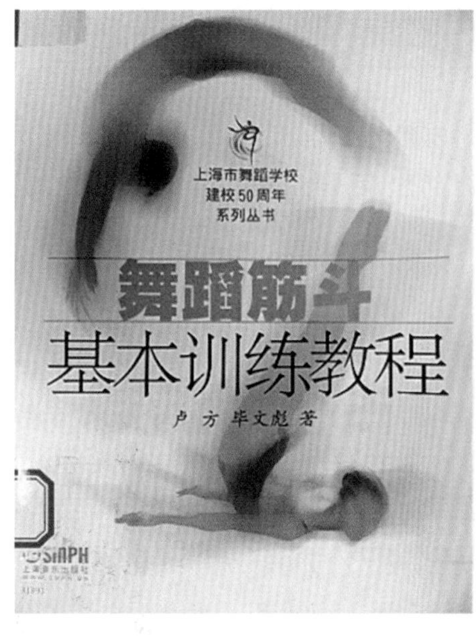

中图法分类：（索书号）J712.2/10
题　　名：舞蹈筋斗：基本训练教程
书　　号：ISBN 978-7-80751-441-1
责 任 者：卢方、毕文彪著
出 版 者：上海音乐出版社
出版时间：2010.3
出 版 地：上海
丛　　书：上海市舞蹈学校建校50周年系列丛书
页　　数：107页
尺　　寸：24cm
价　　格：25.00
馆藏地址：北京舞蹈学院图书馆
内容提要：本书的编写是为了适应21世纪我国艺术教育事业发展的需要而编撰出版的集科学性、规范性、前瞻性为一体的系统教材。其选编思路，注意围绕“基础”这一主线，针对这个年龄段学生的思维和性格特点，强调了基本概念的清晰准确、严谨和科学。本套教材明确了培养学生应用能力以及应变能力的重要性，注重对学生思维创新能力的培养。同时，教材还具有语言表述生动形象、可读性强等特色，更适合艺术职业学校学生的心理引导。

2248

中图法分类：（索书号）J792.3/9
题　　名：舞苑春秋：上海舞蹈家的摇篮
书　　号：ISBN 978-7-80751-452-7
责 任 者：宋鸿柏、何士雄、凌耀忠等编
出 版 者：上海音乐出版社
出版时间：2010.3
出 版 地：上海
丛　　书：上海市舞蹈学校建校50周年系列丛书
页　　数：4，313页
尺　　寸：28cm
价　　格：58.00
馆藏地址：北京舞蹈学院图书馆
内容提要：舞蹈是一门最能表现人的生命情调，最直接有力地展现人的生命力的艺术。本书内容主要两部分：一、上海舞蹈学校创建纪实；二、记本校著名的校长、教师及学生的事业与艺术的鲜为人知的故事。

中图法分类：（索书号）J712.2/11 2249
题　　名：性格舞课程教学大纲
书　　号：ISBN 978-7-80751-448-0
责 任 者：王学范、李琴生著
出 版 者：上海音乐出版社
出版时间：2010.3
出 版 地：上海
丛　　书：上海市舞蹈学校建校 50 周年系列丛书
页　　数：7，67 页
尺　　寸：24cm
价　　格：20.00
馆藏地址：北京舞蹈学院图书馆
内容提要：舞蹈是一门最能表现人的生命情调，最直接有力地展现人的生命力的艺术。舞蹈艺术的内涵在不断丰富和扩展、舞蹈艺术发展的潜力又是无限的，舞蹈教学和舞蹈创作室是一个长期的、不断探索的过程。本书介绍了上海舞蹈学校 4~6 年级的代表性舞蹈的训练教学课程。

中图法分类：（索书号）J712.26/1 2250
题　　名：现代舞教学课程
书　　号：ISBN 978-7-80751-447-3
责 任 者：钟璐著
出 版 者：上海音乐出版社
出版时间：2010.3
出 版 地：上海
丛　　书：上海市舞蹈学校建校 50 周年系列丛书
页　　数：42 页
尺　　寸：24cm
价　　格：18.00
馆藏地址：北京舞蹈学院图书馆
内容提要：舞蹈是一门最能表现人的生命情调，最直接有力地展现人的生命力的艺术本教材是上海舞蹈学校建校 50 周年系列丛书之一。内容由三个部分组成，初级（四年级）、中级（五年级）高级（六年级）。图文结合阐释动作的做法及含义，是一本通俗易学的教学参考书。

2251

中图法分类：（索书号）J723.4/9
题　　名：与《白毛女》相伴的日子
书　　号：ISBN 978-7-80751-451-0
责 任 者：王国俊著
出 版 者：上海音乐出版社
出版时间：2010.3
出 版 地：上海
丛　　书：上海市舞蹈学校建校50周年系列丛书
页　　数：121页
尺　　寸：24cm
价　　格：32.00
馆藏地址：北京舞蹈学院图书馆
内容提要：本书作者王国俊，男，国家二级演员，1966年7月上海市舞蹈学校芭科首届毕业生。1964年起参加芭蕾舞剧《白毛女》的小、中、大型的创作演出工作，在剧中扮演地主黄世仁。曾参加1964年“上海之春”艺术片《白毛女》电影拍摄工作、1969年《白毛女》黑白电视片拍摄工作，以及1970年参加《白毛女》彩色艺术片拍摄工作，在剧中均担任黄世仁一角。

2252

中图法分类：（索书号）J723.47/7
题　　名：足尖上的茉莉花香
书　　号：ISBN 978-7-80751-450-3
责 任 者：胡蓉蓉等编著
出 版 者：上海音乐出版社
出版时间：2010.3
出 版 地：上海
丛　　书：上海市舞蹈学校建校50周年系列丛书
页　　数：157页，［2］页图版
尺　　寸：24cm
价　　格：78.00
馆藏地址：北京舞蹈学院图书馆
内容提要：本书收集了上海市舞蹈学校《白毛女》剧组部分主创人员许多鲜为人知的精彩回忆，将永远值得铭记。它们是超越的起点，它们是发展的印迹，它们是拼搏的纪念，是原创者为《白毛女》做出贡献的集体记忆；也是人们对舞蹈生涯最幸福的回忆；更是上海市舞蹈学校的宝贵财富。

2253

中图法分类：（索书号）J732.8/123
题　　名：交际舞大全
书　　号：ISBN 978-7-5113-0274-8
责 任 者：霍丽娟主编
出 版 者：中国华侨出版社
出版时间：2010.4
出 版 地：北京
页　　数：10，443 页
尺　　寸：29cm
价　　格：29.80
馆藏地址：北京舞蹈学院图书馆
内容提要：本书是一部详尽介绍交际舞历史、礼仪、技能和练习方法的百科全书，能够为交际舞爱好者提供最为全面的指导，也是一部非常好的交际舞教材。其内容涉及广泛，集中介绍了交际舞的基本知识，世界流行的 20 多种交际舞的发展、演变、社会职能、配乐、舞步，以及提高舞蹈水平的方法和技巧，本书分为“入门篇”和“技巧篇”两篇。“入门篇”全面收录了世界上最流行的 20 种交际舞，其中有双人舞、单人舞，也有群体舞蹈，包括探戈、狐步舞、华尔兹、线舞、北京平四等，详尽介绍了各个舞种的起源、音乐节拍、经典舞步和花样组合，并配有大量的真人示范图片，分别讲解了男士和女士的基本步法，便于读者掌握。本篇还列举了跳舞过程中可能会遇到的一些情况及处理方式。

2254

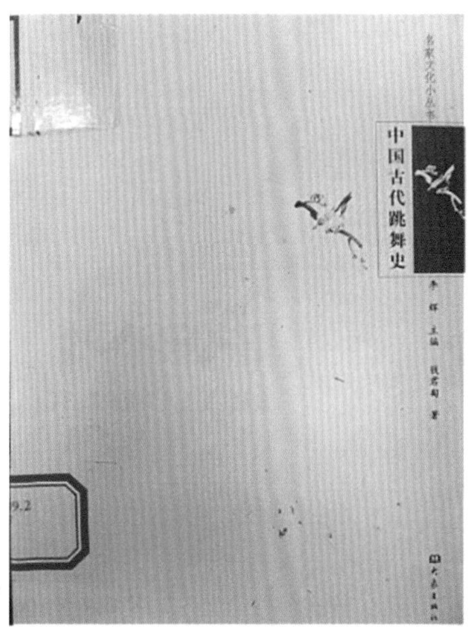

中图法分类：（索书号）J709.2/97
题　　名：中国古代跳舞史
书　　号：ISBN 978-7-5423-1521-2
责 任 者：钱君匋著
出 版 者：大象出版社
出版时间：2010.4
出 版 地：郑州
页　　数：467 页
尺　　寸：24cm
价　　格：9.50
馆藏地址：北京舞蹈学院图书馆
内容提要：本书主要介绍了舞蹈的起源、制度、种类、方法及变迁等内容。钱君陶先生，是中国当代“一身精三艺，九十臻高峰”的著名篆刻书画家。曾任西泠印社副社长、上海文艺出版社编审、上海市政协委员等职。本书是钱君陶先生一部讲述中国古代舞蹈的小书，分为七个部分：中国古代跳舞之起源、制度、中国古代妇女之跳舞、跳舞之种类、跳舞之方法、跳舞之变迁，为读者介绍中国古代跳舞史。本书最早出版于 1934 年 6 月，神州国光社出版《中国古代跳舞史》，钱君匋著，简要地叙述古代跳舞的起源、制度、种类以及古代妇女的跳舞等。以后很少有这方面的图书出版。

2255

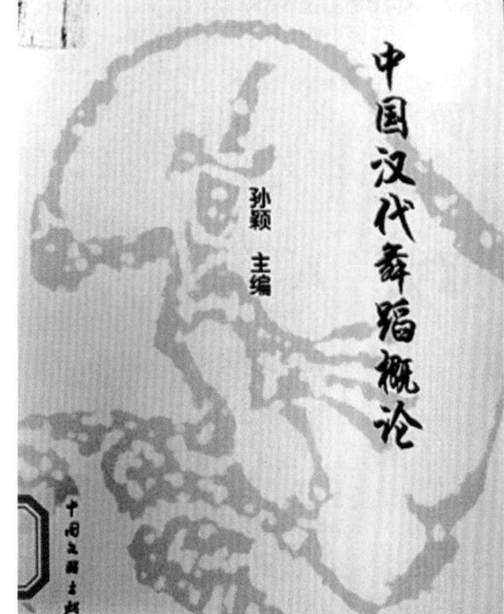

中图法分类：（索书号）J709.2/101
题　　　名：中国汉代舞蹈概论
书　　　号：ISBN 978-7-5059-6656-7
责　任　者：孙颖主编
出　版　者：中国文联出版社
出版时间：2010.4
出　版　地：北京
页　　　数：8，199 页
尺　　　寸：21cm
价　　　格：40.00
馆藏地址：北京舞蹈学院图书馆
内容提要：本书是北京舞蹈学院孙颖教授主编的关于中国汉代舞蹈的理论，是对汉代乐舞艺术的研究成果，中国舞蹈的理论研究是当代艺术理论的重要组成部分。

2256

中图法分类：（索书号）J709.2/102
题　　　名：我心永舞：汶川废墟上的芭蕾女孩自述
书　　　号：ISBN 978-7-5126-0032-4
责　任　者：李月著
出　版　者：团结出版社
出版时间：2010.5
出　版　地：北京
页　　　数：6，164 页，[8] 图版
尺　　　寸：23cm
价　　　格：22.00
馆藏地址：北京舞蹈学院图书馆
内容提要：本书是“五一二大地震”幸存者李月对地震以来两年经历的忆述，包括地震中被压在废墟下 70 多个小时被截肢救出，四个多月后作为中国残疾人艺术团的一员出演残奥会开幕式舞蹈《永不停跳的舞步》两年来国内外许多爱心人士对他的帮助等内容，是一部平实感人的自述作品。

中图法分类：(索书号) J709.2/104
题　　名：中国舞蹈史及作品鉴赏
书　　号：ISBN 978-7-04-018272-9
责 任 者：冯双白、茅慧主编
出 版 者：教育出版社
出版时间：2010.5 2257
出 版 地：北京
页　　数：319 页
尺　　寸：24cm
价　　格：58.00
馆藏地址：北京舞蹈学院图书馆
内容提要：本书是一部中国舞蹈通史性教材，针对在校舞蹈专业大学生和研究生编写，全书共分 14 章，每章史论知识阐述后特设“作品鉴赏”部分，旨在通过补充与每章内容相关的当代舞蹈作品的鉴赏短评，打通古代舞蹈史与当代舞蹈作品之间的阻隔，激发想象力，每章最后的“思考与练习”，便于教师和学生学习时掌握该章重点难点。为了突出本教材的舞蹈专业性，随文添加了三百余幅精选出的图片，从而使内容更为直观形象。本书涵盖了从古至今历朝历代的舞蹈状况，在充分体现现在定论的学术成果的基础上，适当选用了新的理论见解。

中图法分类：(索书号) J722.2/17
题　　名：中国民舞
书　　号：ISBN 978-7-5464-0189-8
责 任 者：马盛德、金娟著
出 版 者：古月轩出版社
出版时间：2010.5 2258
出 版 地：苏州
丛　　书：中国非物质文化遗产
页　　数：209 页
尺　　寸：24cm
价　　格：28.00
馆藏地址：北京舞蹈学院图书馆
内容提要：本书分信仰习俗舞蹈、节日习俗舞蹈、礼仪习俗舞蹈、生活习俗舞蹈等部分，从各个角度详细介绍了中国民间舞蹈的情况。附以大量彩图，展示了中华民族千百年来的艺术精华。

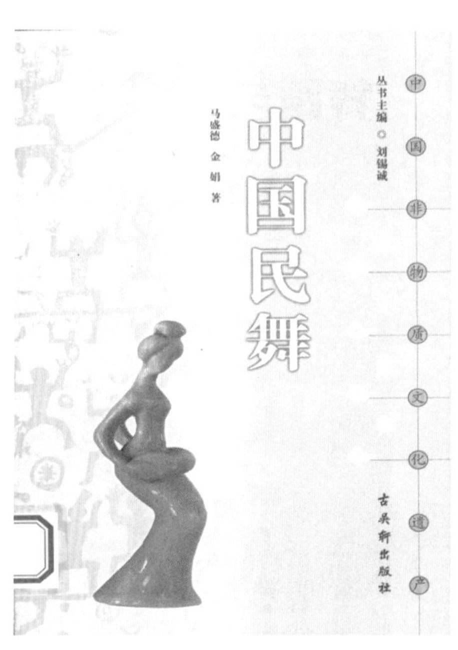

2259

中图法分类：（索书号）J70/81
题　　名：拼贴的"舞蹈概论"
书　　号：ISBN 978-7-105-10991-3
责 任 者：刘建著
出 版 者：民族出版社
出版时间：2010.6
出 版 地：北京
页　　数：377 页
尺　　寸：26cm
价　　格：58.50.
馆藏地址：北京舞蹈学院图书馆
内容提要：本书为北京舞蹈学院编写大学本科以上舞蹈专业教材，主要内容涵盖了舞蹈的发生、舞蹈的独立、舞蹈的发展、舞蹈的分类、舞蹈的创作、舞蹈的欣赏、舞蹈的批评等等。

2260

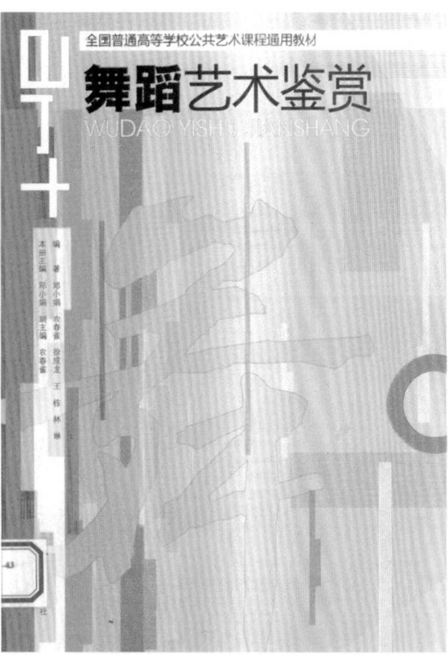

中图法分类：（索书号）J705-43/7
题　　名：舞蹈艺术鉴赏
书　　号：ISBN 978-7-80746-990-2
责 任 者：邓小娟（本册主编）
出 版 者：广西美术出版社
出版时间：2010.6
出 版 地：南宁
丛　　书：全国普通高等学校公共艺术课程通用教材
页　　数：115 页
尺　　寸：29cm
价　　格：38.00
馆藏地址：北京舞蹈学院图书馆
内容提要：舞蹈艺术欣赏课程是音乐教育教学的重要课程，本教程秉着对课程深入浅出的理念，设计了合理的教学方案，全书共分为 2 大部分，内容涉及：舞蹈基础理论、舞蹈作品赏析。

中图法分类：（索书号）J722.9/29
题　　名：我爱肚皮舞
书　　号：ISBN 978-7-5464-0189-8
责 任 者：詹美玲
出 版 者：成都时代出版社
出版时间：2010.6
出 版 地：成都
页　　数：123 页
尺　　寸：23cm
价　　格：28.00
馆藏地址：北京舞蹈学院图书馆
内容提要：肚皮舞是一种强调腹部动作富有东方情调的舞蹈形式。书中的讲解通俗易懂，无论是初学还是有一定基础的都可以较轻松地学习。

2261

中图法分类：（索书号）J711/4
题　　名：飞动的点线面—舞蹈构图 1000 例
书　　号：ISBN 978-7-103-03577-1
责 任 者：田静编著
出 版 者：人民音乐出版社
出版时间：2010.8
出 版 地：北京
页　　数：242 页
尺　　寸：25cm
价　　格：48.00
馆藏地址：北京舞蹈学院图书馆
内容提要：本书由上篇舞蹈构图（舞蹈构图的基本要素、怎样进行舞蹈构图、色彩在构图中的作用）和下篇舞蹈构图 1000 例（中国民间广场舞蹈的构图、中外舞台舞蹈的构图、舞蹈构图新探）构成。该书是集使用和鉴赏之功能于一体的舞蹈工具书型图书。

2262

2263

中图法分类：（索书号）J722.221.6/2
题　　名：湘西苗族民歌与鼓舞
书　　号：ISBN 978-7-81113-884-9
责 任 者：潘存奎著
出 版 者：湖南大学出版社
出版时间：2010.8
出 版 地：长沙
丛　　书：百家文库
页　　数：220 页
尺　　寸：23cm
价　　格：46.00
馆藏地址：北京舞蹈学院图书馆
内容提要：本书对苗族民歌及苗族鼓舞的历史渊源、流传状况、基本形态、传承现状及保护、艺术价值等进行了较为详细的研究，对研究湘西苗族音乐和舞蹈具有重要的艺术价值。

2264

中图法分类：（索书号）J709.27/29
题　　名：忆往事
书　　号：ISBN 978-7-5059-6827-1
责 任 者：盛婕著
出 版 者：中国文联出版社
出版时间：2010.8
出 版 地：北京
丛　　书：中国文联晚霞文库
页　　数：320 页
尺　　寸：24cm
价　　格：49.00
馆藏地址：北京舞蹈学院图书馆
内容提要：本书是舞蹈表演艺术家盛婕的回忆录。本书主要内容包括：身世家庭童年生活；负笈求学“东方小巴黎”；扶灵回南方投身艺术事业；告别孤岛开始新生活；艰难曲折奔赴延安等。

中图法分类：（索书号）J722.225.3/5
题　　名：傣族舞蹈史
书　　号：ISBN 978-7-5367-4709-8
责 任 者：刘金吾著
出 版 者：云南人民出版社
出版时间：2010.9 2265
出 版 地：昆明
页　　数：186 页
尺　　寸：20cm
价　　格：30.00
馆藏地址：北京舞蹈学院图书馆
内容提要：本书共分九章，主要有傣族的族源，傣族古代舞蹈，傣族在唐宋元时候的舞蹈，傣族在明清时期的舞蹈，新中国成立后的傣族舞蹈，新中国成立初期十七年、“文革”十年、改革开放三十年的傣族舞蹈及傣族舞蹈家。

中图法分类：（索书号）J722.225.4/1
题　　名：云南省思茅地区：江城哈尼族彝族自治县：民族民间舞蹈普查（试记稿）（内部资料）（影印本）
责 任 者：《中国民族民间舞蹈集成》云南省卷编辑部编 2266
出 版 者：《中国民族民间舞蹈集成》云南省卷编辑部
出版时间：2010.9
出 版 地：昆明
页　　数：55 页
尺　　寸：26cm
价　　格：
馆藏地址：北京舞蹈学院图书馆
内容提要：本书介绍了云南省江城县民族分布情况和民族民间舞蹈的概况，并记录了江城县“跳笙”舞、哈尼族舞蹈、彝族舞蹈、瑶族舞蹈、傣族舞蹈、汉族舞蹈的技术说明，包括代表性舞蹈节目和舞曲、基本动作、场记说明、服饰和道具等，并附有江城县各大队民族民间舞蹈普查表和舞蹈艺人登记表。

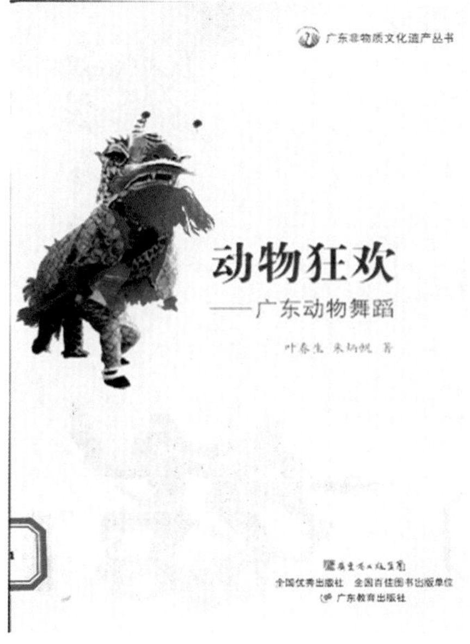

2267 中图法分类：（索书号）J722.21/54
题　　名：动物狂欢—广东动物舞蹈
书　　号：ISBN 978-7-5406-8020-6
责 任 者：叶春生、朱炳帆
出 版 者：广东教育出版社
出版时间：2010.11
出 版 地：广州
丛　　书：广东非物质文化遗产丛书
页　　数：214页
尺　　寸：24cm
价　　格：35.00
馆藏地址：北京舞蹈学院图书馆
内容提要：文化遗产由物质文化遗产和非物质文化遗产构成。非物质文化遗产，是各族人民世代相承的、与群众生活密切相关的各种传统文化表现形式和文化空间，是传承历史文化的载体，是中华民族的优秀文化精神、民族情感和审美理想的体现。本书主要内容涵盖了百兽率舞话起源、舞龙飞腾气势雄、醒狮一舞百兽伏、麒麟舞于岭南兮等。

2268 中图法分类：（索书号）J709.2/114
题　　名：甲子归哺—资华筠舞蹈艺术生涯60年纪念文集（1950-2010）
书　　号：ISBN 978-7-5039-3381-3
责 任 者：罗斌主编
出 版 者：文化艺术出版社
出版时间：2010.11
出 版 地：北京
页　　数：451页
尺　　寸：28cm
价　　格：168.00
馆藏地址：北京舞蹈学院图书馆
内容提要：本书是一本为纪念舞蹈表演艺术家和舞蹈理论家——资华筠舞蹈艺术生涯60周年而作的专著。书中内容分上下两篇，包括亲情吐哺，恩师滋哺，以舞回哺，资华筠的成功之路，魅丽人生等。

2269

中图法分类：（索书号）J722.2/13
题　　　名：云南民族舞蹈研究
书　　　号：ISBN 978-7-105-11244-9
责　任　者：陈申
出　版　者：首都师范大学出版社
出 版 时 间：2010.12
出　版　地：北京
丛　　　书：云南民族大学学术文库
页　　　数：260 页
尺　　　寸：24cm
价　　　格：39.00
馆 藏 地 址：北京舞蹈学院图书馆
内 容 提 要：本书是反映云南民族大学学科建设成果的重要平台和汇集科学研究成果的精品库，体现了科学研究为经济社会发展服务的宗旨。随着本套文库的陆续出版，云南民族大学致力于为边疆民族地区经济社会发展服务及促进民族团结与进步、社会和谐与稳定的优良传统将进一步得到发扬，学校作为社会思想库与政府智库的作用将得到进一步的增强。

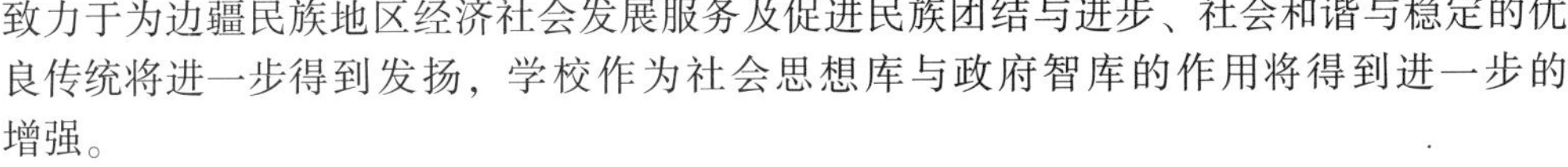

2270

中图法分类：（索书号）J722.22/18
题　　　名：中国少数民族舞蹈的采集、保护与传播—20 世纪 80 年代初期的一项社会人类学调研
书　　　号：ISBN 978-7-5482-0289-9
责　任　者：费鹤立著；何国强、许韵明译
出　版　者：云南大学出版社
出 版 时 间：2010.12
出　版　地：昆明
丛　　　书：21 世纪人类学文库
页　　　数：163 页
尺　　　寸：24cm
价　　　格：30.00
馆 藏 地 址：北京舞蹈学院图书馆
内 容 提 要：本书作者记录了中国在保护舞蹈方面所做的努力，提出了值得继续研究的问题，本书阐述了保护人和一个民族的舞蹈所必需的卓识远见、精细的技术和科学的程序。本书主要内容包括：概述；关于民族政策；文化民族主义和大众传播系统，汉族文化传统及其影响等内容。

2271

中图法分类：（索书号）J709.2/115/：1
题　　　名：中国舞蹈通史：先秦卷
书　　　号：ISBN 978-7-80751-711-5
责　任　者：刘青弋主编；孙景琛著
出　版　者：上海音乐出版社
出 版 时 间：2010.12
出　版　地：上海
丛　　　书：国家教育部全国高等教育研究生教学指定教材，北京市教育委员会首批拔尖创新人才资源项目，北京市教育委员会重点学科建设科研立项项目
页　　　数：156 页
尺　　　寸：26cm
价　　　格：40.00
馆 藏 地 址：北京舞蹈学院图书馆
内 容 提 要：舞蹈史学即是将舞蹈视为社会化的组成部分作为研究对象，发现“其本身是如何、可以如何”的问题，进而探求“指导其应该如何”的问题。历史学家吕思勉先生将前者称为“学”，后者称为“术”，指出“术”是从“学”中生出来的。因此，如果对“学”不能搞明白，“术”便从来也是不得法的。因此，本套《中国舞蹈通史》的研究与写作便以这样的思想为指导。本册为先秦卷，内容包括：远古、夏商、西周、春秋、战国等。

2272

中图法分类：（索书号）J709.2/115/：6
题　　　名：中国舞蹈通史：明清卷
书　　　号：ISBN 978-7-80751-716-0
责　任　者：刘青弋主编；王克芬著
出　版　者：上海音乐出版社
出 版 时 间：2010.12
出　版　地：上海
丛　　　书：国家教育部全国高等教育研究生教学指定教材，北京市教育委员会首批拔尖创新人才资源项目，北京市教育委员会重点学科建设科研立项项目
页　　　数：190 页
尺　　　寸：26cm
价　　　格：40.00
馆 藏 地 址：北京舞蹈学院图书馆
内 容 提 要：舞蹈史学即是将舞蹈视为社会化的组成部分作为研究对象，发现“其本身是如何、可以如何”的问题，进而探求“指导其应该如何”的问题。历史学家吕思勉先生将前者称为“学”，后者称为“术”，指出“术”是从“学”中生出来的。因此，如果对“学”不能搞明白，“术”便从来也是不得法的。因此，本套《中国舞蹈通史》的研究与写作便以这样的思想为指导。本册为明清卷，内容包括：戏曲舞蹈，具有顽强生命力的各族民间舞蹈，宫廷雅乐、宴乐舞蹈和朱载堉的舞论及拟古舞谱等。

中图法分类：（索书号）J709.2/115/：7（1）
题　　　名：中国舞蹈通史：“中华民国”卷上
书　　　号：ISBN 978-7-80751-717-7
责 任 者：刘青弋主编；刘青弋著
出 版 者：上海音乐出版社 2273
出版时间：2010.12
出 版 地：上海
丛　　　书：国家教育部全国高等教育研究生教学指定教材，北京市教育委员会首批拔尖创新人才资源项目，北京市教育委员会重点学科建设科研立项项目
页　　　数：268 页
尺　　　寸：26cm
价　　　格：84.00
馆藏地址：北京舞蹈学院图书馆

内容提要：舞蹈史学即是将舞蹈视为社会化的组成部分作为研究对象，发现“其本身是如何、可以如何”的问题，进而探求“指导其应该如何”的问题。历史学家吕思勉先生将前者称为“学”，后者称为“术”，指出“术”是从“学”中生出来的。因此，如果对“学”不能搞明白，“术”便从来也是不得法的。因此，本套《中国舞蹈通史》的研究与写作便以这样的思想为指导。本册为“中华民国”卷，内容包括都市舞蹈，革命根据地歌舞等。

中图法分类：（索书号）J709.2/115/：9
题　　　名：中国舞蹈通史：古代文物图录卷
书　　　号：ISBN 978-7-80751-718-4
责 任 者：刘青弋主编；刘恩伯著
出 版 者：上海音乐出版社
出版时间：2010.12 2274
出 版 地：上海
丛　　　书：国家教育部全国高等教育研究生教学指定教材，北京市教育委员会首批拔尖创新人才资源项目，北京市教育委员会重点学科建设科研立项项目
页　　　数：463 页
尺　　　寸：26cm
价　　　格：190.00
馆藏地址：北京舞蹈学院图书馆
内容提要：舞蹈史学即是将舞蹈视为社会化的组成部分作为研究对象，发现“其本身是如何、可以如何”的问题，进而探求“指导其应该如何”的问题。历史学家吕思勉先生将前者称为“学”，后者称为“术”，指出“术”是从“学”中生出来的。因此，如果对“学”不能搞明白，“术”便从来也是不得法的。因此，本套《中国舞蹈通史》的研究与写作便以这样的思想为指导。本册为古代文物图录卷，内容包括：先秦时期的舞蹈图像，秦汉魏晋南北朝时期的舞蹈图像，宋辽金西夏元时期的舞蹈图像等。

2275

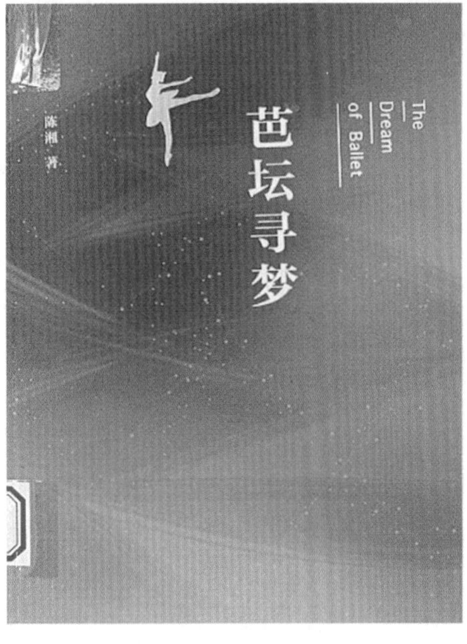

中图法分类：（索书号）J722.5/2
题　　名：芭坛寻梦（内部发行）
责 任 者：陈湘著
出 版 者：高等教育出版社
出版时间：2010
出 版 地：北京
页　　数：439 页
尺　　寸：25cm
价　　格：50.00
馆藏地址：北京舞蹈学院图书馆
内容提要：为了让国内外观众了解中国芭蕾半个世纪的成就，为了帮助广大观众鉴赏芭蕾艺术，本书包括四个方面的内容：《岁月如歌群星灿烂》，介绍一代代芭蕾明星历经台前幕后的艰苦磨炼终于在世界上闪光的心路历程；《精心引进西方芭蕾经典》，描写中国芭蕾演员如何把西方名作学到手、学到家；《走中国特色芭蕾创新之路》叙述中芭创演人员如何探索将中国文化与西洋芭蕾结合起来表现中国人的生活；《幕后群英谱》书写魂系中国芭蕾。

2276

中图法分类：（索书号）J732.5/1811
题　　名：芭蕾舞入门
书　　号：ISBN 978-7-5100-0619-7
责 任 者：贾琳著
出 版 者：郑州大学出版社
出版时间：2010
出 版 地：郑州
页　　数：184 页，图
尺　　寸：23cm
价　　格：23.80
馆藏地址：上海图书馆
内容提要：本书共七章，包括芭蕾舞的起源与发展、芭蕾舞的分类与艺术特征、芭蕾舞的基本知识、芭蕾舞的音乐与编舞、芭蕾舞欣赏等内容。

中图法分类：（索书号）J723.4/4931
题　　　名：芭蕾舞剧《白毛女》创作史话
书　　　号：ISBN 978-7-80751-449-7
责　任　者：杨洁
出　版　者：上海音乐出版社
出 版 时 间：2010 2277
出　版　地：上海
丛　　　书：上海市舞蹈学校建校 50 周年系列丛书
页　　　数：235 页
尺　　　寸：24cm
价　　　格：108.00
馆 藏 地 址：上海图书馆
内 容 提 要：本书记载了《白毛女》成长的历程，详细地介绍了许多鲜为人知的人和事，许多难以忘怀的情景、许多台前幕后的故事、许多专业性的评述、许多为芭蕾舞革命化、民族化、群众化而奉献的精神。

中图法分类：（索书号）J722.2/10：6
题　　　名：傣族舞蹈
书　　　号：ISBN 978-7-04-058289-4
责　任　者：马文静编著
出　版　者：高等教育出版社
出 版 时 间：2010 2278
出　版　地：北京
页　　　数：215 页
尺　　　寸：26cm
价　　　格：1118.00（共 8 册）
馆 藏 地 址：北京舞蹈学院图书馆
内 容 提 要：本书是北京市科研基地——科技创新平台立项项目，是北京舞蹈学院中国民族民间舞学科规定教材。该教材既是傣族舞蹈艺术家马文静数十年在当地进行田野调查，从而整理、加工、提炼出东北秧歌的教材成果，又是她在北京舞蹈学院中国民族民间舞蹈系授课的科研成果。教材充分体现了艺术家个人对傣族文化精髓和舞蹈风格的独特理解和认识，因此它既是个性的，又是大众的。教材内容由浅入深，材料丰富翔实，动作描述准确，图文并茂。既具有傣族舞蹈动作词典的功能，又为教师授课提供了选择和重组动作的基础。

2279

中图法分类：（索书号）J722.2/10：1
题　　　名：东北秧歌．男班
书　　　号：ISBN 978-7-04-058289-4
责　任　者：李瑞林编著
出　版　者：高等教育出版社
出 版 时 间：2010
出　版　地：北京
页　　　数：109 页
尺　　　寸：26cm
价　　　格：1118.00（共 8 册）
馆 藏 地 址：北京舞蹈学院图书馆
内 容 提 要：本书是北京市科研基地——科技创新平台立项项目，是北京舞蹈学院中国民族民间舞学科规定教材。该教材既是东北秧歌艺术家李瑞林数十年在当地进行田野调查，从而整理、加工、提炼出东北秧歌的教材成果，又是她在北京舞蹈学院中国民族民间舞蹈系授课的科研成果。教材充分体现了艺术家个人对关东精髓和东北秧歌风格的独特理解和认识，因此它既是个性的，又是大众的。教材内容由浅入深，材料丰富翔实，动作描述准确，图文并茂。既具有东北秧歌动作词典的功能，又为老师授课提供了选择和重组动作的基础。

2280

中图法分类：（索书号）J722.2/10：2
题　　　名：东北秧歌．女班
书　　　号：ISBN 978-7-04-058289-4
责　任　者：战肃容编著
出　版　者：高等教育出版社
出 版 时 间：2010
出　版　地：北京
页　　　数：201 页
尺　　　寸：26cm
价　　　格：1118.00（共 8 册）
馆 藏 地 址：北京舞蹈学院图书馆
内 容 提 要：本书是北京市科研基地——科技创新平台立项项目，是北京舞蹈学院中国民族民间舞学科规定教材。该教材既是东北秧歌艺术家战肃容数十年在当地进行田野调查，从而整理、加工、提炼出东北秧歌的教材成果，又是她在北京舞蹈学院中国民族民间舞蹈系授课的科研成果。教材充分体现了艺术家个人对关东精髓和东北秧歌风格的独特理解和认识，因此它既是个性的，又是大众的。教材内容由浅入深，材料丰富翔实，动作描述准确，图文并茂。既具有东北秧歌动作词典的功能，又为老师授课提供了选择和重组动作的基础。

中图法分类：(索书号) J732.9/52
题　　名：肚皮舞：东方舞艺术
书　　号：ISBN 978-7-5059-6254-5
责 任 者：[美] 德沃拉·科雷克著
出 版 者：中国文联出版社
出版时间：2010 2281
出 版 地：北京
页　　数：303 页
尺　　寸：25cm
价　　格：180.00
馆藏地址：北京舞蹈学院图书馆
内容提要：本书内容包括九个部分：历史、益处、通向你身体中心的旅行、与宇宙共舞、动作和步法、民间风格、服饰、音乐和乐器、当代东方舞。

中图法分类：(索书号) J709.258/6
题　　名：跟云门去流浪
书　　号：ISBN 978-7-5039-4272-3
责 任 者：林怀民著
出 版 者：文化艺术出版社
出版时间：2010 2282
出 版 地：北京
页　　数：168 页
尺　　寸：23cm
价　　格：142.40　TWD320.00
馆藏地址：北京舞蹈学院图书馆
内容提要：本书记录了作者去欧洲巡演过程中，幕后的点点滴滴。让我们了解云门这个世界级的工作团队及舞者舞台下的真实生活，了解云门舞蹈之所以精彩的原因。

2283 中图法分类：（索书号）J223/2480-2
题　　名：华剑堃，华曼君舞蹈静物画=The oil painting of Hua Jiankun & Hua Manjun
书　　号：ISBN 978-7-5305-4184-5
责 任 者：华剑堃、华曼君绘
出 版 者：天津人民美术出版社
出版时间：2010
出 版 地：天津
丛　　书：当代中国油画家
页　　数：38 页：彩图
尺　　寸：38cm
价　　格：40.00
主题标目：中国画—作品集—中国—现代
馆藏地址：上海图书馆
内容提要：本画册是作者的舞蹈静物画。作者一生与画为伍，回首往事，依然无怨无悔。画册传达了作者的生活信念。从远东伊尔库茨克的原始森林到墨西哥湾蔚蓝的大海，从曼哈顿耀眼的霓虹灯到普罗旺斯薰衣草的田野，还有科隆的古堡，北海道的港湾，记载着作者一生浪迹的苦与乐，他一个人四次进入俄罗斯，两次环游北美，阿尔卑斯山上小镇佛茨堡童话一样的梦境至今难以忘怀。他一生只有两件事，画画、流浪。

2284 中图法分类：（索书号）J717/1
题　　名：幻羽舞影：时尚顽童高堤耶与编舞家萧毕诺舞台服装展
书　　号：ISBN 986-02351-1-1
责 任 者：方美晶、李玮芬执行编辑
出 版 者：台北市立美术馆
出版时间：2010
出 版 地：台北市
页　　数：295 页
尺　　寸：26cm
价　　格：361.00，TWD950.00
馆藏地址：北京舞蹈学院图书馆
内容提要：本书是继 2005 年《薇薇安．魏斯伍德的时尚生涯》后，再次为台湾观众呈现国际著名时尚服装设计师的艺术成就。展出法国服装设计师高堤耶为法国现代编舞家萧毕诺于 1983 年至 1994 年间所创作的 12 件现代芭蕾舞剧所设计的舞衣、配件等，共 145 件作品，现场将呈现高堤耶带领时代风潮的前卫服饰造型、服装手稿及萧毕诺舞作剧照，并结合编舞录像、灯光投射等设计，极具舞台效果。

中图法分类：（索书号）J732.6/4874
题　　名：街舞
书　　号：ISBN 978-5463-2391-6
责 任 者：莫丹
出 版 者：吉林出版集团有限责任公司
出版时间：2010
出 版 地：长春
页　　数：122页；图版
尺　　寸：21cm
价　　格：29.80
馆藏地址：上海图书馆
内容提要：本书包括概述、运动保健、基本技术、经典舞种、基本规则等内容。 2285

中图法分类：（索书号）J703（参见K825.76./8102）
题　　名：今生另世
书　　号：ISBN 978-7-5356-3072-8
责 任 者：舒巧著
出 版 者：上海文艺出版社
出版时间：2010
出 版 地：上海
页　　数：349页
尺　　寸：25cm
价　　格：49.00
馆藏地址：浙江图书馆
内容提要：本书收录了舞剧编导舒巧一生的个个大事件，其内容包括：我变成了一份邮件、到了一个好地方、有了一个哥哥、进城—行军、一九五七苏联之行、今生（前半生）、结束了少年时期、跳舞了、《小刀会》成名之后、“老运动员”等。 2286

2287

中图法分类：(索书号) J643.3/4952
题　　名：交响舞剧《白鹿原》总谱
书　　号：ISBN 978-7-80751-484-8
责 任 者：杨青、张大龙作曲
出 版 者：上海音乐出版社
出版时间：2010
出 版 地：上海
丛　　书：北京市教育委员会重点科研项目
页　　数：316页+2光盘
尺　　寸：33cm
价　　格：68.00
馆藏地址：上海图书馆
内容提要：这是根据小说《白鹿原》改编的交响舞剧，本书是其交响舞剧的音乐总谱。交响舞剧《白鹿原》的剧情主要围绕田小娥与黑娃、田小娥与白孝文两条情感脉络的主线而展开，力图通过塑造田小娥这位被封建礼教所扼杀的叛逆者形象而揭示其所带给人们的文化反思。

2288

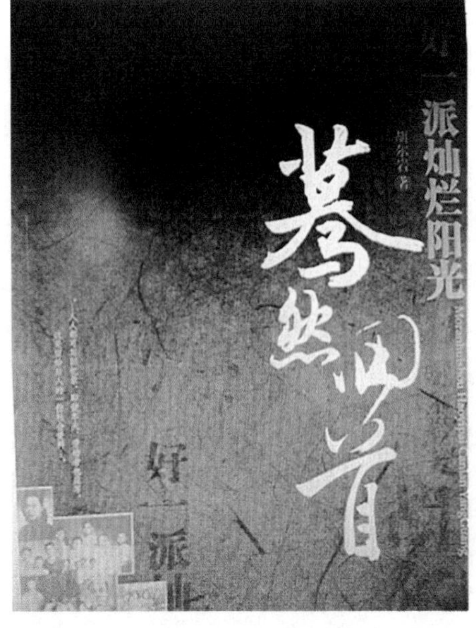

中图法分类：(索书号) J709.27/28
题　　名：蓦然回首：好一派灿烂阳光（内部资料）
责 任 者：胡尔岩著
出 版 者：北京舞蹈学院
出版时间：2010
出 版 地：北京
页　　数：178页
尺　　寸：24cm
价　　格：
馆藏地址：北京舞蹈学院图书馆
内容提要：本书是中国艺术研究院舞蹈研究所研究员胡尔岩的回忆录。曾参加舞剧《宝莲灯》、《小刀会》，《五朵红云》、《雷峰塔》、《红旗》、《八女颂》及《荷花舞》、《孔雀舞》、《红绸舞》等数十个民族民间舞蹈的演出。参与为纪念抗日战争胜利20周年由江苏省歌舞团创作并表演的大型歌舞.1976年后投入舞蹈理论队伍参与编辑《舞蹈》、《舞蹈艺术》、《舞蹈纪程》、《儿童歌舞》等，约500万字。

2289

中图法分类：（索书号）J722.22-53/1633
题　　名：民族舞蹈文化传承发展论纲
书　　号：ISBN 978-7-81112-993-9
责 任 者：石裕祖
出 版 者：云南大学出版社
出版时间：2010
出 版 地：昆明
页　　数：373 页：图
尺　　寸：24cm
价　　格：52.00
馆藏地址：上海图书馆
内容提要：本书收录的论文为国家哲学社会基金项目“国家西部课题”—“云南民族民间舞蹈文化传承规律及其发展趋势研究”课题是云南艺术学院“‘十五’全国哲学社会科学基金艺术学规划国家西部项目”——“云南民族民间舞蹈文化传承规律及发展趋势研究”课题组成员凝聚了自己心血与智慧的成果，是课题组全体成员献给中华人民共和国建国六十周年大庆暨云南艺术学院建院五十周年的一份特殊礼物。本书内容包括：民族民间舞蹈文化传承规律及其发展趋势研究；璀璨的佤族传统文化；大理洱源西山地区白族民间打歌“哩格高”初探等。

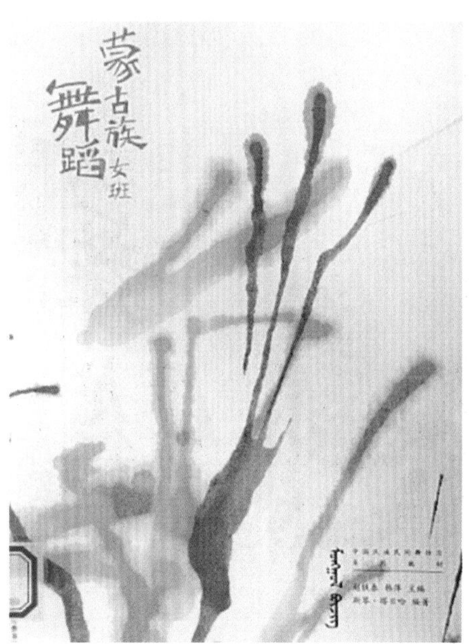

2290

中图法分类：（索书号）J722.2/10：7
题　　名：蒙古族舞蹈. 女班
书　　号：ISBN 978-7-04-058289-4
责 任 者：斯琴·塔日哈编著
出 版 者：高等教育出版社
出版时间：2010
出 版 地：北京
页　　数：305 页
尺　　寸：26cm
价　　格：1118.00（共 8 册）
馆藏地址：北京舞蹈学院图书馆
内容提要：本书是北京市科研基地——科技创新平台立项项目，是北京舞蹈学院中国民族民间舞学科规定教材。该教材既是蒙古族舞蹈艺术家斯仍. 那木吉勒数十年在当地进行田野调查，从而整理、加工、提炼出蒙古族舞蹈的教材成果，又是她在北京舞蹈学院中国民族民间舞蹈系授课的科研成果。教材充分体现了艺术家个人对蒙古族文化精髓和舞蹈风格的独特理解和认识，因此它既是个性的，又是大众的。教材内容由浅入深，材料丰富翔实，动作描述准确，图文并茂。既具有蒙古族舞蹈动作词典的功能，又为老师授课提供了选择和重组动作的基础。

2291
中图法分类：（索书号）J722.2/10：8
题　　名：蒙古族舞蹈. 男班
书　　号：ISBN 978-7-04-058289-4
责 任 者：斯仍·那木吉勒编著
出 版 者：高等教育出版社
出版时间：2010
出 版 地：北京
页　　数：135 页
尺　　寸：26cm
价　　格：1118.00（共 8 册）
馆藏地址：北京舞蹈学院图书馆
内容提要：本书是北京市科研基地——科技创新平台立项项目，是北京舞蹈学院中国民族民间舞学科规定教材。该教材既是蒙古族舞蹈艺术家斯仍. 那木吉勒数十年在当地进行田野调查，从而整理、加工、提炼出蒙古族舞蹈的教材成果，又是她在北京舞蹈学院中国民族民间舞蹈系授课的科研成果。教材充分体现了艺术家个人对蒙古族文化精髓和舞蹈风格的独特理解和认识，因此它既是个性的，又是大众的。教材内容由浅入深，材料丰富翔实，动作描述准确，图文并茂。既具有蒙古族舞蹈动作词典的功能，又为老师授课提供了选择和重组动作的基础。

2292
中图法分类：（索书号）J722.214/4212
题　　名：中国传统民俗：民间舞龙舞狮
书　　号：ISBN 978-7-5356-3441-2
责 任 者：肖丽，马芳
出 版 者：湖南美术出版社
出版时间：2010
出 版 地：长沙
页　　数：92 页：彩图
尺　　寸：19cm
价　　格：12.00
馆藏地址：上海图书馆
内容提要：本书是《中国传统民俗》系列读本的第三本《民间舞龙舞狮》读本。龙、狮都是中国千百年来认为吉祥瑞丰的动物，舞龙、舞狮则是寄托了中华儿女驱邪消灾、风调雨顺和热闹喜庆意愿的传统活动。本书从起源、传说、类别、技法等方面对舞龙、舞狮做了全面系统的介绍，配以丰富精彩的图片，为广大读者提供了接近舞龙舞狮、了解舞龙舞狮、练习舞龙舞狮的参考文本。

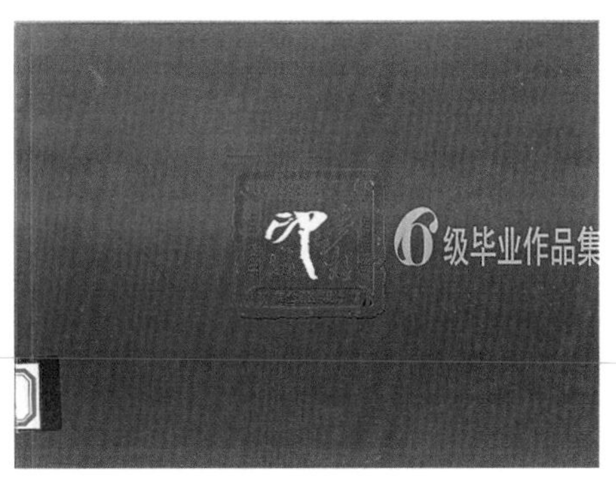

中图法分类：（索书号）J792.3/3（2006）
题　　　名：梦想的印迹—北京舞蹈学院艺术设计系 2006 级舞台美术设计专业/舞台服装设计专业/服饰表演专业（内部资料）
责　任　者：北京舞蹈学院艺术设计系 2293
出　版　者：北京舞蹈学院艺术设计系
出 版 时 间：2010
出　版　地：北京
页　　　数：167 页
尺　　　寸：31cm
价　　　格：
馆 藏 地 址：北京舞蹈学院图书馆
内 容 提 要：为北京舞蹈学院艺术设计系 2006 级舞台美术设计专业/舞台服装设计专业/服饰表演专业毕业生情况介绍。

中图法分类：（索书号）J709/26/：1
题　　　名：你不可不知的踢踏舞大明星—他们的故事．（上）
书　　　号：ISBN 978-7-228-12839-6
责　任　者：由蕊拉斯提・依・法兰克著；胡思岷译 2294
出　版　者：舞工厂舞团
出 版 时 间：2010
出　版　地：台北市
页　　　数：336，62 页
尺　　　寸：21cm
价　　　格：190.00　TWD500.00
馆 藏 地 址：北京舞蹈学院图书馆
内 容 提 要：本书记录了踢踏舞大师们的故事，包括个人生平、舞蹈活动和对舞蹈的态度等，侧面反映了美国踢踏舞存在的轨迹。上卷从 1900 年至 1939 年，下卷从 1940 年至 1955 年。收录了作者对三十位美国知名踢踏舞明星所做的亲身采访内容，他们各自谈论了对踢踏舞的心得、领悟与追求。读者可经由这些踢踏舞明星自我阐述的人生故事中了解他们的个人特质，同时认识他们所知道的踢踏舞舞者和各式踢踏舞风格。书中除了丰富精彩的人生故事外，读者也可看到多样化的踢踏舞才华，以及在众人贡献下踢踏舞的发展与演变，并体验踢踏舞跨越种族、阶级和政治差异的无穷魅力。

2295

中图法分类：（索书号）J709/26/：2
题　　　名：你不可不知的踢踏舞大明星—他们的故事．（下）
书　　　号：ISBN 978-986-85604-1-3
责 任 者：上蕊拉斯提·依·法兰克著
出 版 者：舞工厂舞团
出版时间：2010
出 版 地：台北市
页　　　数：336，62 页
尺　　　寸：21cm
价　　　格：190.00　TWD500.00
馆藏地址：北京舞蹈学院图书馆
内容提要：本书记录了踢踏舞大师们的故事，包括个人生平、舞蹈活动和对舞蹈的态度等，侧面反映了美国踢踏舞存在的轨迹。上卷从 1900 年至 1939 年，下卷从 1940 年至 1955 年。收录了作者对三十位美国知名踢踏舞明星所做的亲身采访内容，他们各自谈论了对踢踏舞的心得、领悟与追求。读者可经由这些踢踏舞明星自我阐述的人生故事中了解他们的个人特质，同时认识他们所知道的踢踏舞舞者和各式踢踏舞风格。书中除了丰富精彩的人生故事外，读者也可看到多样化的踢踏舞才华，以及在众人贡献下踢踏舞的发展与演变，并体验踢踏舞跨越种族、阶级和政治差异的无穷魅力。

2296

中图法分类：（索书号）J722.3/4443-1
书　　　号：ISBN 7-5621-2316-0
题　　　名：少儿歌舞游戏新编
责 任 者：李嘉评，卢青生编著
出 版 者：西南师范大学出版社
出版时间：2010
出 版 地：重庆
丛　　　书：21 世纪舞蹈教育丛书
页　　　数：240 页：图，照片
尺　　　寸：26cm
价　　　格：21.00
馆藏地址：上海图书馆
内容提要：本书包括有趣的游戏、幼儿歌舞、各族孩子的舞蹈、少儿歌舞、少儿歌舞剧、动物模拟律动曲、儿童歌舞基本步伐律动曲等部分，并配有舞蹈场记图、题图和插图，是中小学及幼儿园舞蹈教学及文娱活动的教材。

中图法分类：（索书号）J709/22JH
题　　名：世界顶尖舞团
书　　号：ISBN 978-986-6271-27-4
责 任 者：欧建平著
出 版 者：佳赫文化行销有限公司
出版时间：2010 2297
出 版 地：台北市
页　　数：464 页
尺　　寸：22cm
价　　格：161.00　TWD460.00
馆藏地址：北京舞蹈学院图书馆
内容提要：本书介绍全球十二个国家的舞蹈发展过程与重要舞团，要了解舞动的世界，就从这里开始！

中图法分类：（索书号）J709.27/27
题　　名：生命的咏叹调：绝处逢生的咏叹调（内部资料）
责 任 者：孙颖著
出 版 者：北京舞蹈学院
出版时间：2010 2298
出 版 地：北京
页　　数：286 页
尺　　寸：25cm
价　　格：68.00
馆藏地址：北京舞蹈学院图书馆
内容提要：本书是中国古典舞大师孙颖教授临终前尚未出版的遗作，书中记载了一段坎坷、沧桑、激昂的生活，承载了令人敬仰和值得追忆的生命。

蘇安莉之編創理念
實務分析及接觸即興之探討

蘇安莉 著

中國文化大學華岡出版部

2299 中图法分类：（索书号）J711/5
题　　名：苏安莉之编创理念实务分析及接触即兴之探讨
书　　号：ISBN 978-986-6710-65-0
责 任 者：苏安莉著
出 版 者：中国文化大学华冈出版社
出版时间：2010
出 版 地：台北市
页　　数：149 页
尺　　寸：29cm
价　　格：133.00　TWD350.00
馆藏地址：北京舞蹈学院图书馆
内容提要：本书共分八章：绪论；舞蹈编创之学习背景与经历；接触即兴之探讨分析；编创理念与方法；舞台相关元素运用实务分析；编创作品类型分析；结论与建议。

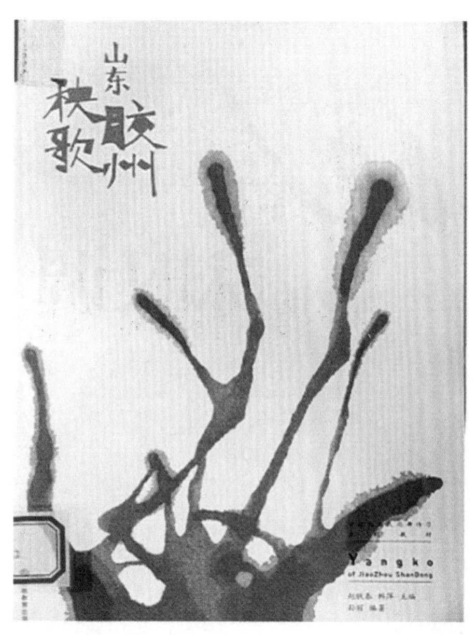

2300 中图法分类：（索书号）J722.2/10：3
题　　名：山东胶州秧歌
书　　号：ISBN 978-7-04-058289-4
责 任 者：战肃容编著
出 版 者：高等教育出版社
出版时间：2010
出 版 地：北京
页　　数：201 页
尺　　寸：26cm
价　　格：1118.00（共 8 册）
馆藏地址：北京舞蹈学院图书馆
内容提要：本书是北京市科研基地——科技创新平台立项项目，是北京舞蹈学院中国民族民间舞学科规定教材。该教材既是海阳秧歌艺术家孙丽教授数十年在当地进行田野调查，从而整理、加工、提炼出东北秧歌的教材成果，又是她在北京舞蹈学院中国民族民间舞蹈系授课的科研成果。教材充分体现了艺术家个人对齐鲁文化精髓和海阳秧歌风格的独特理解和认识，因此它既是个性的，又是大众的。教材内容由浅入深，材料丰富翔实，动作描述准确，图文并茂。既具有海阳秧歌动作词典的功能，又为老师授课提供了选择和重组动作的基础。

中图法分类：（索书号）J722.2/10：4 2301

题　　名：山东海阳秧歌

书　　号：ISBN 978-7-04-058289-4

责 任 者：张荫松编著

出 版 者：高等教育出版社

出版时间：2010

出 版 地：北京

页　　数：85页

尺　　寸：26cm

价　　格：1118.00（共8册）

馆藏地址：北京舞蹈学院图书馆

内容提要：本书是北京市科研基地——科技创新平台立项项目，是北京舞蹈学院中国民族民间舞学科规定教材。既是海阳秧歌艺术家张荫松数十年在当地进行田野调查，从而整理、加工、提炼出东北秧歌的教材成果，又是她在北京舞蹈学院中国民族民间舞蹈系授课的科研成果。教材充分体现了艺术家个人对齐鲁文化精髓和海阳秧歌风格的独特理解和认识，因此它既是个性的，又是大众的。教材内容由浅入深，材料丰富翔实，动作描述准确，图文并茂。既具有海阳秧歌动作词典的功能，又为老师授课提供了选择和重组动作的基础。

中图法分类：（索书号）J722.2/10：5 2302

题　　名：维吾尔族舞蹈

书　　号：ISBN 978-7-04-058289-4

责 任 者：海力且姆·斯边克编著

出 版 者：高等教育出版社

出版时间：2010

出 版 地：北京

页　　数：215页

尺　　寸：26cm

价　　格：1118.00（共8册）

馆藏地址：北京舞蹈学院图书馆

内容提要：本书是北京市科研基地-科技创新平台立项项目，北京舞蹈学院中国民族民间舞学科规定教材。既是维吾尔族舞蹈艺术家海力且姆. 斯边克数十年在当地进行田野调查，从而整理、加工、提炼出东北秧歌的教材成果，又是她在北京舞蹈学院中国民族民间舞蹈系授课的科研成果。教材充分体现了艺术家个人对维吾尔族文化精髓和舞蹈风格的独特理解和认识，因此它既是个性的，又是大众的。教材内容由浅入深，材料丰富翔实，动作描述准确，图文并茂。既具有维吾尔族舞蹈动作词典的功能，又为教师授课提供了选择和重组动作的基础。

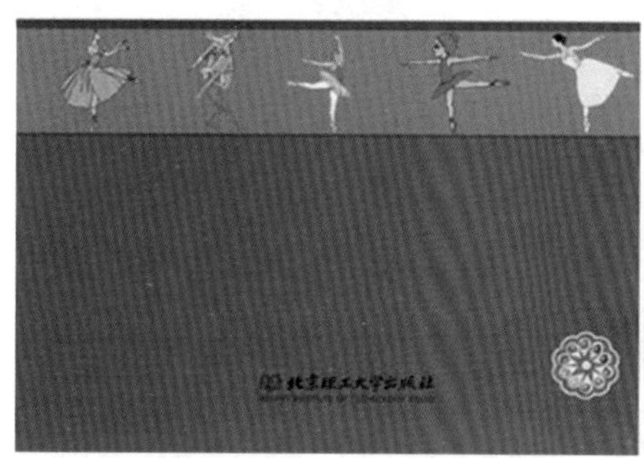

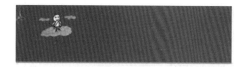

2303

中图法分类：（索书号）J7/0247
题　　名：舞蹈
书　　号：ISBN 978-7-56403-328-6
责 任 者：高赫民主编
出 版 者：北京理工大学出版社
出版时间：2010
出 版 地：北京
页　　数：114 页
尺　　寸：25.4cm
价　　格：14.00
馆藏地址：上海图书馆
内容提要：本书主要内容包括舞蹈基础知识、舞蹈基本功训练、民族民间舞、幼儿舞蹈及教学和儿童舞蹈创编五大部分。本书在内容的选取编排上注重基础理论和实际运用相结合，使学生对舞蹈基础知识、民族舞有一个基本了解，进而培养学生自编自创幼儿舞蹈的能力。

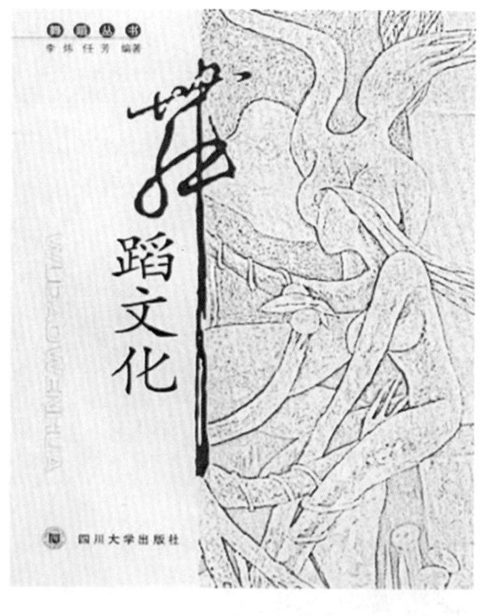

2304

中图法分类：（索书号）J70/490
题　　名：舞蹈文化
书　　号：ISBN 978-75614-502-39
责 任 者：李炜、任芳编著
出 版 者：四川大学出版社
出版时间：2010
出 版 地：成都
丛　　书：舞蹈丛书
页　　数：185 页
尺　　寸：20cm
价　　格：24.00
馆藏地址：浙江图书馆
内容提要：舞蹈作为一门人体动作的艺术，作为一种特殊的文化现象，它确实与特定的民族的生产方式和生活方式相适应。它以肢体作为符号，在漫长的历史发展进程中形成了该民族特有的符号系统，保存、传递着该民该的价值观念、行为方式。我们在前面简略列举的中国及西方的舞蹈发展历程，都充分证实了这一点。在这些历史的和现实的舞蹈中，无一不深深地蕴含着该民族的历史生态烙印，这些烙印无一不包含丰富的文化内涵。《舞蹈文化》力图揭示中国现代、当代舞蹈发展进程中深层的文化原因。

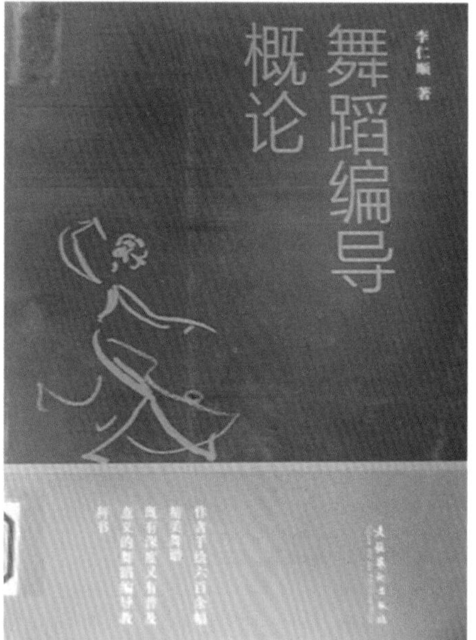

中图法分类：（索书号）J711.2/17
题　　名：舞蹈编导概论
书　　号：ISBN 978-7-5039-4155-9
责 任 者：李仁顺著
出 版 者：文化艺术出版社
出版时间：2010 2305
出 版 地：北京
页　　数：14，450 页
尺　　寸：24cm
价　　格：48.00
馆藏地址：北京舞蹈学院图书馆
内容提要：本书作者结合自己近 50 年来舞蹈排练和编导教学实践总结了一整套较丰富的创作经验体会，试图用本书囊括“舞蹈编导艺术”、“编导与演员”、“编导与生活”以及“编导与音乐”、“舞美”等几方面的舞蹈编导所必须掌握的基本要素，阐明自己的艺术观点。

中图法分类：（索书号）J722.3/94
题　　名：舞蹈组合
书　　号：ISBN 978-7-5444-2580-3
责 任 者：王淑月主编
出 版 者：上海教育出版社
出版时间：2010 2306
出 版 地：上海
丛　　书：中小学音乐教学专业指导丛书
页　　数：138 页
尺　　寸：26cm（含光盘）
价　　格：38.00
馆藏地址：北京舞蹈学院图书馆
内容提要：本书分为五个部分：基本舞步组合、模仿动作组合、歌表演、集体舞、民族民间舞蹈组合。

2307

中图法分类：（索书号）J7-43/6
题　　名：舞蹈赏析
书　　号：ISBN 978-7-5115-0243-8
责 任 者：肖燕编著
出 版 者：人民日报出版社
出版时间：2010
出 版 地：北京
丛　　书：高中新课程校本教材·音乐与舞蹈
页　　数：92 页
尺　　寸：28cm
价　　格：58.00
馆藏地址：北京舞蹈学院图书馆
内容提要：本书是一本中学舞蹈艺术鉴赏。内容包括：用感知美的眼睛欣赏舞蹈，舞蹈的审美类型，舞蹈的种类，外国民族民间舞蹈等。

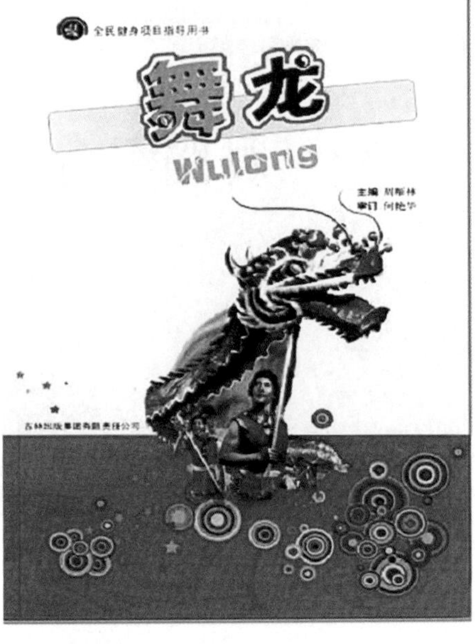

2308

中图法分类：（索书号）J722.214/7274
题　　名：舞龙
书　　号：ISBN 978-7-5463-1507-2
责 任 者：周雁林
出 版 者：吉林出版集团有限责任公司
出版时间：2010
出 版 地：长春
页　　数：98 页：照片
尺　　寸：21cm
价　　格：6.50
馆藏地址：上海图书馆
内容提要：本书内容包括概述、运动保健、基本技术和方法、舞龙技术动作、比赛规则。

中图法分类：（索书号）J722.21/53
题　　名：信阳民间舞蹈
书　　号：ISBN 978-7-5649-0090-8
责 任 者：信阳市非物质文化遗产保护中心编
出 版 者：河南大学出版社 2309
时　　间：2010
出 版 地：郑州
页　　数：307 页［4］页图版
尺　　寸：26cm
价　　格：44.00
馆藏地址：北京舞蹈学院图书馆
内容提要：本书主要内容包括：概述，信阳民间舞蹈调查表，信阳民间代表舞种：板凳龙、打花滚、花伞、放蝴蝶、九连环、十把扇子、花挑舞、打花鼓等。

中图法分类：（索书号）J7-49/1683
题　　名：一口气读懂：舞蹈常识
书　　号：ISBN 978-7-51001-546-5
责 任 者：《一口气读懂舞蹈常识》编写组
出 版 者：世界图书出版公司
出版时间：2010 2310
出 版 地：广州
丛　　书：一口气读懂常识丛书
页　　数：197 页
尺　　寸：23cm
价　　格：25.80
馆藏地址：上海图书馆
内容提要：虽然舞蹈与我们的生活联系密切，但是我们对舞蹈知识的了解却并不那么深入。舞蹈用简洁的话来说，就是一种人体动作的艺术，但是这个概念并不明确，毕竟属于人体动作艺术范畴的形式还有很多种，如杂技、哑剧、人体雕塑、韵律操等都可以说是人体艺术。所以说人体动作还必须是舞蹈化的人体动作，并且必须是经过提炼、组织和美化了的人体动作。

2311

中图法分类：（索书号）J792.6/1
题　　名：用生命感悟非洲
责 任 者：李雅媛，赵继昌著
出 版 者：中华人民共和国文化部对外文化联络局
出版时间：2010
出 版 地：北京
页　　数：383 页
尺　　寸：24cm
价　　格：
馆藏地址：北京舞蹈学院图书馆
内容提要：中国东方歌舞团著名舞蹈编导李雅媛，因年轻时代对敬爱的周恩来总理“我真的没有忘记非洲舞蹈”的一句承诺，数次前往非洲多国学习非洲舞蹈，同时在非洲积极传播中国民族民间舞蹈艺术。在长达半个世纪的岁月中，她以辛勤的汗水和智慧，为中国和非洲的舞蹈艺术交流贡献了全部精力，最终凝聚成了《用生命感悟非洲》一书，以一位中国舞蹈家的笔触，生动地折射出半个世纪以来中非文化往的历史，具有一定的学术、史料和珍藏价值。

2312

中图法分类：（索书号）J709.2/115/：2
题　　名：中国舞蹈通史：秦汉卷
书　　号：ISBN 978-7-80751-712-2
责 任 者：刘青弋主编；彭松著
出 版 者：上海音乐出版社
出版时间：2010
出 版 地：上海
丛　　书：国家教育部全国高等教育研究生教学指定教材，北京市教育委员会首批拔尖创新人才资源项目，北京市教育委员会重点学科建设科研立项项目
页　　数：188 页
尺　　寸：26cm
价　　格：44.00
馆藏地址：北京舞蹈学院图书馆
内容提要：舞蹈史学即是将舞蹈视为社会化的组成部分作为研究对象，发现“其本身是如何、可以如何”的问题，进而探求“指导其应该如何”的问题。历史学家吕思勉先生将前者称为“学”，后者称为“术”，指出“术”是从“学”中生出来的。因此，如果对“学”不能搞明白，“术”便从来也是不得法的。因此，本套《中国舞蹈通史》的研究与写作便以这样的思想为指导。本册为秦汉卷，内容包括：秦汉时代的民间乐舞、中外各族的乐舞交流、宫廷女乐及其表演艺术、宴饮生活中的舞蹈等。

中图法分类：（索书号）J709.2/115/：3
题　　　名：中国舞蹈通史：魏 晋 南北朝卷
书　　　号：ISBN 978-7-80751-713-9
责 任 者：刘青弋主编；彭松著
出 版 者：上海音乐出版社
出版时间：2010. 2313
出 版 地：上海
丛　　　书：国家教育部全国高等教育研究生教学指定教材，北京市教育委员会首批拔尖创新人才资源项目，北京市教育委员会重点学科建设科研立项项目
页　　　数：223 页
尺　　　寸：26cm
价　　　格：52.00
馆藏地址：北京舞蹈学院图书馆
内容提要：舞蹈史学即是将舞蹈视为社会化的组成部分作为研究对象，发现“其本身是如何、可以如何”的问题，进而探求“指导其应该如何”的问题。历史学家吕思勉先生将前者称为“学”，后者称为“术”，指出“术”是从“学”中生出来的。因此，如果对“学”不能搞明白，“术”便从来也是不得法的。因此，本套《中国舞蹈通史》的研究与写作便以这样的思想为指导。本册为魏晋南北朝卷，内容包括：清商乐舞、宫廷女乐、石窟艺术中的舞蹈形象等。

中图法分类：（索书号）J709.2/115/：4
题　　　名：中国舞蹈通史：隋唐 五代卷
书　　　号：ISBN 978-7-80751-714-6
责 任 者：刘青弋主编；王克芬著
出 版 者：上海音乐出版社
出版时间：2010 2314
出 版 地：上海
丛　　　书：国家教育部全国高等教育研究生教学指定教材，北京市教育委员会首批拔尖创新人才资源项目，北京市教育委员会重点学科建设科研立项项目
页　　　数：254 页
尺　　　寸：26cm
价　　　格：52.00
馆藏地址：北京舞蹈学院图书馆
内容提要：舞蹈史学即是将舞蹈视为社会化的组成部分作为研究对象，发现“其本身是如何、可以如何”的问题，进而探求“指导其应该如何”的问题。历史学家吕思勉先生将前者称为“学”，后者称为“术”，指出“术”是从“学”中生出来的。因此，如果对“学”不能搞明白，“术”便从来也是不得法的。因此，本套《中国舞蹈通史》的研究与写作便以这样的思想为指导。本册为隋唐五代卷，内容包括：繁盛精湛的表演性舞蹈，来自民间的宫廷宴享乐舞，乐舞机构和舞人等。

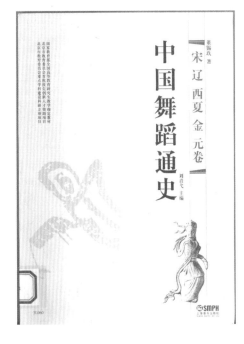

2315 中图法分类：（索书号）J709.2/115/：5
题　　　名：中国舞蹈通史：宋 辽 西夏 金 元卷
书　　　号：ISBN 978-7-80751-715-3
责 任 者：刘青弋主编；董锡玖著
出 版 者：上海音乐出版社
出版时间：2010
出 版 地：上海
丛　　　书：国家教育部全国高等教育研究生教学指定教材，北京市教育委员会首批拔尖创新人才资源项目，北京市教育委员会重点学科建设科研立项项目
页　　　数：209 页
尺　　　寸：26cm
价　　　格：46.00
馆藏地址：北京舞蹈学院图书馆
内容提要：舞蹈史学即是将舞蹈视为社会化的组成部分作为研究对象，发现“其本身是如何、可以如何”的问题，进而探求“指导其应该如何”的问题。历史学家吕思勉先生将前者称为“学”，后者称为“术”，指出“术”是从“学”中生出来的。因此，如果对“学”不能搞明白，“术”便从来也是不得法的。因此，本套《中国舞蹈通史》的研究与写作便以这样的思想为指导。本册为宋辽西夏金元卷，内容包括：两宋舞蹈、辽、西夏、金鸡其他少数民族的舞蹈，元代的舞蹈概况等。

2316 中图法分类：（索书号）J709.2/115/：7（2）
题　　　名：中国舞蹈通史：中华民国卷 下
书　　　号：ISBN 978-7-80751-717-7
责 任 者：刘青弋主编；刘青弋著
出 版 者：上海音乐出版社
出版时间：2010.
出 版 地：上海
丛　　　书：国家教育部全国高等教育研究生教学指定教材，北京市教育委员会首批拔尖创新人才资源项目，北京市教育委员会重点学科建设科研立项项目
页　　　数：223 页
尺　　　寸：26cm
价　　　格：84.00
馆藏地址：北京舞蹈学院图书馆
内容提要：舞蹈史学即是将舞蹈视为社会化的组成部分作为研究对象，发现“其本身是如何、可以如何”的问题，进而探求“指导其应该如何”的问题。历史学家吕思勉先生将前者称为“学”，后者称为“术”，指出“术”是从“学”中生出来的。因此，如果对“学”不能搞明白，“术”便从来也是不得法的。因此，本套《中国舞蹈通史》的研究与写作便以这样的思想为指导。本册为中华民国卷，内容包括都市舞蹈，革命根据地歌舞等。

中图法分类：（索书号）J614/4 2011 \ J614 \ 4 \ 中文图书基藏库 \ 中文基藏
题　　名：曲式与舞蹈音乐分析
书　　号：ISBN 978-7-106-03227-2
责 任 者：李莘、韩晓彤编著
出 版 者：中国电影出版社 2317
出版时间：2010.
出 版 地：北京
页　　数：244 页
尺　　寸：26cm
价　　格：42.00
馆藏地址：国家图书馆
内容提要：本教材主要针对舞蹈编导专业人员的音乐知识需求进行编写，精选贴近舞蹈专业特征的经典音乐作品和优秀舞蹈音乐范例进行曲式研究、解读，以详尽生动的文字说明、难度适中的谱例，展示不同文化背景下生成的各类舞蹈音乐的独特风格及结构，以丰富的音乐语言和深入浅出的文字，阐释优秀舞蹈作品的音乐内涵与结构特质，努力把音乐专业理论教材转化成为舞蹈编导专业的应用型教材 本书共分七章，包括：远古时代的乐舞、夏代乐舞、商代乐舞、周代乐舞、秦汉乐舞、魏晋南北朝乐舞、隋唐乐舞。

中图法分类：（索书号）J722.2/15
题　　名：中国原生态舞蹈文化 1
书　　号：ISBN 978-7-80751-529-6
责 任 者：巫允明
出 版 者：上海音乐出版社
出版时间：2010 2318
出 版 地：上海
页　　数：366 页
尺　　寸：26cm
价　　格：398.00
馆藏地址：北京舞蹈学院图书馆
内容提要：本书是笔者在近十年来讲授“中国民间舞蹈文化”课程的基础上，进一步探讨“原生态舞蹈文化”理论为宗旨而进行撰写的。本书采取从探讨属于人类文化的基点出发，分别针对形成于不同民族或群体人们精神世界和意识中的各种宗教及崇拜中的舞蹈即“祭祀仪式类舞蹈”与伴随不同地区人们漫长生活的不同类型舞蹈即“生活习俗类舞蹈”两大类，对舞蹈渊源和文化内涵等方面，进行理论与实际调查相结合的阐述。

2319

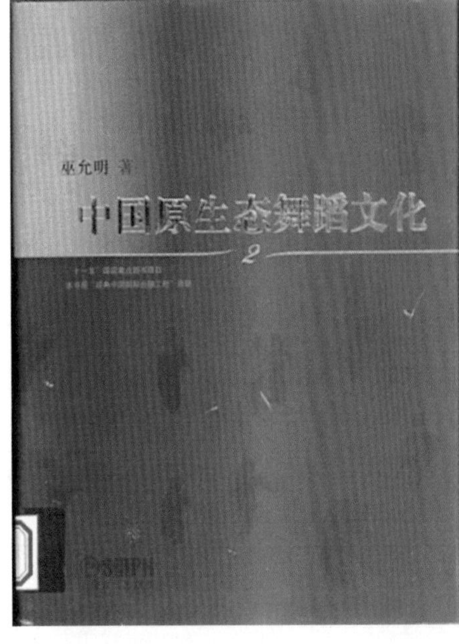

中图法分类：（索书号）J722.2/15：2
题　　　名：中国原生态舞蹈文化 2
书　　　号：ISBN 978-7-80751-529-6
责　任　者：巫允明
出　版　者：上海音乐出版社
出 版 时 间：2010
出　版　地：上海
页　　　数：367-706 页
尺　　　寸：26cm
价　　　格：398.00
馆 藏 地 址：北京舞蹈学院图书馆
内 容 提 要：本书是笔者在近十年来讲授“中国民间舞蹈文化”课程的基础上，进一步探讨“原生态舞蹈文化”理论为宗旨而进行撰写的。本书采取从探讨属于人类文化的基点出发，分别针对形成于不同民族或群体人们精神世界和意识中的各种宗教及崇拜中的舞蹈即“祭祀仪式类舞蹈”与伴随不同地区人们漫长生活的不同类型舞蹈即“生活习俗类舞蹈”两大类，对舞蹈渊源和文化内涵等方面，进行理论与实际调查相结合的阐述。

2320

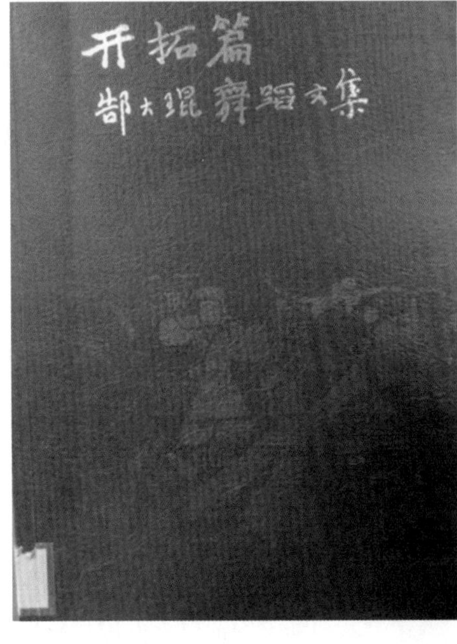

中图法分类：（索书号）J7-5/1 2011 \ J7-5 \ 1 \ 书刊保存本库 \ 书刊保存本（3241994767）
题　　　名：开拓篇：郜大琨舞蹈文集
书　　　号：ISBN 978-7-104-02949-6
责　任　者：郜大琨著
出　版　者：中国戏剧出版社
出 版 时 间：2010.1
出　版　地：北京
页　　　数：193 页：照片，图版
尺　　　寸：25cm
价　　　格：48.00
馆 藏 地 址：国家图书馆
内 容 提 要：本书内容包括：“中国古典舞研究”、“训练与教学”、“舞蹈理论研究”、“舞蹈评论”、“学术交流”等。

中图法分类：(索书号) J7/6 2010 \ J7 \ 6 \ 书刊保存本库 \ 书刊保存本 (3224775613)
题　　名：有氧舞蹈
书　　号：ISBN 978-7-5463-1445-7
责 任 者：翟苗均主编 2321
出 版 者：吉林出版集团有限责任公司
出版时间：2010.1
出 版 地：长春
页　　数：121 页：图版
尺　　寸：21cm
价　　格：8.00
馆藏地址：国家图书馆
内容提要：本书以《全民健身计划纲要》为指导，科学编排各种适宜大众的简单易行的锻炼方法、方式和手段，促进全民健身运动的发展。

中图法分类：(索书号) J70/14 2010 \ J70 \ 14 \ 书刊保存本库 \ 书刊保存本 (3218283046)
题　　名：楚地拾舞
书　　号：ISBN 978-7-5354-4102-7
责 任 者：吴建华著 2322
出 版 者：长江文艺出版社
出版时间：2010.1
出 版 地：武汉
页　　数：12，221 页：照片
尺　　寸：21cm
价　　格：30.00
馆藏地址：国家图书馆
内容提要：本书由舞论、舞评、心得、交流、研究五个方面构成，内容包括：浅谈楚舞及其特色、原创舞剧《筑城记》试析、为拓宽少年儿童舞蹈艺术而积极探索、国际文化艺术交流活动等。

2323

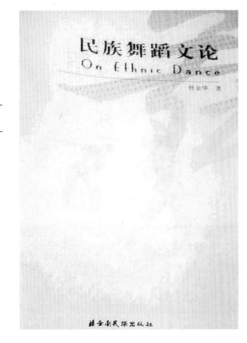

中图法分类：（索书号）J722\29\中文基藏\闭架库房
题　　名：民族舞蹈文论
书　　号：ISBN 978-7-5367-4655-8
责 任 者：曾金华著
出 版 者：云南民族出版社
出版时间：2010.4
出 版 地：昆明
页　　数：297页：照片
尺　　寸：24cm
价　　格：36.00
馆藏地址：国家图书馆
内容提要：本书收入作者二十余年来从事舞蹈艺术所取得的成绩，包括文学台本与演出串词，学术研究与舞蹈评述，调查报告与随笔三个方面的内容，以图文并茂的形式反映了云南舞蹈艺术发展的方方面面。

2324

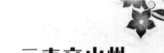

云南文山州
民族民间舞蹈探源

袁蓉 著

中图法分类：（索书号）J722/1 2011\J722\1\书刊保存本库\书刊保存本（3226479651）
题　　名：云南文山州民族民间舞蹈探源
书　　号：ISBN 978-7-104-03206-9
责 任 者：袁蓉著
出 版 者：中国戏剧出版社
出版时间：2010.4
出 版 地：北京
页　　数：215页：照片，图
尺　　寸：21cm
价　　格：25.00
馆藏地址：国家图书馆
内容提要：本书详述了文山民族民间舞蹈的产生、发生、源流外并从探源中去探寻了深邃的内涵，以求真正地了解和掌握民族舞蹈，使其在中华民族的伟大复兴中发挥其应有的作用。

中图法分类：（索书号）J722/10 2011 \ J722 \ 10 \ 书刊保存本库 \ 书刊保存本（3232887822）
题　　　名：中国古典舞袖舞技法教程
书　　　号：ISBN 978-7-5434-7603-5
责　任　者：李婷婷著 2325
出　版　者：河北教育出版社
出 版 时 间：2010. 4
出　版　地：石家庄
页　　　数：160 页：图
尺　　　寸：25cm
价　　　格：30. 00
馆 藏 地 址：国家图书馆
内 容 提 要：本书对袖舞的基本技法、组合训练以及袖舞的发展历史，作了完整、系统的介绍。是作者针对综合性大学舞蹈专业《古典舞身韵》。结合多年一线教学研究经验编写而成。该教程将整个袖舞教学内容作—精简，注重单一技法与组合、课堂与舞台之间的过渡，并创编了一些针对性训练组合及综合表演性组合，使教师和学生能够在有限的学习时间内掌握袖舞的精华。

中图法分类：（索书号）J70/24 2010 \ J70 \ 24 \ 书刊保存本库 \ 书刊保存本（3220720597）
题　　　名：图说：山西舞蹈史
书　　　号：ISBN 978-7-5457-0229-3
责　任　者：李小强主编；山西省图书馆编 2326
出　版　者：三晋出版社
出 版 时 间：2010. 4
出　版　地：太原
丛　　　书：山西文化六十年丛书
页　　　数：208 页
尺　　　寸：29cm
价　　　格：350. 00
馆 藏 地 址：国家图书馆
内 容 提 要：本书采用“图说”的形式，利用大量文物资料，勾勒了从远古清末山西舞蹈漫长的发展历程，使山西舞蹈史同时以形象，以感性的形态呈现在人们面前，图文并茂，平实生动。本书借助山西出土的丰富的文物资料，搜集了 200 余幅珍贵图片，并配以简短的文字说明，以此勾勒出山西舞蹈史的轮廓，形象地展示山西舞蹈美的历程。

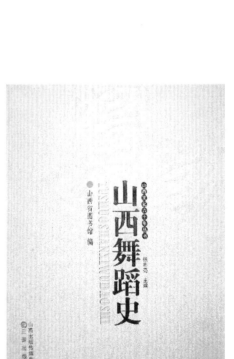

2327 中图法分类：（索书号）J732 \ 13 \ 中文基藏 \ 闭架库房

题　　名：银色的维也纳：曼妙的华尔兹和轻歌剧（精装）

书　　号：ISBN 978-7-200-08459-7

责 任 者：于志强著

出 版 者：北京出版社

出版时间：2010

出 版 地：北京

页　　数：183页：图，照片

尺　　寸：29cm

价　　格：300.00

馆藏地址：国家图书馆

内容提要：本书分为两部分，以近十万字的篇幅、一百多幅珍贵的历史图片图文并茂地描述了维也纳华尔兹和轻歌剧的精彩传奇。详细介绍了圆舞曲之父—老约翰施特劳斯；圆舞曲之王—小约翰施特劳斯；奥芬巴赫与法国轻歌剧；维也纳轻歌剧的序幕；璀璨星光—同期的轻歌剧作曲家等。

2328 中图法分类：（索书号）J70/24 2010 \ J70 \ 24 \ 书刊保存本库 \ 书刊保存本（3220720597）

题　　名：双江拉祜族打歌七十二套路

书　　号：ISBN 978-7-5367-4731-9

责 任 者：罗满英编著

出 版 者：云南民族出版社

出版时间：2010.7

出 版 地：昆明

页　　数：184页

尺　　寸：24cm

价　　格：55.00

馆藏地址：国家图书馆

内容提要：本书以叙述故事由来和记录曲谱、歌词大意等形式，收集整理了双江拉祜族打歌七十二套路。内容主要有：年节欢庆歌、追山打猎歌、生产生活歌、弘扬美德歌。书稿对保护和弘扬优秀的拉祜族传统文化有积极意义。拉祜“七十二套路打歌”是云南省第一批非物质文化遗产保护名录项目。它来源于生活，用唱跳结合的形式，表达喜怒哀乐，是对远古的拉祜族生产、生活的一种真实写照；它把拉祜族的生活以打歌的套路表达出来，承载着拉祜族厚重的历史文化。

2329

中图法分类：（索书号）J722/7 2011 \ J722 \ 7 \ 书刊保存本库 \ 书刊保存本（3231380019）
题　　名：山西民间舞蹈
书　　号：ISBN 978-7-5457-0261-3
责 任 者：田彩凤著
出 版 者：三晋出版社
出版时间：2010. 1
出 版 地：太原
丛　　书：山西农村文化丛书
页　　数：180 页：照片，图
尺　　寸：21cm
价　　格：18. 00
馆藏地址：国家图书馆
内容提要：本书介绍了源远流长、形式多样的山西民间舞蹈，并且还介绍了山西民间舞蹈的文化特征和艺术特色。具体包括：锣鼓铿锵威风扬、灯彩婆婆寓光明、龙腾虎跃呈吉祥、花鸟栩栩如诗画等。

2330

中图法分类：（索书号）J722/30 2010 \ J722 \ 30 \ 书刊保存本库 \ 书刊保存本（3215127642）
题　　名：陕西民间鼓舞博览
书　　号：ISBN 978-7-80758-363-9
责 任 者：谷玉梅、李开方、梁挺著
出 版 者：杭州出版社
出版时间：2010. 8
出 版 地：杭州
页　　数：211 页：照片
尺　　寸：24cm
价　　格：36. 00
馆藏地址：国家图书馆
内容提要：本书分为关中篇、陕西篇、陕南篇、附录篇四部分，选取了六十余个陕西鼓舞品种，分析、研究，并附有现状的探讨文章，从周秦汉唐的关中到革命圣地陕北，再到巴蜀美景的陕南，逐步揭开其神秘的面纱。

2331

中图法分类：（索书号）J722.221.2 2010＼K281.2＼18＼书刊保存本库＼书刊保存本（3226315855）
题　　名：“呼图克沁”-蒙古族村落仪式表演
书　　号：ISBN 978-7-5077-3497-3
责 任 者：董波著
出 版 者：学苑出版社
出版时间：2010.7
出 版 地：北京
丛　　书：西部人文资源研究丛书
页　　数：190页：照片，图
尺　　寸：25cm
价　　格：48.00
馆藏地址：国家图书馆
内容提要：本书旨在通过对一个特定蒙古族村落“呼图克沁”的分析，阐述蒙古民间文化在具体地方的群体中如何形成、存在并传承的过程，进而探讨蒙古民间文化的社会功能和存在价值。“呼图克沁”是蒙古族的一种融歌、舞、乐、说唱于一体的蒙古族独有的仪式戏剧。作者通过实地调查、亲身参与、文献整理、口述史搜集，对其进行了忠实的记录和研究。

2332

中图法分类：（索书号）J722/14 2011＼J722＼14＼书刊保存本库＼书刊保存本（3225585292）
题　　名：景颇族目瑙纵歌简介及舞步图谱
书　　号：ISBN 978-7-5367-4664-0
责 任 者：盈江县景颇族发展进步研究会编
出 版 者：云南民族出版社
出版时间：2010.9
出 版 地：昆明
页　　数：37页
尺　　寸：29cm
价　　格：120.00
馆藏地址：国家图书馆
内容提要：景颇族的目瑙纵歌节在景颇族地区普遍开展，可是各地的舞步不尽统一，也不太规范。仅就盈江几个片区的也不统一。盈江县景颇族学会在反复论证的基础上，规定了丰收目瑙、出征目瑙、丧葬目瑙、庆典目瑙等不同目瑙样式的规范舞步，并加以图解。

2333

中图法分类：（索书号）J70/7 2011 \ J70 \ 7 \ 书刊保存本库 \ 书刊保存本（3237792811）
题　　名：中国舞蹈史
书　　号：ISBN 978-7-5602-5991-8
责 任 者：仝妍编著
出 版 者：东北师范大学出版社
出版时间：2010.9
出 版 地：长春
页　　数：286 页
尺　　寸：26cm
价　　格：37.00
馆藏地址：国家图书馆
内容提要：本书分为十六讲，介绍了从交感巫术到祭典仪式、宫廷舞蹈的衰落、世俗舞蹈的繁盛、与宗教的结合、传统舞蹈的演变、西方舞蹈的传入、新型歌舞艺术等知识。

2334

中图法分类：（索书号）J732/21 2011 \ J732 \ 21 \ 书刊保存本库 \ 书刊保存本（3240740369）
题　　名：芭蕾
书　　号：ISBN 978-7-5030-2167-1
责 任 者：［德］妮可·屈茨（Nicole Kunzel）著；［德］多罗特娅·图斯特（Dorothea Tust）绘；何小超译
出 版 者：测绘出版社
出版时间：2010.12
出 版 地：北京
页　　数：30 页：彩图
尺　　寸：16cm
价　　格：4.00
馆藏地址：国家图书馆
内容提要：56 年来，皮卡西随身绘本拥有 200 多个系列，1700 余品种。他为 3 岁以上的孩子们带来科学、自然、心理、教育、童话、生活常识等多种题材的儿童故事，解决孩子们成长中的困惑，教他们勇敢、诚实、善良、互助友爱和乐于尝试、学习的进取心。书中的故事和图画一部分是从大开本的绘本浓缩改编而来的。你知道吗？芭蕾起源于哪个国家？芭蕾也有特殊的语言吗？怎样才可以当一名芭蕾舞演员呢？Tutu 是一种澳大利亚的鸟吗？……《皮卡西随身百科：芭蕾》一一为你解答！

中图法分类：(索书号) J722/18 2011 \ J722 \ 18 \ 书刊保存本库 \ 书刊保存本 (3232844831)
题　　名：龙狮文化与龙狮运动
书　　号：ISBN 978-7-216-06496-5
2335 责 任 者：龚耘等编著
出 版 者：湖北人民出版社
出版时间：2010. 10
出 版 地：武汉
页　　数：216 页：图
尺　　寸：24cm
价　　格：30. 00
馆藏地址：国家图书馆
内容提要：我国的龙狮文化属国家级非物质文化遗产保护项目。《龙狮文化与龙狮运动》着眼于弘扬中国传统文化，吸收借鉴国内外龙狮文化与龙狮运动研究成果，运用生动鲜活的事例，图文并茂，对龙狮的起源，龙狮文化与龙狮精神的内涵和特征，龙狮运动的起源和发展等问题进行了全面系统地阐述，较好地回答了有关龙狮文化与龙狮运动的理论和现实问题。《龙狮文化与龙狮运动》集理论性、知识性、趣味性、实用性于一体，是开展龙狮运动的参考读物。

中图法分类：(索书号) J73/1 2012 \ J73 \ 1 \ 书刊保存本库 \ 书刊保存本 (3255565974)
题　　名：欧美流行舞蹈简述
书　　号：ISBN 978-7-103-03942-7
2336 责 任 者：许文飚、韩晓彤编著
出 版 者：人民音乐出版社
出版时间：2010. 10
出 版 地：北京
页　　数：137 页：图，照片
尺　　寸：25cm
价　　格：29. 00
馆藏地址：国家图书馆
内容提要：流行舞蹈具有广泛的群众性和强烈的自娱性，是浅层审美意识的载体，它包括标准舞、舞厅舞、爵士舞、街舞、拉丁舞、踢踏舞、迪斯科、劲舞等种类繁多的舞蹈。许文飙等编著的《欧美流行舞蹈简述》共四章节，内容包括欧美社交舞蹈发展简史、欧美流行舞蹈概述、民族传统与现代流行的完美结合——国际标准交谊舞等。

中图法分类：（索书号）J722/15 2011 \ J722 \ 15 \ 书刊保存本库 \ 书刊保存本（3241993777）
题　　名：闽台民间舞蹈研究
书　　号：ISBN 978-7-104-03327-1
责 任 者：郑玉玲著 2337
出 版 者：中国戏剧出版社
出版时间：2010.11
出 版 地：北京
页　　数：429 页：彩照
尺　　寸：23cm
价　　格：98.00
馆藏地址：国家图书馆
内容提要：本书采用大量的田野实地调研、文献检索考证，借鉴历史学、民俗学、舞蹈文化学、舞蹈形态学、民族舞蹈学的研究成果与研究方法，对闽台民间舞蹈的艺术特征及舞蹈文化意蕴进行综合分析和个案比较对照，阐明闽台民间舞蹈的文化脉络、艺术特色、发展规律和艺术审美特征。

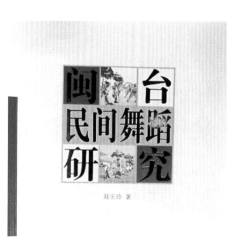

附录：民国时期总书目（舞蹈部分）和全国总书目（舞蹈部分）（1907-2010）

本附录包括《民国时期总书目》（舞蹈部分）和《全国总书目》（舞蹈部分），共收集民国时期中文舞蹈书目35种，中华人民共和国时期中文舞蹈书目1206种，两项共计1241种舞蹈正式出版物。前者选自北京图书馆编辑出版的《民国时期总书目》，基本涵盖了1907至1949年我国出版的中文舞蹈图书的全貌；后者选自新闻出版署版本图书馆编辑出版的历年的《全国总书目》，主要收录了中华人民共和国时期正式出版的全国中文舞蹈图书（包括中文舞蹈刊物），全面反映了从1949年10月至2010年我国出版的中文舞蹈图书的全貌。

本附录可以使读者对此段时期舞蹈正式出版物有一个大致的全盘性的了解，同时通过将此附录与正文进行对比，给读者提供多角度舞蹈文献研究和参考。

在此感谢国家图书馆社科咨询组的大力帮助。

一、民国时期总书目舞蹈图书总目（1907. 4-1949. 9）

舞蹈、舞蹈理论、舞蹈艺术史

（共计35种）参见《民国时期总书目》314页

中国古代跳舞史　钱君匋著

上海　神州国光社　1934年6月初版　83页　32开

内分7节，叙述古代跳舞的起源、制度、种类，以及古代妇女的跳舞等。节前有引子。

舞蹈技术、方法

舞蹈游戏　王季梁、孙棪编译

上海　商务印书馆　1907年4月初版，1913年4月初版，1913年4月　5版　82页　有图　32开　包括上、下卷，上卷介绍舞蹈前的准备等，下卷介绍各种舞蹈的跳法。节前有舞蹈一般之注意、舞蹈术语一览表、舞蹈术语详解等。

跳舞场（一致训练游戏）　王怀琪著

上海　中国健学社　1928年9月初版（89）页有像　44开

包括教授上宜注意的各点和教法两部分，书名页题：王怀琪编。

舞蹈入门　沈明珍著

上海　勤奋书局　1931年9月初版　96页　有图像　32开（体育丛书）

介绍舞蹈的基本动作，如姿势，步颠趾、屈膝、滑步等，共42种，附图解。书前有沈嗣良的序言、沈明珍的“著者言”。

舞蹈教材　冯柳溪编纂

上海　商务印书馆　1935年11月初版　153页　有图像　32开

包括上、下卷。上卷讲述队形的排列、方向、手臂的预备和姿势、步法等基本动作；下卷讲述方舞、对舞、园舞。书前有编著者的例言。

行进法详解　汤　琳编

上海　普及书局（149）页　有图　32开

包括概论、姿势及排列、步法、行进法演习。练习例题等5章，附行进曲20首。

（中国舞蹈）八段锦舞　王怀琪著

上海　商务印书馆　1929.8月初版　42页　有图32开

从“八段锦”健身体操改成的舞蹈，有图解等。

民间舞蹈

秧歌舞　教育生活社编

明理书店　1945年7月初版　59页　36开

包括秧歌舞讲话、扭秧歌剧本两部分，“秧歌舞讲话”，收什么是秧歌舞、队形变化、谈演出、怎样才跳得好等章；“扭秧歌剧本”，收《扭秧歌》、《新年团圆舞》、《慰劳抗属》、《永远跟着毛泽东》、《王大嫂翻身》等10个剧本。

秧歌舞

中国音乐社　1946年5月初版　25页　32开（音乐丛书　第2辑）

包括秧歌舞讲话、扭秧歌剧本、秧歌舞曲等。

秧歌舞初步　陈锦清著

大连　大众书店　1949年2月初版　28页　有图　32开

包括介绍几个地域的秧歌舞、怎样学习和练习、提高和创意、服装和道具等4章。节前有著者前言。

秧歌舞（附“农村生活”表演脚本）江西文工团编

中共辽西省委宣传部　1949年7月初版　55页　有图谱　32开　（群众文艺丛书　3）

介绍秧歌舞的简单队形、花样、打击乐、化妆、服装、道具等，并收《大力推荐秧歌活动》、《充实秧歌舞的内容》两篇文章，附《农村生活》《大型秧歌舞表演脚本》以及编者后记。

秧歌舞曲讲话　杨　铭编

上海　新歌社　（15）页　有图　32开

介绍什么是秧歌舞、秧歌舞的基本动作及怎样才能跳好等。附秧歌舞舞曲4首。封面书名题：秧歌舞。

交际舞

舞星艳影　大华艺术社编

上海　大华艺术社编　［1938年4月］出版［105］页　有像　25开

内收《文明场所的野蛮规矩》《瘦鹃》，《我也曾到过跳舞场》（吉诚），《跳舞杂谈》（李元龙）等30篇有关跳舞及舞场的文章。书前有题词及多幅舞星照片。

舞场春色（跳舞捷径）　顾羽著

上海　新生活书店　1935年4月初版　72页　有图　32开

内收《跳舞的礼节》、《跳舞须知》，《跳舞秘诀》、《跳舞始自中国考》、《沪上著名的跳舞场》等14篇文章。

（北平）白宫舞场一周年纪念特刊　白宫舞场编

北平　编者刊1937年6月出版　20页 有图　横16开　书前有中、英文对照的“卷头语”。

各国舞蹈、舞剧

舞蹈　沈明珍编

上海　爱国女学出版部　1925年7月初版，1928念月4版［90］页　有图像　32

开 精装

包括土风舞，优秀舞两编，讲述各种舞的跳法。书前有袁希涛、江亢虎、蒋息岑、马崇淦等人的题词及季毅生、朱士方的序。

各国舞蹈新选 金陵女子文理学院体育系编

上海 勤奋书局 1935年8月初版 106页 有图 16开（体育丛书）

包括练习韵律之基本步法、练习舞、步法、舞蹈等4章。书前有序，末附参考书目。

阿伊波利特医生（四幕八场舞剧）［苏］莫罗索夫作曲［苏］阿波利摩夫编剧

1934年出版5页 有表 16开

民间舞蹈

土风舞［英］Gecil J. Sharp著 杨效让、徐瑞芝合译

上海 女青年会全国协会编辑部 1931年7月初版 （59）页16开

介绍土风舞的跳法，附舞曲10首，五线谱。节前有杨效让的序，书名原文：The Country Danoe Book.

欧美土风舞 沈明珍编著

上海 勤奋书局 1934年6月初版 48页 有图像 16开 （体育丛书）

包括《弗吉尼亚舞》（英国）《丹麦苏第士舞》（丹麦）《犹太人舞》《海员舞》（英国），《娴都婆娑》（法国）《唐林舞》（意大利），《开平舞》、《俄国维麻舞》（俄国），《纺织舞》、《脱兰加立斯舞》（瑞典）等12个土风舞，书中有舞曲（五线谱）和插图，书前有编著者的序言。

交际舞

跳舞的艺术 唐 杰编著

上海 良友图书印刷公司1928年6月初版 95页 有图 32开

讲述交际舞的跳法，其中大部分取材于V. 司维斯脱的《近世会场跳舞》一书。

交际跳舞术 黄志诚，林默厂译著

上海 大东书局 1928年7月初版，1929年5月再版 99页 有图 32开

介绍狐步舞、华尔兹舞、法国式唐钩舞、黑底舞等11种交际舞的跳法。书前有“卷头语”，据“尾声”称，此书原名为《交际舞自修法》，于1927年在英国出版，原著者为San-too Casani。

跳舞术 ［法］巴厘尔（L. Bered）著 留余室主译

1923年出版 36页 有图 32开

介绍一步舞、复步舞、狐步舞、龙腕舞、西班牙之丝葛脱舞、凌波舞等七种交际舞跳法。

（现代）交际舞术 吴敏店编著

上海 谱 图书公司（1930年5月）出版（94）页 有图 16开 精装

介绍狐步舞，华尔兹舞，勃罗司舞、却尔司登舞、探戈舞等5种。书前有自序，写于1930年5月。

社交跳舞术 凌琴如编

上海 文明书局 1933年3月初版 168页 有图 32开

包括总论，跳舞概论，跳舞分论等3编。该两篇讲述什么是社交跳舞，社交跳舞的种类，要领与技巧，正确的步法、跳舞的基本练习等注意事项与知识，最后一编介绍狐步舞、卡尔斯顿、回旋舞、探戈舞等九种舞式。有附录及参考书目录。

交际舞术撮要图解 阮慕潮等绘图

著者刊 1934年2月初版 132页 有图像 16开 精装

包括通例、音乐、动作、图表等 6 章，书中有步法谱图及图解多幅。节前有自序。封面、版权页书名题；舞术图解。

新式社交舞术　陈尼古编译

上海　华亭书屋　1935 年 9 月初版，1936 年 1 月再版　224 页　有图　32 开

包括入门练习、技巧说明、关于音乐及步法组织、快狐步等 8 章。书前有编译者序，末附，社交舞用语类系数、英汉对照表、此书据英国维克多・薛而维斯德（Victor Silvester）的《现代舞厅跳舞》、《现代舞厅之理论和技巧》编译而成。

《最新标准式》交际舞（附步法图解）　钱宗廉著

（1938 年 8 月成本）出版　154 页　32 开

前半部分论述交际舞的理论和技巧，后半部分为勃罗斯、快狐步、华尔兹、慢狐步、探戈等步法说明，书前有陈亮、周天籁的序各一篇及作者前言。前言写于 1938 年 8 月。

《最新》交际舞跳法

云南昆明　个人刊　1945 年 4 月初版　41 页　有图　32 开（艺术丛书）

包括跳舞的意义、跳舞的方式、舞的种类、插图等四部分，有序言。

交际舞术　王礼安编

重庆　万象周刊社　1945 年 6 月初版　82 页　有图　32 开

包括导言，注意事项，泼罗新舞、狐步舞、华尔兹、探戈、附录等 7 章，介绍交际舞的跳法。

交际舞入门　R・Bra ndon 著　于益斌译

重庆　个人刊　1945 年 7 月初版　61 页　有图　32 开

介绍华尔兹、慢狐步、快步、探戈等 4 种交际舞。书前有译者前言、著者原序。书名原文：Ball-room Dancing Made Easy.

实用标准交际舞（附舞态连环画及步法足印图）　郑狄克著

上海　狄克舞艺传习所（1945 年 10 月）初版，1947 年增订版 71 页　32 开

介绍快狐步、勃罗斯、华尔兹、探戈、快华尔兹的基本步法，以及女子基本步法、女子学舞捷径等。节前有作者前言，以及“本书授舞方法及我的教舞意见”。

舞国乐园　李颐康著

南京　拔提书局　1947 年 4 月初版　94 页　有图　32 开

交际舞基本步法，有图解。包括漫谈、舞厅规则、礼节、舞时须知等 9 章。书前有著者序。

其他

狄克踢踏舞专辑（第 1 集）　郑狄克著

上海　世界书局（1942 年）出版　62 页　有像　横 64 开　精装

介绍踢踏舞的基本动作及音乐节奏等。书前序写于 1942 年春。

踢踏舞　高 梓、俞淑芬编著

重庆　教育部特设体育师资训练所　1944 年 11 月初版　石印　158 页　有图解　32 开　（教育部特设师资训练所体育丛书）

包括 8 章，前 2 章讲述踢踏舞的由来、特质、教学要点及基本步法，后一章介绍 24 个踢踏舞的跳法。附五线谱舞曲多首。书前有高梓的序。

二、中华人民共和国时期全国总书目舞蹈图书总目
(1949.10-2010.12.31)

(包括这一时期的中文舞蹈刊物)

[1949-1954 年]

87 舞 蹈

书名	作者	定价	出版社	出版年
各国集体舞	陈显寿编	0.18	文娱	53-3

871 中国舞蹈

书名	作者		定价	出版社	出版年
舞蹈 第一集	刘以珍等编		0.18	青年	51-8
第二集	喜 勋等编		0.20	人民体育	54-11
集体舞	济南市总工会文艺辅导队编		0.20	山东人民	53-1
大家来跳舞	江西人民通俗出版社		0.08	江西人民	53-1
节日晚会舞	田灵等配曲		0.05	江西人民	54-1
工人舞蹈选	广州市文学艺术界联合会编		0.19	南方通俗	54-12
大家跳	中央戏剧学院附属歌舞剧院编		0.45	首都	53-2
新舞蹈(第一集)	方新编		0.16	四联	54-2
国际交谊舞	顾也文编		0.60	文娱	53-5
中国集体舞	菲也编	第一集	0.25	文娱	52-12
		第二集	0.28	文娱	53-7
集体舞	王克伟编		0.30	文娱	53-7
青年集体舞	菲也、萧亮雄编		0.63	文娱	54-2
中国民间舞蹈选集	中国舞蹈艺术研究会筹备委员会编		精 2.23 平 0.45	艺术	54-2
秧歌杂谈	哈华编		0.50	华东人民	51-3
河南民间音乐与舞蹈(河南省第一届民间艺术会演选集)			0.80	河南人民	54-5
生产花棍舞	江苏地委文工团集体创作		0.16	江苏人民	53-12
莲湘	顾也文编		0.34	文娱	52-7
进军腰鼓	上海青年文工团编		0.24	文娱	52-4
红绸舞	史孟良编		0.30	文娱	53-12

872 苏联舞蹈

书名	作者	定价	出版社	出版年
苏联舞蹈选	陈登颐译	1.00	万叶	52-2
苏联舞蹈	齐国卿、冯和光译(本书译自杂志 1949 年-1951 年各期)	0.67	人民体育	53-4
苏联民间舞蹈				
第一集	[苏] 波加柯娃等编 郑硕人等译	0.70	文娱	51-4

书名	著者	定价	出版者	出版时间
第二集	[苏] 斯·霍尔菲娜等编　郑硕人等译	0.75	文娱	51-6
第三集	[苏] M. 拉斯孟等编　郑硕人等译	0.60	文娱	51-9
第四集	[苏] 波加柯娃等编　郑硕人等译	0.65	文娱	51-12
第五集	[苏] 特·乌斯季诺娃等编　郑硕人等译	0.65	文娱	52-11
俄罗斯舞	[苏] 契尔内歇夫演出　波加柯娃等记录　顾乃晴译	0.18	文娱	51-7
乌克兰舞	[苏] 伊瓦尼欣演出　杰尼索夫记录　顾乃晴译	0.13	文娱	51-7
乌拉尔舞	[苏] 克尼雅捷娃演出　波加柯娃等记录　顾乃晴译	0.18	文娱	51-7
水手舞	[苏] 奥库聂娃编舞　郑硕人译	0.16	文娱	51-11
旋舞	[苏] 加里宁等编舞　郑硕人译	0.15	文娱	51-11
双人舞	[苏] 乌斯季诺娃等编　顾乃晴译	0.16	文娱	51-11
青年舞	[苏] 乌斯季诺娃演出记录　顾乃晴译	0.15	文娱	52-2
燕舞	[苏] 雅凯拉依季斯等记录　顾乃晴译	0.13	文娱	52-2
绸舞	[苏] 萨伊柯夫斯卡雅等编舞　郑硕人译	0.15	文娱	52-2
红海军舞	[苏] 康斯登基诺夫斯基等编舞　郑硕人译	0.15	文娱	52-6
溪村舞	[苏] 罗马多夫记录　顾乃晴译	0.16	文娱	52-6
乌兹别克舞	[苏] 伊斯拉莫娃等编舞　顾乃晴译	0.15	文娱	52-6
四方舞	[苏] 佛·杰尼索夫改编　顾乃晴译	0.18	文娱	52-11
农女舞	[苏] 兹·西淑年柯等编舞　顾乃晴译	0.13	文娱	52-11
俄罗斯男舞	[苏] 叶·戈里柯娃编　顾乃晴译	0.16	文娱	52-11
卡查赫舞	[苏] 波加柯娃编　顾乃晴译	0.15	文娱	53-5
六人舞	[苏] 波加柯娃编　顾乃晴译	0.15	文娱	53-5
苏联集体舞	[苏] 周位中编	0.28	文娱	53-4
晚会舞	[苏] 耳·波加柯娃记录　杨羽编译			
	第一集	0.26	文娱	52-7
	第二集	0.30	文娱	53-4
苏联舞蹈集	[苏] 耳·波加柯娃编　顾乃晴译	0.72	文娱	54-3

873　人民民主国家舞蹈

书名	著者	定价	出版者	出版时间
人民民主国家民间舞				
第一集	[苏] 叶. 马尔戈里斯编　杨羽译	0.30	文娱	52-8
第二集	[苏] 耳. 波加柯娃编　杨羽译	0.25	文娱	53-7
青春舞与桔梗舞	金元庆、顾也文编	0.58	文娱	54-7
匈牙利集体舞	菲也编	0.15	文娱	52-6
匈牙利国家人民文工团	顾也文编	0.28	文娱	53-3

[1955年]

107 舞 蹈

1071 中国舞蹈

云南花灯"十大姐" 中华人民共和国文化部艺术事业管理局 中国舞蹈艺术研究会编	0.16	中国青年	55-11
小车舞 中华人民共和国文化部艺术事业管理局 中国舞蹈艺术研究会	0.13	中国青年	55-12
锻炼小组舞 中华人民共和国文化部艺术事业管理局 中国舞蹈艺术研究会编	0.14	中国青年	55-12
大家跳 王克伟编	0.22	新知识	55-9
大家跳 大家跳编辑部			
第一本	0.25	文娱	55-6
第二本	0.18	文娱	55-11
集体舞集（群众艺术丛书之一）北京群众艺术馆筹备处编	0.14	北京大众	55-12
集体舞 王克伟编	0.15	上海文化	55-9
红绸舞 王克伟整理	0.17	上海大众	55-9
彝族舞 周整鸿编	0.47	文娱	55-9

1072 苏联及人民民主国家舞蹈

苏联歌舞艺术 ［苏］查哈罗夫等著 李士钊译 R. Zkharov. & etc.: To-day To-morrow of Soviet Ballet	0.84	文娱	55-6
舞剧·乌兰诺娃 ［苏］里沃夫-阿诺兴等著 吴钧燮、吴啓元译	0.46	文娱	55-2
喀山鞑靼舞 王克伟整理	0.12	上海文化	55-11

[1956年]

107 舞 蹈

1071 中国舞蹈

得奖集体舞选集（1956年全国青年集体舞创作比赛） 北京群众艺术馆编	0.15	中国青年	56-8
青年集体舞 陕西省团委宣传部编	0.12	陕西人民	56-6
丰富多彩的藏族歌舞 彦克著	0.28	长江文艺	56-9
大家跳（集体舞） 天津群众艺术馆编	0.08	天津人民	56-5
打蛊盘 邬美珍整理	0.09	上海文化	56-5
大家跳 上海文化出版社编			

（一）　　0.14　上海文化　56-7
（二）　　0.10　上海文化　56-8
（三）　　0.12　上海文化　56-10
（四）　　0.13　上海文化　56-12

锯缸（河北地方秧歌）（群众演唱材料）　中央群众艺术馆编　李澄改编记录　韩起和音乐整理　陈昔蔚插图　0.10　上海文化　56-12

挤奶员舞（群众演唱材料）　中央群众艺术馆编　高太编舞　郑剑华记录　0.10　上海文化　56-12

下乡访问（群众演唱材料）　中央群众艺术馆编　0.10　上海文化　56-12

十大姐（云南花灯）　田灵记录　以东插图　0.10　江西人民　56-1

放风筝舞　汤教敏、黎善鸣记录整理　0.10　江西人民　56-12

群众舞蹈材料　浙江群众艺术馆　0.12　浙江人民　56-5

湖北民间舞蹈集（湖北省 1955 年群众戏剧、音乐、舞蹈汇演节目选辑之二）　湖北省文联编　0.36　湖北人民　56-5

耍龙灯（舞蹈类）（农村俱乐部丛书）　何德柱、余国煜 收集加工　何德柱记录整理　0.09　四川人民　56-10

耍龙灯（农村俱乐部丛书）余国煜等搜集　余国煜记录整理　藉维章、苗明秀作曲　0.16　四川人民　56-12

狮子舞　叶银章记录　戴中绘图　0.12　上海文化　56-11

1072　苏联及人民民主国家舞蹈

俄罗斯民间舞蹈　［苏］特卡勤科编著　鲜继平等译　0.44　艺术　56-10

论民间舞蹈　［苏］莫伊塞耶夫等著　陈大维等译　0.55　艺术　56-11

现代青年舞　［苏］勒·波加特柯娃记录　许快雪译　0.29　上海文化　56-1

庆丰收舞　［苏］阿·格里泽等编舞　白燕编译　0.19　上海文化　56-1

晚会集体舞　［苏］波加特柯娃编舞　黄达编译　0.24　上海文化　56-2

［1957 年］

107　舞　蹈

舞蹈基础知识　吴晓邦　野峰绘图　0.22　工人　57-4

舞蹈丛刊　中国舞蹈艺术研究会编
第一辑　0.65　上海文化　57-5
第二辑　0.60　上海文化　57-6
第三辑　0.50　上海文化　57-10

1071　中国舞蹈

舞蹈选集(安徽省第一届民间音乐舞蹈会演)　安徽省群众艺术馆编　0.80　安徽人民　57-11

大家跳（第五本）　上海文化出版社编　0.13　上海文化　57-7

大家跳　陕西省群众艺术馆编　0.06　陕西人民　57-1

学生集体舞创作选　广州群众艺术馆编　0.11　广东人民　57-2

中国民间歌舞 中国舞蹈艺术研究会编 0.48 上海文化 57-10
哈萨克民间舞蹈 鲜继平等编 0.13 上海文化 57-12
红绸舞 金明编舞 刘海茹记录 0.18 上海文化 57-8
长绸舞 （飞天）中国舞蹈艺术研究会编 0.16 上海文化 57-9
捶布舞 杨万富、唐保义、冯秀昌创作 0.09 河北人民 57-12
节日欢乐舞 上海文化出版社编 0.16 上海文化 57-9
扦毡舞（群众演唱材料） 那仁路勒牧业生产合作社
业余舞蹈队编舞 蓝毅编曲 0.12 上海文化 57-10
抢手绢 予屯改编记录 陈昔蔚绘图 0.16 上海文化 57-10
阿细跳月（月亮舞） 梁伦改编 陆仲任编曲 0.16 上海文化 57-11
阿细跳乐（云南民族民间舞蹈之一）中国人民解放军零九二四部队文工团编舞
周凯记录 王挥春插图 0.17 云南人民 57-2
鄂尔多斯舞 中国舞蹈艺术研究会编 0.14 上海文化 57-6
文茶灯（民间歌舞）（湖南省1956年农村群众艺术观摩会演得奖节目）
湖南群众艺术馆主编 0.11 湖南人民 57-3
观花（民间歌舞）（湖南省1956年农村群众艺术观摩会演得奖节目）
湖南群众艺术馆主编 0.12 湖南人民 57-3
迎春（民间歌舞）（湖南省1956年农村群众艺术观摩会演得奖节目）
湖南群众艺术馆主编 0.12 湖南人民 57-3
接龙舞（民间舞蹈）（湖南省1956年农村群众艺术观摩会演得奖节目）
湖南群众艺术馆主编 0.11 湖南人民 57-3
伴嫁娘（民间歌舞）（湖南省1956年农村群众艺术观摩会演得奖节目）
湖南群众艺术馆主编 0.11 湖南人民 57-3
娶新娘（民间风俗歌舞）陈韫仪、梁伦编舞、戈阳作词
胡均改编 0.22 广东人民 57-8
扑蝶舞（东北民间舞蹈）赵宽仁作曲 北京群众艺术馆编 0.15 北京 57-3
扑蝶舞 祁门县厉口区渚口业余剧团等整理 0.06 安徽人民 57-1
友谊舞 中国舞蹈艺术研究会编 樊步义编曲 0.18 上海文化 57-3
拔萝卜 王连城编舞记录 王泽南编曲 0.22 上海文化 57-1
狐狸的小马驹（舞蹈剧） 袁春等改编 0.22 上海文化 57-5
东郭先生（古典舞蹈剧） 栗承廉编舞记录 0.24 上海文化 57-5

1072 苏联舞蹈

苏联民间舞蹈基本训练 （苏）T·特卡勤科编著 鲜继平等译
0.45 艺术 57-7
乌克兰、白俄罗斯民间舞蹈 （苏）T·特卡勤科编著 鲜继平等译
0.50 艺术 57-7
乌兹别克民间舞蹈 （苏）特·特卡勤科编著 鲜继平、韩绍淦译
0.28 上海文化 57-12
晚会集体舞（2） 黄达编译 0.15 上海文化 57-1

1073 社会主义阵营其他国家舞蹈

牧人舞（蒙古人民共和国舞蹈）周鹤亭记录 北京群众艺术馆编 野蜂插图
0.09 北京 57-3

［1958 年］

107 舞 蹈

舞蹈论文选 中国舞蹈艺术研究会编 0.50 上海文化 58-1
舞蹈讲座 孙景琛著 0.30 北京 58-1
舞蹈丛刊（第四辑） 中国舞蹈艺术研究会编 0.48 上海文化 58-2
群众艺术学习资料（3：怎样记录舞蹈）（草稿） 肖王编写 河南省群众艺术馆编 同编者 58-8

1071 中国舞蹈

大家跳 上海文化出版社编
第六本 0.15 上海文化 58-3
第七本 0.12 上海文化 58-6
第七本 0.17 上海文化 58-9
大跃进舞蹈集（浙江省文艺创作大跃进大会创作选）
浙江省文化局、浙江省文联编 0.08 东海文艺 58-5
跃进舞（舞蹈）（群众文艺创作丛书）重庆群众艺术馆编 0.09 重庆人民 58-9
快马加鞭（集体舞选） 上海实验歌剧院编 0.14 上海文化 58-8
节日集体舞 中国舞蹈艺术研究会编 0.13 上海文艺 58-9
扇舞 中国舞蹈艺术研究会编 0.18 上海文艺 58-10
火烧五气（舞蹈） 重庆群众艺术馆编 0.09 重庆人民 58-11
治山舞 于少兰编舞 郑声编曲 0.07 河南人民 58-10
什景汤（歌舞演唱） 王春元、王金陵作 0.10 宝应 58-9
识字牌舞 于少平、张凤铭编舞 张祖迪编曲 0.06 江西人民 58-11
欢呼总路线（舞蹈）（宣传总路线演唱材料） 金芝等著 0.02 安徽人民 58-6
蜡花舞 北京群众艺术馆编 0.07 北京 58-9
炸碉堡 白水编舞记录 李克瑜绘图 0.15 上海文化 58-5
踩姑娘 中央群众艺术馆编 0.13 上海文化 58-6
绣花舞 梁伦编舞 胡均编曲 李祥芳记录 赵善富绘图 0.16 上海文化 58-2
半边裙子 邵浪平、刘选亮编舞 陈元浦编曲 邢浪平记录 0.18 上海文化 58-2
花儿与少年 章民新编舞 吕冰曲 0.19 上海文化 58-4
剑舞 汪传铃等编舞 管荫深作曲 0.24 上海文化 58-4
花扇舞 何敏士编舞、记录 胡均作曲 岑毅鸣绘图 0.10 上海文化 58-7
踢球舞 丽水县文化馆整理 浙江群众艺术馆编 陈贯时绘图 0.16 上海文艺 58-12
游击队员之歌 吴晓邦原作 邢志汶改编 重庆群众艺术馆记录整理 0.08 重庆人民 58-7
献礼（舞蹈）（群众文艺创作丛书）重庆群众艺术馆编 0.09 重庆人民 58-9
拣棉花（歌舞）黑龙江省群众艺术馆编 0.07 黑龙江人民 58-7

围灯舞·莲花灯（河南省第三届民间音乐舞蹈观摩会演得奖节目 2）
河南省群众艺术馆编 0.12 河南人民 58-5
对花灯·板凳龙（河南省第三届民间音乐舞蹈观摩会演得奖节目 3）
河南省群众艺术馆编 0.10 河南人民 58-5
胶州秧歌 张朝群整理 田霞光作曲 0.34 山东人民 58-6
鼓子秧歌（附“长工与二姐”）（山东民间舞蹈）
山东省群众艺术馆编 0.24 山东人民 58-4
段龙（江苏民间舞蹈）中央群众艺术馆编 石昭则记录
章士礼编曲 郑左文整理 0.10 上海文化 58-5
茶花担江苏省群众艺术馆编 秦良初等整理阿壮绘图
0.15 上海文化 58-8
绣荷包（民间歌舞） 湖南群众艺术馆编 0.09 湖南人民 58-2
四季花儿开（民间歌舞） 湖南群众艺术馆编 0.09 湖南人民 58-2
赠金钗（民间歌舞） 湖南群众艺术馆编 0.10 湖南人民 58-2
广西民间舞蹈 广西壮族自治区群众艺术馆编 0.18 广西壮族人民58-4
石岩底下牡丹开（云南花灯舞蹈）云南省群众艺术馆编 0.10 云南人民 58-2
大茶山（云南花灯歌舞） 云南省花灯剧团改 0.20 上海文化 58-4
青春舞与桔梗舞（朝鲜舞） 金元庆指导 顾也文整理 0.34 上海文化 58-8
欢唱四十条（莲箫舞蹈）（活页文娱材料 9）
林肯词 林一曲 荫生编舞 0.08 四川人民 58-1

1072 苏联舞蹈

苏联舞蹈集 （苏）耳·波加柯娃编 思·拉柯娃插图 顾乃晴译
0.46 上海文化 58-8
格鲁吉亚民间舞蹈 （苏）特·特卡勤科编著 鲜继平、韩绍淦译
0.28 上海文化 58-2
阿塞拜疆、立陶宛民间舞蹈 （苏）特·特卡勤科编著 朱立人、韩绍淦译
0.38 上海文化 58-2
摩尔达维亚、拉脱维亚民间舞蹈 （苏）特·特卡勤科编著 鲜继平、朱立人译
0.36 上海文化 58-3
吉尔吉斯、塔吉克民间舞蹈 （苏）特·特卡勤科编著 韩绍淦、鲜继平译
0.34 上海文化 58-3
亚美尼亚民间舞蹈 （苏）特·特卡勤科编著 韩绍淦译 0.28 上海文化 58-7

［1959 年］

107 舞 蹈

舞蹈理论基本知识 山东省群众艺术馆编著 0.06 山东人民 59-12
舞蹈基本知识（工农实用戏剧歌舞知识丛书） 江西省群众艺术馆编写
0.14 江西人民 59-2
怎样排练舞蹈（俱乐部小丛书） 河北群众艺术馆舞蹈室编
0.05 河北人民 59-12
怎样排练和记录舞蹈 山东省群众艺术馆编写 0.08 山东人民 59-12

古典舞训练常识 王静野著作	0.14	上海文艺	59-7
集体舞 北京市劳动人民文化宫编	0.07	音乐	59-4
（增订本）	0.13	音乐	59-9
老俩口比干劲（群众舞蹈活动材料） 章民新编舞 小茹记录	0.09	音乐	59-12
食堂第一天（群众舞蹈活动材料） 湖北省昌黎县文工团集体创作 何孝欣记录	0.09	音乐	59-12
走马灯（群众舞蹈活动材料） 何壮荣编舞记录	0.12	音乐	59-12
全民皆兵（舞蹈） 白水、高明杰编舞 商易作曲	0.14	上海文艺	58-12
集体舞选 第1集 中国舞蹈艺术研究会编	0.08	上海文艺	59-1
第2集 北京群众艺术馆编	0.07	上海文艺	59-1
织网舞（1958年上海大中学生文艺创作会演一等奖） 上海青年宫编	0.08	上海文艺	59-1
去民校的路上（舞蹈） 舒巧编舞 商易作曲 戴中绘图	0.18	上海文艺	59-1
顶水姑娘（朝鲜族舞蹈） 吉林省群众艺术馆编	0.12	上海文艺	59-1
五千吨海轮乘风破浪（舞蹈） 上海青年宫画	0.07	上海文艺	59-1
建筑工人舞（表演舞） 上海学生课余艺术团	0.08	上海文艺	59-1
红五月集体舞 上海文艺出版社编	0.11	上海文艺	59-1
欢庆人民公社舞 邬美珍编舞 毛用坤绘图	0.10	上海文艺	59-4
运输线上的新兵（舞蹈）（1958年上海大中学生文艺创作会演一等奖） 上海青年宫 华东政法学院1958级同学集体创作 高明杰改编记录 杨德炜绘	0.18	上海文艺	59-6
国庆集体舞（1959年） 上海文艺出版社编	0.15	上海文艺	59-9
九莲灯 岳开铸整理记录 江文、杨扬改曲	0.15	上海文艺	59-10
筷子舞（蒙古舞）（1959年） 甘珠尔扎布、王宪忠改编 明太作曲 王宪忠记录 朱安科绘	0.15	上海文艺	59-12
花篮灯舞 薛肇南编舞 牟登岗改编	0.17	上海文艺	59-12
竞争者 北京群众艺术馆编	0.13	北京	
庆丰收舞 郭清等整理	0.14	保定人民	59-2
跃进歌舞（第1辑） 山西艺术学院舞蹈研究班集体创作	0.20	山西人民	59-6
集体舞选 长春市群众艺术馆编	0.10	吉林人民	59-11
在公园里（舞蹈） 济南市群众艺术馆编	0.11	济南人民	59-2
一把锄头（舞蹈） 济南市群众艺术馆编	0.12	济南人民	59-2
丰收舞（河南省现代剧目汇报演出剧本选集第2集） 河南省群众艺术馆编	0.11	河南人民	59-4
钢铁舞 河南省群众艺术馆编	0.10	河南人民	59-5
人民公社真正好（集体舞） 河南省群众艺术馆编	0.07	河南人民	59-8
踢毽子 天任编舞 熊伟插图	0.07	江西人民	59-5
广场邀请舞（大家跳1） 齐云编舞 范乃孝作曲 黄金华绘图	0.01	湖南人民	59-1
双人集体舞（大家跳2） 傅泽淳编舞 罗忠爰编曲 黄金华绘图	0.01	湖南人民	59-1
快乐的农民（集体舞）（大家跳3） 傅泽淳编舞 怡明编曲 黄金华绘图	0.01	湖南人民	59-1
欢快集体舞（大家跳4） 齐云编舞 张益华作曲 黄金华绘图	0.01	湖南人民	59-1

圆圈集体舞（大家跳 5）
　　傅泽淳编舞　罗忠爱编曲　黄金华绘图　　0.01　湖南人民　59-1
青年集体舞（大家跳 6）
　　齐云编舞　张益华作曲　黄金华绘图　　0.01　湖南人民　59-1
田间集体舞（大家跳 7）
　　齐云编舞、曲　黄金华绘图　　0.01　湖南人民　59-1
老鹰捉小鸡（儿童游戏舞）（大家跳 8）
　　傅泽淳编舞　怡明编曲　黄金华绘图　　0.01　湖南人民　59-1
愉快的劳动（集体舞）（大家跳 9）
　　傅泽淳编舞　怡明编曲　陈白一绘图　　0.01　湖南人民　59-1
花扇舞（歌舞）　刘齐云等编　　0.06　湖南人民　59-9
人民公社十支花（民间歌舞）
　　谷志壮、傅泽淳等编　　0.08　湖南人民　59-9
湘西民间舞蹈选　湘西土家族苗族自治州歌舞团编　　0.14　湖南人民　59-12
老少同欢（舞蹈）（群众演唱小丛书）
　　华南歌舞团编　　0.09　广东人民　59-12
欢乐的食堂（舞蹈）　何士敏编舞　何干选曲　　0.10　广州文化　59-3
摘杨桃（舞蹈）何士敏编舞　黎民作词
　　黎民、何干选曲　岑毅鸣插图　　0.11　广州文化　59-5
国庆圆舞（集体舞蹈集）（庆祝建国十周年文艺演唱材料）
　　广东省群众艺术馆编　　0.07　广州文化　59-9
欢乐的节日（集体舞）（庆祝建国十周年文艺演唱材料）
　　华南歌舞团编　　0.07　广州文化　59-9
社会主义好（集体舞）（庆祝建国十周年文艺演唱材料）
　　华南歌舞团编　　0.07　广州文化　59-9
缫丝五姐妹（舞蹈）（文娱演唱材料）
　　四川省群众艺术馆编　　0.06　四川人民　59-12
歌唱温水溪（舞蹈）（文娱演唱材料）
　　四川省群众艺术馆编　　0.04　四川人民　59-12
集体舞　重庆群众艺术馆编　　0.09　重庆人民　59-12

［1960 年］

舞　蹈

舞蹈基本知识　河南省群众艺术馆编　　31　河南人民　0.16
谈谈舞蹈艺术（业余舞蹈活动小丛书）
　　陕西省群众艺术馆编　　12　长安　0.08
舞蹈演员常识（业余舞蹈活动小丛书）　　10　长安　0.07
古典舞基本训练　山东省群众艺术馆编　　20　山东人民　0.12
内蒙古歌舞团舞蹈服装集（每套 24 张）
　　内蒙古自治区文化局编　　内蒙古人民　0.90
公社的早晨　上海群众艺术馆编　俞坤耀编舞
　　季桦整理记录　戴中绘　　33　上海文艺　0.16
茉莉花（河北民间歌舞）李澄、萧秀青改编

云翔编曲　潘家美绘图　李澄记录	31	上海文艺	0.24
红旗飘飘（集体舞）上海工人文化宫等编		上海文艺	0.06
跃进集体舞　上海文艺出版社编	22	上海文艺	0.13
渔民乐（舞蹈）　吕伦　陈旧作曲　林学夫、王福全绘	38	上海文艺	0.28
孔雀舞　金明编舞　罗忠镕编曲　金明、李淑子	44	上海文艺	0.56
绣球舞（舞蹈）　山东省群众艺术馆编	17	山东人民	0.13
鼓会（舞蹈）　山东省群众艺术馆编	21	山东人民	0.14
牵驴花鼓　中国音乐家协会江苏分会编		江苏人民	0.08
绣花舞　安庆市艺术专科学校制作	13	安徽人民	0.08
万年青（舞蹈）　太平县机关业余文工团创作 燕湖专区文工团整理、改编		安徽人民	0.08
大谷穗（舞蹈）（群众演唱小丛书）广东省群众艺术馆编	20	广东人民	0.08
抢扁担（舞蹈）（群众文艺创作丛书） 重庆建筑工程学院学生歌舞团创作　重庆群众艺术馆编	15	重庆人民	0.09

［1961 年］

舞　蹈

舞蹈散论　叶林著	74	上海文艺	0.46
洗衣舞（舞蹈）温州市洞头人民公社元觉大队业余文工团编舞 浙江群众艺术馆整理　杨羽、宋正谋绘图	16	上海文艺	0.13
土库曼、爱沙尼亚、卡累利民间舞蹈［苏］特·特卡勤科著 朱立人、杨修兰译　中国舞蹈艺术研究会编	73	上海文艺	0.48
业余舞蹈基本训练　中国舞蹈工作者协会编 “舞蹈”编辑部集体讨论　张世令编写　野蜂绘图	121	上海文艺	0.70
1960 年全国职工文艺会演舞蹈选　上海文艺出版社编	131	上海文艺	0.84
红色保钢宣传队（舞蹈）（群众文艺创作丛书）	21	重庆人民	0.12
闹元宵（舞蹈）（文娱演唱材料） 四川省文学艺术工作者联合会等合编	11	四川人民	0.04
下乡裁衣（舞蹈）（文娱演唱材料） 四川省文学艺术工作者联合会等合编	10	四川人民	0.04
苍山脚下红旗飘（白族歌舞）　大理州代表队创作		云南人民	0.07
云南花灯舞蹈基训教材　云南省文化艺术干部学校编	31	云南人民	0.15

［1962 年］

舞　蹈

花伞舞（群众舞蹈活动材料）　中国舞蹈艺术研究会编　河南省民间歌舞团舞蹈队收集改编　音乐出版社出版　32 开，0.07 元

打靶（群众舞蹈活动材料）　中国舞蹈艺术研究会编

音乐出版社出版　32 开　0.09 元

快乐的罗苏（群众舞蹈活动材料）　中国舞蹈艺术研究会编　32 开　0.08 元

走雨　陈金标、孙培德编舞　宋英、仁川编曲　孙培德记录　李天心、倪耀福绘图　上海文艺出版社出版　32 开，34 千字，0.30 元

倒花篮（民间舞蹈）李惠珍记录整理　江苏人民出版社出版　36 开，9 千字，0.06 元

披毡献给毛主席（舞蹈集）（汉文版）四川省歌舞团编　四川民族出版社出版　大 32 开，53 千字，0.38 元

[1963 年]

舞蹈、舞剧

跃进舞（舞蹈）（第 2 版）（群众文艺创作丛书）叶祖润等编舞　陆志富、吴京姑记录　郭蔓锄插图　重庆群众艺术馆编　重庆人民出版社出版　32 开，12 千字，0.08 元

万盏红灯（花灯歌舞）（文娱演唱材料）（第 2 版）昆明市职工业余会演代表队编　云南人民出版社出版　50 开，13 千字，0.08 元

花鼓灯　顾群、马振铨绘图　安徽人民出版社出版　32 开，68 千字，0.32 元

五朵红云（四幕七场舞剧）中国人民解放军战士歌舞团编　上海文艺出版社出版　20 开，1.25 元

不朽的战士（独幕舞剧）中国人民解放军总政治部文工团歌舞团编　上海文艺出版社出版　28 开，103 千字 0.76 元

柴可夫斯基的舞剧（苏）Л·瑞托米尔斯基著 高士彦、刘梦耋译　音乐出版社出版　大 32 开，76 千字，0.76 元

（以上三本书另在“文学”类互见。）

[1964 年]

舞蹈、舞剧

草笠舞　广东民族歌舞团编　陈翘编舞、记录　李超然作曲　张羽绘图　上海文化出版社出版　32 开，24 千字，0.18 元

六样机（表演唱）（群众歌舞）上海群众艺术馆编　陈树忠填词　许起根编曲　珊瑚动作设计　戴中插图　上海文化出版社出版　大 64 开，11 千字，0.07 元

公社好姑娘（歌舞）（群众歌舞）　周国平等编舞　梁秀玉记录　乐小英、王锡琦绘图　上海文化出版社出版　大 64 开。12 千字，0.08 元

渔民号子（表演舞）（群众舞蹈）凌纪昌等集体创作　田见编曲　李季桦、赵希京整理记录　上海文化出版社出版　大 32 开，10 千字，0.11 元

纳鞋底（女声表演唱）（群众歌舞）毛迅词曲　王熙动作设计　金国华记录　上海文化出版社出版　大 32 开，10 千字，0.07 元

看庄稼（舞蹈）丽隆英等编舞　郭岚作词　于仲德作曲　山东人民出版社出版　32 开，0.17 元

古典芭蕾双人舞教学选（中等舞蹈学校教材）

北京舞蹈学校芭蕾教研组讨论　刘庆棠等执笔　陈伦摄影
上海文化出版社出版　大32开，92千字，0.68元

[1965年]

舞蹈、舞剧

我们走在大路上（集体舞）（群众歌舞）
上海文化出版社编辑、出版　大64开，6千字，0.05元

丰收舞　中国舞蹈工作者协会编　全国少数民族群众业余艺术观摩演出会
西藏代表团创作　梅庆东、罗丁记录　野蜂绘图
上海文化出版社出版　32开，24千字，0.18元

在果园里（舞蹈）中国舞蹈工作者协会编　董华、王英力编舞　王元记录
钟锵作词　白杰作曲　李克瑜绘图
上海文化出版社出版　32开，31千字，0.19元

读报组老人们（舞蹈）中国舞蹈工作者协会编　和龙县东城人民公社琵岩大队
俱乐部集体创作　马文浩整理　金声民编曲　马文浩、任工记录　野蜂绘图
上海文化出版社出版　32开，0.2.元

向阳花（舞蹈）（演唱材料）邢志汶、吕佩芬编舞　郭凌生编曲
吕佩芬整理　钱来忠绘图　四川人民出版社出版　50开，19千字，0.10元

内蒙古舞蹈选集（1）内蒙古民间艺术研究室编
内蒙古人民出版社出版　大32开，0.90元

板车号子　中国舞蹈工作者协会编　袁运才等原作　沈定上等改编
龙永良配伴奏　林堃记录　野蜂绘图
上海文化出版社出版　32开，25千字，0.02元

装卸号子（歌舞）（群众歌舞）中国舞蹈工作者协会编
衡阳铁路车站装卸工人集体创作　怡明记录　刘霁云记录　野蜂绘图
上海文化出版社出版　大64开，9千字，0.09元

洗衣歌　中国舞蹈工作者协会编　李俊琛编舞、记录　罗念一等作词
罗念一作曲　野蜂绘图　上海文化出版社出版　32开，38千字，0.24元

丰收歌（歌舞）中国舞蹈工作者协会编 黄素嘉、李玉兰编舞、记录
黄素嘉作词　朱南溪、张慕鲁作曲　董啸、野蜂绘图
上海文化出版社出版　32开，33千字，0.24元

草原小姐妹（儿童歌舞）杨书明编舞　邵紫绶作曲　李克瑜绘图
上海文化出版社出版　32开，25千字，0.15元
公社一少年（舞蹈）（演唱作品丛书）何仕荣编导　宗江作曲
广东人民出版社出版　32开，17千字，0.08元

[1966-1969年]

舞　蹈

毛主席的光辉（集体舞第一集）（其中演唱丛刊）北京市劳动人民文化宫编
北京出版社出版　1966.4　16开　0.15元

毛主席的战士最听党的话（集体舞第二集）（群众演唱丛刊）
北京市劳动人民文化宫编　北京出版社出版　1966.4　14千字　大64开　0.07元
毛泽东思想照耀着舞剧革命的胜利前程　排演革命现代舞剧《红色娘子军》的一些体会（造反文选1970年第77号）中国舞剧团编写
上海市革命出版组出版　1970.7　32开　0.03元
革命现代芭蕾舞剧《白毛女》　上海市舞蹈学校集体创作
北京出版社编辑、出版　1967.8　32开　0.22元
革命现代芭蕾舞剧《红色娘子军》　工农兵芭蕾舞剧团集体创作
北京出版社编辑、出版　1967.8　32开　0.18元
集体舞选　中国舞蹈工作者协会编
音乐出版社出版　1966.4　10千字　32开　0.11元

[1970年]

舞　蹈

革命现代舞剧《红色娘子军》（1970年5月演出本）　中国舞剧团集体改编
人民出版社出版　1970.8　大32开　甲种本　0.55元　乙种本0.25元
革命现代舞剧《红色娘子军》（主旋律乐谱）（1970年5月演出本）
中国舞剧团集体改编　人民出版社出版　1970.9　大32开　0.35元
革命现代舞剧《红色娘子军》（1970年5月演出本）（综合本）
中国舞剧团集体改编　人民出版社出版　1970.9　大32开　精装4.00元
（本书包括剧本、剧照、舞蹈场记、舞台、美术四个部分。）
革命现代舞剧《红色娘子军》（总谱）（1970年5月演出本）
中国舞剧团集体改编及演出　人民出版社出版　1970.12　大16开　平装　5.00元
1970.11　8开　精装　19.00元
革命现代舞剧《红色娘子军》（1970年5月演出本）
（《造反文选》1970年特辑（38）中国舞剧团集体改编
上海市出版革命组出版　1970.8　32开　0.12元
革命现代舞剧《红色娘子军》（1970年5月演出本）
中国舞剧团集体改编　辽宁省新华书店出版　1970.8　32开　0.13元
革命现代舞剧《红色娘子军》（1970年5月演出本）
中国舞剧团集体改编　江苏省革命委员会出版发行局出版　1970.8　40开　0.20元
革命现代舞剧《红色娘子军》（1970年5月演出本）
中国舞剧团集体改编　安徽省革命委员会出版发行局出版　1970.11　40开　0.15元

[1971年]

无舞蹈书目

[1972年]

舞　蹈

革命现代舞剧

革命现代舞剧《白毛女》（总谱）上海市舞蹈学校集体改编
　　上海人民出版社　1972.6　8开　精装　17.00元
革命现代舞剧《红色娘子军》中国舞剧团集体改编
　　外文出版社出版　朝鲜文版　1972　18开　精装　2.00元
　　英文版　1972　18开　精装　2.60元　平装　1.70元

[1973年]

舞蹈、舞剧

革命现代舞剧《红色娘子军》中国舞剧图集体改编　外文出版社出版
　　越南文版　1973　18开　平装　1.00元
　　法文版　1973　18开　精装　2.60元　平装　1.70元
鱼水情（小舞剧）　汪兆雄、力凯丰编舞　夏康、袁至刚作曲　焦乃积作词
　　人民文学出版社出版　1973.11　16开　0.35元
草原女民兵（舞蹈）　伯 寿、文 绾 、文英编舞
　　竹林、韧敏作曲　韧敏作词　人民文学出版社出版　1973.11　16开　0.25元
　　喜晒战备粮（舞蹈）　北京大兴县业余文艺宣传队创作
　　人民文学出版社出版　1973.9　16开　0.17元
雪里送碳（舞蹈）　汪兆雄、张文华编舞　史生保、夏康作曲
　　焦乃积、刘钦明作词　人民文学出版社出版　1973.9　16开　0.17元
纺织女工（舞蹈）北京维尼纶厂业余宣传队创作
　　人民文学出版社出版　1973.11　16开　0.06元
汽车司机见到了毛主席（男声表演唱）（工农兵歌舞）
　　上海电机厂工人业余文艺宣传队创作　上海市革命群众文艺小组编
　　上海人民出版社出版　1973.3　32开　0.06元
我家女子民兵班（女声表演唱）（工农兵歌舞）
　　上海市前进农场文艺宣传队编舞　中国人民解放军6386部队业余宣传队词
　　上海市新海、前进农场文艺宣传队曲　上海市革命群众文艺小组编
　　上海人民出版社出版　1973.5　32开　0.12元
战“三秋”（工农兵歌舞）
　　上海市东风农场业余文艺宣传队创作　上海市革命群众文艺小组编
　　上海人民出版社出版　1973.7　32开　0.13元

[1974年]

舞　蹈

送粮路上（舞蹈）中央民族学院艺术系创作组创作　李克瑜、陈玉先插图
人民文学出版社出版　1974.3　16开　0.23元
行军路上（舞蹈）文缩、小舟编舞　王竹林作曲　洪源作词
人民文学出版社出版　1974.1　32开　0.14元
抗旱歌（小舞蹈）
朝阳区业余文艺创作学习班作词编舞　朝阳区文化馆刘瑞瀛作曲
北京人民文学出版社出版　1974.6　32开　0.08元
妇女能顶半边天（舞蹈）（工农兵演唱）东台县文工团创作
江苏人民出版社出版　1974.12　32开　0.08元
胶林晨曲（舞蹈）广东省歌舞团编
广大人民出版社出版　1974.1　32开　0.20元

[1975年]

舞　蹈

起重工（表演唱）（工农兵歌舞）　上海锅炉厂文艺宣传队编
上海人民出版社出版　1975.12　32开　0.12元
山花赞（云南花灯歌舞）（演出本）
云南省花灯剧团《山花赞》创作组剧团创作
于丁执笔　傅晓编曲　旃珠等编舞
云南人民出版社出版　1975.4　32开　0.13元
少年儿童集体舞选　上海人民出版社编　胡振钰、邢国利等绘图
上海人民出版社出版　1975.7　大64开　0.08元

[1976年]

舞　蹈

儿童歌舞创作浅谈　上海市师范学校教材编写组编　戴铁郎绘画
上海人民出版社出版　1976.2　32开　0.20元
蒙古族舞蹈基本训练赵淑霞、斯琴高娃记录整理　舒仁托娅等绘图
内蒙古人民出版社出版　1976.1　32开　0.16元
拉木歌（舞蹈）广西壮族自治区歌舞团《拉木歌》创作小组编舞
朱诵邠作曲　古笛作词
人民音乐出版社出版　1976.3　16开　0.20元
过磅（表演唱）（工农兵歌舞）　上海市新海弄潮业余文艺宣传队创作

上海人民出版社出版　1976.9　32开　0.10元

台湾同胞我的骨肉兄弟（双人舞）（工农兵歌舞）
上海港驳船运输公司业余文艺宣传队编舞　业余美术组绘图
上海人民出版社出版　1976.7　大64开　0.11元

妈妈就要来了（舞蹈）
潘运云、刘湘陵编舞　鼓幼卿、白诚仁编曲　李惠玲插图
湖南人民出版社出版　1976.11　16开　0.17元

阿妹上大学（舞蹈）湖南郴州地区歌舞剧团　荣培羽、邹影焰创作
湖南省歌舞团改编　洪兴文整理　白诚仁、黄忠山编曲　李慧玲、王培森插图
湖南人民出版社出版　1976.5　16开　0.33元

鱼水情深（舞蹈）（群众演唱之十六）（红河州一九七五年文艺会演节目选）
河口瑶族自治县文艺宣传队集体创作
李一萍执笔 廖以信作曲 李一萍等编舞
云南人民出版社出版　1976.12　64开　0.09元

[1977年]

舞　蹈

支农船歌（舞蹈）武汉歌舞剧院《支农船歌》创作组编舞　张宏作曲　王光复插图
何大彬整理　北京　人民音乐出版社　1977.8　43页　16开　0.27元

公社女民兵（舞蹈）黑龙江省歌舞团创作、演出　古经南 、张正豪编舞　高扬作曲
田维忠作词　胡连江插图　北京　人民音乐出版社　1977.8　36页　16开　0.23元

金色种子（舞蹈）吉林省吉林市歌舞团创作、演出　谢谢编导　路逵震、孙文煜作曲
刘昌胜、陈受谦作词　胡连江插图
北京人民出版社　1977.8　43页　16开　0.27元

女锻工（舞蹈）（工农兵歌舞）
上海市群众业余文艺会演办公室编 上海锅炉厂业余文艺宣传队创作上海人民出版社
1977.8　36页　32开　0.10元

纺织机旁炼红心（舞蹈）（工农兵歌舞）
上海市文化局群众文艺组编
上海第二十二棉纺织厂业余文艺宣传队创作
上海人民出版社出版　1977.5　57页　32开　0.14元

我为贫下中农背药箱（女声表演唱）（工农兵歌舞）上海市川沙县江镇公社业余
文艺宣传队创作　张培椿绘图　上海人民出版社　1977.7　23页　32开　0.08元

台湾同胞我的骨肉兄弟（独舞）（看图学舞）上海第二十五棉纺织长编
郭子徽编舞　胡若军绘图　上海人民出版社　1977.10　57页　大64开　0.09元

老矿工登讲台（独舞）山东省淄博市文工团创作　孙波等编舞
庞宝龙记录　吴振强绘图　上海人民出版社　1977.6　50页　32开　0.14元

我爱这一行（独舞）吉林省歌舞团创作　姚崇林、张松年编舞　肖克诚绘图
上海人民出版社　1977.9　71页　32开　0.17元

养猪姑娘（独舞）吉林省延边朝鲜族自治州歌舞团创作　崔玉珠编舞　崔兴锡译
上海人民出版社　1977.10　56页　32开　0.16元

聋哑妹上学了（双人舞）贵州铜仁地区文艺工作团集体创作　罗丽丽、刘芳芳执行编导
邓祖纯词曲　罗丽丽、高维廉整理　巫子强、饶湘平插图

北京　人民音乐出版社　1977.8　38页　16开　0.23元

火车飞来大凉山（三人舞）

四川省歌舞团创作、演出　冷茂弘编导　张正平作曲
李刚夫作词　高建瑜、陈沐光插图
北京　人民音乐出版社　1977.10　37页　16开　0.23元

永不下岗（三人舞）

兰州部队政治部歌舞团创作　毕永钦等编舞　茅迪芳记录　马明扬等绘图
上海人民出版社　1977.6　92页　32开　0.21元

军鞋曲（三人舞）

江西省井冈山地区文艺工作团创作　耿迪群、耿阳维德编舞　刘燕奇绘图
上海人民出版社　1977.6　54页　32开　0.15元

烽火红缨（小舞剧）湖南郴州地区歌舞剧团　荣培羽、邹影焰编舞
赵建民　夏俊发编曲　李惠玲插图
长沙　湖南人民出版社　1977.3　70页　16开　0.32元

怎样记和看舞蹈场记　文化部文学艺术研究所编
上海人民出版社　1977.7　58页　32开　0.14元

[1978年]

舞　蹈

广西舞蹈选　广西壮族自治区文化局编　上海文艺出版社
1978.11　346页　32开　0.94元

水乡送粮（舞蹈）　南京部队政治部歌舞团创作、演出
黄素嘉编导　陶思耀、张慕鲁作曲　黄素嘉、崔树杨作词　王克修绘动作图
北京　人民音乐出版社　1978.9　52页　16开　0.30元

《农业学大寨》舞蹈选集（农村文艺演唱丛书）魏在云、杨西衡插图
张正豪、李更新协助整理　北京　人民音乐出版社　1978.1　65页　32开　0.16元

交城山（集体舞选）　上海文艺出版社　1978.8　48页　32开　0.15元

抢扁担（舞蹈）（工农兵歌舞）

上海市新海农场业余文艺宣传队创作
上海文艺出版社　1978.3　50页　32开　0.13元

艰苦岁月（舞蹈）　中国人民解放军广州部队歌舞团创作、演出
彦克、周方作曲　林春华插图
北京　人民音乐出版社　1978.9　33页　16开　0.20元

美好的心愿（舞蹈）　成都军区政治部歌舞团创作、演出
罗俊生编导　匀平、胡胆作曲　马诚、杨雅都作词　李志良舞蹈插图
北京　人民音乐出版社　1978.10　48页　16开　0.24元

做军鞋（舞蹈）　山东省歌舞团舞蹈编导组集体创作　许家祥导演　赵河作曲　方平作词
北京　人民音乐出版社　1978.9　54页　16开　0.25元

喜送粮（舞蹈）　海南歌舞团创作、演出　陈翘等编舞　陈元浦编曲　陈德英作词
陈创舞蹈插图　北京　人民音乐出版社　1978.9　54页　16开　0.26元

格斗（双人舞）　福州部队政治部歌舞团创作、演出　周少三、李华编导　葛礼道等作曲

黄权山等插图　北京　人民音乐出版社　1978.2　39页　16开　0.25元

伟大战士（双人舞）　沈阳部队政治部歌舞团创作、演出
李秋汉等编导　石铁源、宋正为作曲
北京　人民音乐出版社　1978.8　23页　16开　0.18元

风雪采油工（双人舞）
中国煤矿文工团歌舞团创作、演出　胡葆琳、周明祖编舞　郭一、蒋　衍作曲
周明祖作词　张继国插图　北京　人民音乐出版社 1978.9　30页　16开　0.20元

幸福光（彝族双人舞）
成都市歌舞团创作　吴显德、李斌英编舞上海文艺出版 1978.9　30页32开0.22元

金凤花开（小舞蹈）
中国人民解放军广州部队歌舞团创作　林春华绘图　王志渊、陈俞中摄影
上海文艺出版社　1978.5　32页　32开　0.30元

夜练（小舞剧）
中国人民解放军广州部队歌舞团创作　林春华绘图　陈俞中摄影
上海文艺出版社　1978.5　72页　32开　0.22元

我为祖国采油忙（独舞）
天津市歌舞团创作　吴玉琴等编舞　郑磊、吴玉琴绘图
上海文艺出版社　1978.1　62页　32开　0.18元

［1979年］

舞　蹈

青年集体舞　显德编舞　宗凡作曲　成都　四川人民出版社
1979.6　25页　32开　0.09元

红云（舞蹈）　中央民族歌舞团创作、演出
许明月等编舞　张一骥、田联韬作曲　张苛作词
赵志田舞蹈插图　北京　人民音乐出版社　1979.6　50页　16开　0.31元

幸福水（畲族歌舞）
浙江省歌舞团创作、演出　孙红木编导、作词　葛顺中作曲　沈铣绘动作图
北京　人民音乐出版社　1979.3　53页　16开　0.30元

地花鼓（湖南民间舞蹈）
傅泽淳编著　黄铁山、萧洁然绘图　上海文艺出版社
1979.4　99页　32开　0.27元

湖南地花鼓　傅泽淳编著
长沙　湖南人民出版社　1979.10　98页　32开　0.21元
（本书1961年12月第1版，书名《湖南地花鼓、花灯》，这次出版增加了“花扇”部分并改为现名。）

［1980年］

舞　蹈

中国古代舞蹈史话（舞蹈知识丛书）　王克芬编著

北京　人民音乐出版社　1980.1　94页　16开 0.46元

常用舞蹈动作选（舞蹈知识丛书）　人民音乐出版社舞蹈组编
孙光言等编写　吴曼茵绘图
北京　人民音乐出版社　1980.8　71页　大32开　0.22元

朝鲜族舞蹈基本动作　朴容媛编著　崔虎旭、朴容媛修订　李延存译　薄金海插图
延吉　延边人民出版社　1980.2　52页　16开　0.42元

山东民间舞选介　刘志军、周　冰编　野　蜂、胡连江绘图
上海文艺出版社　1980.9　111页　32开　0.45元

舞蹈基本训练　顾以庄等编　胡连江绘图
上海文艺出版社　1980.2　214页　32开　0.64元

唐代舞蹈　欧阳予倩主编　上海文艺出版社　1980.8　182页　大32开　0.83元

丝路花雨（舞剧）　中华人民共和国文化部献礼演出办公室主编
甘肃省歌舞团《丝路花雨》创作组编剧　赵之洵执笔
兰州　甘肃人民出版社　1980.11　136页　大32开　1.25元

丝路花雨　甘肃省歌舞团《丝路花雨》创作组集体编剧　赵之洵执笔　吕振模等摄影
南京　江苏人民出版社　1980.8　53页　24开　1.40元

花鼓灯（安徽民间舞蹈）　安徽省文化局花鼓灯研究班编　刘筱元、张　林绘图
上海文艺出版社　1980.8　304页　32开　0.81元

战马嘶鸣（舞蹈）　中国人民解放军总政歌舞团创作
蒋华轩等编舞　上海文艺出版社　1980.1　80页　32开　0.38元

葡萄架下（舞蹈）　中国人民解放军乌鲁木齐部队歌舞团创作
房进激等编导　段若玉等编舞　杨祖荃整理
上海文艺出版社　1980.12　85页　32开　0.26元

[1981年]

舞　蹈

编舞漫谈（群众文艺辅导丛书）　李炽强著　浙江人民出版社
1981.9　110页　32开 0.30元

舞蹈解剖学初探一谈舞蹈的科学训练
王维刚编著　北京　人民音乐出版社　1981.7　77页　大32开　0.39元

舞蹈艺术（丛刊）（1981年第1期<总第3期>）
中国艺术研究院舞蹈研究所编　吴晓邦主编
北京　文化艺术出版社　1981.10　178页　大32开　0.70元

敦煌舞姿　吴曼英等著　上海文艺出版社　1981.4　163页　32开　0.55元

汉族民间舞蹈介绍（一）（舞蹈知识丛书）　人民音乐出版社编辑部舞蹈组编　刘恩伯等编写
北京人民音乐出版社　1981.5　110页　大32开　0.56元

东北大秧歌（辽宁民间舞蹈）
李瑞林、战肃容编著　上海文艺出版社　1981.5　174页　32开　0.47元

傣族舞蹈（云南民族民间舞蹈资料）
刘金吾等整理　昆明云南人民出版社　1981.1　23　1页　大3　2开　0.72元

维吾尔族民间舞蹈
李才秀等编著　野烽绘图　上海文艺出版社　1981.12　97页3　2开0.3　1元

中国舞蹈艺术
中国舞蹈工作者协会编　刘恩伯撰文上海文艺出版社　1981.3　114页　12开 14.00元

[1982年]

舞　蹈

中国历代舞姿　孙景琛、吴曼英编
上海文艺出版社　1982.11　156页　32开　0.56元
本书按先秦、秦汉、魏晋南北朝、隋唐五代、宋元明清五个时期，采集历代舞蹈姿态汇集成册，简要阐述了我国古代舞蹈的源流、演变和发展。

花仙——卓瓦桑姆（藏族神话舞剧）
成都　四川人民出版社　1982.10　97页 32开　1.00元
【舞剧《花仙一卓瓦桑姆》通过国王呷拉旺布与仙女卓瓦桑姆的爱悄故事，展现了生活中善与恶，美与丑的矛盾冲突；赞美纯洁、善良、勇敢的仙女与国王，鞭挞了灵魂丑怒的妖妃，深刻揭示了“正义战胜邪恶”的主题思想。书中还收有对该剧的评论文章14篇。】

芭蕾简史　（美）理查·克劳斯著　郭明达译
上海文艺出版社　1982.6　92页　32开　0.33元
【本书对芭蕾是怎样开成的，为什么用足尖跳舞，早期宫廷芭蕾的盛况和浪漫主义芭蕾风靡欧美大陆的情景，芭蕾的革新和发展，现代芭蕾的产生，各个时期的主要芭蕾大师和舞蹈演员，均作了简明的介绍。】

常用舞蹈动作选　人民音乐出版社舞蹈组编　孙光言等编写
北京　人民音乐出版社 1982.9　77页　大32开　0.34元　（舞蹈知识丛书）
【本书1980年8月第1版，本版是第2版。】

新舞蹈艺术概论　吴晓邦著
北京　中国戏剧出版社 1982.11　288页　大32开　精　1.85元　平　0.89元
【本书除绪论外共八章。舞蹈和姊妹艺术的关系，舞蹈的三大要素；舞蹈美和舞蹈思想，呼吸、动作、想象；论发展舞蹈的创造性；现代舞蹈的基本技术和理论；组织创作实习课的经验；中国舞蹈发展史纲。】

舞蹈艺术丛刊（第四辑）
中国艺术研究院舞蹈研究所编辑　北京文化艺术出版社　1982.5　282页　大32开　0.95元
【本辑为“中国古代舞蹈史”资料专辑。】

舞蹈动作选　《舞蹈动作选》编写组编　郑磊等绘图
上海文艺出版社　1982.10　103页　32开　0.33元
【本书是学习舞蹈的入门书，讲解舞蹈的基本知识、常用动作和舞姿造型，介绍基本动作组合、常用道具动作组台和表演舞蹈组合。并有图文对照示意图200余幅。】

舞蹈和舞剧书信集　（法）若望一乔治·诺维尔著　管震湖、李胥森译

上海：艾艺出版社　1982. 5　184 页　32 开　0. 66 元

【本书是法国著名舞蹈家、艺术理论家诺维尔（Norerre，J-G.）以书信形式写的论文集，集中了他的美学理论、文艺理论和舞蹈理论见解。该书对十七、十八世纪的芭蕾舞剧曾产生过巨大影响，直至今天仍被视为重要著作。】

舞蹈的排练与表演　李开方编写

石家庄　花山文艺出版社　1982. 3　52 页 32 开　0. 18 元

（群众文艺辅导丛书）

魏蹈家陈爱蓬　上海文艺出版社编

上海文艺出版社　1982. 2　12 页　36 开　0. 35 元

【本书以图为主，着重介绍陈爱莲的舞蹈剧照，共 21 幅。书中还有短文 3 篇，介绍她从一个孤儿成为一个出色的并蹈家的艺术生涯。】

冀东地秧歌　徐宝山等墒写

北京　人民音乐出版社　1982. 111　103 页　大 32 开　0. 45 元

（中国传统秧歌舞蹈选）

【地秧歌因舞蹈“跑驴”而闻名于国内外。此书概述了冀东地秧歌的源、流、形式、特点；介绍了地秧歌队走街串巷和在广场表演的传统演出方式，对其行当——如丑、老抏（老太婆）、公子等舞蹈动作、组合、地秧歌的音乐及著名艺人等也都有详尽介绍。】

［1983 年］

舞　蹈

中国古代舞蹈家的故事　人民音乐出版社舞蹈组编　王克芬等撰写

北京　人民音乐出版社　1983. 6　139 页　大 32 开　0. 54 元（舞蹈知识丛书）

【本书收集中国古代舞蹈家故事共 23 篇，此外还收进了清代末年（1840 年后）的《清廷舞蹈家裕容令》一文。】

中国舞蹈史（先秦部分）　孙璟琛著

北京　文化艺术出版社　1983. 10　158 页　大 32 开　0. 70 元

中国舞蹈史话　常任侠编著

上海文艺出版社　1983. 10　115 页　有图　简精装　1. 35 元　平装 1. 25 元

【本书从原始古代以至近代，就每一时代，专文重点介绍具有代表性的舞蹈。书中着重在民间的舞蹈艺术的发展作了详细阐述。】

山东鼓子秧歌（中国传统秧歌舞蹈选）　张浔、刘志军编写

北京　人民音乐出版社　1983. 9　79 页　大 32 开　0. 44 元

（中国传统秧歌舞蹈选）

【本书介绍了“鼓子秧歌”的流传、演变、民间传统的演出形式；以及各种“行当”——伞、鼓、棒、花的舞蹈动作和风格、动律等；特别对多至数百人的大型表演——“跑场子”的方法、阵式、图案等都做了详尽阐述。】

可爱的熊猫——表演舞蹈集 陈鞠娟著

上海 少年儿童出版社 1983.5 234页 32开 0.49元 （少先队活动丛书）

【本书共汇编了15个儿童舞蹈】

怎样记录舞蹈 刘海茹著 《中国民族民间舞蹈集成》编辑部编

北京 文化艺术出版社 1983.11 71页 32开 0.33元

【本书全面地介绍了用文字并配以曲谱、场注图、动作图记录方法。全书分六个部分，详细具体地说明了怎样记录舞蹈的内容及历史沿革、舞蹈音乐、基本功作、舞蹈场记、舞台美术及绘制舞蹈动作图的要求，并附有实例。】

跳吧！小伙伴 上海文艺出饭社编

上海文艺出版社 1983.9 155页 16开 0.83元

【本书选编了集阵舞9个，表演舞9个。大部分是选自上海市小孔雀歌舞节会演中的优秀节目。】

新花朵朵（儿童歌舞专辑） 北京群众艺术馆编

北京文化艺术出版社 1983.6 111页 32开 0.42元

【本书选辑了1981年在北京市举行的群众舞蹈调演中荣获创作奖和演出奖的四个儿童歌舞节目。】

舞蹈艺术（丛刊）（第5辑） 中国艺术研究院舞蹈研究所编辑

北京 文化艺术出版社 1983.6 231页大32开 0.85元

黎锦晖儿童歌舞剧选 黎锦晖曲 人民音乐出版社辅辑部编

北京 人民音乐出版社 1983.8 60页 16开 0.46元

【本出选编了黎锦晖的三部儿童歌舞剧的代麦作；《麻雀与小孩》、《三只蝴蝶》和《小小画家》。】

［1984年］

舞 蹈

二人台舞蹈 杜荣芳编著

北京 人民音乐出版社 1984.6 159页 大32开 0.83元

（中国传统民间舞蹈选）

儿童集体舞选 上海文艺出版社编

上海文艺出版社 1984.12 62页16开 0.47元

儿童集体舞选 云南省少年儿童文化艺术委员会编

昆明 云南人民出版社 1984.2 48页 32开 0.18元

中小学生舞蹈基本训练 王俭编

兰州 甘肃人民出版社 1984.3 105页 32开 0.30元

【本书根据中小学生的年龄和身体特点，比较系统而又循序渐进地编写了各种舞蹈

的基本动作和组合训练】

中国舞蹈史（宋、辽、金、西夏、元部分）　董锡玖著
北京　文化艺术出版社　1984.6　145 页　大 32 开　0.68 元

中国舞蹈史（明、清部分）王克芬著
北京　文化艺术出版社　1984.8　203 页　大 32 开　0.90 元

东方歌舞话芳菲　蒋士枚、于海燕著
北京　知识出版社　1984.7　199 页　32 开　0.67 元
【本书论述了日本、印度、巴基斯坦、墨西哥等 11 个国家的歌舞艺术。】

芭蕾术语手册　朱立人译编
上海文艺出版社　1984.5　99 页 32 开　0.47 元
【本书内容以古典芭蕾舞常用动作为主，兼收与芭蕾舞教学训练、舞台演出及职称等有关的一些条目。每一条目一般包括本词、语种、近似的汉语读音、释义四个部分。】

青春的舞姿（新编集体舞）　共青团辽宁省委宣传部、辽宁青年杂志社编
沈阳　辽宁人民出版社 19　84.7　49 页 32 开　0.20 元
【本书收入《在希望的出野上》、《金梭和和银梭》、《垄上行》、《阿里山的姑娘》、《我的中国心》等 10 个集体舞姿。】

怎祥跳交际舞　李永生编
合肥　安徽人民出版社　1984.9　99 页　32 开　0.40 元

怎样跳交谊舞　顾也文编
上海文艺出版社　1984.9　101 页 32 开　0.40 元
【本书阐述了交谊舞的认识、姿势、运步、步法、技巧、舞曲、方向、舞程等，理论结合实践，解决实际问题。并用图文并茂的方式，详细介绍了怎样既布鲁斯、福克斯、慢华尔兹、快华尔兹、探戈等的基本步 56 种和连接步 l0 套，是交谊舞曲入门工具书。】

怎样跳集体舞　李振文编
上海文艺出版社 1984.9　75 页　32 开　0.29 元
【本书扼要地阐述了跳集体舞的基本知识，详细地介绍了 l6 个优秀集体舞。是一本推广青年集体舞的普及读物。】

谈舞蹈编导创作（全国第一次舞蹈编导进修班材料选编）
中国文化部艺术局、中国舞蹈家协会编
北京　人民音乐乐出版社　1984.3　279 页　大 32 开　1.60 元
【本书为全国第一次舞蹈编导进修班的材料选编，内容包括（一）技术讲座部分：有关舞蹈艺术特征；舞蹈美学；舞蹈编导专业知识等。（二）个人创作经验交流：主要是全国第一次单项舞蹈比赛优秀节目的创作体会。书中还收有文化部和舞协领导在进隆班的讲话。】

唱起来，跳起来——1949—1984 **集体舞选**
北京十月文艺出版社　1984.9　161 页 3　2 开　0.50 元

【本书收入新中国成立以来不同历史时期，特别是现在正在流传的40个优秀集体舞。】

舞蹈艺术（丛刊）（第6辑） 中国艺术研究院舞蹈研究所编辑
北京文化艺术出版社 1984.5 271页 大32开 1.00元

舞蹈艺术（丛刊）（1984年第1辑·总第7辑） 中国艺术研究院舞蹈研究所编辑
北京 文化艺术出版社 1984.6 200页 大32开 0.70元

舞蹈艺术（丛刊）（1984年第2辑·总第8辑）
中国艺术研究院舞蹈研究所编辑
北京文化艺术出版社 1984.9 188页 大32开 0.70元

舞蹈编导知识 薛天等编著
北京 人民音乐出版社 1984.6 82页 大32开 0.38元 （舞蹈知识丛书）
【本书论述舞蹈编导的专业修养、舞蹈创作的特殊规律，以及舞蹈编导创作排练的方法步骤等。】

舞蹈概论 隆荫培、徐尔光编著
上海文艺出版社 1984.7 236页 大32开 简精装1.85元平装1.70元
【本书试图用马列主义的文艺观点，研究与分析舞蹈，总结建国30年的舞蹈创作经验和教训，探索舞蹈创作规律。】

彝族舞蹈（云南民族民间舞蹈资料） 苏天祥等整理
昆明 云南人民出版社 1984.88 259页大 32开 1.10元
【本书包括烟盒舞、罗作舞、阿细跳月、打歌、四弦舞、花鼓舞，铜鼓舞七类。】

[1985年]

舞 蹈

舞蹈艺术：丛刊 1985年第1辑（总第10辑）/中国艺术研究院舞蹈研究所编辑.——北京：文化艺术出版社，1985.2 188页；大32开.——0.8 5元

本辑内容包括；评论探讨；创作经验；华东舞蹈会演八人谈；研究·思考；舞蹈史；舞蹈家；民族民间舞蹈等几部分。

舞蹈艺术：丛刊1985年第2辑（总第11辑）/中国艺术研究院舞蹈研究所编辑.——北京：文化艺术出版社，1985.5 188页；大32开.——0.8 5元

本辑内容包括：毕业论文；评论、研究、思考，舞蹈史；海外归来谈；民族民间舞蹈；人才培养等几部分。

舞蹈艺术：丛刊 1985年第3辑（总第12辑）/吴晓邦主编.——北京：文化艺术出版社，1985. 8 188页；大32开.——0.85元

舞蹈艺术：丛刊1985年第4辑（总第13辑）/中国艺术研究院舞蹈研究所编辑.——北京：文化艺术出版社，1985.11 188页；大32开.——0.85元

本辑内容包括：研究·思考；评论；创作经验；舞蹈史；民族民间舞蹈；舞蹈家；外国舞蹈；舞蹈教学等几部分。

舞蹈理论

邓肯论舞蹈艺术/［美］伊莎多拉·邓肯著；张本楠译. ——上海：上海文艺出版社，1985，12　139页；大32开. ——1.25元

伊莎多拉·邓肯是20世纪初震动西方舞坛的著名舞蹈家，同时她又是. 位舞蹈艺术的伟大改革者。本书收集了伊莎多拉·邓肯几乎全部有关舞蹈艺术的信札、随笔及演说稿. 本书前面附有原编者的一篇引言和邓肯亲友写下的七篇纪念文章。书后有《邓肯小传》。

舞论集/吴晓邦著. ——成都：四川文艺出版社，1985.9　226页；大32开. ——1.48元

本书选收了作者的22篇文章，内容涉及社会主义舞蹈的多样化问题；舞蹈家和人民生活相结合的问题；学习舞蹈理论的重要性问题等。

舞蹈新论/吴晓邦著. ——上海：上海文艺出版社，1985.10　167页；大32开. ——1.50元

本书是作者继《新舞蹈艺术概论》之后又一部具有新时期特点的新作。包括我国古代的舞蹈美学观、舞蹈的起源、发展和功能；中国舞蹈艺术的种类；舞蹈艺术的方法，舞蹈学的对象和范围；舞蹈艺术和美育；确立艺术观是舞蹈教育中的头等大事；舞蹈想象力的培养；再谈舞蹈想象力的培养；形体训练中几个有关的问题；论典型的创造，舞蹈理论创作课的重要性等12个方面的内容。

舞蹈舞剧创作经验文集/文化部艺术局，中国艺术研究院舞蹈研究所编. ——北京：人民音乐出版社，1985.5　599页；大32开. ——4.50元

本书收集的，是从1949年至1982年以来优秀或比较优秀的舞蹈、舞剧作品的创作经验，各篇文章都是由创作者亲自撰写的。

中国舞蹈

东方舞苑花絮/于海燕著. ——北京：世界知识出版社，1985.4　261页；32开. ——1.45元

东方歌舞团是如何创办的？周总理、陈老总是如何关心该团的成长发展的？国外的音乐舞蹈家们又是如何帮助、培养我国艺术家们学习东方歌舞的？歌声舞影放异彩，花环花雨传友情，在本书内均有生动、详细的反映。附有精彩照片多幅。

丝绸之路乐舞艺术/《新疆艺术》编辑部编. ——乌鲁木齐：新疆人民出版社，1985.9　378页；大32开. ——2.60元

舞蹈纪程：1983年/孙景琛等编. ——北京：文化艺术出版社，1985.11　398页；大32开. ——2.60元

本书分五个栏目：重要会议、会演及学术活动；创作与评论；理论研究；基础教学；国际交流。并收录舞蹈工工作与大事记及1983年舞蹈论文索引。

二人转舞蹈：中国传统民间舞蹈选/马力编著. ——北京：人民音乐出版社，1985.8　157页；大32开. ——1.30元

二人转是我国东北、华北和内蒙古部分地区长期流传的民间艺术形式。本书内容包括：一、概述；二、二人转的各种舞蹈动作及其表现方法；三、二人转的舞蹈特技；四、二人转传统舞蹈“三场舞”；五、二人转的传统歌舞；六、二人转著名艺人介绍。

内蒙古舞蹈基训/李淑英编著. ——呼和浩特：内蒙古人民出版社，1985.7　293页；大32开. ——1.10元

民间表演灯彩选集/李则琴，刘国治主编. ——南昌：江西人民出版社，1985.5　265页；大32开. ——1.87元

本书具体地说明表演灯彩的流传情况、表演特色、演唱方法和道具制作等。

安徽花鼓灯：中国传统民间舞蹈选/高倩编著.——北京：人民音乐出版社，1985.3　253页；大32开.——1.90元

本书共分9章：引子，花鼓灯概述，花鼓灯艺术的人民性；花鼓灯的艺术特色，历史沿革，花鼓灯舞蹈伴奏锣鼓谱，传统“大场”的队形、“小场”的传统节目、著名艺人介绍。

秀山花灯：四川I民间舞蹈/中国舞蹈家协会四川分会编.——成都：四川文艺出版社，1985.3　176页；32开.——0.67元

本书汇集了200多个秀山花灯舞蹈动作和地位，对秀山花灯舞蹈词汇作了分类排队，并着重研究了其基本静律。

青年集体舞/《中国青年报》团生活部选辑。长春：吉林科学技术出版社，1985.1　145页；32开.——0.65元

本书选入的30个集体舞，是从庆祝中华人民共和国成立35周年晚会指挥部推荐的集体舞和中国舞协、团中央文体部等七个单位举办的《北京集体舞表演会》等优秀集体舞中选辑的。

青年集体舞·交谊舞/韩淑玲编.——西安：陕西人民美术出版社，1985.5　131页；32开.——（“文化与生活”丛书）。0.69元

唐·长安乐舞/武功等摄影.——西安：陕西人民美术出版社，1985　47页；16开

世界各国舞蹈

世界流行交谊舞/E·罗曼，F·尔比编；金戈，杜人译.——杭州：浙江人民出版社，1985　153页；大32开.——0.74元!

本书包括交谊舞、拉丁美洲舞、迪斯科舞几个部分。

交谊舞一周速成/闵舒诚著.——福州：福建人民出版社，1985.9　211页；32开.——1.10元

交谊舞入门/力祯华，音岩编写.——济南：山东教育出版社，1985.1　32开.——0.50元

交谊舞入门/周百嵘编.——昆明：云南人民出版社，1985.4　100页；32开.——0.55元

交谊舞与新潮舞速成/葛华等编.——银川：宁夏人民出版社，1985.3　50大同小异；图；32开.——0.35元

交谊舞手册/刘国治，李则琴编.——南昌：江西教育出版社，1985.12　206页；32开.——1.00元

交谊舞 ABC/钱家素，绿野编.——武汉：长江文艺出版社，1985.9　75页；16开.——0.97元

本书对当前在社会上流行的四步舞（布鲁斯、福克斯、狐步舞）、三步舞（华尔兹）、探戈、伦巴等交谊舞的特点、舞步作了介绍。书中还选录了50首深受青年朋友喜爱的中外名曲。

花式交谊舞/王克伟编著.——武汉：长江文艺出版社，1985.6　138页；32开.——0.70元

本书介绍了“迪斯科”、“吉特巴”、“伦巴”、“探戈”、“恰恰”五种现代派流行舞的跳法。

现代交际舞大全/《山东青年》杂志社编.——济南：山东文艺出版社，1985.2　59页；16开.——0.65元

现代交谊舞/汪加千，利辛编著.——天津：天津科学技术出版社，1985.8　160页；32开.——1.50元

现代流行舞：迪斯科、伦巴、探戈/孙航民编．——长沙：湖南人民出版社，1985.1 40页；16开．——0.48元

现代舞厅舞/中央电视台电教部《电视周报》社编。北京：海洋出版社，1985.1 57页；32开．——《现代舞厅舞》讲座辅导教材 0.40元

本书内容包括现代舞厅舞的基本知识、舞步图解和文字：说明等。

国际标准交谊舞/裴爵三编著．一郑州：河南科学技术出版社，1985.11 130页；32开．——1.00元

本书分为“交谊舞基本知识”和“国际标准交谊舞”两部分，介绍了布鲁斯、慢华尔兹、快华尔兹、快步、探戈、伦巴、慢狐步的57种舞步。

国际流行交际舞/肖苏华编著；凌北夏插图绘画/北京：中国文联出版公司，1985.2 248页；32开．——1.35元

本书介绍了当前世界上最流行的6种交际舞，以及交际舞的基本舞步和各种花样的基本知识。

迪斯科/张力编著．——合肥：安徽文艺出版社，1985.5 58页；32开．——0.45元

迪斯科入门/上海市群众艺术馆编；史文娟执笔。太原：山西人民出版社，1985.11 99页；32开．——0.78元

迪斯科·交谊舞/郑祥瑞编著．——福州：海峡文艺出版社，1985.1 66页；32开．——（青年文娱丛书）．——0.55元

怎样跳交谊舞/舒青，林淖著．——兰州：甘肃人民出版社，1985.3 57页；32开．——0.26元

探戈花样集/周翔，袁善治编写．——武汉：洲北科学技术出版社，1985.8 55页；32开．——0.45元

[1986年]

舞　蹈

舞蹈艺术：丛刊 1986年第1辑（总第14辑）/中国艺术研究院舞蹈研究所编辑．——北京：文化艺术出版社，1986.12.——220页；大32开．——1.05元

舞蹈艺术：丛刊 1986年第2辑（总第15辑）/中国艺术研究院舞蹈研究所编辑．——北京：文化艺术出版社，1986.5.——220页；大32开．——1.05元

舞蹈艺术：丛刊 1986年第3辑（总第16辑）/中国艺术研究院舞蹈研究所编辑．——北京：文化艺术出版社，1986.8.——220页；大32开．——1.05元

舞蹈艺术：丛刊 1986年第4辑（总第17辑）/中国艺术研究院舞蹈研究所编辑．——北京：文化艺术出版社，1986.11.——220页；大32开．——1.05元

中国舞蹈、舞剧

儿童民族舞蹈组合选/朱苹萼．——上海：上海文艺出版社，1986.11.——119页：照片；大32开．——0.68元

本书精选汉、藏、蒙、维、朝鲜、苗、彝、傣和鄂温克等10个民族的儿童舞蹈组合共31例。

儿童舞和辅导/少年儿童出版社编．——上海：少年儿童出版社，1986.10.——394页；32开．——（少先队活动丛书）．——1.60元

中国少数民族舞蹈/薛天等编 .——北京：文化艺术出版社，1986. 9. ——241 页；12 开 .——精装：82. 00 元

交际舞速成/安乐然著 .——北京：北京十月文艺出版社，1986. 8. ——80 页；32 开 .——0. 47 元 1

交谊舞缀合技巧/萧翔编著 .——沈阳：辽宁人民出版社，1986. 10. ——300 页；32 开 .——（文化生活丛书）。1. 40 元

本书分入门和舞技提高两部分，由浅入深地讲解了交谊舞各种舞步及舞姿、音乐伴奏，舞场规则等知识，着重介绍了舞步连接方法即组合技巧

交谊舞指南/崔智编著 .——合肥：安徽科学技术出版社，1986. 3. ——150 页：插图；32 开 .——0. 82 元

本书论述了交谊舞的起源、发展、功能和有关的基础知识，介绍了几种集体交谊舞及其常用队形图、舞姿图，叙述了双人交谊舞中的常用舞步和分解动作，并配以插图。

芭蕾皇冠/李洪明等著 .——长沙：湖南文艺出版社，1986. 12. ——123 页；32 开 .——0. 80 元

本书介绍了芭蕾舞剧的产生、发展以及著名的舞剧剧目的创作等。

怎样跳交谊舞/沈汉卿编 .——厦门：鹭江出版社，［1986］.——7 页；64 开 .——0. 10 元

世界各国舞蹈、舞剧

世界十大芭蕾舞剧欣赏/钱世锦编著 .——上海：上海文艺出版社，1986. 12. ——172 页；剧照；大 32 开 .——精装：5. 05 元

英国皇家式式交谊舞/《文化与生活》编辑部编 .——上海：上海文化出版社，1986. 3. ——60 页；16 开 .——0. 80 元

迪斯科动作 50 例/李茂阶编著 .——郑州：河南科学技术出版社，1986. 8. ——108 页；32 开 .——0. 80 元

［1987 年］

舞　蹈

舞蹈艺术：丛刊　1987 年第 1 辑（总第 18 辑）/中国艺术研究院舞蹈研究所编辑 .——北京：文化艺术出版社，1987. 2. ——220 页；大 32 开 .——1. 15 元

舞蹈艺术：丛刊　1987 年第 2 辑（总第 19 辑）/中国艺术研究院舞蹈研究所编辑 .——北京：文化艺术出版社，1987. 5. ——220 页；大 32 开 .——1. 15 元

舞蹈艺术：丛刊　1987 年第 3 辑（总第 20 辑）/中国艺术研究院舞蹈研究所编辑 .——北京：文化艺术出版社，1987. 8. ——220 页；大 32 开 .——1. 15 元

舞蹈艺术：丛刊　1987 年第 4 辑（总第 21 辑）/中国艺术研究院舞蹈研究所编辑 .——北京：文化艺术出版社，1987. 11. ——220 页；大 32 开 .——1. 15 元

舞 蹈 理 论

人体文化：古典舞世界里的中国与西方/谢长，葛岩著 .——成都：四川人民出版社，1987. 7. ——225 页；32 开 .——（走向未来丛书）.——1. 55 元

本书系舞蹈文化研究的学术性著作。书中揭示了中西古典舞蹈在史演化中呈现的逆

反取向和形态差异，及这种差异类似产生的在审美意识和心理追求等方面的文化根据，展望了在文化冲突、融合的大趋势下，中国舞蹈的未来命运。

胡果刚舞蹈论文集/胡果刚著．——北京：解放军文艺出版社，1987.2.——352 页；32 开．——1.75 元

舞蹈女神/陆初著．——上海：学林出版社，1987.12.140 页；32 开．——（夜读丛书）．——0.81 元

本书用比较艺术、茭学、文化史的新角度探讨舞艺，以及舞蹈与音乐、与诗歌、与绘画、与语言、与神话、与宗教、与杂技、与戏剧等的关系。

舞蹈艺术浅谈/孙景琛著．——北京；人民音乐出版社，1987.11.——130 页；大 32 开．——（舞蹈知识丛书）．1.05 元

木书对舞蹈的起源和发展、特征、社会作用、内容和形式、体裁和流派等问题进行了全面的阐述。

中 国 舞 蹈

儿童舞基训教材/顾以庄著．——北京：中国文联出版公司，1987.12.——474 页；32 开．——2.70 元

本书包括基本训练部分和 20 个儿童舞蹈节目，并附有大量的动作图解。

小红花：儿童歌舞集/人氏音乐出版社编辑部编．北京：人民音乐出版社，1987.9.——77 页：图；32 开．0.54 元

本书收入《花棍》、《美丽的小孔雀》、《插秧谣》3 个舞蹈。

中华中老年健身舞/罗修善编．——南京：江苏人民版社，1987.11　83 页；24 开．——1.10 元

中国少数民族民间舞蹈选介/陈卫业等编．——北京：人民音乐出版社，1987.12.——246 页；大 32 开．——2.15 元

本书介绍了 27 个少数民族的 100 多个舞蹈，内容结合民间习俗、宗教活动和文献资料，对这些舞蹈的渊源、演变和艺术价值作了阐释。

中国舞蹈史：隋、唐、五代部分/王克芬著．——北京：文化艺术出版社，1987.2.——307 页：图；大 32 开．2.30 元

民族舞蹈基本动作/战肃容等编著．上海：上海音乐出版社，1987.7.——144 页；32 开．——0.60 元

本书介绍了蒙、藏、维吾尔等民族舞蹈的风格特点，并采用图文对照的形式，对这些舞蹈的基本动作和单一动作作了详细的说明。

交际舞与舞会指南/安乐然编写．——石家庄：河北教育出版社，1987.10.——142 页；32 开．——1.00 元

花灯舞蹈：云南民族民间舞蹈资料/方论裕等整理．昆明：云南人民出版社，1987.7.——250 页；大 32 开．1.60 元

雪花/耿延秋著．——北京：中国戏剧出版社，1987.4.——129 页；24 开．——（幼儿戏剧歌舞小丛书；1）．——0.80 元

本书包括：童话剧、舞蹈、音乐游戏、歌曲、智力游戏等。

傣族嘎秧/马莲词曲；卫明礼舞蹈汇编；孟尚贤译．——潞西：德宏民族出版社，1987.3.——84 页；32 开．——0.60 元

嘎秧（意为傣族群舞）。本书介绍了 15 套嘎秧舞蹈。

各 国 舞 蹈

儿童歌舞（二）/人民音乐出版社编辑部编．——北京：人民音乐出版社，

1987. 8. ——127 页，图；大 32 开 . 1. 00 元

本集选收《堆雪人》、《欢迎台湾小船友》、《彩绳舞》小歌舞、集体舞等 16 个作品，以及美、英等外国广泛流行、深受妇女儿童欢迎的儿童歌舞游戏节目。

迪斯科舞蹈入门/［美］卢斯特加登（Lustgarten, K.）著；梁姗，蔚子译 .——北京：人民体育出版社，1987. 2. ——128 页；16 开 . ——1. 40 元

［1988 年］

J7 舞 蹈

在美的旋律律中健康成长/关槐秀编著 .——北京：民族出版社，1988. 3. ——411 页；32 开 . ——3. 15 元

本书内容包括舞蹈理论、各民族集体舞和国外民间集体舞等。书中详细介绍了舞蹈的基本动作和表演技巧。

舞蹈艺术：丛刊：1988 年第 4 辑（总第 25 辑）/中国艺术研究院舞蹈研究所编辑 .——北京：文化艺术出版社，1 988. 11. ——218 页；大 32 丌 . ——1. 50 元

舞蹈的基本训练/人民音乐出版社舞蹈组编 .——北京：人民音乐出版社，1988. 8. ——144 页；大 32 开 .（舞蹈知识丛书），. ——1. 70 元

本书内容除提供一些舞蹈基本训练的教材和讲解一部分舞蹈解剖学知识外，还着重介绍了教师在教学宝践中感到的问题及所采取的训练方法。

舞蹈基础知识/夏雄，郑祥瑞编著 .——上海：上海音乐出版社，1988. 9. ——113 页：照片；32 开 . ——1. 10 元

J72 中国舞蹈

中国民间舞·教材及教学法/马力学主编 .——北京：国际文化出版公司，1988. 7. ——706 页；大 32 开开+附册（473 页；16 开）.——北京舞蹈学院教材 .——22. 50 元

中国民族民间舞蹈集成；江苏卷/中国民族民间舞蹈集成编辑部编 .——北京；中国舞蹈出版社，1988. 8. ——2 册（1753 页）；彩照；16 开 . ——精装（特）；65. 00 元；精装（普）58. 00 元

本书采用图文对照，音舞结合的方法；介绍了江苏省各地区的传统民问舞蹈。

中国舞蹈奇观：中国古代/费秉勋著 .——西安：华岳文艺出版社，1988. 12. ——296 页；32 开 . ——3. 05 元

西藏舞蹈概说/阿永才著 .——拉萨：西藏人民出版社，1988. 7. ——106 页：照片及图；32 开 . ——1. 45 元

本书内容分四部分，藏舞史话、藏舞的分类及其形态特征、典型性舞式舞种和散论。

壮族舞蹈研究/金涛，岑云端选编 .——南宁：广西人民出版社，1988. 12. ——271 页；32 开 . ——2. 95 元

本书对壮族舞苑里的各类舞种的历史沿革、形式内容，风格特色，美学特征以及流传情况，作了分析和阐述。

蒙古族舞蹈基本训练教程/斯琴塔日哈主编 .——呼和浩特：内蒙古人民出版社，1988. 3；——345，52 页；大 32 开 . ——3. 80 元

本书附达斡尔族、鄂温克族，鄂伦春族民问舞蹈。

儿童歌舞选/中国舞蹈家协会福建分会，福建省文化厅少儿上作室编 .——北京：中国文联出版公司，1988. 7. ——106 页；32 开 . ——1. 15 元

本书精选了 6 个优秀儿童歌舞节目。由原编导写了详细文字介绍，并附场记台位图、舞美道具设计图以及供演出用的舞曲歌词。

幼儿舞蹈/汪玲作曲；郦海英编舞；金诚插图 .——上海：上海教育出版社，1988. 1. ——22 页；16 开 . ——附音带 1 盒 . ——6. 30 元

苗苗歌舞/上海文艺出版社编 .——上海：上海文艺出版社，1 988. 2. ——230 页；l6 开 . ——3. 25 元

本书包括集体舞、歌表演、表演歌、小歌舞和舞蹈等。

J73　各国舞蹈

外国儿童歌舞选/郭碉达编译 .——上海：上海音乐出版社，1988. 10. ——110 页；32 开 . ——1. 05 元

本书集世界各国传统的优秀儿童歌舞作品 50 多个（包括音乐游戏、集体舞、歌舞等），分为幼儿歌舞和小学生歌舞舞两部分。

芭蕾——年轻舞蹈者的指南/［加］普塔克著；王国华译 .——1988. 2. ——112 页：照片及图；24 开 . ——3. 00 元

书名原文 The Ballet Book a Young Dancer's Guide。

本书通过摄影图片（72 幅黑白图）；着照介绍了芭蕾的基本动作绣习及动作要求，同时 f 也介绍了有关芭蕾舞的历史、著名芭蕾大师以及世界著名芭蕾舞剧等。

上海中老年迪斯科/柴瑞英编 .——福州：福建人民出版社，1988. 12. ——59 页；32 开 . ——（娱乐丛书）. ——0. 85 元

中老年迪斯科/刘以珍等编著 .——北京：北京出版社，1988. 12. ——106 页；32 开 . ——1. 65 元

本书是一本学习迪斯科的入门书；全面地介绍了迪斯科的基本动作和步法，并根据中老年人的生理和心理特点，选编了反映刚健、轻柔不同风格的两套迪斯科舞和一套迪斯科健身操。

中老年迪斯科/许鸿英等编 .——长沙：湖南科学技术出版社，l988. 9. ——61 页；16 开 . ——2. 00 元

中老年迪斯科健身舞/杜素芳，陈群著；林春华绘画 .——广州：广东人民出版社，l988. 7. ——62 页；24 开 . ——1. 60 元

中老年迪斯科图解/陈汉孝，李惠编；何继隆摄影 .——北京：中国国际广播出版社，1988. 7. ——62 页；24 开 . ——1. 60 元

本书收有北京流行的中老年迪斯科舞 4 套，分解动作图 225 张。

中老年健身迪斯科 .——上海：上海人民出版社，1988. 11. ——63 页；16 开 . ——1. 80 元

世界流行霹雳舞通俗教程/袁善治编著 .——武汉：中国地质大学出版社，l988. 6. ——95 页；32 开 . ——1. 80 元

老年迪斯科健身舞/尹祥编创 .——哈尔滨；黑龙江科学技术出版社，1988. 1. ——50 页；32 开 . ——（中老年健美丛书）. ——1. 00 元

老年迪斯科集萃/盛勇编 .——石家庄：河北人民出版社，1988. 5. ——99 页；16 开 . ——2. 10 元

老年迪斯科舞/冯青编 .——北京：中国广播电视出版社，1988. 12. ——63 页；32 开 . ——1. 20 元

迪斯科与霹雳舞/秦岭，文郁编 .——北京：民族出版社，l988. 10. ——129 页；32 开 . ——1. 35 元

本书系迪斯科和霹雳舞的教科书，图文并行，比较详细地介绍了这两种舞蹈的基本动作和表演方法。

迪斯科舞霹雳舞跳法/［日］笠井博著；洪光辉等译．——北京：中国文联出版公司，1988. 12. ——74 页：图；16 开．——2. 95 元

美国霹雳舞/［日］笠井博著；于沙译．——沈阳：沈阳出版社，1988. 7. ——120 页：图；32 开．——2. 50 元

新编中老年健美迪斯科/裔程洪，陈小平编著．——北京：轻工业出版社，1988. 7. ——71 页；大 32 开．——2. 50 元

霹雳舞/李吉树，李世璋编写；黄继田绘图．——石家庄：河北科学技术出版社，1988. 9. ——140 页；32 开．——1. 60 元

本书介绍了霹雳舞的基本动作和主要技巧的要领。

霹雳舞/张绵荫，陈健编著．——长沙：湖南美术出版社，1988. 7. ——50 页：图；16 开．——1. 60 元

霹雳舞/［日］笠井博著；王霞，胡敏之译．——南京：江苏人民出版社，1988. 5. ——240 页：图；32 开．——3. 80 元

霹雳舞速成/武星，志常编．——北京：北京体育学院出版社，1988. 9. ——160 页；32 开．——2. 80 元

霹雳舞精英/晓禾，舒曼编译；刘俊绘图．——北京：北京航空航天大学出版让，1988. 9. ——92 页；32 开．——1. 00 元。

本书对霹雳舞的渊源、分类，学习方法、衣装服饰都做了扼要的介绍。书中收集了霹雳、太空步，背旋、展翅飞翔等 30 种舞蹈动作。

［1989 年］

J7 舞 蹈

舞蹈艺术：丛刊：1989 年 第 1 辑（总第 26 辑）/中国艺术研究院舞蹈研究所编辑，一北京：文化艺术出版社，1989. 2. ——218 页：照片；大 32 开．1. 85 元

舞蹈艺术：丛刊：1989 年 第 2 辑（总第 27 辑）/中国艺术研究院舞蹈研究所编辑，一北京：文化艺术出版社，1989. 5. ——218 页：照片；16 开．1. 85 元

舞蹈艺术：丛刊：1989 年 第 3 辑（总第 28 辑）/中国艺术研究院舞蹈研究所编辑，一北京：文化艺术出版社，1989. 8. ——218 页：照片；大 32 开．1. 85 元

舞蹈艺术：丛刊：1989 年 第 4 辑（总第 29 辑）/中国艺术研究院舞蹈研究所编辑，一北京：文化艺术出版社，1989. 12. ——218 页：照片；大 32 开．1. 85 元

J70 舞蹈理论

中国舞蹈发展史/王克芬著．——上海：上海人民出版社，1989. 10. ——358 页；图；大 32 开．——（中国文化史丛书/周谷城主编）．——精装：15. 10 元；平装：10. 70 元

舞论续集/吴晓邦著．——北京：中国舞蹈出版社，1989. 9. ——236 页；大 32 开．——4. 00 元

本书共收了 30 余篇文章，分为“理论研究”、“理论创作”、“随笔”3 部分。

舞蹈欣赏/雪天，心天编著．——北京：人民音乐出版社，1989. 1. ——63 页：照片；大 32 开．——（舞蹈知识丛书）．——1. 30 元

本书介绍了舞蹈的特征、风格及流派。

J71　舞蹈技术、方法

中国舞蹈技巧/林长瑛编著 .——北京：北京大学出版社，1989. 8. ——298 页；大 32 开 .——5. 95 元

舞蹈/王淑兰等编著 .——呼和浩特；内蒙古教育出版社，1989. 6. ——432 页；32 开 .——职业高中幼师专业教材 .——2. 55 元

舞蹈/宋允清，许静辉主编 .——开封：河南文学出版社，l989. 10. ——320 页；32 开 .——3. 00 无

本书论述了我国常见和普及舞蹈的创编，教学法，动作技巧等。

J72　中国舞蹈

上海民间舞蹈/《中国民族民间舞蹈集成：上海卷》编辑部主编，一北京：中国城市经济社全出版社，1989. 11. ——278 页；32 开 .——（艺术家丛书）. 5. 00 元

云南蒙古族民间舞蹈/俞从福主编 .——北京：国际文化 dℓ 出版公司，1989. ll. ——217 页：彩照；32 开 .——（中国民族民间舞蹈集成：云南卷）.——4. 00 元

中国民间舞教材及教学法：附册/马力学主编 .——北京：国际文化出版公司，［1989］.——473 页；16 开 .——北京舞蹈学院教材

中国民族民间舞蹈集成：河北卷/《中国民族民间舞蹈集成》编辑部编 .——北京：中国舞蹈出版社，1989. 12. ——1163 页：彩照；16 开 .——精装：58. 00 元

奉贤县民间舞蹈集成/马贵民主编 .——上海：上海社会科学院出版社，l989. 9. ——133 页；32 开 .——3. 00 元

本书用世界上最流行的拉班舞谱，记述了我国七个历史朝代的九个舞谱。

彩色的河流/佟承杰，范德金蕾 .——天津：新蕾出版社，1989. 12. ——139 页；32 开 .——（智慧小天使丛书/范德金主编）.——1. 80 元

本书介绍了儿童舞蹈及舞蹈知识，收有《彩兔迎春》、《捉蛐蛐》、《踩良花》、《欢乐的小鹿》和、《在队旗下前进》等 6 个儿童舞蹈。

蒙古族青少年舞蹈/高守贤编 .——呼和浩特：内蒙古教育出版社，1989. 8. ——188 页；32 开 .——1. 55 元

本书内容包括：舞蹈基本知识，舞蹈基础训练，蒙古族青少年舞蹈，青少年集体舞，安代、秧歌与迪斯科舞、舞蹈记录与识图 6 部分。

J73　各国舞蹈

芭蕾的来龙去脉/汪纯子，汪淑子译 .——北京：人民音乐出版社，1989　1. ——86 页：彩照；32 开 .——（舞蹈知识丛书）.——根据法国塞尔日·李法《芭蕾史》一书节译 .——2. 10 元

本书对芭蕾舞的起源、各流派的形成以及在芭蕾舞史上起过里程碑作用的、才技超群的、难以让人遗忘的开拓者们作了简练、清晰、生动的描绘。

现代交际舞大全/丽晖编 .——广州：广东科技出版社，1989. 7. ——491 页：彩照；大 32 开 .——8. 50 元

本书搜集了风行世界各地的交际舞，并配有 40　0 余幅插图。

流行舞新花样/张小陪，小彦编著 .——长沙：湖南人民出版社，1989. 4. ——81 页；16 开 .——2. 55 元

美国的舞蹈/（美）特里（Terry，W. M.）著，田景遥译 .——北京：三联书店，1989. 5. ——242 页；32 开 .——（美国文化丛书）.——精装 15. 60 元；平装 5. 60 元

书名原文：The dancc in America

本书上卷讲述美国舞蹈概况；中卷讲述美国舞蹈的改革；下卷讲述美国舞蹈的现状。

中老年运动迪斯科/徐宝风，刘作郁编舞．——北京：中国人民公安大学出版社，1988. 4. ——32 页；32 开．——0. 45 元

中老年迪斯科健身舞/朱瑚著．——杭州：浙江人出版社，1989. 6. ——48 页；32 开．——1. 10 元

中老年迪斯科集锦/郑肇建，吕铁力编．——成都：四川人民出版社，1989. 5. ——134 页；32 开．——（现代女性丛书）．——2. 80 元

中老年健身迪斯科/雷霆编写．——南昌：江西科学技术出版社，1989. 7—44 页；32 开．——0. 98 元

外国大、中、小学生健美舞/恒思，朱赫编译．——上海：上海音乐出版社，1989. 12，一 128 页；大 32 开．4. 00 元

迪斯科健身舞/傅德全编著．——石宋庄：河北科学技术出版社，1989. 3. ——174 页；32 开．——2. 00 元

迪斯科健身操/章人英等编著．——上海：上海教育出版社，1989. 3. -123 页；32 开．——中青年适用．——1. 70 元

迪斯科与健美操/王丽先编著．——东营：石油大学出版社，1989. 11. ——109 页；32 开．——1. 95 元

嘿，霹雳舞：基础训练/周林著．——北京：文化艺术出版社，1989. 10. ——138 页；32 开．——1. 80 元

本书从教学角度出发，对霹雳舞的来源演变、场地、基本动作的技法、动作要领、注意事项等作了详细的讲解和说明。书中还配备了 150 余幅简易图。

霹雳：霹雳舞大全/（美）柯蒂斯·马洛等著；韩大海等译．——北京：国际文化出版公司，1989. 1. ——80 页；16 开．——3. 65 元

霹雳舞/（美）布拉德利·埃尔福曼著；徐雨苍译．——郑州：河南科学技术出版社，1989. 3. ——116 页：图；32 开开．——1. 90 元

霹雳舞与迪斯科/金汤，石门著．——济南；山东文艺出版社，1989. 1. ——94 页；16 开．——2. 25 元

霹雳舞在中国/魏超，肖白编．——北市；光明日报出版社，1989. 6. ——240 页；32 开．——（社会与人丛书）．——2. 70 元

霹雳舞图解：国际标准/（日）笠井博原著；浩奇编译．——北京：北京教育出版社，1989. 6. ——84 页：图；16 开．——2. 95 元

［1990 年］

J7　舞　蹈

人体的诗——舞蹈美/方兴惠，杨璇著．——贵阳：贵州人民出版社，1990. 11. . ——96 页；32 开．——（青少年美育丛书/伍治国主编）．——ISBN　7-221-02079-5：1. 50 元

人体律动的诗篇——舞蹈/汪加千等编著——北京：高等教育出版社，1990. 8. . ——96 页：照片；大 32 开．——（艺术教育丛书/于复千主编）．——ISBN　7-04-002924-3：2. 05 元

社会舞蹈论文集：首届全国社会舞蹈学理论研讨会专辑/李炽强主编．——杭州：浙江文艺出版社，1990. 10. ——322 页；大 32 开——ISBN　7-5339-0305-6：4. 80 元

现代西方艺术美学文选：舞蹈美学卷/朱立人主编.——沈阳：春风文艺出版社：辽宁教育出版社 1990.12——335 页；大 32 开.——ISBN 7-5313-0464-3：4.80 元

舞梦录/梁伦著.——北京：中国舞蹈出版社，1990.12.——341 页：照片；大 32 开.——ISBN 7-80075-019-1：6.80 元

舞蹈创作艺术/［美］多丽丝·韩芙莉著；郭明达，江东译.——北京：中国舞蹈出版社，1990.3.——164 页；32 开.——ISBN 7-80075-006-X：4.50 元

书名原文：The art of Making Dances

舞蹈基础/翟昌权著.——成都：四川人民出版社，1990.11.——155 页；32 开.——ISBN 7-220-01106-7：2.00 元

J709 舞蹈艺术史

中国古代舞蹈史纲/彭松，于平主编.——杭州：浙江美术学院出版社，1990.9.——200 页；16 开.——.——ISBN 7-81019-084-9：3.40 元

全宋词中的乐舞资料/金千秋编.——北京：人民音乐出版社，1990.12——236 页；大 32 开.——ISBN 7-103-00685-7（精装）：6.70 元

J72 中国舞蹈

云南民族舞蹈论集/云南省民族艺术研究所编.——昆明：云南人民出版社，1990.6.——312 页：彩图；大 32 开（云南地方艺术研究丛书）.——ISBN 7-222-00656-7（精装）：6.85 元

云南民族舞蹈论文集/云南省民族艺术研究所编.——昆明：云南人民出版社，1990.6.——312 页：彩图；大 32 开（云南地方艺术研究丛书）.——ISBN 7-222-00655-9：5.25 元

中国古典舞基训（上）/部大琨等著.——杭州：浙江美术学院出版社，1990.9.——142 页.——中国古典舞教程.——ISBN 7-81019-086-5：3.50 元

中国民间舞蹈/何健安著.——杭州：浙江教育出版社，1990.11.——175 页：图版；32 开.——（中国民间文化丛书/刘魁立主编）.——ISBN 7-5338-0714-6：2.20 元

中国民族民间舞蹈集成：天津卷/中国民族民间舞蹈集成编辑部编.——北京：中国舞蹈出版社，1990.10.——555 页：彩照；16 开.——本书经全国艺术科学领导小组批准为国家艺术科研重点项目.——ISBN 7-80075-017-5（精装）：30.00 元

中国民族民间舞蹈集成：浙江卷/中国民族民间舞蹈集成编辑部编.——北京：中国舞蹈出版社，1990.10.——1119 页：彩照；16 开.——本书经全国艺术科学领导小组批准为国家艺术科研重点项目.——ISBN 7-80075-014-0（精装）：58.00 元

从舞蹈王国中走来：云南少数民族舞蹈探奇/刘金吾著.——昆明云南民族出版社，1990.1.——182 页；32 开.——ISBN 7-5367-0253-1：2.50 元

优秀舞蹈选集/刘国治，李则琴主编.——南昌：江西教育出版社，1990.2.——444 页：剧照；大 32 开.——ISBN 7-5392-0366-8：5.40 元

纳西族古代舞蹈和舞谱/杨德鋆等编.——北京：文化艺术出版社，1990.4.——300 页；大 32 开.——（中国民族民间舞蹈资料丛书）.——ISBN 7-5039-0596-4：4.50 元

青春的呼唤：中老年健身舞/王翠英编.——长春：吉林大学出版社，1990.9.——66 页；32 开.——ISBN 7-5601-0612-9：1.50 元

绿野探踪：岷（山羌）、藏族舞蹈采风录/蒋亚雄著.——上海：上海音乐出版社，1990.2.——230 页：照片；大 32 开.——ISBN 7-80553-078：3.95 元

蒙古舞蹈文化/莫德格玛著.——北京：中国妇女儿童出版社，1990.8.——213 页；

16开.——ISBN　7-80016-5351-0498-3：25.00元

新疆民族舞蹈/贾晓玲著.——武汉：湖北教育出版社，1990.7.——84页；32开.——ISBN　7-5351-0498-3：1.50元

舞艺/褚中艺，褚一圳编著.——北京：中国和平出版社，1990.6.——140页；32开.——（现代家政百科/黄建伟主编）.——ISBN　7-80037-303-7：2.50元

J73　各国舞蹈

大众健身舞/李金玲，黄立燊著.——北京：科学普及出版社，1990.10.——47页；16开.——ISBN　7-110-01653-6：2.50元

当代交谊舞花样荟萃：国际标准交谊舞/毕秉森著.——济南：山东文艺出版社，1990.6.——91页；16开.——ISBN　7-5329-0459-8：2.95元

当代国际标准交际舞教程　第一集：现代舞/杨威，袁水海编著.——上海：上海译文出版社，1990.3.——77页：彩照；16开.——7-5327-0900-0：7.50元

交谊舞入门与提高/杜逸华，杨云芳编著.——北京：中国广播电视出版社，1990.6.——32页；16开.——　7-5043-0547-2：3.80元

国际标准交谊舞/寒夫，朝晖编著.——长沙：湖南文艺出版社，1990.9.——128大同小异；16开.——ISBN　7-5404-0593-7：3.20元

国际标准交际舞拉丁舞大全/王国华，刘梦耋译.——北京：中国舞蹈出版社，1990.11.——639页；大32开.——ISBN　7-80075-011-8：9.50元

国际标准交谊舞指南/［日］笹木阳一著；张爱平，冯峰译.——北京：中国工人出版社，1990.11.——152页；32开.——ISBN　7-5008-0674-4：2.15元

霹雳舞入门/武同，武枫编著.——北京：人民体育出版社，1990.2.——134页；32开.——ISBN　7-5009-0396-0：2.20元

［1991年］

J7　舞　蹈

舞蹈艺术：丛刊：1991年第1辑（总第34辑）：中华舞蹈史比较研究/中国艺术研究院舞蹈研究所编.——：文化艺术出版社，1991.2.——218页：图；大32开.ISBN 7-5039-0810-6：3.00元

舞蹈艺术：丛刊：1991年第2辑（总第35辑）：外国舞蹈理论译文集/中国艺术研究院舞蹈研究所编辑.——北京：文化艺术出版社，1991.5.——216页；大32开.——ISBN　7-5039-0903-X：3.00元

舞蹈艺术：丛刊：1991年第3辑（总第36辑）：宗教舞蹈研究文集/中国艺术研究院舞蹈研究所编.北京：文化艺术出版社，1991.8.——218页：照片；大32开.——ISBN　7-5039-0937-4：3.00元

舞蹈艺术：丛刊：1991年第4辑（总第37辑）：舞蹈新学科研究/中国艺术研究院舞蹈研究所编.——北京：文化艺术出版社，1991.11-218页：大32开.——ISBN　7-5039-0994-3：3.00元

本辑为舞蹈学科研究专辑，对中国古代舞蹈史、中国民间舞、中国当代舞蹈艺术发展、舞蹈美学等方面的课题进行全新的解释与论述。

J70 舞蹈理论

吴晓邦美学思想论稿/雨石著.——北京：中国舞蹈出版社，1991.2.——179页；32开.——ISBN 7-80075-020-5：4.00元

本书系统详尽地介绍了吴晓邦同志的舞蹈美学思想体系，汇集了吴晓邦散见于其著作、文章、讲稿中的美学观点，及其舞蹈艺术实践所体现的美学思想。

舞蹈生态学导论/资华筠等著.——北京：文化艺术出版社，1991.5.——160页；32开.——ISBN 7-5039一0721-5：2.50元

舞蹈生态学是一门崭新的艺术边缘学科，它以舞蹈为核心，以舞蹈与环境之间的相互关系、相互作用为研究对象。

舞蹈学研究/胡大德等选编.——北京：中国文联出版公司，1991.10.——432页：照片；32开.——ISBN 7-5059-1092-2：6.00元

本书荟萃了中国新舞蹈艺术开创者吴晓邦先生的《舞蹈学研究》，以及刀美兰等数十位舞蹈演员，学者围绕这一理论构想展开探讨的专题文章。

癫狂的秩序：舞蹈艺术纵横谈/沈蓓著.-南宁：广西人民出版社，1991.1.——176页；28开.——（青年艺术鉴赏丛书/商友德主编）.-ISBN 7-219-01788-x：4.25元

J71 舞蹈技术、方法

儿童学舞蹈/戴巧玲编著.——南京：南京出版社，1991.6.——104页；32开.——ISBN 7-80560-01-0：1.70元

幼儿舞蹈：动作艺术基础/李健等著.——北京：中国舞蹈出版社，1991.1.——178页；32开.——ISBN 7-80075-016-7：3.50元

当代国际标准交际舞教程 第二集：拉丁舞/杨威，袁水海编著.——上海：上海译文出版社，1991.11.——138页：图；16开.ISBN 7-5327-1105-6：10.70元

形体教程/王文主编.——南京：江苏教育出版社，1991.8.——138页；32开.——二年制中等师范学校选修课本.ISBN 7-5343-1317-1：1.20元

舞蹈艺术/徐小蛮编著.——上海：上海三联书店，1991.4.——107页：照片；大24开.——（中华文明图库/林耀琛主编）.——ISBN 7-5426-0107-5：2.90元

J72 中国舞蹈、舞剧

中国古典舞身韵/李正一等著.——杭州：浙江美术学院出版社，1991.1.——144页；16开.——中国古典舞教程.ISBN 7-81019-079-2：3.50元

中国民族民间舞蹈集成：湖南卷/中国民族民间舞蹈集成编辑部编.——北京：中国舞蹈出版社：1991.10.——2册（2059页）：彩照；16开.——本书经全国艺术科学领导小组批准为国家艺术科研重点项目.——ISBN 7-80075-023-X（精装）：106.00元

本书详尽地记述了湖南各市、县民间舞蹈119个。

中国西部歌舞论/马桂花著.——西宁：青海人民出版社，1991.9.——242页；大32开.——（中国西部文艺研究丛书）.——ISBN 7-225-00455-7：3.70元

本书作者通过对西部舞蹈文化现象的研究，提出未来的舞蹈，将是利用舞蹈的“新疆式发展”的形式美因素和“藏化发展”的唤醒人潜能的因素而构成的一种崭新的新纪元舞蹈。

乌蒙欢歌/阿鲁舍峨主编；贵州省毕节地区民族事务委员会，贵州省毕节地区青年联合会编.——成都：四川民族出版社，1991.10.——86页：照片及图；32开.——ISBN 7-5409-0775-4：1.50元

主编者汉文名：陈长发

《马蒙欢歌》为系列舞蹈，内容包括乌蒙民舞、乌蒙彝舞、常用队形图以及舞蹈动作各科名称等。

交际舞速成/文川，刘姝羽编著．——北京：中国妇女出版社，1991.6.——263页；32开．——1SBN　7-80016-377-6：6.00元

J73　各国舞蹈、舞剧

中老年健身迪斯科/王秀芳等编著．——西安：陕西科学技术出皈社，1991.1.——107页；32开．——ISBN　7-5369-0794-X：1.75元

中老年健身迪斯科/崔熙芳，王怀玉编．——天津：天津科学技术出版社，1991.6.——208页；32开．——ISBN　7-5308-0480-4：3.05元

当代流行拉丁舞/王克伟，陈文继编．——上海：上海音乐出版社，1991.5.——230页；大32开．——ISBN　7-80553-252-4：4.95元

交谊舞技巧与花样/奚永顺等编著．——西安：陕西人民出版社，1991.8.——88页：图；16开．——ISBN　7-224-01871-6：3.60元

本书主要介绍了各种娱乐性交谊舞的基本跳法和花步动作，扼要介绍了国际标准交际舞的基本舞步；

体育舞蹈：当代国际标准交谊舞/江粤丰编著．——南宁：广西人民出版社，1991.9.——76页：图；16开．——ISBN　7-219-—01908-4：4.10元

国际标准交谊舞指南：现代舞　第二册：探戈/崔淑英，袁一路编著．——西安：陕西人民出版社，1991.4.——35页：彩照及图；16开．——ISBN　7-224一01774-4：4.20元

封面题名：舞中之王——探戈

本书介绍探戈舞的基本知识和技巧，还简介了华尔兹舞、探戈舞的服饰与舞鞋特点。并纲领性地刊印了国际标准交谊舞的裁判知识。

漫话芭蕾/田润民著．——北京：光明日报出版社，1991.12.——173页：照片；32开．——ISBN　7-80091-141-1：3.30元

本书内容包括关于著名芭蕾剧目、人物、舞团的介绍，同时还涉及舞团的管理、人才培养以及芭蕾创作和发展方面的一些问题。

爵士·迪斯科/孙爱玲编．——武汉：湖北教育出叛社，1991.5.——125页：插图；32开．——ISBNI　7-5351-0733-8：2.60元

［1992年］

J7　舞　蹈

世界舞蹈史/［德］萨克斯（Sachs，C.）著；郭明达译．——上海：上海音乐出版社，1992.2.——458页；20cm ISBN　7-80553-293-1：¥10.20

贾作光舞蹈艺术文集/贾作光著；闻章等编．——北京：文化艺术出版社，1992.1.——461页：照片；20cm ISBN　7-5039-0740　1：¥8.90

舞蹈美/张华主编．——武汉：湖北教育出版社，1992.6..——117页；彩图；19cm.——（中学生美学文库/刘纲纪主编）　1SBN　7-5351-0832-6：¥2.05

本书主要阐述了舞蹈审美及如何对舞蹈艺术进行审美。

J72 中国舞蹈、舞剧

古丝路音乐暨敦煌舞谱研究/席臻贯著.——兰州：敦煌文艺出版社，1992.7.——240页；26cm ISBN 7-80587-090一X（精装）：￥19.25

敦煌舞蹈/马世长主编；董锡玖编.乌鲁木齐：新疆美术摄影出版社；新西兰：霍兰德出版社有限公司，1992.5.——158，19页：图；20cm.——（敦煌吐鲁番艺术丛书）

ISBN 7-80547-108-8：￥9.20

J722.2 民族、民间舞蹈

中国民间舞与农耕信仰/张华著.——长春：吉林教育出版社，1992.6.——276页：彩照；20cm.——（中华艺术文库） ISBN 7-5383-1686-8（精装）：￥9.10

探讨农民民间舞与农耕信仰的种种关系。

中国民族民间舞蹈集成：广西卷/中国民族民间舞蹈集成编辑部编.——北京：中国ISBN中心，1992.10.2册（1462页）：彩照及图；26cm ISBN 7-5076-0009 2（精装）：￥120

中国民族民间舞蹈集成：北京卷/中国民族民间舞蹈集成编辑部编.——北京：中国ISBN中心，1992.10..--1023页：彩照及图；26cm ISBN 7-5076-0005-X（精装）：￥80

中国民族民间舞蹈集成：江西卷/中国民族民间舞蹈集成编辑部编.——北京：中国ISBN中心，1992.6.——2册（1505页）：彩照及图；26cm

ISBN 7-5076-0003-3（精装甲）：￥125

ISBN 7-5076-0004-1（精装）：￥115

东巴神系与东巴舞谱/戈阿干著.——昆明：云南人民出版社，1992.9.——203页：彩图；19cm.——（东巴文化丛书） ISBN 7-222-00547-1：￥4.05

东巴舞谱是居住滇川藏毗邻地带的纳西族传存的一种象形文舞蹈动作谱。

辽宁民族民间舞蹈集成：营口卷/辽宁民族民间舞蹈集成编委会主编；营口市民族民间舞蹈集成编辑部编辑.——沈阳：春风文艺出版社，1992.7.——986页：彩图及图；26cm ISBN 7-5313-0757-X：￥30

桂东瑶舞探秘/刘小春等主编.-南宁：广西民族出版社，1992.5.——262页；19cm.ISBN 7-5363-1684-4：￥6.00

本书对桂东地区瑶族舞蹈文化遗产的历史背景、品位与价值以及整体的风貌进行了研究。

J722.3 儿童舞蹈

儿童歌舞基础知识/潘代双编著.——武汉：湖北教育出版社，1992.2.——114页；19cm ISBN 7-5351-0694-3：￥2.15

儿童舞蹈启蒙/高守贤，韦元岩编著.——呼和浩特：内蒙古人民出版社，1992.4.——129页：图；19cm ISBN 7-204一01696-3：￥2.50

儿童舞蹈教学指导/胡蕴琪著.——上海：上海音乐出版社，1992.7.——264页：彩照及图；20cm ISBN 7-80553-287-7：￥6.00

少儿舞蹈论集/韩淑玲等编.——西安：陕西人民出版社，1992.3.——136页；19cm ISBN 7-224-02036-2：￥2.00

J73 各国舞蹈、舞剧

J73.2 舞蹈

交谊舞新著：当代国际标准交谊舞与现代舞厅交谊舞上册/章震欧，董长江编著.——贵阳：贵州民族出版社，1992.4.——78页：图；26cm ISBN 7-5412-0245-2：¥4.90

本书介绍了华尔兹、维也纳华尔兹、探戈、布鲁斯四种舞。

现代芭蕾：20世纪的弥撒/黄麒，叶蓉著。一上海：上海音乐出版社，1992.6.——284页：插图；20cm ISBN 7-80553-354-7：¥8.30

本书介绍了20世纪欧美芭蕾艺术，通过对不同时期、不同风格流派的重要代表作品的介绍，描绘了20世纪芭蕾演变过程。

现代舞/欧建平编译.——上海：上海音乐出版社，1992.2.——390页：照片；20cm ISBN 7-80553-316-4：¥8.70

国际体育舞蹈入门/陈宏伟，李萍编.——西安：陕西人民出版社，1 992.3。一148页：图；19cm ISBN 7-224一01813 9：¥2.45

怎样跳好交谊舞/吴欢迎，周晓健编著.——成都：四川科学技术出版社，1992.4.——237页：照片；20cm ISBN 7-5364-1816-7：¥7.00

本书介绍了7个舞种的近百种变化的舞步的跳法及舞会的组织与比赛等知识。

新潮交谊舞/马德云编著.——哈尔滨：黑龙江科学技术出皈社，1992.12.——204页；20cm ISBN 7-5388-1950-9：¥4.50

本书着重介绍了慢四、中四、快四、吉特巴、伦巴等9种11套交谊舞的舞姿、步法、节奏等。

[1993年]

J7 舞　　蹈

J70 舞蹈理论

飞姿流韵：舞蹈美的欣赏/胡大德，于平著.——太原.：希望出版社，1993.8.——124页；19cm.——（发现美的眼睛丛书/杨辛，李范主编） ISBN 7-5379-1176-2：¥4.20

当代中国舞蹈/吴晓邦主编；叶宁等撰稿.——北京：当代中国出版社，1993.11.——608页：图；20cm.——（当代中国丛书/邓力群等主编）

ISBN 7-80092-093-3（精装）：¥59

ISBN 7-80092-094-1：¥57

舞蹈/张美荣主编.——兰州：甘肃人民出版社，1993.12.——298页；20cm 老年大学教材编审委员会审定教材

ISBN 7-226-01226-X：¥5.95

舞蹈艺术论/冯碧华，崔世莹编著.——南京：江苏人民出版社，1993.9.——184页；20cm

ISBN 7-214-01153-0：¥4.80

20世纪中国舞蹈/王克芬等著.——青岛：青岛出版社，1993.3.——268页；19cm

ISBN 7-5436-0860-X：¥4.70

J71 舞蹈技术、方法

舞蹈基本训练/陕西省中师选修课教材编写组编.--:陕西人民出版社,1993.2.——189页;19cm

陕西省中师选修课试用教材 ISBN 7-224-02616-6:¥3.95

舞蹈基础训练/肖灵编著.——南昌:江西高校出版社,1993.5.——175页;26cm ISBN 7-81033-349-6:¥14.50

J72 中国舞蹈、舞剧

中老年健身舞教学指导/李振文等编.——上海:上海音乐出版社,1993.11.——173页;20cm ISBN 7-80553-450-0:¥6.30

中国少数民族民间舞蹈选介:续编/马薇编著.--北京:人民音乐出版社,1993.12.——213页;20cm ISBN 7-103-01172-9:¥5.30

中国民族民间舞蹈集成:山西卷/中国民族民间舞蹈集成编辑部编.——北京:中国ISBN中心,1993.5.——2册(1465页);26cm

ISBN 7-5076-0007-6(特精装):¥120

ISBN 7-5076-0008-4(精装):¥110

交谊舞速成:伴你迷你/王家礼编著.——北京:北京体育学院出版社,1993.10.——280页;19cm ISBN 7-81003-764-1:¥5.90

交谊舞新花:北京平四舞指南/陈坚刚著.——北京:中国工人出版社,1993.3.——114页;19cm ISBN 7-5008-1240-X:¥2.90

安代舞/石小红,高娃编著.——北京:中国文联出版公司,1993.5.——78页;19cm ISBN 7-5059-1429-4:¥2.30

敦煌舞蹈/高金荣编著.——兰州:敦煌文艺出版社,1993.2.——197页;26cm ISBN 7-80587-067-5(精装):¥20.70

舞龙80招/孙宽田编著.——长沙:湖南美术出版社,1993.2.——154页;19cm ISBN 7-5356-0566-4:¥4.40

J73 各国舞蹈、舞剧

国际标准交谊舞指南:现代舞 第一册:华尔兹/崔淑英,袁一路编著.——西安:陕西人民出版社,1993.6.——39页:照片;26cm ISBN 7-224-02696-4:¥4.30

国际标准交谊舞指南:现代舞 第二册:探戈/崔淑英,袁一路编著.——西安:陕西人民出版社,1993.6.——38页:照片;26cm ISBN 7-224-02695-6:¥4.10

国际标准交谊舞指南:现代舞 第三册:孤步舞/崔淑英,袁一路编著.——西安:陕西人民出版社,1993.6.——45页:照片;26cm ISBN 7-224-02694-8:¥4.50

国际标准交谊舞指南:现代舞第四册:快步舞/崔淑英,袁一路编著.——西安:陕西人民出版社,1993.6.——48页:照片;26cm ISBN 7-224-02693-X:¥4.70

国际标准交谊舞指南:现代舞第五册:维也纳华尔兹/崔淑英,袁一路编著.——西安:陕西人民出版社,1993.6.——36页:照片;26cm ISBN 7-224-02692-I:¥4.10

实用交谊舞入门:实践与提高/梁志远著.——北京:团结出版社,1993.4.——93页;26cm ISBN 7-8006I-698-3:¥4.95

学跳国际标准交谊舞/傅中枢编著.——北京:人民体育出版社,1993.6.——128页;19cm. (体育爱好者丛书/江声,丛明礼主编) ISBN 7-5009-0818-0:¥3.60

怎样跳国际标准舞/李福全编.——广州:广东人民出版社,1993.5.——103页;19cm

ISBN　7-218-01135-7：￥3.50

90年代流行交谊舞/徐尔充，崔世莹编著.——北京：金盾出版社，1993.12.——230页：彩照；19cm　ISBN　7-80022-764-2：￥4.80

[1994年]

J7　舞　蹈

J7-49　　039　　034

人体魔术——舞蹈/欧建平著．杭州：中国美术学院出版社，1994.6　183页：彩照；19cm.——（艺术迷宫指南丛书/江心，林尊主编）

ISBN　7-81019-349-X：￥12.00

J7-53039035

湖北舞蹈论文集/吴健华主编.——武汉：湖北美术出版社，1994.1.——317页；19cm

ISBN　7-5394-0479　5：￥4.80

J7-61　　039　　036

舞蹈大辞典/吕艺生主编.——北京：中国戏剧出版社，1994.6.——396页；20cm.-（舞学丛书/吕艺生主编）

ISBN　7-104-00669-9：￥15.00

J70　舞蹈理论

J70　　039037

中外舞蹈思想教程/于平著．北京：中国戏剧出版社，1994.6.484页；20cm.——（舞学丛书/吕艺生主编）

ISBN　7-10400666-4：￥15.00

J70-05　　039038

舞蹈创作心理学/胡尔岩著．北京：中国戏剧出版社，1994.6.——308页；20cm.（舞学丛书/吕艺生主编）

ISBN　7-104-00670-2：￥10.80

J70-40　　039　　039

舞蹈教育学/吕艺生著.——北京：中国戏剧出版社，1994.6.392页；20cm.——（舞学丛书/吕艺生主编）

ISBN　7-104-00667-2：￥12.00

J702　　039040

中国民间舞蹈文化教程/罗维岩著.——北京：中国戏剧出版社，1994.6.528页；20cm.（舞学丛书/吕艺生主编）

ISBN　7　104-00672-9：￥16.50

J705　　039041

舞蹈评论教程/于平著.——北京：中国戏剧出版社，l994.6.——395页；20cm.（舞学丛书/吕艺生主编）

ISBN　7-10400671-0：￥12，00

J71 舞蹈技术、方法

J712.1　　　039042

舞蹈与旋律的结晶：香港独生女陈婷的成才之路/郑维忠著． 北京：北京科学技术出版社，1994.5.——66页：彩照；29cm

ISBN7-5304-0923-9：￥26.00

J712.2　　　039043

舞蹈教程 ABC/王倩编著．——西安：陕西人民教育出版社，1994.3.——151页；20cm　供艺术师范、幼师、文化馆、站教学使用

ISBN　7-541　9-6067-5：￥4.50

J72 中国舞蹈、舞剧

J721.1　　　039044

中国汉代画像舞姿/刘恩伯，孙景琛著．——上海：上海音乐出版社，1994.9.——147页；20cm

ISBN　7-80553-378　4：￥8.00

J722　　　039045

生命的律动/罗雄岩著．——石家庄：河北少年儿童出版社，1994.9.——191页；20cm.——（中国民间文化·舞蹈/钟敬文主编）

ISBN　7-5376-1262　5（精装）：￥11.50

J722.1　　　039046

国庆之夜：庆祝建国四十五周年晚会集体舞、推荐歌曲专辑/国庆晚会指挥部编．——北京：京华出版社，1994.9.——101页；19cm

ISBN　7-80600-036　4：￥2.20

J722.2　　　039047

辽宁民族民间舞蹈集成：盘锦卷/辽宁民族民间舞蹈集成编委会主编；盘锦市民族民间舞蹈集成编辑部编．——沈阳：春风文艺出版社，1994.2.——284页：照片；26cm

ISBN　7-5313-1292-1（精装）：￥26.00

J722.22　　　039048

兰坪民间舞蹈/李松发主编；云南省兰坪白族普米族自治县文化局，中国民族民间舞蹈集成云南卷编辑部编．——昆明：云南民族出版社，1994.4.——249页；90cm.——（中国民族民间舞蹈集成云南卷丛书）

ISBN　7-5367-0754-1：￥7.80

J722·22　　　039049

佤族景颇族舞蹈/张亚锦，刘金吾编著．——昆明：云南人民出版社，1994.12.——337页；20cm.（云南民族民间舞蹈丛书）

ISBN　7-222-01701-1：￥6.95

J722.225.2　　　039050

白族民间舞蹈/秦经玉主编；大理白族自治州文化局，中国民族民间舞蹈集成云南卷编辑部编．昆明：云南民族出版社，1994.12.557页：彩照；20cm.（云南地方艺术集成·志；云南民族民间舞蹈集成丛书）

ISBN　7-5367-0797-4：￥26.00

J722.3　　　039051

儿童舞蹈编导/周雅俐编著．——桂林：广西师范大学出版社，1994.6.——207页；19cm.　（中等师范学校课外活动丛书）

ISBN　7-5633-1908-5：￥3.50

J722.3　　　039052

少儿舞蹈入门：少儿舞模仿动作选/杨书明编著．北京：首都师范大学出版社，1994.4.——133页；19cm.（少儿文化技能丛书）

ISBN　7-81039-120-8：¥4.60

J722.4　　　039053

中国古典舞教学/朱清渊著．杭州：中国美术学院出版社，1994.6.——324页；26cm 艺术院校教材

ISBN　7-81019-310-4：¥20.00

J722.5　　　039054

北京舞蹈学院芭蕾舞（院外）分级考试教程：一、二级/曲皓主编．北京：知识出版社，1994.4.——70页；26cm

ISBN　7-5015-11　94-2：¥12.80

J722.8　　　039055

舞中之王：现代探戈舞/寒夫，朝晖编．——长沙：湖南文艺出版社，1994.9.——159页；26cm

ISBN　7-5404-1272-0：¥5.90

J722.8　　　039056

现代交谊舞花样集锦/刘峰等编著．——西安：陕西师范大学出版社，1994.9.-148页；26cm

ISBN　7-5613-1095-1：¥5.80

J73　各国舞蹈、舞剧

J731　　　039057

中老年舞蹈/芮淑敏主编．——合肥：安徽文艺出版社，1994.5.——98页；26cm

ISBN　7-5396-1158-8：¥6.80

J732.5-09　　　039058

世界芭蕾史纲/朱立人著．北京：中国戏剧出版社，1994.6.——359页；20cm.——（舞学丛书/吕艺生主编）

ISBN　710400665-6：¥11.80

J732.5——53　　　039059

芭蕾之梦/肖苏华著．——北京：中国工人出版社，1994.6.——324页；20cm.——（舞蹈教育文库）

ISBN　7-5008-1650-2：¥10.80

J732.6　　　039060

国际标准舞技法规范：现代舞/杨威，袁水海编著．——上海：上海译文出版社，1994.11.138页：彩照；26cm

ISBN　7-5327-1596-5：¥15.00

J732.8　　　039061

最新图解现代交际舞/孙夷，李融编著．——北京：中国工人出版社，1994.5.——159页；26　cm

ISBN　7-5008-1605　7：¥9.80

[1995年]

J7 舞 蹈

J7-43　　　　034325

舞蹈/董立言，刘振远主编；部分省市职业高中幼儿教育专业课程结构总体改革实验教材编写委员会编．——北京：高等教育出版社，1995.7.——320页；26cm

中等职业学校幼儿教育专业实验教材

ISBN7-04-005291-1：¥15.45

J70 舞蹈理论

J70-53　　　　034326

在舞蹈的斜径上探寻：王福玲舞蹈文集/王福玲著．——昆明：云南美术出版社，1995.12.——164页；20cm

ISBN7-80586-221-4：¥6.80

J709.2　　　　034327

西藏舞蹈通史/阿旺克村编著．——长沙：湖南文艺出版社，1995.9.——174页：照片；20cm

ISBN7-5404-1435-9：¥9.80

J709.2　　　　034328

优美动人的中国舞蹈/林叶青著．——沈阳：辽宁古籍出版社，1995.5.—138页；19cm.——（中华民族优秀传统文化丛书·艺术卷/赵宪章主编）

本卷8册，总定价：43.00

J72 中国舞蹈、舞剧

J722.2　　　　034329

楚雄市民族民间舞蹈/农立红主编；云南省楚雄市文化局，云南省楚雄市民族事务委员会编．——昆明：云南民族出版社，1995.7.——173页；20cm.——（中国民族民间舞蹈集成云南卷丛书·云南地方艺术集成·志）

ISBN　7-5367-1054-2：¥8.50

J722.21　　　　034330

中国民间舞常用动作选萃/姬茅编著．——开封：河南大学出版社，1995.9.——274页；20cm

ISBN　7-81041-265-5：¥14.00

J722.21　　　　034331

中国民间舞蹈/何健安著．——2版．——杭州：浙江教育出版社，1995.3.——204页：图；20cm——（中国民间文化丛书/刘魁立主编）

ISBN　7-5338-2170-x（精装）：¥9.85

J722.22　　　　034332

新疆舞蹈普及教程/马泰英编著；于兆龙，李太保摄影．——乌鲁木齐：新疆青少年出版社，1995.4.——104页；20cm

ISBN　7-5371-2060-9：¥5.80

J722.3　　　　034333

儿童舞蹈24则/郦海英，田鸿生编著.——上海：上海音乐出版社，1995.9.——86页；.19cm

ISBN　7-80553-579-5：￥4.00

J722.3　　　　034334

儿童舞蹈教程/张先敏著.——北京：中国青年出版社，1995.9.——196页；19cm

ISBN　7-5006-1997-9：￥9.50

J722.8　　　　034335

OK舞会舞/陈冲编选.——北京：人民音乐出版社，1995.1.——149页；20cm

当代流行舞蹈实用教材

ISBN　7-103-01223-7：￥6.90

J722.8　　　　034336

舞厅交谊舞入门/顾也文著.——上海：上海音乐出版社，1995.6.——151页；20cm，

ISBN　7-80553-512-4：￥6.80'

J722.9　　　　034337

中老年迪斯科/徐尔充主编.——2版.——北京：金盾出版社，1995.5.——116页；26cm

ISBN　7-80022-996-3：￥9.90

J73　各国舞蹈、舞剧

J732.6　　　　034338

体育舞蹈：现代部分/周子章著.——天津：百花文艺出版社，1995.8.——135页；19cm

ISBN　7-5306-2071-1：￥8.90

J732.8　　　　034339

当代标准交谊舞花样速成/张晓陪编著.——南昌：21世纪出版社，1995.11.——103页；26cm

ISBN　7-5391-1013-9：￥12.00

J732.8　　　　034340

交谊舞精解：当代国际标准交谊舞与现代舞厅交谊舞/笑鸥，长江编著.——长沙：湖南科学技术出版社，1995-8.——173页：图；26cm

ISBN　7-5357-1783-7：￥18.00

J732.8　　　　034341

新编现代国际交谊舞大全/郭明达等编著.——北京：中华工商联合出版社，1995.1.——220页；20cm

ISBN　7-80100-109-5：￥9.00

J732.9　　　　034342

中老年迪斯科/徐尔充主编.——北京：金盾出版社，1995.2.——116页：彩照；26cm

ISBN　7-80022-996-3：￥9.90

J79　舞蹈事业

J791.4　　　　034343

广东歌舞厅/郑泽才主编；广东省社会文化管理委员会编.——广州：岭南美术出版

社，1995.3.——2（）7页：彩照；29cm

ISBN 7-5362-1148-1（精装）：¥145.00

J793.134　　034344

创造才是生命/［日］清水正夫编著；李玉，王保祥译.——北京：中国摄影出版社，1995.1.——80页；22cm

ISBN 7-80007-122-7（精装）：¥40.00

［1996年］

J7 舞 蹈

J705　　034343

舞蹈艺术欣赏：黛尔勃西荷拉遐想/资华筠著.——太原：山西教育出版社，1996.1.——142页；19cm.——（美育丛书·音乐舞蹈系列；1/李凌主编）

ISBN 7-5440-0799-5：¥5.70

J705　　034344

西方舞蹈鉴赏/欧建平著.——北京：光明日报出版社，1996.4.——240页；19cm

ISBN 7-80091-809-2：¥17.00

J709　　034345

西方舞蹈文化史/［美］索雷尔（Sorell，W.）著；欧建平译.——北京：中国人民大学出版社，1996.10.——704页；20cm

ISBN 7-300-02095 X：¥48.00

J709.2　　034346

全唐诗中的乐舞资料/中国舞蹈艺术研究会舞蹈史研究组编.——北京：人民音乐出版社，1996.11.——334页；20cm

ISBN 7-103-01474-4（精装）：¥29.80

J709.5　　034347

西方舞蹈史/［法］布尔西埃（Bourcier，P.）著；邢晓瑜，耿长春译.——成都：四川人民出版社，1996.10.——299页；19cm

ISBN 7-220-03391-5：¥14.00

J72 中国舞蹈、舞剧

J722.2　　034348

中国民族民间舞蹈集成：福建卷/吴晓邦主编；李联明分卷主编；中国民族民间舞蹈集成编辑部编.——北京：中国ISBN中心，1996.12.——928页：彩照；26cm

ISBN 7-5076-0105-6（精装）：¥151.00

J722.2　　034349

中国民族民间舞蹈集成：广东卷/吴晓邦主编；梁伦分卷主编.——北京：中国ISBN中心，1996.1.9.——653页：彩照；26cm

ISBN 7-5076-0106-4（精装）：¥109.60

J722：2　　034350

中国民族民间舞蹈集成：黑龙江卷/吴晓邦主编；李松华分卷主编.——北京：中国ISBN中心，1996.6.——528页：彩照；26cm

ISBN 7-5076 0098-X（精装）：¥91.00.

J722.2　　　034351

中国民族民间舞蹈集成：宁夏卷/吴晓邦主编；荆乃立分主编；中国民族民间舞蹈集成编辑部编．——北京：中国 ISBN 中心，1996.6．——614 页：彩照；26cm

ISBN　7-5076-0086-6（精装）：￥104.oo

J722.21　1　　034352

民族大秧歌/刘翠玉，李久龄编创；俞根泉摄影．——北京：金盾出版社，1996.11．——88 页：彩图；26cm

ISBN　7-5082-0324-0：￥8.00

J722.22　　　934353

中国西南少数民族舞蹈文化/刘金吾著．——昆明：云南人民出版社，1996.5．——l99 页：彩照；20cm

ISBN　7-222-01963-4：￥9.00

J722.221.9　　034354

中国朝鲜族舞蹈论稿/崔凤锡著．——延吉：延边大学出版社，1　996.7．——267 页；20cm

ISBN　7-5634-0891-6：￥10.20

J722.3　　　034355

儿童民族舞蹈组合选（二）/朱苹编著．——上海：上海音乐出版社，1996.9．——86 页；20cm

ISBN　7-80553-549-3：￥3.70

J722.8　　　034356

交际舞现代舞速成/廖敏编著．——广州：广州出版社，1996.9．——369 页；19cm

ISBN　7-80592-527-5：￥15

J722.8　　　034357

教你跳舞更潇洒：交谊舞专家胡乃耀/胡乃耀著．——北京：人民体育出版社，1996.12．——259 页；20cm

ISBN　7-5009-1321-4：￥14.00

J722.8　　　034358

现代国际流行交谊舞入门/丁良欣等编著；童道蓉绘．——北京：中华工商联合出版社，1996.8．——339 页；19cm

ISBN　7-80100-283-0：￥11.00

J723　　　034359

中国舞剧/翟子霞主编．——北京：中国世界语出版社，1996.1．——538 页：照片；29cm

ISBN　7-5052-0257-X（精装）：￥480.00

J73　各国舞蹈、舞剧

J732.6　　　034360

现代舞欣赏法/欧建平著．——上海：上海音乐出版社，1996.11．——472 页：照片；20cm

ISBN　7-80553-610-4（精装）：￥35.00

J732.8　　　034361

当代舞厅舞/定知编著．——长沙：湖南文艺出版社，1996.4．——84 页；26cm

ISBN　7-5404-1501-0：￥7.95

J732.8　　　034362

现代交际舞/平果编著．——石家庄：河北人民出版社，1996.1．——115 页；26cm

ISBN　7-202-01836-5：￥8.00

J732.8　　　　034363

现代交际舞范本/刘德胜，冬梅编著．——北京：农村读物出版社，1996.9.——247页；彩图；20cm

ISBN　7-5048-2708-8：￥16.80

J732.8　　　　034364

现代交际舞速成/祖代编著．——北京：农村读物出版社，1996.1.——149页；26cm

ISBN　7-5048-2645-6：￥18.80

J732.8　　　　034365

怎样跳交谊舞/黄少青编著．——深圳：海天出版社，1996.6.——89页；19cm

ISBN　7-80615-401-9：￥9.80

J79　舞蹈事业

J792.63　　　　034366

情系意大利/黄义勇主编．——贵阳：贵州人民出版社，1996.——48页：彩照；20cm

ISBN　7-221-04118-0：￥30.00

［1997年］

J7　舞　蹈

J7　　　　043195

中等艺术师范舞蹈教程/潘多玲编著．——乌鲁木齐：新疆青少年出版社，1997.10.——213页；26　cm.

ISBN　7-5371-2756-5：￥24.80

J70　舞蹈理论

J701　　　　043196

舞蹈美学/欧建平著．——北京：东方出版社，1997.4.——288页；19cm.——（东方袖珍美学丛书/叶秀山主编主编）

ISBN　7-5060-0875-0：￥13.20

J702　　　　043197

舞蹈艺术概论/隆荫培，徐尔充著．——上海：上海音乐出版社，1997.4.——565页：彩照；20cm.——（东方袖珍美学丛书/叶秀山主编主编）

ISBN　7-80553-625-2：￥13.20

J709.2　　　　043198

解放军舞蹈史/高椿生编著．——北京：人民音乐出版社，1997.12——291页；20cm.

ISBN　7-5065-3468-1：￥25.00

①J709.2②J722.221.9-09　043199

朝鲜族舞蹈史/朴永光著．——北京：人民音乐出版社，1997.10——255页：照片；20cm.——（中国少数民族舞蹈研究系列）

ISBN 7-103-01511-2：￥22.50

J709.2-64 0431200

中国舞蹈艺术史图鉴/董锡玖，刘峻骧主编．——长沙：湖南教育出版社，1997.12——561页；29cm.

ISBN 7-5355-2570-9（精装）：￥278.00

J71 舞蹈技术、方法

J717 043201

舞台舞蹈头饰造型艺术/李晓兰著．——兰州：敦煌文艺出版社，1997.11.——131页；26cm.

ISBN 7-80587-431-X：￥28.00

J72 中国舞蹈、舞剧

J722.2 043202

中国民族民间舞蹈集成·湖南孝感卷/程云鹰主编；《中国民族民间舞蹈集成·湖北孝感卷》编辑部编．——武汉：长江文艺出版社，1997.6.——220页；26cm.

ISBN 7-5354-1478-8：￥30.00

J722.21 043203

民间舞蹈/张守镇著．——郑州：海燕出版社，1997.5.——324页；20cm.

ISBN 7-5350-1327-9（精装）：￥17.00

J722.21-53 043204

论中国民间舞艺术：中国民间舞教育专业毕业论文集/北京舞蹈学院民间舞系编．——济南：山东友谊出版社，1997.6.——405页；20cm.

ISBN 7-80551-963-3：￥18.00

J722.211 043205

伴你·迷你-秧歌舞速成/梁力生编．——北京：北京体育大学出版社，1997.3.——152页；20cm.

ISBN 7-81051-1251-1￥8.00

J722.22 043206

舞蹈与族群/黄泽桂著．——贵阳：贵州人民出版社，1997.5.——211页；20cm..——（贵州民间文化研究丛书/吴家萃主编）

ISBN 7-221-04087-7：￥10.10

①J722.22②G122 043207

中国民族舞蹈与稻作文化/刘金吾著．——昆明：云南人民出版社，1997.12——212页；20cm

ISBN 7-222-02287-2：￥15.00

J722.4 043208

中国古代舞蹈/刘芹编著．——北京：商务印书馆，1997.4.——233页：彩图；19cm.——（中国文化史知识丛书/任继愈主编）

ISBN 7-100-02169-3：￥14.00

J722.8 043209

北京平四舞花样100种 第二册/杨艺编著．——北京：北京体育大学出版社，1997.3.——364页：照片；20cm.

ISBN 7-81051-118-1：￥18.80

J722.8 043210

北京平四舞花样 100 种　第一册/杨艺编著 .——北京：北京体育大学出版社，1997. 3. ——293 页：照片；20cm.

ISBN　7-81051-117-3：¥15. 80

J722. 8　　　　043211

中国最新流行交谊舞速成/胡乃耀著 .——北京：新华出版社，1997. 5. ——188 页；19cm. ——（家庭书架藏书）

ISBN　7-5011-3646-7：¥8. 50

J722. 8　　　　043212

最现代交际舞教程/崔熙芳，王怀玉著 .——北京：农村读物出版社，1997. 10. ——233 页；19cm.

ISBN　7-5048-2785-1：¥10. 00

J722. 9　　　　043213

大众迪斯科健身舞/刘峰主编；白春梅等编 .——西安：陕西师范大学出版社，1997. 10. ——127 页；26cm.

ISBN　7-5613-1610-0：¥8. 00

J722. 9　　　　043214

体育舞蹈/刁在知箴主编 .——武汉：货栈中师范大学出版社，1997. 11. ——154 页；20cm. ——（华中师范大学出版基金丛书）

ISBN　7-5622-1781-5：¥8. 00

J723. 4　　　　043215

足尖上的梦幻：中外芭蕾精品欣赏/朱立人，魏中编著 .——上海：少年儿童出版社，1997. 7. ——150 页：彩图；19cm. ——（艺术长廊丛书）

ISBN　7-5324-3047-2：¥8. 70

J73　各国舞蹈、舞剧

J732. 8　　　　043216

当代交谊舞花样 100 种　第二册/杨艺编著 .——北京：北京体育大学出版社，1997. 3. ——274 页：照片；20cm.

ISBN　7-81051-120-3：¥15. 40

J732. 8　　　　043217

当代交谊舞花样 100 种　第一册/杨艺编著 .——北京：北京体育大学出版社，1997. 3. ——286 页：彩照；20cm.

ISBN　7-81051-119-X：¥15. 60

J732. 8　　　　043218

国际标准交谊指南：拉丁舞　第八册：桑巴/崔淑英艺编著 .——西安：陕西人民出版社，1997. 4. ——75 页：彩图；26cm.

ISBN　7-224-04184-X：¥10. 00

J732. 8　　　　043219

国际标准交谊指南：拉丁舞　第九册：帕索多布里/崔淑英艺编著 .——西安：陕西人民出版社，1997. 4. ——75 页：彩图；26cm.

ISBN　7-224-04187-4：¥10. 00

J732. 8　　　　043220

国际标准交谊指南：拉丁舞　第六册：伦巴/崔淑英艺编著 .——西安：陕西人民出版社，1997. 4. ——67 页：彩图；26cm.

ISBN　7-224-04185-8：¥10. 00

J732. 8　　　　043221

国际标准交谊指南：拉丁舞　第七册：恰恰恰/崔淑英艺编著 .——西安：陕西人民

出版社，1997. 4. ——78 页：彩图；26cm.

ISBN 7-224-04186-6：¥10. 50

J732. 8 043222

国际标准交谊指南：拉丁舞 第十册：伽依夫/崔淑英艺编著 . ——西安：陕西人民出版社，1997. 4. ——72 页：彩图；26cm.

ISBN 7-224-04183-14：¥10. 00

J732. 8 043223

国际流行社交舞十日通/王国华编著 . ——北京：京华出版社，1997. 12. ——153 页；19cm. . ——（十日通丛书）

ISBN 7-80600-263-4：¥10. 00

J732. 8 043224

国际体育舞蹈与流行交谊舞/韩巧云，张旭编著 . ——西安：西北大学出版社，1997. 1. ——427 页；20cm

ISBN 7-5604-1158-4：¥15. 80

J732. 8 043225

图解国际标准舞/苗坤编著；田林，李昊翰绘 . ——北京：华龄出版社，1997. 1. ——243 页

范兆龄编著 . ——天津：天津人民美术出版社，1997. 1. ——427 页；20cm

ISBN 7-80082-789-5：¥14. 50

J732. 8 043226

现代国际流行舞厅舞/范兆龄 . ——天津：天津人民美术出版社，1997. 2. ——312 页；19cm

ISBN 7-5305-0525-4：¥15. 60

J732. 9 043227

伴你·迷你——迪斯科舞速成/思美，黎声编著 . ——北京：北京体育大学出版社，1997. 3. ——87 页；20cm.

ISBN 7-81051-122-X：¥6. 00

［1998 年］

J7 舞 蹈

J7-49 048611

舞蹈：流动的旋律/尤建伟，袁立书编著 . ——北京：教育科学出版社，1998. 10. ——96 页；20cm. ——（美育丛书/从药汀主编）

ISBN 7-5041-1792-7：¥7. 00

J70 舞蹈理论

J70-05 048612

宗教与舞蹈/刘建，孙龙奎著 . ——北京：民族出版社，1998. 5. ——482 页；20cm

ISBN 7-105-03133-6：¥40. 00

J709. 2 048613

中国舞蹈史/王宁宁等著 . ——北京：文化艺术出版社，1998. 1. ——164 页；20cm. ——（中国艺术简史丛书）

ISBN 7-5039-1613-3：￥11.80

J709.552 048614

葡萄牙舞蹈史/［葡］萨斯波尔特斯，［葡］里贝罗著；陈用仪译.——北京：中国文联出版公司，1998.8.——203页；20cm

著者原题：若泽·萨斯波尔特斯，安东尼奥·平托·里贝罗 ISBN 7-5059-3105-9：￥11.60

J71 舞蹈技术、方法

J71 048615

舞蹈入门/宇慧主编.——沈阳：沈阳出版社，1998.6.——126页；19cm.——（审美素质培养丛书；16） 全套共20册，总定价：98.00元

ISBN 7-5441-0987-9：￥0.00

J711.3 048616

舞蹈创编法/［法］伐纳著；郑慧慧译.——上海：上海音乐出版社，1998.2.——82页；20cm

著者原题：卡琳娜·伐纳 ISBN 7-80553-712-7：￥6.00，

J712.2 048617

大学生舞蹈教学指导/孙国荣，余美玉著.——上海：上海音乐出版社，1998.10.——288，18页；20cm

ISBN 7-80553-672-4：￥12.80

J712.2 048618

儿童舞蹈基训20课/李振文著.——上海：上海音乐出版社，1998.9.——241页；20cm

ISBN 7-80553-238-9：￥10.50

J714 048619

舞台艺术/孟春燕主编.——沈阳：沈阳出版社，1998.6.——119页；19cm.——（学生文体娱乐活动丛书；10）

全套共30册，总定价：138.03元

ISBN 7-5441-0987-9：￥0.00

J72 中国舞蹈、舞剧

J72 048620

中国舞蹈/吴露生著.——上海：上海古籍出版社，1998.7.——125页；19cm.——（中华文明宝库/李国章，马樟根主编）

ISBN 7-5325-2409-4：￥8.90

J722.2 048621

舞艺·舞理/资华筠著.——沈阳：春风文艺出版社，1998.9，-383页；20cm

ISBN 7-5313-1906-3：￥28.00

J722.221.4 048622

雪域热巴：汉藏对照/欧米加参著.——北京：民族出版社，1998.11.——364页；20cm

ISBN 7-105-03017-8：￥17.00

J722.225.3 048623

傣族舞蹈艺术/汤耶碧著.——昆明：云南美术出版社，1998.5.——196页；20cm

ISBN 7-80586-446-2：￥15.80

J722.3　　　　048624

儿童歌舞及舞蹈基础训练/中等师范音乐教材编委会编.——上海：上海音乐出版社，1998.7.——131页；26cm

中等学校课本：试用本　ISBN　7-80553-665-1：¥7.30

J722.3　　　　048625

舞蹈/江苏省幼儿园教师学历培训教材编写组编.——南京：南京师范大学出版社，1998.7.——198页；20cm

江苏省幼儿园教师学历（中师）培训教材　ISBN　7-81047-228-3：¥7.50

J722.8　　　　048626

交谊舞速成/李仁惠等编著.——武汉：湖北人民出版社.1998.9.——179页；19cm.——（周末文库）

ISBN　7-216-02338-2：¥6.30

J722.8　　　　048627

怎样跳好交谊舞/吴欢迎，周晓健编著.——2版（增订本）.——成都：四川科学技术出版社，1998.8.——282页；20cm

ISBN　7-5364-1816-7：¥14.50

J722.8　　　　048628

怎样跳交谊舞/张云朋，丁载珍编著.——苏州：苏州大学出版社，1998.11.——203页；19cm.-（全民健身活动知识丛书；3/刘志民主编）

ISBN　7-81037-471-0：¥8.30

J722.9　　　　048629

体育舞蹈/许万林主编.——西安：陕西科学技术出版社，1998.5.——186页；19cm

ISBN　7-5369-2715-0：¥11.80

J73　各国舞蹈、舞剧

J732.8　　　　048630

最新国际社交舞：舞厅舞/柳长发，刘国范编著.——哈尔滨：黑龙江科学技术出版社，1998.3.——210页：彩照；26cm

ISBN　7-5388-3199-1：¥26.00

［1999年］

J7　舞　蹈

J7　　　　053849

舞蹈/金秋编··北京：中陶劳动出版社，1999，09.——2册（421页）；26cm

中等专业学校系列教材

ISBN　7-5045-2785-8：¥38.00

J7　　　　053850

舞蹈（上）/教育部体育卫生与艺术教育司组编.——上海：上海教育出版社，1999.09.——95页；26cm

全国中等艺术师范、中师音乐班专业教材

ISBN　7-5320-6643-6：¥9.00

J7　　　　　　053851

舞蹈：气质与形体的塑造/金千秋编著.——北京：中国纺织出版社，1999.05.——204页；20cm.——（完全素质手册）

ISBN　7-5064-1584-4：¥17.00

J70　舞蹈理论

J70　　　　　　053852

风姿流韵：舞蹈文化与舞蹈审美/于平著.——北京：中国人民大学出版社，1999.11.-325页；23cm

21世纪素质教育系列教材·高等学校美育教材系列

ISBN　7-300-03060-2：¥26.00

J70-53　　　　　053853

舞论集/叶宁著.-北京：中国戏剧出版社，1999.01.——329页；20cm.——（中国文联晚霞文库）

ISBN　7-104-00934-5（精装）：¥20.20

J705　　　　　　053854

舞论/刘海茹著.——北京：中国文联出版公司，1999.09.——324页；20cm

ISBN　7-5059-3427-9：¥15.60

J709　　　　　　053855

舞蹈篇：舞低杨柳楼心月/费秉勋著.——西安：三秦出版社，1999.04.——249页；20cm.——（中国社会生活丛书）

ISBN　7-80628-265-3：¥9　50

J70-49　　　　　053856

神州舞韵（1）/巫允明著；刘占军绘-重庆：重庆出版社，1999　04.-202页；19cm.——（新世纪纪百科知识金典）

ISBN　7-5366-4197-4：¥9.60

J709-49　　　　　053857

神州舞韵（2）/巫允明著；刘占军绘-重庆：重庆出版社，1999，04.——153页；19cm.——（新世纪百科知识金典）

ISBN　7-5366-4198-2：¥7.50

J709.2　　　　　053858

宋辽金西夏舞蹈史/冯双白著　北京：北京燕山出版社，1999.11.-189页；20cm

ISBN　7-5402　1052-4：¥18.00

J709.2　　　　　053859

中国近现代当代舞蹈发展史：1840-1996年/王克芬，隆荫培主编.——北京：人民音乐出版社，1999.09.——853页；20cm

ISBN　7-103-01807-3：¥49.90

J709.2　　　　　053860

中国舞蹈/资华筠主编.-北京：文化艺术出版社.，1999.01.——179页；20cm.——（中国文化艺术丛书/曲润海，孙维学主编）

ISBN　7-5039-1829-2：¥28.00

J709.2　　　　　053861

中国舞蹈/袁禾著.——上海：上海外语教育出版社，1999.08.——370页；彩照；19cm，（中华文明书库系列丛书/叶长海主编）

ISBN　7-81046-643-7（精装）：¥25.00

J709.2　　　　　053862

中华舞蹈志：浙江卷/《中华舞蹈志》编辑委员会编．——上海：学林出版社，1999.09.——238 页：图；23×17cm

ISBN 7-80616-736-6（精装）：¥40.00

J71 舞蹈技术和方法

J71 053863

舞蹈基本技术课教学法/宋兆昆编著．——北京：中国华侨出版社，1999.06——202 页；20cm.——（中国人民解放军艺术学院丛书·教材卷）

ISBN 7-80120-3t0-0：¥15.00

J712.1 053864

舞蹈选材与训练科学/于景春著．——昆明：云南大学出版社，1999.08.——331 页；20cm

ISBN 7-81068-t02-8：¥22.00

J712.2 053865

舞蹈基础/张琳仙，张娇编著．北京：中国妇女出版社，1999.02.——212 页；26cm

ISBN 7-80131-324-0：¥25.80

J712.2 053866

中国舞蹈武功教学/北京舞蹈学院附属中等舞蹈学校编．——北京：中国戏剧出版社，1999.09.——525 页；20cm

ISBN 7-104-01040-8：¥38 00

J72 中国舞蹈、舞剧

J72 053867

话说元神祭/吴宏堂主编．——武汉：湖北人民出版社，1999.07.——319 页；20cm

ISBN 7-216-02630-6：¥25.00

J72. 053868

舞蹈知识手册/隆情培等编著．——上海：上海音乐出版社，1999.04.——606 页；20cm

ISBN 7-80553-751-8（精装）：¥40.00

J722 053869

山东舞蹈分级考试教材：5-10 级/刘桂芳等主编．——济南：明天出版社，1999，04.-— 153 页；26cm

ISBN 7-5332-2967-3：18.00

J722 053870

校园舞蹈：创编与实例/李美安编著；杨泓绘．——长沙：湖南文艺出版社，1999.10.——180 页；26cm

ISBN 7-5404-2192-4：¥19.00

J722.1 053871

国庆 50 周年联欢晚会集体舞专辑/首都国庆 50 周年联欢晚会总指挥部编．——北京：北京出版社，1999.09.——64 页；20cm

ISBN 7-200-03839-3：¥0.00

J722.211 053872

教你扭秧歌/姜桂萍著．——北京：人民体育出版社，1999.10.——142 页；20cm

ISBN 7-5009-1802-X：¥9.50

J722.22 053873

哈尼族布朗族基诺族舞蹈/李金印，刘金吾编著.——昆明：云南民族出版社，1999.03.——323页；20cm——（西南民族民间舞蹈丛书）

ISBN 7-5367-1786-5：¥12.80

J722.3 053874

儿童歌舞创编与实例/李嘉评等编著.——长沙：湖南文艺出版社，1999.03.——170页；26cm

ISBN 7-5404-1996-2：¥16.50

J722.5 053875

芭蕾基础教程/叶文和著.——上海：百家出版社，1999.12.210页；26cm

ISBN 7-80576-808-0：¥20.00

J722.8 053876

现代交际舞教程/易娟，冬梅编著；易玲，潘芽绘.——北京：农村读物出版社，1999.10.—254页；26cm

ISBN 7-5048-3013-5：¥21.80

J73 各国舞蹈、舞剧

J732.5-49 053877

艺术瑰宝：芭蕾/［俄］鲍恰尔尼科娃等著；朱袭明译.——挂林：广西师范大学出版社，1999.09.——357页；20cm

ISBN 7-5633-2930-7：¥17 00

J732.8 053878

跟我学拉丁舞/赵庭武等编著.——长沙：湖南文艺出版社，1999.09.——127页；30cm

ISBN 7-5404-2100-2：¥15.50

［2000年］

J7 舞 蹈

J7 050995

北京舞蹈学院芭蕾舞分级考试教程：第六级/曲皓主编.——北京：首都师范大学出版社，2000.05.——73页；26cm

ISBN 7-81064-174-3：¥25.00

J7 050996

舞蹈/江玲主编.——南京：河海大学出版社，2000.08.——213页；26cm

五年制幼儿师范大专系列教材

ISBN 7-5630-1524-8：¥0.00

J7 050997

中国艺术教育大系：舞蹈卷：舞蹈教育学/吕艺生著.——上海：上海音乐出版社，2000.04.——266页；28cm.——（中国艺术教育大系·舞蹈卷）

普通高等教育九五国家级重点教材

ISBN 7-80553-777-1：¥28.00

J7-43 050998

舞蹈 下册/教育部体育卫生与艺术教育司组编.——上海：上海教育出版社，

2000. 08. ——85 页；26cm

全国中等艺术师范、中师音乐专业教材

ISBN 7-5320-7178-2：￥8. 50

J7-49 050999

你我手拉手：舞蹈艺术 ABC/常古著 . ——北京：中国工人出版社，2000. 01. ——221 页；70cm. ——（写在课堂边上/陈幼民主编）

ISBN 7-5008-2339-8：￥11. 80

J70 舞蹈理论

J705. 2 051000

黄河歌舞艺术论/成葆德主编 . ——太原：山西人民出版社，2000. 03. ——316 页；20cm. ——（山西文艺创作研究丛书/侯伍杰主编）

ISBN 7-203-03951-X：￥20. oo

J709. 2 051001

长歌彩袖绘蓝天：空政歌舞团史话：1950-1966/耿耿著 . ——北京：解放军文艺出版社，2000. 05. ——456 页；20cm

ISBN 7-5033-1239-4：￥29. oo

J709. 2 051002

中华舞蹈志：上海卷/《中华舞蹈志》编辑委员会编 . ——上海：学林出版社，2000. 12. ——225 页；26cm

ISBN 7-80616-993-8（精装）：￥38. 00

J709. 2 051003

中华舞蹈志：安徽卷/《中华舞蹈志》编辑委员会编 . ——上海：学林出版社，2000. 12. ——311 页；26cm

ISBN 7-80616-992-x（精装）：￥50. 00

J72 中国舞蹈、舞剧

J722 051004

中国舞等级考试教材：幼儿：第三级/孙光言主编；北京舞蹈学院编 . ——北京：人民音乐出版社，2000. 08. ——64 页；30×21cm

ISBN 7-103-02153-8：￥15. 00

J722 051005

中国舞等级考试教材：幼儿：第一级/孙光言主编；北京舞蹈学院编 . ——北京：人民音乐出版社，20130. 08. ——57 页；30×22cm

ISBN 7-103-02151-1：￥13，00

J722 051006

中国舞等级考试教材：幼儿：第二级/孙光言主编；北京舞蹈学院编 . ——北京：人民音乐出版社，2000. 08. ——59 页；30×21cm

ISBN 7-103-02152-X：￥14. 00

J722 051007

中国舞精选教材/高洁编著 . ——北京：人民音乐出版社，2000. 06. ——153 页：307 幅；30cm

ISBN 7-103-02123-6：￥20. 00

J722. 1 051008

集体舞套路百例汇编/梁明富编著 . ——郑州：中原农民出版社，2000. 10. ——148

页；19cm

ISBN 7-80641-362-6：¥5.oo

J722.2　　　　051009

浪漫的云霞：云南民族舞蹈/王清华编著.-昆明：云南教育出版社，2000.08.——187页；20cm.-（云南民族文化知识丛书/林超民主编）

ISBN 7-5415-1.797-6：¥10.00

J722.21-53　　　　051010

炼狱与圣殿中的欢笑：傅兆先舞学文选集/傅兆先著.——北京：中国青年出版社，2000.01.——437页：.20cm

ISBN 7-5006-3827-2：¥28.00

J722.225.3　　　　051011

傣族舞蹈教程/张志萍编著.——北京：中央民族大学出版社，2000.03.——225页；29cm

ISBN 7-81056-274-6：¥36.00

J722.3　　　　051012

少儿歌舞游戏新编/李嘉评，卢青生编著.——重庆：西南师范大学出版社，2000.06.——240页；26cm.——（音乐教育丛书）

ISBN 7-5621-2316-0：¥21.00

J722.3-53　　　　051013

美的寻觅：全国少儿舞蹈论文集/王同礼主编.——兰州：甘肃少年儿童出版社，2000.07.——410页；20cm

ISBN 7-5422-570-1.¥16.00

J73　各国舞蹈、舞剧

J732.5　　　　051014

古典芭蕾舞艺术大观/姬茅编著.——北京：人民音乐出版社，2000.02.——385页；20cm

ISBN 7-103-01697-6：¥30.00

J732.8　　　　051015

学跳国际标准交际舞/傅中枢编著.——2版.——北京：人民体育出版社，2000.01.——128页；19cm.——（体育爱好者丛书）

ISBN 7-5009-1651-5：¥7.00

J732-8　　　　051016

学跳交谊舞/杨威等编著.——2版.——上海：同济大学出版社，2000.06.——292页；17×19cm

ISBN 7-5608-1327-5：¥18.oo

[2001年]

J7　舞　蹈

J7　　　　057932

舞蹈/董立言，刘振运主编；全国中等职业学校幼儿教育专业教材编写组编.——2版.——北京高等教育出版社，2001.07.——334页；26cm

ISBN 7-04-009637-4：￥18.50

J7 057933

舞蹈/文永红主编.——重庆：西南师范大学出版社，2001.07.——99页；26cm

ISBN 7-5621-2567-8：￥10.00

①J7②G831.3 057934

舞蹈与健美操/黄宽柔，姜桂萍主编.——北京：高等教育出版社，2001.06.——218页；23cm

高等学校教材

ISBN 7-04-009638-2：￥12.50

J7-44 057935

舞蹈知识100问/徐尔充等编著.——北京：华乐出版社，2001.03.——177页；19cm.——（金钥匙知识百问丛书.艺术篇/江心编）

ISBN 7-80129-058-5：￥8.70

J7-49 057936

万般风情弄清影/陈洁编著.——上海：上海科学技术出版社，2001.09.——227页；26cm.——（生活艺术空间丛书.舞蹈卷/方全林主编）

ISBN 7-5323-5934-4：￥59.00

①J7-49②J8-49 057937

漫游戏剧舞蹈大观园/王培堃著.——贵阳：贵州人民出版社，2001.08.——122页；20cm

ISBN 7-221-05366-9：￥6.80

J7-53 057938

舞者断想/张苛著.——北京：新华出版社，2001.06.——274页；20cm

ISBN 7-5011-5245-4：￥20.00

J70 舞蹈理论

J705 057939

无声的言说：舞蹈人体语言解读/刘建著.——北京：民族出版社，2001.09.——276页：20幅；20cm

ISBN 7-105-04630-9：￥23.80

J705.2 057940

中国舞蹈艺术鉴赏随笔/黄明珠编著.——上海：上海音乐出版社，2001.01.——457页；20cm

ISBN 7-80553-929-4：￥25.00

J709.2 057941

中华舞蹈志.江西卷/《中华舞蹈志》编辑委员会编.——上海：学林出版社，2001.12.——403页；26cm

ISBN 7-80668-212-0（精装）：￥60.00

①3-709.2②J809.22 057942

先秦乐舞戏剧大事年表/王胜华著.——北京：中国文联出版社，2001.09.——205页；20cm.——（云南艺术学院省级重点学科丛书.第1辑/吴卫民主编）

ISBN 7-5059-3889-4：￥180.00（全套）

J709.2-64 057943

图说中国舞蹈史/冯双白等著.——杭州：浙江教育出版社，2001.01.——234页；26cm.——（图说中国艺术史/李希凡主编）

ISBN 7-5338-3903-x（精装）：￥48.00

J709.22-49　　　　057944

惊破霓裳羽衣曲：舞蹈小史/林叶青著．——沈阳：辽海出版社，2001.06.——138页；19cm.——（中华文化百科．艺术卷；7/赵宪章编）

ISBN　7-80649-992-x：¥91.00（全套13册）

J709.7　　　　057945

湖湘舞苑撷英：湖南舞蹈五十年/湖南省舞蹈家协会编．——长沙：湖南美术出版社，2001.11.——136页；29cm

ISBN　7-5356-1470-1（精装）：¥160.00

J71　舞蹈技术和方法

J712.2　　　　057946

舞蹈基本功与技巧/林长瑛著．——2版．——北京：北京大学出版社，2001.05.——344页；20cm

ISBN　7-301-00863-5：¥22.00

J72　中国舞蹈、舞剧

J722　　　　057947

中国舞等级考试教材．儿童．第4级/孙光言主编；北京舞蹈学院编．——北京：人民音乐出版社，2001.09.——106页；30cm

ISBN　7-103-02445-6：¥17.00

J722　　　　057948

中国舞等级考试教材．儿童．第5级/孙光言主编；北京舞蹈学院编．——北京：人民音乐出版社，2001.09.——120页；30cm

ISBN　7-103-02446-4：¥18.00

J722.21　　　　057949

中国民间舞蹈文化教程/罗雄岩著．——上海：上海音乐出版社，2001.01.——301页；26cm.——（中国艺术教育大系．舞蹈卷）

大专院校教材

ISBN　7-80553-852-2：¥30.oo

J722.21　　　　057950

中国民间舞教材与教法/潘志涛主编．——上海：上海音乐出版社，2001.05.——529页；26cm.——（中国艺术教育大系．舞蹈卷）

ISBN　7-80553-974-X：¥45.00

J722.221.7　　　　057951

通灵古韵：双柏彝山原始舞蹈/唐楚臣编著．——昆明：云南民族出版社，2001.08.——111页；19才cm.——（楚雄地方文化丛书．第1辑）

ISBN　7-5367-2254-0：¥48.00（全套）

J722.225.4　　　　057952

哈尼族民间舞蹈/陈秀芳主编；云南省红河哈尼族彝族自治州文化局．云南省红河哈尼族彝族自治州民委，中国民族民间舞蹈集成云南卷编辑部编．——昆明：云南人民出版社，2001.09.——：319页；19cm.——（云南地方艺术集成·志．云南民族民间舞蹈集成丛书）

ISBN　7-222-03299-1：¥27.00

J722.4　　　　057953

中国古典舞基训示范教材/刘玉珍编著．——沈阳：白山出版社，2001.09.——114

页；26cm

ISBN　7-80566-91-2：￥19.80

J73　各国舞蹈、舞剧

J732.5　　　　057954

西方芭蕾史纲/朱立人著.——上海：上海音乐出版社，2001.05.——262页；26cm.——（中国艺术教育大系.舞蹈卷）

ISBN　7-80553-940-5：￥27.oo

J732.5-61　　　　057955

牛津简明芭蕾词典/［德］凯格勒（Koegler，H.）著.——上海：上海外语教育出版社，2001.02.——459页；19cm.——（牛津英语百科分类词典系列）

ISBN　7-81080-043-4：￥19.50

J732.8　　　　057956

国际标准交谊舞简明教程：彩图本/［英］莱尔德著；张路德，何大明译.——郑州：河南科学技术出版社，2001.01.——80页；28×23cm

ISBN　7-5349-2523-1（精装）：￥40.00

J732-8　　　　057957

新世纪交谊舞、国标舞/徐尔充主编；崔世英，崔淑英编著.——北京：金盾出版社，2001.12.——242页；26cm

ISBN　7-5082-1502-8：￥22.50

［2002年］

J7　舞　蹈

J7　　　　072371

有氧舞蹈/周建社，宋春花主编.——长沙：湖南文艺出版社，2002.10.——256页；20cm

普通高等学校体育教材

ISBN　7-5404-2890-2l￥15.（x）

J7　　　　072372

中老年舞蹈设计/夏慧编著.——合肥：安徽教育出版社，2002.10.——179页；20cm

安徽省老年大学教材

ISBN　7-5336-3117-X：￥8.50

J70　舞蹈理论

J70　　　　072373

中外舞蹈思想概论/于平著.——北京：人民音乐出版社，2002.01.——669页；21cm

ISBN　7-103-02451-0：￥39.60

J705.2　　　　072374

中国舞蹈名作赏析：1949-1999.1/田静主编.——北京：人民音乐出版社，

2002.01.——368页；20cm

ISBN 7-103-02378-6：¥22.30

J709 072375

古丝绸之路乐舞文化交流史/金秋编著.——上，海：上海音乐出版社，2002.05.——306页；20cm

ISBN 7-80667-119-6：¥22.（x）

J709.2 072376

新中国舞蹈史：1949-2000/冯双白著.——长沙：湖南美术出版社，2002.11.——238页；29cm.——（新中国艺术史）

ISBN 7-5356-1810-3：¥152.00

J709.2 072377

战神的舞踏/刘青弋等著.——北京：解放军出版社.，2002.01.——206页；20cm.——（士兵文库）

ISBN 7-5065-4130-0：¥7.80

J709.2 072378

中国少数民族舞蹈发展史/马薇，马维丽著.——北京：人民音乐出版社，2002.01.——430页；29×21cm

ISBN 7-103-02105-8（精装）：¥390.00

J709.2 072379

中华舞蹈志.河北卷/张润主编；陈仲明.刘春芳编.——上海：学林出版社，2002.10.——259页；26cm

lSBN 7-80668-123-X（精装）：¥44.00

J709.2 072380

中华舞蹈志.宁夏卷/《中华舞蹈：占》编辑委员会编.——上：海：学林出版社，.2002.12.——286页：26cm

ISBN 7-80668-440-9（精装）：45.00

J709.22-64 072381

中国舞蹈文物图典/刘恩伯编并.——上海：上海音乐出版社，2002.12.——399页；26cm

ISBN 7-80667-226-5（精装）：¥380.00

J71 舞蹈技术和方法

J71 072382

舞蹈训练与编创/王海英，肖灵主编.——北京：高等教育出版社，2002.07.——202页；26cm

专升本系列教材

ISBN 7-04-01（）735-X：¥25.40

J712.2 072383

舞蹈基本训练组合大全/陈鸿英编著.——沈阳：沈阳出版社，2002.10.——867页；29cm

ISBN 7-5441-1925-4：¥88.00

J712.2 072384

舞蹈与形体训练/崔秀珍编著.——西安：陕西科学技术出版社，2002.01.——173页；20cm

ISBN 7-5369-3398-3：¥10.00

J72 中国舞蹈、舞剧

J72　　　　　　072385

中国舞蹈艺术．第1辑/于平主编；人民音乐出版社编辑部编．——北京：人民音乐出版社，2002.12.——258页；20cm

ISBN　7-103-02695-5：¥20.00

J7221　　　　　072386

中国舞等级考试教材：儿童．第6级/孙光言主编；北京舞蹈学院编．——北京：人民音乐出版社，2002.07.——130页；29cm

ISBN　7-103-02582-7：¥19.20

J722.214　　　072387

中国龙舞/梁力生，葛树蓉著．——重庆：重庆出版社，2002.02.——271页；20cm

ISBN　7-5366-5647-5：¥20.00

J722.22　　　　072388

萨满教舞蹈及其象征/于国华等著．——沈阳：辽宁人民出版社，2002.04.——406页；20cm.——（萨满教文化研究丛书）

ISBN　7-205-04978-4（精装）：¥32.00

J722.3　　　　072389

儿童舞蹈/人民教育出版社编．——北京：人民教育出版社，2002.02.——128页；26cm

ISBN　7-107-13387-X：¥11.90

J722.3　　　　072390

教你办儿童舞蹈兴趣班/牛国全编著．-西安：陕西人民出版社，2（Kr2.07.——177页；29cm.——（一看通综合实用方法辅导系列）

ISBN　7-224-06213-8：¥22.00

J722.4　　　　072391

敦煌舞教程/高金荣著．——上海：上海海音乐出版社，2002.03.——164页：24×17cm

ISBN　7-80667-120-x（精装）：¥50.00

J73 各国舞蹈、舞剧

J732.3　　　　072392

少儿舞蹈/王淑月主编．——长沙：湖南文艺出版社，2002.06.——107页；29cm

ISBN　7-5404-2833-3：¥19.00

J732.4　　　　072393

日本舞蹈的基础/［日］花柳千代著；郭连友等译．——北京：文化艺术出版社．2002.12.——320页：1800幅；26cm

ISBN　7-5039-2293-1：¥90.00

J732.5　　　　072394

芭蕾/蓝凡编著．——上海：上海三联书店，2002.12.——240页；26cm.——（深度万象之旅）

ISBN　7-5426-1752-4：¥26.00

J732.5-49　　　072395

足尖上的精灵：芭蕾的故事/蓝凡文化工作室编著．-上海：上海文化出版社，2002.09.——111页；20cm.-（新世纪五角丛书）

ISBN　7-80646-451-4：¥12.00

J732.6-61　　　072396

现代舞术语辞典/拉夫编著；欧建平编译.——上海：上海音乐出版社，2002.05.——187页；19cm

著者原题：保罗·拉夫

ISBN　7-80667-191-9：￥12.00

J732.8　　　072397

体育舞蹈/李晓新编著.——徐州：中国矿业大学出版社，2002.09.——98页；20cm

大学体育实践课教材

ISBN　7-81070-553-9：￥120.00（全套15册）

J732.8　　　072398

体育与舞蹈教程/翟林著.——昆明：云南科技出版社，2002.07.——536页；20cm

ISBN　7-5416-1703-2：￥15.00

J732.8-62　　　072399

健身健美体育舞蹈：当代流行拉丁舞指南/古宦臣，夏渝纯著.——成都：四川人民出版社，2002.06.——259页：155幅；26cm

ISBN　7-220-05933-7：￥28.00

J733.4　　　072400

世界经典芭蕾舞剧欣赏/钱世锦编著.——上海：上海音乐出版社，2002.05.——816页；20cm

ISBN　7-80667-177-3：￥20.00

[2003年]

J7　舞　蹈

J7　　　077790

考前舞蹈基础/《考前舞蹈基础》编写组编.——北京：高等教育出版社，2003.10.——192页；26cm

ISBN　7-04-013388-l：￥19.00

J7　　　077791

舞蹈.上/教育部体育卫生与艺术教育司组编.——上海：上海教育出版社，2003.09.——115页；26cm+附光盘1张

全国高校音乐教育专业大专教材

ISBN　7-5320-8366-7：￥18.00

J7　　　077792

舞蹈学导论/吕艺生著.——上海：上海音乐出版社，2003.09.——293页；26cm.——（中国艺术教育大系.舞蹈卷）

普通高等教育"九五"国家级重点教材

ISBN　7-8066，7-318-0：￥32.00

J7-44　　　077793

舞蹈艺术人才一性综合知识2000问/明文军主编.——沈阳：春风文艺出版社，2003.09.——364页；20cm

ISBN　7-5313-2618-3：￥20.00

J70 舞蹈理论

J701 077794

当代舞蹈美学/林君桓编著．——福州：海峡文艺出版社，2003.01.——544页；20cm

ISBN 7-80640-821-5：￥30.00

J701-49 077795

动作的旋律：舞蹈美/刘秀乡编著．——石家庄：河北少年儿童出版社，2003.01.——150页；23×15cm.——（新世纪美育系列丛书）

ISBN 7-5376-2520-4：￥27.40

J705 077796

舞蹈欣赏/金秋编著．——北京：高等教育出版社，2003.11.——175页；23cm

ISBN 7-04：013387-3：￥26.00

J705.2-53 077797

生命精神的艺术：李炽强舞论选集：1981-2001年间/李炽强著．——北京：中国广播电视出版社，2002.08.——554页；20cm

ISBN 7-5043-3294-1（精装）：￥40.00

J709.1 077798

外国舞蹈文化史略/金秋著．——北京：人民音乐出版社，2003.11.——248页；20cm

ISBN 7-103-02819-2：￥18.00

J709.1-49 077799

舞蹈艺术：生命的自由行走/卿青著．——合肥：安徽美术出版社，2003.09.——128页；20cm.——（大学生艺术素质拓展丛书/刘守安主编）

ISBN 7-5398-1146-3：￥12.00

J709.2 077800

中国舞蹈发展史/王克芬著．——上海：上海人民出版社，2003.11.——391页：64幅；20cm

ISBN 7-208-04633-6：￥32.00

J709.2-53 077801

影响世界的中国乐舞/资华筠主编．——北京：文化艺术出版社，2003.01.——274页；20cm

ISBN 7-5039-2327-X：￥1.00

J72 中国舞蹈、舞剧

J722 077802

中国舞等级考试教材．儿童．第7级/孙光言主编；北京舞蹈学院编．——北京：人民音乐出版社，2003.11.——151页；29cm

ISBN 7-103-02810-9：￥22.00

J722.221.4 077803

神川热巴：人神感应的古老艺术/李汝春主编．——昆明：云南民族出版社，2003.11.——200页；20cm.——（三江明珠维西民族文化系列）

ISBN 7-5367-2499-3：￥30.00

J722.3 077804

幼儿舞蹈创编/张燕萍主编．——长春：东北师范大学出版社，2003.04.——166页；21cm.——（幼儿园教师继续教育丛书）

ISBN 7-5602-3242-6：￥7.50

J722.6 077805

流行舞：Hip Hop/～彦编著.——上海：上海音乐出版社，2003.05.——84页；26cm

全国高等院校舞蹈学（师范类）教材

ISBN 7-80667-300-8：￥15.00

J73 各国舞蹈、舞剧

J732.5-49 077806

歇会儿吧，天鹅：易学易懂的芭蕾史/（加）巴伯著；卿青译.——北京：人民音乐出版社，2003.07.——91页；21cm.——（欧美畅销系列.轻松解读音乐丛书）

著者原题：戴维·巴伯

ISBN 7-103-02688-2：￥6.50

J732.5-61 077807

芭蕾术语辞典/朱立人编译.-上海：上海音乐出版社，2003.05.——134页：19cm

ISBN 7-80667-282-6：￥12.00

J732.8 077808

交谊舞趣谈/顾也文编著.——上海：学林出版社，2003.02.——179页；20cm

ISBN 7-80668-422-0：￥12.00

J732.8 077809

体育舞蹈/宋文利编著.——哈尔滨：哈尔滨地图出版社，2003.08.-146页：19cm

ISBN 7-80529-634-0：￥16.00

④J732.8②G831.3 077810

体育舞蹈与健美运动/邓援朝，邓红妮主编.——广州：中山大学出版社，2003.08.——167页；20cm

ISBN 7-306-02182-6：￥10.00

J732-8②G834 077811

体育舞蹈、艺术体操/姜桂萍，宋璐毅主编.——桂林：广西师范大学出版社，2003.08.——152页；20cm

普通高等学校体育公共课教材

ISBN 7-5633-4172-2：￥7.50

[2004年]

现代舞蹈的身体语言/刘青弋著.-1版.上海：上海音乐出版社；2004.07.-332页：23cm 普通高等教育“十五”国家级规划教材.北京舞蹈学院“十五”规划教材

ISBN 7-80667-434-9：￥42.00

本书对现代舞蹈身体语言的理论与实践勾勒出较系统的框架。

舞蹈动作-身势语 J712

舞蹈解剖学/高云著.-1版.北京：高等教育出版社；2004.09.-246页：23cm 北京舞蹈学院“十五”规划教材

ISBN 7-04-015535-4：￥26.30

本书是普通高校舞蹈专业本科系列教材之一，也是北京舞蹈学院“十五”规划教材。本书以运动系统为主要内容，着重讲述骨骼、关节、肌肉三大器官，对肌肉工作原理、工作方法进行分析。

舞蹈艺术-艺用人体解剖学-高等学校-教材　J706

舞蹈视介/夏麦柯主编．-1版．上海：上海科学普及出版社；2004.05.-121页；28cm

ISBN　7-5427-1843-6：￥15.00

本书主要介绍中外舞蹈艺术的现状，特别是在中国的状况。

舞蹈艺术-概况-世界　J73

印度舞蹈通论=北京舞蹈学院舞蹈教材丛书/江东著．-1版．上海：上海音乐出版社；2004.09.-181页：23×15cm.-（北京舞蹈学院舞蹈教材丛书）

ISBN　7-80667-604-X：￥25.00

本书系《北京舞蹈学院舞蹈教材丛书》之一。

舞蹈艺术-印度-高等学校-教材　J73

中外舞蹈精品赏析=北京舞蹈学院舞蹈教材丛书/贾安林主编．-1版．上海：上海音乐出版社；2004.09.-388页：23×15cm.-（北京舞蹈学院舞蹈教材丛书）

ISBN　7-80667-608-2：￥45.00

本书系《北京舞蹈学院舞蹈教材丛书》之一。

舞蹈艺术-鉴赏-高等学校-教材　J705

舞蹈基础训练教程/冯思美著．-1版．长沙：湖南文艺出版社；2004.04.-148页：30cm

大专院校艺术课辅助用书

ISBN　7-5404-3129-6：￥18.00

本书内容包括：舞蹈的热身训练，中国古典舞，芭蕾及中国民间秧歌舞的基本训练方法，讲述由浅入深，适合用于大专院校的舞蹈课基础训练。

舞蹈-高等学校-教材　J7

动感空间/刘青弋编著．-1版．上海：上海音乐出版社；2004.09.-552页：23cm

ISBN　7-80667-438-1：￥55.00

本书对舞蹈创作、舞蹈写作、学术研究等提出了独到的见解。

舞蹈-研究　J7

舞蹈教程=五年制师范音乐、美术、舞蹈系列教材，全1册．1~5年级/江玲主编．-1版．南京：河海大学出版社；2004.08.-226页：26cm.-（五年制师范音乐、美术、舞蹈系列教材）

ISBN　7-5630-1882-4：￥22.00

本书主要介绍了舞蹈基础理论、舞蹈基本训练、汉族民间舞蹈、少数民族民间舞蹈、儿童舞蹈等内容。

舞蹈艺术-师范学校-教材　J7

高教舞蹈综论/于平著．-1版．北京：文化艺术出版社；2004.09.-485页：21cm

ISBN　7-5039-2584-1：￥25.00

本书分为“高教舞蹈管理论”、“高教舞蹈学术论”、“高教舞蹈学科论”、“高教舞蹈创作论”、“高教舞蹈交流论”五个专题，对我国高等舞蹈院校的教学及中国舞蹈的发展具有借鉴、指导意义。

舞蹈艺术-教学研究-高等学校　J7

旋转舞台上翱翔=大学生文化素质教育音乐书系：舞蹈艺术解读/赵兰主编．-1版．郑州：郑州大学出版社；2004.09.-140页：24cm.-（大学生文化素质教育音乐书系/巩伟主编）

书名原文：巩伟主编

ISBN　7-81048-834-1：￥16.00

本书为大学生素质教育舞蹈教材。

舞蹈艺术-高等学校-教材　J7

舞蹈艺术与实践=《大学音乐——鉴赏与实践》系列教材/陈梦影等主编．-1版．武汉：武汉理工大学出版社；2004.12.-146页：26cm.-（《大学音乐——鉴赏与实践》系列教材/汤晓宁主编）

书名原文：汤晓宁主编

ISBN　7-5629-2156-3：￥22.00

本书以舞蹈鉴赏为主，并通过大学生集体舞的学习来了解各种舞蹈和中国民间舞的特点，同时还介绍了大学生喜欢的踢踏舞和交谊舞，使学生在学习舞蹈中去感受音乐的律动和各民族舞蹈的魅力。

舞蹈艺术-高等学校-教材　J7

演出经营与管理=北京舞蹈学院舞蹈教材丛书/张朝霞等著．-1版．上海：上海音乐出版社；2004.09.-213页：23×15cm.-（北京舞蹈学院舞蹈教材丛书）

ISBN　7-80667-602-3：￥26.00

本书系《北京舞蹈学院舞蹈教材丛书》之一。

舞蹈-舞台演出-管理-高等学校-教材　J792.4

中国宫廷舞蹈艺术/袁禾著．-1版．上海：上海音乐出版社；2004.09.-421页：23×15cm

ISBN　7-80667-563-9：￥53.00

本书是北京舞蹈学院“十五”教材。介绍我国宫廷舞蹈的艺术特点。

宫廷-舞蹈艺术-中国-高等学校-教材 J721.1

群文舞蹈编舞法研究/陈力群著．-1版．福州：海峡文艺出版社；2004.03.-203页：20cm

ISBN　7-80640-970-X：￥13.00

本书研究群众文化舞蹈编舞方法。揭示群文舞蹈编舞规律。全国艺术科学“十五”规划项目。

集体舞-舞蹈编导-创作方法　J711.3

中国舞蹈编导教程/孙天路主编．-1版．北京：高等教育出版社；2004.09.-78页：23cm

普通高等教育“十五”国家级规划教材．北京舞蹈学院“十五”规划教材

ISBN　7-04-015536-2：￥10.90

本书是普通高校舞蹈专业本科系列教材之一，也是北京舞蹈学院“十五”规划教材之一。本书是北京舞蹈学院编导系在总结国内外编导创作经验，结合20多年教学实践逐步形成的一部舞蹈编导专业教材，反映了当前国内舞蹈创作思想潮流和创编技法的最新成果。

舞蹈编导-中国-高等学校-教材　J711.2

首届中国舞蹈节论集/中国舞蹈家协会编．-1版．北京：中国文联出版社；2004.05.-646页：20cm

ISBN　7-5059-4550-5：¥35.00

本书为理论文集。

舞蹈艺术-艺术理论-文集　J70-53

舞蹈生理学/温柔编著．-1版．上海：上海音乐出版社；2004.09.-315页：23cm

北京舞蹈学院“十五”规划教材

ISBN　7-80667-611-2：¥35.00

本书从生理学的角度阐述舞蹈训练、舞蹈与健康、营养和体形控制等。

舞蹈艺术-人体生理学-高等学校-教材 J70-05

舞蹈心理学/平心著．-1版．北京：高等教育出版社；2004.09.-298页：23cm

ISBN　7-04-015534-6：¥31.20

本书是普通高校舞蹈专业本科系列教材之一，也是北京舞蹈学院“十五”规划教材。主要介绍了舞蹈感觉与艺术通感、舞蹈意向与艺术想象、舞蹈思想与艺术抽象、舞蹈情感与艺术气质、舞蹈性格与艺术人格、舞蹈技能与艺术能力、精神分析舞蹈理论、行为艺术舞蹈理论、人本主义舞蹈理论、超越心理学舞蹈理论等内容。本书最大特色是揭示和强调了上述心理现象都是舞蹈者或舞蹈作品本身所具有的，而且这些现象又都是高于客观现实一定心理距离的，这就是艺术高于生活的距离，并由此设计艺术与超越的超个人心理学问题。本书对于从事艺术、教育和心理学专业的人都有一定参考价值。

舞蹈-艺术心理学-高等学校-教材　J70-05

舞蹈艺术心理学=火凤凰文艺丛书/吴建华，受仁著．-1版．北京：中国文联出版社；2004.11.-463页：21cm.-（火凤凰文艺丛书/耿广恩主编）

书名原文：耿广恩主编

ISBN　7-5059-4787-7：¥全套196.00

本书为舞蹈心理学研究专著。

舞蹈艺术-艺术心理学　J70-05

中国舞等级考试教材，儿童．第8级/孙光言主编，北京舞蹈学院编．-1版．北京：人民音乐出版社；2004.07.-175页：30cm

ISBN　7-103-02892-3：¥26.00

本教材为中国舞考试的第八级，适应于11~13岁的儿童。该教材强调舞蹈训练的科学性、系统性、全面性以及舞蹈风格的民族特色，在促进儿童心身健康成长的同时，达到中国舞启蒙和普及教育的目的。

儿童-舞蹈-中国-水平考试-教材　J722

中国武术理论与舞蹈实践=北京舞蹈学院舞蹈教材丛书/李北达著．-1版．上海：上海音乐出版社；2004.09.-124页：23×15cm.-（北京舞蹈学院舞蹈教材丛书）

ISBN　7-80667-606-6：¥20.00

本书系《北京舞蹈学院舞蹈教材丛书》之一。

武术-中国-高等学校-教材；舞蹈-中国-高等学校-教材　J722

中国舞蹈武功技巧=中国艺术教育大系·中专卷，舞蹈分卷/李志华主编，潘志涛，曹锦荣分卷主编．-1 版．北京：文化艺术出版社；2004.10.-270 页：26cm.-（中国艺术教育大系·中专卷/吴祖强主编）

书名原文：吴祖强主编

ISBN 7-5039-2586-8：¥35.00

本书全面系统介绍了中国舞蹈武功技巧教学的基本内容和技法，全书图文并茂，具有很强的针对性和实用性。

舞蹈动作-教学法-中国 J722

山西舞蹈史话/田彩凤著．-1 版．太原：北岳文艺出版社；2004.01.-276 页：20cm

ISBN 7-5378-2612-9：¥18.00

本书是一本研究山西舞蹈历史发展的研究性著作。

舞蹈史-山西省 J709.225

中国古代舞蹈史教程=中国艺术教育大系/袁禾著．-1 版．上海：上海音乐出版社；2004.05.-286 页：26cm.-（中国艺术教育大系）

ISBN 7-80667-373-3：¥32.00

舞蹈史-中国-古代 J709.2

唐代乐舞新论=文学史研究丛书/沈冬著．-1 版．北京：北京大学出版社；2004.04.-198 页：21cm.-（文学史研究丛书）

ISBN 7-301-06961-8：¥16.00

本书为《文学史研究丛书》（陈平原主编）之一种。唐代音乐是中国音乐史上的盛世。本书作者着眼于雅乐、俗乐、胡乐并立争胜、此消彼长的特点，分宫廷乐舞、民间乐舞和外来乐舞三部分，或探讨唐代音乐的体制，或分析其曲调，或论辩其乐种，全面描述了唐代音乐的渊源体制，勾勒出唐代乐舞的图像风貌。

乐舞-研究-中国-唐代 J709.2

中华艺术化论丛．第 3 辑/朱恒夫主编．-1 版．上海：上海辞书出版社；2004.07.-315 页：26cm

ISBN 7-5326-1424-7：¥22.00

本书展示了宫廷舞蹈发展的历史，并揭示出从西周到明清时期中国宫廷舞蹈不同时段的审美特征和审美形态产生的根源以及宫廷舞蹈的精华与糟粕。

宫廷-舞蹈史-中国-古代 J709.2

西方现代舞史纲/刘青弋著．-1 版．上海：上海音乐出版社；2004.09.-446 页：23×15cm

ISBN 7-80667-445-4：¥48.00

本书为国内第一部介绍西方现代舞的著作，对 20 世纪西方现代舞作了详尽的论述。

现代舞蹈-舞蹈史-西方国家-20 世纪 J709.5

中国舞蹈发展史=专题史系列丛书/王克芬著．-1 版．上海：上海人民出版社；2004.09.-420 页：21cm.-（专题史系列丛书）

ISBN 7-208-05301-4：¥38.00

本书是一部中国舞蹈发展史专题著作。全书共分八章，以大量文献典籍和考古材料，系统而又全面地阐述了我国自原始社会至明清时期舞蹈产生，发展、传承、变异的历史。

舞蹈史-中国 J709.2

中国现当代舞剧发展史/于平著 . -1 版 . 北京：人民音乐出版社；2004. 09. -374 页；20cm

ISBN　7-103-02937-7：¥36. 00

本书由绪论、结语和十二章主体部分构成。

舞剧史-中国-现代　J709. 2

舞蹈=齐鲁特色文化丛书/孙丽主编 . -1 版 . 济南：山东友谊出版社；2004. 08. -330 页；23cm. -（齐鲁特色文化丛书/朱正昌主编）

书名原文：朱正昌主编

ISBN　7-80642-740-6-（精装）：¥110. 00

本书介绍了山东舞蹈的起源、发展及演出情况。

舞蹈史-山东省　J709. 252

［2005 年］

舞蹈创编法/［法］伐纳著；郑慧慧译 . -2 版 . -上海：上海音乐出版社，2005. 12. -82 页；20cm

著者原题：卡琳娜 · 伐纳

ISBN　7-80553-712-7：¥10. 00

介绍舞蹈创作的主要因素及方法。

Ⅰ. 舞…　Ⅱ. 伐…　Ⅲ. 舞蹈编导-艺术理论；舞蹈编导-创作方法　Ⅳ. J711

舞蹈创作法/［日］江口隆哉著；金秋译 . -北京：学苑出版社，2005. 07. -289 页；23cm

ISBN　7-5077-2568-5：¥36. 00

本书介绍了各种古典舞蹈和现代舞蹈的创作方法。

Ⅰ. 舞…　Ⅱ. 江…　Ⅲ. 舞蹈艺术-创作方法　Ⅳ. J704

舞越濠江：澳门舞蹈/罗斌著 . -北京：文化艺术出版社，2005. 02. -149 页；23cm. -（澳门艺术丛书/王文章，吴荣恪主编）

ISBN　7-5039-2636-8：¥38. 00

本书论述了澳门舞蹈的发展历程、舞蹈的种类及呈现形态。

Ⅰ. 舞…　Ⅱ. 罗…　Ⅲ. 舞蹈艺术-概况-澳门　Ⅳ. J72

舞蹈鉴赏概论/陈林宜主编 . -沈阳：辽宁人民出版社，2005. 07. -420 页；21cm

高等学校试用教材

ISBN　7-205-05926-7：¥25. 00

本书跳出了舞蹈专业的范围，广泛吸收美学、心理学、教育学等方面的专业人士组成编写，集中多方优势，进行跨学科的整合研究，使得舞蹈鉴赏理论体系走上更加完备、更加科学的道路。

Ⅰ. 舞…　Ⅱ. 陈…　Ⅲ. 舞蹈艺术-鉴赏　Ⅳ. J705

舞蹈服饰论/张琬麟著 . -北京：中国社会科学出版社，2005. 08. -256 页；20cm

ISBN　7-5004-5153-9：¥28. 00

本书是国内第一部研究舞蹈服饰的学术专著。对舞蹈服饰的概念、产生、原始造型等进行了较为深入的研究

Ⅰ. 舞… Ⅱ. 张… Ⅲ. 舞蹈艺术-服装（戏剧）-研究 Ⅳ. J717

舞蹈概论/［美］马丁著；欧建平译. -北京：文化艺术出版社，2005. 03. -394 页；23cm. -（艺术馆丛书/丁亚平主编）

著者原题：约翰·马丁

ISBN 7-5039-2649-X：￥69. 00

本书分两部分：理论中的舞蹈和动作中的舞蹈，分别从论和史两方面介绍现代舞蹈理论。

Ⅰ. 舞… Ⅱ. 马… Ⅲ. 舞蹈-概论 Ⅳ. J70

舞蹈文化与审美/于平著. -北京：中国人民大学出版社，2005. 03. -381 页；23cm. -（写给大众的人文艺术丛书）

ISBN 7-300-06374-8：￥26. 80

本书介绍舞蹈文化知识和如何进行舞蹈审美。

Ⅰ. 舞… Ⅱ. 于… Ⅲ. 舞蹈美学-基本知识 Ⅳ. J701

舞蹈艺术审美讲座：舞咏菁华/高椿生著. -北京：人民音乐出版社，2005. 07. -121 页；21cm

ISBN 7-103-03008-1：￥15. 00

本书以讲座形式叙述舞蹈艺术的审美特征。分为六个部分，其内容为艺术的人体动作（动作性）；浓烈、细腻的感情色彩（抒情性）；动而有节者，莫若舞（节奏性）；静若雕像，动若飞鸿（造型性）；富于想象夸张，善于虚拟假定（虚拟性）；突破局限，融合渗透（综合性）。

Ⅰ. 舞… Ⅱ. 高… Ⅲ. 舞蹈美学 Ⅳ. J701

辽宁省舞蹈考级教程/张立华，巴景侃主编. -沈阳：辽宁少年儿童出版社，2005. 10. -129 页；24cm

ISBN 7-5315-4036-3：￥15. 00

本书按年龄段划分，内容由基训、民间舞、技巧二部分组成。根据儿童特点，设计形式独特。

Ⅰ. 辽… Ⅱ. 张… Ⅲ. 舞蹈-水平考试-教材 Ⅳ. J712

舞蹈表演艺术/姚泳全等著. -沈阳：辽宁人民出版社，2005. 07. -375 页：彩照；21cm

ISBN 7-205-05927-5 （精装）：￥25. 00

本书对舞蹈表演艺术进行了深层的阐述，从艺术规律上，结合心理学、美学、教育学、历史学、民族学、民俗学、社会学以及相关学科，构建了完整的表演艺术框架，并以多元文化的视野与中西舞蹈审美比较文化学的角度，对舞蹈的功能、审美区别与文化根源进行比较，填补了以往舞蹈表演艺术的不足。

Ⅰ. 舞… Ⅱ. 姚… Ⅲ. 舞蹈-表演学 Ⅳ. J712

辽宁省舞蹈考级教材/唐红主编；刘玉珍等编写. -沈阳：辽宁大学出版社，2005. 04. -139 页；26cm

全国社会艺术水平考级

ISBN 7-5610-4789-4：￥50. 00

本书旨在使社会艺术教育专业化、规范化、科学化。本书作者均为省内知名专家，其内容经过多年应用实践检验。这一教材的出版，结束了辽宁省社会艺术教育少儿教学无统一教材的历史。

Ⅰ. 辽… Ⅱ. 唐… Ⅲ. 舞蹈-水平考试-教材 Ⅳ. J712

舞蹈综合知识解读/易红武编著. -郑州：河南文艺出版社，2005. 08. -270 页；26cm

ISBN 7-80623-604-X：¥30. 00

本书概述和解答了舞蹈方面的相关知识。

Ⅰ. 舞… Ⅱ. 易… Ⅲ. 舞蹈-基本知识 Ⅳ. J7

彝州歌舞在欧洲：一本新鲜的尘封日记/杨成彪著. -北京：民族出版社，2003. 09. -361 页；20cm

ISBN 7-105-05733-5：¥48. 00

本书以日记的形式，记录了云南楚雄彝族自治州歌舞团访问欧洲的见闻。

Ⅰ. 彝… Ⅱ. 杨… Ⅲ. 歌舞团-访问演出-中外关系-欧洲 Ⅳ. J792. 63

中国舞等级考试教材. 少年. 第9级/孙光言主编；《中国舞等级考试教材》编委会编. -北京：人民音乐出版社，2005. 10. -178 页；29cm

ISBN 7-103-03048-0：¥28. 00

本书是中国舞等级考试教材的第九级（少年），适合 12-14 岁的少年儿童学习，教材包括 23 个组合。

Ⅰ. 中… Ⅱ. 孙… Ⅲ. 少年儿童-舞蹈-中国-水平考试-教材 Ⅳ. J722

宗教与舞蹈/刘建著. -北京：民族出版社，2005. 05. -539 页；24cm

ISBN 7-105-06914-7：¥68. 00

本书从发生学的角度阐述舞蹈与宗教的关系，表明宗教对舞蹈动机及表现的影响力，说明舞蹈除其他属性外亦是宗教的外化形式之一。全书按原始宗教、后世宗教和现代宗教的发展时序分为上、中、下三篇。上篇叙述宗教与舞蹈在起源上的渊源关系，依照原始宗教的自然崇拜、图腾崇拜、神话信仰和巫术活动的四种方式分析与其共振的四种舞蹈。中篇介绍后世宗教对舞蹈的辐射以及舞蹈所显现的宗教意识，分门别类为基督教舞蹈、伊斯兰教舞蹈、佛教舞蹈、道教舞蹈和儒教舞蹈。前三者是基于世界性的三大宗教，后二者是基于中国的两大本土宗教，由于本书对中国舞蹈的侧重而将其与前三者并列。下篇涉及现代宗教与现代舞的关系。此外，导言部分简述宗教的基本定义和观念，并在这一视角内说明舞蹈的一些特点。

Ⅰ. 宗… Ⅱ. 刘… Ⅲ. 舞蹈-宗教艺术 Ⅳ. J70-05

中华舞蹈志. 广西卷/《中华舞蹈志》编辑委员会编. -上海：学林出版社，2004. 12. -458 页；23cm

ISBN 7-80668-818-8 （精装）：¥68. 00

本书系统记述了民族民间舞蹈的历史、现状、内容形式、风格流派、衍变特色以及有关的节令风俗、信仰礼仪，资料翔实、地方特色浓郁。

Ⅰ. 中… Ⅱ. 编… Ⅲ. 舞蹈史-中国；舞蹈艺术-概况-广西 Ⅳ. J709. 2

新中国舞蹈事典/茅慧编著. -上海：上海音乐出版社，2005. 05. -600 页；24cm

ISBN 7-80667-742-9 （精装）：¥50. 00

本书内容主要收录 1949~2000 年间发生在我国舞蹈界的重要舞蹈事件，共有“舞蹈创作演出”、“舞蹈教育教研”、“舞蹈书刊影像”等 7 个部分组成。本书收录的资料精确翔实，是我国第一部新中国舞蹈记事的图书。本书便于舞蹈学校、学院、舞蹈创作团体、舞蹈行政机构查阅，有很大的参考价值及实用价值。

Ⅰ.新… Ⅱ.茅… Ⅲ.舞蹈-大事记-中国-1949~2000 Ⅳ.J709.2

体育舞蹈/曹春燕，柳艳玲，张瑜主编.-哈尔滨：东北林业大学出版社，2004.09.-172页；20cm.-（大学生体育实践课教材系列丛书/孟令滨主编）

ISBN 7-81076-645-7：¥99.00（全套12册）

本书介绍了体育舞蹈的起源、发展及其特点和分类，介绍了体育舞蹈的竞赛规则、编排方法和标准。并分章介绍了摩登舞、拉丁舞以及专项形体训练等具体内容。

Ⅰ.体… Ⅱ.曹… Ⅲ.运动竞赛-交际舞-高等学校-教材 Ⅳ.J732.8

交谊舞现代理论与流行跳法/吴东方编著.-长沙：湖南文艺出版社，2005.08.-246页；26cm

ISBN 7-5404-3586-0：¥26.00

本书较为详实地介绍交谊舞的理论知识、流行舞种与舞步的技法。为了使读者正确地掌握各种舞姿和流行舞步，书中编绘了大量的数码照片并配合有同步的文字说明。本书即可作为广大舞蹈爱好者学习的指南，也可作为不同学校交谊舞的教程。

Ⅰ.交… Ⅱ.吴… Ⅲ.交际舞-高等学校-教材 Ⅳ.J732.8

美人拉丁/陈奕云著.-北京：知识出版社，2005.06.-119页；21cm

ISBN 7-5015-4411-5：¥28.00

本书内容新颖，图文并茂。是适合上班族和拉丁舞爱好者阅读的休闲类图书。

Ⅰ.美… Ⅱ.陈… Ⅲ.拉丁舞-基本知识 Ⅳ.J732.8

跳舞指南/翟文明主编.-北京：中央民族大学出版社，2005.06.-284页；20cm.-（现代生活百科全书）

ISBN 7-81108-049-4：¥680.00（全套24册）

本书为生活实用型通俗读物。全套书共24册。内容涉及生活中的各个方面，包括读书、口才、各种球类、法律顾问、外出旅游、平时购物、茶道、夫妻生活、居室装饰、公文写作、美食、美容与保健、礼仪、收藏、家庭理财、生存、书法学习欣赏、育儿知识、家庭医生、社交必备、养生必备、花卉养护、跳舞、宠物等。全套书内容贴近生活，精选得当，均为小常识。

Ⅰ.跳… Ⅱ.翟… Ⅲ.舞蹈-通俗读物 Ⅳ.J7-49

舞蹈教育专业教学管理概论/张琳仙等著.-北京：中国妇女出版社，2004.12.-404页；20cm

ISBN 7-80131-992-3：¥28.00

本书为山西省教育科学规划办"十五"课题。对舞蹈教育专业培养过程中目标的确定、形成、师资队伍的建设、教学手段的设置进行了有益的理论研究和实践探索。

Ⅰ.舞… Ⅱ.张… Ⅲ.舞蹈-高等学校：艺术学校-教学管理-概论 Ⅳ.J7-4

童谣舞蹈.4~6岁/傅凤玲等编著.-北京：人民音乐出版社，2005.10.-66页；26cm+光盘1张

幼儿舞蹈基本训练新教程

ISBN 7-103-03017-0：¥25.00

本书选取22首童谣，加舞蹈训练加文化知识构成童谣舞蹈教材，适于4~6岁幼儿。这种以童谣的语言描述舞蹈和阐明舞蹈基本动作用以教学，能使幼儿在游乐的心态中自觉接受舞蹈熏陶，达到"寓教于乐"的效果。

Ⅰ.童… Ⅱ.傅… Ⅲ.儿童-舞蹈-教材 Ⅳ.J722.3

童谣舞蹈.6~8岁/傅凤玲等编著.-北京：人民音乐出版社，2005.10.-75页；26cm+光盘1张

幼儿舞蹈基本训练新教程

ISBN 7-103-03018-9：¥26.00

本书选取25首童谣，加舞蹈训练加文化知识构成童谣舞蹈教材，适于6~8岁幼儿。这种以童谣的语言描述舞蹈和阐明舞蹈基本动作用以教学，能使幼儿在游乐的心态中自觉接受舞蹈熏陶，达到“寓教于乐”的效果。

Ⅰ.童… Ⅱ.傅… Ⅲ.儿童-舞蹈-教材 Ⅳ.J722.3

舞之韵 美之魂：胡伟华舞蹈教育理论与实践/胡伟华著.-延吉：延边大学出版社，2005.08.-196页；20cm

ISBN 7-5634-2131-9：¥20.00

本书介绍胡伟华老师的舞蹈创作和舞蹈教学理念、并介绍她的作品。

Ⅰ.舞… Ⅱ.胡… Ⅲ.儿童-舞蹈-创作方法；儿童-舞蹈-教学法；儿童-舞蹈-作品-简介 Ⅳ.J722.3

基石：佛山市群众文化音乐舞蹈集/佛山市群众艺术馆编.-广州：广东教育出版社，2005.03.-252页；26cm

ISBN 7-5406-5822-3：¥29.80

本书收集了大量音乐舞蹈方面的优秀作品，这些作品都在各项比赛中获得不同的奖项，展示了改革开放后佛山群众文艺创作的丰硕成果。

Ⅰ.基… Ⅱ.佛… Ⅲ.音乐-作品综合集-中国-现代；舞蹈-中国 Ⅳ.J641；J722

东北民族民间舞蹈通论/李顺阳等著.-长春：吉林大学出版社，2005.05.-174页；26cm

ISBN 7-5601-3254-5：¥25.00

本书从整体上勾绘了东北民族舞蹈的宏观态势；从微观角度剖析东北各民族的舞蹈特征，深度挖掘了东北民族民间舞蹈的审美特质。

Ⅰ.东… Ⅱ.李… Ⅲ.民族舞蹈-简介-东北地区；民间舞蹈-简介-东北地区 Ⅳ.J722.2

龙狮运动训练/雷军蓉著.-北京：北京体育大学出版社，2005.04.-303页；20cm

ISBN 7-81100-325-2：¥20.00

本书介绍舞龙、舞狮运动训练方法、理论与实践。

Ⅰ.龙… Ⅱ.雷… Ⅲ.龙舞-中国；狮子舞-中国 Ⅳ.J722.21

黑龙江花棍舞/许丽萍著.-哈尔滨：黑龙江人民出版社，2005.01.-180页：照片；20cm.-（黑龙江省艺术研究丛书）

ISBN 7-207-05645-1：¥168.00（全套8册）

Ⅰ.黑… Ⅱ.许… Ⅲ.… Ⅳ.J722.212

舞蹈化石：延绵千年的抚州傩舞/章军华等编著.-南昌：百花洲文艺出版社，2004.10.-212页；21cm.-（临川文化系列丛书.文史篇/钟健华主编）

ISBN 7-80647-704-7：¥26.00

本书把抚州的傩舞现象置身于华傩文化背景下，与省内其他地市的傩舞现象进行比照、进而突出抚州傩舞的深层文化内涵。

Ⅰ. 舞…　Ⅱ. 章…　Ⅲ. 民间舞蹈，傩舞-舞蹈艺术-抚州地区　Ⅳ. J722.29

[2006年]

幼儿舞蹈训练与幼儿舞蹈创编/陈康荣著 . -杭州：浙江大学出版社，2006.03. -220页：图；21cm

ISBN　7-308-04626-5：￥18.00

本书为幼师本专科学生和幼师成人教育，继续教育学生教材，是浙江省舞蹈家协会指定用书。

Ⅰ. 幼…　Ⅱ. 陈…　Ⅲ. 舞蹈-排练-幼儿师范学校-教材；舞蹈编导-幼儿师范学校-教材　Ⅳ. J71

作为艺术的舞蹈：舞蹈美学引论/郭勇健著 . -南昌：百花洲文艺出版社，2006.06. -273页；20cm. -（鼓浪学术书系）

ISBN　7-80647-469-2：￥21.00

本书从舞蹈美学的角度切入对舞蹈艺术的研究，指出舞蹈是流动的雕塑、可视的音乐、无声的戏剧，并论述了舞者与舞蹈的关系。

Ⅰ. 作…　Ⅱ. 郭…　Ⅲ. 舞蹈美学-研究　Ⅳ. J701

舞蹈美育原理与教程/资华筠，刘青弋主编 . -上海：上海音乐出版社，2006.06. -172页：图；24cm

ISBN　7-80667-791-7：￥26.00

本书作者为中国艺术研究院研究员、舞蹈学博士生导师资华筠、北京舞蹈学院教授、研究生导师刘青弋。作者在书中对舞蹈美育的原理与实践明确提出了学科的研究范畴和其内在规律，以及初步建立的实施原则和系统的方法。此书是系统且有参考价值的教材。

Ⅰ. 舞…　Ⅱ. 资…　Ⅲ. 舞蹈美学-高等学校-教材　Ⅳ. J701

舞蹈编导学/金秋主编；向开明等编 . -北京：高等教育出版社，2006.02. -229页：图；23cm

普通高等教育“十五”国家级规划教材

ISBN　7-04-018280-7：￥20.30

本书系高校舞蹈专业主干课系列教材之一，也系教育部“十五”规划教材。全书内容翔实，层次鲜明，从基础理论到编舞技法，由浅入深，由简到繁，系统讲述了舞蹈创作基础、舞蹈结构样式、舞蹈表现、舞蹈空间、舞蹈时间、舞蹈与其他艺术的合作、舞蹈作品范例等内容。与同类书相比，本书充分结合了培养对象的特点和编舞工作需求，具有很强的针对性。同时，本书十分注重总结国内外编导创作经验，反映了当前舞蹈创作思想潮流和编创技法的最新成果，使学习者能够以开阔的视野，系统掌握舞蹈编导的理论基础和技法。本书适用于普通高校舞蹈专业师生，也可供高职

Ⅰ. 舞…　Ⅱ. 金…　Ⅲ. 舞蹈编导-艺术理论-高等学校-教材　Ⅳ. J711

舞蹈：基础版/吴彬主编 . -北京：高等教育出版社，2006.05. -177页；26cm+光盘1张

中等职业学校幼儿教育专业教学用书

ISBN　7-04-018726-4：￥23.30

本书是中等职业学校（三年制）幼儿教育专业教材，是教育部推荐的教学用书。全

书由七个部分组成。第一章：舞蹈基础理论知识，第二章：舞蹈基础训练（包括身体活动训练、中国古典舞基本步伐、把杆训练、身韵组合、芭蕾舞基本舞步、芭蕾舞姿训练），第三章：中国民族民间舞蹈（汉族、蒙古族、藏族、维吾尔族、朝鲜族、傣族），第四章：外国民族民间舞蹈（俄罗斯舞、波尔卡、西班牙舞、波洛涅兹、玛祖卡），第五章：幼儿舞蹈，第六章：幼儿舞蹈创编，第七章：舞蹈作品赏析。本书适合中等职业学校幼儿教育专业学生使用，五年制高职幼儿教育专业的学生也可

Ⅰ. 舞…　Ⅱ. 吴…　Ⅲ. 舞蹈-幼儿师范学校-教材　Ⅳ. J7

舞蹈/姚双主编；白国芬等编．-北京：中国劳动社会保障出版社，2006. 07. -166页：照片；26cm+光盘 1 张

全国职业院校学前教育专业教材

ISBN　7-5045-4836-7：￥21. 00

Ⅰ. 舞…　Ⅱ. 姚…　Ⅲ. 舞蹈-专业学校-教材　Ⅳ. J7

舞蹈艺术通论/汪以平主编．-南京：南京大学出版社，2006. 07. -243 页；23cm. -［普通高等学校文化素质教育（艺术类）系列教材］

ISBN　7-305-04701-5：￥24. 00

本书旨在普及高等学校文化艺术教育，提高大学生舞蹈素质和欣赏水平。著者采取史、论、评相结合的方法，对中西方的舞蹈史，舞蹈艺术原理，舞蹈类型和流派，舞蹈创作和欣赏等主要内容进行了论述和介绍。

Ⅰ. 舞…　Ⅱ. 汪…　Ⅲ. 舞蹈艺术-高等学校-教材　Ⅳ. J7

少儿舞蹈考级教材．9～12 级/许红英主编．-长沙：湖南文艺出版社，2006. 05. -45页；30cm+光盘 1 张

湖南少儿舞蹈考级指定教材

ISBN　7-5404-3713-8：￥23. 00

本书为少儿舞蹈考级训练用书，包括少儿舞蹈基本训练、舞蹈组合训练以及民族民间舞蹈的训练。适合少儿舞蹈考级的教师、学生以及家长使用。

Ⅰ. 少…　Ⅱ. 许…　Ⅲ. 舞蹈-水平考试-教材　Ⅳ. J712

少儿舞蹈考级教材．1～4 级/许红英主编．-长沙：湖南文艺出版社，2006. 05. -59页：图；30cm+光盘 1 张

湖南少儿舞蹈考级指定教材 1

ISBN　7-5404-3594-1：￥25. 00

本书是少儿舞蹈考级一至十二级的训练教材，含地面训练、把杆训练、中间训练及民族民间舞和组合训练，并配有三张伴奏 CD。

Ⅰ. 少…　Ⅱ. 许…　Ⅲ. 舞蹈-水平考试-教材　Ⅳ. J712

少儿舞蹈考级教材．5～8 级/许红英主编．-长沙：湖南文艺出版社，2006. 05. -51页：图；30cm+光盘 1 张

湖南少儿舞蹈考级指定教材 2

ISBN　7-5404-3712-X：￥24. 00

本书为少儿舞蹈考级训练用书，包括少儿舞蹈基本训练、舞蹈组合训练以及民族民间舞蹈的训练。适合少儿舞蹈考级的教师、学生以及家长使用。

Ⅰ. 少…　Ⅱ. 许…　Ⅲ. 舞蹈-水平考试-教材　Ⅳ. J712

舞蹈创编法/［法］伐纳著；郑慧慧译．-上海：上海音乐出版社，2006. 03. -82 页；

照片；20cm

著者原题：卡琳娜·伐纳

ISBN 7-80667-810-7 （精装）：¥15.00

本书作者是法国的著名舞蹈理论与实践者，译者是上海师范大学的教授。此书是作者在40多年的教学中所积累的宝贵经验之基础上撰写的。书中收录了多种编舞灵感，能开拓读者的编舞思路。原平装本出版后，深受广大舞蹈爱好者欢迎，连续重版达七次。

Ⅰ.舞… Ⅱ.伐… Ⅲ.舞蹈编导-创作方法 Ⅳ.J711.3

中国现代、当代舞蹈发展概论/李炜，任芳编著.-成都：四川大学出版社，2006.03.-132页；照片；23cm.-（舞蹈丛书）

ISBN 7-5614-3320-4：¥25.00

本书内容为有关中国舞蹈现当代发展状况的概述，分为三章概括介绍了中国现当代舞蹈的发展历程和每一个阶段的舞蹈现象。

Ⅰ.中… Ⅱ.李… Ⅲ.舞剧史-中国-现代 Ⅳ.J709.2

中华舞蹈志．内蒙古卷/《中华舞蹈志》编辑委员会编.-上海：学林出版社，2006.02.-347页；24cm

ISBN 7-80730-074-4 （精装）：¥53.00

本书系统地记述了内蒙古民族民间舞蹈的历史，现状风格流派，衍变特色及有关的节令风俗，信仰礼仪。

Ⅰ.中… Ⅱ.… Ⅲ.舞蹈史-中国；舞蹈艺术-概况-内蒙古 Ⅳ.J709.2

中华舞蹈志．福建卷/《中华舞蹈志》编辑委员会编.-上海：学林出版社，2006.02.-325页；24cm

ISBN 7-80730-072-8 （精装）：¥50.00

本书系统地记述了福建民间舞蹈的历史，现状风格流派，衍变特色及有关的节令风俗，信仰礼仪。

Ⅰ.中… Ⅱ.… Ⅲ.舞蹈史-中国；舞蹈艺术-概况-福建省 Ⅳ.J709.2

中华舞蹈志．广东卷/《中华舞蹈志》编辑委员会编.-上海：学林出版社，2006.02.-362页；24cm

ISBN 7-80730-073-6：¥55.00

本书系统地记述了广东民间舞蹈的历史，现状风格流派，衍变特色及有关的节令风俗，信仰礼仪。

Ⅰ.中… Ⅱ.… Ⅲ.舞蹈史-中国；舞蹈艺术-概况-广东省 Ⅳ.J709.2

中国传统文化与舞蹈/金秋著.-北京：中国社会科学出版社，2006.09.-351页；23cm

ISBN 7-5004-5781-2：¥39.00

本书从传统文化的角度对中国古代舞蹈历史进行了系统的梳理。共分六章，包括：先秦时期的乐舞、秦汉时期的乐舞、宋辽金西夏元时期的乐舞等。

Ⅰ.中… Ⅱ.金… Ⅲ.舞蹈史-中国-古代 Ⅳ.J709.2

劲歌：迪斯科简史/［美］安德里奥特（Andriote，J.M.）著；郭向明译.-北京：生活·读书·新知三联书店，2006.04.-181页；21cm.-（新知文库）

ISBN 7-108-02382-2：¥16.00

本书介绍迪斯科起源、发展、演变、活动所在。

Ⅰ. 劲… Ⅱ. 安… Ⅲ. 迪斯科-舞蹈史 Ⅳ. J732.9

古典芭蕾基本功训练教学法/巴景侃编著. -沈阳：万卷出版公司，2006.04. -206页：图；26cm. -（舞蹈教育教学研究系列丛书）

ISBN 7-80601-807-7：¥45.00

本书作为舞蹈专业教材，以法国古典芭蕾舞作为教学基础，采用大量舞蹈绘图对文字进行更深入的解释，便于舞蹈专业人士学习，将是全国继《古典芭蕾教学法》之后的最新一部芭蕾教材。

Ⅰ. 古… Ⅱ. 巴… Ⅲ. 古典芭蕾-教学法-高等学校-教材 Ⅳ. J732.5

体育舞蹈/王浩，陈向阳主编；伊向仁等编写. -北京：高等教育出版社，2005.11. -170页；23cm

高等学校教材

ISBN 7-04-018445-1：¥15.80

体育舞蹈是近年来高校学生比较感兴趣的公共体育选修课程。本书紧密围绕教育部《全国高等学校体育课程教学指导纲要》的精神，体现“健康第一”的指导思想，体现“三自主”的教学原则和五个领域目标的内容。本书在介绍体育与健康相关内容的基础上，指出体育舞蹈对提高学生的身体素质、心理健康和社会适应能力等都有着很强的作用。再次介绍了体育舞蹈的一些基本动作，介绍了探戈、伦巴、华尔兹等一些体育舞蹈形式。最后介绍了体育舞蹈的竞赛组织与欣赏。

Ⅰ. 体… Ⅱ. 王… Ⅲ. 运动竞赛-交际舞-高等学校-教材 Ⅳ. J732.8

邓肯讲舞蹈/［美］邓肯著；［美］切尼编；张本楠译. -北京：九州出版社，2006.01. -200页；23cm. -（方家讲坛）

著者原题：伊莎多拉·邓肯

ISBN 7-80195-385-1：¥36.80

邓肯是美国舞蹈家，是现代舞蹈的先驱，也是现代舞的理论总结者之一。本书是邓肯关于舞蹈，尤其是现代舞的论说汇编。

Ⅰ. 邓… Ⅱ. 邓… Ⅲ. 现代舞蹈-研究 Ⅳ. J732.6

流行交谊舞大全/周林，段静兰编著. -海口：南海出版公司，2006.10. -190页：图；28cm

ISBN 7-5442-3549-1：¥26.80

本书介绍了交谊舞的发展、基本知识、流行的舞种和主要舞步型，其中有布鲁斯、狐步舞、伦巴、探戈等12种交谊舞及各种花样组合。

Ⅰ. 流… Ⅱ. 周… Ⅲ. 交际舞-基本知识 Ⅳ. J732.8

华尔兹史话/［法］埃斯（HESS，R.）著；郑慧慧译. -上海：上海音乐出版社，2006.01. -158页：图；26cm

ISBN 7-80667-747-X：¥39.00

本书主要告诉读者华尔兹的来龙去脉，以及蕴涵在旋转舞步中的欧洲舞蹈文化和欧洲社会风貌。原著作者是法国著名的哲学博士、社会学博士，亦是法国巴黎第八大学的舞蹈系教授，译者是上海师范大学舞蹈系教授，留法舞蹈学者。为此，书稿有一定的学术价值，以及专业权威性。

Ⅰ. 华… Ⅱ. 埃… Ⅲ. 华尔兹舞-舞蹈史-欧洲 Ⅳ. J732.8

浙江省15年群众文化理论文选/胡敏，李炽强主编.-杭州：中国美术学院出版社，2006.01.-2册（1358页）；20cm.-（浙江群众文艺精粹集成；6/张卫东主编）

ISBN 7-81083-403-7 （精装）：￥100.00

本书是浙江省15年优秀群众文化理论文集，收录了获省二等奖以上或在省级以上报刊发表的群文基础理论和社会舞蹈论文，体现了15年（1985年~2004年）来我省群众文化理论研究的最高水平，有较高的学术价值和史料价值。

Ⅰ.浙… Ⅱ.胡… Ⅲ.群众文化-理论研究-浙江省-文集；舞蹈-理论研究-浙江省-文集 Ⅳ.G240-53；J72-53

儿童舞教程/陈静黎绘.-杭州：西泠印社出版社，2006.05.-117页；26cm

ISBN 7-80735-056-3：￥17.80

本书通过舞蹈教材的组合、以培养儿童的音色感和对美的理解力，同时配以图片说明，使读者能较快地掌握儿童舞的编排。

Ⅰ.儿… Ⅱ.陈… Ⅲ.儿童歌舞-教材 Ⅳ.J722.3

仪式、歌舞与文化展演：陕北·晋西的伞头秧歌研究/王杰文著.-北京：中国传媒大学出版社，2006.04.-267页；20cm.-（民俗文化传播丛书）

ISBN 7-81085-707-X：￥28.00

本书主要对陕北、晋西的伞头秧歌进行了系统而全面的研究，既有丰富的文献资料，又有作者具体的实践调查，学术性很强，具有较高价值。

Ⅰ.仪… Ⅱ.王… Ⅲ.秧歌舞-研究-陕西省；秧歌舞-研究-山西省 Ⅳ.J722.211

舞蹈：提高版/陶娅主编.-北京：高等教育出版社，2006.06.-81页；26cm+光盘1张

教育部职业教育与成人教育司推荐教材.五年制高等职业教育幼儿教育专业教学用书

ISBN 7-04-019731-6：￥15.20

本书是高职幼儿教育专业系列教材之一，是教育部2004~2007年立项通过的推荐教材。全书共五章，内容包括：舞蹈基础理论知识；幼儿舞蹈与幼儿舞蹈创编；中国古典舞的基本训练；芭蕾舞的基本训练；民族民间舞蹈的训练。通过幼儿舞蹈的律动、表演、组合、创编的训练，培养学生的创作能力；通过舞蹈排练的实践，培养学生的教学能力与组织能力；通过书写舞蹈笔记，培养舞蹈教学的记录能力。本书配有VCD教学光盘。本书可供职业学校五年制高职幼儿教育专业学生使用，也可供艺术专业从业人员参考阅读。

Ⅰ.舞… Ⅱ.陶… Ⅲ.儿童-舞蹈-高等学校：技术学校-教材 Ⅳ.J722.3

潮阳英歌舞/隗芾，际云编著.-广州：广东人民出版社，2006.08.-182页；24cm.-（潮阳民间艺术“三瑰宝”丛书；x/张锡潮主编）

ISBN 7-218-05342-4：￥238.00（全套3册）

潮阳文化底蕴深厚，民间艺术源远流长，多姿多彩，独具特色。英歌舞、笛套古乐和剪纸闻名遐迩，被誉为潮阳民间艺术“三瑰宝”。

Ⅰ.潮… Ⅱ.隗… Ⅲ.民间歌舞-潮阳市 Ⅳ.J722.2

古镇寨英/张毓朗，吴恩泽著；尚源华等摄.-贵阳：贵州人民出版社，2006.10.-119页：彩图；23cm

全国重点文物保护单位中国滚龙艺术之乡

ISBN　7-221-07543-3：￥58.00

古镇寨英是贵州省松桃县内的一个乡镇，其历史悠久，尤其是传统的滚龙活动被文化部授予"中国滚龙艺术之乡"的称号，同时被列为全国重点文化保护单位。本书用大量的文字和图片对此进行了描述。

Ⅰ.古…　Ⅱ.张…　Ⅲ.乡镇-龙舞-简介-松桃县　Ⅳ.J722.214

民间舞蹈/李北达编著.-北京：中国社会出版社，2006.09.-214页；21cm.-（中国民俗文化丛书/刘魁立主编）

ISBN　7-5087-1364-8：￥13.00

本书作者介绍了精彩纷呈的民间舞蹈王国。

Ⅰ.民…　Ⅱ.李…　Ⅲ.民间舞蹈-简介-中国　Ⅳ.J722.21

泉州民间舞蹈/蔡湘江著.-福州：福建人民出版社，2006.06.-246页；20cm.-（泉州民俗文化丛书）

ISBN　7-211-05144-2：￥18.00

本书介绍泉州著名的民间舞蹈拍胸舞、唆罗连、踢球舞等40多种民间舞蹈的源流、形态及相关民俗，具体生动地反映了泉州多姿多彩的民间艺术。

Ⅰ.泉…　Ⅱ.蔡…　Ⅲ.民间舞蹈-简介-泉州市　Ⅳ.J722.21

[2007年]

舞蹈欣赏与创作/桂迎，赵丹丹编著.-杭州：浙江大学出版社，2006.12；23cm

ISBN　7-308-05073-4：￥15.00

本书阐述舞蹈基本知识和理论，并结合实例，使学生在了解、欣赏、模仿、品评和创作中接受舞蹈艺术。

Ⅰ.舞…　Ⅱ.桂…　Ⅲ.舞蹈艺术-鉴赏；舞蹈艺术-创作方法　Ⅳ.J70

新世纪中国舞蹈文化的流变/金浩著.-上海：上海音乐出版社，2007.09：照片；23cm

ISBN　978-7-80751-069-7：￥26.00

本书是对新世纪重要舞蹈作品进行评述，对杨丽萍的原生态歌舞《云南映象》的文化品位、市场化运作的可行性分析；对《千手观音》的成功奥秘探究；对新兴艺术形式"电视舞蹈"的艺术命运和消费市场的前瞻。本书让理论界听到一种更新的，更符合新的艺术氛围的声音。

Ⅰ.新…　Ⅱ.金…　Ⅲ.舞蹈-文化-研究-中国　Ⅳ.J72

舞蹈鉴赏/郭声健主编.-长沙：湖南教育出版社，2006.01；24cm

湖南省普通高等学校公共艺术课程教材.2006年7月第1次印刷

ISBN　7-5355-4978-0：￥21.80

本书内容有舞蹈概论及中国古典舞、芭蕾舞、中国民族民间舞、现代舞、外国流行舞、外国民族民间舞的起源发展、风格特点及流派介绍，并有大量经典作品赏析。

Ⅰ.舞…　Ⅱ.郭…　Ⅲ.舞蹈艺术-鉴赏　Ⅳ.J705

舞蹈编导原理与教学/纪广著.-北京：科学普及出版社，2007.04；20cm

ISBN　978-7-110-06581-5：￥28.00

本书分析和研究舞蹈编导理论，即舞蹈编导职责和能力；舞蹈艺术的基本特征；舞蹈创作素材的积累；题材的选择；肢体语言的运用和舞蹈结构，并对舞蹈编导专业的课程设置、教学质量要求、教学经验进行了总结。

Ⅰ．舞… Ⅱ．纪… Ⅲ．舞蹈编导-艺术理论；舞蹈编导-教学研究 Ⅳ．J711

舞蹈（业余）考级教材：第1～10级/南京艺术学院舞蹈学院编．-南京：南京出版社，2007.06：图；29cm

ISBN 978-7-80718-180-4：￥26.00

本书是南京艺术学院舞蹈专业的考试教材。

Ⅰ．舞… Ⅱ．南… Ⅲ．舞蹈-水平考试-教材 Ⅳ．J712

舞蹈基础教程/徐文霞，孙娟主编．-郑州：郑州大学出版社，2007.08；26cm．-（学前教育专业艺术课程系列教材/张兰英，卢新豫主编）

幼儿师范学校统编教材

ISBN 978-7-81106-638-8：￥23.00

本教材针对幼儿师范五年制和三年制中专学生的使用编写的。共分三篇：舞蹈基本理论，舞蹈基本训练和中国民间舞蹈。

Ⅰ．舞… Ⅱ．徐… Ⅲ．舞蹈-幼儿师范学校-教材 Ⅳ．J7

中老年舞蹈教程/王淑月主编；王凤著；杨泓绘．-长沙：湖南文艺出版社，2007.10：图；30cm+光盘1张

老年大学实用艺术教材

ISBN 978-7-5404-3983-5：￥24.00

本书是针对中老年舞蹈学习者和爱好者编写的舞蹈教程。

Ⅰ．中… Ⅱ．王… Ⅲ．舞蹈-教材 Ⅳ．J7

高考舞蹈强化训练/王光辉编著．-长沙：湖南文艺出版社，2007.08：图；26cm+光盘1张

ISBN 978-7-5404-3974-3：￥32.00

本书是高考舞蹈专业的考试强化训练，包括考试的难点、要点，和考试时需要特别注意的各个方面。附有强化训练和考场模拟DVD。

Ⅰ．高… Ⅱ．王… Ⅲ．舞蹈-高等学校-入学考试-自学参考资料 Ⅳ．J7

世界经典芭蕾舞剧欣赏/钱世锦编著．-2版．-上海：上海音乐出版社，2006.11：照片；25cm

ISBN 7-80667-177-3：￥68.00

本书介绍世界十大经典芭蕾舞剧。

Ⅰ．世… Ⅱ．钱… Ⅲ．芭蕾舞剧-鉴赏-世界 Ⅳ．J733.4

舞蹈编导基础理论初探/吴琪阿依著．-成都：四川民族出版社，2007.12：彩照；25cm

ISBN 978-7-5409-3720-1：￥38.60

本书从舞蹈艺术、舞蹈编导职责、舞蹈形象捕捉、舞蹈结构等十四个方面，详尽阐述了舞蹈编导基础理论。全书内容深入浅出，既具有学术性，又具有可操作性，是一部指导实践的舞蹈教学读本。

Ⅰ．舞… Ⅱ．吴… Ⅲ．舞蹈编导-基础理论 Ⅳ．J711.2

东巴舞蹈传人——习阿牛、阿明东奇/冯莉著．-北京：民族出版社，2007.06：照

片；24cm. -（中国民间文化杰出传承人丛书/冯骥才，白庚胜主编）

ISBN 978-7-105-08299-5 （平装）：￥48.00

中国民间文艺家协会自2001年以来组织实施了中国民间文化遗产抢救工程，该项工作得到了中宣部和中国文联的支持，被列为国家社科基金特别委托项目。本书是该项目下的中国民间文化杰出人物认定命名工程成果集结，展示了历史悠久、文化精深并且濒于消失的中国民间文化风采。

Ⅰ. 东… Ⅱ. 冯… Ⅲ. 纳西族-舞谱-研究-中国 Ⅳ. J721.1

中国纳西族东巴舞谱研究：并论巫与舞、舞蹈与舞谱/申明淑著. -北京：学苑出版社，2007.10；23cm. -（三足乌文库. 学术研究/刘锡诚主编）

ISBN 978-7-5077-2912-2：￥52.00

本书对纳西族东巴古老舞谱进行诠释和研究。

Ⅰ. 中… Ⅱ. 申… Ⅲ. 纳西族-舞谱-研究-中国 Ⅳ. J721.1

动感的舞蹈/（美）赖特著；韩月琴译. -北京：商务印书馆，2006.11：彩图；26cm. -（商务馆·网络互动儿童百科分级阅读丛书. C级） 适合8~12岁读者. 著者原题：内尔温·赖特

ISBN 7-100-05056-1 （平装）：￥7.90

本书介绍了舞蹈的形式、分类、历史发展、当代潮流等艺术知识。具体包括：舞蹈的历史传统和作用、传统民间舞蹈、芭蕾舞的起源和发展。

Ⅰ. 动… Ⅱ. 赖… Ⅲ. 舞蹈-儿童读物 Ⅳ. J712-49

中国舞等级考试教材. 少年. 第10级/孙光言主编；北京舞蹈学院编. -北京：人民音乐出版社，2007.01：图；30cm

ISBN 978-7-103-03211-4：￥30.00

本书为中国舞等级考试教材的第十级（少年）课程内容，适应12~15岁少年学习、训练和考试，包括23个训练组合。与书配套有音乐伴奏带、CD、VCD同时发行。

Ⅰ. 中… Ⅱ. 孙… Ⅲ. 少年儿童-舞蹈-中国-水平考试-教材 Ⅳ. J722

辽代乐舞/巴景侃著. -沈阳：万卷出版公司，2006.07：160幅；26cm

ISBN 7-80601-805-0：￥58.00

宋代王安石有“涿州沙上饮般亘，看舞春风小契丹”之句，而现存的辽代文物，特别是墓葬壁画和建筑图案装饰以及生活用品上，都保存了极为丰富的辽代乐舞资料。本书汇集了这些史料中记载的辽代乐舞资料，为广大读者展示了我国古代北方少数民族生活的特色。

Ⅰ. 辽… Ⅱ. 巴… Ⅲ. 乐舞-史料-中国-辽代 Ⅳ. J709.2

中国舞蹈. 博拊笙簧，歌之舞之/王志艳主编. -北京：北京燕山出版社，2006.11；19cm. -（中国魅力丛书）

ISBN 7-5402-1836-3：￥520.00（全套20册）

本书收集了中国传统文化众多项目，如武术、雕塑、音乐、饮食等，图文并茂。

Ⅰ. 中… Ⅱ. 王… Ⅲ. 传统文化-中国 Ⅳ. J709.2

舞蹈史论研究方法初探/董锡玖，朱迎编著. -北京：文化艺术出版社，2007.09：照片；24cm

ISBN 978-7-5039-3385-1：￥20.00

本书是关于舞蹈史理论研究的专著。

Ⅰ. 舞… Ⅱ. 董… Ⅲ. 舞蹈史-研究方法 Ⅳ. J709-3

嫩江流域舞蹈文化/文华著 . -哈尔滨：黑龙江美术出版社，2007. 07：图；20cm

ISBN 978-7-5318-1888-5：¥29. 00

本书论述黑龙江省嫩江地区舞蹈文化的起源与发展。

Ⅰ. 嫩… Ⅱ. 文… Ⅲ. 舞蹈史-嫩江地区 Ⅳ. J709. 235

追寻的历程/苏天祥著 . -北京：大众文艺出版社，2006. 10；21cm. -（中国文联晚霞文库 . 云南卷 . 第 7 辑/李仕良，麻卫军主编）

ISBN 7-80171-882-8：¥180. 00（全套 10 册）

本书为作者创作的关于舞蹈方面的论文集。

Ⅰ. 追… Ⅱ. 苏… Ⅲ. 舞蹈艺术-文集 Ⅳ. J7-53

吴晓邦舞蹈文集/《吴晓邦舞蹈文集》编委会编 . -北京：中国文联出版社，2007. 01；23cm

ISBN 978-7-5059-5457-1：¥360. 00（全套 5 册）

本书为吴晓邦先生关于舞蹈艺术研究文章的合集。

Ⅰ. 吴… Ⅱ. … Ⅲ. 舞蹈艺术-文集 Ⅳ. J7-53

来跳舞吧/［法］布安著；管玉荣译；［法］夏尔比绘 . -北京：北京科学技术出版社，2007. 10；18cm. -（我的拉鲁斯小百科 . 多彩的生活）

著者原题：安娜・布安，艾丽斯・夏尔比

ISBN 978-7-5304-3590-8 （精装）：¥96. 00（全套 8 册）

这是一套从法国引进的经典百科图书，适合幼儿园和小学低年级的小朋友阅读，内容包括天文、历史、自然、生物、生活、传说等多个方面。精炼、科学而又极富童趣的语言配以简洁优美、寓意深刻的插图，将各种有用的、有趣的、有意义的科普知识和生活常识结合在一起，内容丰富多彩。

Ⅰ. 来… Ⅱ. 布… Ⅲ. 舞蹈-儿童读物 Ⅳ. J7-49

体育舞蹈读本/刘光红编著 . -北京：人民体育出版社，2006. 12；20cm

ISBN 7-5009-3068-2：¥18. 00

本书包括体育舞蹈绪论、教学方法、标准舞技巧、体育舞蹈礼仪知识等。是一本大学舞蹈课的教科书。

Ⅰ. 体… Ⅱ. 刘… Ⅲ. 运动竞赛-交际舞-高等学校-教材 Ⅳ. J732. 8

体育舞蹈/寿文华，魏纯镭，荣丽主编 . -北京：北京体育大学出版社，2007. 01；23cm+光盘 1 张

普通高校体育选项课教材

ISBN 978-7-81100-697-1：¥25. 00

本书介绍体育舞蹈的基本知识、基本技术、基本技能以及基本套路，可供自学，自练和教学用。

Ⅰ. 体… Ⅱ. 寿… Ⅲ. 运动竞赛-交际舞-高等学校-教材 Ⅳ. J732. 8

国际标准舞摩登舞技法教程/杨威著 . -北京：中国戏剧出版社，2006. 11；24cm

上海戏剧学院规划建设教材

ISBN 7-104-02323-2：¥36. 00

本书是教授国际标准摩登舞技法和规范的教材，从初级、中级至高级，用图解加文

字的方式，有步骤地加以详解各种舞蹈的步法和技巧。

Ⅰ. 国… Ⅱ. 杨… Ⅲ. 交际舞-基本知识 Ⅳ. J732.8

校园集体舞/关槐秀编著. -北京：人民体育出版社，2006.12；19cm

ISBN 7-5009-3051-8：￥39.00

本书包括集体舞、民族民间舞和校园课间街舞等。

Ⅰ. 校… Ⅱ. 关… Ⅲ. 集体舞 Ⅳ. J732.1

国际标准舞理论·实践·技巧修订＝Ballroom dancing：the theory and practice of the revised technique，Waltz. **摩登舞系. 华尔兹**/罗君帆编著. -广州：岭南美术出版社，2007.01. 广州：岭南美术出版社，2007；图；28cm

书名原文：Ballroom dancing：the theory and practice of the revised technique，Waltz

ISBN 978-7-5362-3598-4：￥180.00（全套4册）

本书从理论、实践、技巧三方面编写，反映当前最新的国际标准舞的潮流，主要包括摩登舞系中的探戈、华尔兹、快步、狐步。

Ⅰ. 国… Ⅱ. 罗… Ⅲ. 华尔兹舞-基本知识 Ⅳ. J732.8

国际标准舞理论·实践·技巧修订＝Ballroom dancing：the theory and practice of the revised technique，Foxtrot. **摩登舞系. 狐步**/罗君帆编著. -广州：岭南美术出版社，2007.01. 广州：岭南美术出版社，2007；图；28cm

书名原文：Ballroom dancing：the theory and practice of the revised technique，Foxtrot

ISBN 978-7-5362-3598-4：￥180.00（全套4册）

本书从理论、实践、技巧三方面编写，反映当前最新的国际标准舞的潮流，主要包括摩登舞系中的探戈、华尔兹、快步、狐步。

Ⅰ. 国… Ⅱ. 罗… Ⅲ. 狐步舞-基本知识 Ⅳ. J732.8

国际标准舞理论·实践·技巧修订＝Ballroom dancing：the theory and practice of the revised technique，Tango Viennese Waltz. **摩登舞系. 探戈·维也纳华尔兹**/罗君帆编著. -广州：岭南美术出版社，2007.01. 图；28cm

书名原文：Ballroom dancing：the theory and practice of the revised technique，Tango Viennese Waltz

ISBN 978-7-5362-3598-4：￥180.00（全套4册）

本书稿从理论、实践、技巧三方面编写，反映当前最新的国际标准舞的潮流，主要包括摩登舞系中的探戈、华尔兹、快步、狐步。

Ⅰ. 国… Ⅱ. 罗… Ⅲ. 探戈舞-基本知识 Ⅳ. J732.8

国际标准舞理论·实践·技巧修订＝Ballroom dancing：the theory and practice of the revised technique，Quickstep. **摩登舞系. 快步**/罗君帆编著. -广州：岭南美术出版社，2007.01. 图；28cm

书名原文：Ballroom dancing：the theory and practice of the revised technique，Quickstep

ISBN 978-7-5362-3598-4：￥180.00（全套4册）

本书从理论、实践、技巧三方面编写，反映当前最新的国际标准舞的潮流，主要包括摩登舞系中的探戈、华尔兹、快步、狐步。

Ⅰ. 国… Ⅱ. 罗… Ⅲ. 交际舞-基本知识 Ⅳ. J732.8

[2008年]

大学体育舞蹈教程/黄淑萍，刘凯编著．-兰州：甘肃教育出版社；2008.08；-201页；25cm

ISBN 978-7-5423-1803-9 ¥CNY26.00

本书吸纳了有关研究体育舞蹈的成果，总结了多年的教学经验和方法，有基础知识、技能技巧理论，也有体育舞蹈竞赛知识方法。本书突出体育舞蹈的规范性，竞技性和知识性，坚持理论联系实践原则，适合大学体育舞蹈教学需要。

Ⅰ．大… Ⅱ．黄… Ⅲ． 运动竞赛 交际舞 高等学校 教材 Ⅳ．J732.8

体育舞蹈/胡玉华等主编．-长沙：湖南大学出版社；2008.10；-160页；23cm

ISBN 978-7-81113-361-5 ¥CNY20.00

本书介绍了体育舞蹈的基础知识；阐述了拉丁舞、摩登舞10个舞种的基本技术、基本技法以及训练方法。

Ⅰ．体… Ⅱ．胡… Ⅲ． 交际舞 基本知识 Ⅳ．J732.8

体育舞蹈/姜桂萍主编．-北京：高等教育出版社；2008.06；-363页；24cm

ISBN 978-7-04-017362-8 ¥CNY33.70

本教材为普通高等学校体育教育专业新课程方案中主干课教材之一，其主要包括：舞蹈概述、舞蹈健身、舞蹈教学与创编、民族民间舞蹈、大众交谊舞、校园集体舞、健身时尚舞蹈等内容。本教材即可作为高等学校体育专业的教材，也可作为各级各类体育教师的教学参考书。

Ⅰ．体… Ⅱ．姜… Ⅲ． 运动竞赛 交际舞 高等学校 教材 Ⅳ．J732.8

流行交际舞大全/［英］博顿（Bottomer， P. ）著．-哈尔滨：黑龙江科学技术出版社；，2008.01；-253页；29cm

ISBN 978-7-5388-5553-1 ¥CNY55.00

舞蹈作为生活中不可缺少的娱乐方式之一，全书分为三大部分，介绍了俱乐部舞、拉丁舞、国际舞的舞蹈方法和步伐节奏。全书图文并茂，配恰详细的文字说明，是舞蹈爱好者的必备参考书。

Ⅰ．流… Ⅱ．博… Ⅲ． 交际舞 基本知识 Ⅳ．J732.8

交谊舞/张鑫华编著．-北京：中国社会出版社；2008.01；-204页；21cm

ISBN 978-7-5087-1909-2 ¥CNY12.00

本书选取老年人日常晨练时经常采用的运动方式——交谊舞，在运动的时间、地点、服装等方面加以详细说明，对老年朋友锻炼时生理和心理的调整详细解说，是一本具有普及意义的中老年健身图书。

Ⅰ．交… Ⅱ．张… Ⅲ． 交际舞 基本知识 Ⅳ．J732.8

龙狮运动的理论解读/刘飞舟著．-天津：天津科学技术出版社；2008.07；-217页；21cm

ISBN 978-7-5308-4705-3 ¥CNY28.80

本书通过翔实的材料，对龙狮运动的发展史做了全面而详细的介绍；通过对龙狮运动社会特性和价值功能的理论分析，进一步丰富了龙狮文化的内容；在把握龙狮运动训练的规律基础上，对龙狮运动的选材，以及在我国高校推广龙狮运动做出了系统的理论分析。

Ⅰ. 龙… Ⅱ. 刘… Ⅲ. 龙舞 研究 中国 狮子舞 研究 中国 Ⅳ. J722. 21

福建民间舞教程/林松伟，郭峰著. -福州：海潮摄影艺术出版社；2008. 11；-148页；26cm

ISBN 978-7-80691-448-9 ¥ CNY15. 00

本系列丛书由福建艺术职业学院组织13位音乐、美术教学一线的学科带头人进行编写。本书是教学福建民间舞蹈的教学教程，以地域的舞蹈特色、种类区分、分为闽南地区（上）、闽南地区（中）、闽南地区（下）、闽西地区、闽北地区、闽东地区、闽东地区七个章，系统地介绍教授福建民间舞的特色和技术细节。

Ⅰ. 福… Ⅱ. 林… Ⅲ. 民间舞蹈 福建省 高等学校：技术学校 教材 Ⅳ. J722. 21

生活的舞蹈/王保明编著. -昆明：云南人民出版社；2008. 07；-170页；24cm

ISBN 978-7-222-05477-6 ¥ CNY300. 00（全套10册）

本书介绍了彝族舞蹈、哈尼族舞蹈、苗族舞蹈、汉族祭孔舞蹈共九种民间舞蹈。

Ⅰ. 生… Ⅱ. 王… Ⅲ. 民间舞蹈 简介 建水县 Ⅳ. J722. 21

闽南民间舞蹈教程/郭金锁，黄明珠著. -上海：上海音乐出版社；，2008. 01；-282页；23cm

ISBN 978-7-80751-116-8 ¥ CNY58. 00

本书主要介绍了我国闽南地区舞蹈的基本动作、训练方式、舞蹈组合、风格等等，系福建师范学院舞蹈教材之一。

Ⅰ. 闽… Ⅱ. 郭… Ⅲ. 民间舞蹈 福建省 师范大学 教材 Ⅳ. J722. 21

舞蹈鉴赏/马健昕等编著. -北京：对外经济贸易大学出版社；2008. 09；-237页；24cm

ISBN 978-7-81134-167-6 ¥ CNY29. 00

本书介绍了中外舞蹈发展史，舞蹈艺术，舞蹈种类等。

Ⅰ. 舞… Ⅱ. 马… Ⅲ. 舞蹈艺术 鉴赏 高等学校 教材 Ⅳ. J705

英国皇家舞蹈学院舞蹈等级考试与展示课程：男女生. 一级/陈婷译. -上海：上海音乐出版社；2008. 04；-38页；30cm

ISBN 978-7-80751-095-6 ¥ CNY68. 00

本套书为英国皇家舞蹈学院"芭蕾舞蹈等级教材"。教材共分为三梯次 ：第一梯次1. 学前舞蹈教育锦囊；2. 启蒙~5级。第二梯次：1. 6~8级；2. 预中级~中级。第三梯次：1. 预备高级~高级。男女独立教材，共6套。皇家舞蹈学院的教材具有世界性，故此书适用面极广。

Ⅰ. 英… Ⅱ. 陈… Ⅲ. 舞蹈 水平考试 教材 Ⅳ. J712

英国皇家舞蹈学院舞蹈等级考试与展示课程：男女生. 二级/陈婷译. -上海：上海音乐出版社；2008. 04；-47页；30cm

ISBN 978-7-80751-096-3 ¥ CNY68. 00

本套书为英国皇家舞蹈学院"芭蕾舞蹈等级教材"。教材共分为三梯次：第一梯次1. 学前舞蹈教育锦囊；2. 启蒙~5级。第二梯次：1. 6~8级；2. 预中级~中级。第三梯次：1. 预备高级~高级。男女独立教材，共6套。皇家舞蹈学院的教材具有世界性，故此书适用面极广。

Ⅰ. 英… Ⅱ. 陈… Ⅲ. 舞蹈 水平考试 教材 Ⅳ. J712

英国皇家舞蹈学院舞蹈等级考试与展示课程：男女生．启蒙级-初级/陈婷译．-上海：上海音乐出版社；，2008.04；-44页；30cm

ISBN 978-7-80751-094-9 ¥CNY88.00

本套书为英国皇家舞蹈学院“芭蕾舞蹈等级教材”。教材共分为三梯次：第一梯次1. 学前舞蹈教育锦囊；2. 启蒙~5级。第二梯次：1.6~8级；2. 预中级~中级。第三梯次：1. 预备高级~高级。男女独立教材，共6套。皇家舞蹈学院的教材具有世界性，故此书适用面极广。

Ⅰ. 英… Ⅱ. 陈… Ⅲ. 舞蹈 水平考试 教材 Ⅳ. J712

舞蹈欣赏/宋丽编著．-郑州：河南人民出版社；2008.02；-102页；26cm

ISBN 978-7-215-06158-3 ¥CNY25.00

本书既有舞蹈理论知识的赏析，又有舞蹈技能的实践，还有国内外舞蹈精品的欣赏，图文并茂，雅俗共赏。

Ⅰ. 舞… Ⅱ. 宋… Ⅲ. 舞蹈艺术 鉴赏 Ⅳ. J705

大学舞蹈鉴赏/袁禾主编．-上海：华东师范大学出版社；2008.03；-271页；24cm

ISBN 978-7-5617-5694-2 ¥CNY28.00

本书为普通高校公共艺术课程系列教材之一种。

Ⅰ. 大… Ⅱ. 袁… Ⅲ. 舞蹈艺术 鉴赏 高等学校 教材 Ⅳ. J705

传统舞蹈/李建国主编．-济南：山东友谊出版社；2008.08；-438页；24cm

ISBN 978-7-80737-413-8（精装）：¥CNY180.00

本书较全面地介绍了山东省最具特色的民间舞蹈，图文结合，随文配图。

Ⅰ. 传… Ⅱ. 李… Ⅲ. 传统舞蹈 简介 山东省 Ⅳ. J722.2

中国古典舞中专教材． 一年级（女班）示例课程/李正一主编．-北京：人民音乐出版社；2008.02；-130页；30cm

ISBN 978-7-103-03353-1 ¥CNY126.00

本书为中国舞蹈家协会舞蹈教学委员会教材项目，由著名舞蹈教育家李正一主持，梁素芳、沈元敏、刘玉珍、岑爱斌编著完成，并配以四张DVD教学光盘。

Ⅰ. 中… Ⅱ. 李… Ⅲ. 古典舞蹈 中国 专业学校 教材 Ⅳ. J722.4

中国古典舞中专教材． 四年级（女班）示例课程/李正一主编．-北京：人民音乐出版社；2008.02；-141页；30cm

ISBN 978-7-103-03354-8 ¥CNY126.00

本书为中国舞蹈家协会舞蹈教学委员会教材项目，由著名舞蹈教育家李正一主持，梁素芳、沈元敏、刘玉珍、岑爱斌编著完成，并配以四张DVD教学光盘。

Ⅰ. 中… Ⅱ. 李… Ⅲ. 古典舞蹈 中国 专业学校 教材 Ⅳ. J722.4

察隅民间锅庄/格桑公布，普布多吉收集整理．-拉萨：西藏人民出版社；2008.04；-106页；20cm

ISBN 978-7-223-02410-5 ¥CNY10.00

察隅民间锅庄，是曲调十分丰富，舞蹈种类繁多、风格各异，具有浓郁的地方特色和民族特色、深受当地群众喜爱的一种民间歌舞。本书收集了察隅当地民族艺人口头传唱和阐述直接记录下来的100多首形态各异的察隅民间锅庄。

Ⅰ.察… Ⅱ.格… Ⅲ. 民间歌舞 察隅县 藏语 Ⅳ.J722.2

舞蹈技术课年级考核标准动作范例（中专）/杨琦主编．-北京：科学普及出版社；2008.05；-207页；26cm

ISBN 978-7-110-06899-1 ¥ CNY25.00

本书包括一年级考核标准动作范例、二年级考核标准动作范例、三年级考核标准动作范例、四年级考核标准动作范例等章节。

Ⅰ.舞… Ⅱ.杨… Ⅲ. 舞蹈 专业学校 教学参考资料 Ⅳ.J71

舞蹈基础理论/郑八一，张泉君编著．-北京：中国戏剧出版社；2008.12；-280页；21cm

ISBN 978-7-104-02892-5 ¥ CNY280.00（全套10册）

本书是一部个人作品集，是关于舞蹈基础理论的书。

Ⅰ.舞… Ⅱ.郑… Ⅲ. 舞蹈艺术 艺术理论 Ⅳ.J70

敦煌古代乐舞/高德祥著．-北京：人民音乐出版社；2008.05；-427页；24cm

ISBN 978-7-103-03467-5 ¥ CNY156.00

本书用通俗的语言，详细介绍了敦煌壁画乐舞所承载的方方面面，为读者了解及研究敦煌乐舞提供了宝贵的资料，以及全面的解读。

Ⅰ.敦… Ⅱ.高… Ⅲ. 敦煌（历史地名） 乐舞 研究 Ⅳ.J709.2 K928.6

古典芭蕾基本功训练/林松伟，何书升编著．-福州：海潮摄影艺术出版社；2008.11；-145页；26cm

ISBN 978-7-80691-444-1 ¥ CNY16.00

本系列丛书由福建艺术职业学院组织13位音乐、美术教学一线的学科带头人进行编写。本书较详细的讲解芭蕾的基本概念和其舞蹈的基础训练，通过动作训练目的、顺序及动作技法、要领和图解等来介绍芭蕾的每一动作。

Ⅰ.古… Ⅱ.林… Ⅲ. 古典芭蕾 高等学校：技术学校 教材 Ⅳ.J732.5

当代中国十大舞剧赏析/张莉著．-上海：上海音乐出版社；2008.08；-235页；24cm

ISBN 978-7-80751-162-5 ¥ CNY49.00

本书体例同重版3次的《世界十大芭蕾舞剧欣赏》。张莉供职于上海大剧院。主要介绍"两岸三地"的有艺术特点，受广大观众喜爱的获奖舞剧，如《大梦敦煌》、《霸王别姬》、《闪闪红心》、《红楼梦》、《澳门新娘》等。

Ⅰ.当… Ⅱ.张… Ⅲ. 舞剧 舞蹈艺术 鉴赏 中国 现代 Ⅳ.J723.1

文化视野与舞蹈高等教育研究/王国宾编著．-上海：上海音乐出版社；2008.12；-185页；26cm

ISBN 978-7-80751-253-0 ¥ CNY36.00

本书共十讲，言简意赅地阐述了文化的本质、发展规律、文化起源及中西文化的精神等等内容。作者以文化的视野观照舞蹈文化及教育中存在的问题，并提出自己探索其未来发展的思路，以及引导研究生们关注一些学科前沿的问题。

Ⅰ.文… Ⅱ.王… Ⅲ. 舞蹈艺术 文化 高等学校 教材 Ⅳ.J7

舞蹈音乐理论·视唱教程/孔羽主编．-哈尔滨：哈尔滨地图出版社；2008.04；-92页；26cm

ISBN 978-7-80717-867-5 ¥CNY28.00

本书为高等艺术院校教材，主要分两部分内容，即舞蹈、音乐理论介绍和视唱训练指导。

Ⅰ.舞… Ⅱ.孔… Ⅲ. 舞蹈艺术 艺术理论 高等学校 教材 音乐 艺术理论 高等学校 教材 视唱 高等学校 教材 Ⅳ.J70 J6

中国舞蹈服饰设计师/张琬麟，韩春启主编.-北京：文化艺术出版社；2008.12；-454页；26cm

ISBN 978-7-5039-3609-8 ¥CNY168.00

本书是国内首部有关舞蹈服饰设计的理论专著，从多个角度展现了新中国22位老、中、青优秀舞蹈服饰设计师的成就。

Ⅰ.中… Ⅱ.张… Ⅲ. 舞蹈艺术 服装（戏剧） 设计 Ⅳ.J717

广东瑶族舞蹈与音乐艺术/汤耶碧主编.-广州：华南理工大学出版社；2008.09；-127页；26cm

ISBN 978-7-5623-2883-4 ¥CNY30.00

本书是一部介绍我国少数民族——瑶族的一个分支排瑶的舞蹈与音乐的书籍，对排瑶的舞蹈、音乐、民族风俗进行了介绍。

Ⅰ.广… Ⅱ.汤… Ⅲ. 瑶族 民族舞蹈 研究 壮族 民族音乐 研究 Ⅳ.J722.225.1 J607.2

舞蹈创作法/（日）江口隆哉著.-北京：学苑出版社；2005.07；-289页；26cm

ISBN 978-7-5077-2568-1 ¥CNY42.00

本书内容：舞蹈艺术的创作原则，创作的方法和创作实践例证，有大量舞蹈图示。

Ⅰ.舞… Ⅱ.江… Ⅲ. 舞蹈艺术 创作方法 Ⅳ.J704

阅读舞台.舞台美术卷/姚振中主编.-上海：百家出版社；2008.12；-350页；24cm

ISBN 978-7-80703-876-4（精装）：¥CNY58.00

本书是有关舞蹈美学艺术的论文集。

Ⅰ.阅… Ⅱ.姚… Ⅲ. 舞蹈美学 文集 Ⅳ.J701-53

神灵降临/廖东凡著.-北京：中国藏学出版社；2008.06；-232页；23cm

ISBN 978-7-80057-761-1 ¥CNY38.00

本书对西藏的跳神进行了生动、详细的介绍，书中有大量图片，可读性很强。

Ⅰ.神… Ⅱ.廖… Ⅲ. 祭祀舞 简介 西藏 Ⅳ.J722.29

腰鼓/梁泉，高思远著.-北京：中国文联出版社；2008.10；-139页；24cm

ISBN 978-7-5059-5784-8 ¥CNY20.80

本书介绍腰鼓艺术的发展历程，流派，人物，作品。

Ⅰ.腰… Ⅱ.梁… Ⅲ. 腰鼓舞 中国 普及读物 Ⅳ.J732.2-49

秧歌/胡晶莹，刘晓真著.-北京：中国文联出版社；2008.10；-185页；24cm

ISBN 978-7-5059-5783-1 ¥CNY25.80

Ⅰ.秧… Ⅱ.胡… Ⅲ. 秧歌舞 中国 普及读物 Ⅳ.J722.211-49

中外舞蹈鉴赏语言/黄小明编著.-桂林：广西师范大学出版社；2008.09；-229页；

20×26cm

ISBN　978-7-5633-7009-2 ¥ CNY40.00

本书主要探究舞蹈的源头及其生命本质所在。

Ⅰ. 中…　Ⅱ. 黄…　Ⅲ.　舞蹈艺术　鉴赏　世界　Ⅳ. J705.1

舞龙/张琳，钟声主编．-长春：吉林出版集团有限责任公司；2008.08；-74页；18cm

ISBN　978-7-80762-768-5 ¥ CNY6.00

本书体例安排、题目设置、内容繁简，应适合青少年知识程度和文化水平特点，行文尽量浅显易懂，使读者通过文字和图示，迅速掌握从事各项体育运动的技术、战术及相关知识的要领与方法。

Ⅰ. 舞…　Ⅱ. 张…　Ⅲ.　龙舞　中国　青少年读物　Ⅳ. J722.214-49

街舞/王月华，姚慧锋主编．-长春：吉林出版集团有限责任公司；2008.08；-74页；18cm

ISBN　978-7-80762-863-7 ¥ CNY6.00

本书体例安排、题目设置、内容繁简，应适合青少年知识程度和文化水平特点，行文尽量浅显易懂，使读者通过文字和图示，迅速掌握从事各项体育运动的技术、战术及相关知识的要领与方法。

Ⅰ. 街…　Ⅱ. 王…　Ⅲ.　现代舞蹈　青少年读物　Ⅳ. J732.6-49

舞坛纵横：冯德舞论、舞评、舞籍精选/冯德著．-北京：人民音乐出版社；2008.07；-427页；21cm

ISBN　978-7-103-03473-6 ¥ CNY36.00

本书包括三个部分：舞论9篇文章；舞评26篇文章；舞籍选自四部图书中的章节内容，涉及舞蹈基础知识、艺术特征、技术技巧，以及舞蹈历史、流派、人物等，知识性、趣味性比较浓厚。

Ⅰ. 舞…　Ⅱ. 冯…　Ⅲ.　舞蹈艺术　文集　Ⅳ. J7-53

中国舞基训常用动作选：普及版/孙光言，徐大之编著．-北京：人民音乐出版社；2008.05；-166页；30cm

ISBN　978-7-103-03302-9 ¥ CNY29.00

本书收集了部分传统的、民族风格较强的基本的舞姿、转、翻身和跳跃等技术性动作，也收纳了部分当代发展的舞蹈动作。

Ⅰ. 中…　Ⅱ. 孙…　Ⅲ.　舞蹈动作　中国　Ⅳ. J722

体育视角下的藏族锅庄舞/毕研洁主编．-兰州：兰州大学出版社；2008.06；-288页；24cm

ISBN　978-7-311-03079-7 ¥ CNY50.00

本书以体育理论为视角对西藏、青海、甘肃、四川、云南五大地区藏族锅庄舞的文化源流、动作分类、舞蹈音乐等内容进行了详尽介绍。

Ⅰ. 体…　Ⅱ. 毕…　Ⅲ.　藏族　民族舞蹈　中国　Ⅳ. J722.221.4

舞思：资华筠文论集/资华筠著．-北京：文化艺术出版社；2008.07；-272页；24cm

ISBN　978-7-5039-3517-6 ¥ CNY36.00

本书收录了著名舞蹈家资华筠的评论、论文、回忆文章50余篇。

Ⅰ. 舞… Ⅱ. 资… Ⅲ. 舞蹈艺术 艺术评论 中国 文集 资华筠 回忆录 Ⅳ. J705. 2-53 K825. 76

当代舞蹈精品聚焦/叶进著. -上海：上海音乐出版社；2008. 04；-107 页；23cm

ISBN 978-7-80751-153-3 ¥CNY58. 00

本书以图为主、以图补文、图文结合，在展示当代舞蹈图像的同时，以较精炼的文字，并以中外各舞蹈种类为章节，对当代世界舞蹈的发展脉络与现状作简要的阐述。使读者在玩味、赏析舞蹈图片的同时，又对各类舞蹈的发展背景及现状有了一定的了解，可谓一举两得，也是本图册的特色。

Ⅰ. 当… Ⅱ. 叶… Ⅲ. 舞蹈 世界 图集 Ⅳ. J73-64

性格舞蹈基础/［俄］洛普霍夫等著. -上海：上海音乐出版社；2008. 03；-225 页；26cm

ISBN 978-7-80751-152-6 ¥CNY38. 00

本书主要介绍性格舞蹈每堂课的结构，以及俄罗斯、乌克兰、西班牙、波兰等国的舞蹈元素。

Ⅰ. 性… Ⅱ. 洛… Ⅲ. 性格舞蹈 Ⅳ. J732. 9

外国舞蹈史及作品鉴赏/欧建平著. -北京：高等教育出版社；2008. 01；-346 页；23cm

ISBN 978-7-04-019336-7 ¥CNY39. 80

本书系高等学校舞蹈专业主干课系列教材之一，以外国舞蹈的发展脉络为主线，以各个历史时期有重要地位的舞蹈作品、舞蹈家及舞蹈体裁、舞蹈文化和美学思想为主要内容，系统、全面地介绍了外国舞蹈的发展轨迹；同时从审美文化角度出发，阐述舞蹈的艺术语言、内容与形式、风格与流派以及不同时代、不同国家、不同民族、不同习俗和不同审美理想所造就的肢体语言和生命形态。作者是中国文化艺术研究院研究员，有多年高校外国舞蹈史及作品鉴赏课程的一线教学经历，曾三次赴美随名师深造舞蹈史论，并频繁游学列国，积累了丰厚的一手资料，掌握了大量外国舞蹈学术前沿信息。全书素材丰富、典型，文化视野开阔，对于学习、理解、鉴赏外国舞蹈，提高读者艺术素养大有裨益，适用于普通高等学校舞蹈专业，也可作为公共艺术教育的教材。

Ⅰ. 外… Ⅱ. 欧… Ⅲ. 舞蹈史 外国 高等学校 教材 舞蹈艺术 鉴赏 外国 高等学校 教材 Ⅳ. J709. 1 J705. 1

刀郎麦西来甫的魔力/玉山江·纳曼著. -喀什：喀什维吾尔文出版社；2008. 01；-166 页；19cm

ISBN 978-7-5373-1606-4 ¥CNY12. 00

本书中主要讲述《刀郎麦西来甫》的特点、科学性、教育作用以及艺术价值等内容。

Ⅰ. 刀… Ⅱ. 玉… Ⅲ. 维吾尔族 民族歌舞 研究 中国 维吾尔语（中国少数民族语言） Ⅳ. J722. 221. 5

舞龙运动教程/吕韶钧主编. -北京：北京体育大学出版社；2008. 01；-221 页；28cm

ISBN 978-7-81100-823-4 ¥CNY32. 00

本书介绍舞龙运动的历史、现状及训练方法。

Ⅰ. 舞… Ⅱ. 吕… Ⅲ. 龙舞 中国 教材 Ⅳ. J722. 214

[2009年]

街舞/王莹编著.-北京：人民体育出版社；2009；-页；cm

ISBN　978-7-5009-3657-2￥CNY22.00

本书介绍了街舞的起源、发展、动作特点、文化元素、术语、音乐、服饰、裁判法等。

Ⅰ.街…　Ⅱ.王…　Ⅲ.　现代舞蹈　基本知识　Ⅳ.J732.6

舞蹈鉴赏/罗斌主编.-重庆：西南师范大学出版社；2009.09；-237页；24cm

ISBN　978-7-5621-4170-9￥CNY32.00

本书以舞蹈作品为欣赏对象，通过舞蹈形象的感知与人物的思想情感，以及经典作品赏析使学生认识舞蹈艺术的精神实质和审美特征。

Ⅰ.舞…　Ⅱ.罗…　Ⅲ.　舞蹈艺术　鉴赏　高等学校　教材　Ⅳ.J705

舞蹈鉴赏/谷玉梅，李开芳主编.-西安：西安交通大学出版社；2009.09；-144页；26cm

ISBN　978-7-5605-3223-3￥CNY23.00

本书分上、中、下三篇，并配有多幅彩照和插图。上篇着重介绍舞蹈艺术的特点、风格和流派；中篇介绍我国舞蹈文化的形态和审美内涵，下篇通过对古今中外流传的一些优秀舞蹈剧目和作品的分析、介绍，使大家具体地了解舞蹈艺术的特征，以及发展成就所取得的社会历史价值和作用。

Ⅰ.舞…　Ⅱ.谷…　Ⅲ.　舞蹈艺术　鉴赏　Ⅳ.J705

舞蹈鉴赏/冯双白著.-北京：高等教育出版社；2009.11；-208页；26cm

ISBN　978-7-04-027250-5￥CNY25.00

这是一本写给大学本科非舞蹈类专业的普通学生使用的教材。该教材将以比较清晰的脉络、经典的例证、生动有趣的语言描述舞蹈艺术发展的普遍规律，介绍舞蹈的基本流派，普及舞蹈语言的基本知识，使学生对舞蹈艺术有一个总体的感知，进而对这门艺术产生兴趣，提高自身的艺术素养。

Ⅰ.舞…　Ⅱ.冯…　Ⅲ.　舞蹈艺术　鉴赏　高等学校　教材　Ⅳ.J705

舞蹈鉴赏/张文川，张冬梅著.-石家庄：河北美术出版社；2009.04；-132页；26cm

ISBN　978-7-5310-3044-7￥CNY20.00

本书对如何欣赏舞蹈进行简明扼要的论述。

Ⅰ.舞…　Ⅱ.张…　Ⅲ.　舞蹈艺术　鉴赏　高等学校　教材　Ⅳ.J705

舞蹈鉴赏/赵铁春主编.-长沙：湖南大学出版社；2009.08；-258页；24cm

ISBN　978-7-81113-655-5￥CNY30.00

本书以舞蹈鉴赏辨析为点、舞蹈作品年代为线、舞蹈不同种类和舞蹈热点词汇为面的网状结构来力求呈现舞蹈艺术的全貌；对舞蹈的种类与形式，舞蹈审美等理论问题有较全面、系统地归纳和解析；对丰富多彩的中国民族民间舞，特色鲜明的中国古典舞，绚丽典雅的芭蕾舞，敢于创新的现代舞作品及发展趋势进行方法性引导，对舞蹈的热点词汇给予理论层面上的梳理。附录中介绍了较有代表性的舞蹈表演团体。

Ⅰ.舞…　Ⅱ.赵…　Ⅲ.　舞蹈艺术　鉴赏　高等学校　教材　Ⅳ.J705

舞蹈鉴赏/欧建平主编.-南京：江苏教育出版社；2009.09；-470页；23cm

ISBN 978-7-5343-9386-0 ¥ CNY50.00

本教材旨在提高普通高等院校大学生的艺术鉴赏水平与人文艺术素质。根据艺术学科特点，将重点放在各类艺术经典作品的鉴赏与分析方面，以提高艺术感悟力、鉴赏分析能力，而不是进行系统的艺术理论教育。将艺术理论的知识点分散到各经典作品的鉴赏中。每本十五讲。其中第一讲为该门类艺术鉴赏概论，其余各讲以经典作品（艺术家）的鉴赏为主。

Ⅰ. 舞… Ⅱ. 欧… Ⅲ. 舞蹈艺术 鉴赏 高等学校 教材 Ⅳ. J705

健身排舞/焦敬伟，郑丹蘅编著 . -上海：第二军医大学出版社；2009.06；-130页；26cm

ISBN 978-7-81060-931-9 ¥ CNY50.00

本书在作者多年的街舞教学和实践基础上编写而成。分为两部分：理论篇包括街舞运动概述、街舞专业术语和常见符号、街舞的基础知识、街舞的教学、街舞音乐常识、街舞的编排；实践篇包括初级街舞、中级街舞和高级街舞。

Ⅰ. 健… Ⅱ. 焦… Ⅲ. 现代舞蹈 基本知识 Ⅳ. J732.6

时尚钢管纤体舞/王迪，雨泽编著 . -成都：成都时代出版社；2009.02；-113 页；21×19cm

ISBN 978-7-80705-926-4 ¥ CNY29.80

本书介绍了健身塑形的新概念——钢管舞的练习技巧及基础知识。

Ⅰ. 时… Ⅱ. 王… Ⅲ. 现代舞蹈 基本知识 Ⅳ. J732.6

活力街舞/王巍主编 . -长沙：湖南美术出版社；2009.03；-93 页；21cm

ISBN 978-7-5356-3072-8 ¥ CNY160.80（全套 6 册）

Ⅰ. 活… Ⅱ. 王… Ⅲ. 现代舞蹈 基本知识 Ⅳ. J732.6

时尚爵士舞/王巍主编 . -长沙：湖南美术出版社；2009.03；-93 页；21cm

ISBN 978-7-5356-3072-8 ¥ CNY160.80（全套 6 册）

本书介绍各种爵士舞蹈的基本舞步。

Ⅰ. 时… Ⅱ. 王… Ⅲ. 现代舞蹈 基本知识 Ⅳ. J732.6

激情钢管舞/王巍主编 . -长沙：湖南美术出版社；2009.03；-93 页；21cm

ISBN 978-7-5356-3072-8 ¥ CNY160.80（全套 6 册）

本书介绍各种舞蹈的基本舞步。

Ⅰ. 激… Ⅱ. 王… Ⅲ. 现代舞蹈 基本知识 Ⅳ. J732.6

健身交谊舞教程/冯志芳编著 . -太原：山西教育出版社；2009.09；-327 页；26cm

ISBN 978-7-5440-4107-2 ¥ CNY40.00

本书是我国第一部采用文字解说、舞步图示、舞姿图像与视频教学四位一体综合教学方法的健身交谊舞教程。上编为基础知识和技术要点，下编为舞种分论，介绍 20 余个舞种步法和要领。

Ⅰ. 健… Ⅱ. 冯… Ⅲ. 交际舞 教材 Ⅳ. J732.8

校园交际舞/梁青，张新吾主编 . -沈阳：东北大学出版社；2009.09；-251页；26cm

ISBN 978-7-81102-747-1 ¥ CNY28.00

本书系东北大学立项教材。共分 9 章，分别从理论和实践两个方面介绍了交际舞的基本理论与基本练习内容、方法。重点介绍华尔兹、布鲁斯、探戈、平四、伦巴、恰恰恰、桑巴、捷舞（牛仔舞）8种舞蹈。

Ⅰ. 校… Ⅱ. 梁… Ⅲ. 交际舞 高等学校 教材 Ⅳ. J732.8

教你学交际舞/［美］朱蒂·帕特森·赖特著 . -哈尔滨：黑龙江科学技术出版社；2009.06；-301页；23cm

ISBN 978-7-5388-5773-3 ¥CNY26.00

本书从基本的舞蹈姿势开始，按照音乐，礼仪，转身舞步等在到具体的恰恰、伦巴、探戈等舞步，由浅入深，循序渐进。适合广大舞蹈爱好者的各种不同需恶习需要。

Ⅰ. 教… Ⅱ. 朱… Ⅲ. 交际舞 基本知识 Ⅳ. J732.8

交谊舞之恋/魏光兴著 . -济南：山东大学出版社；2009.01；-207页；21cm

ISBN 978-7-5607-3703-4 ¥CNY20.00

本书分“交谊舞纵横谈”、“舞厅探秘”和“交谊舞之缘”三部分，主要对交谊舞的发展和舞厅万象进行了描述，并阐述了作者对交谊舞的热爱。

Ⅰ. 交… Ⅱ. 魏… Ⅲ. 交际舞 基本知识 Ⅳ. J732.8

塑身拉丁舞/王巍主编 . -长沙：湖南美术出版社；2009.03；-93页；21cm

ISBN 978-7-5356-3072-8 ¥CNY160.80（全套6册）

Ⅰ. 塑… Ⅱ. 王… Ⅲ. 拉丁舞 基本知识 Ⅳ. J732.8

走进芭蕾王国/肖苏华著 . -上海：上海音乐出版社；2009.10；-278页；24cm

ISBN 978-7-80751-556-2 ¥CNY108.00

作者近40余年对芭蕾艺术的论述，是在《芭蕾之梦》的基础上修改而成的，主要增加了作者对芭蕾思考的新文章。整本书文笔清新流畅、质朴，是一个将近70岁舞蹈教育家、编导家亲历芭蕾艺术的心语流露。本书内容丰富，有芭蕾历史的讲述，到中外芭蕾的欣赏；有表演到创作的论述，以及对人物的评价等等。

Ⅰ. 走… Ⅱ. 肖… Ⅲ. 芭蕾舞 研究 Ⅳ. J732.5

民族舞蹈技术技巧/马云霞，杨敏，潘薇佳著 . -北京：中央民族大学出版社；2009.10；-215页；26cm

ISBN 978-7-81108-710-9 ¥CNY36.00

本书编录了藏族、蒙古族、维吾尔族、朝鲜族、彝族等六个民族舞蹈中的典型技术技巧，并作为六个独立的部分进行编写，是从事舞蹈教学老师的工具书。

Ⅰ. 民… Ⅱ. 马… Ⅲ. 民族舞蹈 舞蹈艺术 中国 Ⅳ. J722.2

湖南民族民间舞蹈集成/陈家烈主编 . -长沙：湖南文艺出版社；2009.12；-4册（2327页）；24cm

ISBN 978-7-5404-4472-3（精装）：¥CNY648.00

本书全面介绍湖南省各地区各个民族民间的舞蹈情态，以及各舞种舞蹈代表作的具体动作和表演场记。

Ⅰ. 湖… Ⅱ. 陈… Ⅲ. 民族舞蹈 简介 湖南省 民间舞蹈 简介 湖南省 Ⅳ. J722.2

中国民族民间舞蹈教学法/戴利主编 . -沈阳：沈阳出版社；2009.02；-100页；26cm

ISBN 978-7-5441-3848-2 ¥CNY30.00

本书是作者自1981年从事专业教学以来，在沈阳音乐学院附属舞蹈学校和中央民族大学舞蹈学院学习期间，通过教研，采风学习，教学整理，总结出的理论教学法和实践教学法。

Ⅰ. 中…　Ⅱ. 戴…　Ⅲ. 民族舞蹈　教学法　中国　民间舞蹈　教学法　中国　Ⅳ. J722.2

中华舞蹈志．山西卷/蓝凡主编．-上海：学林出版社；2009.10；-290页；24cm

ISBN　978-7-80730-810-2（精装）：¥CNY50.00

本书介绍了山西的民族民间舞蹈史。

Ⅰ. 中…　Ⅱ. 蓝…　Ⅲ. 舞蹈史　中国　舞蹈史　云南省　Ⅳ. J709.2

中华舞蹈志．陕西卷/《中华舞蹈志》编辑委员会编．-上海：学林出版社；2009.10；-459页；24cm

ISBN　978-7-80730-806-5（精装）：¥CNY70.00

本书介绍了陕西的民族民间舞蹈史。

Ⅰ. 中…　Ⅱ. 中…　Ⅲ. 舞蹈史　中国　舞蹈史　陕西省　Ⅳ. J709.2

舞蹈/李祥文主编．-长春：东北师范大学出版社；2009.06；-128页；23cm

ISBN　978-7-5602-5758-7 ¥CNY13.00

本书作为中等职业学校幼儿教育专业教材，主要内容包括舞蹈的起源、发展、分类、特征和构成要素等基本常识，舞蹈的基本训练动作和技能，我国民族民间舞的类型和特点，幼儿舞蹈教学的基本内容和方法，幼儿舞蹈的创编以及舞蹈作品的赏析等。

Ⅰ. 舞…　Ⅱ. 李…　Ⅲ. 舞蹈　专业学校　教材　Ⅳ. J7

舞论：王克芬古代乐舞论集/王克芬著．-兰州：甘肃教育出版社；2009.10；-489页；24cm

ISBN　978-7-5423-1953-1 ¥CNY58.00

被誉为世界艺术宝库的敦煌莫高窟，历时千余年，保存了极其丰富、珍贵的舞蹈形象，本稿分为两部分，一是中国石窟中舞蹈形象研究，图说敦煌舞蹈壁画、敦煌舞谱及敦煌舞谱残卷，从敦煌壁画、龙门唐窟石雕及墓室俑画等文物探索了唐代舞蹈的特点，介绍了通过敦煌壁画研究舞蹈史的体会。第二部分是舞论，论述了民族舞蹈审美意识的传承性与变异性，并对敦煌壁画中的一些图舞形象进行了解析，如公孙大娘《剑器舞》的来龙去脉，健舞《柘枝》和软舞《屈柘枝》等。

Ⅰ. 舞…　Ⅱ. 王…　Ⅲ. 乐舞　舞蹈史　中国＄z古代　Ⅳ. J709.2

俄罗斯芭蕾秘史/［法］费拉基米尔·费多洛夫斯基著．-上海：东方出版中心；2009.06；-12页，186页；21cm

ISBN　978-7-80186-987-6 ¥CNY30.00

本书叙述芭蕾从西方引入俄罗斯以后，如何茁壮成长，特别着重在20世纪初期，佳吉列夫率领的俄罗斯芭蕾舞团到西欧演出，给芭蕾历史带来转折性的演变，使逐渐在西方颓势的芭蕾再度兴起，至今让这门有几百年历史的艺术在世界舞台上长盛不衰。书中众多为中国人所熟知的艺术人物悉数登场，内容生动，笔法流畅、精彩。

Ⅰ. 俄…　Ⅱ. 费…　Ⅲ. 芭蕾舞　舞蹈史　俄罗斯　Ⅳ. J732.5

芭蕾形体训练教程/杨坤主编．-北京：高等教育出版社；2009.05；-133页；23cm

ISBN　978-7-04-026517-0 ¥CNY28.80

本书是为高等学校学生编写的、以芭蕾舞基本功训练的内容和形式为蓝本的形体训练教材。

Ⅰ.芭… Ⅱ.杨… Ⅲ. 芭蕾舞 形态训练 高等学校 教材 Ⅳ.J732.5

舞蹈文化概论/朴永光编著.-北京:中央民族大学出版社;2009.02;-254页;23cm

ISBN 978-7-81108-631-7 ¥CNY42.00

本书为北京市高等教育精品教材。全书内容涉及舞蹈文化概论、舞蹈文化形式要素、民间舞蹈文化、宫廷舞蹈文化、宗教舞蹈文化等。

Ⅰ.舞… Ⅱ.朴… Ⅲ. 舞蹈艺术 高等学校 教材 Ⅳ.J7

舞蹈.儿童舞蹈/赵幼珍著.-杭州:浙江大学出版社;2009.01;-52页;26cm

ISBN 978-7-308-06251-0 ¥CNY12.00

本书主要介绍儿童舞蹈素材教学内容,共编写了十六个组合。每个组合由三部分组成,第一部分介绍基本步伐,第二部分为组合内容,第三部分是组合音乐。书中还附有场记图和主干动作图。

Ⅰ.舞… Ⅱ.赵… Ⅲ. 儿童歌舞 高等学校 教材 Ⅳ.J7

中国舞等级考试教材.青年 For youths/孙光言主编.-北京:人民音乐出版社;2009.12;-184页;30cm

ISBN 978-7-103-03859-8 ¥CNY36.00

本书包括十四个训练组合。

Ⅰ.中… Ⅱ.孙… Ⅲ. 舞蹈动作 中国 水平考试 教材 Ⅳ.J722

奔子栏藏族锅庄歌舞/李志农,陆双梅著.-昆明:云南人民出版社;2009.07;-116页;19cm

ISBN 978-7-222-06046-3 ¥CNY36.00

锅庄舞,又称为“果卓”、“歌庄”、“卓”等,藏语意为圆圈歌舞,是藏族三大民间舞蹈之一。锅庄分为用于大型宗教祭祀活动的“大锅庄”、用于民间传统节日的“中锅庄”和用于亲朋聚会的“小锅庄”等几种,规模和功能各有不同。也有将之区分成“群众锅庄”和“喇嘛锅庄”、城镇锅庄和农牧区锅庄的。

Ⅰ.奔… Ⅱ.李… Ⅲ. 藏族 民族舞蹈 德钦县 Ⅳ.J722.221.4

中国古典舞研究/王伟主编.-北京:高等教育出版社;2009.10;-925页;26cm

ISBN 978-7-04-025750-2 ¥CNY90.00

本书为北京舞蹈学院教学、科研成果系列丛书之一,由中国古典舞学科近30年来在各类刊物发表的论文集结而成,本文集择取了自1978年以来北京舞蹈学院专家、教师的文章,记载了这一时期对古典舞建设和发展的所思所想。包含中国古典舞教育观念、中国古典舞教材建设、中国古典舞教学研究、中国古典舞赛场传真、中国古典舞审美文化、中国古典舞表演创作、中国古典舞人物风采几大部分,反映了我国舞蹈高等教育30年的学术成就。

Ⅰ.中… Ⅱ.王… Ⅲ. 古典舞蹈 中国 文集 Ⅳ.J722.4-53

图说世界舞蹈/江东,祝嘉怡编著.-长春:吉林人民出版社;2009.10;-207页;25cm

ISBN 978-7-206-06274-2 ¥CNY26.00

本书以文图并茂的形式,全面地介绍了世界东西方舞蹈以及著名的舞蹈家和舞蹈作品,使读者在轻松阅读中,快速了解世界舞蹈的全貌。

Ⅰ.图… Ⅱ.江… Ⅲ. 舞蹈史 世界 通俗读物 Ⅳ.J709.1-49

汉唐古典舞师生文选/孙颖主编.-北京:中国文联出版社;2009.01;-173页;21cm

ISBN 978-7-5059-6148-7 ¥CNY25.00

Ⅰ.汉… Ⅱ.孙… Ⅲ. 古典舞蹈 中国$z两汉时代 文集 古典舞蹈 中国$z唐代 文集 Ⅳ.J722.4-53

舞蹈人类学视野中的彝族烟盒舞/李永祥著.-昆明:云南民族出版社;2009.05;-255页;24cm

ISBN 978-7-5367-4387-8 ¥CNY36.00

本书通过舞蹈人类学的理论和方法对烟盒舞进行了系统的田野调查和研究,用丰富的田野调查资料介绍了彝族烟盒舞这一传统的文化形式。

Ⅰ.舞… Ⅱ.李… Ⅲ. 彝族 民族舞蹈 研究 云南省 Ⅳ.J722.221.7

舞蹈的故事/郭豫斌主编.-西安:陕西人民出版社;2009.07;-232页;25cm

ISBN 978-7-224-08975-2(精装):¥CNY33.80

本书以图文并茂的方式,完整地再现了人类自最初的形体动作发展而来的舞蹈之美妙,并以一个个专题的形式,叙述了从早期古典舞蹈到现代舞蹈的各种风格、流派以及各种表现形式。本书涉猎广泛、内容丰富,但文笔流畅,浅显易懂,是一本舞蹈爱好者的普及性读物。从行文来看,作者不讲求面面俱到,详细周全,更注重介绍世界舞蹈发展的内在沿革、有深远影响的巨匠和作品的风格,以及对后世影响。

Ⅰ.舞… Ⅱ.郭… Ⅲ. 舞蹈史 世界 通俗读物 Ⅳ.J709.1-49

巴塘锅庄/益西嘉措,桑登曲批编.-成都:四川民族出版社;2009.06;-149页;21cm

ISBN 978-7-5409-4270-0 ¥CNY10.00

四川藏区巴塘地区锅庄是藏族民间文学的一部分,深受藏族群众喜爱。本书收录了藏族各类锅庄的舞词。

Ⅰ.巴… Ⅱ.益… Ⅲ. 藏族 民族舞蹈 藏语 巴塘县 Ⅳ.J722.221.4

龙舞在天:中山醉龙舞/吴竞龙著.-广州:广东教育出版社;2009.07;-182页;24cm

ISBN 978-7-5406-7483-0 ¥CNY24.00

中山醉龙舞是我国民间舞蹈的一种。本书介绍了中国龙舞的历史源流、种类、流派,着重介绍了中山醉龙舞。

Ⅰ.龙… Ⅱ.吴… Ⅲ. 龙舞 简介 中山市 Ⅳ.J722.214

余杭滚灯/丰国需编著.-杭州:浙江摄影出版社;2009.07;-127页;23cm

ISBN 978-7-80686-785-3 ¥CNY25.00

本书为"浙江省非物质文化遗产代表作丛书"之一。讲述余杭滚灯的历史沿革、艺术特色、保护传承的相关情况。

Ⅰ.余… Ⅱ.丰… Ⅲ. 民间舞蹈 简介 余杭市 Ⅳ.J722.21

舞蹈训练学概论/冯百跃著.-上海:上海音乐出版社;2009.03;-15页,297页;23cm

ISBN 978-7-80751-301-8 ¥CNY46.00

本书为作者三十年舞蹈训练教授的经验，共有十一章，主要让师生掌握舞蹈训练过程中的客观规律，把握各舞种与专业“术课”的特点以及发展趋势。

Ⅰ. 舞…　Ⅱ. 冯…　Ⅲ. 舞蹈　训练　概论　Ⅳ. J712.2

舞蹈训练学/杨鸥编著. -上海：上海音乐出版社；2009.03；-309 页；23cm

ISBN　978-7-80751-296-7 ¥ CNY46.00

本书作者北舞院教授，全书，前五章为基础原理和理论基础部分，后七章为实际运用部分。主要介绍舞蹈训练学的概念内涵，学科定位，理论框架等。

Ⅰ. 舞…　Ⅱ. 杨…　Ⅲ. 舞蹈　训练　Ⅳ. J712.2

民族民间舞/陈蓉晖编著. -杭州：浙江大学出版社；2009.04；-135 页；26cm

ISBN　978-7-308-06539-9 ¥ CNY20.00

本书分藏、蒙、维、傣、云南花灯及儿童民间舞几部分，各部分又以舞蹈组合为单位，从基础动律到综和表演组合，循序渐进地展开教学。其中还穿插了舞蹈相关知识链接，以增加读者舞蹈知识量，提高艺书修养。教材实用性较强，紧贴专业特点，适合高校非专业舞蹈教学使用。

Ⅰ. 民…　Ⅱ. 陈…　Ⅲ. 民族舞蹈　高等学校　教材　民间舞蹈　高等学校　教材　Ⅳ. J722

云南彝族舞蹈教程·烟盒舞/陈姣著. -昆明：云南人民出版社；2009.01；-11 页，273 页；29cm

ISBN　978-7-222-05591-9 ¥ CNY28.00

《云南彝族舞蹈教程》，为陈娇老师编写的适用于高等专业舞蹈院校课堂训练之用的教材，整个教程分为烟盒、打歌、鼓舞、罗作及其他四个部分，《烟盒舞》是系列中的第一部分。

Ⅰ. 云…　Ⅱ. 陈…　Ⅲ. 彝族　民族舞蹈　高等学校　教材　Ⅳ. J722.221.7

长兴百叶龙/陈亦祥主编. -杭州：浙江摄影出版社；2009.05；-173 页；23cm

ISBN　978-7-80686-775-4 ¥ CNY32.00

本书为“浙江省非物质文化遗产代表作丛书”之一。讲述长兴百叶龙的历史沿革、艺术特色、保护传承的相关情况。

Ⅰ. 长…　Ⅱ. 陈…　Ⅲ. 龙舞　简介　长兴县　Ⅳ. J722.214

民间歌舞/杨民康编著. -北京：人民音乐出版社；2009.01；-483 页；21cm

ISBN　978-7-103-03054-7 ¥ CNY35.00

本书以近百年中国民间歌舞音乐的发展为线索，收录并介绍了这一时期发表的论文或出版的专著。

Ⅰ. 民…　Ⅱ. 杨…　Ⅲ. 民间歌舞　研究　中国　20 世纪　Ⅳ. J722.21

舞出我天地：中山大学舞蹈团文集/武昌林主编. -广州：中山大学出版社；2009.10；-361 页；26cm

ISBN　978-7-306-03509-7 ¥ CNY99.00

本书以文学的形式，介绍了中山大学艺术中心舞蹈团的发展历程以及近年来的优秀成果，图文并茂，展现了中山大学舞蹈团的精神面貌。

Ⅰ. 舞…　Ⅱ. 武…　Ⅲ. J792.4-49

邓肯谈艺录/［美］伊莎多拉·邓肯著. -长沙：湖南大学出版社；2009.12；-16

页，245 页；23cm

ISBN　978-7-81113-728-6 ¥ CNY38.00

本书是美国著名舞蹈家邓肯有关舞蹈论文的总汇，包括其生前已公开发表的短文与节目说明，尚未公开的散存信笺、文章，以及没来得及誊清的手稿。该书除去舞蹈理论外，还节录了《邓肯自传》的相关章节，使读者对邓肯有一个完整的了解。

Ⅰ. 邓…　Ⅱ. 伊…　Ⅲ. 现代舞蹈　文集　Ⅳ. J732.6-53　K837.125.76

现代舞入门与鉴赏/本丛书编委会编．-广州：广东世界图书出版公司；2009.08；-184 页；23cm

ISBN　978-7-5100-0672-2 ¥ CNY23.80

现代舞是深受青年人喜爱的表演艺术，其中包括拉丁舞、太空舞、霹雳舞等舞种，本书帮助初学者进行入门训练并对如何欣赏现代舞做了指导。

Ⅰ. 现…　Ⅱ. 本…　Ⅲ. 现代舞蹈　青少年读物　Ⅳ. J732.6-49

中国舞蹈艺术/于平主编．-北京：人民音乐出版社；2009.11；-311 页，16 页；21cm

ISBN　978-7-103-03862-8 ¥ CNY30.00

本书包括："改革开放三十年"、"舞蹈创作"、"民族民间舞蹈研究"、"当代舞蹈研究"、"舞蹈教育"、"舞姿·舞韵"等栏目的近二十篇文章和部分彩色插图等内容。

Ⅰ. 中…　Ⅱ. 于…　Ⅲ. 舞蹈艺术　中国　丛刊　Ⅳ. J72-55

中国当代舞蹈创作与研究：舞动奇迹三十年/慕羽著．-北京：中国文联出版社；2009.10；-336 页；24cm

ISBN　978-7-5059-6574-4 ¥ CNY36.00

本书运用跨学科的研究方法，从整体性的政治文化视角，研究了专业舞蹈创作与政治的关系。是一本具有较高舞蹈理论和研究价值的著作。

Ⅰ. 中…　Ⅱ. 慕…　Ⅲ. 舞蹈艺术　创作方法　中国　Ⅳ. J704

中外舞剧作品分析与鉴赏/肖苏华著．-上海：上海音乐出版社；2009.10；-20 页，322 页；24cm

ISBN　978-7-80751-553-1 ¥ CNY128.00

本书由两个部分组成，即：国内篇与国外篇。国内篇中有"白毛女"、"红色娘子军"、"红楼幻想曲"、"阿炳"、"雷和雨"等舞剧，国外篇中有"吉赛尔"、"睡美人"、"天鹅湖"、"斯巴达克"、"春之祭"等芭蕾舞剧。

Ⅰ. 中…　Ⅱ. 肖…　Ⅲ. 舞剧　鉴赏　世界　Ⅳ. J733

蒙古舞蹈美学鉴赏汉蒙双解辞典/莫德格玛著．-北京：民族出版社；2009.10；-86 页，96 页；24cm

ISBN　978-7-105-10394-2 ¥ CNY108.00

本书是蒙古族著名舞蹈家、国家一级演员、东方歌舞团独舞演员莫德格玛撰写的蒙古舞蹈美学双解辞典。用汉蒙两种文字撰写。各分五个部分。用了 100 多幅图片。本书对蒙古舞蹈美学名词术语，进行了详细的解读，并做了深入浅出的解释。相信《蒙古舞蹈美学鉴赏汉蒙双解辞典》对研究蒙古舞蹈的学者，以及学习蒙古舞蹈的学生，会起到参考和指导作用。

Ⅰ. 蒙…　Ⅱ. 莫…　Ⅲ. 蒙古族　民族舞蹈　舞蹈美学　双解词典　汉、蒙　Ⅳ. J722.221.2-61

民族舞蹈研究文集/《民族舞蹈研究文集》编委会编.-北京：中央民族大学出版社；2009.11；-419页；21cm

ISBN 978-7-81108-787-1 ¥CNY35.00

本书为我校舞蹈学院有关民族舞蹈教学方面的论文集。全书内容涉及舞蹈教学研究、舞蹈创作研究、舞蹈史研究等。

Ⅰ.民… Ⅱ.民… Ⅲ. 民族舞蹈 中国 文集 Ⅳ.J722.22-53

舞蹈排练工作与导演应用理论/耕牛著.-西安：陕西人民出版社；2009.10；-16页，635页；21cm

ISBN 978-7-224-09129-8 ¥CNY35.00

本书编写了舞蹈排练过程、演员与导演的配合及过程中的艺术审美及应用理论。

Ⅰ.舞… Ⅱ.耕… Ⅲ. 舞蹈 排练 舞蹈编导 导演艺术 Ⅳ.J71

走近芭蕾/赵锦衣编.-北京：线装书局；2009.05；-151页；23cm

ISBN 978-7-80106-944-3 ¥CNY26.00

本书的宗旨在于给广大正处于成长阶段的青少年提供一个获取芭蕾入门知识的平台和阶梯，通过简单易懂、充实生动的介绍，把一个丰富多彩的芭蕾世界展现在他们面前，以达到传播芭蕾文化、陶冶情操的目的。

Ⅰ.走… Ⅱ.赵… Ⅲ. 芭蕾舞 青少年读物 Ⅳ.J732.5-49

舞蹈学研究/吕艺生主编.-北京：高等教育出版社；2009.10；-688页；26cm

ISBN 978-7-04-016809-9 ¥CNY68.00

本书为北京舞蹈学院教学、科研成果系列丛书之一，由舞蹈学学科近30年来在各类刊物发表的论文集结而成，包含舞蹈学学科建设、舞蹈史学研究、舞蹈美学研究、舞蹈教育研究、舞蹈文化理论研究、舞蹈实践与创作、舞蹈人体科学几大部分，反映了我国舞蹈高等教育30年的学术成就。

Ⅰ.舞… Ⅱ.吕… Ⅲ. 舞蹈理论 文集 Ⅳ.J70-53

舞蹈编导研究/张守和主编.-北京：高等教育出版社；2009.10；-358页；26cm

ISBN 978-7-04-025687-1 ¥CNY38.00

本书为北京舞蹈学院教学、科研成果系列丛书之一，由舞蹈编导学科近30年来在各类刊物发表的论文集结而成，包含编导创作理论、编导教学理论、舞蹈创作批评、现代舞研究几大部分，反映了我国舞蹈高等教育30年的学术成就。

Ⅰ.舞… Ⅱ.张… Ⅲ. 舞蹈编导 教学研究 高等学校 文集 Ⅳ.J711-53

芭蕾舞研究/李春华主编.-北京：高等教育出版社；2009.10；-476页；26cm

ISBN 978-7-04-025692-5 ¥CNY49.00

本书为北京舞蹈学院教学、科研成果系列丛书之一，由中国芭蕾舞学科近30年来在各类刊物发表的论文集结而成，包含芭蕾史、芭蕾基础理论、芭蕾应用理论、芭蕾科学研究、国内外交流几大部分，反映了我国舞蹈高等教育30年的学术成就。

Ⅰ.芭… Ⅱ.李… Ⅲ. 芭蕾舞 舞蹈艺术 高等教育 中国 文集 Ⅳ.J722.5-53

中国民族民间舞研究/赵铁春主编.-北京：高等教育出版社；2009.10；-12页，524页；26cm

ISBN 978-7-04-025734-2 ¥CNY53.00

本书为北京舞蹈学院教学、科研成果系列丛书之一，由中国民族民间舞学科近30

年来在各类刊物发表的论文集结而成，包含学科探索、教材建设、教学研究、创作分析、文化研究几大部分，反映了我国舞蹈高等教育30年的学术成就。

Ⅰ.中… Ⅱ.赵… Ⅲ. 民族舞蹈 中国 文集 民间舞蹈 中国 文集 Ⅳ.J722.2-53

满族舞蹈发展史/姚泳全［等］编著.-北京：高等教育出版社；2009.11；-261页；23cm

ISBN 978-7-04-024291-1 ¥CNY49.00

本书为文化部课题《满族舞蹈发展的历史嬗变与近当代满族舞蹈创新研究》成果，填补了中国少数民族舞蹈史中满族舞蹈史的空白。

Ⅰ.满… Ⅱ.姚… Ⅲ. 满族 民族舞蹈 舞蹈史 中国 Ⅳ.J722.222.1

图说中国舞蹈/胡森森，刘佳著.-北京：华文出版社；2009.09；-180页；24cm

ISBN 978-7-5075-2241-9 ¥CNY19.80

本书以历史为经，以文化为纬，详细、全面地介绍了有史以来中国舞蹈的发展情况。既展示出数自众多、异彩纷呈的舞蹈体裁，又描述了相应的舞蹈故事、传说、人物及起源文化背景。

Ⅰ.图… Ⅱ.胡… Ⅲ. 舞蹈艺术 中国 图集 Ⅳ.J72-64

舞与神的身体对话/刘建，张素琴，吴宏兰著.-北京：民族出版社；2009.07；-2册（582页）；25cm

ISBN 978-7-105-10111-5 ¥CNY98.00

本书是一部关于舞蹈的理论著作，是我社2005年出版的《宗教与舞蹈》的姊妹篇。舞与神对话的媒介，是人类的身体——灵肉合一的身体、文化和审美合一的身体、与时空产生关系而体现出意义和风格的身体，所以以人类学的方法和理论，把关于以身体为媒介的舞蹈的思考梳理了一遍，再现了从形而上的“神”的追求到形而下的“舞”的表征。

Ⅰ.舞… Ⅱ.刘… Ⅲ. 舞蹈艺术 艺术理论 Ⅳ.J70

丝绸之路乐舞艺术研究/金秋著.-乌鲁木齐：新疆人民出版社；2009.09；-10页，307页；26cm

ISBN 978-7-228-12839-6 ¥CNY52.00

本书作者金秋，北京师范大学艺术系教授，北京师范大学舞蹈团团长，舞蹈学博士。本书通过对陆路丝绸之路和海上丝绸之路的研究，中国丝绸之路乐舞艺术在中亚、西亚各国及希腊、罗马；东亚、东南亚以及阿拉伯地区的各国之间的交流与影响，填补丝绸之路乐舞艺术研究的空白，从民族学、考古学、人类学、社会学等学科交叉的展开对丝绸之路乐舞艺术进行研究是一部较全面研究丝绸之路乐舞艺术的专著，作者参考了大量的文献资料，为丝绸之路乐舞艺术更深入的研究提供了重要的参考。

Ⅰ.丝… Ⅱ.金… Ⅲ. 丝绸之路 乐舞 研究 Ⅳ.J709

图说中国舞蹈/孙慧佳编著.-长春：吉林人民出版社；2009.10；-207页；25cm

ISBN 978-7-206-06257-5 ¥CNY26.00

本书溯源中国古代舞蹈的历史，介绍各朝代不同的舞蹈形式，和其后的逸闻轶事，文图并茂，通俗易读，对弘扬中国传统文化有着积极意义。

Ⅰ.图… Ⅱ.孙… Ⅲ. 舞蹈史 中国 图集 Ⅳ.J709.2-64

那年·那月·那日/白金峰著.-银川：阳光出版社；2009.08；-212页；24cm

ISBN　978-7-80620-495-5￥CNY46.00

本书收录了作者多年来在生活和工作经历中特别是从事舞蹈艺术文章，有他对舞蹈艺术的理解，有独到之处，语言流畅，内容健康，格调积极向上。

Ⅰ.那…　Ⅱ.白…　Ⅲ.　舞蹈艺术　文集　Ⅳ.J7-53

澜沧三脚歌/余强编著.-昆明：云南民族出版社；2009.06；-230页；21cm

ISBN　978-7-5367-4393-9￥CNY20.00

本书介绍"三脚歌"的历史渊源、特点、跳法、唱法和配词法等，并辑录900首歌词和27首弦谱。

Ⅰ.澜…　Ⅱ.余…　Ⅲ.　拉祜族　民族舞蹈　澜沧拉祜族自治县　Ⅳ.J722.225.8

体育舞蹈与健身操/张春生，滕晓磊主编.-北京：化学工业出版社；，2009.09；-117页；24cm

ISBN　978-7-122-06561-2￥CNY15.00

本书主要为体育舞蹈的基本内容、起源和在我国的发展现状，同时介绍两个各种舞蹈的基本技术。

Ⅰ.体…　Ⅱ.张…　Ⅲ.　运动竞赛　交际舞　高等学校　教材　健美操　高等学校　教材　Ⅳ.J732.8　G831.3

藏彝走廊的乐舞文化研究/杨曦帆著.-北京：民族出版社；2009.07；-16页，335页；21cm

ISBN　978-7-105-10171-9￥CNY26.00

本书试图通过"藏彝走廊"这样一个历史形成的民族区域内的信仰和民俗乐舞选点考察与研究，探索其相关乐舞在不同文化层面中的生存状态，阐述其与所处自然环境和文化环境之间的相互关系。

Ⅰ.藏…　Ⅱ.杨…　Ⅲ.　藏族　乐舞　研究　中国　彝族　乐舞　研究　中国　Ⅳ.J722.221.4　J722.221.7

中国区域性少数民族民俗舞蹈/金秋著.-北京：民族出版社；2009.03；-373页；23cm

ISBN　978-7-105-09955-9￥CNY55.00

不同的生态文化环境造就不同的少数民族民俗舞蹈特征。本书对农耕生态文化区、畜牧生态文化区、高原耕牧生态文化区、渔猎采集生态文化区的各民族民俗舞蹈的类型与特征进行了详细的阐释、研究。又以具体的舞蹈个案为例，详尽阐述了各少数民族民俗舞蹈既有鲜明的本民族特点，又有各民族民俗舞蹈发展的共同点，其共同点表现在民俗舞蹈的集体性、传承性、变异性、规范性等方面。本书黑白图文并茂，读者群为民族学人类学及舞蹈专业研究者。

Ⅰ.中…　Ⅱ.金…　Ⅲ.　少数民族　民族舞蹈　研究　中国　Ⅳ.J722.22

蒙古勒津安代/李青松主编.-沈阳：辽宁民族出版社；2009.06；-175页；21cm

ISBN　978-7-80722-714-4￥CNY15.00

安代是歌唱、舞蹈、蹦跺相合的蒙古族文化艺术形式，在蒙古勒津产生流传已有300多年的历史。2007年，成为第二批辽宁省非物质文化遗产。本书从博额教渊源探索、安代起源传说、安代形成、曲牌、词牌、安代传承人、大事记、影响等18章30多节，系统阐述安代这一民族传统文化的来龙去脉，诠释这一古老习俗的文化内涵。本书以图文并茂、词曲并有，既有具体内容，又有理论研究为特点的蒙、汉文合璧专著。

Ⅰ.蒙…　Ⅱ.李…　Ⅲ.　蒙古族　民族舞蹈　研究　蒙古语（中国少数民族语

言）　阜新蒙古族自治县　Ⅳ. J722. 221. 2

原生态舞蹈：辽西太平鼓/庞志阳著. -沈阳：辽宁民族出版社；2009. 05；-190页；21cm

ISBN　978-7-80722-782-3 ¥ CNY25. 00

本书稿从6个方面收录和总结了流传在辽西地区太平鼓的基本鼓点、表现妇女劳动生活的鼓点、表现日常生活状况的鼓点、表现自然景物的鼓点、变现自然传说和习俗的鼓点及表现打鼓技巧的鼓点。反映了辽西地区妇女浓厚的生活气息，具有较好的资料价值。

Ⅰ. 原…　Ⅱ. 庞…　Ⅲ.　花鼓舞　舞蹈　简介　辽宁省　Ⅳ. J722. 212

中国世界舞蹈文化/刘晓真编著. -北京：时事出版社；2009. 01；-15页，389页；23cm

ISBN　978-7-80232-194-6 ¥ CNY39. 00

本书基于舞蹈历史发展演变的图景和脉络，将世界范围内的舞蹈文化做了个汇总，使读者更容易了解既熟悉又陌生的舞蹈。

Ⅰ. 中…　Ⅱ. 刘…　Ⅲ.　舞蹈　文化　世界　Ⅳ. J791

临海黄沙狮子/沈建中［等］编著. -杭州：浙江摄影出版社；2009. 07；-135页；23cm

ISBN　978-7-80686-778-5 ¥ CNY28. 00

本书为“浙江省非物质文化遗产代表作丛书”之一。讲述临海黄沙狮子舞的历史沿革、艺术特色、保护传承的相关情况。

Ⅰ. 临…　Ⅱ. 沈…　Ⅲ.　狮子舞　简介　临海市　Ⅳ. J722. 215

景颇族目瑙纵歌历史文化/岳品荣著. -潞西：德宏民族出版社；2009. 05；-260页；21cm

ISBN　978-7-80750-173-2 ¥ CNY22. 00

目瑙纵歌，是景颇族历史文化的精髓经典。《景颇族目瑙纵歌历史文化》包括历史渊源及发展、改革开放以来的目瑙纵歌、基础知识、筹备知识、内容阐述、文化底蕴综述、文化品牌特点等七个篇章，汉景对照、图文并茂，是一部系统介绍景颇族历史文化精髓著述。全书既有历史经典的看点，又有文化底蕴伸张的思考，更有改革开放以来雨后春笋般恢复发扬、传承民族传统优秀文化，成为各民族大团结、促进地方经济建设不可多得的文化现象。

Ⅰ. 景…　Ⅱ. 岳…　Ⅲ.　景颇族　民族舞蹈　研究　中国　Ⅳ. J722. 225. 9

敦煌舞蹈训练与表演教程/贺燕云著. -上海：上海音乐出版社；2009. 03；-112页；23cm

ISBN　978-7-80751-319-3 ¥ CNY26. 00

敦煌舞蹈作为中国古典舞蹈的新品种，具有独特的魅力。本教程充分体现了亲历实践的扎实基础，具备表演实践总结的高度提炼与适合课堂教学实施有机结合的特征。全书共有绪论和正文三章，每章前专列“基调意境”、“顺序范式”、“韵律解析”，另外附有教学照片和若干敦煌壁画临摹图。

Ⅰ. 敦…　Ⅱ. 贺…　Ⅲ.　古典舞蹈　训练　高等学校　中国　教材　古典舞蹈　表演　高等学校　中国　教材　Ⅳ. J712

西方芭蕾舞与现代舞简史/傅小凡，卢莉蓉编译. -厦门：厦门大学出版社；

2009.03；-182页；23cm

ISBN 978-7-5615-3246-1￥CNY22.00

本书研究、阐述西方芭蕾舞与现代舞的产生、发展、变化过程，及其不同时期、不同地域、不同流派的主要特点、变化。

Ⅰ.西… Ⅱ.傅… Ⅲ. 芭蕾舞 舞蹈史 西方国家 现代舞蹈 舞蹈史 西方国家 Ⅳ.J732

舞龙舞狮/罗斌，朱梅著.-北京：中国文联出版社；2009.04；-160页；24cm

ISBN 978-7-5059-6243-9￥CNY32.00

Ⅰ.舞… Ⅱ.罗… Ⅲ. 龙舞 中国 普及读物 狮子舞 中国 普及读物 Ⅳ.J722.214-49 G852.9-49

发现·启示：漫话舞剧与舞蹈/刘秀乡著.-北京：文化艺术出版社；2009.03；-236页；21cm

ISBN 978-7-5039-3685-2￥CNY26.00

本书作者为舞蹈教育家，对芭蕾舞及舞剧有着深入的研究，本书将芭蕾世界向普通读者徐徐展开，既具权威性又有趣味性。

Ⅰ.发… Ⅱ.刘… Ⅲ. 芭蕾舞 普及读物 芭蕾舞剧 普及读物 Ⅳ.J732.5-49 J733.4-49

河北舞蹈史/周大明著.-北京：科学出版社；2009.02；-312页；24cm

ISBN 978-7-03-024027-9（精装）：￥CNY50.00

本书是以河北行政区划为限撰写的一部舞蹈专史。从远古时期写起，直到当今的河北舞蹈现象，较为全面、细致地搜集和运用了对河北舞蹈艺术有着重要意义和影响的有关出土实物、文献和影像资料。其中一部分古代资料为作者在研究过程中的独到发现，经甄别首次应用于舞蹈艺术领域。也有小部分为作者第一手材料，使这部书具有了比较重要的史料价值和学术价值。

Ⅰ.河… Ⅱ.周… Ⅲ. 舞蹈史 河北省 Ⅳ.J709.222

闹节：山东三大秧歌的仪式性与反仪式性 Ceremonial and Anti-ceremonial of the Festival Carnival in the Three Forms of Shandong Yangge/张蔚著.-北京：中国传媒大学出版社；2009.02；-21， 345页；20cm

ISBN 978-7-81127-233-8￥CNY32.00

本书系统介绍了山东三大秧歌的特点及发展状况，并附有秧歌剧本及图片，为作者博士论文修改而成。

Ⅰ.闹… Ⅱ.张… Ⅲ. 秧歌舞 研究 山东省 Ⅳ.J722.211

［2010年］

楚地拾舞/吴健华著.-武汉：长江文艺出版社；2010.01；-12页，221页；照片21cm

ISBN 978-7-5354-4102-7￥CNY30.00

本书辑录了湖北著名舞蹈艺术家吴健华对于舞蹈的研究文章与心得文章，是作者比较有代表性的作品集。整部作品分为舞论、舞评、心得、交流与研究五个部分，内容比较充实。

Ⅰ.楚… Ⅱ.吴… Ⅲ. 舞蹈艺术 文集 Ⅳ.J7-53

图说山西舞蹈史/李小强主编 .-太原：三晋出版社；2010.04；-208 页；图 29cm

ISBN 978-7-5457-0229-3 ¥CNY350.00

本书采用“图说”的形式，利用大量文物资料，勾勒了从远古到清末山西舞蹈漫长的发展历程，使山西舞蹈史同时以形象，以感性的形态呈现在人们面前，图文并茂，平实生动。

Ⅰ.图… Ⅱ.李… Ⅲ. 舞蹈史 山西省 图解 Ⅳ.J709.225-64

舞龙/周雁林主编 .-长春：吉林出版集团有限责任公司；2010.01；-98 页；图 21cm

ISBN 978-7-5463-1507-2 ¥CNY6.50

本书以《全民健身计划纲要》为指导，科学编排各种适宜大众的简单易行的锻炼方法、方式和手段，促进全民健身运动的发展。

Ⅰ.舞… Ⅱ.周… Ⅲ. 龙舞 基本知识 中国 Ⅳ.J722.214

有氧舞蹈/翟茁均主编 .-长春：吉林出版集团有限责任公司；2010.01；-121 页；图 21cm

ISBN 978-7-5463-1445-7 ¥CNY8.00

本书以《全民健身计划纲要》为指导，科学编排各种适宜大众的简单易行的锻炼方法、方式和手段，促进全民健身运动的发展。

Ⅰ.有… Ⅱ.翟… Ⅲ. 舞蹈 基本知识 健美操 基本知识 Ⅳ.J7 G831.3

芭蕾舞剧《白毛女》创作史话/杨洁著 .-上海：上海音乐出版社；2010.03；-235 页；24cm

ISBN 978-7-80751-449-7 ¥CNY108.00

本书共分八章，内容丰富。第一章“序曲”主要讲述的是“白毛女”故事的原型、嬗变及上海市舞蹈学校的成立。第二、三、四章较为完整地讲述了舞剧从小型逐步发展成大型的整个创作历程。第五章主要讲述的是“文革”期间《白毛女》的遭遇。第六章和第七章分别写的是中外演出及观众评价。演出是按时间段来写的，以便让读者了解舞剧诞生以来在各个历史阶段的演出情况。第七章中的观众评价主要是对六十年代国内外观众的评论总结。第八章主要阐述的是芭蕾舞剧《白毛女》的创作对当今芭蕾舞教育和创作的启示。

Ⅰ.芭… Ⅱ.杨… Ⅲ. 现代芭蕾 舞剧 艺术创作 研究 中国 Ⅳ.J723.47

舞苑春秋：上海舞蹈家的摇篮/宋鸿柏，何士雄，凌耀忠等著 .-上海：上海音乐出版社；2010.03；-313 页；24cm

ISBN 978-7-80751-452-7 ¥CNY58.00

本书内容主要两部分：一、上海舞蹈学校创建纪实；二、记本校著名的校长、教师及学生的事业与艺术的鲜为人知的故事。

Ⅰ.舞… Ⅱ.宋… Ⅲ. 舞蹈艺术 专业学校 概况 上海市 Ⅳ.J7-40

性格舞课程教学大纲/王学范，李琴生著 .-上海：上海音乐出版社；2010.03；-67 页；24cm

ISBN 978-7-80751-448-0 ¥CNY20.00

本书介绍了上海舞蹈学校 4~6 年级的代表性舞蹈的训练教学课程。

Ⅰ.性… Ⅱ.王… Ⅲ. 性格舞蹈 专业学校 教学大纲 Ⅳ.J732.9-

陕西民间鼓舞博览/谷玉梅，李开方、梁挺著 .-杭州：杭州出版社；2010.08；-211 页；24cm

ISBN 978-7-80758-363-9 ¥ CNY36.00

本书选取了六十余个陕西鼓舞品种，分析、研究了陕西民间鼓舞的产生及其发展的历史演变。陕西民间鼓舞是民间舞蹈、民间音乐的结合，延伸和丰富了陕西历史，传承不断。多姿多彩的民间鼓舞表现了不同的文化内涵，抒发着人们的内心情感，成为人民群众节庆生活中不可缺少的重要文化活动形式，也是人民群众世代相传的精神财富。在国内外文化交流中，陕西鼓舞发挥了重要作用。在今天，我们继承并弘扬它具有深远的时代意义。

Ⅰ. 陕… Ⅱ. 谷… Ⅲ. 鼓舞 简介 陕西省 Ⅳ. J722.29

健身腰鼓/郑婕著. -北京：北京体育大学出版社；2010.07；-212 页；23cm

ISBN 978-7-5644-0489-5 ¥ CNY28.00

本书从理论上阐述了健身腰鼓产生的必然条件，重点梳理健身腰鼓的实用操作方法。

Ⅰ. 健… Ⅱ. 郑… Ⅲ. 腰鼓舞 基本知识 中国 Ⅳ. J722.216

双江拉祜族打歌七十二套路/罗满英编著. -昆明：云南民族出版社；2010.07；-184 页；24cm

ISBN 978-7-5367-4731-9 ¥ CNY55.00

本书以叙述故事由来和记录曲谱、歌词大意等形式，收集整理了拉祜族打歌七十二套路。内容主要有：年节欢庆歌、婚嫁喜庆歌、追山打猎歌、生产生活歌、弘扬美德歌。书稿对保护和弘扬优秀的拉祜族传统文化有积极意义。

Ⅰ. 双… Ⅱ. 罗… Ⅲ. 拉祜族 民族歌舞 研究 双江拉祜族佤族布朗族傣族自治县 Ⅳ. J722.225.8

傣族舞蹈/赵铁春，韩萍主编. -北京：高等教育出版社；2010.03；-215 页；26cm

ISBN 978-7-04-028289-4 ¥ CNY118.00（全套 8 册）

本系列教材是北京市科研基地科研创新平台立项项目，是北京舞蹈学院中国民族民间舞学科传习课规定教材。该系列教材由 8 个分册组成，分别是：《山东海阳秧歌》、《山东胶州秧歌》、《傣族舞蹈》、《维吾尔族舞蹈》、《东北秧歌男班》、《东北秧歌女班》、《蒙古族舞蹈男班》、《蒙古族舞蹈女班》。

Ⅰ. 傣… Ⅱ. 赵… Ⅲ. 傣族 民族舞蹈 中国 高等学校 教材 Ⅳ. J722.225.3

维吾尔族舞蹈/赵铁春，韩萍主编. -北京：高等教育出版社；2010.03；-193 页；26cm

ISBN 978-7-04-028289-4 ¥ CNY118.00（全套 8 册）

本书是《中国民族民间舞传习》系列教材之一，是北京市科研基地·科研创新平台立项项目，是北京舞蹈学院中国民族民间舞学科传习课规定教材。该系列教材由 8 个分册组成，分别是：《山东海阳秧歌》、《山东胶州秧歌》、《傣族舞蹈》、《维吾尔族舞蹈》、《东北秧歌男班》、《东北秧歌女班》、《蒙古族舞蹈男班》、《蒙古族舞蹈女班》。本书可供高等院校舞蹈专业师生使用，亦可供舞蹈研究者及爱好者参考使用。

Ⅰ. 维… Ⅱ. 赵… Ⅲ. 维吾尔族 民族舞蹈 中国 高等学校 教材 Ⅳ. J722.221.5

中国舞蹈史及作品鉴赏/冯双白，茅慧主编. -北京：高等教育出版社；2010.05；-319 页；26cm

ISBN 978-7-04-018272-9 ¥ CNY58.00

Ⅰ.中…　Ⅱ.冯…　Ⅲ.　舞蹈史　中国　高等学校　教材　舞蹈艺术　鉴赏　中国　高等学校　教材　Ⅳ.J709.2　J705.2

掌声响起来：江苏省南通市通州歌舞团建团四十周年纪念/张山主编.-苏州：苏州大学出版社；2010.10；-184页；24cm

ISBN　978-7-81137-600-5 ¥CNY40.00

本书是纪念通州市歌舞团成立40周年而编写的纪念文集，上篇多为回忆文章，下篇为学习工作心得，全面反映了通州歌舞团建团40年来的成长过程。

Ⅰ.掌…　Ⅱ.张…　Ⅲ.　歌舞团　南通市　纪念文集　Ⅳ.J792.4-53

景颇族目瑙纵歌简介及舞步图谱/盈江县景颇族发展进步研究学会编.-昆明：云南民族出版社；2010.09；-37页；29cm

ISBN　978-7-5367-4664-0 ¥CNY120.00

景颇族的目瑙纵歌节在景颇族地区普遍开展，可是各地的舞步不尽统一，也不太规范。仅就盈江几个片区的也不是很统一。盈江县景颇族学会在反复论证的基础上，规定了丰收目瑙、出征目瑙、凯旋目瑙、丧葬目瑙、庆典目瑙等不同目瑙样式的规范舞步，并加以图解。

Ⅰ.景…　Ⅱ.盈…　Ⅲ.　景颇族　民族舞蹈　舞蹈动作　盈江县　图谱　Ⅳ.J722.225.9-64

舞蹈文化/李炜，任芳编著.-成都：四川大学出版社；2010.10；-185页；23cm

ISBN　978-7-5614-5022-2 ¥CNY24.00

本书系统深入地论述了作为文化的一种形态的舞蹈的各种特征，揭示了隐藏在不同舞蹈、不同形态背后的文化原因。共分五章，分别论述了中国古典舞蹈的历史演进，中国古典舞的当代结构，西方芭蕾舞，西方现代舞蹈及现代舞在中国等舞蹈在中西各个时代的产生和发展。文字较为流畅，体现出舞蹈中所蕴含的文化内涵，适合作为舞蹈者的教学用书。

Ⅰ.舞…　Ⅱ.李…　Ⅲ.　舞蹈　文化　研究　Ⅳ.J70

飞动的点、线、面：舞蹈构图1000例/田静编著.-北京：人民音乐出版社；2010.08；-242页；25cm

ISBN　978-7-103-03577-1 ¥CNY48.00

本书由上篇舞蹈构图（舞蹈构图的基本要素、怎样进行舞蹈构图、色彩在构图中的作用）和下篇舞蹈构图1000例（中国民间广场舞蹈的构图、中外舞台舞蹈的构图、舞蹈构图新探）构成。该书是集使用和鉴赏之功能于一体的舞蹈工具书型图书。

Ⅰ.飞…　Ⅱ.田…　Ⅲ.　舞蹈编导　图集　Ⅳ.J711.2-64

舞蹈编导概论/李仁顺著.-北京：文化艺术出版社；2010.07；-450页；23cm

ISBN　978-7-5039-4155-9 ¥CNY38.00

李仁顺是国家一级资深编导，她是50年代我国派出的第一个学习编导及舞蹈教育的留学生，她的作品多次获国家级及北京市级大奖。本书是将她一生的实践经验总结起来集结成册，并附有九百余幅动作分解图，指导性很强，是编导工作、学习的最佳参考用书。

Ⅰ.舞…　Ⅱ.李…　Ⅲ.　舞蹈编导　Ⅳ.J711

中国舞蹈大辞典/王克芬等主编.-北京：文化艺术出版社；2010.08；-53页，845页；30cm

ISBN　978-7-5039-4090-3（精装）：￥CNY168.00

本书是一部权威的舞蹈专业工具书。收入词条5200余条，图650余幅，系统反映了从原始时代到20世纪初中国舞蹈文化的概貌。

Ⅰ.中…　Ⅱ.王…　Ⅲ.　舞蹈史　词典　中国　Ⅳ.J709.2-61

银色的维也纳：曼妙的华尔兹和轻歌剧/于志强著.-北京：北京出版社；2010.12；-183页；29×29cm

ISBN　978-7-200-08459-7（精装）：￥CNY300.00

本书分为两大部分，共以近10万字的篇幅介绍了曼妙的华尔兹和银色的维也纳轻歌剧，以轻松流畅的笔触概述了维也纳华尔兹的兴起。在这样的时代大背景下，（老）约翰·施特劳斯在韦伯和兰纳的启发下，以他非凡的天才为风行维也纳的华尔兹舞创造了精彩的音乐，最终开创了维也纳风格的华尔兹音乐，成为一代圆舞曲之父。

Ⅰ.银…　Ⅱ.于…　Ⅲ.　华尔兹舞　舞蹈史　维也纳　轻歌剧　戏剧史　维也纳　Ⅳ.J732.8　J832

开拓篇：郜大琨舞蹈文集/郜大琨著.-北京：中国戏剧出版社；2010.01；-193页；25cm

ISBN　978-7-104-02949-6￥CNY48.00

本书作者是一名舞蹈教授，本书是他对中国舞蹈的开拓和教学的研究文集。

Ⅰ.开…　Ⅱ.郜…　Ⅲ.　舞蹈　中国　文集　Ⅳ.J722-53

欧美流行舞蹈简述/许文飙，韩晓彤编著.-北京：人民音乐出版社；2010.10；-137页；25cm

ISBN　978-7-103-03942-7￥CNY29.00

本书介绍了欧美流行舞蹈的种类，以及各舞种的产生、发展、流派与风格。本书配有大量丰富的图片，图文并茂，通俗易懂，既适合舞蹈爱好者阅读，也能作为专业院校舞蹈课程教材使用。

Ⅰ.欧…　Ⅱ.许…　Ⅲ.　舞蹈艺术　欧洲　舞蹈艺术　美洲　Ⅳ.J73

学跳藏族舞/熊莹编著.-成都：成都时代出版社；2010.02；-89页；21cm

ISBN　978-7-5464-0133-1￥CNY15.00

本书可作藏族舞教学教材，对藏族舞初学者和爱好者习舞者均有指导作用。本书阐述了各民族舞的特点，藏族舞特点，并结合《高原节目》做了实例藏族舞编排。

Ⅰ.学…　Ⅱ.熊…　Ⅲ.　藏族　民族舞蹈　教材　Ⅳ.J722.221.4

中国汉唐古典舞基训教程/孙颖主编.-上海：上海音乐出版社；2010.01；-437页；23cm

ISBN　978-7-80751-542-5￥CNY65.00

这部基训教程是作者近半世纪的思考、研究而成的。1999年正式进行教学实践，至今已近十年，在这近十年的教学实践过程中，作者进行了多次的修订，现已是北京舞蹈学院古典舞学科应用教材。该教程分为四个部分：第一个部分是综述部分，由汉唐古典舞简介、课程的特性和目的、教学模式与编写特点组成。第二个部分是教材大纲，由基本形态和身体各部位的基本运用方式、静态舞姿、动态舞姿、流动连接、力量速度等内容组成。第三个部分是年级任务与课程结构部分，由年级任务与课程结构。第四个部分是示例课。第五个部分是课堂音乐部分，由课堂音乐的原则与示例组成。

Ⅰ.中…　Ⅱ.孙…　Ⅲ.　古典舞蹈　训练　中国　汉代　教材　古典舞蹈　训练　中国$z唐代　教材　Ⅳ.J722.4

民族舞蹈文论/曾金华著.-昆明：云南民族出版社；2010.04；-297页；24cm

ISBN 978-7-5367-4655-8 ¥CNY36.00

本书收入了作者二十余年来从事舞蹈艺术所取得的成绩，包括文学台本与演出串词，学术研究与舞蹈评述，调查报告与随笔三个方面的内容，以图文并茂的形式反映了云南舞蹈艺术发展的方方面面。

Ⅰ.民… Ⅱ.曾… Ⅲ. 民族舞蹈 云南省 文集 Ⅳ.J722.22-53

中国朝鲜族民俗舞与民俗游戏/金晶勋编著.-北京：民族出版社；2010.07；-189页；24cm

ISBN 978-7-105-10552-6（精装）：¥CNY22.00

《中国朝鲜族民俗舞与民俗游戏》从民俗的定义、发展、变迁等角度着重分析了中国朝鲜族的民俗舞与民俗游戏。作者通过近30年的考察、收集资料、分析研究，逐步整理出了传统的中国朝鲜族的民俗舞与民俗游戏，朝鲜族迁徙过程中民俗舞与民俗游戏的传承、发展、创新，对朝鲜族民俗舞与民俗游戏的传承、发展、创新做出贡献的民间艺人等。其资料有一定的历史文献价值和参考价值，并有一定的学术价值。

Ⅰ.中… Ⅱ.金… Ⅲ. 朝鲜族 民族舞蹈 研究 中国 朝鲜语（中国少数民族语言） 朝鲜族 游戏 研究 中国 朝鲜语（中国少数民族语言） Ⅳ.J722.221.9 G898

中国朝鲜族民俗舞与民俗游戏/金晶勋编著.-北京：民族出版社；2010.07；-189页；23cm

ISBN 978-7-105-10552-6 ¥CNY22.00

《中国朝鲜族民俗舞与民俗游戏》从民俗的定义、发展、变迁等角度着重分析了中国朝鲜族的民俗舞与民俗游戏。作者通过近30年的考察、收集资料、分析研究，逐步整理出了传统的中国朝鲜族的民俗舞与民俗游戏，朝鲜族迁徙过程中民俗舞与民俗游戏的传承、发展、创新，对朝鲜族民俗舞与民俗游戏的传承、发展、创新做出贡献的民间艺人等。其资料有一定的历史文献价值和参考价值，并有一定的学术价值。

Ⅰ.中… Ⅱ.金… Ⅲ. 朝鲜族 民族舞蹈 研究 中国 朝鲜语（中国少数民族语言） 朝鲜族 游戏 研究 中国 朝鲜语（中国少数民族语言） Ⅳ.J722.221.9 G898

民族舞蹈文化传承发展论纲/石裕祖主编.-昆明：云南大学出版社；2010.01；-373页；24cm

ISBN 978-7-81112-993-9 ¥CNY52.00

本书是“十五”国家哲学社会科学基金艺术规划国家西部课题——云南民族民间舞蹈文化传承规律及发展趋势研究的最终研究成果汇报。本书收录是二十六篇论文和调查报告，涉及云南16个州市50个县所辖80多个乡镇的10多个少数民族的田野调查。全书论文收集、整理了大量第一手田野调查资料和数据，印证了云南民族民间舞蹈文化内涵丰富，意蕴深远，用中国文化“走出去”的战略眼光，揭示了民族民间舞蹈的传承应当不失时机地抓住西部大开发和全球民族文化交流的机遇，才能更好地传承、保护与开发、利用。

Ⅰ.民… Ⅱ.石… Ⅲ. 民族舞蹈 文化 云南省 文集 Ⅳ.J722.22-53

藏族歌舞/李措毛，牟英琼著.-西宁：青海人民出版社；2010.04；-151页；24cm

ISBN 978-7-225-03522-2 ¥CNY30.00

本书以图文并茂的形式，简要介绍了青海省被首批列入国家非物质文化遗产名录的项目——藏族歌舞的文化价值及传承。

Ⅰ. 藏…　Ⅱ. 李…　Ⅲ. 藏族　民族歌舞　简介　中国　Ⅳ. J722. 221. 4

幼儿舞蹈基础教程初级教材：适用于 3～4. 5 岁/全国幼教舞蹈素质与能力培训项目委员会编写 . -北京：高等教育出版社；2010. 11；-64 页；26cm

ISBN　978-7-04-026998-7 ¥ CNY20. 00

本书由全国幼教舞蹈素质与能力培训项目委员会编写，旨在促进幼儿园教学课程体系的完善与科学创新，提高幼儿舞蹈教师队伍的素质能力和岗位职能，可作为幼儿舞蹈教师教学用书。以“科学、适用、快乐、健康”为指导思想，提倡寓教于乐、寓教于舞，让幼儿在游戏中学习、在学习中游戏，在快乐中探索体验舞蹈的乐趣，在舞蹈中获取审美的情感愉悦，在舞蹈游戏的过程中获取知识经验和情感体验，身心得到全面发展。

Ⅰ. 幼…　Ⅱ. 全…　Ⅲ. 舞蹈课　幼教人员　师资培训　教材　Ⅳ. J732. 3

幼儿舞蹈基础教程中级教材：适用于 4. 5～6 岁/全国幼教舞蹈素质与能力培训项目委员会编写 . -北京：高等教育出版社；2010. 11；-62 页；26cm

ISBN　978-7-04-026999-4 ¥ CNY20. 00

本书由全国幼教舞蹈素质与能力培训项目委员会编写，旨在促进幼儿园教学课程体系的完善与科学创新，提高幼儿舞蹈教师队伍的素质能力和岗位职能，可作为幼儿舞蹈教师教学用书。以“科学、适用、快乐、健康”为指导思想，提倡寓教于乐、寓教于舞，让幼儿在游戏中学习、在学习中游戏，在快乐中探索体验舞蹈的乐趣，在舞蹈中获取审美的情感愉悦，在舞蹈游戏的过程中获取知识经验和情感体验，身心得到全面发展。

Ⅰ. 幼…　Ⅱ. 全…　Ⅲ. 儿童歌舞　幼教人员　师资培训　教材　Ⅳ. J732. 3

中国原生态舞蹈文化/巫允明著 . -上海：上海音乐出版社；2010. 12；-2 册（706 页）；27cm

ISBN　978-7-80751-529-6（精装）：¥ CNY398. 00

Ⅰ. 中…　Ⅱ. 巫…　Ⅲ. 民族舞蹈　文化　研究　中国　Ⅳ. J722. 22

芭蕾/（德）屈茨著 . -北京：测绘出版社；2010. 12；-30 页；16cm

ISBN　978-7-5030-2167-1 ¥ CNY4. 00

本书引自德国卡尔森出版社皮卡西书系，第一季出版 18 册，涉及航空、天文、地理、地质、动物、气候、海洋、人体等领域。本册知识框架中有 30 多个的知识纲要，详述知识点不少于 100 个，相关领域的名词解释 20 个左右，包含“知识图文讲解”“知识小贴士”“百科辞典”“猜谜”“问答”几个版块，增加孩子阅读时的兴趣的同时，又便于知识理解和记忆。全书文并茂，品质精良，文字风格深入浅出，集简练清晰、易懂易记、妙趣横生于一身，是开启幼儿智慧之门的第一把“金钥匙”。

Ⅰ. 芭…　Ⅱ. 屈…　Ⅲ. 芭蕾舞　儿童读物　Ⅳ. J732. 5-49

中国少数民族舞蹈的采集、保护与传播：20 世纪 80 年代初期的一项社会人类学调研/（美）费鹤立著 . -昆明：云南大学出版社；2010；-163 页；24cm

ISBN　978-7-5482-0289-9 ¥ CNY30. 00

本书是美国学者于 1985 年完成的舞蹈研究，由中国学者翻译的人类学著作。本书以简短的篇幅、简明的结构，从人类学的视角解析了中国少数民族舞蹈的采集、保护和传播。

Ⅰ. 中…　Ⅱ. 费…　Ⅲ. 少数民族　民族舞蹈　调查研究　中国　Ⅳ. J722. 22

中国古典舞袖舞技法教程/李婷婷著 . -石家庄：河北教育出版社；2010. 05；-160

页；25cm

ISBN 978-7-5434-7603-5 ¥CNY30.00

本书是作者针对综合性大学舞蹈专业《古典舞身韵》，结合多年一线教学研究经验编写而成。该教程将整个袖舞教学内容作一精简，注重单一技法与组合、课堂与舞台之间的过渡，并创编了一些针对性训练组合及综合表演性组合，使教师和学生能够在有限的学习时间内掌握袖舞的精华。本书附有光盘，便于学生自学，能够使学生快速地在实际艺术实践中学以致用。

Ⅰ.中… Ⅱ.李… Ⅲ. 古典舞蹈 中国 高等学校 教材 Ⅳ.J722.4

芭蕾舞入门与鉴赏/本丛书编委会编.-广州：广东世界图书出版公司；2010.01；-184页；23cm

ISBN 978-7-5100-0619-7 ¥CNY23.80

本书系统介绍了有关芭蕾舞的基本常识，并指导读者如何欣赏芭蕾舞，对初学者大有帮助。

Ⅰ.芭… Ⅱ.本… Ⅲ. 芭蕾舞 青少年读物 Ⅳ.J732.5-49

中国古代跳舞史/钱君匋著.-郑州：大象出版社；，2010.04；-67页；19cm

ISBN 978-7-5347-5807-2 ¥CNY9.50

本书主要介绍了中国古代跳舞之起源、中国古代跳舞之制度、中国古代妇女之跳舞、中国古代跳舞之种类、中国古代跳舞之方法、中国古代跳舞之变迁。

Ⅰ.中… Ⅱ.钱… Ⅲ. 舞蹈史 中国 古代 Ⅳ.J709.2

云南文山州民族民间舞蹈探源/袁蓉著.-北京：中国戏剧出版社；2010.04；-215页；21cm

ISBN 978-7-104-03206-9 ¥CNY25.00

本书是一部理论专著，主要探讨了云南文山民间舞蹈的起源及发展，包括壮族、苗族、彝族等舞蹈的发展史，具有一定的学术价值、审美价值。

Ⅰ.云… Ⅱ.袁… Ⅲ. 民族舞蹈 研究 文山壮族苗族自治州 民间舞蹈 研究 文山壮族苗族自治州 Ⅳ.J722.2

呼图克沁——蒙古族村落仪式表演/董波著.-北京：学苑出版社；2010.04；-190页；25cm

ISBN 978-7-5077-3497-3 ¥CNY48.00

“呼图克沁”是蒙古族的一种融歌、舞、乐、说唱于一体的蒙古族独有的仪式戏剧。作者通过实地调查、亲身参与、文献整理、口述史搜集，对其进行了忠实的记录和研究。

Ⅰ.… Ⅱ.董… Ⅲ. 蒙古族 民族歌舞 研究 中国 Ⅳ.J722.221.2

傣族舞蹈史/刘金吾著.-昆明：云南民族出版社；2010.09；-186页；21cm

ISBN 978-7-5367-4709-8 ¥CNY30.00

本书共九章。第一章傣族的族源，第二章傣族古代舞蹈，第三章傣族在唐宋元时期的舞蹈，第四章傣族在明清时期的舞蹈，第五章新中国成立后的傣族舞蹈，第六章建国初期十七年的傣族舞蹈，第七章“文革”十年的傣族舞蹈，第八章改革开放三十年的傣族舞蹈，第九章傣族的舞蹈家。本书从傣族的族源、发展历史、社会状况、佛教对傣族舞蹈的影响等方面，记述了傣族舞蹈自古至今发展的历史、现状及种类。

Ⅰ.傣… Ⅱ.刘… Ⅲ. 傣族 民族舞蹈 舞蹈史 中国 Ⅳ.J709.2

蒙古族舞蹈．女班/赵铁春，韩萍主编．-北京：高等教育出版社；2010.03；-305页；26cm

ISBN 978-7-04-028289-4 ¥ CNY118.00（全套8册）

本书是北京市科研基地科研创新平台立项项目，是北京舞蹈学院中国民族民间舞学科传习课规定教材。该系列教材由8个分册组成，分别是：《山东海阳秧歌》、《山东胶州秧歌》、《傣族舞蹈》、《维吾尔族舞蹈》、《东北秧歌男班》、《东北秧歌女班》、《蒙古族舞蹈男班》、《蒙古族舞蹈女班》。各分册的作者均是其研究领域的权威艺术家和教育家，书稿是在作者数十年的田野调查基础上，整理、加工、提炼而成。内容由浅入深、丰富翔实，由动作基本形态、单一动作、动作短句、动作组合四部分构成，具有很强的实用性。本书可供高等院校舞蹈专业师生使用，亦可供舞蹈研究者及爱好者参考使用。

Ⅰ．蒙…　Ⅱ．赵…　Ⅲ．　蒙古族　民族舞蹈　中国　高等学校　教材　Ⅳ．J722.221.2

蒙古族舞蹈．男班/赵铁春，韩萍主编．-北京：高等教育出版社；2010.03；-135页；26cm

ISBN 978-7-04-028289-4 ¥ CNY118.00（全套8册）

《中国民族民间舞传习》系列教材，是北京市科研基地科研创新平台立项项目，是北京舞蹈学院中国民族民间舞学科传习课规定教材。该系列教材由8个分册组成，分别是：《山东海阳秧歌》、《山东胶州秧歌》、《傣族舞蹈》、《维吾尔族舞蹈》、《东北秧歌男班》、《东北秧歌女班》、《蒙古族舞蹈男班》、《蒙古族舞蹈女班》。各分册的作者均是其研究领域的权威艺术家和教育家，书稿是在作者数十年的田野调查基础上，整理、加工、提炼而成。内容由浅入深、丰富翔实，由动作基本形态、单一动作、动作短句、动作组合四部分构成，具有很强的实用性。本书可供高等院校舞蹈专业师生使用，亦可供舞蹈研究者及爱好者参考使用。

Ⅰ．蒙…　Ⅱ．赵…　Ⅲ．　蒙古族　民族舞蹈　中国　高等学校　教材　Ⅳ．J722.221.2

中国民族民间舞传统、典型组合渊源与分析/潘志涛主编．-北京：高等教育出版社；2010.02；-177页；26cm

ISBN 978-7-04-028290-0 ¥ CNY25.00

本书围绕北京舞蹈学院中国民族民间舞学科历经五十年课堂教学所积累的86个传统、典型组合，进行了全面梳理和分类。融合多位编写者的一线教学经验，就组合的历史背景、组合内容、伴奏音乐以及教学意义等方面展开叙述，既涉及少数民族的文化阐释，又注重地域文化的解读，对于民族民间舞的学科建设具有重要借鉴价值，并对教学有着深远的指导意义。

Ⅰ．中…　Ⅱ．潘…　Ⅲ．　民族舞蹈　研究　中国　民间舞蹈　研究　中国　Ⅳ．J722.2

中国舞蹈史/仝妍编著．-长春：东北师范大学出版社；2010.09；-286页；26cm

ISBN 978-7-5602-5991-8 ¥ CNY37.00

本书从实际课堂教学出发，立足于教学本身，理论联系实际，体系统一，条理清晰，步骤分明，是实施性较强的首部高师舞蹈教育教程。此书适用于全国高等舞蹈教育院校舞蹈专业或相关学科的课堂教学开展专业、业余团体的训练内容。

Ⅰ．中…　Ⅱ．仝…　Ⅲ．　舞蹈史　中国　高等学校　教材　Ⅳ．J709.2

荆山扛神/李素娥，刘燕萍编著．-武汉：湖北人民出版社；2010.06；-207页；24cm

ISBN　978-7-216-06217-6 ¥ CNY220.00（全套4册）
本书包括《荆山阳锣鼓》、《荆山阴锣鼓》、《荆山巫音》、《荆山扛神》四册。为湖北省普通高校人文社会科学重点研究基地襄樊学院鄂北区域发展研究中心基金资助出版项目。
Ⅰ.荆…　Ⅱ.李…　Ⅲ.　民间歌舞　研究　湖北省　Ⅳ.J722.2

街舞/莫丹主编.-长春：吉林出版集团有限责任公司；2010.01；-122页；21cm
ISBN　978-7--5463-1469-3 ¥ CNY8.00
本书以《全民健身计划纲要》为指导，科学编排各种适宜大众的简单易行的锻炼方法、方式和手段，促进全民健身运动的发展。
Ⅰ.街…　Ⅱ.莫…　Ⅲ.　现代舞蹈　基本知识　Ⅳ.J732.6

街舞/王莹编著.-北京：人民体育出版社；2009.08；-178页；23cm
ISBN　978-7-5009-3657-2 ¥ CNY25.00
本书介绍了街舞的起源、发展、动作特点、文化元素、术语、音乐、服饰、裁判法等。
Ⅰ.街…　Ⅱ.王…　Ⅲ.　现代舞蹈　基本知识　Ⅳ.J732.6

街舞理论与实践/张秋艳编著.-北京：对外经济贸易大学出版社；2010.03；-276页；23cm
ISBN　978-7-81134-642-8 ¥ CNY29.00
本书系统介绍了街舞的知识和技术要领。
Ⅰ.街…　Ⅱ.张…　Ⅲ.　现代舞蹈　研究　Ⅳ.J732.6

现代舞教学课程/钟璐著.-上海：上海音乐出版社；2010.03；-42页；24cm
ISBN　978-7-80751-447-3 ¥ CNY18.00
Ⅰ.现…　Ⅱ.钟…　Ⅲ.　现代舞蹈　专业学校　教材　Ⅳ.J732.6

芭蕾脚尖基本训练教程/杨佩娥著.-上海：上海音乐出版社；2010.03；-140页；24cm
ISBN　978-7-80751-442-8 ¥ CNY28.00
Ⅰ.芭…　Ⅱ.杨…　Ⅲ.　芭蕾舞　形态训练　教材　Ⅳ.J732.5

古典芭蕾基本训练教程/陈家年著.-上海：上海音乐出版社；2010.03；-98页；24cm
ISBN　978-7-80751-445-9 ¥ CNY25.00
本书分七个部分，即1~7年级的芭蕾训练教学大纲。每年级的教学为两个部分，教学大纲与教学任务。一年级的教学大纲在全部的教学过程中具有非常重要的意义。它必须为今后几年的教学所要达到的技巧和表现能力打下扎实可靠的基础。还必须教会学生要正确地理解和掌握动作的基本知识、要素和规格，锻炼出应有的肌肉能力，并给予学生古典芭蕾舞的初步概念，培养学生对芭蕾舞事业的兴趣，逐渐能自觉地以严肃认真、刻苦钻研的学习态度，来对待自己将要从事的艺术事业。一年级的教学任务，以训练身体基本形态为主，结合在地面的勾、绷脚、屈伸等以及柔软度的训练，使学生在正确姿态下掌握初步的扶把动作、离把动作和简单的舞姿、跳跃。锻炼出开度、膝盖与脚掌的力量和控制能力。
Ⅰ.古…　Ⅱ.陈…　Ⅲ.　古典芭蕾　教材　Ⅳ.J732.5

舞蹈精品赏析/王姝主编 .-沈阳：辽宁教育出版社；2010.06；-192 页；21cm

ISBN　978-7-5382-8856-8 ¥ CNY12.80

本书在借鉴前人研究的基础上对部分中外舞蹈作品进行了文化情境与审美意蕴的系统阐释，尤其关注审美性解读。本书既可作为舞蹈学习者的教材用书，也可作为舞蹈爱好者的案头读物，力求将舞蹈美的传承飨食予广大舞蹈爱好者，以期获得精神的愉悦与灵智的启迪。舞蹈教学实践中，本书会带给人以全新的理念与模式——舞蹈赏析课的宗旨应使人更关注舞蹈艺术背后的文化认知，一个舞蹈学人或者一个舞蹈爱好者唯有站在文化的高度审美，才能在实践中更加夯实自己的业务。

Ⅰ. 舞…　Ⅱ. 王…　Ⅲ. 　舞蹈艺术　鉴赏　Ⅳ. J705

舞蹈艺术欣赏/邓小娟主编 .-南宁：广西美术出版社；2010.06；-115 页；29cm

ISBN　978-7-80746-990-2 ¥ CNY38.00

舞蹈艺术欣赏课程是音乐教育教学的重要课程，本教程秉着对课程深入浅出的理念，设计了合理的教学方案，是该课程的必备书籍。

Ⅰ. 舞…　Ⅱ. 邓…　Ⅲ. 　舞蹈艺术　鉴赏　高等学校　教材　Ⅳ. J705

舞蹈欣赏/金秋编著 .-北京：高等教育出版社；2010.02；-36 页；23cm

ISBN　978-7-04-028724-0 ¥ CNY33.00

本书是在 2003 年教育部高等教育司组织编写的"大学生文化素质教育书系"《舞蹈欣赏》基础之上修订再版而成。与以往不同的是，该书侧重介绍、阐释舞蹈艺术欣赏中的基础理论知识，并贯穿着强烈的舞蹈本体意识和现代意识，表现作者独特的研究视角与舞蹈审美观。本书理论与实践相结合，从多元文化侧面入手，对各舞种历史文化背景进行较为清晰地叙述，便于广大舞蹈艺术工作者、学生和舞蹈爱好者了解与掌握。本书还选配了一些当代比较有代表性的舞蹈图片，使读者能够直观感悟舞蹈形象，并有助于扩大舞蹈知识面。本书不仅适用于普通高校非舞蹈专业学生，亦可供舞蹈专业学生使用。还可供舞蹈艺术研究者、爱好者参考阅读。

Ⅰ. 舞…　Ⅱ. 金…　Ⅲ. 　舞蹈艺术　鉴赏　Ⅳ. J705

舞蹈鉴赏/刘廷娥，赵智娟主编 .-西安：西北工业大学出版社；2010.09；-272 页；26cm

ISBN　978-7-5612-2906-4 ¥ CNY32.90

本教材以较大的篇幅介绍舞蹈基础知识与中外著名的舞蹈作品，在引导欣赏舞蹈作品时，使学习者了解舞蹈家用身体言说的方式，在舞蹈家所创造的艺术形像中获得精神陶冶与启发。全书共 7 章，分别为舞蹈理论、中国古典舞、中国民间舞、芭蕾舞、现代舞、流行舞和外国民间舞蹈欣赏。

Ⅰ. 舞…　Ⅱ. 刘…　Ⅲ. 　舞蹈艺术　鉴赏　高等学校　教材　Ⅳ. J705

芭蕾舞入门/贾琳编著 .-郑州：郑州大学出版社；2010.08；-290 页；24cm

ISBN　978-7-5645-0250-8 ¥ CNY29.60

本书分为五章，主要介绍了芭蕾舞基础知识、芭蕾舞地面辅助训练、芭蕾舞训练基本动作、芭蕾舞训练扶把示范组合等，本书涉及芭蕾舞的知识点比较全面，文字叙述通俗易懂，对芭蕾舞爱好者或者是对芭蕾舞初学者都有实用意义，是初步全面认识芭蕾舞、了解芭蕾舞、学习芭蕾舞的一本必备用书。

Ⅰ. 芭…　Ⅱ. 贾…　Ⅲ. 　芭蕾舞　基本知识　Ⅳ. J732.5

普通高校芭蕾形体课教程/郝秀艳编著 .-哈尔滨：哈尔滨工业大学出版社；2010.12；-217 页；23cm

ISBN 978-7-5603-3106-5 ¥CNY48.00

本书主要内容包括：芭蕾舞的起源、经典芭蕾舞的剧情与欣赏要素、芭蕾教学法在教学中的运用、芭蕾基本动作、芭蕾形体舞蹈组合综合训练等。

Ⅰ.普… Ⅱ.郝… Ⅲ. 芭蕾舞 形态训练 高等学校 教材 Ⅳ.J732.5

秧歌/郭丹，宋晶主编．-长春：吉林出版集团有限责任公司；2010.01；-122页；21cm

ISBN 978-7-5463-1519-5 ¥CNY8.00

本书以《全民健身计划纲要》为指导，科学编排各种适宜大众的简单易行的锻炼方法、方式和手段，促进全民健身运动的发展。

Ⅰ.秧… Ⅱ.郭… Ⅲ. 秧歌舞 基本知识 Ⅳ.J722.211

山东胶州秧歌/赵铁春，韩萍主编．-北京：高等教育出版社；2010.03；-69页；26cm

ISBN 978-7-04-028289-4 ¥CNY118.00（全套8册）

《中国民族民间舞传习》系列教材，是北京市科研基地科研创新平台立项项目，是北京舞蹈学院中国民族民间舞学科传习课规定教材。

Ⅰ.山… Ⅱ.赵… Ⅲ. 秧歌舞 胶州市 高等学校 教材 Ⅳ.J722.211

山东海阳秧歌/赵铁春，韩萍主编．-北京：高等教育出版社；2010.03；-85页；26cm

ISBN 978-7-04-028289-4 ¥CNY118.00（全套8册）

《中国民族民间舞传习》系列教材，是北京市科研基地科研创新平台立项项目，是北京舞蹈学院中国民族民间舞学科传习课规定教材。该系列教材由8个分册组成，分别是：《山东海阳秧歌》、《山东胶州秧歌》、《傣族舞蹈》、《维吾尔族舞蹈》、《东北秧歌男班》、《东北秧歌女班》、《蒙古族舞蹈男班》、《蒙古族舞蹈女班》。各分册的作者均是其研究领域的权威艺术家和教育家，书稿是在作者数十年的田野调查基础上，整理、加工、提炼而成。内容由浅入深、丰富翔实，由动作基本形态、单一动作、动作短句、动作组合四部分构成，具有很强的实用性。本书可供高等院校舞蹈专业师生使用，亦可供舞蹈研究者及爱好者参考使用。

Ⅰ.山… Ⅱ.赵… Ⅲ. 秧歌舞 山东省 高等学校 教材 Ⅳ.J722.211

东北秧歌．男班/赵铁春，韩萍主编．-北京：高等教育出版社；2010.03；-109页；26cm

ISBN 978-7-04-028289-4 ¥CNY118.00（全套8册）

本书是《中国民族民间舞传习》系列教材的一本，是北京市科研基地·科研创新平台立项项目，是北京舞蹈学院中国民族民间舞学科传习课规定教材。该系列教材由8个分册组成，分别是：《山东海阳秧歌》、《山东胶州秧歌》、《傣族舞蹈》、《维吾尔族舞蹈》、《东北秧歌男班》、《东北秧歌女班》、《蒙古族舞蹈男班》、《蒙古族舞蹈女班》。本书可供高等院校舞蹈专业师生使用，亦可供舞蹈研究者及爱好者参考使用。

Ⅰ.东… Ⅱ.赵… Ⅲ. 秧歌舞 东北地区 高等学校 教材 Ⅳ.J722.211

东北秧歌．女班/赵铁春，韩萍主编．-北京：高等教育出版社；2010.03；-201页；26cm

ISBN 978-7-04-028289-4 ¥CNY118.00（全套8册）

《中国民族民间舞传习》系列教材，是北京市科研基地科研创新平台立项项目，是北京舞蹈学院中国民族民间舞学科传习课规定教材。该系列教材由8个分册组成，分别是：《山东海阳秧歌》、《山东胶州秧歌》、《傣族舞蹈》、《维吾尔族舞蹈》、《东北秧歌男班》、《东北秧歌女班》、《蒙古族舞蹈男班》、《蒙古族舞蹈女班》。各分册的作者均是其研究领域的权威艺术家和教育家，书稿是在作者数十年的田野调查基础上，整理、加工、提炼而成。内容由浅入深、丰富翔实，由动作基本形态、单一动作、动作短句、动作组合四部分构成，具有很强的实用性。本书可供高等院校舞蹈专业师生使用，亦可供舞蹈研究者及爱好者参考使用。

Ⅰ.东… Ⅱ.赵… Ⅲ. 秧歌舞 东北地区 高等学校 教材 Ⅳ.J722.211

舞蹈筋斗基本训练教程/卢方，毕文彪著.-上海：上海音乐出版社；2010.03；-107页；24cm

ISBN 978-7-80751-441-1 ¥CNY25.00

本教程内容由舞校的资深教师根据自己多年的教学经验编撰而成，此教材的特点是从舞台实际出发，结合舞蹈艺术之美来组织教学。

Ⅰ.舞… Ⅱ.卢… Ⅲ. 舞蹈 教材 Ⅳ.J7

拼贴的“舞蹈概论”/刘建著.-北京：民族出版社；2010.06；-377页；26cm

ISBN 978-7-105-10991-3 ¥CNY58.50

本书为北京舞蹈学院编写大学本科以上舞蹈专业教材，详细介绍了舞蹈的来源、发展和相关理论。包括古典舞蹈、芭蕾舞蹈，现代舞蹈等等。

Ⅰ.拼… Ⅱ.刘… Ⅲ. 舞蹈艺术 高等学校 教材 Ⅳ.J7

舞蹈/高赫民主编.-北京：北京理工大学出版社；2010.07；-114页；26cm

ISBN 978-7-5640-3328-6 ¥CNY14.00

本教材包括舞蹈基础理论、基础训练、幼儿舞蹈创编、舞蹈欣赏等四个部分。通过学习掌握舞蹈的基本体态、动作特征、舞姿特点和基本风格，丰富学生的舞蹈语汇，扩大舞蹈眼界，提高表现力，为今后的教学、表演、创编打下良好的基础。

Ⅰ.舞… Ⅱ.高… Ⅲ. 舞蹈 专业学校 教材 Ⅳ.J7

成人舞蹈基础入门/杨玉珠编著.-福州：海潮摄影艺术出版社；2010.10；-152页；26cm

ISBN 978-7-80691-614-8 ¥CNY48.00

作者从舞蹈的最基础入门教授为起点，同时又把各民族的舞蹈分门别类，让学者在专业的理论和实践相结合学习收获。在学习的过程中，感受到了各民族舞蹈的造型、服饰、头饰的独特的美丽，使学者受益匪浅。

Ⅰ.成… Ⅱ.杨… Ⅲ. 舞蹈 基本知识 Ⅳ.J7

舞蹈实践与探索/付小燕著.-北京：中国戏剧出版社；2010.04；-192页；21cm

ISBN 978-7-104-03208-3 ¥CNY280.00（全9册）

Ⅰ.舞… Ⅱ.付… Ⅲ. 舞蹈 研究 Ⅳ.J7

群众舞蹈知识解析/梁宇著.-北京：中国戏剧出版社；2010.08；-242页；21cm

ISBN 978-7-104-03252-6 ¥CNY300.00（全套15册）

本书深入浅出地介绍了各类舞蹈的基本知识，总结了民间舞蹈常用队形和常用术语。

Ⅰ.群… Ⅱ.梁… Ⅲ. 舞蹈 基本知识 Ⅳ.J7

民间舞龙舞狮/肖丽，马芳编著.-长沙：湖南美术出版社；2010.01；-92页；19cm

ISBN 978-7-5356-3439-9 ¥CNY12.00

本书以图文并茂的形式，生动活泼的文字语言讲解了中国民间舞龙舞狮的来源，发展，品种和内容。

Ⅰ.民… Ⅱ.肖… Ⅲ. 龙舞 中国 狮子舞 中国 Ⅳ.J722.21

信阳民间舞蹈/信阳市非物质文化遗产保护中心编.-开封：河南大学出版社；2010.03；-307页；26cm

ISBN 978-7-5649-0090-8 ¥CNY44.00

信阳地处大别山麓、淮水之滨，其独特的民间舞蹈是我国民间艺苑中的一朵奇葩。它丰富多彩，魅力独具，对它的整理出版，是使之保留、传递的一项重要举措。书中不仅有文字介绍，还有图片展示，便于广大文艺工作者模仿、吸收、传习。

Ⅰ.信… Ⅱ.信… Ⅲ. 民间舞蹈 简介 信阳市 Ⅳ.J722.21

江南风格民间舞教材与教法/朱苹著.-上海：上海音乐出版社；2010.03；-103页；24cm

ISBN 978-7-80751-443-5 ¥CNY25.00

本教材内容源自流行于无锡、江阴一带的"渔篮花鼓"、"渔篮虾鼓"、宜兴的"男欢女喜"以及金坛的"秧歌灯"。此教材很有特点，极有训练价值。它能帮助学生努力体味如何用身体来表现吴侬软语，小桥、流水、人家的江南特色。

Ⅰ.江… Ⅱ.朱… Ⅲ. 民间舞蹈 华东地区 教材 Ⅳ.J722.21

山西民间舞蹈/田彩凤著.-太原：三晋出版社；2010.07；-180页；21cm

ISBN 978-7-5457-0261-3 ¥CNY18.00

本书分九章，系统全面地介绍了山西民间舞蹈，内容丰富，艺术性强，反映不同民间舞蹈文化区的特征，可供广大基层文化爱好者参阅。

Ⅰ.山… Ⅱ.田… Ⅲ. 民间舞蹈 简介 山西省 Ⅳ.J722.21

中国民舞/马盛德，金娟著.-苏州：古吴轩出版社；2010.05；-209页；24cm

ISBN 978-7-80733-449-1 ¥CNY29.80

本书分信仰习俗舞蹈、节日习俗舞蹈、礼仪习俗舞蹈、生活习俗舞蹈等部分，从各个角度详细介绍了中国民间舞蹈的情况。附以大量彩图，展示了中华民族千百年来的艺术精华。

Ⅰ.中… Ⅱ.马… Ⅲ. 民间舞蹈 简介 中国 Ⅳ.J722.21

动物狂欢：广东动物舞蹈/叶春生，朱炳帆著.-广州：广东教育出版社；2010.11；-214页；24cm

ISBN 978-7-5406-8020-6 ¥CNY35.00

本书从动物原始舞蹈的形态，不但可以窥见古代文明发生，发展，及其演变的规律，还可探究艺术的渊源，在欣赏原始艺术美的同时，发现传统的特质和内涵，增强民族凝聚力，创造更丰富有民族特色的新文化。可以说，民间动物舞蹈是民间传统文化艺术的活化石。

Ⅰ.动… Ⅱ.叶… Ⅲ. 民间舞蹈 简介 广东省 Ⅳ.J722.21

龙狮文化与龙狮运动/龚耘［等］编著.-武汉：湖北人民出版社；2010.10；-216页；24cm

ISBN 978-7-216-06496-5 ¥CNY30.00

本书着眼于弘扬中国传统文化，吸收借鉴国内外龙狮文化与龙狮运动研究成果，运用生动鲜活的事例，图文并茂，对龙狮文化的起源和发展、内涵和特征、基本技术、训练方法、竞赛组织与裁判等问题进行全面的阐述。

Ⅰ. 龙…　Ⅱ. 龚…　Ⅲ.　龙舞　研究　中国　狮子舞　研究　中国　Ⅳ. J722.21

闽台民间舞蹈研究/郑玉玲著. -北京：中国戏剧出版社；2010.11；-429页；23cm

ISBN　978-7-104-03327-1 ¥ CNY98.00

本书是一部关于闽台民间舞蹈研究的专著。全书对闽南和台湾两地民间舞蹈的文化脉络、舞蹈类型、分布特征、艺术风格等做了系统概括，对大鼓凉伞舞、竹马灯舞、歌仔舞、布马阵舞等民间舞蹈做了细致精确的个案分析，对闽台两地民间舞蹈的文化渊源、异同点、审美情趣及交流传播情况做了深入调查和研究。有一定资料性和学术价值，且全书图文并茂，可读性强。

Ⅰ. 闽…　Ⅱ. 郑…　Ⅲ.　民间舞蹈　研究　福建省　民间舞蹈　研究　台湾省　Ⅳ. J722.21

大众交谊舞. 慢三 & 快四/赵顺科，符明珠编著. -成都：成都时代出版社；2010.02；-89页；21cm

ISBN　978-7-5464-0129-4 ¥ CNY15.00

本书以图文并茂的形式教授大众交谊舞，配合大众交谊舞1的教材，教初学者轻松学跳舞，既有有关交谊舞的基础知识，又进行了详细地分步教学。

Ⅰ. 大…　Ⅱ. 赵…　Ⅲ.　交际舞　基本知识　Ⅳ. J732.8

大众交谊舞. 吉特巴 & 伦巴/赵顺科，符明珠编著. -成都：成都时代出版社；2010.02；-89页；21cm

ISBN　978-7-5464-0139-3 ¥ CNY15.00

本书以图文并茂的形式教授大众交谊舞，教初学者轻松学跳舞，既有有关交谊舞的基础知识，又进行了详细地分步教学。

Ⅰ. 大…　Ⅱ. 赵…　Ⅲ.　交际舞　基本知识　Ⅳ. J732.8

交际舞大全/霍丽娟主编. -北京：中国华侨出版社；2010.04；-10页，443页；29cm

ISBN　978-7-5113-0274-8 ¥ CNY29.80

本书集中介绍了交际舞的基本知识，世界流行的二十多种交际舞的发展、演变以及提高舞蹈水平的方法技巧，将读者带入了一个交际舞的殿堂，全面展示各个舞种的艺术魅力和风格。为交际舞的爱好者提供了最为全面的指导。

Ⅰ. 交…　Ⅱ. 霍…　Ⅲ.　交际舞　基本知识　Ⅳ. J732.8

恰恰舞/王霞，肖莹主编. -长春：吉林出版集团有限责任公司；2010.01；-114页；21cm

ISBN　978-7-5463-1513-3 ¥ CNY7.50

本书以《全民健身计划纲要》为指导，科学编排各种适宜大众的简单易行的锻炼方法、方式和手段，促进全民健身运动的发展。

Ⅰ. 恰…　Ⅱ. 王…　Ⅲ.　拉丁舞　基本知识　Ⅳ. J732.8

探戈舞/王霞，肖莹主编. -长春：吉林出版集团有限责任公司；2010.01；-90页；21cm

ISBN　978-7-5463-1490-7 ¥ CNY6.00

本书以《全民健身计划纲要》为指导，科学编排各种适宜大众的简单易行的锻炼方法、方式和手段，促进全民健身运动的发展。

Ⅰ. 探…　Ⅱ. 王…　Ⅲ.　探戈舞　基本知识　Ⅳ. J732.8

狐步舞/王霞，陈海洋主编．-长春：吉林出版集团有限责任公司；2010.01；-81页；21cm

ISBN 978-7-5463-1492-1 ¥CNY5.50

本书以《全民健身计划纲要》为指导，科学编排各种适宜大众的简单易行的锻炼方法、方式和手段，促进全民健身运动的发展。

Ⅰ.狐… Ⅱ.王… Ⅲ. 狐步舞 基本知识 Ⅳ.J732.8

华尔兹/王霞，陈海洋主编．-长春：吉林出版集团有限责任公司；2010.01；-90页；21cm

ISBN 978-7-5463-1491-4 ¥CNY6.00

本书以《全民健身计划纲要》为指导，科学编排各种适宜大众的简单易行的锻炼方法、方式和手段，促进全民健身运动的发展。

Ⅰ.华… Ⅱ.王… Ⅲ. 华尔兹舞 基本知识 Ⅳ.J732.8

伦巴舞/王霞，肖莹主编．-长春：吉林出版集团有限责任公司；2010.01；-98页；21cm

ISBN 978-7-5463-1514-0 ¥CNY6.50

本书以《全民健身计划纲要》为指导，科学编排各种适宜大众的简单易行的锻炼方法、方式和手段，促进全民健身运动的发展。

Ⅰ.伦… Ⅱ.王… Ⅲ. 拉丁舞 基本知识 Ⅳ.J732.8

牛仔舞/王霞，陈海洋主编．-长春：吉林出版集团有限责任公司；2010.01；-106页；21cm

ISBN 978-7-5463-1522-5 ¥CNY7.00

本书以《全民健身计划纲要》为指导，科学编排各种适宜大众的简单易行的锻炼方法、方式和手段，促进全民健身运动的发展。

Ⅰ.牛… Ⅱ.王… Ⅲ. 交际舞 基本知识 Ⅳ.J732.8

大学生体育舞蹈教程/潘喜梅主编．-郑州：海燕出版社；2010.08；-174页；26cm

ISBN 978-7-5350-4386-3 ¥CNY35.00

本书以中国体育舞蹈联合会指定的部分规范舞步为基础，综合汇编了体育舞蹈基础教学的相关内容，包括体育舞蹈的概述、基本知识、教学方法、基本技术以及竞赛的组织与裁判工作等。本书突出体育舞蹈知识性和技术性的特点、秉承理论和实践相结合的原则，注重体育舞蹈基本技术和基本技能的锻炼，强调基本形体、音乐、舞蹈技艺与学生实际艺术表现力的提升。

Ⅰ.大… Ⅱ.潘… Ⅲ. 交际舞 高等学校 教材 Ⅳ.J732.8

国际标准舞教程/付生，明惠，攀冰婧主编．-成都：电子科技大学出版社；2010.09；-156页；27cm

ISBN 978-7-5647-0621-0（精装）：¥CNY45.00

本书是在师范大学首次推出的本科教材，结合作者多年来教学的教案，进行综合编写，对摩登舞的四个舞种“华尔兹舞”、“狐步舞”、“快步舞”、“探戈舞”的技术规范进行了详细的描述。用图表的方式逐项说明，并对每个组步的步型、路线，分别男、女步法用足迹图来表述。

Ⅰ.国… Ⅱ.付… Ⅲ. 拉丁舞 师范大学 教材 Ⅳ.J732.8

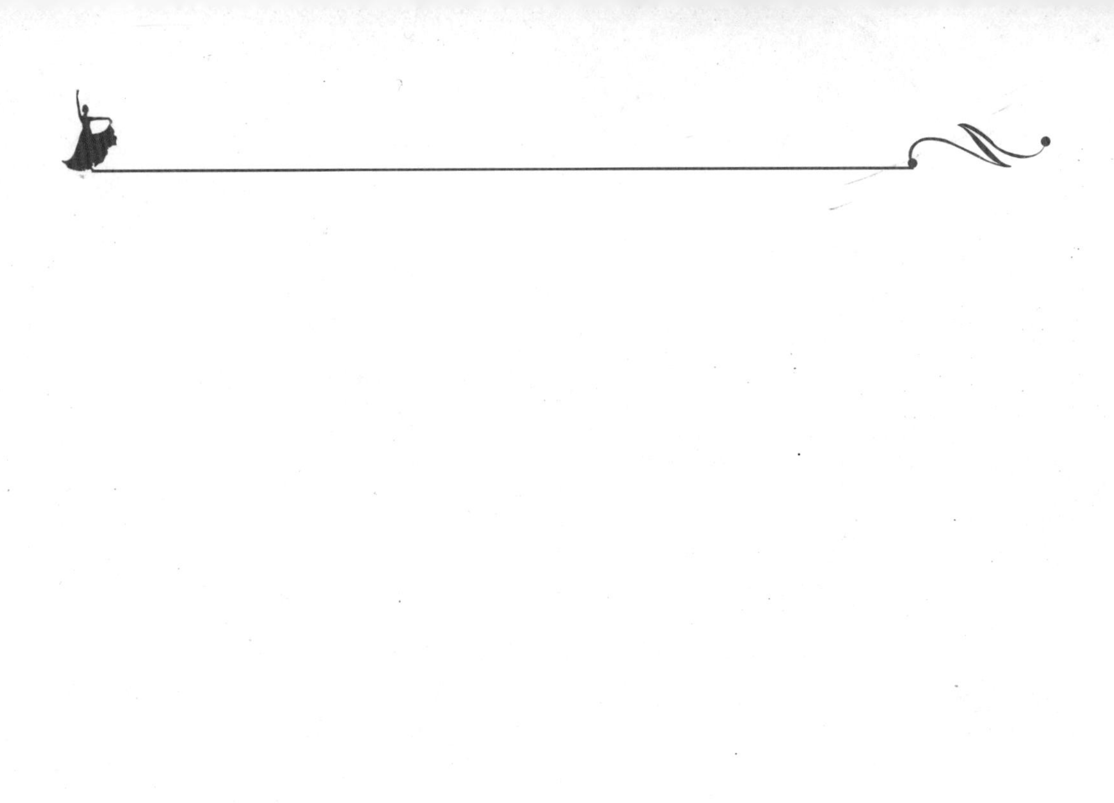